Larumbe. Textos Aragoneses, 59
Historia y Pensamiento

Directores de la colección:
    Fermín Gil Encabo, Antonio Pérez Lasheras
    y Ángel San Vicente Pino
Comité editorial: José Domingo Dueñas Lorente, Ángel Gari Lacruz,
    José Enrique Laplana Gil, Alberto Montaner Frutos,
    Eliseo Serrano Martín, José Manuel Latorre Ciria,
    Ángel Garcés Sanagustín, Francho Nagore Laín,
    Guillermo Pérez Sarrión y Alberto del Río Nogueras
Corrección: Teresa Sas Bernad y Ana Bescós García
Secretaría: Servicio de Publicaciones de la Universidad de Zaragoza

PLUTARCO

VIDAS SEMBLANTES
Volumen II

Imagen del Gran Maestre Juan Fernández de Heredia inscrita
en la letra inicial (E) de la primera partida de la *Grant cronica de
Espanya* (f. 1r del ms. 10133 de la Biblioteca Nacional de España)

PLUTARCO

VIDAS SEMBLANTES

VERSIÓN ARAGONESA DE LAS *VIDAS PARALELAS*,
PATROCINADA POR
JUAN FERNÁNDEZ DE HEREDIA
Volumen II

Edición, introducción y notas de
ADELINO ÁLVAREZ RODRÍGUEZ

Larumbe

Textos Aragoneses

Prensas Universitarias de Zaragoza
Instituto de Estudios Altoaragoneses
Instituto de Estudios Turolenses
Depto. de Educación, Cultura y Deporte del Gobierno de Aragón

Ficha catalográfica

PLUTARCO
  Vidas semblantes: versión aragonesa de las *Vidas paralelas*, patrocinada por Juan Fernández de Heredia / Plutarco ; edición, introducción y notas de Adelino Álvarez Rodríguez. — Zaragoza : Prensas Universitarias de Zaragoza : Departamento de Educación, Cultura y Deporte del Gobierno de Aragón ; Huesca : Instituto de Estudios Altoaragoneses ; Teruel : Instituto de Estudios Turolenses, 2009
  2 v. (CLXIV, 1494 p.); 21 cm. — (Larumbe : Textos Aragoneses ; 59. Historia y Pensamiento)
  Bibliografía: p. 1477-1488
  ISBN 978-84-92521-68-5 (v. I) — ISBN 978-84-92521-69-2 (v. II) — ISBN 978-84-92521-70-8 (o. c.)
  1. Griegos–Biografías. 2. Romanos–Biografías. I. Álvarez Rodríguez, Adelino. II. Aragón. Departamento de Educación, Cultura y Deporte. III. Instituto de Estudios Altoaragoneses. IV. Instituto de Estudios Turolenses. V. Prensas Universitarias de Zaragoza. VI. Título. VII. Serie: Larumbe : Textos Aragoneses ; 59. Historia y Pensamiento
  929 (38)
  929 (37)

Prensas Universitarias de Zaragoza. Edificio de Ciencias Geológicas, c/ Pedro Cerbuna, 12. 50009 Zaragoza, España. Tel.: 976 761 330. Fax: 976 761 063
puz@posta.unizar.es   http://puz.unizar.es

Instituto de Estudios Altoaragoneses (Diputación de Huesca), c/ Parque, 10. 22002 Huesca, España. Apartado postal 53. Tel.: 974 294 120. Fax: 974 294 122
iea@iea.es   http://www.iea.es

Instituto de Estudios Turolenses (Diputación de Teruel), c/ Amantes, 15, 2.ª planta. 44001 Teruel, España. Tel.: 978 617 860. Fax 978 617 861
ieturolenses@dpteruel.es   http://www.ieturolenses.org

Departamento de Educación, Cultura y Deporte del Gobierno de Aragón. Edificio Pignatelli, paseo María Agustín, 36. 50004 Zaragoza, España

Diseño de cubierta: David Guirao

Impreso en España
Imprime: INO Reproducciones, S. A.
D.L.: Z-295-2009

QUIMON

{PF}

SÍGUESE EL XVIII LIBRO: De las gestas e memorables fechos de armas de Quimon.

Quimon fue fijo de Milciado, e su madre se clamava Igissipila, de Tracia, filla del rei Óloro, segunt que escrive Archilaus e Melanthio[2004] en las poetrías que han escriptas por Quimon. E por esto Tuquididi el istorial, el qual era del parentesco de Quimon, es clamado fillo de Óloro[2005] porque él refiere[2006] su sobrenombre a su visagüelo; por la qual cosa, él possedía la mena del oro de Tracia la qual era clamada la Cava del haver. E segunt se dize, allí fue muerto Tuquididi. Mas la sepultura de sus reliquias se muestra en la Atiquí, porque fueron aduchas de allí, así como aparece en el lugar do son las sepulturas de los Químones; e fue enterrado Thuquididi cerca la sepultura de Elpinica, ermana de Quimon. Miltiado, el padre de Quimon, depués la batalla de Marathona, fue sentenciado de pagar un deudo de L talentes. Por la qual cosa, fue encerrado porque pagasse,[2007] e murió en la cárcel. E fincó Quimon muit joven con una su ermana, la qual aún era

---

2004 Melanthio] melanchio *PF*: Μελανθίου.
2005 Óloro] *F*: olero *P*: Ὀλόρου.
2006 refiere] refierre *P*: riferisce *F*.
2007 pagasse] *F*: pagassen *P*.

doncella. Quimon del començamiento no era hondrado, porqu'él parecía como loco por su simplicidat e no se delectava de favlar mucho assín como los de Athenas, mas de todo parecía como lacedemonio: hombre de firme entención, valient e verdadero e acabadament bueno. E porqu'él no podía casar su ermana con hombre excelent, como le pertenecía, porqu'él era pobre, un rico hombre d'Athenas, el qual havía nombre Calías, la demandó prometiendo de pagar el deudo de lur padre. Por la qu- [f. 60r / IV, 8] al cosa, Calías tomó por mujer a Elpinica por amor.

Las maneras de Quimon todas eran nobles, e no era de menor ardideza que Miltiado,[2008] ni de menor savieza que Themistoclí; e de justicia passava a ellos entramos, segunt que dizen muchos hombres de verdat qui los vidieron a todos III. E quanto a las ardidezas de guerra, Quimon no era de menor grado que ellos; mas en las virtudes civiles mucho los passó quando él era hombre joven e aún no bien adoctrinado en fechos de guerra. E quando los medos venían contra los de Athenas, e Themistoclí ordenó que todos desemparassen la ciudat, e que todos metiessen sus armas en Salamina e combatiessen por mar, muchos fueron esmagados de tanta presumción de Themistoclí. Mas Quimon fue el primero que apareció en la plaça del Queramicó, que puyava al alcáçar con sus amigos levando en su mano el freno de su cavallo por ofrecer a la dea en senyal que la ciudat no huviés menester en aquella guerra de poderío de cavallos, mas solament de poderío de marinería. Por la qual cosa, quando él puso el freno, tomó un escudo de aquellos qui colgavan en el templo e fizo oración a la dea, e depués devalló a la mar. La qual cosa fue principio de ardideza a muchos de buena esperança. E en la guerra Quimon era excelent, valient e buen combatedor.

2008   Miltiado] *F*: miltiato *P*: Μιλτιάδου.

E depués Quimon huvo grant hondra e grant amor de la ciudat; e los de Athenas se aplegavan a él pregándolo que de la ora adelant consejás e fiziés assí como él fizo en el lugar de Maratona. E quando Quimon començó de entremeterse de los fechos de la ciudat, la comunidat lo acceptó alegrement, porque ya eran enoyados de Themistoclí. E enviavan a Quimon en las mayores senyorías e hondras de la ciudat, porqu'él era amado de todos como hombre sin malicia. E Aristido de Lisímaco, el qual vedía por las costumbres de Quimon su [f. 60v] buena natura e aptitut e virtut, acreció el estado de Quimon e quasi le fazía guerrero de la loçanía de Themistoclí.

E depués que los medos fuyeron de la Elada, los de Athenas enviaron a Quimon capitán de la mar antes que huviessen aún la senyoría. Porque la hora eran[2009] aún en la obediencia de Pafsanía[2010] e de los lacedemonios. La ora Quimon començó de ordenar su huest e sus ciudadanos que en fechos d'armas pareciessen maravellosos e más ardidament combatiessen que los otros. Depués, quando Pafsanía[2011] tractava con los bárbaros de tradir a los griegos e escrivía epístolas al Rei e a los suyos se mostrava aspro e superbioso, en tanto que por su grant ergull dezía grandes injurias a los griegos, e Quimon recebía cortesament a todos aquellos que Pafsanía injuriava, e les favlava privadament. E por esta manera cuerdament él tiró la senyoría de la Elada de las manos de los lacedemonios a las manos de los de Athenas, no con armas, mas diestrament e con dolces paravlas e con buenas maneras; porque todos aquellos qui no podían sofrir la dureza e el menosprecio de Pafsanía se aplegaron con Quimon e con Aristidi.

2009   eran] era *PF*: ἑπομένων (Ἀθηναίων).
2010   Pafsanía] passania *P*: pausania *F*: Παυσανία.
2011   Pafsanía] passania *P*: pausania *F*.

Quimon e Aristidi recibían graciosament a aquellos qui
eran injuriados de Pafsanía[2012] e escrivían a los jutges de
los lacedemonios los fechos de Pafsanía:[2013] cómo él fazía
vergüença a la Espartia e conturbava toda la Elada, e que
escriviessen sobre esto a Pafsanía.[2014] Encara se dize
que Pafsanía[2015] envió la hora a Bisancio que le aduziessen
una infanta virgen, la qual havía nombre Cleonica, por
envergonçarla. Los parientes de la infanta, temiendo la su
maldat, la dexaron ir, ya sea que ellos fuessen hombres
hondrados. Cleonica pregó a los servidores de Pafsanía[2016]
que amortassen las lumbres por tal que algunos no la
vidiessen. Pafsanía[2017] se adurmió, e Cleonica, como iva
planament, dio contra su [f. 61r / vi, 5] voluntat al piet del
lecho e lo echó. E d'aquel roído se espertó Pafsanía como
espantado. E como se levantó, tomó su guchiello creyendo que fues algún su enemigo qui le viniés de suso, e ferió
a la infanta, la qual de continent cayó e murió de aquel
colpe. E de la ora avant ella no dexava folgar a Pafsanía,
mas la su figura le venía cada noche en suenyos e siempre le dezía un tal vierso diziendo: «O Pafsanía, veste cerca
de la justicia, porque muit mala cosa es qu'el príncep faga
injuria a sus súbditos».[2018] Por esta ocasión de la infanta
se ensanyaron todos aquellos qui eran en ayuda d'él, e se
aplegaron a Quimon e assitiaron a Pafsanía dentro en el
Bisancio. Pafsanía fuyó de Bisancio;[2019] e por la turbación
qu'él havía de las fantasías, él huvo refugio a aquellos qui

2012   Pafsanía] pefsanía *P.* pausania *F.*
2013   Pafsanía] pefsania *P.* pausania *F.*
2014   Pafsanía] pefsania *P.* pausania *F.*
2015   Pafsanía] pefsanía *P.* pausania *F.*
2016   Pafsanía] pefsanía *P.* pausania *F.*
2017   Pafsanía] pefsania *P.* pausania *F.*
2018   súbditos] subditi *F.* subditas *P.*
2019   Bisancio] bisança *P.* bisantio *F.* Βυζαντίου.

usavan de la nigromancia en la ciudat de Eraclea,[2020] e clamava al ánima de Cleonica e le demandava perdón. E ella
le vino luego devant los ojos e le dixo que, quando él iría
a Espartia, la hora sería livrado d'estas reptaciones. Esta fue
como profecía cómo él devía morir en Espartia. Estas cosas
fueron assín fechas, segunt que muchos han escripto.

La hora Quimon con todos los suyos se fue como general capitán de Tracia, porqu'él supo que algunos persianos,
parientes del Rei, tenían una ciudat cerca el río Estrimona
e davan[2021] grant molestia e[2022] fazían grant danyo a los
griegos vezinos. Quimon primerament se combatió con
aquellos persianos en el campo e los venció, en tal manera que él los assitió dentro la ciudat. E depués, a todos
aquellos de la Tracia sobirano del río Estrimona[2023] qui
levavan victualias a los persanos Quimon los fizo matar. E
guardava los passos todos en derredor e reduxo todos los
persanos qui eran assitiados en tanta necessidat que Buto,
el capitán del Rei, puso en desperación fuego en la ciudat
e cremó a sus amigos e a sí mismo con todo el haver. En tal
manera tomó Quimon la ciudat (f. 61v) la hora. E porque
todo el haver fue cremado, no huvo otra utilidat sino
que dio la ciudat, porque era buena, a los d'Athenas que
la possidiessen e abitassen en ella. E por esto el pueblo de
Athenas fizo estatuas III de piedra por regraciamiento e
memoria de la prisión d'aquella ciudat. E el títol de la una
estatua dezía assín: «Tales eran aquellos hombres de grant
coraçón que fueron contra los fillos de los medos a la ciudat que clamavan Yiona,[2024] en el curso del agua del río

2020 Eraclea] *F*: reclea *P*: Ἡράκλειαν.
2021 davan] davano *F*: davant *P*.
2022 e] et *F*: *om. P*.
2023 sobirano del río Estrimona] di sopral fiume strimona *F*: sobirano
del rio et strimona *P*: ὑπὲρ Στρίμονα.
2024 Yiona] xiona *PF*: Ἠϊόνι.

Estrimón; los quales, antes que los otros, trobaron de combater con los enemigos con fría batalla e con ardor de fambre». En la segunda estatua era escripto assín: «Los de Athenas pusieron aquí estas estatuas por los senyores qui tomaron a Yiona,[2025] por retribución en lugar de otro grant beneficio, por tal que los otros qui vernán[2026] depués tomen coraçón de combater semblantment por ganar hondra». En la tercera estatua era escripto assín: «D'esta ciudat se partió por capitán Menesteo con Atrides[2027] ensemble a la noble tierra de Troya; del qual Menestheo cuenta Omero que él, como más apto que todos los otros capitanes, fue a ordenar la huest de los hombres armados. Assín los de Athenas no cuidan que sea cosa desconvenible que sean clamados ordenadores de batallas, no por otro sino por la ardideza e por los fechos valientes».

E ya sea que en estas estatuas no fuesse escripto el nombre de Quimon, no res menos, esta cosa fue de muit grant hondra; la qual hondra no fue fecha ni a Themistoclí ni a Miltiado, a los quales ni aun de garlanda de olivera no fue fecha hondra. En tanto que Socaro se levantó en medio de la congregación e dixo una paravla la qual, ya sea que no fuesse convenible, no res menos, plugo al pueblo; porqu'él dixo a Meltiado: «O Meltiado, quando tú combatrás solo e vencerás solo a los bárbaros, será digna cosa que seas hondrado solo». ¿Por [f. 62r / VIII, 2] qué, pues, amavan más la obra de Quimon? Porque los otros capitanes se esforçavan solament de defender a los de Athenas que los enemigos no les fiziessen algún mal; mas Quimon se aquexava e treballava, ultra esto, de fazer mal a los enemigos de los de Athenas; en tanto qu'él se esforçó

2025 Yiona] cf. supra.
2026 vernán] verranno F: venian P: ἐπεσσομένων.
2027 Atrides] acrides PF: Ἀτρείδῃσι.

de ir contra lures enemigos en lur tierra e tomó las tierras qu'ellos tenían, es a saber, a Yiona[2028] e a Anfípoli, e las abitaron los de Athenas. E aun abitaron la isla[2029] de Esquiro, la qual tomó Quimon por tal ocasión: En esta isla abitavan hombres occiosos de labor de tierra, e todos eran cursarios, e eran clamados dólopes, los quales corseavan toda la mar grant tiempo. Finalment, ni aun d'aquellos qui por lur grado ivan a lur tierra havían misericordia. Por la qual cosa, allí vinieron algunos mercadores de Saloniqui e surgieron allí; e ellos los tomaron e los robaron e metiéronlos en la cárcel. Depués que los mercadores ixieron de las prisiones e de la cárcel, demandaron justicia de los cursarios; e fue dada sentencia que les rendiessen todo lo que a ellos havían tirado. Los dólopes querían que toda la tierra pagás esti deudo; la tierra no quería que la comunidat lo pagasse, mas dezían que justa cosa era que aquellos qui havían tomado las cosas las pagassen. Los cursarios se dubdaron por los otros e escrivieron a Quimon que viniés con estol e tomase la ciudat, porque ellos ge la darían. La hora Quimon vino e tomó la isla e echó de aquella los dólopes e afranquió a Egeo, es a saber, al Ayo Piélago.

Cómo levó Quimon la ossamenta o reliquias de Theseo[2030]
a Athenas a cabo de IIII^c anyos qui él era muerto

E quando Quimon supo que Theseo, fillo de Egeo, quando fuyó de Athenas, era seído a Esquiro e el rei Licomidi lo había tratado a traición, Quimon se aquexava de trobar la sepultura de Theseo; porque los dioses havían

---

2028 Yiona] xiona *PF.*
2029 isla] asia (*tachado en F*) *PF.*
2030 Theseo] *en margen de F:* egeo *PF.*

coman- [f. 62v] dado a los de Athenas por dicho de los
adevinos que levasen a Athenas las reliquias de Theseo e
que lo ondrassen assín como se apartenecía a senyor. Mas
ellos no sabían dó fuesse el cuerpo, porque los de Esquiro no lo querían revelar. Mas la hora Quimon fizo tanto
con muchos donos qu'él trobó la sepultura e tomó los uessos de Theseo e los puso en la galea muit honorablement
e levolos a su patria, passados anyos IIIIᶜ. De la qual cosa
el pueblo se alegró mucho. E por memoria e hondra fue
ordenado que a la sepultura de Theseo se fiziés el judicio
de los poetas el qual es más solepne. En el qual lugar,
Sofoclí, seyendo muit joven, escrivió primerament doctrina. E seyendo contrast por Sofoclí[2031] e por Esquilo quál
era más sufficient, Quimon mismo vino en la plaça e
sacrificó a la dea, así como era de costumbre; e depués los
conjuró que de cada un parentesco se sediés uno e jutgassen lo que fuesse convenible. Por la qual cosa, Sofoclí[2032]
venció, e Esquilo por dolor se partió e fuésse a Secilia, do
él murió depués e fue enterrado a la Gela.

E quando Ío[2033] vino una vegada de Xío[2034] a Athenas,
él cenó ensemble con Quimon. E algunos lo pregaron
qu'él cantasse alguna cosa poética. E él cantó muit melo-
diosament; por que todos los qui eran allí loaron al poeta
e dixieron qu'él era más apto que Themistoclí. E Themistoclí dixo: «Yo no he vezado de cantar ni de sonar la guitarra; mas yo sé fazer una tierra grant e rica». E assí como
esdeviene quando los hombres están en beverría e solaz,
de una paravla en otra vinieron a favlar de las valentías de
Quimon; e muchos contavan muchas cosas. E la hora él
mismo contó una cosa que él fizo como cosa de sotileza e de

2031   Sofoclí] *F:* soficli *P:* Σοφοκλέους.
2032   Sofoclí] *cf. supra.*
2033   Ío] el *P:* elli *F:* Ἴων.
2034   de Xío] dexo *PF:* ἐκ Χίου.

seso, la qual fue esta: Quando los griegos tomaron ensemble la ciudat de Sisto e de Bisancio, e tomaron muchos bárbaros presoneros, los advenedizos [f. 63r /IX, 3] qui eran en ayuda de Quimon le dieron el poderío de partir lo que havían ganado como a él pareciesse. E Quimon partió en esta manera: Él puso todo l'haver a una part, e las personas de los presoneros a una otra. Los foresteros reprendían a Quimon diziendo que no havía partido justament ni egual. E Quimon les dio l'avantage que tomassen ellos antes qual part quisiessen, porque los de Athenas recibían de buen grado aquella part que ellos dexassen. Uno el qual havía nombre Irófito,²⁰³⁵ qui era de Xamo, les dio por consejo que tomassen antes el haver de los persanos que las personas, e assí lo fizieron ellos; e la otra part, es a saber, los prisoneros, dexaron a los de Athenas. E la hora se partió Quimon decebido, segunt que parecía a los otros. Porque los foresteros tomaron joyas de oro de diversas maneras e muchos drapos de oro e de seda muit ricos, mas los de Athenas tomaron solament las personas nudas e qui no sabían res fazer de labor. Mas dentro poco tiempo vinieron los amigos e los parientes de los presoneros, e devallavan de Frigia e de Lidia e de todas partes, e rescatavan a cada uno con grant haver; del qual haver huvo Quimon pora las galeas e pora todo el estol e pora la armada la soldea e la despensa de IIII meses, e aduxo a la ciudat grant haver e quantidat de oro.

E Quimon se fizo muit poderoso e muit rico. Por la qual cosa, Quimon mostrava que bien e justament havía ganado en aquella guerra. Verdat es que todo lo despendía por su hondra con sus ciudadanos. Por la qual cosa, comandó que todos los encerramientos de los jardines e

2035   Irófito] irifito *PF*: Ἡροφύτου.

de las vinyas fuessen destruidos por tal que cada uno tomase liberalment lo que quisiés, e que cada día todo hombre qui quisiés comiesse con él. E su comer era simple; mas en tanta quantidat se aparellava cada día en su casa que complía para muchos, e todo hombre pobre qui quería [f. 63v] entrava líberament sin licencia e havía de comer tanto quanto él quería. Mas, como dize Aristótiles,[2036] Quimon dava a comer a todos, mas especialment a aquellos qui se clamavan laqueados. E depués, qui quería entrar entrava sin embargamiento. Encara siguían a Quimon algunos sus amigos honorablement vestidos; e quando Quimon encontrava algún viejo de la tierra qui fuesse mal vestido, alguno d'aquellos canviava[2037] su ropa con él, e vestíase las ropas simples[2038] d'aquel viejo e dávale las suyas más honorables, segunt que Quimon havía comandado a todos aquellos qui lo seguían. La qual cosa parecía que fuese cosa de grant bondat. Encara cada uno d'aquellos jóvenes levava con sí mucha moneda; e quando vedían en la plaça algún pobre gentil hombre, ellos se acostavan a él e secretament le ponían moneda en la mano, segunt que muchos escriven. E Gorgías leontino dize que Quimon havía l'haver por sus aferes e despendíalo por tal que le fiziés hondra. E Critías en el libro de *Triáconda*,[2039] priega a los dioses de haver la riqueza de los escopados e la magnificencia de Quimon e las victorias de Agisílao lacedemonio. E que Lica de Espartia no fue por otra cosa famoso entre los griegos sino porqu'él convidava a comer a todos los foresteres qui venían a los exercicios de los jóvenes. Mas la curialidat de Quimon

---

2036 Aristótiles] aristoteli *F*: aristoles *P*: Ἀριστοτέλης.
2037 canviava] enviava *P*: mandava *F*: διημείβετο.
2038 simples] simoles *P*: simola *F*: ἐνδεῶς.
2039 Triáconda] trianda *PF*: τριάκοντα.

venció a las curialidades e a las obras de humanidat antigas de los d'Athenas. Los d'Athenas dieron de primero a
los griegos la semient del trigo[2040] e les mostraron de fazer
pozos e de alumbrar fuego. Mas Quimon fizo de su casa
común trasoro pora todos sus conciudadanos, e todos los
fruitos primeros hondrados compartía por toda la tierra,
segunt el tiempo, e todas las cosas fermosas que en cada
una ora se trobavan dava poderío a los forasteros que las
tomassen a su plazer. E reduzía Quimon a la vida de los
hombres la comunicación que los hombres fablosament
dizen que era en el tiempo de Saturno, segunt que un
poeta escrive por Quimon diziendo: «Yo quería conversar[2041] todo tiempo con el hombre Quimon, qui mucho
ama[2042] los foresteros e es mejor [f. 64r / x {adición entre 7
y 8}] e más adelantado que todos los otros griegos, e
comer con él ensemble por engordar la mi vejedat e por
dar falagamiento a la mi impotencia; mas el buen Quimon
es ido adelant e nos ha desemparados». No res menos,
algunos injustament blasmavan a Quimon diziendo qu'él
falagava al pueblo por tenerlo a su plazer. Mas él les mostrava que no dezían verdat por los[2043] otros actos suyos;
porqu'él quería siempre que los gentiles hombres tovie-
ssen la senyoría, segunt la costumbre de los lacones.
Temistoclí[2044] dava grant favor al pueblo qu'el pueblo se-
nyoreasse. E depués, él tuvo contrast con Fialto,[2045] porque
Fialto[2046] gastava al consello del Ariópago por complazer al
pueblo. E porque Quimon vedía que todos los de Athenas

2040   trigo] çiego *PF*: τροφῆς.
2041   conversar] conservar *P*: conservare *F*: συνδιατρίψειν.
2042   ama] auia *P*: aueva *F*: φιλοξενωτάτῳ.
2043   por los] por los por los *P*.
2044   Temistoclí] themistocle *F*: mistocli *P*: Θεμιστοκλεῖ.
2045   Fialto] *PF*: Ἐφιάλτην.
2046   Fialto] *cf. supra.*

recibían donos, exceptados Aristidi e Efialto, él profería su persona a todo hombre que menester fiziés de ayudarle de paravlas e de fechos; e nunqua tomava algún dono. Por la qual cosa, un bárbaro el qual havía nombre Rissaco[2047] se rebelló contra el rei e vino con grant trasoro a Athenas. Algunos maldezidores favlavan contra Rissaco,[2048] e se acordaron de fazerle desplazer. Rissaco[2049] huvo refugio a Quimon; e de continent qu'él fue al palacio de Quimon, él puso dos cuencas: el una plena de moneda d'argent, e el otra de moneda d'oro. E quando Quimon vido esta cosa, él se ridió e preguntó a Rissaco[2050] quál quería más de dos cosas: o de haver a Quimon por su soldadero o haverlo por amigo. E Risaco[2051] dixo que más lo quería haver por amigo. «Pues —dixo Quimon— toma estas cosas e vate. E quando yo havré menester, pues que só tu amigo, yo ende tomaré la hora».

Los súbditos de los de Athenas pagavan el treudo que eran acostumbrados de pagar; mas galeas e hombres no querían dar segunt que havían prometido en los pactos; porque ya eran cansados de tantas guerras. E no querían más combater, diziendo que los bárbaros eran partidos e no los molestavan más. E querían bevir pacíficament, e plazíales más de lavrar la tierra que ir en fechos d'armas. E por esto ni galeas armavan ni gentes enviavan. Por la qual cosa, los [f. 64v] otros capitanes de Athenas se ensanyavan contra ellos e los forçavan e fazíanlos ir en la huest a lur mal grado; e si alguno fincava, era punido grieument. E por esto la senyoría de los de Athenas parecía dura e des-

2047   Rissaco] nissaco *P*: nissato *F*: 'Ροισάκην.
2048   Rissaco] *cf. supra.*
2049   Rissaco] nissaco *PF.*
2050   Rissaco] arissaco *P*: nissaco *F.*
2051   Risaco] nisaco *P*: nissaco *F.*

plazible a los súbditos. Mas Quimon tomó la vía contraria
de los otros e nunqua forçava a ninguno, mas tomava d'a-
quellos qui no querían ir en la huest moneda e galeas, e a
ellos dexava. Los quales se decebían fincando en lures
casas e faziéndose de hombres d'armas lavradores de tierra, e de combatidores no combatidores, e de líberos siervos por lur neciedat por bevir folgadament. Mas a los
d'Athenas metía él sobre las galeas, e compartíalos, quando los unos, quando los otros, e los exercitava en las batallas e en los treballos e en la sufriença; assí que dentro
poco tiempo manifiestament les fizo con l'haver e con los
treudos de los otros súbditos senyores de aquellos qui
los pagavan. Porque los d'Athenas, navigando sovent e
teniendo siempre las armas en mano, ganavan al doble:
primerament, ganavan de bevir; e depués, se exercitavan
en el exercicio d'armas. E por esto ivan de buen grado. E
por esta ocasión los súbditos havían miedo de los d'Athenas e los començaron a falagar; e en esto se trobaron
decebidos, porque antes eran companyones, e depués
fueron siervos e villanos.

Encara, la loçanía del Grant Rei ninguno otro no la
humilió sino Quimon. Porque, quando él se partía de
la Elada, siempre Quimon lo perseguía e no lo dexava folgar. E algunas sus ciudades assitiava e combatía, otras
tomava e tenía, e algunas por su seso tractava e ordenava
que se rebellasen contra el Rei e viniessen en subjección
de los griegos; en tanto que toda aquella part de Asia la
qual es de Yonia[2052] fasta a la Pamfilia fincó vazía de armada de persanos, e ningún persano no parecía en aquella
encontrada. E quando Quimon oyó que los capitanes del
Rei eran congregados cerca la Panfilia con grant huest por

2052   Yonia] xiona *PF*: Ἰωνίας.

tierra e con muchas galeas por mar e que lo esperavan, Quimon se pensó [f. 65r / xii, 2] de fazerles tal miedo que nunqua huviessen ardideza de entrar en la mar de los Cilidonios. E de continent se levantó de Cnido[2053] e del Triopio, e fuésse contra los bárbaros con galeas iiic, las quales Themistoclí antes havía fecho fazer muit sotiles e estrechas porque fuessen más liugeras de remos. Mas Quimon fizo la hora alargar lures cubiertas porque la gent d'armas más líberament pudiessen ir de suso e de yuso e que no solament fuessen buenas pora encalçar, mas aun fuessen firmes pora combater, porque levavan más gent d'armas. E como Quimon devallava, fue a una ciudat la qual ha nombre Fássila,[2054] en la qual habitavan griegos, mas no querían recebir al estol de los griegos ni se querían rebellar contra el Rei. E porque Quimon robava e combatía la dicha ciudat de Fássila, algunos de Xío qui eran ensemble con Quimon, porque havían antiga amigança con los de Fássila, amansavan quanto podían la ira de Quimon e, aun quando echavan sus sayetas dentro la ciudat, echavan con las sayetas cédulas por las quales les consejavan que se humiliassen e que se rindiessen a Quimon; en tanto que, finalment, fizieron paz con tal pacto que diessen a Quimon por la despensa del estol por el tiempo qu'el estol havía estado allí talentes x, e que siguiessen a Quimon e fuessen con él en huest contra los bárbaros, porque convenible cosa era que, pues que ellos eran griegos, fuessen al comandamiento de los griegos e en lur ayuda por fazer guerra contra los bárbaros.

2053   Cnido] quinito *PF*: Κνίδου.
2054   Fássila] fassili *P*: falsia *F*: Φασηλιτῶν.

*Cómo Quimon desbarató e venció todo el poder del Rei
de Persia assín en mar como en tierra; e aprés, las LXXX
galeas de los fenices qui vinién en ayuda de los persanos*

Por aquella armada de los bárbaros, escrive Éforo que
sobre las galeas del Rei era capitán Titrausto,[2055] e sobre la
huest de tierra era Ferendato. Mas Calisteno dize que
sobre todos los capitanes era general Ariomando de
Gobrío, e comandava sobre todo el poderío, e havía tomado puerto pora las galeas al río Eurimédonta. E [f. 65v] no
quería combater con los griegos, mas esperava aún galeas
LXXX de Feniz, las quales venían de Chipre en su ayuda.
Quimon, queriendo ferir en ellos antes que aquellas galeas
viniessen,[2056] se aquexava de fazer en manera que, si los
bárbaros no quisiessen combater de lur buen grado, que
de necessidat les fiziés combater a lur mal grado. Por la
qual cosa, los bárbaros entraron dentro del río por tal que
Quimon no los constrinyés de combater. Mas, veyendo
que Quimon los molestava, a lur mal grado sallieron a la
batalla con galeas III^c cincuenta, segunt que dize Éforo,[2057]
mas, segunt que dize Fanódimo,[2058] con VI^c. E ya sea que
con tanto estol salliessen en la mar, ninguna cosa de hondra no fizieron segunt el poderío que havían, mas, como
vidieron el ordenamiento de los griegos e el ardideza, giraron las proas e ferieron en tierra, e solament los primeros
se salvaron en tierra, e fuyeron a la huest de tierra, que era
cerca de la mar. Mas todos los otros fueron consumados
por mano de los griegos con sus fustas. Por la qual cosa,

2055   Titrausto] thiteausto *PF*: Τιθραύστην.
2056   viniessen] venissero *F*: se aquexassen viniessen (se aquexassen
ligeramente tachado).
2057   Éforo] efforo *F*: esforo *P*: Ἔφορος.
2058   Fanódimo] *F*: fanodinio *P*: Φανόδημος.

manifiestament parece que mucho era grant la quantidat de las galeas de los bárbaros; porque muchas[2059] escaparon, segunt que es usança de batalla, e muchas galeas se perdieron en el envestir; e no res menos, los de Athenas tomaron d'aquel estol de los bárbaros galeras sanas II^c. E de continent toda la huest de tierra que havían los bárbaros devalló a la mar.

E, quanto al principio, a Quimon parecía dura cosa de devallar en tierra por fuerça, porque los griegos eran muit pocos en comparación de tanta moltitut de bárbaros, e aun porque los griegos eran treballados e los bárbaros eran folgados. Mas, veyendo que los griegos, por lur valentía e por lur ardideza natural e aun por el grant coraçón que havían tomado por la victoria, desseavan devallar en tierra contra los bárbaros, puso escala e devallaron la gent d'armas que aún eran encendidos de la batalla de la mar, e todos se metieron con- [f. 66r / XIII, 1] tra los bárbaros con una entención e una voluntat e con un consejo. Los bárbaros de primero los esperaron abivadament, e se defendieron fuertment, e era la batalla muit dura e muit fuert de amas a dos las partidas, porque murieron la hora allí d'Athenas muchos e valientes e dignos de hondra e famosos. No res menos, con grant treballo e con grandes homicidios rompieron a los bárbaros e los tallaron, e depués fueron senyores d'aquellos que fincaron e de lures tiendas, las quales eran plenas de grant trasoro. Tales dos victorias fizo Quimon como apto e terrible capitán, más maravellosas que las dos primeras —la una en tierra en Salamina, et la otra en la mar en la Plátea—, e el trofeo qu'él adreçó. E en estas dos excelentes victorias que venció a los bárbaros en un día en mar e en tierra, era otra victoria la qual fizo la hora. E en continent, como él oyó que las LXXX galeas de los feni-

2059   muchas] muchos *P*: molti *F*: πολλῶν (ἐκφυγουσῶν).

ces se metieron en el lugar el qual se clama Idro, él se puso en mar. Los fenices no havían aún ciertas nuevas de los capitanes de la grant huest del Rei; por la qual cosa, ellos estavan en dubdo e no podían creyer qu'ellos fuessen desconfidos. E como Quimon súbitament los asallió,[2060] e tomó todas las galeas de los fenices con toda la gent, e todos fueron muertos. La qual cosa tanto humilió el ardideza del Rei qu'él fizo convinenças en aquella paz de nunqua venir a la mar de los griegos por espacio de una jornada de cavallo e que dentro de la Xilidonía[2061] nunqua entrasse con galea armada. Por la qual cosa, el poderío del Rei aminguó tanto en la mar poco a poco que depués Periclí passó por la mar de la Xilidonía con fustas L, e depués Efialto con XXX fustas solas, que no encontró navilio ninguno de bárbaros. E por esto los d'Athenas fizieron una estatua de la paz e hondraron mucho a Calía, el qual fue embaxador d'aquella paz. E las cosas que fueron robadas fueron vendidas,[2062] e el común d'Athenas se enriqueció tanto que ellos edificaron el alcáçar de la part del mediodía [f. 66v] de lo qu'ellos havían ganado en aquella huest. E aun muraron otros muros los quales se claman *Macrá Squeli*, es a saber, 'luengas camas', e los acabaron ***.[2063] Mas conteció que los fundamientos d'aquellos muros fueron fechos en lugar aguanoso e lodoso, e primerament fueron firmados con piedras menudas e depués fueron puestas piedras grandes. E esto fizo Quimon a su despensa. E aun Quimon fue el primero que fizo fermosa la ciudat de Athenas con andamios amplos e fermosos, assín que los ciudadanos pudiessen líberament e con plazer ir e venir. La qual cosa plugo

---

2060 asallió] asallie *PF.*

2061 Xilidonía] Χελιδονίων.

2062 vendidas] vençidas *P*: venzidas (*al margen* vendute): πραθέντων.

2063 ***] *parece haber una laguna en PF: en gr.* ὕστερον 'más tarde'.

mucho a los d'Athenas. E toda la plaça e el mercado fizo
plantar de plátanos. La Academia era toda seca e sin agua,
e él fizo venir tantas aguas que toda la implió d'agua en tal
manera assín ordenadament que todas las carreras eran
limpias e sombrosas.

*Cómo venció e tomó aún otra vegada Quimon algunas
galeras de los persanos e senyores de Tracia qui eran
en lur partida, e aprés subjugó los tassios*

Depués esto, veyendo Quimon que los persanos no
querían desemparar al Quirróniso e partirse de la tierra,
antes clamavan a los de Tracia en lur ayuda e menospreciavan a Quimon porqu'él se era puesto en mar con galeas
pocas, Quimon de continent fue contra ellos, e con IIII
galeas suyas tomó XIII de los bárbaros, e senyoreó a los de
Tracia, e reduxo todo el Querróniso²⁰⁶⁴ en servitut de los
d'Athenas. E depués, quando los tassios se revelaron contra los d'Athenas, Quimon se fue contra ellos, e combatió
con ellos en mar con galeas, e tomó de lures galeas XXX, e
tomó aun la lur ciudat por batalla. E la mena del oro que
los tassios havían, los d'Athenas la ganaron quando Quimon venció de todo. E toda la tierra que los tassios tenían
Quimon la reduxo al comandamiento de los de Athenas.
Por la qual cosa, él podía liugerament correr la Macedonia
e tirarles mucho de lur tierra e poner- [f. 67r / XIV, 3] la en
senyoría de los d'Athenas. E porque no lo fizo, sus enemigos trobavan occasiones contra él diziendo qu'el rei Alexandre le havía enviado donos e que por esto se estuvo
que no dio molestia a su lugar. E todos los enemigos de
Quimon se aplegaron al judicio contra él. Por la qual cosa,

2064   Querróniso] queroniso *F*: queroconiso *P*. Χερρόνησον.

él respondía e dezía: «Yo no ponería mi persona en servitut vendiéndome por donos podiendo seyer senyor, ni reputo otra mayor riqueza que la pobreza con honestat. E en esto yo sigo a los lacedemonios, e yo no he otra alegría sino quando de mis enemigos fago rica mi ciudat. No res menos, quando yo he victoria de una batalla, cúmpleme de lo que he fecho dubdándome que el desmesurado ergull no me fiziés venir a contrario». La hora Elpinica, la ermana de Quimon, se fue a las puertas de Periclí e pregava a Periclí por su ermano; porque Periclí más durament e más aspra contrariava a Quimon que ningún otro.[2065] Periclí, quando la vido, sonridiose e le dixo: «O Elpinica, vieja eres, vieja, pora tales aferes. No res menos, yo seré más manso enta Quimon». E assín fue.

E fue la hora Quimon livrado de aquella acusación. E siempre Quimon, quando él se trobava en la ciudat, humiliava al pueblo e lo embargava que no se levantasse contra los gentiles hombres. Porqu'el pueblo del todo tirava a sí el poderío de la ciudat e menospreciava a los gentiles hombres. Mas, quando Quimon se puso en mar con sus galeas, el pueblo falló tiempo de fazer lo que quería, e conturbaron los antigos ordenamientos de la ciudat los quales havían quando Efialto era lur sobirano, e destruyeron el judicio del Ariópago, exceptados pocos, e tomose el pueblo la senyoría, e puso del todo la ciudat en el regimiento del pueblo, porque Periclí era poderoso e tenía[2066] la part del pueblo. Por esto, quando Quimon tornó, huvo grant desplazer de la desondra de los gentiles hombres e esforçávase de reduzir los judicios en la senyoría de los gentiles hombres segunt la antiga costumbre que era en el

2065   que ningún otro] que a ningun otro *P*: τῶν κατηγόρων ὁ σφοδρότατος.
2066   tenía] cenia *P*: *om. F*: (τὰ τῶν πολλῶν) φρονοῦντος.

tiempo de Clisteno. E aun se congregavan [f. 67v] sus enemigos contra él e lo acusavan qu'él tenía la part de los lacedemonios, segunt que Éupolo dezía por Quimon: que Quimon no era malo, mas era perezoso e delectávase de bever. E pues Quimon, seyendo perezoso e bevedor, havié ganado tantas ciudades e fechas tantas victorias, manifiesta cosa era que, si él fues estado solícito e no huviés tanto bevido, nunqua algún griego que fues antes o depués d'él lo havría passado en los aferes.

Quimon de primero amava a los lacones e seguía lures ensenyamientos e lures maneras, en tanto qu'él clamava a un su fillo Lacedemonio, el qual fillo engendró en Clitoría en una ventrada con un otro el qual se clamava Ilíon. E havía un otro fillo el qual clamava Thesaló, e engendrolo en Isodica de Euriptólemo[2067] de Megacleo. E los de Athenas eran muit amados de primero de los espartanos por amor de Quimon; porque los espartanos fazían grant reverencia a Quimon como a hombre verdadero. E por esto los d'Athenas hondravan mucho a Quimon en el plazer de los espartanos, porque a los espartanos plazía que Quimon fuesse adelantado entre los de Athenas por ocasión del escándalo que se escandalizaron con Themistoclí. E todos los aferes de los griegos los fazía Quimon; porqu'él favlava mansament con los súbditos e curialment con los lacedemonios.

Cómo e por quál ocasión los de Athenas esterraron
a Quimon por x anyos, e depués lo restituyeron

Quando los de Athenas se fizieron más poderosos que los lacedemonios e vedían que Quimon favoreava a los lacedemonios, les desplazía. Porque Quimon en todos

2067   Euriptólemo] euricholemo *PF*: Εὐρυπτολέμου.

los parlamentes magnificava a los lacedemonios, e muchas
vegadas reptava a los d'Athenas, quando blasmavan a los
lacedemonios, diziendo: «¡No son tales los lacedemonios!».
Por la qual cosa, Quimon congregava contra sí mismo
muchas enemistades e invidias de sus ciudada- [f. 68r / XVI, 4]
nos. E la mayor ocasión que contra él trobavan injustament e de que más lo opremían[2068] era esta: Quando
Arquídamo de Zeuxídamo regnava en la tierra de Espartia,
en el quarto anyo de su regno fue la mayor tierratrémol
que jamás hombre se remembrasse; en tanto que la tierra
de los lacedemonios en muchas partes se'nde entró, e se
fizieron grandes crebantadas e valles, e las montanyas
se'nde entraron, assí que muchas cimas de montanyas cayeron, e toda la ciudat se destruyó, e todas las casas cayeron
sino v. E dentro las bueltas do se exercitavan los viejos e
los jóvenes, poco antes que la tierratrémol fues, apareció
una liebre. E los jóvenes, assín nudos e untados como
eran, quando vidieron la liebre, corrieron todos fuera por
solaz de çaga la liebre. Los viejos fincaron dentro, e de
continent cayeron las bueltas e mataron a todos los viejos.
Por la qual cosa, lur sepultura entro al día de oi es clamada *Tremblamiento*. E el rei Arquídamo, quando vido los
ciudadanos que echavan de lures casas las cosas más preciosas por salvarlas e consideró que periglo podía esdevenir de aquella cosa, comandó que se sonás la trompeta
mostrando que los enemigos les viniessen de suso, e
comandó a todos que se aplegassen a él con sus armas.
E esta cosa salvó la Espartia la ora; porque de los casales
corrién todos los villanos por tomar a aquellos lacedemonios qui eran escapados e por ganar lures cosas. E quando los trobaron aplegados e armados, ellos se partieron e

---

2068   opremían] opprimevano *F*: oprenian *P*. ἰσχύσασα.

se aplegaron todos los siervos e los villanos, e algunos d'e-
llos[2069] enduxieron a los de Messini en su ayuda, e todos
ensemble asallieron a los espartanos e los molestavan. Por
esto los lacedemonios enviaron embaxador a Athenas a
Periclidi[2070] porque los pregasse por ayuda. Por la qual
cosa, Aristofani escrive del dicho Periclidi, chufándose d'él,
cómo él sedía acerca el ídolo [f. 68v] todo amariello demandando huest e ayuda. E Fialto[2071] embargava a los de Athenas que no diessen ayuda a los lacedemonios, diziendo:
«No levantedes la tierra que es nuestra enemiga; dexatla
jazer por tal que su ergull sea humiliado». Mas Quimon fue
más contento de fazer el provecho de la Espartia qu'el acrecimiento de su patria. E fizo qu'el pueblo fue contento de
ir en ayuda de los lacedemonios. E el buen Íon[2072] en sus
Istorias recita las paravlas de Quimon por las quales él
movió a los d'Athenas: «No querades que la Elada sea
cuexa, ni querades que nuestra patria sea injusta».

E depués que Quimon huvo dado ayuda la hora a los
lacedemonios, tornava con su huest devés Corinto. Lácarto[2073] se clamava de Quimon[2074] porqu'él havía entroducho
su huest en lur tierra sin fazer saber alguna cosa a los de
la tierra, así como es de costumbre que hombre toca a la
puerta de alguno e no entra fasta qu'el senyor de la casa
lo comanda. E Quimon le dixo: «O Lácarto, quando vós
entrastes en las Cleonas e a la Mégara, no tocastes a las
puertas, mas las rompiestes e por fuerça entrastes con
vuestras armas jutgando e diziendo que a los más poderosos todas cosas deven seyer abiertas; e assín fazemos nós

2069   d'ellos] di loro *F*: de los *P*.
2070   Periclidi] pericli *PF*: Περικλείδαν.
2071   Fialto] *PF*: Ἐφιάλτου.
2072   Íon] dion *PF*: Ἴων.
2073   Lácarto] de lahcarto *P*: di lahcarto *F*: Λάχαρτος.
2074   de Quimon] di cymon *F*: quimon *P*: αὐτῷ.

agora». Assín respondió loçanament Quimon aquella vegada segunt qu'el tiempo requería, e passó por medio de la
tierra e sallió con su huest. Depués de aquesto, los lacedemonios enviaron a los de Athenas por ayuda contra los de
Messini. E quando los de Athenas vinieron e los lacedemonios vidieron la lur ardideza e lur excelencia, se dubdaron,
e de todos aquellos qui eran venidos en lur ayuda solament
a los de Athenas lecenciaron que se fuessen, los quales se
partieron mal contentos e querían mal a todos aquellos
qu'ellos pensavan que fuessen de la part de los lacedemonios. E por esto los de Athenas trobaron ocasión contra
Quimon e lo exiliaron por x anyos segunt la costumbre de
la sentencia de las ostrias, la qual sentencia se clama-
[f. 69r / xvii, 3] va *exostraquismós*, es a saber, 'exiliamiento de ostrias'. E depués, quando los d'Athenas tornavan
por delivrar a los Delfos del agraviamiento que los foque-
os le fazían, los lacedemonios fueron antes a la Tánagra[2075]
e esperaron allí por ir contra los de Athenas. E los de Athenas se aparellaron de combater con los lacedemonios. Mas
los enemigos de Quimon conturbaron a los de Athenas, e
trobavan ocasión que Quimon vinié maliciosament por
conturbar la huest de Athenas e por levar los lacedemonios contra la ciudat de Athenas. Quando los v^c del consello lo[2076] oyeron, se dubdaron de Quimon e comandaron a
los capitanes de la huest que no recibiessen a Quimon en
lur companyía. Por la qual cosa, Quimon se partió. No res
menos, él pregó a sus amigos, es a saber, a Éutipo de[2077]
Anaflistio e a todos aquellos qui eran enculpados de los de
Athenas que teniessen part[2078] con los lacedemonios

2075   Tánagra] tenagra *PF*: Ταναγρᾳ.
2076   lo] l' *F*: le *P*.
2077   de] et a *P*: et *F*: (Εὐθίππου) τοῦ Ἀναφλιστίου.
2078   part] *F*: en part (en *interlin*.) *P*.

qu'ellos[2079] valientment combatiessen contra los lacedemonios entro a la muert e que por obra echassen de sobre
d'ellos el blasmo. Por la qual cosa, ellos tomaron sus
armas e aplegaron ensemble c hombres de part e fizieron
una celada e todos c fueron muertos en aquella batalla.
Por la qual cosa, los de Athenas se penidieron depués de
lo que havían dicho contra ellos; e por esta ocasión el odio
que havían contra Quimon no duró mucho, mas, membrándose de los bienes que havían recebido d'él e considerando qu'el tiempo los constrenyía que enviassen por él
(porque fueron malament desconfidos en aquella batalla
de Tánagra e dubdávanse que a la primavera no viniés
huest de lacedemonios contra ellos), enviaron por Quimon. E Periclí mismo escrivió la determinación del consello. E en esta manera tornó Quimon. ¡Tanto era la ciudat
en grandes [f. 69v] contrastes! Mas lur furor era atemprada,
e luego se tornavan por la comuna utilidat, e la amigança
que era entre ellos vencía a todas las otras passiones e turbaciones, e segunt el tiempo condecendían a la utilidat de
la patria. Mas, como vino Quimon, de continent puso concordia entre las ciudades e cessó la guerra.

De la grant armada que Quimon fizo por mar; e de los
senyales que pronosticaron su muert; e de su muert

Pues que la paz fue fecha, veyendo Quimon que los de
Athenas no podían estar en paz, porque querían acrecer
lur condición con poderío de huest, se dubdó qu'ellos no
fuessen en torno del Pelopóniso e fiziessen molestia e
danyo a lures islas con muchas galeras e que no contur-

2079   qu'ellos] et quellos (et *interlin.*) *P*: et che essi *F*: *sin conjun-*
ción en gr.

bassen a los griegos e moviessen guerra contra lures amigos e les diessen ocasión que se clamassen d'ellos. E por
esto Quimon armó IIIᶜ galeas por ir contra Egipto e contra
Chipre. La una ocasión era por exercitar a los d'Athenas a
la guerra de los bárbaros, e la otra que ganassen e huviessen provecho con justicia e razón aduziendo a la Elada
riqueza de los enemigos naturales. Quando toda la huest
fue aparejada e entró en las galeras, Quimon vido en suenyos una perra que con grant furor le ladrava e ladrando
echó una voz de hombre mesclada con voz de perro e
díxole: «Ven, Quimon, porque tú serás amigo mío e de mis
perriellos». El suenyo era difícil a esponer a todo hombre,
mas solament Astífilo[2080] Possidoniato,[2081] qui era grant
adevino e amigo de Quimon, dixo a Quimon qu'el suenyo
denunciava la su muert. E esponíalo en esta manera: El
perro al hombre contra el qual ladra lo reputa su enemigo, e ninguno no ha jamás paz con su enemigo fasta que
su enemigo sea muerto. Que la voz de la perra fuesse mesclada con voz de hombre significava que aquel enemigo
sería de Media, porqu'el capitán de los medos se mesclava con griegos e con bárbaros. Encara de- [f. 70r / XVIII, 4]
pués d'aquel suenyo, quando Quimon fizo sacrificio al
dios Bacus, el adevino fendió la bestia, e de la sangre de
la bestia cuallada muchas formigas que allí se aplegaron
tomavan poco a poco e la levavan enta Quimon. E Quimon estuvo una grant hora que no se dio aguarda de las
formigas, las quales untaron d'aquella sangre todo el dedo
mayor del piet de Quimon. E quando Quimon súbitament
se tornó e vido el senyal de su piet, el adevino era cerca
d'él, qui le mostrava el fígado de la bestia porque fallié

2080   Astífilo] aestifillo P; questo fillo F; Ἀστύφιλος.
2081   Possidoniato] possidomato PF; Ποσειδονιάτης.

toda la extremidat. Empero Quimon por todo esto no renunció a aquella capitanería, antes se puso en la mar e envió a Egipto galeas LX, e él iva con las otras enta Egipto. E falló por el camino grant estol de galeas del Rei, de las quales galeras algunas eran de Feniz e las otras eran de Cilicia.[2082] E de continent las destruyeron los de Athenas, e depués ivan robando las ciudades de los bárbaros e assitiavan todas las tierras que eran en la part de Egipto, no pas a entención de chica cosa, antes de levar del todo la senyoría del Rei d'aquellos lugares, e especialment porqu'él uyó cómo el Rei havía recebido a Themistoclí e cómo Themistoclí era en grant magnificencia e havía grant poderío e grant gloria de los bárbaros e qu'el Rei tenía entención de venir aún contra los griegos, seyendo su capitán Themistoclí. Mas dízese que Themistoclí no esperava de poder fazer alguna cosa contra los griegos, no por otro sino por la buena ventura e por las virtudes de Quimon, e murió por su voluntat. Quimon depués pensava començar grandes aferes; por la qual cosa, él envió al templo del dios Amón algunos suyos por preguntar a aquel dios de algunas cosas secretas; porque ningún hombre entro al día de oi no supo por qu'él los envió. Mas ni el dios le fizo alguna respuesta, sino que les comandó qu'ellos se partiessen porque Quimon ya era con él ensemble. Por esto aquellos men- [f. 70v] sageros se tornaron e, quando vinieron a la mar a la huest de los griegos, la qual era en torno de Egipto, supieron que Quimon era muerto. E fallaron, contando los días, que en aquel día murió Quimon qu'el dios Amón les dixo que era con él. Por la qual cosa, se certificaron qu'él es con los dioses ensemble.

E murió Quimon en Chipri combatiendo a Quiti. E dizen la mayor part de la gent qu'él murió de enfermedat,

2082   Cilicia] F: çiçilia P: Κιλισσῶν.

mas algunos dizen qu'él murió por un colpe que los bárbaros le dieron en la batalla. Por la qual cosa, quando él
sentió qu'él devía morir, comandó a sus capitanes que se
partiessen con la huest e passassen la mar antes que los
bárbaros sentiessen que Quimon fuesse muerto. Por la
qual cosa, conteció que con el seso de Quimon e con su
avisamiento tornaron los de Athenas sin periglo, porque ni
sus enemigos ni los amigos de sus enemigos sentieron
alguna cosa de su tornada. E passados xxx días, murió
Quimon, segunt que dize Fanódimo.[2083] Depués la muert
de Quimon, ningún[2084] capitán de los griegos no fizo alguna ardideza digna de memoria contra los bárbaros, mas
solament se conturbaron entre ellos, e algunos hombres
turbadores los incitavan, e ninguno no se ponía en medio
d'ellos por pacificarlos. La qual cosa era reposo del Rei e
destrucción del poderío de los griegos. Après de aquesto,
la compañýa de Agisílao apenas començaron tomar armas
contra la Asia e combatieron un poco con la gent del Rei
cerca la mar. E quando devían fazer alguna cosa de valor,
los hombres turbadores que eran entre ellos los embarga-
ron e los fizieron tornar[2085] sin fazer alguna cosa, e dexaron
en las tierras de lures subjectos e en las ciudades qu'ellos
amavan los colledores del Rei, qui cullían el treudo, de los
quales ni minsagero qui aduziés letras ni cavallo persiano
osava aparecer a iiij^c estadios de la mar quando Quimon
era capitán de la guerra.

La hora aduxieron sus reliquias a la Atiquí, segunt
[f. 71r / xix, 5] que las sepulturas las quales entro al día de
oi se claman *Quimonias* lo testimonian. No res menos, los
abitadores de Atiquí mostran la sepultura de Quimon en la

2083   Fanódimo] fanodino *PF*: Φανόδημος.
2084   ningún] *om. PF*: οὐδενός.
2085   tornar] tornare *F*: tomar *P*: ᾤχοντο.

Quiti, segunt que en un anyo de grant carestía e fambre que fue en aquella tierra el dios les comandó que no menospreciassen a Quimon, mas que lo teniessen en reverencia e que lo hondrassen como a dios.

LUCULO

{*PF*}

SÍGUESE EL XXII LIBRO: De las gestas e memorables fechos d'armas del virtuoso Luculo, cónsul romano.

El agüelo de Luculo fue cónsul muchas vegadas; e Metelo, el qual era clamado por sobrenombre *Nomano*, e era su tío de part de su madre. Mas su padre fue acusado de furto, e su madre de adulterio. Luculo, seyendo aún joven, antes qu'él huviés ningún officio en la ciudat, treballava en trobar alguna ocasión contra aquel qui lo havía acusado a su padre. Por la qual cosa, él trobó que aquel qui lo havía acusado, el qual havía nombre Servilio áuguro, havía fecho injusticia a la comunidat, e Luculo lo acusó. La qual cosa plugo mucho a los romanos e parecioles que esta cosa fues lur fortificamiento. E mucho favlavan d'esta cosa; e aun sin alguna ocasión especial los romanos reputavan a su grant firmeza quando los gentiles hombres eran acusados. E mucho les plazía que los jóvenes contrastassen a los gentiles hombres qui fazían injusticia como si ellos fuessen canes gentiles qui se combatiessen con animales fieros.[2086] No res menos, en aquel judicio fue tanto contrast e baralla que muchos fueron feridos e algunos fueron muertos, mas

---

2086   fieros] fieri *F*: fieras *P*.

Servilio escapó. Luculo era exercitado en ciencias e sabía amas a dos las lenguas, en tanto que, quando Sila quería escrevir la istoria de sus fechos, él la cometió a Luculo que la ordenasse e que la emendasse. Porque Luculo no solament era apto de bien favlar en las necessidades como algunos otros qui con sus lenguas sabían comover al pueblo, assí como el pex mueve [f. 71v] el agua, e fuera de la congregación eran como el pex fuera el agua e no sabían ren dezir, como si fuessen muertos. Mas Luculo no era tal, antes, mientre qu'él era moço, él se esforçava de conquistar doctrina e virtut de favlar, e, quando envelleció, dexó folgar su piensa de muchos treballos en la ciencia e entendía a la filosofía, e puso toda su intención a la rectórica. Mas el contrast que Luculo huvo depués con Pompeyo por los fechos de la ciudat lo embargó. E que Luculo amás bel favlar, muchas cosas que d'él se dizen le dan testimoniança. E entre las otras se dize aquesta: Que, quando él era joven, de paravlas de solaz vinieron a mover la una cuestión fuert con Orticio advocado e con Tisena el istórico. E ordenaron de echar las suertes en quál lengua deviés él escrevir la batalla de los Mársicos, o en lengua greguesca o en romana. E vino la suert a la lengua greguesca. E entro al día de oi se troba aquella istoria greguesca de la batalla de los Mársicos. E tanto amava Luculo a su ermano, el qual havía nombre Marco, que, ya sea qu'él fues de mayor tiempo que su ermano, nunqua quiso acceptar algún officio sin su ermano, mas esperava qu'él fues de edat. E tanto reduxo Luculo al pueblo a su amor que, seyendo él absent, el consejo lo fizo official sobre las mercadurías ensemble con su ermano.

E Luculo en el tiempo de la batalla mársica era muit joven quando él mostró la hora sus ardidezas e su seso. E la principal cosa por que Sila lo tiró a su amiganza fue la humildat e los buenos ordenamientos suyos. E del principio entro a la fin huvo a Luculo en sus aferes más nece-

ssarios, de los quales el uno era el fecho de la moneda, de
la qual la mayor part fue cunyada al Pelopóniso, es a
saber, a la Morea, por la guerra de Mitridati. E por esto
aquella moneda, como si fuese de Luculo, era clamada
lucula. E tardó allí mucho tiempo, e depués luego tornó
porque sovén mudavan la moneda. En aquel tiempo Sila
[f. 72r / II, 3] vencía a los de Athenas por tierra, mas en la
mar los de Athenas havían más poderío; e por esto Sila no
podía haver por mar[2087] lo que menester le fazía. Por la
qual cosa, él envió a Luculo en Egipto e en Libia qu'él le
aduxiesse galeras. E era de medio ivierno, e Luculo passó
con grant periglo tanta largueza de mar. E ya sea que
muchas galeras de enemigos fuessen en mar, Luculo passó
con III parescalmos greguescos e con dos[2088] galeotas que
vogavan II remos por banco, las quales eran de Rodas e
passaron. Quando fueron al puerto de Cret, él reduxo a los
de Cret a su amigança. Depués, quando él passó a Cirene,
trobó a los de Cirene en grant comoción por las muchas
tiranías que sostenién, e él por su seso ordenoles lur ciudat. E quando ellos le pregaron que les escriviés leyes e
algunos ordenamientos buenos pora la ciudat, Luculo les
reduxo a memoria la paravla que Plato havía dicho por
ellos diziendo que grieu cosa era poner lei a los de Cirene quando eran en adversidat,[2089] porque ninguna otra
cosa no es mayor que si el hombre se mete en servitut
quando él es en prosperidat. Es más liugera cosa de[2089bis]
fazer venir el hombre a obediencia quando la adversidat lo costrinye. E por esta paravla los de Cirene se[2090]

2087   mar] mare *F*: mal *P*: θαλάττης.
2088   dos] *P*: due *F*: (δικρότοις) ἴσαις.
2089   eran en adversidat] *P*: erano in adversità *F*: δυστυχοῦσι
SU[A(UA=)Y] frente al corr. εὖ πράσσειν.
2089bis de] que *P*: che *F*.
2090   se] se (*tachdo*) *P*: fa *F*: (ὁ Κυρηναίους) πράους παρέσχεν.

humiliaron más a Luculo. Depués, quando Luculo iva enta
Egipto, perdió la mayor partida de sus fustas, porqu'él trobó
los cursarios. No res menos, él escapó en Alexandría e entró
en el puerto solepnement, porque todo el estol de los egipcios el qual era allí muit bien armado e ornado fueron a recebir a Luculo assín como eran acostumbrados de recebir a lur
rei quando venía al puerto. E Tolomeo, ya sea qu'él fuesse
la hora muit joven, mucha curialidat mostró enta Luculo, e
diole abitación dentro en sus palacios. La qual cosa nunqua
antes fue fecha a algún otro capitán. E dávale cada día provisión por su despensa quatro [f. 72v] tanto que no dava a
los otros. Mas Luculo no recebía sino lo que menester le
fazía, ni quiso tomar algún dono, ya sea que Tolomeo
le enviasse un dono el qual había LXX talentes, ni quiso Luculo puyar a la Menfi ni veyer alguna cosa de las cosas famosas de Egipto, diziendo que aquello se perteneció fazer a
hombre occioso e qui quiere tomar plazer e depuerto, e no
pas a tal hombre como él, qui havié dexado al monarca en
campo descubierto devant los muros de los enemigos.

Cómo Luculo partió de Alexandría;
e de las cortesías que le fizo el rei Tolomeo; e
de las cosas que le contecieron en aquel camino

Quando Tolomeo se dubdó de combaterse e desemparó
su companyía, dio a Luculo una buena part de sus galeas
que lo acompanyassen fasta en Chipre. E quando Luculo
se huvo a partir e tomava conget de Tolomeo, Tolomeo lo
besó muchas vezes e lo consolava de buenas paravlas e
dávale una piedra ezmaragda²⁰⁹¹ de muit grant precio

2091 ezmaragda] ezmaragda (*interlin., con distinta mano,* smeraldo)
P. smeralda *F.* σμάραγδον.

puesta o engastada en oro. E Luculo de primero no la quería; mas, quando el rei le mostró el aniello e Luculo vido
que en la piedra era esculpida o cavada la imagen del rei,
se dubdó de refusarlo porque no pareciesse que sobre al
partir fues su enemigo e que por esto el rei no tractás de
fazerle algún desplazer en la mar. E quando él se partió,
él iva passando por ciudades que eran cerca de la mar e
congregó muchas galeras, ya sea que de las galeas de los
cursarios no quería haver ninguna en su companyía. E
pasó en Chipre, do él supo que sus enemigos tenían los
cabos e guardavan los passos por razón d'él. E quando
Luculo lo supo de cierto, fizo tirar sus galeas en tierra e
escrivió por las ciudades que le aparellassen lo que
menester le fazía por exivernar en aquellas partidas, mostrando que su intención era de fincar allí fasta [f. 73r / III, 2]
a la primavera. E quando él vido un bel tiempo por fazer
su camino, súbitament fizo varar sus galeras en mar e se
puso a caminar. E de día él navigava con velas chicas
e baxas, tanto qu'él vino fasta a Rodas, do los de Rodas le
dieron galeras. E fizo que los de Lango²⁰⁹² e de Ecnidio se
fueron con él contra el Samo. E echó de Xío a los del Rei,
e afranquió a los colofonios, e tomó lur tirano. En aquel
tiempo Mitridati desemparó a Pérgamo e fuésse a la Pitani, do Fimbrío²⁰⁹³ lo assitió e combatíalo por tierra; en
tanto que Mitridati no havía más esperança de poderse
defender en tierra de Fimbría, e su esperança era la mar.
Por la qual cosa, él escrivió a todas las tierras do él havía
hombres de mar, e congregava estol. Fimbría, porque no
havía gent de mar sufficient, enviava pregando a Luculo
que con su estol él se fues en su ayuda por tal que amos
a dos ensemble echassen de aquella tierra al más odioso

2092   de Lango] PF: Κώους.
2093   Fimbrío] fimbrido PF: Φιμβρίου.

enemigo que los romanos huviessen entre todos los reyes, por tal que la victoria que los romanos buscavan e procuravan con grandes lazerios e treballos no la perdiessen, pues que Mitridati era en punto de seyer preso, diziendo que ya era dentro en la ret, e si él era preso, ninguno no havría mayor gloria que aquel qui lo embargaría de foír o qui lo tomaría si él fuyesse. Escrivía aún Fimbría a Luculo diziendo: «Yo lo he echado de la tierra, e si tú lo encierras por la mar, esta hondra será de nós dos, e los romanos no reputarán nada las valentías de Sila las quales fizo al Orcomenó e a la Queronia, que son assín famosas, en comparación d'esta. E esto que dezía Fimbría no era luent de la verdat, mas cierta cosa e manifiesta a todos que, si Luculo huviés consentido la hora a las pregarias de Fimbría, e especialment porque era cerca, e huviés cerrado con su estol el puerto de Pitani, la guerra sería estada finida e todos havrién seído delivrados de x^m males. Mas Luculo, o sea por- [f. 73v] que quiso más el bien de Sila qu'el suyo proprio o del común, o porqu'él quería mal a Fimbría como a hombre malo, porque poco tiempo antes por haver officio pora sí havía muerto a un otro capitán amigo de Luculo, o sea que por divina voluntat él huvo mercet de Mitridati e lo reservava por fazerle guerra él mismo, Luculo no quiso escuchar a Fimbría, mas dio espacio a Mitridati de navigar e de chufarse del poderío de Fimbría. Mas Luculo, seyendo a un puerto de Troya el qual se clama Lectó, vido galeras reales e de continent las tomó por fuerça de batalla. E depués vido que al Ténedo[2094] estava Neoptólomo con mayor estol e armada. E de continent se fue contra él. E Luculo se puso en una galera de Rodas la qual vogava v remos por banco e iva delant

---

2094 Ténedo] tenado *PF*: Τενέδῳ.

de todas. E era patrón d'aquella galera Damagora,[2095] hombre leal enta los romanos e maestro en batalla de mar. Quando Neoptólomo començó a venir por proa a Luculo e comandó al timonero que envistiesse, Damagora[2096] se dubdó del peso de la galera real e del arambre del qual era faxada su proa, e por esto Damagora[2097] non osó envestir a la galera real por proa, mas comandó de continent que la galera girasse e invistiesse a la galera real por popa.[2098] E assín fue fecho; mas ren no la nozió. Entre esti medio, vinieron los amigos de Luculo, e fizo la hora Luculo muchas cosas dignas de laor, en tanto qu'él puso a los enemigos en vencida e encalçava a Neoptólomo.

Cómo Luculo fue fecho cónsul la primera vegada e le fue assignada la provincia de Galicia[2099]

Depués, quando Sila devía passar enta al Querróniso, Luculo se plegó con él e le ayudó a passar e salvolo de periglo. Depués d'esto, fueron fechos pactos con Mitridati, e Mitridati passó con sus galeras la mar de Ponto, e Sila fizo una collida en Asia de talentes xx^m, e co- [f. 74r / IV, 1] mandó que Luculo cogiés esti haver e fiziés bater moneda. La qual cosa, considerando el agraviamiento de Sila, fue consolación de las ciudades; porque[2100] en tal agraviamiento e fuert exacción Luculo se mostró limpio e justo e mansueto. A los de Metelín, quando manifiestament se rebellaron, Luculo los quería perdonar. No res menos, de

---

2095   Damagora] dimagora *PF*: Δαμαγόρας.
2096   Damagora] *cf. supra.*
2097   Damagora] *cf. supra.*
2098   popa] proa *P*: prora *F*: πρύμναν.
2099   Galicia] allicia *PF. Parece tratarse de un error por* Galia.
2100   porque] por *P*: *om. F.*

la falta que fizieron contra Mario quería fazer alguna poca
punición. E veyéndolos de mala manera, se movió contra
ellos e venciolos en batalla e los assitió en las ciudades e
començó de combater la tierra. Depués se partió d'allí
e fizo como que se iva enta la Elea,²¹⁰¹ mas de noche él
tornó secretament e puso celadas derredor de la ciudat. E
en la manyana sallieron los de Metelín desordenadament
derramados e corrían superbiosament por robar las tiendas
de Luculo. E la hora Luculo los assallió assín durament
que de aquellos qui se defendían mató v^c2102 e tomo'nde
muchos bivos, e tomó de otros hombres bien vɪᵐ, e robó
muchas de lures cosas. Mas en los males que Sila e Mario
fizieron en Italia él no fue participant, porqu'él por divina
voluntat tardó en los aferes de Asia. Mas por esto no fue
menos bien recebido de Sila que los otros sus amigos. E
aun la escriptura de sus aferes que Sila fizo por memoria
de sí mismo la cometió por grant amor que le havié a
Luculo. E quando él era a la muert, no fizo mención de
Pompeyo, mas fizo tutor de sus fillos a Luculo. E parece
que esta fue la primera ocasión de la gelosía e el contrast que
fue entre Pompeyo e Luculo. Porque amos a dos eran
jóvenes e eran ardientes de ganar gloria.

E d'allí en poco tiempo, fue cónsul con Marco Cotta.²¹⁰³
E muchas cosas contecieron que lo movieron a fazer guerra con Mitridati. E quando vino por suert a Luculo la provincia de la Galia que es dentro de las Alpes, Lucu- [f. 74v]
lo se contristava porque no havía grandes aferes. E más se
contristava de Pompeo, el qual prosperava en Iberia, que
de todos los otros capitanes, cuidando que, si la guerra de
Iberia cessase, los romanos esleirían a Pompeyo capitán

2101   la Elea] la ellea *F.* le aelea *P.* Ἐλαίαν.
2102   v^c] x^m c^v *PF.* πεντακοσίους.
2103   Cotta] cocta *PF.* Κόττα.

contra Mitridati. E por esto, quando Pompeyo escrivía que le fues enviado trasoro e, si no, desempararía la Iberia e a Sertorio e[2104] él tornaría con la huest en Italia, Luculo treballó mucho e con buena voluntat qu'el trasoro fues enviado a Pompeo por tal que Pompeo no trobasse ocasión de tornar en Italia mientre que Luculo fuesse cónsul, cuidando que, si Pompeo viniés con tanta huest, todas las cosas de la ciudat tornarían a él, porqu'él havía la hora grant poderío en la ciudat e por ocasión de lo que fazía e dezía era en plazer del pueblo. E Quéthigo quería mal a Luculo no por otro sino porque Luculo havía abominación de Quéthigo como de hombre desonesto e injurioso e pleno de inlícitas affecciones. Por la qual cosa, Luculo públicament contrariava a Quétigo. Era un otro tribuno el qual se clamava Leucio Quinto, el qual se levantó contra Sila e conturbava los aferes. A esti Leucio Luculo lo consolava de part, e en presencia de la gent lo adoctrinava e lo embargava de lo que havía començado a fazer. E tractó principio de grant enfermedat en provecho de la ciudat.

En aquel tiempo vinieron nuevas que Octavio, el qual tenía la Cilicia,[2105] era muerto. E muchos qui querían haver la provincia de Cilicia[2106] confortavan a Quétigo porqu'él era poderoso de fazer lo qu'ellos querían. Luculo por la Cilicia[2107] no curava mucho; no res menos, pensando que, si él la tomasse, porque la Capadocia le es vezina, no enviarían otro capitán contra Mitridati sino a él, todas cautelas tuvo e fizo que ningún otro no huviés aquella provincia. En tanto que depués por aquello él sufrió por necessidat cosa que era contra su [f. 75r / VI, 2] natura, ni

---

2104   e] o *PF*: *ausencia de disyuntiva en gr.*
2105   Cilicia] cicilia *P*: sicilia *F*: Κιλικίαν.
2106   Cilicia] *cf. supra.*
2107   Cilicia] *cf. supra.*

era buena ni loable a él, no res menos, a él parecía que la
podiés acabar. En la ciudat havía una mujer la qual havía
nombre Prequía, famosa de beldat e graciosa en su favlar,
e en ninguna otra cosa no era adelantada de las otras
mujeres, mas era mujer que sin vergüença fazía desones-
tades de su persona e, quando quería ayudar a algunos sus
amigos, todos aquellos qui usavan con ella le ayudavan. E
por esto era reputada buena amiga e buena ayudadera.
Por la qual cosa, ella havía grant poderío. E pués qu'ella
diusmetió a Quétigo,[2108] qui regía la hora la ciudat, en su
amor, del todo huvo el poderío de la ciudat, que ninguna
cosa no fazía la comunidat sin Quétigo, ni Quétigo se
aquexava de fazer alguna cosa si Prequía no lo atorgava.
Por esto Luculo la fizo su amiga con donos e con lausenjas, ya sea que Prequía era contenta del amor de Luculo
sin algún otro dono. E de continent Quétigo començó de
loar a Luculo e tractava qu'él huviés la Cilicia.[2109] E pués
que Luculo huvo lo qu'él quería, no havía más menester
de pregar a Quéthigo ni a Prequía, mas todos igualment
pusieron en sus manos la guerra de Mitridati diziendo que
ningún otro no adreçaría aquel fecho mejor que él. Porque, si alguno deviés contrastar con Luculo por esta capitanería como igual d'él e sufficient, serían[2110] Pompeyo e
Metelo. Mas Pompeyo combatía con Sertorio, e Metelo era
ya muit viejo. E de continent Cotta,[2111] el companyón de
Luculo, pregó al consejo que le diessen la Bitinia e galeras
por guardar Elíspondo.[2112]

2108　Quétigo] *F*: quetico *P*: Κέθηγον.
2109　Cilicia] *F*: çiçilia *P*: Κιλικίαν.
2110　sufficient, serían] sufficienti sarebbono *F*: sufficient como serian
(*entre* como *y* serian, *tachado* el) *P*.
2111　Cotta] *F*: cocta *P*: Κόττα.
2112　Elíspondo] hellespontho *F*: elispondeo *P*: Προποντίδα.

Luculo havía con él una legión ordenada con la qual él passó en Asia, do él recibió en su potestat todo el poderío de aquellos qui eran clamados fimbrianos, los quales eran acostumbrados de seyer del todo sin senyoría. Aquellos eran qui mataron a Flacco[2113] cónsul, el qual era companyón de Fimbría, e depués tra- [f. 75v] dieron a Fimbría e lo dieron en las manos de Sila. Hombres superbos e sin razón, mas batalleros e pacientes en sofrir treballo. E a poco tiempo les tiró la superbia e tornó a los otros. E la ora primerament conocieron príncep verdadero e capitán justo a lur plazer. E los fechos de los enemigos eran d'esta manera: Mitridati de primero se levó contra los romanos con decebimientos e con vario poderío e fermoso como si él andás en qualque fiesta. Mas depués él se trobó decebido e vino a menos, e por esto él tomó doctrina cómo depués devía fazer. E congregó su poderío con aparellament verdadero, e desemparó la multitut qui no era apta de guerrear e las menaças de los bárbaros de mucha lengua e las armaduras ornadas d'oro e de piedras preciosas e de perlas, las quales no eran por poderío d'aquellos qui las havían, mas por robamiento de aquellos qui más podían, e fazía adobar espadas romanas e fuertes paveses, e aduzía cavallos no ornados mas domados, e congregó hombres de piet cxx^m e az romana e gent de cavallo xvi^m sin aquellos qui levavan las falces, los quales eran sobre los carros, de los quales carros cada uno havía iiii cavallos e eran c. E depués, él aparelló un estol, no pas de naves con tiendas de panyos d'oro ni con banyos ni con amigas como antes fazié, mas aparelló galeras plenas de armaduras e de haver. Con tal aparellament entró Mitridati en Bitinia[2114] por mar e por tierra. E todas las ciudades lo recibién

2113 Flacco] *F*: flacto *P*. Φλάκκον.
2114 Bitinia] bitona *PF*: Βιθυνίαν.

de grado, e toda la Asia reputava como mala enfermedat
a los arrendadores de los romanos e a los prestadores a los
quales depués Luculo echó de todo. La ora començó de
adoctrinarlos e de fazerlos más privados e de fazer cessar
las dissensiones que eran en las ciudades porque ninguno
no estava en paz, mas todos se partían de los romanos por
las imposiciones que havían graves.

Cómo Cotta[2115] *fue vencido por Mitridati;*
e aprés cómo Luculo [f. 76r / VIII, 1] *destruyó assí en mar*
como en tierra el poder de Mitridati, e Mitridati fuyó

Quando Luculo se treballava de poner en paz e en
buena ordenación las ciudades, a Cotta[2116] pareció que
fues tiempo de aparellarse de combater con Mitridati, ya
sea que muchos dizían que Luculo iva e que aína serié allí.
Mas Cotta,[2117] cuidándose que otro no le fallecía sino el
triumfo, se aquexó de combater antes que Luculo plegasse, por tal que Luculo no huviés part en aquel triumfo. E
quando Cotta[2118] se puso a combater, fue vencido por mar
e por tierra, e perdió LX galeas con toda la churma, e en
tierra perdió hombres IIII^m. E depués, él se recullió en Calcedonia, e Mitridati lo combatía, e Cotta[2119] no havía otra
esperança sino de Luculo. Mas algunos eran qui incitavan
a Luculo que dissimulás e no curasse de Cotta[2120] e qu'él
fues más adelant por tomar el regno de Mitridati, que
fincava como desierto. E esto dezían ellos porque eran

2115 Cotta] *F*: cocta *P*: Κόττα.
2116 Cotta] *cf. supra.*
2117 Cotta] *cf. supra.*
2118 Cotta] *cf. supra.*
2119 Cotta] *cf. supra.*
2120 Cotta] *cf. supra.*

agraviados, cuidando que Cotta[2121] no solament perdrié su persona e aquellos qui le dieron mal consejo, mas que embargarían aun a aquellos qui havían poderío de vencer sin combater. Mas Luculo favló con ellos e les dixo: «Yo quiero más salvar a un romano de las manos de los enemigos que ganar todo lo que los enemigos han». Quando Luculo quiso meter en execución esti consejo, uno el qual havía nombre Archélao, el qual era de la tierra de Viotía, capitán de Mitridati, se revelló contra él e vino en la companyía de los romanos, e dava por consello a Luculo qu'él fues en las partes de Ponto, e que le certificava que, assí como él fuesse allí, todos vendrían a su servitut sin treballo. E Luculo dixo: «Yo non só más temeroso que los caçadores porque yo quiera esquivar las fieras e ir a tomar sus nidos buitos». E como Luculo dixo esta paravla, se movió a ir contra a Mitridati. E havía con él hombres de piet xxx^m, e de cavallo ii^m v^c.[2122] E quando él fue en lugar do él vido a los enemigos, se maravelló de la multitut de aquellos e queríase abstener de la batalla queriendo[2123] nozer a los enemigos de poco en poco. Mas Ma- [f. 76v] rio, al qual Sertorio envió de Iberia por capitán a Mitridati con grant poderío, encontró a Luculo e reptolo de batalla. Por la qual cosa, fue ordenado de combaterse. E quando fueron cerca el punto, el aire se fendió sin algún movimiento manifiesto e apareció un ajustamiento de fuego el qual cayó en medio de las dos huestes. E era su forma como de una grant yarra,[2124] e su color como de argent abrasado.[2125] Por esti senyal amas las dos partes se dubdaron de

---

2121   Cotta] *cf. supra.*
2122   ii^m v^c] m^l cc v^c *P*. m v^c *F*: δισχιλίους πεντακοσίους.
2123   queriendo] et queriendo *P*. et volendo *F*.
2124   yarra] *encima de* yarra, *y con letra distinta, se lee en P* vaso di terra.
2125   abrasado] *encima de* abrasado, *y con letra distinta, se lee en P* afocato.

combater e se partieron. E esta cosa conteció en Frigia en
un lugar que se clama Otrías. Luculo se puso en coraçón
que ni ardideza de hombre ni riquezas o poderío porién
mantener mucho tiempo tanta multitut de hombres qui
podiessen esperar a sus enemigos como havía Mitridati.
Por la qual cosa, él comandó que le aduxiessen delant un
hombre qui era preso de los enemigos, al qual preguntó
con quántas companyías Mitridati era atendado en sus
tiendas e quánto trigo havían. Pues que aquel huvo res-
pondido, fue licenciado, e depués aduxieron un otro e aún
el tercero. E a cada uno examinava Luculo de part. E fizo
comparación de la quantidat de las viandas o provisiones
a la multitut de la gent, e trobó que les fallecerían fasta a
III días o IIII. E por esto él quería esperar. No res menos, él
siempre congregava muchas provisiones por assitiar a sus
enemigos quando fuessen fambrientos, seyendo él abastado.

La hora Mitridati pensava procedir maliciosament contra los de Quísico porque en la batalla de Calcedonia ellos
perdieron x galeas e x^m hombres. E queriendo Mitridati
que Luculo no sentiés alguna cosa de su intención, una
tarde, de continent qu'él huvo cenado, seyendo el tiempo
escuro porque fazié nuvlo, él se levantó e la manyana él²¹²⁶
se fue devant la ciudat. E puso su poderío en la montanya
de Adrastía.²¹²⁷ Quando Luculo lo sentió, de continent lo
siguió aprés, e pareciole bueno de no combater con los
enemigos antes que se metiés en orden, mas puso su
huest en la tierra que ha nombre Traquía, la qual es sobre
el passo do querían passar las [f. 77r / IX, 2] victualias que
se aduzían a la huest de Mitridati. E Luculo prejudició lo
que devía contecer, e favló con los de su huest e díxoles
su intención diziendo: «En pocos días nós venceremos sin

2126   él] elli *F*: et el *P*.
2127   Adrastía] adastria *PF*: Ἀδραστείας.

efusión de sangre». Pués Mitridati assitió la ciudat de Quísico por tierra con x legiones, e por mar cerroles el estrecho de Quísico con galeas, e combatíala de II partes. Los
de Quísico se defendían valientment en la batalla e eran
voluntarios de sofrir la pena por l'amor[2128] de los romanos.
Mas, porque no sabían dó fues Luculo, se dubdavan.
Empero la huest de Luculo aparecía de luent; mas la huest
de Mitridati decebía a los de Quísico en esta manera:
Monstrándoles la huest de los romanos qui eran venidos
más adelant, dezían a los de Quísico: «O vós del Quísico,
¿veyés vós aquellas azes? Huestes son de arminios e de
medos las quales Tigrano ha enviadas en ayuda de Mitridati». Por esto se contristavan mucho los del Quísico
veyendo que las huestes los circundavan, e parecíales que,
si Luculo viniés, no les podría ayudar. E estando assí dubdando, Archelaus les envió un mensagero[2129] el qual havía
nombre Dimónaca, qui los certificás que Luculo era venido. Los del Quísico no lo credían e cuidavan que los deci-
biés por consolarlos.[2130] Entretanto, un joven el qual era
preso fuyó de los enemigos, al qual preguntaron los del
Quísico dó era Luculo. E el joven se ridía creyendo que
porque chufavan lo preguntassen. Mas, quando él vido
qu'ellos havían grant voluntat de saberlo, porque se dubdavan, él les mostró con la mano las tiendas de los romanos. E de continent tomaron conuerto. La hora Luculo
tomó de las varquetas que van por la laguna[2131] que se
clama Dasquiliti[2132] una, la mayor, e fízola levar con un
carro fasta a la mar. E con aquella envió de noche hombres

2128   por l'amor] per amore *F*: por la mar *P*: ἕνεκα.
2129   mensagero] *P*: messagiere *F*.
2130   consolarlos] consolarli *F*: consolar *P*.
2131   la laguna] lagua *P*: lacqua *F*: λίμνης.
2132   Dasquiliti] quiliti *PF*: Δασκυλίτιδος.

d'armas al Quísico, los quales passaron e entraron e certificaron a los de Quísico.

E parece que la deidat[2133] decebió a los de Quísico quanto a la valentía e a la lur reverencia, e les dio esperança [f. 77v] e senyales de todas cosas e de lo que esdevino quando fue la fiesta de la dea. Ellos havían menester de una vaca negra por el sacrificio. E porqu'ellos no havían vaca como hombres assitiados de Mitridati, fizieron una forma de vaca de pasta e la metieron davant la estatua de la dea. Mas la vaca verdadera la qual nudrían los de Quísico por el sacrificio de la dea e la qual se iva paciendo con las otras bestias davant[2134] la ciudat, en aquel día se partió ella sola del ramado e desemparó al pastor e nadando passó e fuésse a la ciudat e entró fasta a la estatua de la dea e allí estuvo. Aristagora, el escrivano común, vido en suenyos a la dea qu'ella estava cerca d'él e le dixo: «O Aristagora, yo só venida agora e he aducho el sonador de la caramilla de Libia contra el trompeta del Ponto. Por la qual cosa, dezilo a los ciudadanos que hayan buena esperança». Quando los de Quísico oyeron el suenyo, se maravellaron,[2135] porque vedían todo en derredor los ingenios de combater la ciudat cerca de los muros, los quales ingenios eran maravellosos e estranyos. E havíalos fecho Niconido de Thesalia. E de lur movimiento e terrible son que fazién davan grant espanto. Esto era en la manyana. E fazía un grant viento, es a saber, boria fortunal. E depués, súbitament, se movió la ostria, tan grant que hombre no lo podría creyer. E aquella ostria destruyó todos los ingenios, e en muit poca hora destruyó e echó la torre de fusta, la

2133   deidat] verdat P: verita F: θεῖον.
2134   davant] davanti F: davan P: ἐν τῇ περαίᾳ.
2135   se maravellaron] se maraviglarono F: semellaron P: θαυμα-
ζόντων.

qual era de c braças. Escriven muchos que en Troya apareció la hora la dea a muchos en suenyos toda sudada e su ropa esquinçada, e dezía: «Agora só venida de la ayuda de los de Quísico». La qual cosa los troyanos certificavan con la estatua de la dea que havía el sobrescripto del ayuda de los de Quísico.

Mitridati, entro que supo la fambre de su huest, porque sus capitanes lo decebían, no havía otro sino de lo que los de Quísico escapavan de sus manos. Mas, depués qu'él supo en quánta necessidat vino su huest, que [f. 78r / xɪ, 2] por grant fambre comían a los hombres, dexó de continent el contrast qu'él havía e la hondra que buscava. Porque Luculo no combatía con decebimientos, antes, como dizen muchos, él asallía los vientres. Porque él no buscava otro sino que a los enemgos falleciessen las viandas necessarias. Por la qual cosa, Mitridati, quando supo que Luculo combatía un castiello, él envió en Bitinia quasi todas sus gentes de cavallo con lures azemblas[2136] e aun toda la gent de piet qui no le fazían menester. Quando Luculo lo supo, vino de continent de noche en sus tiendas, e en la manyana, ya sea que fues de ivierno, él tomó hombres de piet x^m e su gent de cavallo, e con toda la nief, con grant treballo, él encalçava las gentes de cavallo de Mitridati. E muchos por el frío no podían ir con él ensemble. No res menos, quando él fue al río qui es dicho Rindaco, ferió con aquellos qui él havía entre los enemigos. E tanto pareció maravelloso e puso en tal manera a todos sus enemigos en vencimiento que las mujeres sallían de Apolonia e rapavan las azemblas de los bárbaros e despullavan a los muertos. E murieron en grant número, e fueron presos cavallos vɪ^m, e de azemblas innumerable multitut,

2136   azemblas] *encima de* azemblas, *y con letra distinta, se lee en* P bestie di basto.

e de hombres xv^m, a los quales todos con los cavallos e
con la otra robería fizo passar por orden Luculo devant las
tiendas de Mitridati. E quando Mitridati vido esto, se puso
en coraçón de foír luego. No res menos, él se pensava
cómo pudiés embargar a Luculo qu'él tardás de çaga d'él
e no lo persiguiesse. E por esto Mitridati envió su estol
enta la mar de los griegos, sobre el qual estol era capitán
Aristónico, el qual, antes que se metiés a navigar, fue traído e dado a Luculo. E assín ganó Luculo todo aquel estol,
e ganó muit grant haver e oro innumerable, el qual Mitridati havía dado a Aristónico por tal que con donos podiés
consumar alguna part de la huest de los romanos. Mas la
hora Mitridati fuyó por mar, e sus capitanes se partieron
con el roma- [f. 78v] nient de la huest e tornavan por tierra. Mas Luculo los asallió al río de Gránico e tomó ende
muchos bivos e mató bien xx^m. E dízese que en aquellas
batallas se consumaron de toda la multitut, entre hombres
d'armas e otra gent comuna, ccc^m.

Depués, Luculo tornó e entró al Quísico por fazer reposar su huest. E los de Quísico lo recibieron solepnement,
como le convenía. E allí congregava gent de mar e iva
navigando por el estrecho d'Elíspondo, e depués fue a
Troya e se posó en el templo de la dea Venus. E la noche
durmiendo, vido que la dea le estava de cerca e le dezía:
«O leonziello de grant coraçón, ¿qué tardas que los cerva-
tiellos son cerca de tú?». E como Luculo se partió, seyendo
aún noche, contava el suenyo a sus amigos. E mientre
qu'él lo contava, vinieron algunos de Troya diziendo que
por cierto havían visto en el puerto de los aqueos galeras
grandes reales xiii de v remos por banco e ivan enta a
Limno. E de continent Luculo se puso en mar, e tanto[2137]

2137 en mar, e tanto] en mar et ivan enta a Limno et de continent et
tanto *P.* in mare et andava inverso linino et tanto *F.*

los persiguió que los tomó e mató en la batalla lur capitán, el qual havía nombre Isidoro. E depués se fue a las
otras galeras que eran a Limno, a las quales los capitanes
fizieron acostar cerca la tierra e fizieron buenas empavesa-
das e combatían fuertment. Por la qual cosa, ferían a las
gentes de Luculo; mas Luculo no les podía res nozer, porqu'el lugar no era apto qu'él les podiés ir en torno ni que
los podiés envestir. Por la qual cosa, él puso en tierra en
un cabo de la isla a los más valientes hombres qu'él
huviés, e depués él fue con su estol contra las galeras. E
los hombres de armas qui eran en tierra los asallieron de
çaga e matáronne muchos, e los otros por necessidat tajavan las palomeras²¹³⁸ por fuir de la tierra. Mas, porque
fuían desordenadament e el una fusta envestía al otra,
Luculo las destruyó todas e fue preso aquel capitán el qual
Sertorio havía enviado a Mitridati e havía nombre Mario e
era tuerto.²¹³⁹ E por esto Luculo comandó [f. 79r / xii, 5] a
los suyos, antes que combatiessen, que ningún tuerto no
matassen, por tal que, si aquel fues preso, que podiés
fazer justicia.

De la necligencia de Boconio; e cómo Mitridati perdió
todo su estol por fortuna de mar, e él escapó a grant
periglo; e de lo que fizo Luculo persiguiéndolo

Depués, Luculo se puso a perseguir a Mitridati cuidándose fallarlo en Bitinia, porqu'él credía que Boconio, al
qual Luculo havía enviado a Nicomidía por embargar a
Mitridati que no podiés foír, lo teniés assitiado. Mas Boco-

2138   palomeras] *encima de* palomeras, *y con letra distinta, se lee en P*
funi.
2139   tuerto] *encima de* tuerto, *y con letra distinta, se lee en P* guercio.

nio, passando a Samotraqui,[2140] fazía fiestas e solaces, e no
alcançó a Mitridati, como devié. Por la qual cosa, Luculo
se fue aquexadament al Ponto por tal que Mitridati entrás
al Ponto antes que Luculo tornás. Mas a Mitridati tomolo
una grant fortuna, e algunas sus naves firieron por los sifones,[2141] e otras perecieron; en tanto que por mucho tiempo parecieron plenas las riberas de la mar en aquellas partidas de fustas rotas e de cuerpos muertos que la fortuna
echava fuera el vaxiello. Do era Mitridati no se podía acostar en tierra con remos porque era muit grant e grieu; e
aun en la mar no se podían ayudar por la grant fortuna
e por las ondas. E no podían más contrastar con la mar
porqu'el vaxiello se descusió. Assín que, por necessidat,
Mitridati se puso en un parescalm de cursarios e se salvó
a Ponteraclia[2142] como desperado. E assín se acabó por
obra el dicho de Luculo. E ninguno no lo podía reprender
si él amava la hondra porqu'el consejo determinava qu'él
despendiés en aquella guerra otros III^m talentes por fazer
mayor estol, mas Luculo embargó a esta cosa por sus letras
alabándose que solament con aquel estol qu'él havía, sin
tantas despensas, él echaría a Mitridati de la mar. E assín
fue fecho con la ayuda de la dea Juno, la qual dea era aira-
da contra los marineros de Mitridati porque furtaron de su
templo las cosas sagradas e echaron su estatua. E por esto
ella fizo aquella fortuna por lur destrucción.

Después esto, muchos davan por [f. 79v] consejo a Luculo qu'él dissimulás e no combatiés entro a un tiempo con-
vinient. Mas Luculo no curó de lur dicho, antes se aquexó
de entrar de continent entre la Bitinia e la Galacia entro a
las tierras reales. E quanto en el principio, su huest havía

2140   Samotraqui] samandraqui *PF*: Σαμοθράκῃ.
2141   sifones] sofones *PF*: χειμὼν πολὺς.
2142   Ponteraclia] ponteraquia *PF*: Ποντικὴν Ἡράκλειαν.

grant deseo de las cosas necessarias, en tanto que xxx[m] hombres de Galacia los siguían, e cada uno levava por necessidat un moyo de trigo en sus espalas. Mas, como él iva más adelant, a todas las cosas senyoreava, e havía tanta abundancia qu'el buei se vendía entre la huest por un darem,[2143] e el esclavo por iiii, e las otras cosas que robavan no las preciavan res, mas algunas dexavan, algunas destruían sin necessidat. Porque ninguno no havía menester de tomar alguna cosa del otro, porque todos havían complimiento de lo que menester les fazía. Mas por dapnificar a la tierra corrieron fasta a la Themisquira e a los campos de Termódondo, robando e diusmetiendo todas las ciudades. De la qual cosa algunos blasmavan a Luculo porqu'él recebía a todos aquellos qui se rendían a él e no les dexava tomar las tierras por batalla que podiessen robar e enrequir. Por la qual cosa, le dezían reptándolo: «Amisó[2144] es muit rica tierra, e liugerament la podemos tomar por sitio. Liévanos, pues, aína d'aquí e liévanos a las cabanyas desiertas de los caldeos». E Luculo no les daría ocasión de murmurar asín como murmuravan si él esperasse de acabar aína lo qu'ellos dezían. Mas, dubdándose que alguna adversidat le conteciés, se retenía e reputava a grant danyo si por ganancia particular perdiesse su gent sin necessidat, especialment que sin sangre él trobava lo qu'él havría ganado por batalla. Mas d'aquella murmuración no curava, antes respondía a aquellos qui lo reptavan como a perezoso porque aturavan en casales e en ciudes viles e dexavan a Mitridati que congregás gentes e que aún se fiziés fuert. Por la qual cosa, él les dezía esto: «Quiero yo e, sediendo aquí, no pienso otro sino que Mitridati aplegue tanta gent e tanto poderío qu'él tome esperança

---

2143   darem] daram (*tachado* am) *P*: daremo *F*: δραχμῆς.
2144   Amisó] siniso *PF*: Ἀμισόν.

de poderse defender porque no fuya. ¿No veyedes vós de
aquí adelant lugares [f. 80r / xiv, 6] desiertos e de malos
caminos e qu'el Cáucasso es cerca e muchas montanyas e
valles e muchos reyes que pueden esconder a Mitridati si
él quiere foír? E aun de las Caviras entro en Armenia es
camino de pocas jornadas, e sobre los armenios está Tigrano, el Rei de los Reyes, el qual tiene tanto poderío que
embarga a los partos que no devallen[2145] en Asia e trasmuda ciudades de griegos en Media e senyorea a la Suria e a
la Palestina e mata a todos los reyes qui devallan de Seleuco e les tira lures fillas e lures mulleres. Aquel Tigrano es
amigo e yerno de Mitridati, e si Mitridati lo va a pregar,
Tigrano no lo desemparará, mas nos[2146] fará guerra. E si
nos aquexamos[2147] de echar fuera a Mitridati, seríamos en
periglo si provocássemos a Tigrano contra nós. E nunqua
Tigrano podría fallar más justa ocasión como agora de
ayudar a su parient. ¿Qué menester nos faze, pues, de avi-
sar a Mitridati, sin qu'él lo quiera ni lo sienta, con quí nos
faga guerra e que nós lo forcemos qu'él haya refugio a
Tigrano? Pues mejor es que nós le demos espacio qu'él se
pueda aparejar con los suyos e que hayamos a combatir
con colcos e con capadoces, a los quales muchas vegadas
havemos vencido, que combater con medos e con arminios».

Con estas imaginaciones tardava Luculo en Amissó[2148]
combatiéndola más flacament que no farié. E depués, a la
primavera, él dexó a Morino que combatiés la ciudat de
Amissó,[2149] e él fue contra Mitridati a las Caviras, do Mitri-

2145   devallen] discendano *F*: davallan *P*.

2146   nos] ci *F*: no *P*: ἡμᾶς.

2147   E si nos aquexamos] et nos aqui aquexamos *P*: et noi che ci
affrettiamo *F*: καὶ σπεύδοντες.

2148   Amissó] simisso *PF*: Ἀμισὸν.

2149   Amissó] *cf. supra.*

dati esperava a los romanos, porqu'él havía congregado grant huest, es a saber, hombres de piet xl^m e de cavallo iiii^m, en los quales havía toda su esperança. Por la qual cosa, él passó el río que se clama Lico, e clamava a los romanos al campo. E quando combatieron los de cavallo, los romanos fuyeron, e fue preso Pomponio e ferido, e lo levaron a Mitridati muit treballado de los colpes qu'él havía. E quando Mitridati le preguntó si él serié su amigo si le perdonás, Pomponio dixo: «Si tú farás paz con los romanos, seré yo tu amigo; e si [f. 80v] non, yo te seré enemigo». Mitridati se maravelló mucho de su respuesta, mas no le fizo ningún desplazer.

De algunas batallas fechas entre Luculo e Mitridati;
e de la traición que Oltacó,[2150]
capitán de Mitridati, quiso fazer contra Luculo

Luculo se dubdava del camino porque los de cavallo de los enemigos vencían, e aun el camino de la montanya no le plazía porque era luengo e mal camino, porqu'el mont era muit espesso. E por ventura fueron tomados algunos griegos los quales eran fuidos en una espelunca, e el más viejo de aquellos havía nombre Artemídoro, el qual prometió a Luculo de fazerlo passar liugerament e de fazerle meter sus tiendas en lugar muit fuert do havié un castiello sobre la sobiraneza de los Cabiros. Luculo lo credió, e de continent a la noche allí do era fizo fazer muchos fuegos e partiose e passó la clusa del mal passo sin periglo e tomó aquel lugar que Artemídoro le dixo. E quando se fizo de día, él apareció sobre la cabeça de sus enemigos qu'él metía sus tiendas en tal lugar que en su plazer

2150   Oltacó] olcato *PF*: Ὀλθακός.

era, si él quería, combater o folgar. Por la qual cosa, quanto a la ora, no havían entención de ponerse a periglo combatiendo ni Luculo ni Mitridati. Mas dízese que una cierva apareció a la qual encalçavan los de Mitridati, e depués que se alunyaron de los otros, encontraron a algunos romanos, e a mal grado de la una part e del otra se combatieron. Por la qual cosa, vinieron muchos de la una part e del otra, e vencieron aún los del Rei. Por que los romanos se contristavan mucho veyendo de allá do eran atendados que los suyos fuían. E corrían todos a Luculo pregándole que los levasse a la batalla, e demandávanle senyal de la batalla. Luculo, queriéndoles mostrar que necessaria cosa es que en la batallas sea capitán cuerdo[2151] qui veya lo que se faze, comandó a todos aquellos que estuviessen en paz. E ya sea qu'ellos lo desem- [f. 81r / xv, 7] pararon, los otros por vergüença tornaron e estuvieron con él ensemble, e tomaron ardideza, e con poco treballo pusieron sus enemigos en vencida, e encalçáronlos entro a lures tiendas. E depués que Luculo tornó, fizo desondra a aquellos qui fuyeron, segunt que derecho comandava, porque los comandó que en camisa e decenyidos cavassen un fossado que fues fondo xii piedes e que los otros estuviessen sobr'ellos por mirarlos.

E era en la huest de Mitridati un príncep el qual havía nombre Oltacó, de la generación de los dandarios. E son los dandarios bárbaros habitantes cerca la laguna de Meoti. Esti Olthacó, quanto a fortaleza e a ardideza de combater, era maravelloso, e muit sufficient de dar consejo en caso de necessidat, e bien favlant, e consolava a todo hombre con sus paravlas, mas él havía invidia con otro su semblant, e siempre havían[2152] contrast el uno del otro. Por

2151 cuerdo] tuerto *P*. tuerto (*en margen* guercio) *F*. ἔμφρονος.
2152 havían] avean *F*. avea *P*.

esta ocasión él prometió a Mitridati un grant fecho, es a saber, de matar a Luculo. E el Rei fue contento de esta cosa. Por la qual cosa, el Rei mostró fictament de menospreciarlo e de injuriarlo e de seyer irado contra él porqu'el fecho no fues sentido. Por la qual cosa, Olthacó cavalgó e fuyó a Luculo; e Luculo lo recibió graciosament, porque antes havía oído dezir muchos bienes d'él. Por la qual cosa, Luculo lo tenía cerca d'él e a su tavla como a hombre de grant fama. E en las congregaciones le fazía mayor hondra que a los otros, e sedía más asuso que los otros. Quando Olthacó sentió que ya era tiempo de acabar lo por que era venido, comandó primerament a sus servidores que su cavallo fuera apart del fossado. E él se iva enta la tienda de Luculo a ora de mediodía cuidando que todos los de la huest folgassen cada uno en su lugar e que ninguno no le embargás de entrar en la tienda, assí como era acostumbrado de entrar como amigo. E dezía qu'él quería dezir al capitán algunas paravlas necessarias. E por poco falleció que no entró dentro si no fues el suenyo, el qual a muchos capitanes ha puestos en perdición. Aquel salvó la hora a Luculo, porque en aquella [f. 81v] hora él durmía. Aquel qui estava a la puerta e guardava, assí como era costumbre, quando Luculo dormía, le dixo: «O Olthacó,²¹⁵³ tú no eres venido a tiempo. Luculo esta noche por muchos cuidados que él havía ha mucho velado; por la qual cosa agora se es adormido». Veyendo el portero que Olthacó no se quería ir,²¹⁵⁴ antes dezía: «No me embargarás tanto que yo no entre, porque grandes cosas son e necessarias aquellas que quiero favlar a Luculo», el dicho portero, el qual havía nombre Menédimo, le dixo corroçadament: «Ninguna

2153   Olthacó] F: althaco P.
2154   quería ir] quería P: voleva (*en margen* mouea vel partia) F: ἀπῄει.

cosa no es tanto necessaria como la salvación de Luculo».
E como le dixo la paravla, empuxolo fuert con amas
manos. Por la qual cosa, Olthacó se dubdó mucho qu'el
fecho no fues sentido e sallió diestrament e cavalgó e tornose a Mitridati sin res fazer. Assín aduze el tiempo
muchas vegadas en las cosas poderío de salvación e de
perdición, como las medecinas venenosas.

Cómo los romanos vencieron e desbarataron
a los bárbaros, por el qual vencimiento fuyeron
Mitridati e todos los suyos desordenadament,
e Mitridati fue en periglo de seyer preso

Depués d'esto, Luculo envió a Sornatio con x^m hombres
por congregar trigo. Un capitán de Mitridati el qual había
nombre Avenandro lo asallió muit fuertment e lo encalçava. E Sornatio se defendió valientment, tanto que Sornatio
en aquella batalla mató muchos de los enemigos e a los
otros puso en vencida. Encara Luculo envió por victualias
a Adriano²¹⁵⁵ con grant poderío por haverne fornimiento.
E aun Mitridati no fue negligent, mas envió a Menémaco e
a Miron, capitanes suyos, con muchas gentes de cavallo
e de piet, a los quales todos tajaron en pieças los romanos, exceptados dos. E quando esti vencimiento fue oído,
Mitridati quería cobrir el fecho diziendo que no era tanto
mal, mas que los capitanes fallecieron un poco por lur
neciedat. E quando Adriano²¹⁵⁶ venía e passava por devant
de las tiendas de Mitridati levando muchos carros cargados de
trigo e de lo que había ganado de la hu- [f. 82r / XVII, 3]
est de Mitridati qu'él había vencido e de muchas otras

2155   Adriano] andriano *PF*: Ἀδριανὸς.
2156   Adriano] *cf. supra.*

cosas, tanta dolor puso en el coraçón de Mitridati e tanta turbación e miedo en su huest que se pusieron en coraçón de foír como hombres desperados. E los de la cort del Rei enviavan a todos secretament su haver, e a los otros embargavan porque no se sintiés manifiestament lo qu'ellos fazían e cómo querían foír. E quando poco a poco començaron todos a foír, el uno espantava al otro, aquexándose cada uno de seyer primero a foír. La ora los amigos e los companyones fueron fechos enemigos, e el uno matava al otro por robarlo. E allí fue muerto la hora el capitán Doríalo no por otro sino por la vestidura de púrpura qu'él levava. E el sacerdot d'ellos, que havía nombre Ermeo, fue calcigado en las puertas por la priessa de la gent. En tanto que ninguno no fincó qui siguiesse a Mitridati, ni havía alguno que le diesse su cavallo por cavalgar. Por la qual cosa, él sallió con la multitut e ívase, porque no falló ninguno de sus cavallos a cavalgar. Apenas depués que Tolomeo, príncep de los hombres castrados, lo vido entre la moltitut seyendo a cavallo, descavalgó e le dio su cavallo, porque los romanos ya lo alcançavan e fue en punto de seyer preso. Mas l'amor de la riqueza e el poco seso de la gent d'armas los embargó de la caça que muchos anyos caçavan con mucho treballo. E quando Luculo vencía, fue privado del dono de la victoria, que ya era cerca el cavallo que Mitridati cavalgava; e sería estado preso, porqu'ellos, quanto más se aquexavan de foír, tanto los romanos no dexavan de encalçarlos. Mas los mulos qui eran en medio d'ellos e qui levavan el oro e riquezas del Rei, o sea qu'ellos mismos por ventura cadiessen e el oro se derramasse, o que si Mitridati mismo por ventura lo fiziés, la gent d'armas de Luculo rapava e congregava [f. 82v] el oro; e aun sobre esto se barallavan entre ellos, e por esto tardaron. Assín que Luculo no solament perdió su caça por la cobdicia de su gent, mas aun, quando tomaron a Calístrato, del qual el Rei se confiava de sus secretos, e Luculo comandó que le aduziessen devant d'él, ellos, sentiendo que Calístrato tenié cenyidas v^c pieças de moneda d'oro, lo mataron. No res menos, Luculo les comandó que robassen a las tiendas de Mitridati.

Depués d'esto, Luculo tomó las Caviras e muchos otros castiellos, e trobó trasoros muchos e grandes e prisioneros griegos e aun algunos parientes del Rei prisoneros, de los quales credían que fuessen muertos. E dioles la gracia de Luculo no solament alguna salvación, mas otra vida e segunda nacencia. E fue presa la hora una ermana de Mitridati la qual havía nombre Nissa, la qual presa fue salvación de ella, porque todas las ermanas e mujeres de Mitridati qui se trobaron luent del periglo de seyer presas, aquellas se perdieron miserablement, porque Mitridati, como él fuyó, envió a un hombre castrado, el qual havía nombre Bahquido,[2157] e mató a dos sus ermanas que aún eran vírgines e cada una d'ellas havía cerca xl anyos. Al una dizían Rocsana,[2158] e a la otra Estátira.[2159] E mató aún dos sus mujeres, es a saber, Berenica[2160] de Xío e Monima[2161] de Mílito, la qual Monima[2162] era de grant fama entre los griegos porqu'el Rei le havía enviado antes moneda xv^m besantes provándola e ella no quiso escuchar a sus paravlas fasta que le fizo firmes pactos de haverla por su legítima mujer e fasta que le envió la corona e la intituló reína. No res menos, Monima[2163] siempre plorava su beldat, porque ella passava mezquina vida, e aquella beldat

---

2157   Bahquido] balquido *PF*: Βακχίδην.
2158   Rocsana] nocsana *PF*: Ῥωξάνη.
2159   Estátira] stacira *PF*: Στάτειρα.
2160   Berenica] bernica *PF*: Βερενίκης.
2161   Monima] monica *PF*: Μονίμη.
2162   Monima] cf. *supra*.
2163   Monima] cf. *supra*.

en lugar de marido le dio senyor, e en lugar de bodas cárcer de bárbaros. E aún se contristava más porqu'ella [f. 83r /
xviii, 4] era luent de la Elada; e si alguna cosa havié que
buena fues, parecíale como si ella lo vidiés en suenyos. E
quando Bahquido vino, les dixo el comandamiento del Rei
e les anunció la sentencia de la muert. No res menos, les
dio poderío que cada una esleyés a qué muert quería
morir por tal que más liugerament e con menos pena
moriessen. E de continent Monima²¹⁶⁴ tiró fuera su tocado
e se ligó por la gola e se enforcó. Mas el tocado se crebó
tost, e ella dixo al tocado: «¡O maldicho, ni en esta cosa no
te eres trobado sufficient!». E escupiolo e echolo. E depués
se enclinó enta Bahquido, qui le cortasse la gola. Vereni-
ca²¹⁶⁵ se negó. Por aquellas dos ermanas vírgines, dízese
qu'el una blasfemó e maldixo mucho a su ermano e
depués bevió el veneno; mas Estátira no dixo alguna suzia
paravla, mas regrazió a su ermano e lo loó porqu'él se providió d'ellas que, pues qu'él era en periglo, quiso qu'ellas
antes muriessen vírgines que fuessen en alguna manera
vituperadas. De las quales cosas Luculo huvo grant desplazer, porque naturalment él era bueno e piadoso.

Depués, quando Luculo corrió entro a las Talavras, en
aquel día que fue allá, Mitridati fuyó enta Tigrano. E en esti
medio Luculo tornó e diusmetió a los caldeos e a los tiba-
rinos, e tomó a la chica Armenia, e las²¹⁶⁶ ciudades e los
castiellos vinieron a su comandamiento. E la ora él envió
Apio a Tigrano demandándole a Mitridati. E Luculo vino
aún a Amissó²¹⁶⁷ porque los romanos la combatían aún.
[f. 83v] E la ocasión de la tardança era por Calímaco, el

2164   Monima] cf. supra.
2165   Verenica] vernica PF: Βερενίκη.
2166   e las] e le F: et a las P.
2167   Amissó] simisso PF: Ἀμισὸν.

qual dio grant tribulación a los romanos con sus engenios los quales él fazía por defensión contra los romanos como hombre muit apto e ingenioso. Mas en el hora qu'él era acostumbrado de fazer folgar a su gent, Luculo lo asallió súbitament, e los suyos puyaron sobr'el muro de la tierra. E Calímaco puso fuego en la ciudat e fuyó, o[2168] sea por invidia que los romanos no huviessen utilidat de lures cosas, o sea por fuir más aptament. No res menos, él sufrió depués la pena de sus malicias. Mas la hora toda la gent d'armas entendían a robar; porqu'el fuego sallió en alto fasta a los muros de la tierra porque ninguno curava de amortarlo. Mas Luculo havía desplazer veyendo la tierra destruida, e cridó de part de fuera pregando que amortassen el fuego. E ninguno no lo escuchava, que todos eran empachados a robar. E depués ge lo[2169] comandó por fuerça, e ellos fizieron el contrario: que aquellos qui devían amortar el fuego, cercando el trasoro, levavan el fuego con entorchas, e aquellos consumaron la mayor part de las casas. Tanto que, quando Luculo entró dentro, él ploró e dixo a sus amigos: «Yo siempre dezía que Sila fue bienaventurado porqu'él salvó la ciudat de Athenas, e a mí, qui seguía a las maneras de Sila, el demonio me conduxo a la opinión de Momio». No res menos, Luculo buscava en todas maneras cómo podiés reparar la ciudat de aquel desastre. E al fuego amortó la pluvia que por divina voluntat fue caída. E la mayor part de los edificios qu'el fuego gastó, Luculo los fizo reparar a sus despensas. E a todos los de Amissó[2170] qui eran fuidos los recibió graciosament, e a todos los griegos qui eran allí él les ayudava e les dio por lur mantenimiento cxx estadios de tierra de labor. E la

---

2168 fuyó, o] fuggi, o *F*: fuyo et o *P*.
2169 ge lo] lo lor *F*: ge les *P*.
2170 Amissó] cf. *supra*.

ciudat de Amissó[2171] fue primerament poblada de los de
Athenas en aquel tiempo qu'el [f. 84r / xix, 7] poderío
de Athenas crecía. E depués que los de Athenas la abitaron, la tenían e defendían aquella mar. E por esto muchos
qui eran agraviados[2172] de la tiranía de Arístono, tirano de
Athenas, habitavan allí, e les conteció que los males
qu'ellos fuían[2173] en lur patria les sobrevinieron en estranyedat. No res menos, a todos aquellos qui escaparon
Luculo los vestió bien e dio a cada uno daremes ii^c e
enviolos a Athenas. Allá fue preso la hora el escrivano qui
havía nombre Tiranío,[2174] por el qual Morino demandó gracia e húvola. E depués que lo fizo su siervo, lo afranquió.
La qual cosa no apartenecía a hombre de franco coraçón,
ni Luculo jutgó que fuesse justo que a hombre razonado e
útil por su ciencia él pusiés en servitut e depués lo afranque-
ciesse, porque aquella gracia de aquella franqueza era priva-
ción de la primera franqueza que aquel havía como hombre
científico. Mas Morino no mostró solament en esta cosa qu'él
no fues participant de las buenas costumbres de Luculo.

Cómo Luculo metió en regimiento e ordenación
toda la Asia e providió a las miserias de la patria; e
cómo Apio Clodio[2175] fue a Tigrano de part de Luculo;
e de las cosas que depués se siguieron

La ora Luculo tornó a las ciudades de Asia diziendo
que ya las batallas eran cessadas, por endreçar las ciudades segunt razón e justicia. Porque luengo tiempo havié

2171   Amissó] cf. supra.
2172   agraviados] agravati F: agraviadas P.
2173   fuían] scrivian P: scrivevano F: φεύγουσιν.
2174   Tiranío] tirano PF: Τυραννίων.
2175   Clodio] claudio PF: Κλώδιος.

que se fazién injusticias en aquellas tierras e provincias, e tanta era la lur adversitat que qui la quisiés contar no poría e qui lo uyés no lo credería. Los quales males fazían los arrendadores e los prestadores qui tanto los agraviavan de cullidas que qui havía fillo fermoso o filla virgen la vendía. E los depósitos de la comunidat e las estatuas e las otras cosas sagradas todas se vendían, e depués davan sus personas mismas [f. 84v] en servitut por pobredat. E antes d'estos males fazían otras cosas peyores e más crueles, assín como: cárceres, turmentes, rastrar los hombres con cavallos, e a otros enviavan ligados a estar al sol todo el día de verano, e a otros fazían²¹⁷⁶ estar toda la noche de ivierno dentro en el lodo e en el yelo. Tales males trobó Luculo en las ciudades, e en poco tiempo delivró a todos los injuriados en esta manera: Él comandó que ninguno no tomasse por usura sino uno por centenar, e toda usura que passás el principal, porque muchas ne havía tales, todas las casó e las tiró. El tercero e el mejor fue qu'él ordenó qu'el prestador no pudiés tomar d'aquel qui le devía dar alguna cosa sino el iiiiº solament de sus entradas o rendas, e que lo otro fues pora su vida. Encara, qui anyadiesse²¹⁷⁷ la usura con el principal que perdiés aun el principal. Tanto que en menos de iiii anyos todos los deudos fueron sueltos e cada uno tomó su possesión franca. E esti empriesto fue de los xxᵐ talentes que Sila levó de Asia. E prometió de pagar al doble, e con las usuras montó el deudo a c e xxᵐ talentes. Los prestadores, sentiéndose injuriados, quando fueron a Roma, cridavan contra Luculo e aun comovían con donos a algunos tribunos contra Luculo. Mas Luculo no solament era amado de aquellos a

---

2176   fazían] facevano *F.* fazia *P.*
2177   qui anyadiesse] que anyadiesse *P.* che agiugnesse *F.* ϐ [...] συνάψας.

qui havía fecho bien, mas aun las otras provincias lo amavan e dezían que bienaventuradas eran aquellas provincias
que eran pervenidas en mano de tal senyor.

Apio Clodio,[2178] el qual se fue a Tigrano, era ermano de
la mujer de Luculo. E quando él iva a Tigrano, los pilotes
o guías del Rei qui le mostravan el camino no ivan por el
camino derecho, mas lo levavan por otros caminos apartados sin necessidat, e prolongavan el camino de muchas
jornadas porque ivan cerca el lugar que se clama Apano-
cora.[2179] Uno qui era afranquido, de generación de [f. 85r /
XXI, 1] los siros, fizo saber a Clodio la malica de los pilotes
e mostrole otro camino más derecho e más curto. E de
continent Clodio no fizo más mención de aquellos pilotes
bárbaros e díxoles que fuessen en perdición. E él passó en
pocos días el río de Eufatres e vino a aquella Antiochia la
qual es en la Dafni. Tigrano envió a dezir a Clodio que lo
esperasse allí, porque Tigrano tardava en las partes de
Feniz prendiendo las ciudades. E estando Clodio allí, fizo
amigos a todos aquellos príncipes qu'él sentió que no
havían derecha affección enta Tigrano, entre los quales era
Zarbiinó, el rei de Gordiní.[2180] E muchas ciudades que a lur
mal grado eran diusmetidas a la servitut de Tigrano e enviavan[2181] a él secretament, e él les prometía la ayuda de Luculo, mas que al present callassen. E la ocasión era porque la
senyoría de los arminios era muit grieu a los griegos, e aún
más la superbia qu'el Rei havía por las muchas prosperidades qu'él havía. Tanto qu'él se cuidava que ninguna cosa
de quantas los hombres desean no le falleciés. Porque
començó quando era de chica condición e menospreciada

2178 Clodio] claudio *PF.*
2179 Apanocora] apanochora *F:* apanochcora *P:* ἄνω χώρας.
2180 Gordiní] tordiidi *PF:* Γορδυνῆς.
2181 enviavan] *P:* mandavano *F:* διαπεμπομέναις.

e diusmetió muchas gentes e humilió el poderío de los
partos más que ningún otro e implió la Mesopotamia de
los griegos a los quales levava de Silicia²¹⁸² e de Capadocia, e fizo levantar a los árabes que abitavan en las cabanyas de allí do abitavan e los fizo abitar cerca él por fazer
con ellos las mercaderías. E siempre eran cerca de Tigrano reyes qui lo servían; e especialment havía IIII reyes qui
lo seguían como maceros o porteros, los quales, quando
él cavalgava, le corrían de cerca a piet con ropas liugeras;
e quando él sedía favlando, los IIII reyes le estavan devant
con las manos juntadas el uno con el otro. El qual acto era
como una confessión de lur servitut, como si huviessen
vendido lures personas a él e que más aína sufrirían algún
mal que no farían. Mas de toda esta superbia Apio no
dubdó res, ni la apreció, mas públicament e ardidament le
dixo: «Yo só venido a tomar a Mitridati, porque es [f. 85v]
digna cosa qu'él sea al triumfo de Luculo, o que te deva
desafiar». Tigrano no quería que aquellos qui estavan
devant d'él sentiessen su coraçón, e escuchava las paravlas
de Apio sonridiendo. Mas no se pudo esconder ni cobrir,
porque su cara se mudó toda por la presencia del joven. E
en xxv anyos qu'él havié que tiranizava non oyó voz franca
sino la hora. Porque xxv anyos havié senyoreado e más
injuriado. E no res menos, Tigrano respondió a Apio diziendo: «A Mitridati no dexaré; e si los romanos me començarán
a fazer guerra, yo me defendré». Tigrano quería mal a Luculo porque en su epístola no le escrivió *Rei de los Reyes*, mas
solament *Rei*. E por esto, quando él le escrivió, en la sobres-
cripción no le escrivió *Monarca*. E Tigrano envió a Apio
muchos donos. E porque Apio no los recibió, Tigrano le
envió más. E Apio, por non mostrar que fues su enemigo,

2182 Silicia] cilicia *F*: siçilia *P*: Κιλικίας.

tomó solament una ropa, e todo lo otro lo tornó; e con cavallos corrientes se tornó a Luculo.

Tigrano del principio no denyava[2183] veyer a Mitridati ni saludarlo, bien que huviesse tal deudo con él e fuesse venido a menos de tal regno, mas dissimulava e tractávalo desordenadament como a presonero teniéndolo en lugar desonesto. Mas la hora lo envió a clamar hondradament. E quando favlaron ensemble en medio del palacio, fizieron entre ellos algunos pactos secretos. E si alguna suspición era entre ellos, la escusavan echando la culpa sobre sus amigos, de los quales era el uno Mitródoro,[2184] hombre cuerdo e bien favlant e qui havía graciosas paravlas, por las quales virtudes Mitridati lo hondrava tanto que todo hombre clamava a Mitródoro governador del regno. E la ocasión que fallaron contra Mitródoro parece que fuesse esta: Que, quando Mitridati envió a Mitródoro por fazer liga con Tigrano, Tigrano le preguntó diziendo: «E tú, Mitródoro, ¿qué consejo me das sobr'esto que me demandas?». E Mitródoro, o sea que lo fiziés por [f. 86r / XXII, 3] provecho de Tigrano, o sea porque no amava a Mitridati, dixo: «A Tigrano como embaxador digo *hoc*, mas como consellero digo *no*». La qual cosa Tigrano manifestó la hora a Mitridati acusando a Mitródoro, no creyendo que lo deviessen matar. Mas Mitródoro de continent fue muerto. E Tigrano se penidió mucho, e enterró su cuerpo solepnement, e no le pareció greu de ninguna cosa preciosa qu'él despendiés en aquel cuerpo muerto, al qual tradió quando era bivo. Encara murió allí Anficrato[2185] el rectórico, el qual fuyó de Athenas a Selefquia la qual es a Tigri, en el qual lugar lo pregavan qu'él les ensenyás, mas

2183 denyava] dexava *P*: lasciava *F*: ἠξίωσεν.
2184 Mitródoro] mitridoro *PF*: Μητρόδωρος.
2185 Anficrato] anfricato *PF*: Ἀμφικράτης.

él no denyó fazer, diziendo superbiosament: «Una cuenca
no cumple pora un dalfín». Mas, quando Anficrato[2186] se
fue a Cleopatra, la qual era filla de Mitridati e muller de
Tigrano, fue acusado luego e fue retenido que no se
podiés ajustar con los otros griegos. En tanto qu'él murió
allí, e Cleopatra lo fizo enterrar hondradament. E jaze en
un casal que ha nombre Safán.

*Cómo Luculo priso la ciudat de Sinopi; e depués cómo
passó el río de Eufatres, e aprés el río de Tigris,
e entró en Armenia contra Tigrano e Mitridati*

Luculo implió la hora toda la Asia de mucha justicia e de
grant paz. E no fue negligent en todas aquellas cosas que
fuessen de plazer e de deleite, mas, estando en Éfeso,
que oi se clama *Altologo*, en la Turquía, governava las ciudades con solepnidades de victoria e con exercicios. E las
ciudades fazían fiestas, e aquellos días que fazían fiestas
los clamavan por hondra de Luculo *Luculios*. E aun le
davan, ultra esta[2187] hondra, un otra cosa más cara, es[2188] a
saber, verdadera amor. E quando Apio tornó e pareció
a Luculo que fues cosa necessaria de fazer guerra con
Tigrano, él fue aún al Ponto e congregó las gentes d'armas
e combatía la ciudat de Sinopi. E especialment combatía
contra aquellos hombres qu'él Rei levó de Silicia[2189] por
tener e guardar a Sinopi, los quales mataron muchos de
Sinopi e una noche pusieron fuego en la tierra e fuyeron.
Quando [f. 86v] Luculo supo esta cosa, entró dentro en la
ciudat de Sinopi e mató de aquellos hombres del Rei que

2186   Anficrato] *cf. supra.*
2187   esta] esto *P.* questo (honore) *F.*
2188   es] es es *P.*
2189   Silicia] siçilia *P.* cilicia *F.* Κιλικίας.

allí eran fincados viii^m, e los otros dio a cada uno el suyo
por siervos. Havía buena cura de la ciudat, especialment por
esta visión:[2190] Mientre que él combatía[2191] la ciudat, apare-
ciole en suenyos un hombre; vino cerca d'él e le dixo: «O
Luculo, viente un poco adelant, porque Aftólico[2192] ha
menester de favlar con tú». Quando Luculo se espertó, él
non entendía pas la significación del suenyo. No res
menos, aquel día tomó a Sinopi, e depués, encalçando a
los de Cilicia que fuían por mar, vido a la riba de la mar
una estatua echada en tierra la qual los de Silicia, porque
se aquexavan de fuir, no la pudieron poner sobre sus fustas. E esta estatua fizo el maravelloso maestro Esteni. La
hora dixo uno a Luculo: «Esta era la estatua de Aftólico, el
qual edificó la ciudat de Sinopi». E esti Aftólico fue fillo de
Dímaco de Thesalia, e fue ensemble con Hércules contra
las amazonas; e depués Aftólico,[2193] tornando[2194] con
Dimoleo e con Flogío, la nau se rompió en el lugar del
Querróniso el qual ha nombre Pidalo, e él se salvó con sus
armas e con sus amigos fasta a Sinopi, a la qual senyoreavan los siros, qui eran nacidos de Siro, fillo de Apolo e
de Sinopi, filla de Asopó. E d'aquellos tomó Aftólico[2195] a
Sinopi, e murola e senyoreola. Quando Luculo oyó estas
cosas, él se remembró del dicho de Sila el qual pone por
ensenyament en sus *Memoriales*: que en ninguna cosa que
hombre veya en suenyos no haya esperança como en cosa
firme ni la creya. La hora quando Luculo supo que Mitridati e Tigrano ensemble devían aduzir grant poderío en
Licaonia e en Cilicia e se aquexavan de venir, antes que

2190   visión] ocasión *P.* cagione *F.* ὄψιν.
2191   él combatía] egli combatteva *F.* el auer de *P.*
2192   Aftólico] astolico *PF.* Αὐτόλικος.
2193   Aftólico] *cf. supra.*
2194   tornando] *F.* tornado *P.*
2195   Aftólico] *cf. supra.*

Luculo se ajustase, por correr la Asia, maravellávase Luculo de los armenios que, pues que lur entención era de ir contra los romanos, por qué no se mesclaron con Mitridati mientre que su poderío crecía, ante lo dexaron cayer e humiliar, e que agora el rei de Armenia por frías esperanças echava su persona con aquellos qui non se podían levantar.

La hora Macara, el fillo de Mitridati, tenien- [f. 87r / xxiv, 1] do la ciudat del Vósporo, envió a Luculo una corona de áureos mil con tales pregarias qu'él fuesse escripto entre los amigos e súbditos de los romanos cuidándose que la guerra fuesse ya finada. Por la qual cosa, Luculo envió a Macaro por guarda del Ponto a Sornatio con vi^m hombres de armas. E Luculo, huviendo con él hombres de piet[2196] xii^m e de cavallo[2197] menos de iii^m, iva a la ii^a batalla con ardideza periglosa, porqu'él se metía de ir contra gentes salvages e batallosas e infinitas gentes de cavallo e en tierra grant, la qual era cerrada e circundada de muchos ríos muit fondos, e de muchas sierras, que siempre eran cubiertas de nief. Por la qual cosa, la gent d'armas lo seguían de mal grado, en tanto que los tribunos en Roma lo blasmavan e fazían testimonios cómo Luculo, sin que la ciudat lo huviesse menester, movié guerra aprés de guerra, no por otro sino por seyer siempre capitán e de no haver ocasión de dexar las armas por enrequirse con el periglo de la comunidat. Assí como, finalment, los tribunos acabaron la operación de lur invidia, Luculo, aquexándose fuertment, fue al río de Eufatres e trobolo muit corrient e turbio porque era tiempo de ivierno. Por la qual cosa, él tomava grant desplazer cuidando que le convendrié tardar en congregar navilios e fazer puentes pora passar. Mas

2196   piet] cavallo *PF*: πεζούς.
2197   cavallo] piet *P*: pie *F*: ἱππεῖς.

aquella corrient tan grant començó amenguar toda la tarde e toda la noche, e a la manyana pareció el vado del río muit baxo, en tanto que del otra part aparecieron algunas islas chicas las quales havía antes cubiertas el curso del río. La qual cosa quando vidieron los abitadores de un lugar qui estavan cerca del río, se rendieron a Luculo porque nunqua havían visto tan grant maravella como la hora: qu'el río tan fiero por Luculo se fiziés tan manso e que le diesse passage tan líbero e desembargado. Por la qual cosa, Luculo, trobando el tiempo tal como menester le fazía, e fizo passar su huest. E depués que fue passado, vido un otro senyal bueno por él: Cerca el río de Eufatres eran acostumbrados de pacer [f. 87v] bueyes sagrados de la dea Juno, a la qual los bárbaros qui abitan d'allá de Eufatres fazen mayor reverencia que a los otros dioses. E de aquellos bueyes fazen sacrificio a la dea. E aun los dichos bueyes van sueltos e son senyalados de un senyal de la dea, el qual senyal era la hora una entorcha. E quando han menester de aquellos bueyes, apenas los pueden tomar. Mas, quando la huest de Luculo passó, uno de aquellos bueyes vino en una piedra la qual era consagrada a la dea e estuvo sobre ella e estendía su cuello como si fues ligado con alguna cuerda, e ofreciose a Luculo que fiziés sacrificio d'él. E Luculo lo sacrificó, e aún sacrificó un otro buei a Eufatres regraciándole del passage que le havié dado. E folgó allí aquel día fasta la manyana; e en la manyana ívase adelant por medio de la Sofiní. E a todos aquellos qui lo esperavan e lo recibían graciosament e se diusmetían a su servitut no les nozía res. Depués, la gent d'armas le mostraron un castiello del qual les fue dicho que era pleno de infinitos trasoros; e por esto lo querían tomar. Mas Luculo les mostró la sierra del Toro e les dixo: «Conviene que tomemos aquel castiello primerament, porque estas cosas esperan a aquellos qui havrán la victoria».

E Luculo se aquexava de ir. E passó el río de Tigris, e entró en Armenia.

Un mensagero dixo a Tigrano que Luculo era venido, e de continent Tigrano le fizo cortar la cabeça. Por la qual cosa, ninguno otro no le osava depués ren dezir. E por esto él no sabía res de lo que Luculo fazía, sino que solament su coraçón se inflamava de combater por las paravlas que le dezían los lausengeros diziéndole que Luculo, por quanto qu'él fuesse grant capitán, no esperarié a Tigrano en Altologo, ante, como él verié la grant multitut de la huest, él se espantarié e fuirié de Asia. E conteció assí: que assí como todos los cuerpos de los hombres no pueden sofrir la fuerça del vino quando beven mucho, assí la piensa del hombre qui [f. 88r / xxv, 2] ha muchas prosperidades no puede fazer que no se desordene.

Cómo Sextilio,[2198] capitán de Luculo, desbarató e vinció a los bárbaros e mató a Mitrovarzano, capitán de Tigrano; e de las cosas que depués contecieron

Uno solo de los amigos de Tigrano, el qual havía nombre Mitrovarzano, huvo ardideza de dezir al Rei la verdat de lo que se fazié. E ni él huvo buena retribución de su ardideza, porque de continent él lo envió contra Luculo con iii^m hombres de cavallo e con muit grant companyía de hombres de piet; e comandole que tallase en pieças a todos los romanos e no levasse a ninguno bivo sino a Luculo. E de la huest de Luculo algunos eran ya plegados e adreçavan lures tiendas, e algunos la hora descavalgavan, e los otros ivan plegando. Quando la talaya vido a Mitrovarzano que venía e lo dixo a Luculo, Luculo se

---

2198   Sextilio] *interlin. en F.* sertorio *PF* (*tachado en F*).

dubdó que los bárbaros no le viniessen de suso e non le turbassen antes que fuesse aparellado. Por la qual cosa, él mismo ordenava su huest e envió a Sextilio con hombres de cavallo M^l VI^c, e hombres de piet liugeros otros tantos, comandándole qu'él se fues cerca los bárbaros e que él lo esperasse fasta qu'él supiés que toda la huest de los romanos fues aplegada[2199] ensemble. Sextilio quería fazer segunt el comandamiento de su capitán; mas, quando los bárbaros les vinieron de suso con grant ergull, de necessidat le convino a combater, quisiés o no. E combatiendo fue muerto Mitrovarzano, e todos los otros fueron destruidos,[2200] exceptados pocos.[2201] Por la qual cosa, Tigrano desemparó la grant ciudat de Tigranoquerta, la qual él havié edificado, e fuésse al Tauro, e allí congregava huest de todas partes en muit grant quantidat. Mas Luculo no esperó que Tigrano se aparellás, mas antes envió a Morino que embargasse a aquellos qui ivan en ayuda de Tigrano. E a Sextilio envió a un otra part do venía el ayuda de los árabes al Rei. E Sextilio assallió a los árabes allí do se aparellavan e consumó la mayor part d'ellos. E aun Morino assallió [f. 88v] a Tigrano. E convenía que la gent passasen por un passo luengo e muit estrecho. E Morino lo siguió siempre entro que vido tiempo de combater. E combatió assí ardidament que Tigrano mismo desemparó a todo su aparellament e fuyó. E murieron muchos de su huest, e fueron presos más de armenios que de otros.

Quando estos II fizieron estas II victorias, Luculo mismo se levantó e iva enta la Tigranoquerta, e assitió la ciudat e la combatía. E dentro de la ciudat eran muchos griegos a

2199 aplegada] rafunata *F*: aplegado *P*.
2200 destruidos] distrutti *F*: foydos destruydos *P*.
2201 pocos] pochi *F*: *om. P*. ὀλίγων.

los quales Tigrano havié fecho ir de Cilicia,[2202] e bárbaros
muchos los quales havié fecho ir de sus tierras, es a saber:
arabinos, assirios, gordinos e de Capadocia. E destruyó
lures tierras Tigrano, e fízolos ir por fuerça a[2203] abitar la
Tigranoquerta. E era la ciudat muit rica de haver e de
depósitos de populares e de grandes hombres, los quales
todos por el plazer del Rei se esforçavan de fazer fermosa
la tierra e de acrecerla. E por esto Luculo no cessava de
combaterla cuidándose que Tigrano por su furor no podrié
sofrir que no devallás a la batalla por delivrar su tierra sin
ningún consello. E Mitridati enviava mensages a Tigrano
consejándole que no se combatiés públicament con los
romanos, mas que solament les embargás las vitualias con
sus gentes de cavallo. Semblantment le dixo Taxilo quando vino, el qual era siempre con él, e lo pregava que se
guardasse e fuyesse de las armas de los romanos como de
aquellas que eran invencibles. E de primero Tigrano escuchava[2204] e uía mansament lur consejo; mas, después que se
aplegaron todas las huestes, es a saber, arminios, gordinos
e los reyes de los medos e de los adiabenos con lures
huestes e muchos árabes de la mar de Babilonia e de las
puertas Caspias, la mayor part de[2205] albanos e iberos vezinos de los albanos e de aquellos que sin rei abitan cerca
del río Aracso, tomaron tanta loçanía, ergull e esperança
por los donos qu'el Rei les prometía, que todos corrían
como el río bravo e corrient. E Tigrano por su ergull se
[f. 89r / xxvi, 4] dio a las beverrías e solaces e a consellos
plenos de superbia e menaças barbarescas. Por la qual
cosa, Taxilo fue en periglo de morir, porque contradezía a

2202   Cilicia] F: cicilia P: Κιλικίας.
2203   a] ad F: om. P.
2204   escuchava] ascoltava F: escuchado P: ἤκουε.
2205   de] om. PF: πολλοὶ [...] ' Αλβανοὶ.

la voluntat del Rei, porqu'el Rei cuidava que Mitridati e
Taxilo por invidia lo embargavan que no fiziés assí grandes aferes. Por la qual cosa, él se puso en el camino con
todas sus huestes. Mas él se querellava a sus amigos porque le convenía a combater con Luculo solo, el qual era
un capitán, e no con toda la senyoría de Roma, si possible
cosa fues que todos los capitanes de Roma e todo el poderío de Roma fues ensemble. E esti su ergull no era fuera
de razón, pues que tantos reyes e tantas naciones lo siguían e azes de hombres de cavallo e de piet infinitos. Porque ý havié entre arqueros e fonderos xx^m hombres, e de
cavallo lv^m, de los quales eran los xvii^m con cavallos
cubiertos e armados, segunt que Luculo escrivió al Senado. E ý havié hombres de piet ordenados por sus azes (m^l
por cada una az) cl^m. Havía ý aun de gent comuna por
adreçar los caminos e por fazer puentes e por limpiar ríos
e por tajar árbores e por fazer otros semblantes servicios
xxxv^m, los quales venían assí bien ordenadament con sus
azes e seguían a los otros. E por lur aparecencia davan
grant conuerto a los suyos.

Cómo Luculo venció e desbarató a Tigrano e a su grant poder

E quando Tigrano passó el Tauro e vido la huest de los
romanos, los quales tenién assitiada la Tigranoquerta,[2206]
los bárbaros qui eran dentro de la ciudat vidieron la multitut de la huest de Tigrano e cridaron a altas vozes e
movieron grant rumor e alegría. E de sobre los muros
menaçavan a los romanos mostrándoles los armenios e
aquella armada infinita. E mientre que Luculo pensava

2206   Tigranoquerta] *F*: tigraconerta *P*. Τιγρανοκέρτοις.

cómo [f. 89v] deviés ordenar su batalla, algunos le davan
por consejo qu'él desemparás el sitio de la ciudat e que se
fuesse todo derecho a Tigrano, e los otros le dezían el contrario, es a saber, que no dexás los enemigos de çaga d'él
e que no desemparasse al sitio. E Luculo jutgó que ni el un
consejo ni el otro era bueno solo, mas entramos los consejos eran buenos ensemble. E por esto partió su huest. E
dexó al sitio de la ciudat a Morino[2207] con hombres de piet
vi^m, e él se partió con xxiiii^m hombres, de los quales eran
hombres de piet x^m, e los otros eran de cavallo. E havía ide
entre arqueros e hombres que tiravan con fondas cerca м^l.
E atendose cerca de un río en un grant campo; assín que
por la grandeza del campo su huest parecía muit poca. Por
la qual cosa, los lausengeros de Tigrano fallaron tiempo de
burlar. Porque algunos se chufavan de los romanos, e los
otros echavan ya las suertes por partir las ropas e cosas de
los romanos. E cada uno de los reyes e de los capitanes
venía al Rei por sí solo diziendo qu'él acabarié aquella victoria e qu'él estuviés como Rei de los Reyes por veyer e
mirar. E Tigrano, queriéndose chufar e solaçar de los
romanos, dixo una paravla la qual entro al día de oi se usa:
«Los romanos, si[2208] son venidos como embaxadores,
muchos son; mas, si son venidos por fechos de armas, no
son res». Estas chufas e escarnios passaron aquel día. Mas
en la manyana Luculo se movió con su huest bien armada
e bien ordenada. E las huestes de los bárbaros eran de la
part de levant, do el río faze grant revolución de agua. E
por esto Luculo tornó a çaga por fallar mejor passo. E iva
aquexadament; e por esto Tigrano se cuidó que los romanos se partiessen por miedo. E la hora clamó a Taxilo e le
dixo ridiendo: «O Taxilo, ¿no veyes tú cómo los femeninos

2207 Morino] corino *PF*: Μουρήναν.
2208 si] *om. PF*: ἔτι.

romanos fuyen?». E Taxilo dixo: «O Rei, Dios quiera que por
tu prosperidat yo sea mentiroso; mas sepas que los hombres valientes en fechos d'armas no lievan ropas de grant
precio ni pue- [f. 90r / xxvii, 6] den haver sus armaduras
bien febridas como los nuestros, qui han daurado las pieles de los perros, mas sus aferes son con ardideza e no
giran la cara por sus enemigos». Mientre que Taxilo dezía
estas paravlas, Luculo tornava bien aparejado. E como el
águila apareció e sus azes se metieron en orden, la hora
Tigrano, como si él se espertasse de la embriagueza, cridó
ii o iii vegadas, una aprés de otra: «¿Sobre nós vienen los
valientes?». E la hora su huest, qui era desordenada, se
quería meter en orden. Él mismo se puso en la az de
medio, e de la part derecha puso a los medos, e de la
siniestra puso a los adiabenos,[2209] e los que havían los
cavallos cubiertos eran los primeros feridores. E la mayor
part eran devers la part de los medos. Quando Luculo
passó el río, algunos grandes hombres consejavan a Luculo que se guardasse aquel día de combater porque era uno
de los malos e infortunados días del anyo, e por esto aquel
día era clamado *negro*, e en tal día se perdió la huest que
era con Cipión quando se combatió con los quimbros. E
Luculo respondió una paravla de la qual aún todos se
remiembran, diziendo: «Yo faré esti día que será oi bienaventurado pora los romanos». E fue el çaguero día de
setiembre.

E dio por consejo a los suyos que se conortassen e
huviessen buena esperança. E passó el río, e iva siempre
primero delant de todos contra los enemigos. E levava unas
cuiraças de azero descubiertas e bien febridas, e su siella
havía los cordones luengos. E levava su espada sacada en

2209   adiabenos] diabenos *PF*: Ἀδιαβήνῳ.

la mano mostrando e dando a entender a los enemigos
que, ya sea qu'ellos quisiessen estar de luent por echar
flechas, él[2210] quería seyer a las manos. E mostrávase por su
aquexamiento qu'él quería passar el camino de las flechas
por tal que los arqueros e los fundaleros fincassen occiosos. Mas, quando él vido que la gent de cavallo de Tigrano qui havían los cavallos cubiertos estavan altos en somo
de una sierra sobre la qual havié un campo, e la puyada
era fasta a IIII estadios, [f. 90v] e no era mucho mal camino,
él se puso a puyar sobre aquella sierra porque allí era la
flor de toda la huest de Tigrano. E comandó a la gent de
cavallo que él havía de Tracia e de Galacia que fuessen
de costado de la sierra e combatiessen en tal manera que
tajassen e rompiessen las lanças de los enemigos, porque
las armas d'aquel qui cavalga el cavallo cubierto no es sino
la lança e en otras cosas non valen ni pora ellos ni contra
sus enemigos por el peso de las armas, mas semejan edificios assitiados. E Luculo tomó II^m hombres[2211] e puyava la
sierra ardidament, e los suyos lo siguían muit de grado porque lo vedían ir a piet esforçándose de puyar. E quando
fue puyado suso, estuvo en un lugar público e cridó fuert
quanto él más pudo: «¡Vencido havemos, valientes hombres
e companyones, vencido havemos!». E como dixo la paravla, él se puso a ir contra los enemigos e comandó a los
suyos que ninguno no echase su lança de luent, mas que
a mantenient feriessen a los armados con lanças e con
espadas no en otra part sino en las piernas e en los piedes,
porque las levavan desarmadas. Mas esti comandamiento
no fue muit necessario porque los bárbaros no esperaron
por defenderse, mas, assí como vidieron la ardideza de los
romanos, huvieron miedo e cridaron «¡vavaile!» e fuyeron

2210   él] elli *F:* et *P.*
2211   II^m hombres] II hombres *P:* due huomini *F:* δύο σπείρας.

muit vituperosament. Mas por el peso de las armas no podían foír e mescláronse con sus peones, los quales, ya sea que fuessen gent infinita, no començaron a combater, mas de continent se metieron en fuida. E fuían todos ensemble con grandes cridos desordenadament. Assín que, sin colpe e sin sangre, fueron vencidos tanta multitut de hombres e fueron muertos muchos, porque, fuyendo, el uno embargava al otro, e el otro empuxava al otro, e cadían en tierra e eran entrepisados. E en esta manera murieron muchos. E Tigrano fuyó con muit pocos. E veyendo a su fillo en aquella adversidat, se tiró la corona de [f. 91r / xxviii, 6] la cabeça e la dio a su fillo con ploros diziendo: «Lévate por otro camino e salva tu persona al mejor que tú podrás». El joven no la osó poner sobre su cabeça, mas la recomendó a un su servidor leal que la guardás, el qual servidor fue tomado con los otros presos levando la corona. E fue levada devant Luculo por tal que ni la corona del Rei no falleciés de la captividat. E dízese que en aquella batalla murieron hombres de piet más de c^m; de los de cavallo escaparon muit pocos. E de los romanos fueron feridos c e muertos v, e no más. De esta batalla se remembró el filósofo Antíoco allí do él escrive por los dioses, e dixo que nunqua el sol vido otra batalla tal.[2212] E Estrabo, el filósofo, en sus *Istorias* dize que los romanos depués havían vergüença e reptavan a sí mismos porque alçaron armas contra tales hombrezuelos. Un otro[2213] el qual ha nombre Livio dixo que nunqua assí

2212   otra batalla tal] otra batalla tal vegada *P* (*el orden en P es:* tal batalla otra vegada; *pero con a y* b *superpuestas a* otra *y* tal, *respectivamente, como signos de inversión. La posición desplazada de* otra *provocó la adición de* vegada): tal battagla una altra volta *F.*

2213   hombrezuelos. Un otro] hombrezuelos et como fueron deçebidos de enviar embaxador a ellos un otro *P.* homicciuoli Et come furono ingannati di mandare ambasciadori alloro. Vn altro *F.*

pocos romanos combatieron con tan grant multitut de enemigos; porque eran más de xx bárbaros pora un romano.

Cómo Mitridati trobó a Tigrano vencido e desbaratado; e cómo Luculo senyoreó la ciudat Tigranoquerta, e muchas de aquellas bárbaras naciones se rendieron a él

E quando las nuevas fueron en Roma, los más aptos e
más práticos capitanes de guerra que eran en Roma e los
más terribles se maravellavan de Luculo e lo loavan cómo
él havía vencido a dos reyes, los mayores e los más famosos que fuessen en aquel tiempo por II maneras contrarias:
a Mitridati, quando él havía el poderío, Luculo lo venció
por tardança; e a²²¹⁴ Tigrano desfizo con aquexamiento. E
al primero su valentía fue la pereza, e al otro fue su salvamiento la cuitança e la ardideza, la qual cosa nunqua
pensó alguno de los más famosos capitanes que Roma
huviés.

E Mitridati por esto no se aquexava de ir a combater,
[f. 91v] cuidándose que Luculo tardaría assí como era acostumbrado. E por esto iva folgadament e a su vagar enta
Tigrano, e no solicitava la batalla. Mas, quando él vido por
el camino algunos armenios que ivan todos desmagados, él
pensó bien cómo era el fecho. E quando él fue más adelant, trobo'nde muchos despullados e feridos, e supo el
vencimiento de Tigrano e la su destrucción, e buscávalo.
E quando él lo trobó desierto e humiliado, no lo menospreció, mas descavalgó e ploró por el común desastre e
infortuna d'ellos, e conortolo lo mejor que pudía dándole
esperança por el tiempo qui devía venir. Por la qual cosa,
amos a dos aplegavan aún huest. Depués de aquesto, en

2214 a] om. P.

la ciudat de Tigranoquerta[2215] los griegos se rebellaron
contra los bárbaros e se dieron a Luculo. E Luculo fue senyor, e tomó los trasoros del Rei pora sí mismo. E a su
huest dio licencia que robassen la tierra e partiessen entre
ellos toda la robería. E trobose sin el otro haver solament
en moneda talentes viii^m. E aún ultra esto dio a cada uno
d'ellos daremes viii^c. E havié allí muchos menestrieres e
juglares que Tigrano havía congregados; e a todos los
aplegó Luculo a los exercicios e a las fiestas de la victoria.
A los griegos fizo grandes gracias e enviolos a lures tierras;
e semblantment a los bárbaros que habitavan allí a lur mal
grado. E conteció que por la destrucción de una tierra se
renovaron muchas otras, las quales recebían lures antigos
abitadores. E por esto todas aquellas ciudades amavan a
Luculo como a bienfazedor e edificador. E todas cosas que
fuessen en hondra de Luculo de buen grado se fazían, porque él quería seyer justo e amigable e seyer loado d'estas
cosas más que de las batallas. Porque en las batallas
havían part su huest e la ventura, mas la su bondat era
senyal de ánima adoctrinada. E por esto Luculo sin armas
diusmetía a los bárbaros; en tanto que reyes de los árabes
vinieron a él [f. 92r / xxix, 7] e metiéronse en su poderío.
E la gent de los sofinos se rendió a él. A los gordinos tanto
los aduxo a su amor que ellos de buen grado desemparavan lures tierras por seguir a Luculo con lures familias. Por
tal ocasión Zarviinó, el rei de los gordinos, havía prometido a Apio, assí como havemos dicho, es a saber, de seyer
en ayuda de los romanos, porque era agreujado de la tiranía de Tigrano; e Apio lo fizo saber a Luculo. A[2216] esti Zarviinó tradieron algunos e fue muerto; e perecieron con él
su muller e sus fillos antes que los romanos entrassen en

2215   Tigranoquerta] tigranorta *PF*: Τιγρανοκέρτοις.
2216   A] et *PF*.

Armenia. Las quales cosas Luculo no metió en oblido, mas, quando él entró en la ciudat de los gordinos, fizo las exequias de Zarviinó segunt la costumbre de la tierra e puso ropas e del oro real e de la robería de Tigrano. E él mismo con otros parientes de Zarviinó puso fuego e clamava a Zarviinó como a amigo e ayudador de los romanos. E comandó que le fues fecha una sepultura de grant precio. Porque mucho oro e argent fue fallado en los palacios de Zarviinó; e de trigo fue trobado moyos III miliones, del qual trigo huvo grant provecho la gent de Luculo. E todo hombre se maravellava de Luculo porque del trasoro de la comunidat no tomó²²¹⁷ la valor de un dareme, mas del suyo él fazía la guerra.

Cómo Luculo quiso ir contra el rei de los partos,
mas que su huest no le quisieron seguir;
e aprés cómo venció e desbarató la segunda vegada
a Tigrano ensemble con Mitridati

La hora vinieron a Luculo embaxadores del rei de los partos, el qual pregava por amigança e por liga; las quales cosas ***²²¹⁸ a Luculo. E por esto él envió sus embaxadores al Rei, los quales trobaron qu'el Rei era hombre cubierto en lo que dezía, e demandava cubiertamente por premio la Messopotamia por no seyer en ayuda de Tigrano. Quando Luculo sentió esta cosa, pareciole bueno de dexar a Tigrano e a Mitridati como a enemigos qui no havían esperança e de provar el poderío de los partos e de ir contra ellos. Porque le parecía bueno que en un movimiento de guerra como buen [f. 92v] luchador venciés por orden a III reyes

---

2217   tomó] tolse *F*: tome *P*.
2218   ***] *lag. en PF*: ἦν [...] ἀσμένῳ.

el uno aprés del otro e qu'él apareciés invencible entre III los mayores senyores que fuesen dius el sol. E por esto escrivió a Sornacio e a los otros senyores que eran en el Ponto que congregassen la huest e viniessen a él por ir contra los partos devers Gordino. Mas ellos, antes que recibiessen esti comandamiento, no havían la gent de armas a lur obediencia, e la hora del todo contradixieron e paladinament cridavan que no fincarían más allí, mas ellos fuirían e desempararían el Ponto desierto. E quando estas paravlas fueron dichas allí do Luculo era, e aquellos qui eran con él le contradixieron. Por ocasión de la riqueza que havían e del depuerto que se querían dar e folgar, eran perezosos de ir en fechos de armas. Aun dezían estos por los del Ponto que digna cosa era qu'ellos siguiessen a ellos qui en público havían favlado valientment, e convenible cosa era qu'ellos folgassen por el treballo que havían hovido. E muchas otras paravlas peyores oyó Luculo d'ellos, e por esto él se retuvo de ir contra los partos, mas iva aún enta Tigrano.

E era en medio del verano. E depués qu'él passó el Tauro, entró en grandes cuidados,²²¹⁹ porque aún los blades²²²⁰ aparecían verdes.²²²¹ ¡Tanto tardan las miesses en aquella tierra por el grant frío que ý faze! No res menos, él devalló II o III vegadas, porque los armenios venían contra él, e les puso en vencida e robava lures tierras. E la caristía²²²² de la victualia de la qual él havía miedo dio a sus enemigos, porque do havía trigo todo lo tirava. E quando los assitió de todo e los clamava que salliessen a

---

2219   entró en grandes cuidados] entro en grandes ciudades *P*: entro in grandi cittadi (*en margen,* vel necessitadi) *F*: ἠθύμησε.
2220   blades] *lag. en PF*: πεδίων.
2221   verdes] verdades *PF*: χλωρῶν.
2222   caristía] carestia *F*: carastía *P*.

la batalla e ellos no sallían, mas se dexavan robar devant
de sus ojos, la hora él fue a las Artácsatas, do eran los palacios de Tigrano e havié puesto allí, por salvarlos,[2223] las sus
mujeres e sus fillos chicos. Iva, pues, Luculo cuidando que
Tigrano por aquestas cosas sin algún reguart deviés sallir
en la batalla por la Artácsata. Se dize que, quando los
romanos vencieron a Antíoco, Aníbal el carquidonio fuésse a Artacso, rei de los armenios, e le dio muchos buenos
consejos e ensenyamientos. [f. 93r / xxxi, 4] E quando él
vido aquel lugar,[2224] el qual era muit bello e útil (mas era
vazío e menospreciado), senyalolo primerament en forma
de ciudat e depués levola a Artacso e ge la mostró e le
consejó que allí edificasse una ciudat e qu'él la fiziesse abitar. E por esta cosa plugo al Rei, e pregó a Aníbal qu'él
mismo estuviesse sobre la obra. Por la qual cosa, fue fecha
allí una grant e maravellosa ciudat, e Artacso le puso su
nombre e la clamó Artácsata, e la fizo principal ciudat de
toda la Armenia. E quando Luculo iva contra aquella ciudat, Tigrano no pudo sofrir, mas aplegó a todo su poderío
e en iii días él se atendó cerca los romanos. E tenía el río
que se clama Arsanía,[2225] al qual de necessidat convenía que
los romanos passassen si querían ir a la Artácsata. La hora
Luculo fizo sacrificio a los dioses assín segurament como
si él tuviés la victoria en su mano. E fazía passar su huest.
E los primeros combatientes de los suyos que ivan contra
los enemigos eran hombres xii^m; e a los otros ponía en
orden en diversas partes, porque los enemigos no los
circundassen, porque eran muit grant número de los bárbaros. Eran muchos congregados ensemble, todos esleídos
e con cavallos cubiertos, e lures primeros combatientes

2223 salvarlos] salvarli F: salvarlos (los *está tachado*) P.
2224 lugar] luogo F: *om.* P: τόπον.
2225 Arsanía] arsenya P: arsea F: Ἀρσανίαν.

eran hombres de cavallo e arqueros e íberos con lanças, en los quales Tigrano havía toda su esperança, porque eran mejores combatidores que todos los otros foresteros. No res menos, ellos no fizieron ninguna valentía combatiendo con los de cavallo de los romanos. E quando vinieron los peones de los romanos, los bárbaros no los esperaron, mas ante se derramaron a foír. E por esto los romanos de cavallo los siguían e encalçavan. E en esti derramamiento toda la az de cavallo que Tigrano havía, la qual era grant e excelent, se movió. Por la qual cosa, Luculo se dubdó e envió a los suyos de cavallo qui encalçavan a los otros primeros que tornassen. E Luculo fue el primero que con sus amigos esleídos ferió en medio de aquellos de Tigrano. E antes que viniessen a las manos, tanto miedo huvieron los bárbaros que fuyeron. E eran la hora contra Luculo [f. 93v] III reyes, de los quales el tristo Mitridati fuyó más vilment que ningún otro, porque ni la voz de los romanos pudo sofrir. E los romanos los encalçaron luengament toda la noche, e los unos matavan, e los otros tomavan bivos. E tanto trasoro e tanto otro haver partieron los romanos entre sí que cansados e enoyados ne eran. E Livio dize que fueron muertos más[2226] en la batalla primera;[2227] mas en esta, ya sea que fuessen menos, fueron más famosos hombres.

Cómo Luculo quiso passar su gent más adelant,
mas ellos no lo quisieron más seguir;
e cómo la fortuna començó a adversalle

Luculo de la ora avant tomó grant esperança e se puso en coraçón de ir avant e de desemparar[2228] del todo al bárbaro.

2226   más] *om. PF*: πλείονας.
2227   primera] *om. PF*: προτέρᾳ.
2228   desemparar] *P*: abandonare *F*: καταστρέφεσθαι.

Mas de continent a la primavera le vino súbitament mal
tiempo, e el más era de nief. E por los campos era la rosada e el yelo. Por la qual cosa, los ríos eran periglosos a
bever a los cavallos por el grant frío, e más periglosos
eran de passar porqu'el yelo se crebava e tajava los nervios de los cavallos. Encara la mayor part de los caminos
d'aquella tierra eran estrechos e ide havía muchos lodos
e era todo cubierto de árbores. E por esto havían mucha
humidat. Por que, si ellos caminavan, la nief les cadía de
suso. E la noche folgavan mal e no podían reposar porqu'ellos yazían en lugares húmidos. Por la qual cosa, en
pocos días toda la huest contrastava con Luculo. E primerament pregavan a los capitanes de mil que favlassen a
Luculo, e depués se aplegavan ellos con grant rumor
e toda la noche cridavan sin vergüença. La qual cosa parecía de huest que se levanta contra su capitán. Luculo los
pregava mucho que huviessen paciencia entro que tomassen a Carquidonia la qual es de Armenia, por destruir los
fechos del más odioso enemigo que los romanos havían,
el qual era Aníbal. Mas, porque no lo quisieron escuchar,
de necessidat le convino tornar a çaga. E passó al Tauro
por otros caminos e devalló en la tierra de Migdonía, en
la qual ha [f. 94r / xxxii, 4] grant abundancia[2229] de gentes,
a la qual tierra los bárbaros claman Nísibin, e los griegos
la claman Antiochia de Migdonía, a la qual senyoreava,
quanto a la dignidat, Guro el ermano de Tigrano, mas,
quanto por seso e por apteza de ingenio, la senyoreava
Calímaco, el qual dio grant batalla a Luculo en Amisó[2230]
por sus ingenios e maneras estranyas. Mas tanto la assallió fuertment Luculo con toda sotileza de ingenio por
todas partes que en poco tiempo la tomó. E quanto a

2229　abundancia] habundanza *F*: bundancia *P*.
2230　Amissó] simisso *PF*: Ἀμισὸν.

Guro, Luculo lo recibió amigablement, porque él se rendió en sus manos volenterosament. E Calímaco le prometía de mostrarle muchos trasoros ascondidos; mas Luculo
no'nde curó, ante comandó qu'él fues ligado e rastrado
por punición del fuego que puso a Amissó[2231] e embargó
a Luculo que no pudo mostrar curialidat entre los griegos,
como él quería.

Fasta aquí la ventura fue con Luculo, e iva a los fechos
de guerra con él ensemble. Mas d'aquí adelant le falleció
el viento, e solament se esforçava de ir adelant. E solament
contrastava e mostrava de haver virtut e paciencia de buen
senyor; mas todos sus fechos ninguno no los había en
grado, mas vino a tanta adversidat que él treballava
en vano e fue cerca de perder toda la gracia que antes havía.
E la mayor ocasión vino d'él porque no era tal por natura
que él consolás a la multitut de la gent de armas, porque
le parecía que fues destrucción de la senyoría e principio
de desondra si él fiziés que cada uno ***[2232] aplegava bien
con los poderosos e amigables como él, mas algunos
menospreciava. E con todos los bienes qu'él havía, dízese
qu'él havía la passión del ergull. E sin dudo Luculo era
grant e bueno e sufficient en favlar e cuerdo en las congregaciones e en las huestes. E dize Salustio que él era mal
amado de la gent d'armas no por otro sino que al Quísico
primerament, e depués a Amissó,[2233] passaron dos iviernos, el uno [f. 94v] depués del otro, en el campo con grant
necessidat; e semblantment, en todos los otros iviernos
sufrían muchas penas, porque o, si se trobavan en tierra
de enemigos, passavan el ivierno entre las pluvias e las
nieves, o, si eran aún en tierra de amigos siempre fuera en

2231   Amissó] cf. supra.
2232   ***] falta texto en PF.
2233   Amissó] cf. supra.

el campo, passavan el ivierno al aire descubiertos. Porque
nunqua entró Luculo en alguna ciudat de griegos con su
huest, ya sea que fuessen amigos. Por esto trobaron ocasión los tribunos del pueblo de Roma qui querían mal a
Luculo e lo acusavan diziendo que, porqu'él amava la senyoría, es a saber, de seyer senyor, e querié fazerse rico,
que por esto prolongava la guerra, e por ocasión de la
guerra él tenié la Cilicia[2234] e la Asia, la Bitinia e la Pafla-
gonia,[2235] la Galacia, el Ponto, la Armenia e muchas otras
provincias e lugares entro al Fasso. «E agora —dizién
ellos— ha robado los palacios de Tigrano como si él no[2236]
fues enviado por humiliar a los reyes por batalla, mas por
despullarlos». E esta paravla dixo uno de los capitanes,
Leucio Quinto, el qual induxo al pueblo más que ninguno
otro que esleyessen e enviassen a Luculo por governar las
provincias e que licenciassen a muchos de la huest de
Luculo por el treballo que havién sostenido.

E en aquel consejo se siguió una otra cosa que movió
más a la gent contra Luculo: Poplio Clodio,[2237] el qual era
hombre superbo, injurioso e desordenado, era ermano de
su mujer. E dízese qu'él ha desponcellado a su ermana,
porqu'ella del todo era desonesta. Esti Clodio, seyendo en
la huest con Luculo, e quería seyer adelantado e no podía
haver tanta hondra como él quería, no por otro sino por
sus malas maneras. Se mescló con la gent de armas de
Fimbría e los comovié contra Luculo. E ellos eran acostumbrados de mal fazer, porqu'ellos fueron los qui antes consintieron a Fimbría de matar a su capitán, es a saber, al
cónsul Flacco,[2238] por fazer capitán a Fimbría. Por esto,

2234   Cilicia] F: cicilia P: Κιλικίαν.
2235   Paflagonia] peflagonia PF: Παφλαγονίαν.
2236   no] om. PF: οὐ.
2237   Clodio] claudio PF: Κλώδιος.
2238   Flacco] F: flacto P: Φλάκκον.

ellos uyén volentés a Clodio [f. 95r / xxxiv, 4] e lo clamavan amador de la gent d'armas, porqu'él se fingié qu'él
huviés compassión e desplazer d'ellos e dezía: «¡O! ¿Nunqua havrá fin esta guerra e esti treballo? ¿Con todas las
gentes devemos combater e iremos siempre errados por
todo el mundo consumando nuestra vida sin algún provecho de fazer mención? ¿Entre tantos treballos, non faremos
ál sino que enviaremos los carros e los gamellos de Luculo cargados de vaxiella de oro ornada de perlas e de piedras preciosas? La gent de armas de Pompeyo están con
sus mujeres e con sus fillos, e abitan en tierra de prosperidat e en ciudades ricas, e no encalçan a Mitridati e a
Tigrano por meterlos en tierras desiertas e desabitadas, ni
han crebantado los regnos de Asia, mas combatieron en la
Iveria con hombres fugitivos. E si necessaria cosa era que
nós no falleciéssemos de seyer en huest, ¿por qué no guar-
damos nuestras personas e nuestras ánimas con tal capitán
qui repute a su hondra la riqueza de su huest?». Con tales
ocasiones se consumó la huest de Luculo, e no lo[2239] quisieron más seguir ni contra Tigrano ni contra Mitridati, el
qual tornó de Armenia en el Ponto e congregava huest e
recobrava su senyoría. E por ocasión del ivierno, ellos tardaron en la ciudat de Gordiní esperando o a Pompeyo o
a otro capitán qui viniés successor de Luculo.

*Cómo las gentes d'armas no quisieron seguir a Luculo;
e cómo Pompeyo fue fecho capitán contra Mitridati e
Tigrano; e de las cosas que depués se siguieron*

E quando ellos uyeron que Mitridati havía vencido a
Fabio e iva contra Sornatio e contra Triario, la hora se

2239   lo] *F:* la *P.*

envergonçaron e apenas siguieron a Luculo. Mas, antes
que Luculo plegasse, Triario, queriendo ganar la hondra
de la victoria, combatió con Mitridati e fue vencido durament; en tanto que murieron de los romanos más de vii^m,
entre los qua- [f. 95v] les eran centuriones cl e capitanes
de m^l xxiiii; e tomaron los de Mitridati lures tiendas. En
pocos días plegó Luculo; e quando la gent d'armas buscavan a Triario con furor, Luculo lo escondió. Mitridati no
quería combater la hora porqu'él esperava a Tigrano, el
qual devallava con grant huest por ajustarse con Mitridati.
Por esto, a Luculo pareció mejor que, antes que amos a
dos se ajustassen, se fues contra Tigrano e combatiesse
con él. E como él iva, en el medio del camino la gent d'armas de Fimbría se rebellaron e desempararon su az diziendo que por determinación de los tribunos del pueblo eran
afranquidos de ir en huest, e que Luculo no havría^2240
poderío de comandarlos, pues que las provincias qu'él
rigía ya los romanos las havían dadas a otros capitanes. En
esto Luculo sofría con paciencia todas aquellas cosas que
eran dichas en mengua e desonor suya, e con lágrimas
humilment pregava a cada uno tornando a lures tiendas, e
aun tomava a algunos por la mano e ellos se giravan e le
mostravan lures sacos vazíos diziéndole: «¡Tú solo quieres
enrequir, e tú sólo ves a combater!». La otra gent de armas
fueron en ayuda de Luculo e pregavan a los otros con
Luculo ensemble que no se partiessen; e ellos apenas prometieron de esperar entro al tiempo de las miesses, e si
algún enemigo no devallás por combater, que de continent
ellos se partiessen. La qual cosa fue necessaria que Luculo la atorgasse antes que desemparar del todo la tierra a
los bárbaros. De la ora adelant, los tenía no por fuerça ni

2240   havría] *P* (*la* r *está interlin.*): aveva *F.*

por embiarlos a combater, mas le parecía que cumpliés
solament que asperassen. E contra su voluntat él dissimulava el fecho de Capadocia, la qual captivava Tigrano. E aun
el fecho de Mitridati dava blasmo a Luculo; porque Luculo escrivió al Senado que Mitridati de todo era vencido.
Por la qual cosa, fueron embaxadores de Roma al Ponto
porque se credían senyorear del todo el Ponto; mas trobaron [f. 96r / xxxv, 7] a Luculo que ni de sí mismo era senyor, mas la gent d'armas lo blasmava. E se levantaron en
tanta malicia que a la fin del verano ellos se armaron e
sacaron sus espadas e quasi clamavan a los enemigos, los
quales no eran allí. E por esto cridaron fuert e fizieron
semblança de combater. E pués se departieron diziendo
que era acabado el tiempo que havién prometido de esperar a Luculo. La hora fueron a los otros letras de Pompeyo, porqu'él era fecho capitán de guerra contra a Mitridati e Tigrano. La qual cosa fue fecha con amor del pueblo
e con lagoterías de los tribunos del pueblo. Mas el consejo e los nobles jutgavan que injusticia era fecha a Luculo,
diziendo que Pompeyo era en tal tiempo qu'él no iva
como successor de guerra, mas como successor de la hondra del triumfo, e echavan a Luculo no de la capitanería,
mas del triumfo e de las hondras de la victoria.

E el mayor desplazer era que Luculo no había algún
poderío en la huest, ni de hondrar ni de punir a alguno.
Ni consentía Pompeo que alguno fues a él ni que recibiessen sus letras las quales mandava por los ordenamientos
que él había ordenado con los x embaxadores, mas Pompeyo escrivía por todo embargando a Luculo. E todo hombre lo temía[2241] porqu'él había mayor poderío. Mas a los
amigos parecía bueno de meterlos en paz. Assí que, amos

2241   temía] temeano *F*: tenia *P*: φοβερὸς παρὼν.

a dos se ajustaron ensemble en un casal de Galacia, e se saludaron el uno al otro curialment, e cada uno d'ellos se alegró de los buenos fechos que havié fecho. Luculo era más viejo; mas la dignidat de Pompeyo era mayor porque más de vegadas fue capitán, e huvo el triumfo dos vegadas. Sus maceros o porteros les ivan delant e havían lures maças coronadas con laurel por las victorias. Los laureles[2242] de Pompeyo se secaron, porqu'él passó por lugares secos que no havían agua; mas los de Luculo eran verdes porqu'él passó por lugares som- [f. 96v] brosos e frescos. E por esto dieron los maceros de Luculo a los de Pompeyo por cortesía de sus laureles. La qual cosa parecía buen senyal a los amigos de Pompeyo, que, quanto a la verdat, la ardideza de Luculo endreçó a la capitanería de Pompeyo. No res menos, de aquel parlament ningún bien no se siguió entre ellos ni se acordaron, antes se departieron con enemigança. E los comandamientos que Luculo havía fechos Pompeyo los anulló. E Pompeyo licenció la huest que Luculo havía con él ensemble[2243] sino a Mˡ vıᶜ qui fuessen con él al triumfo. E ni aquellos siguían a Luculo de buen grado. ¡Tanto parecía Luculo enta la gent de armas malgracioso, ya sea qu'él fuesse el más adelantado e el mayor capitán de guerra! Si él huviés confortado[2244] e folgado la gent de armas e los aduziés amigablement a[2245] su servitut, con los otros muchos grandes bienes e virtudes que él havía, es a saber, seso, valentía, solicitut, diligencia e ordenamiento e justicia, no havría hovido la senyoría de Roma por confinias o términos de la Asia al río Eufatres, mas havría tenido entro a la fin de aquella tierra e de la

2242   laureles] laurelles P.
2243   él ensemble] lui insieme F: el avia ensemble P.
2244   confortado] conportado P: comportata F.
2245   a] F: et a P.

mar de Ircania. Porque Tigrano con las otras gentes fueron antes vencidos, e el poderío de los partos no era tanto envers Luculo como fue envers Crasso ni era assín congregado, porque entre ellos havían hovido guerra e se matavan todo el día. Mas agora me parece que de lo que Luculo[2246] fizo utilidat a su patria con su persona, fizo danyo con otros, porque los trofeos de Armenia qu'él dreçó cerca la Partia[2247] e la Tigranoquerta, e la riqueza infinita que de allí levaron a Roma e la corona de Tigrano, que[2248] fue vituprada al triumfo como cosa captivada, movió a Crasso de ir en Asia pensándose que los bárbaros fuese solament cosa de robería e no de otro. Mas, quando el fue entre [f. 97r / xxxvi, 7] los arcos de los partos, mostró luego que Luculo no había vencido a los bárbaros por lur flaqueza ni por mesquindat, mas por su grant ardideza e por su industria. Mas estas cosas fueron depués.

E Luculo, quando fue en Roma, trobó primerament que Gayo Memio acusava a su ermano Marco de las cosas que él había fecho quando él era trasorero por comandamiento de Sila. E quando aquel fue delivrado, Memio se movió contra Luculo e comovía al pueblo que no le fiziessen triumfo, diziendo qu'él había retenido muchas cosas de aquellas que había ganadas en la guerra, e por esto él prolongava la guerra. E Luculo huvo grant dubdo por aquella razón; mas todos los gentiles hombres favlaron con los parentescos, e affectuosament los pregaron por Luculo, e apenas pudieron acabar qu'el pueblo consentiés que Luculo huviés el triumfo. E la hora Luculo fizo su triumfo, no pas, como fazién algunos, con ufana

2246   Luculo] F: de luculo P.
2247   Partia] patria PF: Πάρθων.
2248   Tigrano, que] tigrano che F: tigranoquerta et la riqueza infinita que de alli levaron a roma et la corona de tigrano que P.

vanagloria,[2249] faziendo grandes muestras maravellosas e prolongando el triumfo e levando muchas cosas, mas él hondró el ipodromio de Flaminio[2250] con las armaduras de los enemigos, las quales eran en muit grant quantidat, e con los ingenios del Rei, los quales eran bien de veyer e no pas de menospreciarlos. E en el triumfo levaron algunos pocos de los cavallos con cubiertas, e de los carros qui havían de los qui levavan las falces solament x, e de los capitanes e amigos del rei lx, e de las[2251] galeas cx, e el coloz d'oro de Mitridati, e su escudo, qui era todo ornado de piedras preciosas, caxas xx plenas de vaxiella de argent, e otras caxas xxxii[2252] plenas de vaxiella de oro e moneda de oro sin número. Estas cosas levavan los hombres; mas depués ý havié viii mulos qui levavan lechos d'oro, e otros mulos lvi[2253] qui levavan argent fundido, e otros mulos cvii qui levavan moneda d'argent ii miliones e vii^c mil pieças e más. En los cartularios de Luculo era escripto el trasoro qui él havía dado a Pompeyo por despender en la necessidat de la [f. 97v] guerra por las galeas de los cursarios, e otro grant trasoro que él dio al trasoro de la comunidat, sin lo qu'él havía partido entre la gent de armas, que dio a cada uno ix^c l daremes. E ultra esto, despendió en la fiesta del triumfo tanto qu'él convidó a comer toda la ciudat e todas las gentes de los lugares vezinos de la ciudat, los quales ellos claman *vicos*, qui quiere dezir 'barrios'.

No res menos, quanto[2254] Luculo ixía maravelloso en fechos de armas e honorable en civilidat, tanto fue infor-

2249 vanagloria] *F*: vana *P*.
2250 Flaminio] flavinio *PF*: Φλαμίνειον.
2251 las] le *F*: los *P*.
2252 xxxii] xxii *PF*: δύο καὶ τριάκοντα.
2253 lvi] xvi *PF*: ἓξ [...] καὶ πεντήκοντα.
2254 quanto] quando *P*: quan *F*.

tunado en las mujeres. Porque la primera, es a saber, Clodia,[2255] que manifiestament era desonesta de su persona, e
por la su innocencia la echó de sí; e depués tomó la ermana de Cato, la qual havía nombre Servilia. E ni aun de
aquel matrimonio fue bienaventurado. De una cosa no fue
blasmada como Clodia,[2256] es a saber, de su ermano; mas
en todas las otras cosas era incontinent. E él la sufertava
porqu'él havía vergüença de Cato; mas, finalment, se
enoyó d'ella e la licenció e echó de sí. E en la ciudat Luculo dio al consejo buena esperança, porque los del consejo
esperavan que, si Pompeyo quisiés tiranizar, Luculo le
contrastava e le faría guerra por mantener la senyoría de
los nobles; porqu'él era glorioso e poderoso por las cosas
que él havía fechas. Mas Luculo dexó, finalment, todas las
cosas e desemparó los fechos de la ciudat, o sea porqu'él
la vedía tanto enferma que no le parecía que alguno la
podiés mantener, o sea que, segunt que se dize, qu'él era
tanto farto de gloria que no quería otra cosa ni curava sino
de fazer larga vida. E sus muchos treballos no fallaron fin
de prosperidat. E algunos loavan la mutación de su conversación, porque no le conteció como a Mario, el qual,
pués que huvo adreçadas tantas buenas cosas e grandes
como fizo, no quiso fincar en la felicidat e prosperidat de
tanta hondra, mas por la insaciabilidat e cobdicia de la senyoría e de la gloria aún con- [f. 98r / xxxviii, 3] trastava,
seyendo viejo, contra los jóvenes e fizo algunas malas
obras e huvo peyores passiones. Mas la part de Crasso e de
Pompeyo blasmavan a Luculo, porqu'él se era dado a los
plazeres e a los deleites más que no apartenecía a su edat.

E qui quiere leyer escripturas por blasmo de Luculo las
trobará que primerament dizen sus civilidades e valentías

2255 Clodia] claudia *PF*. Κλωδίας.
2256 Clodia] *cf. supra.*

en fechos de armas, e depués no contan[2257] sino de cenas
e de solaces e de luminarias. Porque me semeja que solaces eran los edificios de muchas variedades e los andadores o porches[2258] e los banyos e las pinturas e las estatuas,
en las quales despendió él superfluament de la infinita
riqueza que él havía congregada en sus capitanerías. E
entro al día de oi, los jardines de Luculo son reputados
como reales, porque son de grant precio, e se claman
Luculianos; assí como él fizo a Nápol, do él aplanó en
algunas partes la tierra, e passó el agua de la mar con rue-
das ingeniosas, e fizo pesqueras por tener pex, e edificó
casas[2259] dentro en mar. Por la qual cosa, quando Estoico
de Veron[2260] lo[2261] vido, clamava a Luculo *Xerses*. E havía
aún al Túsculo otras casas[2262] grandes e espaciosas, todas
abiertas, palacios con lures andadores e cambras por abitar. Las quales quando Pompeyo las vido, blasmó a Luculo porque las fizo solament por el reposo del verano; porque de ivierno fincavan desabitadas. D'esto se ridió Luculo
e dixo a Pompeyo: «¿Parece, Pompeyo, que yo haya menos
de seso que las grúas e las cigüenyas que yo non mude
los lugares de mi abitación segunt el tiempo, como fazen
ellas?». Un otro capitán qui se deleitava[2263] de hondrarse en
las danças e en las fiestas demandó a Luculo ropas de pú-
pura por ornar las danças. Luculo le respondió que él
vería, e si él ne havié, qu'él le daría passado un día todas
quantas ropas le fazían menester. E él dixo que bien ne
havié menester c. E Luculo le dixo: «Toma'nde[2264] π^c». Por

2257 contan] conta *PF*.
2258 porches] parches *PF*: περιπάτων.
2259 casas] cosas *P*: cose (*en margen* case) *F*: διαίτας.
2260 de Veron] de neron *P*: di neron *F*: Τουβέρων.
2261 lo] *F*: los *P*.
2262 casas] cosas *PF* (*F tacha* case, *y escribe* cosas): δίαιται.
2263 deleitava] dilettava *F*: deleita *P*.
2264 Toma'nde] pigliane *F*: tomando *P*.

la qual cosa, [f. 98v] Flaco el poeta, escriviendo de Luculo, dize que Luculo no reputava riqueza aquella que no huviés más de cosas escondidas que de manifiestas.

¡Tanta era la nueva riqueza de Luculo, la qual lo induzía a fazer cada día convides! E tenía copas ornadas de piedras preciosas, e vaxiella de grant precio, e lechos de púrpura. E fazía fer danças con todos esturmentes, los quales sonavan quando levavan la vianda devant él. E havía en su comer muchas viandas de todas maneras e estranyas. Por la qual cosa, los otros qui amavan de haver hondra le havién grant invidia. E una vegada que Pompeo era enfermo e el mege comandó que le fuesse dado un tordo, los servidores de Pompeyo dixieron que impossible cosa sería que se trobasse la hora, porque era de verano, si no era en casa de Luculo; porqu'él los fazié nudrir todo el anyo en su casa. Mas Pompeyo no quiso que demandassen alguna cosa, antes reptó al mege diziendo: «Pues, si Luculo no biviés delicadament, ¿no podría bivir Pompeyo?». E comandó que le fues fecha alguna otra cosa de lo que se trobava. ¡Tanto bivía delicadament Luculo! Por la qual cosa, a Cato, ya sea que él fues amigo e parient, le desplazía su manera de bevir.[2265] Por la qual cosa, leyendo un joven un día un dicho de Cato bien luengo el qual él havié fecho por laor de la honestat, Cato se levantó e lo reprendió diziendo: «¿Aún no cessas tú, qui eres rico como Crasso e bives como Luculo, de dezir como Cato?». Mas algunos dizen que esta paravla, ya sea que assín fue dicha, otro la dixo e no Cato.

Mas Luculo tenía alegrament esta vida segunt parece por lo que se sigue: Dízese que algunos griegos vinieron en Roma, e Luculo los convidó e prolongó el convit por muchos días; en tanto que aquellos griegos, segunt lur

---

2265   bevir] vivere *F*: bever *P*: τὸν βίον [...] καὶ δίαιταν.

manera, se envergonçavan del convit de tantos días, e
refusavan de ir al convit diziendo que él [f. 99r / xli, 2]
fazía cada día grandes despensas. E Luculo sonridiendo les
dixo: «O senyores, verdat es que alguna cosa se faze por
vós; mas la mayor part se faze por Luculo». Una otra vegada él cenava solo; e por esto pusieron una tavla sola e aparellaron poca vianda. Por la qual cosa, él se ensanyó e
comandó que viniés el maestro de casa devant d'él, e le
demandó por qué, contra la costumbre, havía fecho aparellar assí poca vianda. E él respondió: «Senyor, porque tú
no havías algún convidado, yo cuidava que no te fiziés
menester cena de grant despensa». En esto respondió
Luculo e le dixo: «O necio, ¿qué dizes tú?, ¿e no sabes
que Luculo cena oi con Luculo?». E por estas cosas se favlava mucho d'él en la ciudat, como es acostumbrado. Por
la qual cosa, andando Luculo derredor del mercado occioso, fuéronse cerca d'él Cícero e Pompeyo, de los quales el
uno era su caro amigo, mas con Pompeyo havía alguna
dissensión por las capitanerías de guerra. No res menos,
favlavan ensemble privadament de lo que huviessen
menester el uno del otro. E Cícero lo saludó e le demandó cómo él era despuesto de favlar. E Luculo respondió:
«Muit bien». E depués le dixieron: «Nós queremos cenar
con tú ensemble oi assí como es aparellado pora tú, no
más». E Luculo quasi que fazía semblant de pregarlos que
otro día comiessen con él porque pudiés fazer aparejar
mejor lo que fues convenible pora ellos. E ellos le dixieron: «No queremos venir otro día, mas oi». Ni lo dexavan
favlar con sus servidores, no por otro sino porque no les
comandasse que guissasen alguna cosa más que lo que era
aparellado. Solament en tanto consintieron de lo que los
pregava qu'él dixo[2266] a un servidor devant d'ellos qu'él

2266   dixo] dixo dixo P.

quería cenar a Apolonia; el qual era nombre de una de sus casas muit grant e deliciosa e muit bella. E por esto ellos fueron decebidos, e no entendieron a Luculo. [f. 99v] Porque cada un lugar do[2267] él comía era ordenado quánta vianda e quiénta se devía aparellar. Por que sus servidores solament por el nombre del lugar entendían quánto se devía despender e qué aparellament se devía fazer. E era de costumbre que, quando él devía cenar a Apolonia, se devían despender cincuenta M^l daremes. Por la qual cosa, quando Pompeyo vido súbitament tanto aparellament, él se maravelló e turbose de tanta despensa e de assín estranyas viandas e cómo fueron assín aína aparelladas. Assí havía Luculo por non res sus riquezas quando havía menester, como si él tuviés un bárbaro presonero.

Mas havía grant cura de adobar livros e estudiar en bien favlar. E era largo e liberal a los filósofos, e los amava mucho, e siempre favlava e conversava con ellos. E amava mucho a los griegos. E congregó muchos livros greguescos fermosament adobados, la utilidat de los quales le fazía más hondra que la lur beldat. Porque sus librerías eran abiertas a los que havían menester de leyer; porqu'él fizo de su casa escuela e receptáculo pora recebir sin algún embargo a todos los griegos qui quisiessen venir. E los griegos venían sovén allí assí como a la posadería de las musas.[2268] E dexavan los otros sus aferes, e eran de día e de noche allí. E Luculo algunas vegadas estava con ellos razonando[2269] estudiosament de la filosofía; e algunas vegadas ordenava los fechos de la ciudat, solament quando era algún caso de necessidat. E era la casa de Luculo del

2267 do] dove *F.* de *P.*
2268 de las musas] dellos musos *P.* delli musos *F.* εἰς Μουσῶν (τι καταγώγιον).
2269 razonando] et razonando *P.* et ragionando *F.*

todo habitación e rebost de los griegos qui venían en
Roma. E amava Luculo toda la filosofía, e especialment
amó del principio la filosofía de Academia,[2270] no aquella
qui es clamada nueva, e especialment que la ora †el se
entendie†[2271] en las paravlas de Carneado con la ayuda de
Filón, mas en la vieja, de la qual era principal Antíoco
de Ascalona, hombre manso e apto en fav- [f. 100r / XLII, 3]
lar. A esti fizo Luculo amigo suyo con grant solicitut, e lo
tenía en su companyía. E con aquel contradezía a aquellos
qui tenían la doctrina de Filón, de los quales era Cícero.
Por esto escrivió Antíoco en aquella secta una escriptura
muit buena en la qual impuso a Luculo la paravla de †egni-
go†[2272] e a Cícero el contrario; e Luculo se sotescrivió en el
livro. E eran amos a dos, assí como havemos dicho, amigos. E en los aferes de la ciudat se acordaron, porque Luculo no havía del todo desemparado los fechos de la ciudat.
Solament desemparó el contrast de haver senyoría, e dexó
las senyorías a Crasso e a Cato, a los quales fizieron la hora
los romanos principales conselleros dubdándose del poderío de Pompeyo. No res menos, Luculo devallava algunas
vegadas en la plaça por sus amigos quando fazía menester
de embargar algunas cosas que Pompeyo tractasse a fazer,
e iva al Senado. E anulló los comandamientos de Pompeo
los quales fizo quando venció a los reyes, e aun anulló el
partimiento de haver que Pompeyo escrivía que quería partir entre la gent d'armas. E esto embargó Luculo con ayuda
de Cato. Por la qual cosa, fizo menester a Pompeyo de
haver refugio a la amigança de Crasso e de César, e especialment en las conjuraciones. E por esto Pompeyo implió
toda Roma de armas e de gent d'armas, e por fuerça confir-

2270   Academía] acadonia *PF*. Ἀκαδημείας.
2271   †el se entendie†] *P*. elli sintendea *F*. (Ἀκαδημείας) ἀνθούσης.
2272   †egnigo†] *PF*. τὸν ὑπὲρ τῆς καταλήψεως λόγον.

mó lo qu'él quería. E echó de la plaça a Luculo e a Cato e
a lur companyía. E porque los gentiles hombres se tenían
por agreujados de lo que Pompeyo fazía, la companyía de
Pompeyo respondió diziendo: «Nós havemos tomado un
hombre el qual se clama Bretio, que es traidor de Pompeo».
El qual devant del Senado ***²²⁷³ a algunos otros, e entre el
pueblo diffamava a Luculo diziendo qu'él havía tractado de
fazer matar a Pompeyo. Mas ninguno no credía aquella
paravla, ante manifiestament pareció que los de Pompeo
calupniosament favlavan contra Luculo. E esta cosa en
pocos días se manifestó que fuera mentira quando echaron
de la [f. 100v] cárcer aquel hombre muerto diziendo que
súbitament era seído muerto; mas los senyales del bater e
de afogamiento aparecieron. Por que todo hombre conoció
que aquellos mismos lo havían muerto qui le fazían dezir
las calupnias contra Luculo.

Por la qual cosa, Luculo se alunyó aún más de los
fechos de la ciudat. E quando echaron de la ciudat a Cícero e enviaron Cato en Chipre, del todo enflaqueció Luculo. E dízese que del començamiento de la enfermedat de
la qual él morió començó a perder el seso e cada día lo
perdía más. Empero, Nepo Cornilio dize que ni por anti-
quidat ni por enfermedat nunqua se movió Luculo de su
entendimiento, mas uno de los suyos qui era afranquido,
el qual havía nombre Calisteno, lo consumó con cosas
veninosas, las quales le dio por tal que Luculo lo amás
más, cuidándose que aquellas yerbas huviessen tal virtut.
E aquellas yerbas le tiraron del seso en tanto que, seyendo aún bivo, su ermano ordenava de sus cosas. E quando
murió Luculo, todo el pueblo se contristó assí como si él
tuviesse aún la capitanería de la ciudat, e corrieron todos e
levaron su cuerpo al mercado. E levávanlo los más jóvenes

2273   ***] *lag. en PF:* κατηγόρησεν.

nobles de la ciudat, e queríanlo enterrar en el campo del
dios Mars, do era enterrado Sila. Mas su ermano los pregó
que le fiziessen gracia qu'él lo enterrás en el campo que
Luculo havía a Túsculo. La qual cosa ellos fizieron de mal
grado. No res menos, le dieron licencia. Empero, ni su
ermano sobrebivió[2274] mucho tiempo, mas, assí como era
menor d'él e en los anyos e en la gloria, assí bivió menos.
E amava mucho a su ermano.

Comparación que faze el actor entre Quimon e Luculo

De Luculo se puede bien dezir que de todo fue bienaventurado por su muert, porqu'él murió antes del mudamiento que la ventura ordenó contra la ciudat por las batallas civiles e finió su vida en el principio de la enfermedat
de la patria mientre que ella era aún franca. E esta co-
[f. 101r / xliv, 1] sa fue común a él e a Quimon. Quimon[2275]
morió antes que la Grecia se turbase, mas ya començava.
E Quimon morió seyendo en la huest capitán, no pas que
él fues fuera de su seso, ni que fues en desordenación ninguna, ni se enclinó a beverrías ni a solaces como algunos
fizieron en sus victorias, assí como Plato[2276] reprende a
Orfeo por su doctrina, que dize que todos aquellos qui
biven justament han donos de depósitos en el otro mundo,
es a saber, de embriagarse de todo. El folgamiento e reposo e no treballar e el estar en parlamentes con deleites
convienen bien a hombre ciudadano qui ha desemparado
las guerras por su consolación. Mas que sus valentías con-
vierta en plazeres finalment e que de batallas torne en

2274   sobrebivió] sopravivette *F*: sobrevio *P*: προσεβίω.
2275   Quimon] cymon *F*: *om*. *P*: ἐκεῖνος.
2276   Plato] cato *PF*: Πλάτων.

luxuria e que coma e beva e se[2277] solace no era cosa convenible a hombre de buenos deseos, ni apartenecía a tal
hombre qui seguía la doctrina de Xenocrato; porque semeja qu'él se enclinava enta Epicurio. La qual cosa era de
maravellar, porque la lur joventut fue contraria: pues que
la joventut del uno fue dissoluta, e del otro era bien adoctrinada. Mas mejor fue aquella qui se mudó en mejor; porque mejor nación es aquella en la qual el mal envellece e
el bien rejovenece. Encara ellos fueron enrequidos en
una manera; mas non despendieron lur riqueza en semblant manera. Ni es justa cosa que nós comparemos los
edificios que Luculo edificó a Nápol por su depuerto con
aquellos que edificó Quimon de lo que él aduxo de sus
victorias, es a saber, los muros luengos e alcáçar de Athenas. Ni podemos comparar la cena simple e amigable de
Quimon con la cena senyoreable e de grant despensa
de Luculo. Porque la cena de Quimon, qui era de poca
despensa, nodría cada día a muchos bien; mas aquella de
Luculo, que era de grant despensa, nudrió a pocos e a tales
qui no se deleitavan sino de solaz. Exceptado segunt la differencia del tiempo, qui trasmuda las cosas. E por esto es
cosa incierta, si Quimon fuesse estado bivo e huviés
desem- [f. 101v] parado las armas e fues venido en vejedat
líbera de guerras, si él se fues dado a los plazeres. Porque
los exercicios han otro saciamiento que las vanas delectaciones; los[2278] quales aduzen en el[2279] ánima que ama hondra occiosidat e oblivión de las cosas reprensibles. E por
esto, si Luculo fues muerto en el tiempo qu'él se exercitava, el más frauduloso hombre no havría trobado ocasión de
reptarlo. E estas cosas dezimos nós por su conversación.

2277   se] om. PF.
2278   los] las P. le F.
2279   en el] nell' F. el P.

Mas, quanto a los fechos de las guerras, cierta cosa es que amos a dos fueron buenos príncipes de guerra e en mar e en tierra. E asín como a los hombres valientes qui en un día han victoria de dos exercicios dos vegadas son coronados e los claman pr costumbre vencedores gloriosos, assín e Quimon, porque en un día él tornó a la Elada con trofeo de victoria de mar e de tierra, digna cosa es qui entre los dos capitanes de guerra él tienga la primera cadira. Encara a Luculo su patria le dio la senyoría; mas Quimon dio senyoría a su patria. E quando Luculo senyoreó, su patria havié antes conquistado a sus súbditos e a las cosas de los enemigos. Mas Quimon, quando recibió su patria, recibiola diusmetida a lures vezinos, e él fizo qu'ella después senyoreó a sus vezinos e a sus enemigos; porqu'él echó a los bárbaros por fuerça de victoria de la mar, e a los lacedemonios reduxo tanto que por lur voluntat desempararon la senyoría. E si la mayor cosa que un senyor puede fazer es qu'él reduza su gent d'armas a su obediencia por amor, Luculo de su gent fue menospreciado; mas de Quimon los qui eran en liga con él se maravellavan e le acceptavan, en tanto que ellos desempararon a otro capitán e fuéronse con Quimon. Mas a Luculo desempararon los suyos e fuéronse con otros, e tornó Luculo desemparado d'aquellos a qui él senyoreava quando ixió de Roma. Mas Quimon tornó comendador [f. 102r / xlv, 4] e mayor d'aquellos a los quales él comandava quando él sallió de su patria. E ordenó por utilidat de su patria III cosas ensemble, las mayores, es a saber: senyoría sobre los qui eran de lur liga, paz con los enemigos e unidat con los lacedemonios. Començaron amos a destruir grandes senyorías e de poner en servitut toda la Asia; mas depués no acabaron lures aferes. Mas Luculo,[2280] porque conteció

2280   Luculo] P: cymon (en margen y tachado Lucullo) F: ὁ μὲν, referido a Cimón.

qu'él murió en su capitanería pacíficament. E a Luculo no
podrá ninguno escusar lícitament de reprehensión, o sea
que no supo más, o sea que no puso remedio en la discordia de su gent d'armas; por la qual cosa, él vino en
tanta malquerencia. ¿E por aventura que en esto querrá
semejar a Quimon?, que a Quimon sus ciudadanos lo aduxieron ***,[2281] en tanto que lo exiliaron de la tierra entro a
x anyos, segunt que tenían por costumbre, assín que no
oyessen su voz, segunt que dize Plato. Porque naturalment
los avantamientos de los gentiles hombres poco plazién al
pueblo. E quanto los gentiles hombres quieren más
endreçar al pueblo, tanto les fazen mayor desplazer, como
fazen los ligamientos de los meges, e especialment quando cercan las dijunturas por tornarlas a su lugar natural. E
quanto en esto, entramos son escusados.

Mas, quanto a las batallas, mucho passó Luculo, porque
antes de todos passó el passo del Tigre,[2282] e tomó los regnos de Asia, e cremó la Tigranoquerta e la Cavira e a Sinopi e a Níssiba en presencia de lures reyes, e puso en servitut las partes boriales fasta al Fasso, e las partes de levant
entro la Media, e las partes ostriales fasta al mar Royo e los
regnos de los árabes. E humilió los poderíos de los reyes
e de todas las provincias, en tanto que solament lures personas escaparon de la captividat porqu'ellos fuyeron como
fieras salvages en los desiertos e en la mar, segunt que
parece por grandes senyales. Porque los persianos, como
si no huviessen hovido ningún mal de Quimon, [f. 102v]
depués su muert contrastaron a los griegos tanto que senyorearon al grant poderío qu'ellos havían en Egipto e lo
anullaron. Mas, depués de Luculo, ni Tigrano ni Mitridati
huvieron jamás poderío, mas Mitridati, como impotent e

2281   ***] lag. en PF: εἰς δίκας.
2282   Tigri] F: trigri P: Τίγριν.

todo batido de las batallas de Luculo, no tuvo ardideza de
ir contra Pompeyo, mas fuyó e devalló al Vósporo e allí
fizo fin; e Tigrano vino nudo, sin armas, e levó su persona e la dio a Pompeyo e tiró de su cabeça la su corona e
la puso davant los piedes de Pompeyo, no pas por falagar
a Pompeyo por los fechos qu'él fazía, mas por las valentías de Luculo. E fue contento que Pompeyo le diesse el
senyal del regno que Luculo antes le havía tirado. E bien
parece que sea mejor capitán de guerra aquel qui como
valient hombre da a su successor su enemigo sin poderío.
E Quimon trobó el regno de los persianos quebrantado e
lur grant loçanía humiliada, porque Themistoclí e Pafsanía
e Leotiquido los havían vencidos e echados; assín qu'él los
assallió quando ellos jazién, porque lures ánimas ya eran
humiliadas, e por esto él venció liugerament los cuerpos.
Mas Luculo[2283] contrastó con Tigrano, el qual era superbioso porque en muchas batallas havié parecido invencible.
No res menos, parece qu'el demonio los amasse amos a
dos; e al uno ayudava en adreçar lo que era convenible, e
al otro a guardarse de lo que se devía guardar, mostrándoles que ellos havrían la gracia de los dioses porque amos
a dos eran buenos e de natura divina.

<hr>

2283   Luculo] *F*: a luculo *P*.

NIQUÍA

{PF}

SÍGUESE EL XXIII LIBRO: De las gestas e memorables fechos de Niquía.

Pues que parece manifiestament que nós no fazemos contra razón de comparar a Crasso con Niquía e los esdevenimientos que esdevinieron en la Partia con aquellos de Sicilia, agora [f. 103r / I, 1] conviene que demandemos perdón de aquellos qui leirán estas nuestras conscripciones. Porque esta istoria la reconta Tuquididi muit ingeniosament, en tanto que no es possible cosa que algún otro lo pueda seguir. Por que no cuiden aquellos qui leirán que assín sea contecido a mí como a Timeo, el qual esperava de vencer las escripturas ingeniosas del maravelloso Tuquididi e de mostrar que Fílisto fuesse enoyoso e rústico, e se puso en medio de los treballos que entramos treballaron de escrevir las batallas navales e los parlamentes; en las quales cosas el dicho Timeo apareció no como de piet en comparación de los carros armados de Lidia, mas pareció en todo como un moço qui comiença a aprender. E diziendo algunos proverbios se ensuperbió de sus dichos, segunt que él dize por los de Athenas, que la contradición del capitán el qual havía nombre de la victoria —porqu'él contradixo e no quiso acceptar la capitanería— los de Athenas reputaron esta cosa por agüero de su destrucción; e porque fallaron talladas en pieças las estatuas de Mercurio, mostrávales el demonio que muchos males les devía fazer Ermocrato[2284] de Ermo, es a saber, fillo de Mercurio; e que convenible cosa era que Ércules ayudás a los de Çaragoça por l'amor de la infanta, que le dio al Cérbero, e que se ensanyase contra los de Athenas porqu'ellos salvavan a los fillos de Egesteo, los quales eran de la generación de los troyanos, a la ciudat de los quales esti Ércules destruyó por la injusticia que Laumédonta le fizo. De tales paravlas se ensuperbió Timeo, e menospreciava a las escripturas de Filipo e a los diciplos de Plato e Aristótiles, ya sea qu'él era hombre grosso, en tanto que Dífilo lo clamava saíno seciliano. E yo reputo chica cosa e quasi a manera de decibimiento seguir el estilo de otros, e de contradezir me parece que sía neciedat. Mas todo aquello que Tuquididi conta, sotilment e maravellosa lo conta, en manera que ninguno no lo puede seguir. Mas yo faré tan solament que superficialment yo contaré sus dichos e más claroment, [f. 103v] que no paresca[2285] que por mi pereza los haya dexados. Porque Tuquididi los conta assín piadosament e asín ingeniosament que sus dichos a muchos son ascondidos. E ultra esto, yo me só provado de meter en una istoria lo que contan estos e los otros. E lo que algunos han dexado yo lo anyadiré, no pas que yo ordene istoria inútil, antes tal que hombre comprenda[2286] buenas costumbres de buena providencia.

E primerament devemos dezir por Niquía lo que escrivió Aristótiles, el qual dize que iii fueron los mejores de todos los otros ciudadanos los quales havían amor paternal enta la comunidat: Niquía de Niquérato, Tuquidido de

2284 Ermocrato] exinocrato *P*: xinocrati *F*: Ἑρμοκράτους.
2285 que no paresca] che non paia *F*: que no pareçe *P*: ἵνα μὴ δοκῶ.
2286 comprenda] *F*: comprende (comprender, *con* r *tachada*) *P*.

Milisso e Tirameno de Agnon, el qual era de menor condición que los otros e era clamado Cóthorno, que quiere dezir 'un estival apto a entramos los piedes', porqu'él nunqua era firme en una cosa de los fechos de la ciudat, mas algunas vegadas era de una opinión, algunas vezes de otra. Mas el más viejo d'ellos era Tuquididi, el qual en el tiempo que Periclí era governador del pueblo, le contradezía en los aferes de la ciudat e ayudava a los buenos. Mas Niquía era más joven; no res menos, del començamiento los de Athenas lo havían en grant reputación, en tanto que, quando él fue companyón de Periclí en la capitanería, él solo senyoreava. E quando Periclí murió, de continent los de Athenas le dieron la senyoría, e especialment los conocientes e los ricos, por tal qu'él contrariasse a la superbia e a la maldat de Cleón. E no res menos, él havía el amor e la ayuda del pueblo. Cleón havía bien grant poderío, porqu'él havía los viejos de la ciudat a su voluntat porque los hondrava e les fazía cortesías. No res menos, conocían bien los enganyos de Cleón, porque de lo qu'él rapava e levava por su cobdicia fazía gracias a los otros. Por la qual cosa, havía grant ergull, e por esto la mayor part guardavan a Niquía e se fazían sus amigos. Porque Niquía[2287] no era hombre duro ni greu, antes [f. 104r / II, 4] era hombre atemprado e reverent. E porque Niquía era humil e vergonçoso, tirava el pueblo a su amor. Porque él non era por natura ardit, mas la buena ventura suya cubría en las batallas su covardía. Por la qual cosa,[2288] él fazía más ordenadament sus fechos quando era capitán; mas en las cosas civiles era temeroso e mucho se dubdava de las calupnias. E por esto él passava más comunament e hondrava al pueblo. E por esto el

2287 Niquía] niquea *P.*
2288 cosa] *F. om P.*

pueblo lo amava; porqu'el pueblo común se reputa a grant hondra quando el mayor no lo menosprecia.

Periclí, pues, como aquel qui verdaderament era virtuoso e poderoso en su favlar, regía la ciudat e no mostrava ninguna ipocrisía. Mas Niquía, qui en estas cosas era ***,[2289] e por su riqueza havía al pueblo a su voluntat. E Cleón tractava a los de Athenas con paravlas vanas e con gracias segunt que vedía la condición de cada uno. Mas Niquía ordenadament e reverentment dava grant haver a los exercicios, e en las comunas necessidades de la ciudat despendía largament, e con cortesías honorables ganava l'amor del pueblo. E passó a todos de cortesía, no solament a aquellos qui eran en su tiempo, mas a aquellos aun que fueron antes d'él. E aún entro al tiempo nuestro pareció el ídolo de la dea Palas, mas havía perdido el oro del qual Niquía lo havía ornado e cubierto de todo e los treudes de oro qu'él puso en el templo del dios Bacus. E Niquía siempre vencía en los exercicios, e todo lo qu'él ganava ofrecía a los dioses. Un su esclavo joven sin barba se ornó en forma e en ábito del dios Baco, e passava por medio de la plaça do se fazía la fiesta. E porqu'él era fermoso, pareció más fermoso con aquel ornament. Por la qual cosa, los de Athenas cridaron una grant hora por alegría. La hora se levantó Niquía e jutgó que indigna cosa sería que aquel cuerpo, al qual fue fecho ondra en nombre del dios, fues de [f. 104v] allí avant en servitut. E de continent lo fizo franco. E todas aquellas cosas que Niquía[2290] fizo en la isla de Delos eran[2291] verdaderament por hondra e por dignidat del dios. La ciudat de Athenas e las otras ciudades de los griegos enviavan cad'anyo processiones a la isla de

2289　***] lag. en PF: λειπόμενος.
2290　Niquía] niquea P.
2291　eran] erano F: era P.

Delos e fazían la fiesta del dios. E porque passavan con navilios, desordenadament se revestían e cantavan en reverencia del dios por el roído de los marineros. E quando vino el tiempo que Niquía devía fazer aquella fiesta, él fue primerament a la Rinia con las processiones e con las bestias que se devían sacrificar e con todo el aparellamiento que fazía menester pora la solepnidat. E havía mesurado el espacio de mar el qual es de la Rinia entro a Delos, el qual espacio no es muit grant. E fizo aparejar un puent de fusta movedizo firme e muit bien pintado e daurado, con tiendas coronadas. E levaron de noche el puent e firmáronlo como puent. E de continent en la manyana él tomó ordenadament las oblaciones del dios e las processiones muit bien ordenadas e las fizo passar bien ordenadament con cantos. E depués de los sacrificios e de los exercicios Niquía fizo poner una palmera de arambre, la qual él ofreció al dios. E compró un lugar por x^m daremes e lo dio al templo del dios por tal que los de Delos despendiessen las rendas de aquel lugar cad'anyo a la fiesta del dios en lures comeres, segunt que esti dono era escripto en la estatua que Niquía puso a Delos, no por otro sino por salvamiento del dono. E por esto los de Delos pregavan al dios por Niquía quel diesse todo bien. Mas un mudamiento de viento que se movió rompió la palmera, la qual cayendo destruyó una grant estatua.

E por ventura alguno diría que Niquía fazía estas cosas por tal que la moltitut lo loasse. Mas por otras cosas puede hombre conocer la intención de Niquía cómo lo fazía por [f. 105r / IV, 1] devoción; e por esto la moltitut lo amava. E segunt que dize Tuquididi, él hondrava mucho las ídolas, e del todo era al temor de los dioses. E segunt que escrive Pasifó, cada día él sacrificava a los dioses. E havía un adevino en su casa; e por esto él mostrava qu'él se consejase con los dioses por los aferes de la comunidat e por

la possesión de los metales qu'él havía al Laurio, do él
havía por los metales siervos muchos qui ayudavan a lavrar. E havía grandes rendas, e la mayor part de su haver
era fornimiento e ostillas de casa. E su riqueza era de
argent. E por esto muchos venían sovén a él, e demandavan e tomavan lo que havién menester. E del todo era la
riqueza de Niquía provisión de todos. A los buenos dava
por cortesía, e a los malos por temor, segunt qu'el hombre
puede trobar por testimoniança de los del lugar, segunt
que escrive Tileclido por uno qui era pleiteador e mal par-
lero, el qual dixo: «Cariclí no me quiso dar ninguna
mina[2292] por tal que yo callasse e que no diziés cómo su
madre lo fizo con Balantio; mas Niquía de Niquerato me
ha dado IIII minas.[2293] Mas por lo que me las ha[2294] dadas
no lo digo, ya sea que yo lo sé bien. Mas él es mi amigo,
e tanto digo qu'él me las ha dadas. No lo digo, ya sea qu'él
me las ha dadas como cuerdo». E Aristofani dize por Cleón
qu'él dixo: «Yo obriré mi boca en los rectóricos, e de continent yo espantaré a Niquía». ¡Tanto se dubdava Niquía
naturalment de los maldizientes!

E por esto nunqua cenava con algunos otros ciudadanos, ni favlava mucho con ellos en solaces. Mas, quando
él era capitán de guerra, fasta a la noche él pensava sobre
los aferes de la guerra. E quando él iva en el consejo, él
era el primero qui entrava e el çaguero qui sallía. E quando no era ocupado en los aferes de la ciudat, apenas sallía
fuera por favlar con otros, mas estava encerrado en su
cambra. E si algunos [f. 105v] lo demandavan, los amigos
de Niquía lo escusavan diziendo que perdonassen a
Niquía, porqu'él pensava sobre los aferes de la comunidat.

2292   mina] orna *tachado* (onra *en margen*) *P*: onra *F*: μνᾶν.
2293   minas] hondras *P*: honori *F*: μνᾶς.
2294   ha] a *F*: has *P*.

E el más apto qui fues a fazer estas responsiones e qui más diestrament ordenava que Niquía[2295] fues más gracioso e[2296] glorioso en esta cosa era Jerón, el qual era criado en l'ostal de Niquía, hombre cuerdo e músico, la qual cosa aprendió de Niquía. Él se enfenyía qu'él fues fillo de Dionisio el qual havía[2297] por sobrenombre Halcó. E aún se troban de sus dictados. E quando la Italia fue abitada, él fue qui mostró el camino e edificó a Turín.[2298] Esti Jerón ayudava a Niquía a las divinaciones, e depués divulgava fama entre el pueblo que Niquía por el grant pensamiento que havía por el buen estado de la ciudat continuadament[2299] bivía miserablement, e que, si él era en el banyo o en cena, siempre pensava por la ciudat, e havié desemparado a sus fechos por pensar de los fechos comunes, e apenas él tomava reposo depués del primer suenyo, e por esto él era quasi enfermo, e que aun no podía visitar a sus amigos, e que havié perdido e despendido quasi todo lo suyo e sus amigos. «Mas los otros —dizía él— han amigos e enrequecen e están bien por haver senyoría, e deciben a la ciudat». Asín[2300] que toda la vida de Niquía era tal que bien podemos dezir lo que dixo Agamenón, el qual dixo: «Nuestra riqueza es senyor de nuestra vida, e nós servimos al pueblo».

Por esto Niquía, considerando qu'el pueblo, dubdándose de los fuertes e de los savios, humiliava lur gloria —assí como es manifiesto por la sentencia que dieron contra Periclí e exiliaron con las ostrias fasta x anyos a Damon e aun es manifiesto por la rebellión que mostraron contra a

---

2295 Niquía] niquea *P.*
2296 e] et *F: om. P.*
2297 havía] avea *F: om. P.*
2298 Turín] turrin *PF:* Θουρίους.
2299 continuadament] continuatamente *F:* continudament *P.*
2300 Asín] si *F:* afin *P.*

Antifono[2301] e especialment a Páquita, el qual tomó a Metelín, el qual, depués que fue sentenciado [f. 106r / vi, 1] en
judicio, sacó su guchiello e matose él mismo—, e por esto
Niquía licenciava a todas las capitanerías, grieves e chicas.
E quando él era capitán, él fazía sus fechos mucho cuerdament, e no reputava qu'él huviés la victoria por su seso
ni por su virtut ni por su poderío, mas la más la atribuía a
la ventura. E havía siempre refugio a los dioses, e refusa-
va siempre de la gloria solament por la invidia, segunt que
por los fechos aparece. Porque muchos desordenamientos
fueron fechos en la ciudat; mas él no fue participant en
alguno de aquellos. Por la qual cosa, los de Athenas fueron vencidos de los calquidos en Tracia, haviendo por
capitanes a Caliado e a Xenofó. E aun erraron a Etolia,[2302]
seyendo su capitán Demóstenes. E a Delos perdieron mˡ
hombres, seyendo lur principal Ipocrás. E la ocasión de la
enfermedat de los morbilos esdevino por Periclí, el qual
por ocasión de la guerra encerró los hombres de los casales en la[2303] ciudat, e porque no eran acostumbrados de tal
vida, enfermaron e murién. Mas Niquía de todas estas
cosas fue inreprensible. E aún más, que, quando él era
capitán, él tomó la Quíthira,[2304] la qual es escudo de la
Laconia e era poblada de los lacedemonios. E tomó aun
muchas ciudades de Tracia las quales eran rebelladas contra los de Athenas. E assitió a la Mégara, e tuvo la isla qui
se clama Mínoa. E de allí a poco tiempo fue e tomó la
Nisea. E se fue a Corintho por mar, e devalló en tierra, e
venció la batalla, e mató muchos corinthos e a lur capitán
Licófrono.[2305] E conteció qu'él dexó de los suyos ii, porque

2301　Antifono] antiofono *PF*: Ἀντιφῶντα.
2302　Etolia] ecolia *PF*: Αἰτολικὸν.
2303　en la] nella *F*: de la *P*: εἰς τὸ (ἄστυ).
2304　Quíthira] quithara *P*: chitarra *F*: Κύθηρα.
2305　Licófrono] locofrono *PF*: Λυκόφρονα.

no lo supo. Mas, quando lo sentió, fizo aturar el estol e
envió un mensagero a los enemigos que trobassen los
muertos; mas que costumbre era segunt lei que qui
demandava amigablement sus muertos renunciás a la victoria. E no les parecía razonable cosa que aquellos qui
demandavan endreçassen trofeo; porque la victoria es[2306]
de aquellos qui tienen, e aquellos[2307] qui demandan no tienen, pues que no han tomado por fuerça lo que demandan. Mas Niquía quiso más renunciar a la fama de la victoria que dexar dos ciudadanos que no fuessen [f. 106v]
enterrados. Depués esto, él corseó toda la marítima[2308] de
la Laconia, e puso en vencida a todos los lacedemonios
qui le fueron en contra. E tomó la tierra de los eguenitas;
e quantos ne tomó d'ellos, todos los levó bivos a Athenas.

Cómo Niquía renunció a la capitanería, e la priso Cleón; e de las cosas que depués contecieron

*Cómo Niquía renunció a la capitanería, e la priso
Cleón; e de las cosas que depués contecieron*

Depués de aquesto, quando Dimóstenes edificó a Pilo,
los de Pelopóniso fizieron huest por mar e por tierra. E
quando fue fecha la batalla, fincaron en la isla de Esfactiría IIII[c2309] hombres espartanos. E pareció a los de Athenas
que grant fecho serié si los podiessen tomar. Mas era fuert
cosa porqu'el lugar era sin agua e era de verano e havían
ý poco de lo que menester les fazía; e aun liugerament no
lo podían haver por la distancia del camino. E de ivierno
eran en la última necessidat. E por esto les desplazié e se
penedían porque no havían quesido uir la embaxada de
los lacedemonios, los quales demandavan paz e ellos la

2306 es] e *F: om. P.*
2307 aquellos] quelli *F:* a aquellos *P.*
2308 marítima] mantinia *PF:* παραλίαν.
2309 IIII^c] IIII *PF:* τετρακοσίους.

refusaron por ocasión de Cleón, el qual contradezía a
Niquía. Porque Cleón quería mal a Niquía; e veyendo
que Niquía tractava la paz de los lacedemonios, Cleón
induxo al pueblo que la refusás. E porqu'el sitio tardava
mucho e la huest havía grant desaise,[2310] quería mal a
Cleón. Mas Cleón echó la ocasión sobre Niquía, e lo blasmava diziéndoles: «Vós tardades por la covardía de Niquía,
qui es muell capitán. Mas, si yo fues capitán, no serían atu-
rados tanto tiempo». «Pues —dixieron los de Athenas—
¿por qué no vas tú contra ellos?». E Niquía de continent se
levantó e renunció a la capitanería e dio poderío a Cleón
de tomar tanto poderío como él quisiés e que no se ensu-
perbiesse con paravlas sin periglo, mas qu'él acabasse por
su ciudat los aferes honorables. Cleón primero no quería
dubdándose que no se fiziés lo que se dezía. Mas, quando vido que los de Athenas le davan el pode- [f. 107r / VII, 5]
río e que Niquía lo blasmava, él se enflamava por haver
hondra e acceptó la capitanería. E estatuyó término de XX
días de matar aquellos hombres o levarlos bivos a Athenas. A los de Athenas vino mayor voluntat de redir de sus
paravlas que de creyerlas, porque eran acostumbrados de
escuchar las paravlas de Cleón plaziblement como
de hombre qui havía la cabeza liugera e devaneava. Por la
qual cosa, se dize que en una congregación el pueblo lo
esperó una grant hora, e depués vino coronado e pregava
que dexassen el consejo entro al día siguient porqu'él
havía fecho sacrificio a los dioses e havía convidado gentes. Los de Athenas se'nde ridieron, e levantáronse e dexaron el consejo.

En aquella vegada Cleón prosperó e fue fecho capitán.
E húvose muit bien, e dentro aquel término qu'él dixo él
levó presos a todos aquellos espartanos qui no murieron

2310   desaise] disagio *F*: desaire *P*.

en la batalla, mas le presentaron sus armas e se rendieron a él. La qual cosa fue grant reprensión de Niquía,[2311] el qual por su covardía dexó aquella capitanería de su voluntat e echó a sí mismo de senyoría e dio ocasión a sus enemigos de favlar d'él, segunt que lo reprende Aristofani, el qual dize en un su dictado: «O Niquía, no es tiempo agora que tú hayas suenyo ni que tú tardes». E aun en el libro que clama *Geórgica* dize: «Yo quiero lavrar la tierra». E él mismo responde: «¿Quí te embarga?». E dize: «Vós; mas, si vós me dexades del principio, yo vos daré M^{l} daremes». E responde: «Plázenos». E depués dize: «Pues serán II^{m} con los M^{l} de Niquía». E no solament él fizo vergüença a sí mismo, mas nozió a la ciudat; porque Cleón se levantó en superbia desmesurada, e huvieron él e la ciudat grandes adversidades, e gastó el buen ordenament del tribunal, e fue el primero qui en su parlament público cridó e tiró su ropa e batiose los genollos e corría cridando. E començó en la ciudat tal menosprecio que a todas cosas puso en confusión.

La hora començava Alquibiado de seyer tribuno del pu-[f. 107v] eblo a Athenas, mas no assí desordenado. Mas, assí como se dize que la tierra de los eipcios[2312] ha virtut de levar muchas buenas yervas, mas mescladas con las malas, assí estendió la natura de Alquibiado en bien e en mal, e dio ocasión a muchas cosas comunes. E por esto Niquía, depués qu'él se desembargó de Cleón, no havía espacio de pacificar la ciudat ni de ponerla en orden, mas, ordenando las cosas en vía de salvación, no pudo venir en perfección por el grant ergull que Alquibiado havía e queríase hondrar. No res menos, Niquía a mal su grado se puso en guerra. La qual cosa fue fecha en esta manera.

2311   de Niquía] di nicias *F*: et niquia *P*: τῷ Νικίᾳ.
2312   eipcios] *PF*: Αἰγυπτίων.

*Cómo Niquía se esforçava de fazer paz entre los
espartanos e los de Athenas, e Alquibiado los turbava*

Aquellos qui más embargavan la paz de la Elada eran
Cleón e Brassido. E esta guerra de la Elada cobría la malicia del uno e envellecía[2313] la virtut del otro; porqu'el uno
fallava[2314] por la guerra ocasiones de fazer muchas injusticias, e el otro fazía grandes valentías. E depués que estos
entramos fueron muertos en una batalla cerca de Anfípoli, Niquía de continent, supiendo que los espartanos querién la paz e los de Athenas havían perdido su esperança
e entramas las partes eran enflaquecidas e deseavan la
paz, Niquía fazía quanto podía que las dos tierras se ajustassen en tal amigança que toda la Elada folgase de las
guerras e depués todo tiempo fuesse firme el nombre de
la prosperidat, por la qual cosa, e los ricos e los viejos e
los lavradores de tierra biviessen en paz e fiziessen lures
aferes. E depués, quando ***[2315] con la multitut, por la paz
amansava a lures coraçones de la mala voluntat que
havían por la guerra, dava a los espartanos esperança de
paz e enviávales a parlar pacíficament. E los espartanos,
[f. 108r / ix, 6] confiándose de sus paravlas e de su mansuetut e supiendo que envers de aquellos qui fueron presos al Pilo mostrava él buena voluntat, por la qual cosa
ellos passavan su miseria más liugerament... Antes havían
fecho treguas por un anyo, e convenían los unos con los
otros, e vedían a los suyos e a los estranyos, e deseavan
todos vida pacífica e sin guerra. E por esto con plazer oían
los cantares de las danças que dizían: «Yaga mi lança, que la

---

2313 envellecía] *P:* invecchiava *F:* ἐκόσμει 'embellecía'.
2314 fallava] favlava *P:* favellava *F.*
2315 ***] *lag. en PF:* ἐντυγχάνων.

aranya texe[2316] su tela». E aun escuchavan plazenterament
el cantar que dize: «A aquellos qui duermen pacíficament
no los espiertan las trompetas, mas los gallos». E por esto
reptavan a aquellos qui dezían que pacto era que la guerra durás anyos XXVII. E favlando el uno con el otro, fizieron paz. E pareció a todos que manifiesta franqueza les era
contecida de los males que havién passados. E todo hombre favlava por Niquía diziendo qu'él era mucho amigo de
los dioses, e que por la su devoción manifiestament le
había dado el su ídolo nombre honorable de la mayor e
sobirana bondat. E por ventura jutgava todo hombre que
la paz fues obra de Niquía, assí como la guerra era obra
de Periclí. Porque Periclí por chicas ocasiones puso a los
griegos en grandes tribulaciones; mas Niquía les fizo oblidar muchos males pués que se fizieron amigos. E por esto
aquella paz entro agora se clama *Niquía*.

E quando fueron fechos los pactos de render el uno al
otro e los casales e las ciudades e los prisoneros qui havían
tomado el uno del otro, fue ordenado que a qui viniés la
suert rendiés primerament. Por que Niquía compró secretament la suerte por moneda por tal que los lacedemonios
rendiessen antes, segunt que escrivió Theofrasto. E porque
los corinthios e los biotos se mostravan duros e parecía
que aún quisiessen mantener la guerra, Niquía enduxo a
los de Athenas e a los lacedemonios que anyadiessen a la
paz por mayor firmeza qu'ellos huviessen [f. 108v] liga
ensemble porque se assegurasse más el uno del otro e
que aquellos qui se departían d'ellos huviessen mayor
miedo. Quando estas cosas se fazién, Alquibiado, qui por
natura no era pacífico e quería mal a los lacedemonios
porque fazían[2317] reverencia a Niquía e lo oían de grado e

2316   texe] *P*: tesse (*interlin*. tessa) *F*.
2317   fazían] facevano *F*: fazia *P*: προσέκειντο.

a Alquibiado menospreciavan, por esto siempre del principio contradezía a la paz. Mas, quanto sea por aquella vegada, no fizo nada; mas en poco tiempo, veyendo que los lacedemonios no plazían a los d'Athenas, antes parecían injustos porque fizieron liga con los biotos e no rendían la ciudat de Pánacto ni Anfípoli,[2318] Alquibiado trobava ocasiones e instigava al pueblo. Finalment, enviaron embaxadores a los de Argo que fiziessen liga con los de Athenas. E quando vinieron los embaxadores de Lacedemonia con pleno poderío e mostravan de consentir a todas las cosas justas que havían favlado con el consejo, Alquibiado, dubdándose que los lacedemonios con aquellas paravlas no induziessen al pueblo a su voluntat, fuésse a ellos con decebimiento de ayudarles en todo lo que quisiessen, solament que no diziessen que huviessen pleno poderío, porque más liugerament farían lo que querían. E quando ellos lo consentieron e desempararon a Niquía e se aplegaron a él, la hora los puso en presencia del pueblo. E primerament les preguntó si ellos eran venidos con pleno poderío. E quando ellos dixieron «no», Alquibiado se giró e demandó por testimonios a todo el consejo de la paravla que los embaxadores havían dicho, e comandava al pueblo que no los crediessen, porque paladinament eran mentirosos, porque de una misma cosa dizién uno e depués dizién lo contrario. E quando los lacedemonios fincaron esmagados e Niquía no sabía qué dezir, mas estava todo maravellado e desplazient, el pueblo de continent quiso enviar a los de [f. 109r / x, 6] Argo por fazer liga con ellos. Mas una cosa ayudó a Niquía, es a saber, la tierratrémol qui fue en aquella hora, porque fue desfecho el consejo. En el día siguient, el pueblo se congregó aún; e tanto

2318 Anfípoli] ronfipoli *PF*: Ἀμφίπολιν.

fizo e dixo Niquía que aun apenas el pueblo consentió de
tardar de enviar a los de Argo e que enviassen a él a los
lacedemonios, porque todo bien se faría. E quando él fue
en Espartia, los lacedemonios le fizieron grant hondra
como a buen hombre e qui havía buena affección enta
ellos. No res menos, él no fizo nada, porque aquellos qui
amavan la companyía de los biotos fueron poderosos. Por
la qual cosa, Niquía se tornó no solament desondrado e
blasmado, antes e con miedo, porqu'él se dubdava que los
de Athenas huviessen desplazer de lo que le consentieron,
e rendieron tales hombres a los quales aduxieron de Pilo,
qui eran de las principales casadas de Espartia e eran
parientes e amigos de los más poderosos. No res menos,
ellos no fizieron por furor alguna cosa no devida contra
Niquía, sino solament que fizieron capitán a Alquibiado, e
fizieron liga con los de Argo e con los de Mantinia e con
los ilios, los quales desempararon a los lacedemonios e
enviaron a Pilo robadores por nozer a los lacones. Por la
qual cosa, tornaron aún en guerra.

E porque la dissensión crecía entre Alquibiado[2319] e
Niquía, e por esto los de Athenas querían fazer la sentencia de las ostrias la qual havían por costumbre el pueblo
de fazer. Quando havían suspición de alguno o invidia por
alguna otra ocasión, o por honra o por riqueza, exiliávan-
lo con las ostrias entro a x anyos. Por la qual cosa, amos
a dos eran muit turbados e eran en periglo que uno d'e-
llos fuesse exiliado con las ostrias. Porque la conversación
de Alquibiado era abominable e todo hombre se dubdava de
su superbia, segunt que nós escrevimos más clarament
allá do escrevimos por él; mas de Niquía[2320] havían envidia porque era rico, e lo querían mal por su conversación,

2319   Alquibiado] arquidiado *P*: arquidamo *F*: Ἀλκιβιάδου.
2320   Niquía] niquea *P*.

la qual no era amigable ni comuna, mas era quasi so-
[f. 109v] litaria. E siempre Niquía[2321] contradezía a lo qu'ellos
querían, e contra lur costumbre los esforçava al provecho
común. E por esto él parecía greu. E era grant contrasto
entre los jóvenes barallosos e los viejos pacíficos; porque
aquellos querían echar con las ostrias al uno, e estos al
otro. E en esta discordia aquel qui era muit malo trobó
hondra; assín como la hora quando el pueblo fue en división, dio poderío a los malos e a los más maliciosos. De
los quales era Ipérbolo Peritido, el qual no havía poderío
por alguna virtut, mas solament por su presupción se
metía adelant e fazíase poderoso. E de la hondra qu'él
ganó e[2322] aquistó en la ciudat, él desondrava a la ciudat.
Esti Perithido se tirava luent de la sentencia de las ostrias,
e esperava que uno de aquellos dos fues esterrado e qu'él
se metiés contra aquel qui fincasse. E por esto era
manifiesta cosa qu'él se alegrava que los dos se baralla-
ssen. E concitava al pueblo contra amos a dos. Por la qual
cosa, entramas las partes, es a saber, de Niquía e de Alquibiado, considerando la maldat de Perithido,[2323] favlaron
ensemble secretament e se acordaron ensemble e fueron
fuertes e determinaron que ninguno de los dos no fuesse
esterrado con las ostrias, mas solament Perithido. De la
qual cosa todo el pueblo se alegró e todos ridían. Mas
depués se ensanyavan porque dieron la sentencia de las
ostrias contra hombre qui no era digno de assí noble sentencia; e aparecíales que la sentencia de las ostrias fues
fecha vil. Porque e las penas son más honorables la una
que la otra; e reputavan que la sentencia de las ostrias no
fue convenible cosa que fues dada sino contra los mayo-

2321   Niquía] niquea *P.*
2322   e] et *F. om. P.*
2323   Perithido] perichido *PF.*

res, como era Tuquidido e Aristido e los otros semblantes,
mas a Perithido era hondra e él se lo reputava a hondra e
dávanle ocasión de mayor superbia de [f. 110r / XI, 6] mal
fazer. E conteciole lo que esdeviene a los hombres famosos por lur bondat, segunt que escrive un poeta el qual ha
nombre Plato diziendo por esti Perithido Ipérvolo: «E²³²⁴
¿qué pena sufrió Ipérvolo? Pena de dignidat; mas non que
conviniés a él, mala justicia. Porque la sentencia de las
ostrias no fue trobada por tales hombres». E depués que
exiliaron a él con las ostrias, nunqua exiliaron a ningún
otro, mas él fue el çaguero. E era capitán de gent de cavallo, e fue parient de uno qui fue tirano. Mas la ventura es
cosa que mal se puede jutgar, e es incomprensible a la
piensa del hombre. Porque, si Niquía huviés echado el
periglo de las ostrias contra Alquibiado, él havría vencido.
E quando Alquibiado fuese echado, Niquía fuera fincado
en la ciudat firmement; o él sería estado vencido e sería
sallido de la ciudat antes que conteciessen las çagueras e
finales adversidades, e havrié servado en él la fama de
seyer el mejor capitán de todos los otros. E no es pas cosa
que no sepa lo que dize Theofastro, el qual dize que por
el contrast que fue entre Féaco²³²⁵ e Alquibiado, por esto
fue exiliado Ipérbolo.²³²⁶ Mas los más escriven assín.

*Cómo los de Athenas fueron en Sicilia; e
de las batallas que huvieron con los saragoçanos;
e de otras muchas cosas que la hora contecieron*

La hora quando vinieron los embaxadores de los egesteos e de los leontinos e induzían a los de Athenas que

2324   Ipérvolo: «E] ipervolo diziendo et *P.* yperbolo dicendo et *F.*
2325   Féaco] niquia *P.* nicias *F.* Φαίακος.
2326   Ipérbolo] *F.* ibolo *P.* Ὑπέρβολον.

fiziessen huest contra la Sicilia, Niquía contradezía. No res
menos, el consejo e la pompa de Alquibiado lo vencían;
porque, antes que la congregación se fiziés, Alquibiado
tomó al pueblo con buenas paravlas, e con esperanças
vanas los puso en perdición. Porque los jóvenes en las
plaças e los viejos se congregavan a las tiendas e contavan
la forma de Sicilia: cómo jaze e la manera de la mar qui la
circunda e los puertos e los lugares, e cómo la isla guarda
[f. 110v] enta la Libia. E no reputavan que la Sicilia fues el
çaguero ganyo de la guerra, antes que fues por refugio por
fazer guerra con los carquidonios e por senyorear la Libia
e a toda la mar qui es dentro de las colonas[2327] de Ércules.
E quando determinaron de fazer esta cosa, Niquía les contradezía. Mas no havía sufficient ayuda, porque aquellos
qui eran con él eran pocos e no eran poderosos. Porque
los ricos callavan porque no pareciés qu'ellos no quisiessen contribuir[2328] a las despensas de la armada e de las
galeas; mas Niquía no era perezoso. Mas, depués que fue
confirmado el consejo de la guerra, fizieron a Niquía principal capitán con Alquibiado e con Lámaco. E aún, quando fue fecha la congregación, Niquía se levantó e los
embargava con testimonios, e finalment él blasmava a
Alquibiado diziendo que por hondra e por su utilidat fazía
ir los hombres de la ciudat en grant periglo por mar. No
res menos, él no fizo nada, sino qu'el consejo fue confirmado e fizieron a todos III capitanes por atemprar la superbia de Alquibiado con la mansuetut de Lámaco e fuessen
seguros por el seso e avisamiento de Niquía. E por esto se
levantó el principal tribuno del pueblo, el qual havía nombre Dimóstrato, e concitava más a los de Athenas a fazer
la guerra diziendo a Niquía que callasse e no buscás occa-

2327   colonas] colonne F. calonas P. στηλῶν.
2328   contribuir] contribuire F. atribuir P.

siones. E escrivió una determinación que los[2329] capitanes huviessen pleno poderío de fazer lo que a ellos pareciés e allí e en todas partes. E fizo qu'el pueblo confirmó esta determinación.

Mas dízese que lures capellanes mucho contradizían a esta armada; mas Alquibiado havía otros adevinos e mostrava por paravlas viejas que los de Athenas devían haver de Sicilia grant gloria. Encara vinieron algunos profetas del dios Amón qui aduxieron una profecía que los de Athenas devían tomar a todos los saragoçanos. E todas las adevinaciones que parecían contrarias, ellos las credían[2330] dubdándose de dezir alguna [f. 111r / xiii, 3] adevinación mala. Porque los de Athenas tanto se eran movidos de grant voluntat a fazer la guerra que ni de los senyales manifiestos qui se fazían devant ellos no'nde curavan[2331] ni se embargavan; assí como una vegada todas las extremidades de las estatuas de Mercurio se fallaron crebadas, exceptado una a la qual dezían la estatua de Andoquido.[2332] Encara una otra vegada en la estatua de los xii dioses conteció que un hombre súbitament sallió e pisó al dios e con una piedra crebó los miembros genitales. E aun a[2333] los Delfos, una estatua de oro de la dea Palas estava sobre una palmera de arambre la qual fizo la ciudat de la robería de los medos; en esto venían volando los cuervos por muchos días e tallavan lo más primo e comíanse el fruito de la palmera, el qual era d'oro. E quando los de Athenas oían estas cosas, dezían que los de los Delfos componién estas mentiras

---

2329   los] los los *P.*
2330   credían] *tal vez corrupcion de ascondían P.* credevano *F.* ἐκρυπτον.
2331   curavan] curavano *F.* curava *P.*
2332   Andoquido] andiquido *PF.* ᾽Ανδοκίδου.
2333   a] ad *F.* a (*interlin. entre* los *y* delfos) *P.* ἐν.

porque los de Saragoça les havían enviado donos por tal
que lo dixiessen assín. Aun les comandava la adevinación que
aduxiessen de las Clasomenás la sacerdotissa de la dea
Palas, la qual havía nombre Issiquía,[2334] es a saber, 'pacificación',[2335] e enviaron por ella. Mas parece que la intención
de la adevinación fues qu'el demonio les consejava que la
ciudat fues en paz, pues que comandava que aduxiessen
la pacificación. Por la qual cosa, Meton, el astrólogo, o sea
qu'él huviesse miedo por estos senyales, o sea que por otra
manera él sentiés, dubdávase d'esti aparellamiento de
huest. E porqu'él era en alguna senyoría, él se enfinyó
como que fues loco e fuera de su seso e puso fuego en su
casa. Otros dizen qu'él no se enfinyó pas de seyer fuera de
seso, mas la noche él cremó su casa e la manyana vino en
la plaça humiliado e pregava a los ciudadanos que por el
desastre que le era contecido perdonassen a su fillo que no
fues al armada, porque lo enviavan patrón de galea. Aun a
Socrato,[2336] el savio, el qual [f. 111v] havía el demonio que
le mostrava antes senyales de lo que devía contecer, pareciole manifiestament que esta navigación devía seyer destrucción de la ciudat. Socrato[2337] lo dixo a sus amigos e a
sus conocientes, e la paravla corrió en las orejas de
muchos. Aun el tiempo de aquellos días quando enviavan
l'estol espantava a muchos, porque la hora las mujeres fazían los plantos de las Adonias e por toda la ciudat yazién
las ídolas, e las mujeres se batían e ploravan e fazían quasi
exequias. Por la qual cosa, aquellos qui paravan mientes a
estas cosas se dubdavan de aquella armada assín florecient
e assí excelent que aína no se secasse ni se mortificasse.

2334   Issiquía] issiquio *PF*: Ἡσυχία.
2335   'pacificación'] pacificaron *PF*.
2336   Socrato] crato *PF*: Σωκράτει.
2337   Socrato] crato *PF*: ὁ δὲ.

E quanto sea de contradezir a aquella armada e de no ensuperbir por algunas esperanças e de no esmagarse de la capitanería en tanto qu'él salliese de su intención, Niquía fazía como hombre savio. Mas, veyendo qu'él no podía induzir al pueblo a lo qu'él quería ni a sí mismo no podía echar de la capitanería, porqu'el pueblo lo levantó e, levándolo, lo²³³⁸ fizieron capitán sobre toda la armada, del ora adelant no era tiempo de reguart ni de tardança, d'estar a talayar como los moços de la çaga de la nau, e que por esto mollificasse el coraçón de sus companyones e dexás la fervor de sus aferes, mas fazía menester que de continent él se trobasse con los enemigos e que los acometiesse e que provasse su ventura a las batallas. Lámaco²³³⁹ dezía que fuesse derecho a Saragoça e que se atendasse cerca de la ciudat. Mas a Alquibiado parecía mejor de ordenar antes que las ciudades de en torno se rebellassen contra los de Saragoça. Mas Niquía dezía todo el contrario; es a saber, de ir todo en torno de la Sicilia pacíficament por fazer solament muestra de lures galeas e de lur armada e de dar a los egesteos part de lur poderío e que depués tornassen a Athenas. [f. 112r / xiv, 3] Con esti consejo él destruyó la determinación de los otros capitanes e humilió lur ergull. Por la qual cosa, d'allí a poco tiempo que los de Athenas embiaron por Alquibiado que viniesse a estar en judicio, fincó Niquía. E algunas vegadas se aturava en un lugar, e algunas vegadas iva en torno a la ventura; tanto que sus esperanças se envellecieron e el miedo que los saragoçanos huvieron, veyendo del principio tanto poderío, aminguó. No res menos, mientre que Alquibiado era aún allí, ellos se fueron a Saragoça con galeas lx e se metieron en orden fuera del puerto; e enviaron solament

<hr />

2338   lo] om. (por haplolog.) PF.
2339   Lámaco] F: lemahco P: Λάμαχος.

x por considerar el puerto. E por mensageros clamavan a los leontinos que viniesen a lur patria. E aquellas x galeas tomaron una galea de saragoçanos en la qual havía tavlas pintadas en las quales eran escriptos los nombres de los saragoçanos, cada uno en su linatge. E las dichas tavlas eran luent de la ciudat en un templo de Júpiter Olimpio; e por esto los saragoçanos las mandaron aduzir por saber segunt los nombres que allí eran escriptos quáles eran de edat. E quando los de Athenas tomaron aquellas tavlas e las levaron a sus capitanes e vidieron tanta multitut de nombres, los adevinos se contristaron cuidando que la adevinación fues acabada, aquella que dezía que los de Athenas tomarían a los saragoçanos. E dízese que aquella adevinación fue acabada quando Cálipo de Athenas mató a Dión e senyoreó a Saragoça.

E depués que Alquibiado se partió d'allí a poco tiempo de Sicilia,[2340] Niquía havié todo el poderío. E Lámaco era valient hombre e justo, e no havía misericordia de sus manos en las batallas; mas tanto era pobre que segunt su capitanería pocos dineros impuso a los de Athenas por sus despensas, es a saber, por estivales e por una ropiella. Mas la grandeza de Niquía era mucha e por otras [f. 112v] cosas e por su riqueza e gloria. Por las quales cosas, él tenía a Lámaco diusmeso, ya sea qu'él fues mejor maestro de guerra. La hora Niquía usava de su poderío neclIgentment, e iva solament en torno de la Sicilia apartado de sus enemigos; la qual cosa dio esperança a los enemigos. E depués, quando Niquía firió[2341] en Ibli, el qual era un chico castiello e antes que lo tomás se partió, por esta cosa fue del todo menospreciado. E, finalment, él se fue a Catania sin ren fazer sino solament que él robó el burgo de los bárbaros

2340   de Sicilia] di sicilia *P. om. F.* ἐκ Σικελίας.
2341   firió] finio *PF.* προσβαλών.

el qual ha nombre Ícara,[2342] del qual lugar era Leda, fembra pecadriz, e rescatose aún seyendo virgen e la levaron al Pelopóniso.

E pués qu'el verano fue passado e él supo que los saragoçanos havían tomado esperança —en tanto qu'ellos querían ir contra Niquía, assí que algunos saragoçanos de cavallo corrían enta las tiendas de los de Athenas e los preguntavan, chufándose d'ellos, si eran venidos por abitar ensemble con los de Catania e si querién abitar a los leontinos—, e apenas la hora se movió Niquía e fuésse por mar a Saragoça. E queriendo ordenar folgadament su huest e sin turbación, envió a uno de Catania como qui iva por revelar e descobrir el consejo de los de Athenas. E prometió a los saragoçanos que, si ellos quisiessen tomar las tiendas de los de Athenas, que fincarían solas, e todas las armaduras, que viniessen en un cierto día. Porqu'él dizía que los de Athenas del todo usavan en Catania, e los de la tierra sabían lur intención, e todos los de Catania eran aparejados de seyer amigos de los saragoçanos, e que eran muchos qui se aplegavan ensemble por tal que, quando sentrían que los saragoçanos se querían mover, estos tomarían las pu- [f. 113r / xvi, 2] ertas e meterían fuego[2343] en el puerto do eran las galeas de Athenas. E esta cosa ordenó Niquía bien; porque toda la huest de los saragoçanos salló de Saragoça por la ocasión que havemos dicha, e fincó la ciudat vazía de hombres, e Niquía se partió de Catania e entró e retuvo un lugar por atendarse do los enemigos no le podían nozer, e él segurament podía guerrear. E quando los saragoçanos tornaron de Catania, se metieron davant de la ciudat, e Niquía los assallió de continent. E no mató muchos, porque los de cavallo de los

---

2342   Ícara] iocara *PF*: ˝Υκκαρα.
2343   fuego] *om. PF*: ὑποπιμπράναι.

saragoçanos embargavan a los de Athenas que no los encalçassen. No res menos, él destruyó todos los puentes del río. Por la qual cosa, Ermocrato, conortando a los saragoçanos, les dezía que Niquía buscava siempre de non combater, como si non fues venido por fazer guerra. No res menos, Niquía fizo tanto miedo a los saragoçanos que sobre los xv capitanes que havían ordenaron otros iii con pleno poderío por todo el tiempo de la guerra, e firmaron esti ordenamiento con sagramentes. E los de Athenas se movieron a robar; mas Niquía embargó con tanta voluntat qu'él sufrió que la guardia de los saragoçanos entró allí. La qual cosa fizo considerando que del robamiento el pueblo no havía grant utilidat, e él serié blasmado de impiedat. E la victoria qu'él fizo no la reputava nada. Mas en pocos días él se partió d'allí e fuésse a Nacso. E allí passó l'ivierno; e despendía mucho en tanta huest como él havía. E fazía cosas chicas a los sicilianos, qui ivan pocos con él. Por que los saragoçanos tomaron esperança e corrieron entro a Catania e gastaron el lugar e cremaron las tiendas de los d'Athenas. Por la qual cosa, todos blasmavan a Niquía diziendo que por la su tardança e por fazer muchos consellos él perdía el tiempo de los aferes. Mas sus fechos ninguno no los blasmava; porque, ya sea qu'él no fu- [f. 113v] es ardit e que él fues tardo, no res menos, quando él començava, fazié mucho.

E quando se movió aún la huest contra los de Saragoça, él ordenó assí bien sus fechos e assallió assí tost e cuerdament a los enemigos que, sin que ellos lo sintiessen, él se fue al Tapso con galeas, e devalló en tierra, e tomó las talayas e la guarda que los saragoçanos enviavan, e venció a los esleídos primeros feridores, e tomó d'ellos iii^c, e a toda lur cavallería, la^2344 qual ellos reputavan invenci-

---

2344   la] _F:_ lo _P._

ble, la puso en vencida. E aquella cosa que sobre todas las otras puso miedo a los saragoçanos, e que ni los griegos mismos lo credían, fue que en poco tiempo él fizo fazer un muro en derredor de Saragoça, e la circundó toda en torno. E fizo una ciudat no pas menor que la ciudat de Athenas, mas era más fuert por el lugar, que no era plano,²³⁴⁵ e por la vezindat de la mar e por otras lagunas qui son allí cerca. E fízola murar²³⁴⁶ toda en torno que muit poco fincava a complir por los muchos cuidados qu'él havía, e especialment porqu'él no era hombre sano, mas havía la passión de los renes. E por esto no era de maravillar si aquel poco fincava. Mas yo me maravello de la solicitut del capitán e de la valentía de su huest en lo que fizieron. Por la qual cosa, ellos vincieron valientment de primero a los saragoçanos de VIII victorias, quando la ayuda de los dioses era igual²³⁴⁷ a entramas las partidas. E si nós examinamos bien esta cosa, trobaremos que fueron más de VIII vegadas vencidos los saragoçanos de los d'Athenas antes que la deidat o la ventura contrastás a los d'Athenas, los quales eran superbos por lur grant poderío.

Niquía esforçava a sí mismo e siempre era present a la mayor part de los aferes. E quando la enfermedat lo constrenyía, yazía dentro de los muros con pocos servidores; mas Lámaco combatía con la huest contra los saragoçanos. E los saragoçanos alçavan los muros de la ciudat por embargar al complimiento de los muros de los de Athenas. E porque los [f. 114r / XVIII, 2] de Athenas vencieron, la hora encalçavan a los enemigos desordenadament. E la hora la gent de cavallo de los saragoçanos partieron a Lámaco de los suyos. Lámaco no fuyó, mas se defendió

2345 plano] piano *F*: *tercera letra osc. en P.*
2346 murar] mudar *PF*: περιετείχισε.
2347 igual] equale *F*: a igual *P.*

valientment. E era capitán de la gent de cavallo de los
saragoçanos uno el qual havía nombre Calicrato, hombre
de grant sanya, batallero e valient. Esti reptó a Lámaco que
se combatiessen entramos; e Lámaco lo fizo ardidament. E
recibió el primer colpe, e pués firió él al otro, e cadieron
entramos allí, e murieron. E los saragoçanos tomaron el
cuerpo de Lámaco assí como era armado, e depués corrían
a los muros de los de²³⁴⁸ Atenas, do era Niquía sin ayuda
alguna. Mas por la necessidat él se levantó e, considerando el periglo, comandó a aquellos qui eran con él ensemble que tomassen fuego e cremassen toda la fusta qui era
davant de los muros por fazer engenios, e aun los engenios
fechos. La qual cosa embargó la hora a los saragoçanos e
salvó a Niquía e a los muros e al haver de los de Athenas.
Porque los saragoçanos, quando vidieron grant fuego en
medio, tornaron a çaga. De la hora en avant, fincó Niquía
solo capitán. No res menos, él havía grant esperança porque las ciudades se rendían a él e muchas naves venían a
su huest cargadas de trigo, porque en todas aquellas partes
do él prosperava él era amado. Encara los saragoçanos favlavan de concordia, porque ya eran desperados de poder
defender lur ciudat; en tanto que, quando Gílipo venía por
mar de Lacedemonia en ayuda de los saragoçanos, quando
él uyó en mar la inclusión de los saragoçanos e la lur
necessidat, cuidándose que toda la Sicilia fuesse ya en servitut, ívase por salvar al menos las ciudades de Italia, si él
pudiés. Porque la fama iva sovent [f. 114v] por todo que los
de Athenas de todo havían vencido porque havían capitán
el qual era invencible por su seso e por su buena ventura.
E tanto prosperava en todas partes que él mismo más que
por natura se aseguraba,²³⁴⁹ porqu'él prosperava e havía

2348   los de] quelli d' *F. om. P.* τῶν (Ἀθηναίων).
2349   se assegurava] assegurava *P.* s'assicurava *F.* ἀνατεθαρρηκώς.

poderío. E aún más se confortava por las paravlas que secretament le enviavan dezir los saragoçanos diziendo que ya no havían más esperança de Gílipo, ya sea qu'él fues cerca de allí, mas que la ciudat era enflaquecida e no esperava sino de fazer concordia. Por esto Niquía no fazía las guardas tales como apartenecía, porqu'él menospreciava a Gílipo. Mas Gílipo vino secretament con una barca e devalló en tierra luent de Saragoça, e congregava huest, ya sea que los de Saragoça no sabían dó él fues ni havían más esperança en él. En tanto que fue fecha la crida que se fiziés congregación por consejarse cómo devían fazer los pactos con Niquía, e algunos, esperando que la paz se fiziés antes qu'el muro de los d'Athenas se acabasse (porque muyt poco le fallecía), ivan a ellos. E allí era todo lo que menester fazía por el acabamiento del muro.

No res menos, seyendo los saragoçanos en tal periglo, vino Gonguilo de Corintho con una galea. E quando todos corrieron a él, como es de costumbre, él les dizía que Gílipo sería tost allí e que venían galeas suficientes pora lur ayuda. Antes qu'ellos crediessen firmement a Gonguilo, vino un mensagero por part de Gílipo por dezir a los de Saragoça que le ixiessen al encuentro. E ellos de continent se conortaron e començáronse de armar. E Gílipo venía e se acercava ordenadament por el camino contra los de Athenas. E quando Niquía puso a los suyos en az e en orden por defensión, Gílipo puso las armas e envió un mensagero a los de Athenas diziendo que, si ellos se querían partir de Sicilia sin batalla, que Gílipo [f. 115r / xix, 3] affiava. Niquía no denyó responderle, e algunos de los de Athenas chufando preguntavan al minsagero diziendo: «Porque a los saragoçanos es venido el escardado e el tocho de la Laconiquí, ¿son fechos assín fuertes súbitament que menosprecian a los de Athenas, los quales retornaron a los lacedemonios iiiᶜ hombres los quales tenían presonados en fierros, que eran más ricos e

más valientes que Gílipo?». Mas Timeo aun dize que los saragoçanos no preciaron nada a Gílipo; en tanto que depués
ellos lo reputavan hombre de poca condición. E quando lo
vidieron primerament, se chufavan²³⁵⁰ de su escardado e de
sus cabellos; e depués, segunt que dize esti mismo Timeo,
ya sea que Gílipo apareciés †antes que†²³⁵¹ una cucobaya,²³⁵²
muchos valientes hombres estuvieron con él valientment. E
estas paravlas son más verdaderas que las primeras; porque,
veyendo en el escardado e en la aparecencia menosprecia-
da²³⁵³ senyal e dignidat de los espartos, se²³⁵³ᵇⁱˢ aplegavan a
él. E assí como dize Tuquididi e aun Fílisto, qui era hombre
saragoçano e qui vido todos los fechos, toda la operación
fue de Gílipo²³⁵⁴ solo. E quanto a la primera batalla, los de
Athenas vencieron a los saragoçanos e mataron a Gonguilo
de Corintho e a algunos otros. Mas, el día siguient, Gílipo
mostró qué cosa era la maestría, que con aquellas mismas
armas e con aquellos mismos cavallos, en aquel mismo
lugar, solament qu'él mudó la ordenación, venció²³⁵⁵ a los de
Athenas. E quando los de Athenas fuyeron²³⁵⁶ a lur encerramiento,²³⁵⁷ Gílipo ordenó que los saragoçanos levassen todo
el aparellamiento que los de Athenas havían aparellado pora
complir su muro. E con aquella manobra fizo un muro en
medio por tal que los de Athenas no huviessen más esperança de alguna cosa. Por la qual cosa, los de Saragoça se
asseguraron e governavan sus galeas, e lur gent de cavallo fazían celadas e [f. 115v] tomavan muchos de los de

2350 se chufavan] si faceano beffe *F*: el chufava *P*: σκώπτοντας.
2351 †antes que†] antes que *PF*: καθάπερ.
2352 una cucobaya] un cuquiello *PF*: γλαυκὶ.
2353 menospreciada] vilipenduta *F*: enospreciada *P*.
2353ᵇⁱˢ sel] et *PF*.
2354 de Gílipo] gilipo *PF*: ἐκείνου.
2355 venció] *om. PF*: ἐνίκησε.
2356 fuyeron] fuggirono *F*: fuyendo *P*.
2357 encerramiento] enterramiento *PF*: στρατόπεδον.

Athenas. E Gílipo mismo iva por las ciudades e las reduzía en servitut e las confirmava a su subjección; tanto que
Niquía se tornava a los primeros pensamientos e, considerando el regiramiento de la ventura, él se contristava e escrivía a los de Athenas o que enviassen un otro capitán o que
tirassen a él de Sicilia. E esta cosa no demandava por otro
sino por la enfermedat que lo agreujava.

Los de Athenas querían aún enviar más poderío en Sicilia; mas, porque algunos havían envidia de lo que Niquía
fazía, tardavan.[2358] Mas la ora se esforçaron de enviar
ayuda. Et Dimóstenes devía passar con grant estol la primavera. Mas Eurimedo,[2359] no obstant que eran en medio
del ivierno, passó la mar e levó trasoro por las despensas
de la huest, e mostró la determinación del pueblo, qui
havían determinado que II de aquella huest fuessen capitanes ensemble con Niquía, es a saber, Eftídimo[2360] e
Menandro. Entre esti medio, los enemigos asallieron a
Niquía súbitament por mar e por tierra. E quanto a la batalla de la mar, de primero los enemigos vencían, mas finalment él los envestió e los encalçó e fizo negar muchas fustas de los enemigos. Mas a la huest de tierra non pudo dar
socorso porque Gílipo lo asallió súbitament e tomó el Pli-
mirio, do eran los cuerpos de las galeas e mucho trasoro.
De todas las quales cosas él fue senyor e destruyó muchos
hombres e tomó ende muchos bivos; e ultra esto, él
embargó el camino por do venía lo que menester fazía a
los de Athenas. Porque, mientre que los de Athenas havían
poderío, liugerament les era aducho lo que menester les
fazía a comprar. Mas, depués que fueron echados d'allí,
malament podían haver lo que menester les fazía e con

2358   tardavan] tardavan *tachado P*. *om. F*: διατριβὰς ἐμβαλόντων.
2359   Eurimedo] quirumedo *PF*: Εὐρυμέδων.
2360   Eftídimo] *F*: estidimo *P*: Εὐθύδημον.

grandes batallas, porque l'estol de [f. 116r / xx, 3] lures enemigos estava allí e los embargava. E pareció que la gent de
mar de los saragoçanos no fue vencida por la fuerça de los
de Athenas, mas porque desordenadament se metieron a
combater. E por esto ellos se aparellavan aún más ordenadament. Mas Niquía no quería combater en mar, diziendo:
«Grant follía es, agora que nós esperamos tanto estol con
poderío folgando —que Demóstenes aduze aquexadament—, que no[2361] esperemos la ayuda e que con poco
poderío que nós havemos, el qual ha estado mal tractado,
nos metamos a combater. Mas Menandro e Eftídimo, porque eran fechos capitanes nuevament, se reputavan a hondra que fiziessen alguna cosa por que pareciessen ilustres
en presencia de Demóstenes e que pareciessen más aptos
que Niquía. E dezían que lo querían fazer por la gloria de
lur ciudat, la qual gloria de todo se perdía si ellos huviessen miedo del estol de los saragoçanos. E por esto se
aquexavan[2362] de combater en mar. Mas por la sotileza de
Arístono, el qual era capitán de los corinthios, el qual tenía
la part siniestra, fueron vencidos de todo los de Athenas,
segunt que escrive Tuquidido. E perdieron muchos de los
suyos, e fue doblada la tribulación de Niquía; porque primerament él era en tribulación porque senyoreava todo
solo, e depués sus companyones lo fizieron peyor.

Cómo los de Athenas enviaron Demóstenes en ayuda
de Niquía; e cómo los de Athenas fueron vencidos
en mar e en tierra por la cuitança de Dimóstenes

Entre esti medio, apareció Dimóstenes sobr'el puerto
mucho honorablement con tanta armada qu'él aduzía. E

2361 no] nos *P*: noi *F*.
2362 aquexavan] studiavano *F*: aquexava *P*.

pareció muit terrible a los enemigos, porque eran naves
LXXIII, en las quales ivan hombres de armas v^{m,} e arqueros,
fonderos e lanceros de dardos III^{m}. E las galeas eran todas
armadas e bien ordenadas con los senyales de cada uno.
E havían muchos cómites e muchos ministres o juglares de
todas maneras; assín que lur veyer era incita- [f. 116v]
miento e provocación de batalla. Por la qual cosa, los saragoçanos començaron aún haver miedo, porque no vedían
alguna fin ni algún remedio del mal, mas solament vedían
treballo sin fruito e dissipación vana. Mas a Niquía no con-
tentó la venida d'aquel poderío que vino. E la primera
vegada que favló con Demóstenes, Demóstenes consejava
que de continent escometiesen a los enemigos e no guardassen ningún periglo, solament que más aína que pudiessen combatiessen o tornassen^{2363} a lures casas. Niquía se
dubdó e se maravelló del^{2364} aquexamiento de Demóstenes
e de su audacia; e pregávalo que no fiziés alguna cosa que
pareciés cosa de desperación e de neciedat, porqu'el aturamiento era destrucción de los enemigos, porqu'ellos no
havían qué despender, e los de lur liga no esperarían
mucho tiempo, e ellos, no podiendo haver lo que menester les fiziesse, tornarién luego a requerir pactos. E muchos
saragoçanos enviavan diziendo secretament a Niquía qu'él
esperase, porqu'ellos no havían lur aise e eran agravados
de Gílipo, e, si les prolongavan lur desaise^{2365} que passavan, aína los farían venir en desperación. Las quales cosas
quando Niquía las dezía a la huest secretament, porque no
lo quería dezir todo paladinament, sus companyeros lo
reputavan covart, e toda la huest cridava diziendo: «¡Aún
somos venidos en las primeras tardanças e en las subtilidades

2363   o tornasen] et tomasen *P*: et piglassero *F*: ἢ ἀπολεῖν.
2364   del] de la *P*.
2365   desaise] disagi *F*: desaire *P*: ἀνάγκαι.

de una cosa e de otra, con las quales havemos perdido
nuestro poderío, porque nuestro capitán no assallió de
continent a los enemigos, e con esti esperar él fue menospreciado!». E todos confirmavan el consejo de Dimóstenes.
Por que Niquía, a mal su grado, condecendió a lur dicho.
E Demóstenes tomó la huest de noche, e fuésse a los caminos por do venían las vitualias a los saragoçanos, e de
quantos falló en la guarda de los passos los unos mató e
los otros tomó, e algunos fuyeron. E quando los biotos
supieron lo que se fazía, ellos se armaron. Demóstenes
encalçava continuada- [f. 117r / XXI, 8] ment a los enemigos, tanto qu'él se trobó en medio de los biotos, los quales tornaron todos ensemble e corrieron contra los de
Athenas con lanças e con grandes cridos, e los metieron
en vencimiento, e matáronne muchos. D'esta cosa se conturbaron toda la huest de los de Athenas e huvieron
miedo. E aquellos que vencían devallavan de las galeas e
ivan en la batalla; e aquellos qui fuían los embargavan.
E cuidando los de las galeas que aquellos qui fuían fuessen
enemigos e que encalçavan a los suyos, combatían con
ellos e ferían a sus amigos como enemigos. E esti mal
huvieron los de Athenas porque se mesclaron desordenadament con miedo, e el uno no conocía al otro, e el uno no
se confiava del otro. Porque era de noche, e el tiempo
no era de todo escuro ni aun de todo claro; porque la luna
ya declinava a la puesta, e la sombra de tantas armaduras
e de tantos hombres qui se movían de todas partes escurecía toda aquella esplandor de la luna e no se conocían
los senyales de cada uno. E por el miedo de los enemigos
se dubdavan aun de los amigos e los reputavan enemigos
e como a enemigos los ferían. ¡En tanta turbación se trobaron la hora los de Athenas, e combatieron entre ellos! E
conteció que la luna era de çaga d'ellos; e por esto ni lur
multitut parecía ni la resplandor de lures armaduras. E los

contrarios parecían más que no eran e más luzientes, que por el resplandor de la luna resplandían lures escudos e lures armas. Tanto los[2366] assallieron durament los enemigos de todas partes que finalment ellos aflaquecieron del todo e fuían. E el uno matava al otro como enemigos, e a los otros matavan los enemigos, e los otros cadían e se espenyavan, e aquellos qui se derramaron la gent de cavallo de los enemigos los trobavan otro día e los matavan. E fueron trobados muertos II^m, e muit pocos se salvaron con lures armas.

Niquía, quando [f. 117v] le vino el mal mandado del qual se dubdava, blasmava el aquexamiento de Demóstenes, e Demóstenes respondía. No res menos, él consejava que[2367] al más aína que pudiessen se partiessen d'allí, porque no esperavan que otra ayuda les viniés, ni con aquel poderío que havían no podían vencer las batallas. E aun les convenía partir d'allí por el lugar, el qual era muit nozible a los estranyos. E aun por el tiempo, que era la hora peyor, porque era al principio del atupno, e muchos eran enfermos, e todos eran mal consolados. Niquía oía dezir que querían foír, e parecíale greu, no pas qu'él no huviese miedo de los saragoçanos assín como los otros, mas porque se dubdava más de las calupnias o reprensiones de los d'Athenas. E por esto dezía Niquía que no curava de algún mal que allí le pudiesse entrevenir; e si tanto fuesse, más quería morir de mano de enemigos que de sus ciudadanos. La qual cosa no era semblant al[2368] dicho de Leo de Bisanço, el qual dixo a sus ciudadanos: «Más quiero que vós me matedes que morir con vós». No res menos, Niquía dezía que huviessen su consello dó trasmudassen lures

2366   Tanto los] tanto que los *P*: tanto che essi *F*.
2367   que] che *F*: om. *P*.
2368   al] al al *P*.

tiendas. Demóstenes, porque su primero consejo no vino a buen effecto, calló e no dezía ren del trasmudar de las tiendas; mas todos los otros contrastavan con Niquía, porque Niquía havía aún esperança de aquellos qui secretament le enviavan a favlar, e quería esperar. Mas, depués que a los saragoçanos vino mucha ayuda, a los de Athenas constrenyía el miedo, e de la ora en avant pareció a Niquía bueno de partirse, e comandó a toda la gent de armas que se aparejassen de navigar.

E quando todas cosas fueron aparejadas e los enemigos no tenían guardas, porque no credían que los de Athenas se partiessen de noche, la luna se escureció. Por la qual cosa, Niquía huvo grant miedo, e todos los otros, o [f. 118r / xxiii, 1] sea por lur ignorancia o sea por el miedo que havían antes, se espantavan más d'esta cosa. E quanto sea por el eclipsi del sol (el qual se faze en el xxx día a la hora que la luna conviene con el sol), muchos lo havían visto e comprendían²³⁶⁹ cómo se faze por la luna. Mas, en el eclipsi de la luna, cómo pierde su esplendor e muestra diversos colores, no lo podían comprender liugerament, mas les parecía²³⁷⁰ estranyo, e parecíales qu'el dios lo fiziés por senyal de qualque grant mal astre. Porqu'el primero qui más firmement dixo²³⁷¹ que la luna recibe esplendor del sol, e cómo por tiempo viene a la sombra de la tierra, e por esto se embarga la esplendor qu'ella recibe, fue Anacságoras. E esti dicho no era antigo, ni aun él ni su paravla no parecían verdaderas, e pocos eran qui confirmassen su dicho. E aquellos lo fazían más por reverencia d'él que por fe que diessen a sus dichos. Porque en aquel tiempo no recebían las opinio-

2369   comprendían] comprendio *P.* compreso *F.* συνεφρόνουν.
2370   parecía] pareva *F.* parecio *P.*
2371   dixo] primero dixo *P.* in prima disse *F.*

nes de aquellos filósofos los quales clamavan naturales e astrólogos como si por ocasiones imrazonables la cosa divinal recibiés pasión por fuerça. E por esto calupniaron a Protágora e metieron en la cárcel a Anacságora, e apenas lo delivró[2372] Periclí. E Sócrates, ya sea que no era tan sufficient en estas cosas, no res menos, él fue en periglo por la filosofía. Mas, depués que resplendió la opinión de Plato, ubrió a todos el camino de la doctrina, e todo hombre acceptava firmement su doctrina; e porqu'él reduxo las necessidades naturales en servitut especialment de las cosas divinas, e fizo cessar el blasmo de aquellos idiotas qui blasmavan la razón. Por la qual cosa, Dión, el amigo de Plato, quando se devía partir de Jacento por ir enta Dionisio, la luna se eclipsó, mas él no dubdó nada, antes se partió de continent e tomó Saragoça e echo'nde al tirano. E conteció que Niquía no havía con sí la ora adevino sufficient; porque aquel qui era con él, e qui era bien sufficient e havía nombre Estilbido e muchas vegadas confortava a Niquía de tales miedos, poco [f. 118v] antes havié que era muerto. E esti senyal, quanto a hombres que fuyen, no es pas malo, assí como dize Philócoro,[2373] antes es bueno, porque las cosas que hombre faze con miedo quieren seyer escondidas, e la luz es lur enemiga. E aun el senyal del sol e de la luna se guardavan fasta III días, segunt que escrive Autoclidi[2374] en sus exposiciones. Mas Niquía fizo tanto que todos consentieron de esperar entro a que se renovás la otra luna, como si de continent no huviés visto que la luna se esclareció quando la sombra de la tierra, la qual embargava la esplendor, passó.

2372   delivró] delivraron *P*: deliberarono *F*: περιεποιήσατο.
2373   Philócoro] philoforo *PF*: Φιλόχορος.
2374   Autoclidi] antoclidi *PF*: Αὐτοκλείδης.

E la hora Niquía desemparó todas las cosas e no fazía otro que sacrificar a los dioses, fasta que los enemigos le vinieron sobre por tierra combatiendo a lur encerramiento. E por mar lo circundaron, e cerraron el puerto. E no solament los hombres con las galeas, mas aun los moços venían de todas partes con las barcas de los pescadores. E quando eran cerca a los de Athenas, les dezían villanías e los clamavan a la batalla. E fue un moço (el qual havía nombre Iraclidi e era de famosos parientes) el qual andó más adelant con la barca que los otros. E una fusta de los de Athenas lo encalçava e ya era cerca de tomarlo. E un tío del moço, el qual havía nombre Pólico, dubdándose del moço, le fue a ayudar con x galeas, sobre las quales él era capitán. E los otros gentiles hombres, dubdándose perder Pólico, se movieron semblantment, e fue fecha la hora una fuert batalla de galeas. Finalment, los de Saragoça vencieron, e entre los otros muchos que mataron, mataron a Eurimédonta. E los de Athenas no quisieron más sofrir, mas cridavan contra sus capitanes e queríanse partir por tierra, porque los saragoçanos, de continent que huvieron la victoria, cerraron fuertment la boca del puerto. Niquía e sus companyones no acceptavan esti consejo, porque les parecía muit [f. 119r / xxiv, 5] malo de desemparar cerca ii^c2375 naves e galeas, e de fuir. Por la qual cosa, pusieron en los dichos navilios los más exleídos peones e los más fuertes lançadores de dardos e armaron cx galeas a iii remos por banco; porque las otras no havían remos. E el remanent del pueblo metieron cerca la marina. Niquía por alguna ocasión se departió del encerramiento do eran los muros qui se ajustavan con el templo de Ércules, por dar espacio a los de Saragoça de acabar el sacrificio de Ércu-

---

2375   ii^c] ii^m PF: διακοσίων.

les. Assí que, entro a que se fiziés l'armada, los sacerdotes e los capitanes de los saragoçanos puyaron al templo e fizieron el sacrificio.

Los adevinos de los saragoçanos adevinaron, segunt que mostravan las bestias de los sacrificios, que havrían solepne victoria solament qu'ellos no començassen la batalla, mas, quando los de Athenas començassen, la hora se defendiessen; porque Hércules vencía a todos aquellos qui le fazían traición. La ora començaron los de Athenas, e depués los saragoçanos. E fue fecha una batalla de galeas grant e fuert e terrible, no solament a aquellos qui combatían e recebían los colpes, mas aun e a aquellos qui los vedían de la mar, por el dubdo qu'ellos havían de la fin de la batalla, porque subtosament la victoria venía al una part e depués al otra. E esto conteció muchas vegadas. E el aparellamiento de los de Athenas nozía a ellos mismos más que a lures enemigos; porque los de Athenas querían combater estando contra los enemigos, e sus galeas eran grossas e grieves porque sus arqueros e los qui lançavan dardos podiessen más firmement lançar; mas las fustas de los saragoçanos los assallían de todas partes porque eran liugeras, e de todas partes ferían a los de Athenas de colpes de piedras, e no fallían. Mas los de Athenas, quando lançavan, fallecían, porque las galeas de los enemigos siempre se movían d'acá e d'allá, segunt que Aristo de Corintho governador les havía mostrado; el [f. 119v] qual Aristo fue muerto en la batalla combatiendo animosament. E murió quando los de Saragoça començaron a vencer. Por la qual cosa, pués que los de Athenas huvieron esta desconfita con grant danyo, no podían más foír por mar, e salvarse por tierra era dura cosa. Por la qual cosa,²³⁷⁶ quando los enemigos tiravan e sacavan lures galeas, ellos no les embargavan de res ni demandaron de enterrar lures muertos, porque les parecía mayor miseria desemparar a los feridos e a los enfermos que dexar los muertos sin enterrarlos. Las quales cosas vedían los bivos con sus ojos, e cuidavan seyer más infortunados que los muertos, porque, finalment, sería otro tal d'ellos con mayor miseria.

Del final vencimiento e destrucción de los de Athenas en Sicilia; e de la muert de Niquía e de Demóstenes e de lures capitanes

E quando los de Athenas se partieron de noche, veyendo que los saragoçanos estavan en solaces e en beverías e en fazer sacrificios por la fiesta e por la victoria, ***2377 no esperavan de poder fazer que ellos se levantassen por encalçar a los enemigos, qui fuían. E por esto Ermocrato ordenó un decebimiento por decebir a Niquía. E envió a Niquía algunos sus amigos mostrando que viniessen de part de aquellos qui eran acostumbrados de enviar las embaxadas secretament que le consellasen que no fuessen de noche, diziendo que los saragoçanos havién fecho celadas e havién tomado los passos. En esto fue decebido Niquía e esperó locament dubdándose de lo que devía esdevenir verdaderament. Porque, quando se movieron de día por ir su camino, fallaron los passos de la tierra e de los ríos que eran tomados, porque los saragoçanos los havían cerrados de noche e havían destruido los puentes e por los campos havían ordenado la gent de ca- [f. 120r / xxvi, 2] vallo; assín que no fincó algún lugar do pudiessen passar los de Athenas sin batalla. E depués que los de

2377   ***] *lag. en PF*: ὁι περὶ τὸν Γύλιππον.

Athenas se aturaron aquel día e la noche siguient, ivan con ploros e con lágrimas, porque les fallecían las cosas necessarias e porque desemparavan a sus amigos e parientes enfermos e impotentes. E havían assí grant desplazer como si ellos partiessen de lur tierra e no de tierra estranya. No res menos, estos males que havían reputavan más liugeros que aquellos qui esperavan haver. E entre los muchos males que aquella huest havía, ninguno no parecía peyor qu'el de la persona de Niquía, el qual era enfermo por malos humores e más costrenyido e amenguado de las cosas necessarias a la vida del hombre que no pertenecía a su dignidat. E especialment, porqu'él havía menester de muchas cosas por su enfermedat. E aun assí enfermo como él era, agraviado de malos humores, él combatía e sufría aquellas cosas que muchos sanos no podían sofrir. E manifiesta cosa era qu'él no sufría tanto mal por sí mismo, porqu'él amás su vida, mas porque los otros no se desperassen. Tanto que todos por el grant desplazer e por el grant miedo que havían ploravan e planyién; mas Niquía, segunt que manifiestament parecía, se retenía de plorar, no pas como hombre qui no huviés piedat e qui no huviés dolor, mas fincava como esmagado veyendo los esdevenimientos vituperosos qui lo domavan en lugar de la gloria qu'él esperava de haver si él huviés prosperado. E toda la huest, veyéndolo, remembrávase de las paravlas qu'él dezía al principio e de los consejos qu'él consejava embargando que aquella armada no se fiziés. E veyendo la miseria qu'él sufría e l'amor qu'él mostrava enta los dioses e las esperanças qu'él havía, ellos se contristavan considerando qu'él era amigo de los dioses e cómo él sacrificava a los dioses e cómo del todo era reverent a los dioses, e la su adversidat no era menor que de los peyores hom- [f. 120v] bres que fuessen en la huest e de los más viciosos.

No res menos, Niquía se esforçava que la tribulación
no lo venciés; e quería consolar a los otros con la paravla e con la cara e con su salvación. E por todo el camino, ya sea que los enemigos lo combatían a todas partes,
él entro a VIII días salvó el pueblo que era con él ensemble que no fue vencido entro que Dimóstenes con su
huest fue vencido. Porque en medio del camino él se
aturó e combatía; e como se alunyó de los suyos, los enemigos lo circundaron. E Demóstenes sacó su guchiello e
ferió a sí mismo, mas no murió, porque los enemigos lo
circundaron luego e lo tomaron. E quando los saragoçanos ivan enta Niquía, Niquía envió enta ellos hombres de
cavallo. E depués que supo que Demóstenes con su
huest eran desbaratados e presos, jutgó que fues bueno
de fazer paz con Gílipo por tal que dexassen a los de
Athenas sallir de Sicilia e de dar los ostages por l'haver
que los saragoçanos havían despendido en aquella guerra. Los saragoçanos no curaron ren de escucharlo, mas
solament cridavan e lo menaçavan e lo combatían; e más,
qu'él era privado de todas las cosas a ellos necessarias.
No res menos, él sufrió aquella noche. E al día siguient
se esforçava aún de ir más adelant enta el río de Assína-
ro. E de todas partes lo combatían. E quando los de Athenas fuyendo fueron cerca d'él, e los saragoçanos los
encalçavan, a algunos afogavan los enemigos en el río, e
algunos por la grant set que havían se echavan en el río.
E fue fecha grant mortaldat en aquel río, que beviendo
eran muertos. Por que Niquía vino enta Gílipo e le dixo:
«O Gílipo, pues que nos havedes vencido del todo, havet
misericordia de nós. No de mí, el qual de muchas vegadas fui glorioso por tales prosperidades; [f. 121r / XXVII, 5]
ninguno no haya misericordia de mí, mas de los otros de
Athenas, e membratvos que las venturas de las batallas
son comunas, e quando los de Athenas havían victoria de

los lacedemonios,[2378] ellos no se ensuperbién, antes se mostravan pacíficos enta vós e mostraron grant piedat a los vuestros captivos». Gílipo por las paravlas de Niquía se movió a compassión, e aun por el esguart d'él huvo piedat, porqu'él sabié que en el tiempo passado los lacedemonios huvieron muchos bienes d'él quando fizieron la paz. E a Gílipo parecía grant cosa que pudiés sacar de Sicilia bivos a los capitanes de los de Athenas. E por esto él tomó con él a Niquía e lo conortó, e comandó por los otros de Athenas que fuessen tomados bivos. E porque esti comandamiento tardó mucho a divulgarse por la huest, muchos fueron menos aquellos qui fueron salvos que aquellos qui fueron muertos. E la gent de armas ne furtaron muchos; mas aquellos qui públicament fueron tomados los congregaron ensemble. La hora los de Saragoça colgaron en los árbores del río las armaduras de los de Athenas e coronaron el lugar. E ellos se fizieron garlandas e ornaron sus cavallos; e los cavallos de los de Athenas esquiláronlos. E entraron en la ciudat solepnement por la victoria que havían hovido los griegos[2379] de los griegos, e victoria perfecta; la qual huvieron valientment con grant ardideza e con poderío e con virtut.

E congregose todo el pueblo e aquellos qui eran en lur ayuda, e escrivieron una ordenación qu'el día que Niquía fue preso fuesse fiesta e que cesassen de todo servicio (esto en cada un anyo) e que sacrificasen e fues clamado aquel día Asinaría por el río de Assinero, do Niquía fue tomado. E el primero que se escrivió fue Euriclo,[2380] tribuno del pueblo. E ordenaron ý aún que los siervos de los

---

2378   de los lacedemonios] dellos *P*: di loro *F*: τοὺς Λακεδαιμονίους.
2379   griegos] cuerpos *P*: corpi *F*: Ἕλληνες.
2380   fue Euriclo] fu eurulo (fu *interlin.*) *F*: eurulo *P*: Εὐρυκλῆς (ἔγραψε πρῶτον).

de Athenas e a los otros qui eran en lur ayuda vendiessen, mas a los de Athenas e a todos los sicilianos qui eran con ellos guardassen en fierros e que fuessen puestos a tajar las piedras; e a lures capitanes matassen. Los de Saragoça fueron contentos de esta determinación, [f. 121v] e porque Ermocrato dixo que mejor era la buena hondra de la victoria que la victoria, le fizieron grant desplazer. E aun a Gílipo, quando él demandó a los capitanes de Athenas que los sacasse de la isla bivos con él ensemble, los saragoçanos, como superbios de tanta prosperidat como les era esdevenida, lo injuriaron. E aun en el tiempo de la guerra los saragoçanos se tenían mucho por agreujados por la aspreza de Gílipo, e no les plazía su conversación, mas, assín como dize Timeo, los de Saragoça lo conocieron por hombre de poca mención e de grant cobdicia, la qual enfermedat le vinié por linage. Porque su padre Cleandrido fue acusado de corrupciones; e él mismo de los Mˡ talentes que Lixandro enviava a Esparti furtó xxx e los escondió dius el tellado de su casa. E quando fue sentido, él fue exiliado vituperosament, segunt que nós escrevimos más ordenadament en la vida de Lixandro. Mas por Demóstenes e por Niquía, no dize Timeo que los saragoçanos los lapidassen e los fiziessen morir a aquella muert, segunt que escriven Fílisto e Tuquidido, antes dize que, mientre qu'el consejo era congregado, Ermocrato envió a ellos un guardián el qual trobó que de sí mismos eran muertos. E tiraron lures cuerpos fuera e los metieron a las puertas de la ciudat, que cada uno qui los quisiés veyer, públicament los vidiés.²³⁸¹ E entro al día de oi oyo dezir que en el templo es el escudo de Niquía, de color de oro e de vermello.

2381   los vidiés] li vedesse *F*: lo vidies *P*. σώματα... φανερά.

E la mayor part de los de Athenas se perdieron al tajar
de las piedras por enfermedat e por mal comer; porque no
les davan el día sino dos gavenetos[2382] de ordio e uno de
agua, el qual gavineto[2383] era tanto quanto una arpada.[2384]
E algunos eran furtados e vendidos como siervos. E todos
eran bullados en la cara de una bulla de forma de cavallo.
E algunos, ya sea que eran [f. 122r / xxix, 2] bullados, servían a algunos senyores. E una cosa sola les ayudava, es a
saber, lur buena conversación e lures buenas maneras e
qui eran reverentes, segunt que eran adoctrinados. E ya
sea que fuessen en servitut, no desemparavan sus buenas
costumbres; e por esto, ***[2385] o ellos fincavan con lures
senyores hondradament. E muchos por amor de Euripido
fueron salvos; porque, segunt que parece, los saragoçanos
más amavan los dictados de Euripido que de todos los
otros griegos; e a quantos griegos venían en Sicilia qui
supiessen de las invenciones de Euripido los hondravan e
los pregavan que les mostrassen. E el uno depués mostrava al otro. E por esto todos los de Athenas qui con salva-
ment tornaron a sus casas regraciavan a Euripido e contavan que, porqu'ellos amostravan a lures senyores los
dictados de Euripido, por esto los afranquién.[2386] E otros
contavan que, depués la desconfita, quando ellos ivan
errando como fugitivos, contavan los dictados de Euripido
assín como sabían, e los sicilianos les davan de grado pan
e agua. Encara una nau, seyendo encalçada de fustas de
cursarios, fuyó al puerto. E de primero los de la tierra no
los querían recebir; mas, depués que los preguntaron si

2382 *Encima de* gavenetos *se lee en P, escrito con distinta letra,* una
misura.
2383 gavineto] gavaneto *PF.*
2384 *Encima de* arpada *aparece en P, con letra distinta,* pugnata.
2385 ***] *lag en PF:* ἦ γὰρ ἐλευθεροῦντο ταχέως.
2386 afranquién] affrancavano *F:* affranquie *P.*

ellos sabían de los dictados de Euripido e ellos respondieron que sí, e la hora los recibieron e los defendieron.

E dízese que los de Athenas al principio no credían la
desaventura e vencimiento que era contecido a los suyos;
porque aquel qui aduxo las nuevas era un hombre estranyo qui devalló de una nau a la Pireá, que es el puerto de
Athenas, e fue a una botiga de un barbero e favlava de la
tribulación que era contecida a los de Athenas en Sicilia,
creyendo qu'ellos supiessen antes las nuevas. El barbero,
antes que los otros oyessen estas nuevas, se levantó e
corrió aquexadament a la ciudat e trobó los gentiles
[f. 122v] hombres e contó las nuevas en medio de la congregación. La qual cosa fue grant turbación en la tierra, e
huvieron grant miedo. E se congregaron al consejo e fizieron entrar aquel hombre e le preguntaron de quí havía
oído estas nuevas. E porqu'él no'nde havía ninguna certenidat, parecioles qu'él fues mentiroso e no dixiés verdat, e
lo ligaron en la rueda e le turmentaron. E ya plegaron
aquellos qui contaron ordenadament todo el mal cómo era
contecido. E la hora credieron los de Athenas lo que conteció a Niquía, segunt que muchas vegadas él les havía
dicho antes.

MARCO CRASSO

{PF}

SÍGUESE EL XXIIII LIBRO: De las gestas e memorables fechos de Marco Crasso, cónsul de Roma.

Marco Crasso huvo un padre el qual fue extimador e huvo la hondra del triumfo. No res menos, él fue nudrido en chico hostal con dos ermanos los quales havían mujeres en vida de lur padre e de lur madre, e todos comían en una tavla. E por esto parece que Crasso por costumbre era comunal en su conversación[2387] e tenient. E depués que uno de sus ermanos murió, él tomó la mujer de aquel e engendró fillos en ella, ya sea que en tales cosas no era menos bien acostumbrado que algún otro romano. E quando fue de edat, fue difamado que se era mesclado con una de las vírgines de la dea Minerva, la qual virgen había nombre Licinia.[2388] E uno el qual había nombre Plutino fue aquel qui acusó a Licinia.[2389] Mas la ocasión era porque Licinia[2390] había un buen casal, e Crasso, queriéndolo comprar por poco precio, mostrava amigança enta Licinia,[2391] e por esto cayó en aquella suspición. Mas

---

2387   conversación] conversatione *F:* concoversacion *P.*
2388   Licinia] *F:* lucinia *P:* Λικινίᾳ.
2389   Licinia] *cf. supra.*
2390   Licinia] *cf. supra.*
2391   Licinia] *cf. supra.*

por la ocasión de su cobdicia —porque manifiesta cosa era qu'él era cobdicioso de las riquezas— e por esta manera escapó de aquella acusación qu'él havía (f. 123r) deflorada la sacerdotesa de la dea, e los jutges lo absolvieron.[2392] Mas ya por esto él no desemparó la amigança de Licinia[2393] entro que él fue senyor de aquella possesión que nós havemos dicho.

E dizen los romanos que un vicio escurecía todas las virtudes qu'él havía, es a saber, la cobdicia. Por que parece que entre todos los vicios qu'él havía esti era el más fuert, e por esto cubría todos los otros. E el senyal de su cobdicia era la grant multitut de su sustancia e el principio de su riqueza. Porque del principio él no havía sino iii^c talentes, e depués él sacrificó a Ércules dando a la ciudat el diezmo de todo su haver, e convidó a todo el pueblo, e dio a cada un romano de sus bienes la provisión de iii meses; e no res menos, antes qu'él fues contra los partos, fizo razón e conto de su haver e trobó que montava la valor de vii^m e c talentes. E la mayor part de estas cosas, si nós queremos dezir verdat, él las congregó reprensiblement por fuego e por batalla. Porque las miserias comunes tornaron en lur utilidat muit grant. Porque, quando Sila senyoreó la ciudat e vendía l'haver d'aquellos qu'él matava diziendo que todo era de la despulla de los enemigos, queriendo Sila que esti pecado tocás a muchos otros, dio licencia que todo hombre comprás lo que quisiés. E en esto[2394] consideró Crasso los malos parientes e companyías de Roma, es a saber, las destrucciones e las consumaciones. E veyendo algunas casas[2395] cremadas e las otras

2392 absolvieron] assolvetero *F*: alsolvieron *P*.
2393 Licinia] *cf. supra*.
2394 E en esto] et in questo *F*: en esto *P*: πρὸς δὲ τούτοις.
2395 casas] case *F*: cosas *P*: οἰκοδομημάτων.

qui eran de cerca que por el peso e por la alteza se derrocavan, Crasso logava maestros muradores; tantos qu'él havía más de v^c. E comprava todas las casas cremadas e aquellas qui eran de cerca, porque cada uno qui havía hostal lo vendía por poco precio dubdándose de la incertenitut de los esdevenimientos. E por esta ocasión la mayor part de Roma possedía Crasso. E ya sea qu'él huviés tantos obradores, él nunqua edificava alguna casa,[2396] ni aun su hostal, mas dezía que aquellos qui se deleitan de edificar, ellos mismos se destruyén sin haver otros enemigos. E en tanto haver [f. 123v] como él ganó e tanto lugar de grant precio como él senyoreó e tantos qui obravan sobre sus lugares, hombre non lo reputa nada en comparación de la hondra de sus siervos; qu'él havía tantos e tales, de los quales algunos eran lectores, otros eran escriptores, otros cambiadores, otros governadores de hostales, e otros por servir en tavla. E a todos era él mismo sobrestant, e parava mientes cómo ellos deprendían, e les mostrava, diziendo que cada un senyor deve seyer solícito de sus siervos, porque los siervos son instrumentes animados de la iconómica.[2397] E quanto en esta cosa, más derechament sentía Crasso que aquel qui dezía que las otras cosas deve hombre governar por sus siervos, mas él mismo deve governar a ellos, porque la iconómica inanimada es por ganancia, mas en los hombres se gana mucha hondra por corrección. Mas aquella cosa no sentía bien ni la dezía derechament quando él dezía que hombre no deve pensar ni dezir que alguno sea rico qui de su sustancia no puede mantener huest. Porque la guerra no ha despensa determinada, segunt que dize Arquídamo; porque la riqueza que faze menester a la guerra no se puede extimar.

2396   casa] cosa *PF*: οἰκίαν.
2397   iconómica] *F*: itonomica *P*: οἰκονομικὴν.

E esta opinión es muit lontana de aquella de Mario. Mario, quando dio a cada un cavallero XIIII mesuras de tierra e sentió que demandavan más, dixo: «No sea algún romano a qui semeja poco lo que cumple por su vida».

E era Craso a los estranyos honorable, e su casa[2398] era ubierta a todos. E prestava a sus amigos sin usura.[2399] Mas tan aína como el anyo passava, él demandava lo qu'él havía prestado de balde ***[2400] que si prisiesse grandes usuras. A las cenas e a los convides passava atempradament; mas la su buena recepción e amigable era más plazible que los convides de grandes despensas. De las doctrinas, quiso más aprender la rectórica, porqu'ella es más útil entre muchos en tiempo de necessidat. E con estudio e con treballo él passó e sobrepuyó a aquellos qui eran de ma- [f. 124r / III, 3] yor ingenio. E fue más poderoso en su favlar que los más savios romanos que fuessen. E nunqua fue en ningún judicio qu'él no venciés la cuestión por difícil qu'ella fues; en tanto que muchas vegadas Pompeyo e César e Cícero se enoyavan de favlar en público parlament, e él se levantava e suplía lur defecto. E por esto era más amado como solícito e diligente ayudador. Encara les plazía la su plazible salutación; porque no era ningún romano, por pobre qui fues, qui lo saludasse que Crasso no lo resaludase clamándolo por su nombre. E aun se dize qu'él estudió mucho en las istorias, e amó la filosofía de Aristótiles, en la qual huvo por maestro a uno qui se clamava Alixandro, el qual por la noticia[2401] de Crasso mostró su nobleza e su humildat; porque nós no podemos liugerament determinar quál es verdadera cosa d'estas II: o

---

2398   casa] F: caça P: οἰκία.
2399   usura] mesura P: misura F: τόκων.
2400   ***] lag. en PF.
2401   noticia] P: notizia F: συνήθειαν 'trato'.

qu'él viniés más pobre a Crasso, o qu'él se fiziés más
pobre pués que vino. No res menos, esti solo era entre
todos los amigos de Crasso qui siempre era con él quando él iva en tierras estranyas. E tomava una cubierta por
cobrirse en el camino, e depués, quando tornava, ge la
demandavan con maravellosa paciencia; que la pobreza
no la reputava sin fruito. Mas estas cosas fueron depués.

Cómo Crasso se escondió por temor de Quina
e de Mario entro a que supo la muert de Mario

E quando Quina e Mario huvieron poderío, manifiestament vedía todo hombre que ellos no vinieron por bien de
su patria, mas por destrucción d'ella e por desfazimiento
de los nobles. E todos aquellos qui fueron presos murieron, entre los quales era el padre de Crasso e su ermano.
Mas él, qui la hora era muit joven, escapó del mal. E sentiendo él[2402] depués que los tiranos lo perseguían por todas
partes, tomó III sus amigos e X siervos, e fuyó aquexadament en Iberia; porque allí havié él algunos [f. 124v] amigos e conocientes quando fue allí con su padre, el qual era
capitán de los romanos e la hora fizo muchos amigos. Mas,
veyendo que todos havían miedo de la crueldat de Mario
e tremolavan por él como si él estuviés sobre ellos, no se
osó manifestar a ellos, mas se escondió en los campos
marítimos de uno qui había nombre Vivio Paciaco, en los
quales campos era una grant espelunca. E envió uno de
sus siervos a Vivio por provarlo, porque le era fallecida la
victualia. Vivio, quando oyó dezir que Crasso era salvo,
huvo grant alegría. E quando él supo dó él era e quántos
eran con él, él no quiso ir personalment allí do era, mas

2402   sentiendo él] sentenciado et *P*. sentenziato et *F*: αἰσθανόμενος.

levó con sí el procurador de aquellos casales e le comandó que cada día él aparejás tanta vianda e qu'él la levasse
e la posase sobre una piedra que allí era e se partiés sin
dezir res e no buscás de saber qué se fazié de aquella
vianda. E lo menazó diziendo que, si él se entremetié de
saber qué cosa era esta, qu'él lo farié morir; mas, si él
fiziés lealment su comandamiento, él lo afranquiría. Aquella espelunca es cerca la mar, e es cerrada de todas partes
de fuertes entradas en las quales no ha sino un sendero
que mal se puede trobar, por el qual se entrava en la espelunca. E dentro, la espelunca es ampla e alta, e ha ide
como cambras en las quales se entrava del una al otra. E
era la espelunca redonda e bella; e no le fallecía lumbre o
claror, porque artificiosament eran fechos en algunas partes de la espelunca forados en manera de finiestras por do
entrava la claror del día sufficientment. E de yuso corre
una fontana de agua clara e dolç. E el aire de la espelunca es limpio, sin humidat, porque la piedra de la espelunca, que es firme, contenía[2403] la humidat e la fazía esti-
lar en la fontana que havemos dicho.

Allí estava Crasso, e cada día iva el hombre e levava lo
que menester fazía, mas non los ve- [f. 125r / v, 1] día ni
sabía d'ellos res. Mas ellos vedían bien a él porque sabían
la ora del comer. E la vianda era no solament mucha, mas
aun delectable; porque Vivio quería del todo fazer plazer
a Crasso. Por la qual cosa, él consideró en su piensa la
joventut de su edat, e le quiso fazer plazer e gracia segunt
la joventut. Porque de las cosas que[2404] fazen menester
hombre sierve por necessidat e no por curialidat. E por
esto él tomó II sus siervas jóvenes e fermosas, e fuésse enta
la mar. E quando él fue al lugar, les mostró por dó se

2403　contenía] contenea F: contrenia P.
2404　que] che F: om. P.

puyava a la espelunca, e las comandó que entrassen segurament. Quando Crasso e sus companyones las vidieron, se dubdaron que muchos supiessen aquel lugar e qu'ellos fuessen manifestados. Por la qual cosa, ellos las preguntavan quí eran e qué querían. E quando ellas respondieron assín como eran adoctrinadas de Vivio e dixieron que buscavan un senyor que allí era escondido, Crasso conoció el solaz e curialidat de Vivio, e las recibió, e estavan con él ensemble. E d'allí adelant, estas eran sus mensageras a Vivio de lo que menester le fazía. De las quales, la una vido Fenestela pués qu'ella fue vieja; e muchas vegadas le oyó contar estas nuevas. En esta manera passó allí Crasso VIII meses salvándose allí furtivament.

E quando él supo que Quina era muerto, él se manifestó, e muchos hombres concurrieron a él, de los quales él esleyó II^m v^c e iva corriendo las ciudades. E congregó galeas e passó en Libia e fuésse a Metelo, el qual era hombre glorioso e qui havía antes congregada huest mucha e valient. No res menos, él no se aturó mucho tiempo allí, mas vino Crasso en contrast con Metelo. E por esto él se fue a Sila, e era con él ensemble e recibía grant hondra d'él.

Cómo Crasso fue en ayuda de Sila; e de las condiciones de Crasso

E quando Sila se fue en Italia e quería que todos fuessen en su ayuda, ordenava a cada uno lo que devía fazer. E la hora envió a Crasso con gentes de armas contra los marsos. Crasso demandava sufficient guarda pora su persona, porque su [f. 125v] camino era cerca de los enemigos. E Sila le dixo con grant ira: «¡Yo te dó por talaya de tu persona a tu padre e a tu ermano e a tus amigos e a tus parientes, que fueron muertos contra razón; e por esto yo punesco agora a los homicidas!». Crasso huvo grant dolor,

e se movió de continent e sallió. E muit valientment se
esforçó e passó por medio de los enemigos. E congregó
grant poderío. E de la ora adelant, se[2405] ofreció volunta-
riosament a Sila por guerrear. Por la qual cosa, se dize que
por estos aferes e por estas valentías se començó el contrast entre Crasso e Pompeyo por la hondra. Porque Pompeyo era más joven que Crasso, e su padre fue desondrado en Roma e de todo lo querían mal los romanos. No res
menos, en aquel tiempo resplandió Pompeyo por los aferes e por las valentías que fizo. E pareció grant, en tanto
que Sila lo hondrava de tanta hondra quanta no fazía a
otros assín honorables como él, ya sea que eran más viejos que él. E se levantava quando él venía, e se desco-
bría[2406] la cabeça, e lo saludava como a monarca. Estas
cosas eran que enanimavan a Crasso e que lo fazían
ensanyar, porque era menos hondrado que Pompeyo. Mas
non era sin razón. Porqu'él no era assín sufficient, e la su
cobdicia destruía todas sus curialidades. E quando él tomó
la ciudat de Tordecio, pareció qu'él escondiés muit grant
quantidat de trasoro; por qu'él fue acusado a Sila. Mas en
la batalla çaguera que fue fecha en Roma fue vencido Sila,
e todos aquellos qui eran con él fuyeron, e murieron algunos. Mas Crasso, huviendo la part diestra, venció e encalçó
a los enemigos entro a la noche, e envió las nuevas a Sila
demandando qu'él enviasse de cena a la gent de armas.
Mas aun en las cogidas e en las cosas que tomavan de los
hombres Crasso era blasmado, porqu'él comprava las
cosas de grant precio por no res e demandava en dono
l'haver de algonos.[2407] Encara a los bretios él tomó ocasión

---

2405 se] s' F: om. P: αὐτὸν.
2406 descobría] scopriva F: descobrian P.
2407 algonos] alguonos P, *para la grafía* guo, *cf. Filop. 32v, Ant. 155r*
y Lis. 147v.

a uno por [f. 126r / VI, 8] tomar de lo suyo sin el comandamiento de Sila, por retener por sí mismo l'haver de aquel; en tanto que Sila lo huvo reconocido e no quería que se entremetiés más de las cosas de la tierra. E era Crasso muit apto de fazer amigos[2408] con lausenyas, e aun él aína se dexava vencer por lausenyas. E havía aún esta propriedat: que, ya sea qu'él fues cobdicioso, mucho quería mal e blasmava a aquellos qui eran semblantment cobdiciosos como él.

E toda su dolor era Pompeyo; porque Pompeo siempre havía grandes senyorías e, antes qu'él fues de consello, huvo la hondra del triumfo, e los ciudadanos lo clamavan *Magno*, es a saber, 'grant'. Por que una vegada que uno dixo: «Pompeo Magno viene», Crasso le dixo preguntando: «¿E quánto es magno?». E pues qu'él no havía más esperança de seyer igual de Pompeyo en fechos de armas, se escomençó de entremeter en los fechos de la ciudat con solicitut e con ayuda e con empréstamo, ayudando a cada uno del pueblo de lo que menester les fazía. E por esto él havía poderío e hondra contra el poderío e la gloria que Pompeyo havía en los fechos d'armas, los[2409] quales eran muchos[2410] e grandes. E contecía entre estos dos una cosa singular: quando Pompeyo era absent, havía mayor fama e mayor poderío e mayor nombre en la ciudat por sus valentías; mas, quando era en Roma, havía muchas vegadas menor hondra que Crasso. Por la qual cosa, él esquivava la multitut e absentávase del mercado considerando la grant apparencia del haver de Craso; e por esto poco se mesclava con la multitut, e era reputado que fues duro a favlar con él. Mas Craso era cada día aparejado a socorrer

---

2408 amigos] amici *F*: amigo *P*.
2409 los] las *P*: le *F*: στρατειῶν.
2410 muchos] muchas *P*: molte *F*: πολλῶν (στρατειῶν).

a cada uno de lo que menester le fazía, e era bel favlador,
e del todo él conversava con el pueblo estudiosament. E
con tal benivolencia que les mostrava venció a la magnificencia de Pompeyo. E dízese que amos a dos havían fermosa persona e eran graciosos favladores e havían plazibles caras. No res menos, esta invidia nunqua aduxo
enemigança a Crasso ni a fazer algún mal, mas solament
havía desplazer porque Pompeyo e César eran más hondrados qu'él. No res [f. 126v] menos, él nunqua mostró
malquerencia ni alguna mala manera de sí, ya sea qu'él
amase de seyer hondrado. E quando César fue preso de
los cursarios e fue encarcerado, cridó: «¡O Crasso, quánta
alegría havrás tú quando sabrás que yo só preso!». Mas
depués favlaron amos amigablement. E quando César
devía ir capitán a Iberia, él no havía trasoro; e aquellos a
qui César devía dar, lo embargavan que no se partiés por
el deudo que havía. Crasso no lo desemparó, mas lo delivró qu'él andás, fincando él firmança por César de VIII^c XXX
talentes.

Cómo en aquel tiempo Roma era divisa en III partes;
e cómo començó la guerra de los siervos
qui se clamavan los monomacos

Roma en aquel tiempo era divisa en III partes: la una
era de Pompeyo; la otra, de César; e la tercera era de Crasso. Mas Cato havía mayor hondra que poderío; e por esta
ocasión era más poderoso como hombre maravelloso. La
part de los savios e bienordenados amava a Pompeyo.
La part más viciosa e que más liugerament se girava seguía
las esperanças de César. Mas Crasso era mediano e havía
amas las partes quando menester le fazía, e muchas cosas
rebolvía en la ciudat, ni era amigo firme ni enemigo qui
no se reconciliasse, mas por su utilidat muchas vegadas

parecía ayudador de los hombres por razón e enemigo. E era poderoso e por gracia e por miedo; e el miedo no era menos que la gracia. En tanto que uno una vegada preguntó a Siquinio, el qual havía dado muchas turbaciones a los otros gentiles hombres, por qué no dava qualque roído a Crasso, mas lo dexava estar en paz. E él le respondió: «Porque Crasso lieva yerva sobr'el cuerno». E dixo aquesto porque los romanos havían por costumbre de cubrir con yerva los cuernos de los bueyes qui firían con el cuerno, por tal que todos aquellos qui los encontravan[2411] por el camino se guardassen d'ellos.

En aquel tiempo començaron los monomacos[2412] e la robería de Italia, es a saber, la guerra la qual se clamava Espartaquia. E començose en esta manera: Uno el qual havía nom- [f. 127r / VIII, 2] bre Léntulo Baciato criava[2413] en Capua monomacos, de los quales la mayor part era de Tracia e de Galacia. E no pas por ninguna ocasión mala, mas, sentiéndose injuriados porque les havían comprados, se metieron a la monomaquía,[2414] es a saber, 'duelo o batalla'. De aquellos fueron II^c qui se acordaron de fuir, entre los quales fue uno qui reveló el consejo. E aquellos qui podieron escapar fueron LXXVIII.[2415] E tomaron de las cozinas guchiellos e espetos e lo que pudieron, e sallieron fuera. E por ventura trobaron por el camino carros qui en otra tierra levavan armaduras, las quales ellos tomaron e se armaron. E depués tomaron un lugar fuert, e ordenaron sobre ellos III senyores, de los quales el principal era Espartaco, hombre de Tracia de la generación de los

---

2411 encontravan] (lo)ncontravano *F*: encontrava *P*: τοὺς ἐντυγ- χάνοντας.
2412 monomacos] momacos *PF*: μονομάχων.
2413 criava] cridava *P*: gridava *F*: τρέφοντος.
2414 monomaquía] momarquia *PF*: μονομαχεῖν.
2415 LXXVIII] LXXII *PF*: ὀγδοήκοντα δυεῖν δέοντες.

nómados, el qual era hombre cuerdo e valient e bien ordenado e manso. E segunt a su linatge, apartenecía más a la generación de los griegos. E dízese por esti que en el principio, quando fue vendido en Roma, durmiendo él un día, apareció sobre su cara un dragón qui estava plegado. La mujer d'esti Espartaco, qui era del linage de su marido e era adoctrinada de los secretos del dios Baco, dixo que esti senyal significava por Espartaco grant poderío e terrible e buena fin. E ella era siempre con él ensemble, porqu'ella fuyó con él.

E conteció que algunos armados sallieron de Capua contra ellos, a los quales ellos pusieron en desconfita valientment e tomaron lures armas, de las quales se armaron, e las primeras armas qu'ellos havían las reputaron por no res. Después de aquesto, los de Roma enviaron contra ellos a Clodio,[2416] capitán de III^m,[2417] el qual los encerró en una montanya do no se podía puyar sino por un sendero de mal camino, do se puso Clodio[2418] por guardar el camino. Porque en derredor de la montanya havié penyas, mas sobre aquella montanya havié vinyas salvages do havié parras luengas e muchas e grossas. De aquellas vergas tajaron las mejores e más luengas, e las ligaron ensemble, e las alongaron tanto que plegavan entro al plano. E las fizieron como escalas, e colgáron- [f. 127v] las, e devallaron sin periglo todos, exceptado uno, el qual aturó por darles lures armaduras, e depués devalló él. E esta cosa no sentieron los romanos; por la qual cosa, los siervos circundaron súbitament a los romanos e los metieron en tanto miedo que ellos fuyeron e los siervos robaron lures tiendas. E depués se aplegavan a ellos muchos pastores los

2416   Clodio] claudio *PF*: Κλωδίου.
2417   III^m] III *PF*: τρισχιλίων.
2418   Clodio] cf. *supra*.

quales eran buenos combatedores e liugeros de piedes, de
los quales algunos armavan e a otros tenían como a gui-
das liugeros. Encara envió contra ellos la ciudat la segunda vegada un otro capitán, es a saber, Poblio[2419] Barino. De
la qual huest los siervos pusieron primerament en desconfita al lugartenient de Poblio,[2420] el qual havía nombre
Flurio,[2421] el qual havía con él II^m hombres. E depués,
Poblio[2422] envió a un su consejero e companyero, el qual
havía nombre Cussinio,[2423] e enviolo con grant poderío. E
Espartaco lo barruntó quando él se levava en las Salina, e
por poco fincó que no lo tomasse. E quando él fuyó
a grant pena, Espartaco tomó la despulla; e encalçando la
su huest, mato'nde muchos e aun a Cussinio mismo. E aun
venció al capitán general en muchas batallas e tomó su
cavallo e sus maceros. E d'allí en adelant, Espartaco se
ensuperbió e fue terrible. No res menos, considerando
que, finalment, no podía vencer el poderío de los romanos, ívase enta las Alpes por tal que cada uno se fues a su
lugar. Mas sus companyones, veyendo que eran muchos e
poderosos, ensuperbidos[2424] por la prosperidat, no lo escuchavan, mas ivan corriendo la Italia e robándola. E el
Senado no se comovía por la vergüença de la lur rebellión,
porque eran hombres de chica condición, mas havían
miedo del periglo que podía contecer. E como fues muit
fuert guerra, enviaron entramos los cónsules. De los quales el uno, es a saber, Gelio, quando los germánicos[2425] se
rebellaron por ocasión de los Espartacos, fue contra ellos

2419 Poblio] *PF*: Πούπλιος.
2420 Poblio] *cf. supra.*
2421 Flurio] *PF*: Φρούριον.
2422 Poblio] *cf. supra.*
2423 Cussinio] *F*: eussinio *P*: Κοσσίνιον.
2424 ensuperbidos] insuperbiti *F*: ensuperbieron *P*: μέγα φρονοῦντες.
2425 germánicos] gormanicos *PF*: Γερμανικὸν.

e los venció e los destruyó. Mas Léntulo circundó a los Espartacos con grant huest e andó contra ellos con todo su poderío. E Espartaco combatió assín valientment qu'él tomó a los embaxadores[2426] de Léntulo e las sus tiendas. E depués, quando [f. 128r / ix, 5] él iva enta las Alpes, Cassio,[2427] el qual era capitán de guerra de la Galia qui es vezina del Pado, lo encontró con x^m hombres de armas. Mas, quando la batalla fue fecha, él fue vencido e perdió muchos de los suyos; e apenas escapó él.

E quando el consejo supo esta cosa, se ensanyaron contra los cónsules e los comandaron que cessassen. E fue esleído capitán de la guerra Crasso. Por la qual cosa, muchos gentiles hombres por su amor e por lur hondra lo siguieron en aquella huest. Crasso se aturó davant la Piquinida esperando allí a Espartaco en el paso; e envió a Momio[2428] qui andasse cerca de los enemigos. Mas comandole que en ninguna manera no combatiesse con ellos, mas que solament los siguiesse cuerdament. Mas Momio,[2429] esperando de fazer qualque bien, combatiosse[2430] con ellos e fue vencido. E muchos fueron muertos, e muchos se salvaron fuyendo, mas no con lures armaduras. E por esto Crasso recibió muit asprament a Momio. No res menos, él dava armaduras a aquellos qui eran fuidos; mas él demandava segurança por las armaduras. E puso de part v^c de aquellos qui fueron vistos más temerosos e fuyeron primerament. E partiolos en cinquanta dezenas,[2431] e de cada dezena[2432] él mató uno, es a saber,

2426 embaxadores] embadores *PF*: πρεσβευτῶν.
2427 Cassio] crassio *P*: crasso *F*: Κάσσιος.
2428 Momio] monia *PF*: Μόμμιον.
2429 Momio] monio *PF*.
2430 combatiosse] combatte *F*: combatiesse *P*.
2431 dezenas] decine *F*: dotzenas *P*: δεκάδας.
2432 dezena] decina *F*: dotzena *P*.

a qui venía la suert. La qual cosa era costumbre de muchos anyos de punir en esta manera los cavalleros temerosos. Porque esta muert era reputada vituperosa, e por esto se fazía esta justicia públicament que todos la vidiessen e huviessen miedo e desplazer. E depués que esta cosa fue fecha, él se fue enta los enemigos.

De la muert de Espartaco, capitán de los siervos;
e de la destrucción de aquellos

Espartaco iva por medio de la Leucania enta la mar. E en el estrecho trobó fustas de cursarios, e fuésse enta la Sicilia. E puso en la isla II^m hombres, e movió en aquel lugar la guerra de los siervos, la qual poco antes era cessada e de poco movimiento havía pro. Los de Cilicia[2433] le prometieron de darle ayu- [f. 128v] da; por la qual cosa, ellos huvieron muchos donos. Mas depués lo decibieron e se fueron. E por esto Espartaco se partió de la mar e se puso con su huest en el Querróniso[2434] de Regio. E quando Crasso vino, el[2435] lugar le dava a conocer lo que devía fazer. E començó de murar el passo del Querróniso por tal que su gent no estás occiosa e porque los enemigos no podiessen haver lo que menester les fazía. E por cierto grandes aferes eran aquellos qui él havía començado. No res menos, él los acabó en esta manera: Él fizo un fossado al entrada del Querróniso de la una mar fasta a la otra, el qual era de III^c estadios. E era tanto fondo quanto amplo, es a saber, XV piedes. E sobr'el canto del fossado fizo muro alto e fuert. Mas Espartaco d'estas cosas al principio no

---

2433 Cilicia] cicilia *P.* sicilia *F.* Κίλικες.
2434 Querróniso] queroniso *F.* queroconiso *P.* Χερρόνησον.
2435 el] il *F.* en *P.*

curava res; mas, quando le menguaron las cosas necessarias e quería ir más adelant, vido el encerramiento. E considerando que no podía haver lo que menester le fazía, él esperó una noche pluviosa e ventosa, e implió la una part del fossado con tierra e con ramos de árbores e con otras cosas, tanto que passó con la tercera part de su huest.

Por la qual cosa, Crasso huvo miedo que Espartaco no fues enta Roma. No res menos, él se conortava por el contrast que muchos huvieron con Espartaco e partiéronse d'él e se atendaron de part cerca la laguna de Leucanida,[2436] de la qual se dize que la meitat del anyo se faze dolz e depués se torna salada, assín que no se puede bever de razón. Sobre aquellos fue Crasso e los fizo partir de la laguna. Mas, mientre qu'él los perseguía, él fue embargado, porque apareció Espartaco sobtosament e fizo refrontar e[2437] firmar a aquellos qui fuían. Crasso havía escripto antes al consejo que necessaria cosa era que enviassen por Luculo, el qual era en Tracia, e por Pompeyo, el qual era en Iberia. Mas depués se penidió e pensava en quál manera[2438] podiés meter a fin[2439] esta guerra antes que aquellos viniessen, considerando que la hondra de la victoria no parecería que fues suya, mas de aquel qui viniés en su ayuda. E pareciole bueno de escometer primerament a aquellos qui se eran partidos de Espartaco e eran atendados de part [f. 129r / xi, 4] e eran lures capitanes Gayo e Caniquio e Casto. E envió vi^m hombres por tomar una altura e que d'allí los assalliessen; no res menos, que estuviessen escondidos. E ya sea[2440] que ellos querían

---

2436 Leucanida] leucinida *P.* lucanida *F.* Λευκανίδος.
2437 e] et *F. om. P.*
2438 manera] *om. P.* fine (*con distinta mano*) *F.*
2439 a fin] asin (*interlin.*) *P. om. F.*
2440 sea] *om. PF.*

estar escondidos e cubrían lures bacinetes con lures ropas, dos mujeres de los enemigos las quales adevinavan con sacrificios los vidieron. Por la qual cosa, fueron ellos en periglo si Crasso no fues sobrevenido aína a combater. E fue fecha una fuert batalla en la qual de los enemigos murieron XII^m III^c, de los quales no fallaron sino II solament qui fuessen feridos de çaga, mas todos los otros, estando en sus lugares, murieron combatiendo cara a cara con los romanos. E depués que aquellos fueron vencidos, iva Espartaco enta las Alpes Apeninas. E la hora uno de los grandes gentiles hombres el qual havía nombre Cointo e el trasorero, el qual havía nombre Escofra, lo seguían siempre. E quando Espartaco giró cara, puso los romanos en fuida, en tanto que apenas pudieron sacar el trasorero ferido e salvarse. La qual cosa fue destrucción de Espartaco; porque los suyos se ensuperbieron e no querían obedecer a sus mayores, qui les consellavan de fuir e de no combater sino por necessidat, antes los constrenyían que tornassen a çaga enta la Leucania contra los romanos, e se aquexavan de trobarse en un lugar con Crasso. E esta cosa plazía a Crasso, porque se dezía que Pompeyo, el qual venía, era cerca, e muchos se congregavan e dezían que a él convenía esta batalla, e que de continent, como él viniesse, él combatería e faría cessar e finir la guerra. E Crasso, aquexándose de combater, se atendó cerca de los enemigos, e comandó que fues fecho un fossado. Mas los siervos assallían a los lavradores del fossado e los molestavan quanto más podían. Por la qual cosa, muchos de Crasso se fueron en lur ayuda; en tanto que a mal [f. 129v] grado de Espartaco se fiziés la batalla. E de continent puso en orden toda su huest. E primerament le levaron su cavallo, e él sacó su espada, e él temprándola dixo: «Si yo venço, yo havré cavallos de los enemigos, muchos e buenos; mas, si yo seré vencido, ni aun esti me faze menester».

E matolo[2441] de continent. E depués entró en la batalla
como fiera salvage. E siempre se metía adelant recibiendo
muchos colpes por trobar a Crasso. Mas en esto falleció,
porque dos centuriones lo assallieron e los mató antes que
pudiés trobar a Crasso. Finalment, depués que los suyos
fueron vencidos, muchos de los romanos lo circundaron,
e él, combatiéndo e defendiéndose valientment, fue todo
tallado en pieças. E ya sea que Crasso huviés puesto su
persona en periglo e combatiés noblement e venciés, no
res menos, la gloria d'esta victoria no falleció a Pompeyo;
porque todos aquellos qui escaparon de Crasso se encontraron por ventura en el camino con Pompeyo e fueron
todos consumados d'él. Por la qual cosa, Pompeyo escrivió al Senado que Crasso había vencido a los fugitivos de
la república, mas qu'él había destroído del todo por ventura a los enemigos. Por que Pompeyo, tornando de Sertorio e de Iberia, solepnement recibió la hondra del triumfo, huviendo la gloria de la batalla de los siervos assí como
havemos dicho.

Cómo Crasso fue fecho cónsul ensemble con Pompeyo;
e cómo depués las provincias e capitanerías
les fueron departidas segunt les vino por suert

{PMF} Depués, quando Pompeyo fue esleído cónsul,
Crasso, ya sea qu'él esperava de senyorear con él ensemble, no res menos, por el grant deseo e cobdicia qu'él ne
havía, no huvo vergüença de pregar d'esta cosa a Pompeyo. Pompeyo aceptó las pregarias alegrement, porque
siempre él deseava de fazer que Crasso le fues obligado.
E por esto con grant voluntat se aquexava de complir el

2441   matolo] uccisielo *F*: lo matolo *P* (*el primer* lo *está interlin.*).

deseo [f. 130r / XII, 2] de Craso; en tanto que, finalment, Pompeyo dixo en medio de la congregación qu'él no los regraciava menos por Crasso que por sí mismo si amos a dos tuviessen la senyoría ensemble. No res menos, pués que fueron cónsules, lur amiança no duró mucho, mas poco falleció que por los roídos e contrastes que havían ensemble que la senyoría lur pareciés inútil e no provechosa. Mas Crasso fizo grant sacrificio a Hércules, e puso x^{m2442} tavlas al convit del pueblo, e dio a cada uno trigo por III^{2443} meses. E depués qu'el tiempo de lur senyoría fue finido, un cavallero romano que era sin officio e havía nombre Onatio Aurelio puyó sobr'el tribunal e contó el suenyo qu'él havía visto, diziendo: «Senyores, a mí apareció Júpiter e me comandó que yo diziés paladinament a vós todos que no querades que los cónsules renuncien a lur officio entro que sean fechos amigos». Por esta paravla el pueblo los comandava que fiziessen paz. Pompeyo callava; mas Crasso fue antes enta Pompeyo e tomolo por la mano derecha e dixo a los ciudadanos: «Senyores, yo non fago ninguna cosa desconvenible si accepto antes la amiança de Pompeyo, pues que vós, antes qu'él huviés barba, lo havés intitulado *Magno*, e antes qu'él fues del^{2444} consello terminastes qu'él huviés la hondra del triumfo».

E el consulado de Crasso huvo muchas cosas dignas de memoria; mas l'officio de la extimación inútilment lo fizo. Porqu'él no examinó el^{2445} consello ni paró mientes a cavalleros ni alguna extimación fizo a los ciudadanos, ya sea que en su companyía fues Lotatio Catlo, el qual era hombre

---

2442   x^m] x *PF*: *lag. en M*: μυρίων.
2443   III] x *PF*: *lag. en M*: τρίμενον.
2444   del] *F*: de *P*.
2445   el] *om. PF*.

muit manso. E dízese que, quando Crasso quiso ordenar por fuerça que la tierra de Egipto fues tributaria[2446] a los romanos, Catlo le contradixo fuertment e por esto, quando vinieron en grandes contrastes, renunciaron de grado a lur officio. E en los desordenamientos de Catilina, los quales metieron [f. 130v] poco menos a toda Roma[2447] lo de suso ayuso, la suspición tocava un poco a Crasso; en tanto que un hombre de aquella companyía lo fue a clamar. Mas ninguno non lo credió. Mas Cícero en un suyo sermón manifiestament reduze la ocasión de aquel mal sobre Crasso e César. E esti sermón fue publicado depués la muert d'ellos entramos. E en un otro sermón el qual escrive aquel mismo Cícero «por los consolados»,[2448] dize por Crasso que fue a él una noche levándole una epístola por Catilina cómo los sagramientos eran confirmados del uno al otro por aquella desordenación. E por esto Crasso siempre quería mal a Cícero. Mas Poplio, su fillo, lo embargava que no le fiziés mal; porqu'él amava la ciencia, e por l'amor de la doctrina él se aplegava a Cícero; en tanto que, seyendo Cícero en judicio, Poplio se vistió una ropa de duelo, assín como su maestro, e fizo que los otros jóvenes fizieron semblantment. Finalment, tractó que su padre huvo por amigo a Cícero.

Depués, quando César tornó del regimiento de la provincia e se aparellava[2449] de seyer cónsul, veyendo que Crasso e Pompeo contrastavan ensemble, no havía esperança de acabar lo qu'él quería sin la ayuda de amos a dos. E por esto él se esforçava en toda manera de meterlos en acuerdo mostrándoles cómo ellos destruían el uno

2446 tributaria] *F*: tribunaria *P*.
2447 Roma] *F*: rama *P*: Ῥώμην.
2448 consolados] *P*: consolati *F*: ὑπατείας 'consulado'.
2449 aparellava] *M*: maravellava *P*: maraviglava *F*: παρασκευαζόμενος.

al otro acreciendo a los Cíceros e a los Catlos, de los quales —dixo él— no es dubdo que, si ellos viniessen en unidat de paz e de amigança, havrán los ciudadanos en
ayuda todos de una voluntat e de un poderío.[2450] E quando César los induxo a fazer paz, congregó de III partes
poderío invencible, con el qual destruyó e al consejo e al
pueblo de Roma. No pas qu'él fiziés el uno de aquellos
mayor del otro, mas con ellos se fizo él mayor. Porque
aquellos II de continent lo esleyeron e lo confirmaron
cónsul solepnement. E depués que lo confirmaron cónsul,
lo fizieron [f. 131r / XIV, 4] capitán de guerra e dieron a su
mano toda la Galia. Por la qual cosa, ellos lo fortificaron
como en un fuert castiello, cuidándose que con todo
reposo e con todo poderío partirían entre ellos todo lo
que restava pues que huviessen confirmado a él en la senyoría la qual le vino por suert. Estas cosas fazía Pompeyo por la desmesurada amor qu'él havía de senyorear. E
la primera[2451] enfermedat de Crasso, es a saber, l'amor de la
riqueza, plegó con él la invidia de las valentías de César
e los suyos triumfos. E havía desplazer porque sentía que
en esta cosa él era reputado menor, ya sea que en todas
otras cosas él era más adelantado. E no cessó entro a qu'él
vino a mala fin e en grandes tribulaciones. Por la qual
cosa, quando César devalló de Galia en la ciudat que ha
nombre Luca, e muchos otros romanos fueron enta él
***[2452] de part cómo tenrían las cosas más fuert e cómo
havrían toda la senyoría a lur comandamiento mientre que
César fues en aquella armada, e que Pompeyo e Crasso

2450   havrán [...] de un poderío] *P*: ura li cittadini in aiuto tutti duna
volonta et duna potenzia (ura *lleva un trazo sobre las últimas letras*) *F*:
om. M: ἐνὶ κράτει καὶ μιᾷ γνώμῃ τὴν πόλιν ἄγωσι.
2451   primera] prima *PF*: *om. M*: ἀρχαῖον.
2452   ***] *lag. en PF*: *falta el fragmento en M.*

tomassen otras provincias e capitanerías. La qual cosa no
era otro sino que demandavan los consulados; porque no
podían por otra manera dar ayuda a César si aún no fuessen cónsules. Por la qual cosa, quando César escrivía a
la ciudat a sus amigos, e enviava[2453] mucha gent d'armas
por la elección de la senyoría.

Quando tornó la companyía de Crasso, havían suspición d'ellos, e dezíase comunament qu'ellos no havían
favlado ensemble por bien ninguno. La hora Marcelino e
Domicio preguntaron a Pompeyo dentro en el consello si
él era cónsul. Respondió Pompeyo: «Por ventura hoc, por
ventura no». E quando aún le preguntaron otra vegada,[2454] él dixo: «Yo só cónsul de los justos ciudadanos,
mas de los injustos non». E porque pareció a todos qu'él
respondiés superbiosament, Crasso respondió más mansament diziendo: «Si es por utilidat de la ciudat, yo seré
cónsul; e si no, yo me estaré». E por la respuesta de Crasso, [f. 131v] tomaron algunos esperança de seyer cónsules, de los quales era uno Domicio. E ya se divulgava la
fama por la ciudat paladinament; mas los otros se dubdaron e partiéronse todos, exceptado Domitio. Porque Cato
lo confortava e le dava esperança como a parient e amigo
qu'él estuviés en la opinión del consulado, diziendo qu'él
no quería el consulado, mas por la franqueza de la comunidat. «Mas Pompeyo e Crasso —dixo él— no quieren
seyer cónsules, mas quieren tiranizar; ni quieren senyorear sino por occupar provincias e haver huest». Diziendo Cato estas paravlas, levó a Domitio en la congregación a mal su grado, e muchos se aplegavan a ellos e
maravellávanse mucho de Pompeyo e de Crasso porque

2453 enviava] mandava *F*: enviavan *P. om. M*: (Καίσαρα) [...]
πέμποντα.
2454 vegada] volta *F*: vevava *P. om. M*.

querían seyer aún cónsules e porque querían seyer ellos dos e no querían a ningún otro. E dizían paladinament: «Muchos son entre nós qui son dignos de seyer companyones de Crasso e de Pompeyo». Por estas paravlas se dubdó la companyía de Pompeyo e començaron a fazer cosas desordenadas e fuerças. E ultra esto, metieron una celada en el camino a Domitio. E devallando él de noche con los otros, mataron al primero, qui levava la lumbre, e firieron a muchos, entre los quales era Cato. E depués que los metieron en fuida e los encerraron en casa, ellos se intitularon cónsules. E passados algunos días, circundaron la abitación d'ellos con hombres armados, e echaron a Cato de la congregación, e mataron a algunos qui se querían defender, e confirmaron a César en su senyoría por otros v anyos. E por ellos mismos esleyeron la Suria e las dos Iberias. E vino en suert a Crasso la Suria, e a Pompeyo la Iberia.

La qual suert no plazía a Pompeyo ni a los otros, porque muchos eran a qui no plazía que Pompeyo se alunyasse mucho de la ciudat. E Pompeyo quería tardar en Roma [f. 132r / xvi, 1] por l'amor de su mujer. Mas Crasso, assín aína como la suert le vino de la senyoría, manifestó de continent su alegría, porque le parecía que nunqua huvo tanta prosperidat como la hora por bevir folgadament con muchas gentes estranyas, assí como él quería. Por que, seyendo entre aquellos qui lo conocían e queriendo fazer e dezir lo que no apartenecía a su natura e a su edat, parecía como moço, porque no era cuerdo en sus costumbres. E la hora del todo se ensuperbió e se desordenó, en tanto que no le parecía que la Suria e la Partia fuessen los términos de su valentía, mas cuidávase de mostrar los endreçamientos de Luculo contra Tigrano e de Pompeyo contra Mitridati como solaces, e esperava de conquistar la Bactria e la India fasta a la mar de fuera. Por la qual cosa, César le[2455] escrivió loando su propósito e conortándolo a entreprender aquella guerra. Mas Atio, el tribuno del pueblo, quería contrastar a Crasso sobre su partencia. E a muchos plazía aquel embargamiento, e se congregavan con él e se ensanyavan porque Crasso quería fazer guerra a hombres qui guardavan los pactos de la paz e no contravenién en alguna cosa. Por la qual cosa, Crasso, dubdándose, pregó a Pompeyo que lo acompanyasse fuera de la ciudat; porque Pompeyo era muit bien hondrado entre el pueblo. Por la qual cosa, Pompeyo, favlando humilment, amansó los coraçones de muchos qui lo querían embargar e los fizo callar. Mas Atio lo encontró, e primerament lo embargava con paravlas, e clamava testimonios del pueblo. E depués comandó a un su sage que lo tomasse por la ropa e lo teniés como preso. Los otros tribunos embargavan al sargent;[2456] mas el sargent[2457] no dexava a Crasso. Atio vino a la ciudat e tomó un vaso con carbones encendidos. E Crasso se fue, e[2458] Atio puso timiama en los carbones e sacrificava e dezía maldiciones terribles e invocava [f. 132v] a dioses terribles e estranyos fuera de costumbre. Las quales cosas dizen los romanos que eran de antigas costumbres e havían tal poderío que a qui tocavan no escapava. E por esto ninguno no las quería dezir sino en caso de necessidat. Por la qual cosa, todos reprendían a Atio, el qual por malquerencia que quería a Crasso por la utilidat de la ciudat ponié la ciudat en tales maldiciones e en tanta mala ventura.

2455   le] *M*: gli *F*: lo *P*: αὐτῷ.
2456   sargent] surgent *P*: sergente *MF*: ὑπηρέτην.
2457   sargent] *cf. supra*.
2458   e] et *MF*: a *P*.

Cómo Crasso partió de Brándiz e tomó su pasage contra los partos e s'en fue a exivernar en la Suria; e cómo los embaxadores partos fueron a él de part de Arsaqui; e de las paravlas quel dixieron; e de la respuesta qu'él les fizo

Crasso depués se fue a Brándiz e no esperó qu'el ivierno passás, mas se puso passar la mar. Por la qual cosa, perdió muchas fustas. E con el poderío que le fincó se aquexava de ir adelant siempre por tierra por medio de la Galacia. E falló en el camino al Rei Diótaro, el qual era muit viejo e edificava una ciudat nueva. E Crasso en manera de reprensión díxole: «O Rei, a la hora dotzena has començado edificar ciudat nueva». El Rei se ridió e le dixo: «O monarca, segunt que yo veo, ni tú vas contra los partos muncho manyana». E Crasso era la hora de LX anyos, e aun de la cara parecía más viejo que no era. E quando Crasso fue en aquellas tierras, falló las cosas muit bien segunt qu'él esperava, e liugerament passó el río de Eufatres con su huest e sin periglo, e senyoreó muchas ciudades de la Mesopotamia²⁴⁵⁹ las quales de lur grado se dieron a él. E en una ciudat a la qual senyoreava Apolonio fueron tomados C de sus hombres d'armas. Por la qual cosa, él assitió la ciudat con todo su poderío e la tomó. E depués qu'él la tuvo, robó todo l'haver, e los hombres vendió. E los griegos clamavan a aquella ciu- [f. 133r / XVII, 5] dat Zinodotía. E quando él tomó aquella ciudat, quísose intitular por la gent d'armas monarca. La qual cosa era sin vergüenza, e pareció hombre de chico estado, pues que tal cosa le plugo. E puso talayas e guardas en las ciudades que se diusmetieron a él, el número de los quales eran hombres de piet VIIᵐ, e de cavallo Mˡ; e él passó en Suria

---

por exivernar, do él recibió a su fillo, al qual César envió de Galia ornado de donos por sus valentías e aduxo con él hombres de cavallo esleídos M[i]. E la hora falleció Crasso la mayor defalta[2460] que jamás falleciés; porque más convenible cosa era qu'él fues adelant e que la mayor part del tiempo él se aturasse en Babilonia e en Selefquia, porque aquellas II ciudades eran especialment agreujadas de la guerra de los partos, e él se alunyó e dio espacio a los enemigos que se aparellassen. Encara el aturamiento suyo de Suria havía una otra reprensión: qu'él no era solícito de congregar huest ni de considerar las armaduras e de fazer exercitar los hombres en los actos necessarios pora la guerra, mas fazía el conto de las rendas de las ciudades, e pesava los ornamentes de la dea la qual es en Gerápoli, e fazía el conto de su trasoro por muchos días, e escrivía comandamientos a las comunidades e a las senyorías que aplegassen tales e tales huestes, e depués, quando le davan trasoro en lugar de gent de armas, no curava de haver gent. Por la qual cosa, él pareció inhonorable e fue menospreciado. E la hora la dea mostró enta Crasso tal senyal primerament (e de la dea dizen algunos que era Venus, e algunos dizen que ella era Juno, e los otros dizen qu'ella fue aquella que dio todos los principios de todas las humidades e las simienças e mostró a los hombres el principio de los bienes, el qual es la ocasión e la natura): quando ellos sallían del templo, el joven Crasso estropeçó en las [f. 133v] puertas, e de continent Crasso el viejo estropeçó semblantment.

E quando Crasso començó de congregar las huestes de los lugares do havían exivernado, vinieron a él embaxadores de part de Arsaqui con pocas paravlas diziéndole assí:

2460   defalta] *M*: difalta *F*: de falta *P*.

«Si la huest es venida con comandamiento de los romanos, la guerra es en medio e no puede seyer paz. Mas, si Crasso es venido sin voluntat de los romanos por[2461] su provecho, segunt que se dize,[2462] Arsaqui no cura tanto, antes ha compassión de la antigüedat de Crasso e es contento de dexar a los romanos qui son en su mano, los quales son más guardados que no guardan». En esto respondió Crasso superbiosament diziendo: «En Selefquia vos responderé». Mas el más antigo de los embaxadores, el qual havía nombre Vagisso, se ridió e mostró su palma e dixo a Crasso: «O Crasso, más liugerament crecerán pelos en esta palma que tú veyas Selefquia». E depués fuéronse al rei Herodes por darle[2463] a entender cómo era cosa necessaria qu'ellos huviessen guerra e qu'él semblantment parasse mientes e se aparellase de fazer guerra. La hora algunas de las ciudades de Mesopotamia[2464] las quales guardavan los romanos fuyeron con periglo e vinieron a Crasso con nuevas que necessaria cosa era a él de seyer solícito e diligent, porqu'ellos con sus ojos havían visto la infinita multitut de los enemigos, e qué batallas havían dado a las ciudades. E assín como es de costumbre en tales aferes, ellos contavan las cosas más terribles diziendo que, quando aquellos enemigos encalçavan, impossible cosa era que alguno podiés foír de lures manos, e, quando ellos fuyén, impossible cosa era que alguno los pudiés alcançar, e lures sayetas ivan más rezias que hombre no las podié veyer, e antes que hombre vidiés la sayeta, ella firié, e lures armaduras eran tales e assín fechas que siempre se plegavan, mas [f. 134r / XVIII, 3] no se foradavan ni recibién colpe ni se

2461 romanos por] *M*: romanos nos por *P*: romani a noi per *F*.
2462 dize] *M*: dizia *P*: dicea *F*.
2463 darle] *M*: darli *F*: darlo *P*.
2464 Mesopotamia] *PMF*: Μεσοποταμίας.

enflaquecién. Quando los cavalleros oyeron estas paravlas, diusmetieron la grant loçanía e entraron en grant cuidado. E quando fueron certificados que en ninguna cosa no havían differencia los partos de los arminios e de los de Capadocia, contra los quales Luculo con todos sus ingenios no pudo fazer nada, antes se enoyó e desperó (e aun les parecía más fuert la distancia e longura del camino, e especialment de encalçar a hombres qui de continent no devían venir a las manos), del todo huvieron miedo del grant periglo; en tanto que a algunos de los grandes hombres parecía que bueno fuesse que Crasso asperase e tuviesse consejo general por saber qué era mejor de fazer. E uno de aquellos era Cassio el trasorero. E aun los adevinos dezían secretament que malos senyales mostravan los sacrificios pora Crasso. Mas Crasso ni a los adevinos escuchava ni a otros consentía, sino a aquellos qui consejavan que se aquexase de ir adelant.

E sobre todas cosas lo conortó en esti fecho Artavaso, el rei de Armenia, porqu'él vino a Crasso con vi^m hombres de cavallo a los quales él clamava guardianes e governadores de la persona del rei. Mas a Crasso él prometía de darle otros hombres de cavallo cubiertos x^m, e de piet xxx^m, todos de su familia. Porqu'él dezía a Crasso qu'él passás por medio de la Armenia, e d'allí iría a Partia, porque havrían del todo lo que menester les fiziés e podrían ir sin miedo. Porque en la tierra de Armenia ha muchas montanyas e muchas sierras e malos caminos pora cavallos, los quales cavallos son todo el poderío de los partos. A Crasso plugo la buena voluntat del rei de Armenia e la ayuda assí solepne como él le prometía. No res menos, él le dixo qu'él quería passar por la Messopotamia,[2465] do él havía dexado muchos buenos romanos. E entre esto el Armenio se fue.

2465 Messopotamia] P: mesopotania MF.

De los malos senyales e prenosticaciones
que aparecieron en la [f. 134v] *huest de los romanos;*
e de la traición que fizo Ariamno[2466]

E quando Crasso començó a passar con su huest, súbitament contra su natura se fizieron grandes truenos, e relámpagos davan contra la cara de la huest, e la revolución del viento con flobones e grant turbación rompió e derrocó algunos puentes, e en el lugar do se devían atendar cadieron II rayos, e un cavallo de un cavallero el qual era noblement ornado metió por fuerça al cavallero dentro la corrient del agua e entróse'nde en fondo que no pareció jamás. E dízese qu'el estandart se alçó por sí mismo e depués cadió. E depués que fueron passados, quando davan a cada uno lo que menester le fazía, la primera cosa que les dieron fueron lentillas e sal. Las quales cosas, segunt la costumbre de los romanos, son senyales de tribulación e se fazen por los muertos. E quando Crasso favlava con la huest, en el aire fue oída una voz la qual conturbó mucho la huest. E la voz dezía: «Yo destruiré el puent del río por tal que ninguno no torne a çaga». La qual voz Crasso por su ergull no la quiso declarar davant de todo el pueblo. E depués, faziendo Crasso sacrificio, assín como era acostumbrado, el sacerdot puso en sus manos el sacrificio, e las entranyas cayeron de sus manos. E a todos quantos allí eran pareció mal senyal e se dubdaron. Mas Crasso sonridiéndose dixo: «Tal es la vejedat; mas seades ciertos que en fechos de armas ninguna cosa no escapará de mis manos».

La hora se partió e iva sobre la ribera del río haviendo con él hombres armados de piet legiones VII, e de cavallo

2466   Ariamno] ariamino *MF*: artaniso *P*. Ἀριάμνης.

cerca IIII^m, e otros liugerament armados otros tantos. E la
hora tornaron algunos de aquellos qui ivan adelant e
dixieron a Crasso cómo ellos de lugares altos havían tala-
yado e considerado la tierra, la qual pareció que de hombres fues vazía; no res menos, que havían trobado rastro
de muchos caval- [f. 135r / xx, 2] los e parecía, segunt las
pissadas,^2467 que tornassen a çaga e que fuyessen como si
fuessen encalçados. De esta cosa tomó Crasso conuerto e
grant esperança, que del todo menospreciavan a los partos como a hombres qui no osavan^2468 venir a las manos
con ellos. No res menos, los gentiles hombres qui eran en
companyía de Crasso le dezían e le consejavan qu'él aple-
gás toda la huest en alguna ciudat de aquellas que los
romanos guardavan entro que huviessen ciertas nuevas de
los enemigos, o, si no, que fuessen enta Selefquia cerca
del río, por tal que las naves viniessen con las viandas e
que cada uno comprasse lo que menester le fiziés e tuviessen el río por lur defensión entro que huviessen tanto
poderío que pudiessen contrastar a lures enemigos.

E mientre que Crasso pensava sobre esti fecho e se
consejava, vino un árabe el qual era primero e mayor de
su linatge e havía nombre Ariamno,^2469 hombre malicioso
e frauduloso. E de todos los males que la ventura congregó sobre los romanos él fue la fin. E algunos de aquellos
qui fueron con Pompeyo lo conocían, porque Pompeyo le
havié fecho curialidades, e era reputado amigo de los
romanos. E por esto vino la hora a Crasso. Mas esto fizo
el consejo de los capitanes del rei de los partos, porque su
consello apartasse a los romanos del río en algún campo
muit grant, porque sobre todas cosas su entención era de

2467   Interlin., y sobre pissadas, P presenta, con letra distinta, pestata.
2468   osavan] M: osaran P: oseranno F.
2469   Ariamno] ariamino PMF: Ἀριάμνης.

no combater con los romanos manualment. E quando el bárbaro, el qual era bel favlador, vino a Crasso, loava a Pompeo como a benefactor e dezía que Crasso era bienaventurado que havía tanto poderío. No res menos, él lo reptava como a perezoso, porqu'él se aparejava en tal manera como si huviés menester de armaduras e no de manos e de piedes liugeros qui buscan ocasión de rapar hombres e trasoro e todas cosas de grant precio e fazerlos fuir en Sicia²⁴⁷⁰ e en Ircania. E dezía aún: «Si vós devedes combater, o Monarca, agora es [f. 135v] tiempo de acometerlos, antes que se aplegue todo el poderío, ni qu'el rei tome esperança d'esta cosa, porque entro agora Surino e Silaco han tomado sobre ellos la vuestra guerra por echarvos de tierra; mas ellos aún no son aparejados en alguna part». Mas todas estas cosas que Ariamno²⁴⁷¹ dezía eran mentiras e decepciones, porqu'el rei Herodes partió su poderío en dos partes, e él mismo robava la Armenia por la maldat de Artavaso, e Surino envió contra los romanos; no pas por menosprecio, segunt que algunos dizen, que no se denyasse él combater con Crasso, el qual era el más adelantado de todos los romanos, e que combatiés con Artavaso e robás la tierra de Armenia, mas lo fizo porque se dubdava del periglo e esperava de veyer lo que devía contecer. Mas él envió a Surino adelant por veyer los enemigos e por tirarlos de allí do eran; porque Surino no era pas hombre de chica condición, mas de linatge e de riqueza e de gloria era segundo aprés del rei, e en valentía e apteza era más adelantado que todos los otros partos de aquel tiempo, e de grandeza e de beldat de persona ningún otro non era semblant. E todas vegadas qu'él cavalgava, mil camellos eran deputados apart por levar solament

2470   Sicia] *M*: sicilia *P*: cilicia *F*: Σκύθας.
2471   Ariamno] ariamino *PMF*.

su arnés, e II^c carros de cavallos levavan sus amigas, e
hombres de cavallo bien armados M^l, e otros liugerament
armados muchos; assín que los de cavallo e de piet e los
siervos no eran entre todos menos de X^m. E quanto por
linage, el regno e la corona apartenecía a él. E quando el
rei Herodes fue echado fuera, él fue el primero qui lo fizo
tornar a los partos, e depués él tomó la grant Selefquia, e
fue el primero qui puyó sobre los muros e con sus pro-
prias manos perseguía a los contrarios. E depués dio la
ciudat a Herodes. E antes qu'él fues de XXX anyos, havía
grant fama de seyer cuerdo [f. 136r / XXI, 9] e de buen consejo. Mas Crasso por su superbia e por su vana esperança
se trobó decebido, e aun por miedo e por adversidades
algunas, porque era hombre qui liugerament se dexava
decebir por lausenyas e mentiras.

Por la qual cosa, quando el bárbaro lo aduxo a su
voluntat, e lo fizo alunyar del río e lo levava por medio de
los campos, los quales del principio havién buen camino
e liugero, mas depués malo, porque era todo de arena
profunda e campos muit grandes sin árbores e sin agua e
no parecía que de alguna part huviessen fin. Por la qual
cosa, no solament se enoyaron por la set e por el mal
camino, mas aun no se podían conortar veyendo la grant
distancia de los campos, qui les dava grant tribulación: ni
aparecía allí planta ni árbol ni curso de agua ni fuent.
Ni yerba crecía en aquel lugar, ni aparecía alguna altura ni
sierra ni piet de montanya, mas aparecía aquel camino
como un piélago estendido e infinito. E en torno de toda
la huest eran montes de arena. Por la qual cosa, los romanos havían grant desplazer de las malicias del bárbaro qui
los guiava. Depués vinieron minsageros de Artavaso, rei
de Armenia, con nuevas cómo Herodes era ido sobr'él e
lo constrenyía con grant guerra, e por esto no podía enviar
ayuda a Crasso, mas le dava por consejo qu'él tornás de

aquel camino e que se acompanyase con él ensemble por combater con Erodes; e si él no quisiés, que al menos guardasse su persona e fuyesse siempre de los caminos de los cavallos e se tirasse siempre enta las sierras e por allí caminasse siempre e se atendasse. Crasso por su furor e por su ergull no le rescrivió nada, mas solament respondió a los minsageros: «Yo no he agora espacio de ir enta Armenia; mas depués yo iré a vengarme de Artavaso». Cassio e los otros havían grant desplazer, e apenas con buenos consejos lo refrenaron que no se ensanyás enta los [f. 136v] armenios. Depués blasmavan al bárbaro diziéndole: «O malanado,[2472] ¿quál diablo te ha aducho entre nós?, ¿con quáles maleficios has fecho que Crasso haya derramado su huest en el desierto e en el piélago que no ha fin e en fondura invisible e que lo fagas ir por caminos desiertos del todo, qui convienen más a ladrones e malendrines que no a monarca romano e a romanos?». E el bárbaro, que mucho sabía, él humiliava a los gentiles hombres, e les fazía reverencia e los pregava que sufriessen un poco. E a la otra gent d'armas en partida los conortava e en part se chufava d'ellos diziendo: «O valientes hombres, ¿cuidades vós caminar por los caminos de Campania, e pensades trobar fuentes e aguas e sombras e[2473] banyos e posadas, e conocedes que vós sodes en medio de la Siria e de la Arabia?». En esta manera el árabe decebió a los romanos. E antes que fuesse manifiesto qu'él los decebía, él cavalgó e fússe'n, no pas que Crasso no lo supiés, mas le fizo a creyer que por todo su poderío él decebiría a los enemigos.

E dízese que en aquel día Crasso no vino al consello, segunt la costumbre de los capitanes, vestido de escarlata, mas con ropas negras, e que todos huvieron mal senyal e

2472   malanado] *P*: malvado *M*: malnato *F*: κάκιστε.
2473   e] *M*: de *P*: di *F*: καὶ.

murmuravan. E quando él lo entendió, de continent se mudó de ropas. E algunas banderas no podían los bandereros[2474] levantarlas de lur lugar, como si las astas fuessen plantadas. E por esto Crasso se chufava d'ellos aquexándose de caminar, e esforçava a los de piet que siempre siguiessen a los de cavallo. En esto tornaron aquellos qu'él havía enviado antes por talayas. Vinieron algunos e dixeron: «Los enemigos han acuchillado todas nuestras talayas, e nós solos somos escapados apenas. E sepades que infinita multitut viene con grant ardideza contra nós». E quanto a la verdat, todos se dubdaron; mas Crasso del todo fue espantado e súbitament congregó la huest, no pas [f. 137r / XXIII, 3] con todo su seso. E ordenó su huest por escalas, segunt que Cassio le aconsejava e segunt la ampleza del campo, por tal que los enemigos no los circundassen. E la gent de cavallo compartió en los cabos de las azes. E depués le pareció mejor de congregarlos todos ensemble, e los puso en forma quadrada. E en cada una part eran XII^m hombres; e cada un millar de hombres havía cierto número de hombres de cavallo por tal que[2475] ***,[2476] mas que de todas partes fues semblant poderío e semblant batalla e semblant clausura e semblant guarda. E depués ordenó que de una part fuesse Casio, e del otra Crasso el joven, e en medio él mismo. E con tal ordenamiento ivan adelant. E vinieron a un río el qual se clama Bálisso. E ya sea que no huviesse[2477] mucha agua, empero mucho se alegraron por la grant set que havían e ardor de aquel camino seco e treballoso. E a la mayor part de los grandes hombres parecía bueno de folgar allí e de aturarse allí entro que

---

2474 bandereros] *M*: banderos *P*: banderai *F*.
2475 por tal que] *M*: *om. PF*: ὡς.
2476 ***] *lag. en PMF*: μηδὲν ἔχοι μέρος ἐνδεὲς ἱππικῆς βοηθείας.
2477 huviesse] avesse *F*: corriesse *M*: huviessen *P*.

huviessen nuevas de la multitut de los enemigos e de lur ordenamiento, e depués ir contra ellos de día. Mas Crasso se ensuperbió por las paravlas de su fillo e de sus cavalleros, los quales consejavan que de continent se metiessen en la batalla. E por esto Crasso comandó que todo hombre comiés e beviés en piedes. E antes que ellos huviessen fecho lo que menester les fazía, Crasso se movió, no pas folgadament, como apartenecía a hombres qui devían combater, que fuessen folgados, mas muit aquexadament; assín que súbitament aparecieron los enemigos. E en el principio no parecieron muchos ni fizieron grant muestra a los romanos; porque Surino ordenó que aquellos de çaga viniessen muit estrechos; assín que los que ivan adelant cubrían a la multitut, e la resplandor de lures armaduras cubrían con ropas e con peliçones,[2478] segunt que Surino les havía comandado.

De la grant e cruel batalla fecha entre los romanos
e los partos, en la qual murió el valient fijo de Crasso e
muchos o- [f. 137v] *tros gentiles hombres;*
e finalment, cómo los romanos fueron vencidos

E quando las huestes se acercaron el una al otra e el capitán levantó el senyal de combater, el campo fue súbitament pleno de grandes vozes e de sones terribles. Porque los partos no se mueven a combater a son de cuernos ni de trompetas, mas tienen grandes vasos de arambre redondos e tovos fechos a manera de atabales. (E los turcos usan de aquellos e dízenles *nácares*; otros les dizen *tímpanes*. Mas no son tan grandes como aquí dize que eran aquellos de los partos). E de suso estienden una piel

2478   peliçones] *P.* pelliçones *M.*

de buei. E quando las fieren, resonan e echan una voz como si fues bramido de una bestia salvage o un trueno espantable, e caye terriblement en el oído del hombre, e comueve asprament al ánima, e aína la aduze en passión, e espanta el coraçón.

E como los romanos se espantaron de aquellos sones e rumor, los partos echaron súbitament las cubiertas de lures armaduras e parecieron todos por la esplendor de las armaduras como brandones encendidos. E lures bacinetes e lures cuiraças resplandían como fuego, porque eran bien febridas e claras. E semblantment lures cavallos cubiertos de cubiertas de arambre e de fierro. E especialment parecía Surino muit grant e muit ardido; e segunt su beldat, no era femenino, antes era aún más valient que fermoso. E parecía su cara como de los medos, los quales se afeitan las caras e cortan en derredor los cabellos; mas los otros partos han los cabellos rudos como los citos. La hora los romanos se metieron en coraçón de afrontarse con lanças e de romper los primeros feridores de los enemigos. Mas, quando consideraron la grant multitut e la ardideza de los enemigos e que no se movían, los romanos poco a poco se tiravan a çaga, e, cuidando derramar e de romper [f. 138r / xxiv, 2] aquella az, se decebieron ellos mismos; porque poco a poco ponién lur quadrada en medio del cerco. No res menos, Crasso comandó a los más liugeros que ellos corriessen adelant. E ellos corrieron; mas aína tornaron enta çaga por los colpes fuertes de las flechas que sentieron, e de continent se fincaron en medio de los armados; assín que del principio mostraron inconstancia e grant miedo por la fuerça de las flechas, las quales passavan las armaduras, e allí do ferían, o trobassen cosa dura o muell, todo lo passavan. La hora los partos se metieron en orden e començaron de aflechar los romanos de todas partes. E no podían sallir, porque la congregación e multitut de los romanos no dexava fallecer a los arqueros. E los arcos eran grandes e fuertes, e los partos los tiravan valientment, assí que quasi los fazían redondos ajustando los cabos el uno con el otro. E echavan las flechas con grant fuerça, assín que de necessidat los colpes fazían grandes feridas. Por la qual cosa, los romanos aflaquecieron fuertment; e si ellos querían seyer aplegados todos ensemble, recibían muchos colpes; e si querían ir contra los enemigos, no fazían res sino que recibían danyo como si ellos estuviessen en un lugar. Porque los partos, pues que havían tirado las flechas, fuían; e esto fazían maliciosament como los citos, qui maliciosament fuyendo combaten; assín que no han vergüença de fuir.

E mientre que los romanos esperavan que las flechas de los partos minguarían e que viniessen a las manos con ellos, siempre esperavan. Mas, quando sentieron que cerca de los arqueros havié camellos muchos cargados de flechas, de las quales ellos tomavan quando les fallecían e que no se movían de lur lugar, Crasso, veyendo esta cosa, se contristó mucho e envió minsageros a su fillo diziéndole que parasse mientes cómo se podiés afrontar con los enemigos por fuerça antes que lo circundassen. Porque más eran aquellos qui venían sobre Crasso, [f. 138v] e estendíanse como una cuerda por circundarlo e por trobarse de çaga d'él. La hora el joven tomó con él M^l III^c hombres de cavallo, de los quales los M^l eran aquellos que César envió con él ensemble, e arqueros V^c, e de otros empavesados VIII^m, e iva en derredor a los enemigos por ferir en ellos de costado. Los partos qui se esforçavan de circundar a Crasso, o sea, segunt que se dize, qu'ellos fallasen qui los encontrasse, o sea que maliciosament lo fiziessen por departir al joven Crasso, se metieron en fuida. La hora el joven cridó: «¡Ya fuyen los valientes hombres!». E diziendo assín, corría adelant; e Quinsorino e

Megábaco con él ensemble. Megábaco era ardit e valient; mas Quinsorino era cuerdo e de buen consejo e apto en su favlar; e amos a dos amigos de Crasso e de una edat. Quando la gent de cavallo encalçavan a los enemigos, los de piet no fueron perezosos, antes seguían con grant coraçón por la alegría e por la esperança qu'ellos havían que huviessen vencido. E encalçavan a los enemigos, e fueron muit adelant, tanto qu'ellos se cansaron encalçando. E la hora sentieron el decebimiento; porque aquellos qui fuían se giraron e encalçavan a los romanos, e muchos venían en ayuda de los enemigos. Los romanos estuvieron cuidando venir a las manos con ellos. Los enemigos metieron contra los romanos a aquellos qui havían los cavallos cubiertos, e a los otros de cavallo qui eran más liugerament armados que corriessen d'acá e d'allá. Otros movían la arena e fazían montones; porqu'el polvo venía contra la cara de los romanos, e no podían bien veyer ni oír, sino qu'ellos se constrenyían todos ensemble en un lugar e se cadían el uno sobr'el otro e se ferían e murían, no pas de muert liugera ni priesta, mas por la grant pena qu'ellos sostenían se bolcavan con las flechas e las rompían, e se esforçavan de [f. 139r / xxv, 5] tirar fuera los fierros, e assí espeçavan lur carne e fazién peyor a sí mismos. Porque los fierros de las flechas eran largos e orelludos como saetas, e, quando hombre los quería tirar fuera, tajavan las venas e los nervios. E antes que muchos muriessen, los bivos no se podían ayudar. E por esto, quando Poplio los pregava que se afrontassen con aquellos qui havían los cavallos cubiertos, ellos le mostravan cómo havían los braços e las manos passadas con los escudos; e otros havían las camas entramas passadas de flechas, e otros havían[2479] los piedes fincados en tierra, por que no se podían defender ni foír.

2479 havían] qui avian *PM*: che avevano *F*.

No res menos, la gent de cavallo se movió e púsose a combater valientment. Mas no eran semblantes los colpes e las armaduras del una part con la otra; porque Poplio fería con lanças chicas sobre cuiraças de fierro e de una pieça, e los enemigos los ferían con lanças grandes sobre cuerpos liugerament armados, e la mayor part desarmados. E estos eran los gálicos, de los quales había Poplio mayor esperança e con aquellos fazía aferes maravellosos; porque ellos tomavan las lanças de los bárbaros e las estrenyían fuertment e empuxavan a aquellos qui las levavan, ya sea qu'ellos fuessen quasi inmovibles por el peso de las armas que ellos levavan. Encara muchos gálicos descavalgavan e entravan dius los vientres de los cavallos de los partos, e los matavan. E los cavallos por dolor echavan calçes e se enarboravan e calcigavan a aquellos qui los matavan e qui los cavalgavan, e murían los hombres embueltos en la sangre. E la mayor pena que huviessen los gálicos era el calor e la set; porque no eran acostumbrados d'estas II cosas. E la mayor part de lures cavallos murieron corriendo desarramados²⁴⁸⁰ contra las lanças. Por que les vino de necessidat retornar entro a sus peones, e especialment porque Poplio²⁴⁸¹ estava muit mal por muchos colpes qu'él había recebido. E veyendo cerca d'ellos un poyo no mucho alto de arena, se fueron [f. 139v] enta él e ligaron sus cavallos en medio. E de part de fuera metieron lures escudos, esperando que liugerament se defenderían de los bárbaros con lur empavesada. Mas el contrario les conteció. Porque en el lugar plano los primeros cubrién a los çagueros; mas allí, porqu'el lugar era como una puyada, el çaguero era más alto qu'el primero, e todos ensemble eran más altos por la disposición del

---

2480   desarramados] *M*: desarmados *P*: disarmati *F*.
2481   Poplio] *M*: poblio *PF*: Πόπλιος.

lugar el uno del otro, e ninguno no podía esquivar los colpes, mas todos eran feridos e se planyién porque murién
sin fazer alguna valentía. Cerca de Poplio eran II griegos,
los quales abitavan[2482] en un lugar que ha nombre Carras,
de los quales el uno havía nombre Gerónimo, e el otro
Nicómaco, los quales le consejavan qu'él se partiesse con
ellos e que fuessen en una ciudat en la qual los romanos
eran bien amados, la qual ciudat se clama Icna[2483] e era
cerca. Mas él dixo: «Ninguna muert es tanto cruel que por
temor d'ella[2484] Poplio desemparase a aquellos qui se pierden por él». E comandó a aquellos que fuyessen e que
escapassen. E ellos tomaron licencia e partiéronse. E
Poplio no se podía ayudar de la mano, porque havía un
colpe que passava de una part a la otra, e por esto él
comandó a su escudero que lo firiese con un guchiello, e
mostrole el costado. E en esta manera se dize[2485] que
murió aun Quinsorino. Mas Megábaco se firió por sí
mismo, e todos los otros mejores. A los otros assallieron
los partos e los lanceavan combatiendo, en tanto que no
fueron tomados bivos V^c cumplidos. La hora cortaron las
cabeças de Poplio e de los otros gentiles hombres. Depués
corrían enta Crasso.

E los fechos de Crasso estavan en esta manera: Quando Crasso comandó a su fillo que firiese entre los partos,
e los mensageros le[2486] dixieron que los bárbaros del todo
eran desconfidos e que Poplio[2487] los encalçava, e veyendo que los otros bárbaros qui estavan contra él no lo assallían assí fuert, d'esta cosa Crasso tomó alguna poca espe-

2482   abitavan] *M*: abitan *P*. habitano *F*.
2483   Icna] iena *PMF*: Ἴχνας.
2484   d'ella] *M*: dessa *F*: dellos *P*.
2485   se dize] dizen *M*: se *PF*: λέγεται.
2486   le] li *F*: les *PM*: αὐτῷ.
2487   Poplio] *cf. supra.*

rança [f. 140r / xxvi, 1] e congregó su huest en un lugar
alto esperando que Poplio viniés aína de la persecución
de los enemigos. Mas Poplio, quando los bárbaros lo assallieron e era en periglo, envió a su padre algunos, de los
quales los primeros vinieron en mano de los enemigos e
fueron muertos, e los çagueros apenas escaparon e certificaron a Crasso que Poplio de todo se perdía si él no havía
grant ayuda aína. Muchas tribulaciones constrenyían la
hora a Crasso, e no considerava alguna cosa razonablement, mas todo era espantado. E el amor del fillo lo constrenyía qu'él fues en su ayuda; e finalment él començó ir
a ayudarle. Mas de continent aparecieron los enemigos
con grandes cridos e canciones de victoria más terribles
que antes e sonando muchos tímpanos espantando a los
romanos; assí que les parecía que la hora començasse la
batalla. E la hora corrieron los primeros aduziendo
la cabeça de Poplio firmada sobr'el fierro de la lança. E
quando fueron cerca, mostravan la cabeça e blasmavan a
los parientes e al linage de Poplio diziendo que no era
convenible cosa que tal joven assín valient e assín virtuoso fues fillo de tal padre, el qual era covart e malvado. Esta
cosa quebrantó e aflaqueció los coraçones de los romanos.
Por la qual cosa, no se movieron a furor por vengar lo que
vedían, antes todos fueron estordidos e plenos de miedo.
No res menos, de Crasso se dize qu'él pareció la hora más
virtuoso que jamás. E esta passión no lo venció, mas iva
del una az a la otra e dezía: «Senyores romanos, esta tribulación es mía²⁴⁸⁸ propria; mas la grant gloria e la ventura
de Roma se deve aturar en vós invencible e solament que
vós seades salvos.²⁴⁸⁹ E si vós havedes compassión de mí

2488   mía] *M*: una *PF*: ἐμὸν.
2489   e solament que vós seades salvos] *PM*: et solamente che voi
siate salvi *F*: σωζομένους.

porque yo he perdido assí noble fijo, en todas cosas mostrat esta cosa a los enemigos con furor e abaxat lur alegría e bengatvos de lur maldat e crueldat. Non vos esmaguedes de lo fecho; e aun si menester es que vós haya- [f. 140v] des alguna passión, al menos por la gloria hayades buen coraçón. Porque ni Luculo venció a Tigrano sin sangre, ni Cipión a Antíoco. E los antigos romanos mil navilios perdieron en Sicilia, e en Italia perdieron muchos monarcas e capitanes. Mas ya por esta razón que fueron antes vencidos, los romanos no dexaron que no senyoreasen depués a aquellos qui antes los havían vencidos. Porque la senyoría de los romanos no vino primerament por prosperidat, antes por paciencia e por virtut; e por no tornar a çaga por alguna adversidat vinieron en tanto poderío. Por la qual cosa, mostrat vós la virtut de vuestros²⁴⁹⁰ antecessores agora que menester faze combatiendo valientment entro a la muert, pues que por combater salliestes de vuestra tierra. Assín que, vós vos²⁴⁹¹ salvedes o que vós murades hondradament; porque a gentil hombre conviene o bien bevir o bien morir».

Con tales paravlas se esforçava Crasso de conortarlos, ya sea qu'él vidié bien que no lo escuchavan de coraçón. E quando les comandó que todos cridassen a una voz, el crido manifestó la temor de la huest, porque la voz fue poca e flaca e no igual de todos. Mas la voz de los bárbaros era toda una e superbosa e clara, e espantava todo aquel campo como un terrible trueno. E quando vinieron a los fechos, los de cavallo qui eran liugerament armados corrían d'acá e d'allá aflechando a los romanos de cada part. E los primeros feridores de los cavallos cubiertos e firieron con lanças entre los romanos e a todos los fizieron

2490   vuestros] *M*: nuestros *P*: nostri *F*.
2491   vós] *M*: vi *F*: nos *P*.

congregar en poco lugar. No res menos, aquellos qui aún no eran feridos pensaron de ponerse en periglo e de ferir entre los enemigos. Mas poco les podían nozer, antes morían luego ellos por los grande colpes qu'ellos recebían e mortales. Porque las lanças de los bárbaros eran grandes e fuertes, e muchas vegadas por grant fuerça passavan el hombre de part a part. E combatiendo los bárbaros assín valientment, sobrevino [f. 141r / xxvii, 3] la noche, e los bárbaros se tiraron de part diziendo esta paravla: «Nós damos una noche a Crasso por plorar a su fillo si él no considera su avantage; porque mejor le es que de sí mismo venga al rei Arsaqui que seyer aducho».

Cómo los romanos quisieron foír de los campos de los partos; e de lur final destrucción; e de la muert de Crasso

Los bárbaros se reposaron la hora allí cerca con grant esperança; mas a los romanos venía la mala noche. En tanto que ni de enterrar sus muertos curavan ni de governar a los feridos ni a aquellos qui murién, mas cada uno plorava a sí mismo considerando que impossible cosa era que alguno d'ellos escapase. No res menos, aquel día estuvieron allí, e la noche se tiraron en un campo do los feridos les davan grant tribulación porque los embargavan que no pudiessen fuir, considerando que, si ellos los desemparasen, ellos cridarían e por lures vozes los enemigos sentirían lur fuida. E ya sea[2492] que tantos males ellos huviessen por Crasso, no res menos, ellos amavan e havién plazer de veyerlo e de escucharlo. E él estava cubierto en un lugar escuro, e era exemplo a la multitut de la ventura; mas a los cuerdos de ergull e de loçanía.

2492   sea] *M*: sia *F*: *om. P.*

Porque non le cumplía de seyer primero entre tantos millares
de romanos, mas, considerando que dos hombres eran
más adelantados qu'él, le parecía qu'él fues menor de
todos. Mas la hora Octavio, el más viejo, e Cassio lo levantaron e lo conortavan. Mas, veyendo ellos que Crasso era
del todo desperado, congregaron a todos los centuriones
e a los otros senyores, e determinaron por consejo de fuir e
de no esperar más. Assín que començaron a levantar la
huest secretament en el principio e sin trompeta. Mas,
quando los enfermos e los feridos sentieron que los
desemparavan, pusieron grant confusión entre la huest
con ploros e con cridos. Por la qual cosa, quando ivan más
adelant, tanto miedo havían que siempre [f. 141v] les parecía
que los enemigos los encalçasen. Por la qual cosa, muchas
vegadas se derramavan e se tiravan fuera del camino e
depués aún tornavan a lur ordenación. E porque les fazía
menester de ayudar a los enfermos qui los siguían, tardavan en el camino, exceptados III[c2493] hombres de cavallo
los quales eran con Ignacio, qui desempararon a los otros
e se fueron. Plegaron a hora de media noche a la ciudat
de Carras, e clamaron en lengua romana a las guardas. E
depués que las guardas les respondieron, Ignacio les
comandó que dixiessen a Coponio,[2494] qui era senyor de
aquel lugar, que grant batalla havía fecho Crasso con los
partos. E no dixo más, ni manifestó quí él[2495] fuesse. E iva
siempre corriendo enta el Passo, e salvó a todos aquellos
qui eran con él ensemble. No res menos, él fue acusado
porque havía desemparado a su capitán. Mas la paravla
qu'él dixo a Coponio fizo poco provecho a Crasso, porque
Coponio, considerando que la paravla fue breu e escura,

2493   III[c]] *MF*: III *P*: τριακοσίων.
2494   Coponio] *F*: coponiio *P*: caponio *M*: Κοπωνίῳ.
2495   quí él] *M*: chi elli *F*: quel *P*: ὅστις ἦν.

pensó bien que fues paravla de hombre qui no levava
buenas nuevas. E por esto él comandó a su gent d'armas
que se armassen. E como él sentió que Crasso se acercava, él sallió a recebirlo. E lo recibió e puso toda la huest
dentro la ciudat.

Los partos sentieron bien la noche que los romanos
fuían; no res menos, no los encalçavan. Mas otro día mataron a todos los romanos qui eran romanidos en las tiendas, los quales no eran menos de IIII^m.[2496] E aun a muchos
otros qui ivan errados por aquellos campos los de cavallo
los tomaron e sin mercet los destruyeron. Aún otros IIII^m se
partieron del camino derecho, seyendo aún noche, con
Bargontino[2497] el embaxador, e los partos los circundaron
en un pueyo e a todos los consumaron estando en lur
defensión, exceptados xx hombres, los quales se metieron
con las espadas en medio d'ellos como fieras salvages; por
la qual cosa, dieron espacio que se fuessen. E ya sea qu'e-
llos ivan planament [f. 142r / xxviii, 2] enta las Carras, ninguno no los encalçava. E fueron dichas a Surino nuevas
falsas cómo Crasso era fuido con todos los esleídos e que
aquellos qui eran entrados en las Carras eran hombres de
vil condición. Por la qual cosa, pareció a Surino que perdiés el cumplimiento de su victoria. No res menos, porque
dubdava si assí era o no, quiso saber la verdat por meter
el sitio a la ciudat e por combaterla e por encalçar a Crasso. Por la qual cosa, él envió enta los muros de la ciudat
a uno de los suyos qui sabía dos lenguas, e le comandó
que clamasse en lengua romana a Crasso e a Cassio, porque
Surino les quería favlar. E depués que aquel hombre favló
e fue dicho a Crasso, plazieron a Crasso las nuevas. E
aprés un poco, vinieron de los bárbaros algunos árabes los

2496   IIII^m] M: IIII^c PF: τετρακισχιλίων.
2497   Bargontino] bargentino PMF: Βαργοντῖνος.

quales conocían bien en las caras a Crasso e a Cassio porque los havían visto antes que la batalla se fiziés entre la huest de los romanos. E luego, como vidieron a Craso e a Cassio sobre los muros, los conocieron e les dixieron: «Surino vos saluda pacíficament, e él es contento que vós seades amigos del Rei, solament que vós desemparedes la Mesopotania antes que vengades en necessidat; porque le parece que esta cosa sea provechosa a la una part e a la otra». A Cassio plugo la embaxada e los pregava que ordenassen del[2498] tiempo e el lugar do Crasso favlás con Surino. E ellos dixieron de fazerlo, e cavalgaron.

D'esta cosa se alegró Surino, porque los vedía presos en la ciudat como las aves en las redes. E el día siguient él levava a los partos con paravlas muit injuriosas diziendo: «Si los romanos quieren[2499] paz, den a mí Crasso e Cassio ligados». E los romanos havían grant dolor veyendo que assí fuertment eran decebidos. E aun pusieron a Crasso en esperanças vanas de los arminios, e metiéronse a fuir. Mas esta cosa devían fazer assín secretament que ningún hombre de la tierra no la sentiés antes. Mas el traidor Andrómaco lo supo [f. 142v] de Crasso, el qual se confiava d'él qui lo guiasse por el camino; assín que los partos lo sentieron todo, porque Andrómaco fazía saber a los partos todos lures consejos. E Crasso, esforçándose de fuir, se puso de noche en camino. E porque los partos no han por costumbre de combater de noche, Andrómaco se dubdó que los partos no tardassen mucho a encalçar a Crasso esperando entro al día, e los guiava[2500] agora d'acá agora d'allá, e finalment los puso en una valla muit lodosa e en lugares malos; assí que por las muchas bueltas

2498   ordenassen del] P: ordinassero del F: del M.
2499   quieren] M: voglon F: qui.ren (oscura la quarta letra) P.
2500   guiava] M: seguia PF: ὑφηγεῖτο.

que fazían sentieron algunos la malicia de Andrómaco, e muchos fueron qui no lo quisieron más seguir. E Cassio mismo tornó aún a las Carras. E algunos de los árabes qui lo guiavan le aconsejavan que se aturás a las Carras fasta que la luna passás el[2501] signo clamado Escorpión. Mas él dixo: «Yo he[2502] mayor miedo del Sagitario que del Escorpión». E de continent se puso a caminar aquexadament enta la Suria con hombres de cavallo v^c. Algunos otros havían guidadores leales, e se metieron en algunos pueyos los quales se claman Sínaca,[2503] e de día se metieron en lugar seguro. E eran estos cerca v^m. E los guiava un buen hombre, el qual havía nombre Octavio. Mas a Crasso, el qual era traído de Andrómaco, lo trobó el día en aquellos malos caminos e lodosos. E eran con él empavesados IIII^m hombres, mas de cavallo muit pocos, e maceros v^c, con los quales apenas e con grant lazerio trobaron el camino. E como los enemigos le venían de suso e ya eran cerca, por espacio de XII estadios no se plegó con Octavio, mas fuyó sobre una otra montanya no tanto fuert ni que los cavallos no ý pudiessen puyar. No res menos, ella yazía enta las Sínacas e tenía con una sierra luenga la qual se destendía[2504] por medio del campo e venía entro al lugar do era Octavio. Veyendo, pues, Octavio el periglo de Crasso, corría con algunos pocos en su ayuda, e los otros se ensanyavan por sí [f. 143r / xxix, 7] mismos e lo seguían; assí qu'ellos assallieron a los enemigos, e los metieron en desconfita, e los echaron de la montanya, e metieron a Crasso en medio d'ellos, e fizieron devant él una empavesada, e se avantavan que ninguna flecha de

---

2501   el] *M*: al *P*: il *P*: (παραλλάξῃ) τὸν (σκορπίον).
2502   he] *M*: no he *P*: non o *F*: *sin neg. en gr.*
2503   Sínaca] sinica *PF*: sinacas *M*: Σίννακα.
2504   se destendía] *M*: si distendeva *F*: se descendian *P*: κατατείνοντα.

los partos no poría tocar a lur monarca antes que todos
ellos muriessen combatiendo por él.

Veyendo, pues, Surino que los partos combatían
perezosament e, si la noche los tomasse, los romanos se
tirarían a las montanyas e en ninguna manera no los
podrién tomar, pensó aún otra malicia enta Crasso: Él
delivró algunos captivos qu'el tenía que se fuessen a
Crasso, los quales captivos havían oído dezir entre la huest
de los bárbaros algunas paravlas las quales se dezían por
decebimiento, es a saber, qu'el Rei no querié haver
siempre guerra con los romanos, mas querié fazer la paz
con curialidat mostrando amigança enta Crasso. E los
bárbaros cessaron de combater. E la hora Surino con todos
sus mejores hombres pacíficament puyó en somo de
aquella montanya, e tiró la cuerda del arco, e estendía su
mano enta Crasso, e lo clamava a concordia diziéndole:
«Contra la voluntat del Rei has hovido el mal que has
recebido, e has visto el poderío del Rei. No res menos, el
Rei muestra enta tú su mansuetut e su curialidat. E
solament que tú quieras partir, te afía que vayas seguro».
Todos los otros uían de grado estas paravlas de Surino, e
se alegravan. Mas Crasso, membrándose que muchas
vegadas havié seído decebido, no credía sus paravlas,
considerando especialment que súbitament requerían de
fazer paz con hombres qui eran quasi perdidos, e queríase
defender por tal que la noche se partiés de allí. Mas los
hombres d'armas cridavan todos e le davan por consejo
qu'él acceptasse la concordia. E porqu'él no escuchava, se
ensanyavan e lo blasmavan diziendo qu'él los metía a
combater con aquellos armados a los quales no se confiava
él de favlar quando eran desarmados. E del començamiento
Crasso provava de enduzirlos a su vo- [f. 143v] luntat[2505] con

---

2505   voluntat] M: volontá F: volunt P.

pregarias diziendo que del día restava poco, e ellos aturassen a las montanyas, e[2506] la noche ellos pudiessen partir. E mostrávales el camino e pregávales que no desesperasen[2507] de lur salut, la qual era cerca. E quando él vido qu'ellos por furor ferían lures armaduras e que lo menaçavan, él dubdándose partió e ívase con los enemigos. Solament se giró e dixo: «O Octavio e Petronio e vosotros gentiles hombres de Roma, qui sodes aquí, vós veyedes la necessidat de mi camino e conocedes bien cómo yo recibo desondra por fuerça. E si vós vos salvaredes, diredes a todos los otros hombres cómo Crasso es perdido, no pas que sea traído por sus ciudadanos, mas porque fue decebido de sus enemigos».

No res menos, Octavio con su companyía no quiso fincar, antes decendía con toda su companyía de la montanya. Mas Crasso no lo dexó, antes desechó a los maceros qui lo siguién. E los primeros qui le vinién al encuentro de los bárbaros fueron dos qui sabían la lengua greguesca. E descavalgaron e le fizieron reverencia e lo saludaron en lengua griega e lo pregavan qu'él enviás algunos antes qui vidiessen cómo Surino e todos aquellos qui eran cerca d'él venían desarmados por mayor seguredat. E Crasso les respondió que, si él curás de su vida, no sería venido en lures manos. No res menos, él envió a dos ermanos por saber qué e dó e con quántos él devía favlar. Mas Surino de continent los fizo tomar. E él iva siempre a cavallo con todos los suyos más adelantados. E quando él se acercó, dixo: «¿Qué cosa es esta?, ¿el monarca de los romanos es a piet, e nosotros somos a cavallo?». E comandó que aduziessen un cavallo pora Crasso. E Crasso dixo: «En esta cosa no ha alguna defalta,[2508] porque nós lo havemos

---

2506   e] *M*: *om. PF.*
2507   desesperasen] *M*: desemparasen *P*: abbandonassero *F.*
2508   defalta] *M*: difalta *F*: desfalta *P.*

por costumbre antiga de nuestros antecessores de ir a piet quando nos aplegamos amos ensemble. Por que ni tú falles en esto ni yo». E [f. 144r / xxxi, 4] Surino dixo: «Fecha es la paz entre el rei Herodes e los romanos. Mas conviene que nós vayamos cerca del río por escrevir los pactos, porque vós romanos non vos miembra bien de los pactos». E estendió su mano derecha enta él. Crasso enviava que le fues aducho un cavallo; e Surino dixo: «No faze menester, porqu'el Rei te da esti». E de continent fue aducho devant de Crasso un cavallo con el freno d'oro. E los qui estavan devant lo levantaron[2509] e lo pusieron a cavallo e lo seguían aquexando el cavallo con correas que andás más aína. En esto Octavio primerament, e depués Petronio, el qual era capitán de M¹, tomaron del freno, e los otros lo circundaron, e embargavan al cavallo que no andás tan aquexadament, e ivan contra aquellos qui del una part e del otra aquexavan el cavallo de Crasso. Por que, seyendo grant priessa de gent, entre el roído e los colpes Octavio arrapó una espada de un bárbaro e mató a aquel qui guardava el cavallo; e un otro dio a Octavio de çaga. Petronio ni pudo arrapar ni espada ni guchiello de alguno, mas fue ferido sobre la cuiraça, e la hora descavalgó sin seyer ferido. E un parto el qual havía nombre Pomacxadro[2510] mató a Crasso. Otros dizen que otri lo mató, mas Pomacxadro[2511] lo trobó que jazía en tierra e cortole la cabeça e la mano. E esto dizen por opinión e no por cierta ciencia; porque todos aquellos qui eran allí e qui se defendieron fueron muertos, e los otros fuyeron en somo de la montanya. E depués venían los partos e les dizían: «Aquel qui nós buscamos, es a saber, Crasso, ya es punido; e por esto manda

Surino a todos vosotros que baxedes segurament». Por que algunos devallaron de grado e se rendieron a ellos; e algunos se derramaron la noche, e muit pocos escaparon de aquellos. A los otros ivan buscando los árabes, e do los trobavan los matavan. E dízese [f. 144v] que fueron muertos la hora de los romanos xx^m, e x^m fueron tomados bivos.

La hora Surino envió al rei Herodes en Armenia la cabeça e mano de Crasso. Mas él divulgó una fama por toda la tierra cómo él levava bivo a Crasso en Selefquia, e aparejávase, chufándose de los romanos, de fazer el triumfo. Por la qual cosa, él trobó entre los otros captivos a Gayo Paquiano, qui semejava mucho a Crasso, e le vestieron una ropa bárbara femenina, e ordenaron que, quando lo clamassen *Crasso monarca*, qu'él respondiés. E levávanlo sobre un cavallo, e devant él cavalgavan en los camellos como sus maceros e otros como trompetas.[2512] E en las maças colgavan saquiellos con dineros, e fincavan sobre las manairas[2513] cabeças de romanos los quales fincaron la hora por el triumfo en confusión de los romanos. E de çaga seguían las putas de Selefquia cantadrizes, cantando e blasmando mucho los deleites e la covardía de Crasso. E estas cosas vidían todos. Depués, él congregó el Senado de Selefquia e puso en medio d'ellos libros suzios qui favlavan de luxuria, de uno del lugar de Mílito el qual havía nombre Aristido. E quanto a la verdat, esta cosa no[2514] era pas mentira, mas certanament aquellos libros fueron fallados en la tienda[2515] de Rustio, e dieron ocasión a Surino de chufarse de los romanos e de blasmarlos mucho diziendo que ni en tiempo de guerra se podién

---

2512   trompetas] *M*: trompentas *P*: trombetti *F*: σαλπιγκταὶ.
2513   manairas] manairas o cuchiellos *M*: maniras *PF*: πελέκεις.
2514   no] *M*: *om. PF*: οὔτι.
2515   tienda] *M*: tierra *P*: terra *F*: σκευοφόροις.

abstener de cosas assín abominables e de suzias paravlas. No res menos, los de Selefquia, veyendo a Surino, se membravan de Isopo muit savio,[2516] considerando que Surino havié publicado el saquiello de los libros de la incontinencia de los de Mílito, e de çaga aduzía los deleites de los partos, es a saber, sus amigas con tantos carros. La qual cosa semejava a las sierpes qui se claman vipras e a las otras que han nombre sítalos;[2517] los[2518] quales havían las partes[2519] devant terribles e serpentinas. Porque ellos [f. 145r / xxxii, 5] levavan lanças e arcos e cavallos armados, e la çaguera part de lur az era de putas e de sones e de canciones, e toda la noche passavan desonestament. E quanto a la verdat, Rustio[2520] era de reprender; mas los partos son hombres qui no tenién vergüença,[2521] porqu'ellos rieptan a los milisios,[2522] de los quales fueron muchos arsaquidos e reyes de los partos los quales nacieron de putas de Milisso e de Yonia.

E mientre que aquestas cosas se fazién, conteció que el rei Herodes fizo paz con Artavaso el arminio, e le prometió de dar su ermana por mujer a su fillo Pácoro.[2523] E fazién convides el uno al otro. E quando estavan en beverría e solaz, e se leían muchas cosas en lengua griega. Porque Herodes sabía bien la lengua e la letra griegas, e Artavaso era poeta e escrivía sus dichos e istorias, de las quales aún se troban entro al día de oi. E quando las tavlas fueron levadas, fue aducha[2524] entro a la puerta la cabeça de

---

2516 muit savio] *M*: musavio *PF*: σοφός.
2517 sítalos] sicalos *PMF*: σκυτάλαις.
2518 los] *M*: li *F*: lo *P*.
2519 las partes] la part *P*: la parte *F*: τὰ μέρη
2520 Rustio] *MF*: nustio *P*.
2521 no tenién vergüença] *M*: no temen *P*: non temono *F*: ἀναιδεῖς.
2522 milisios] *M*: malisios *P*: maliziosi *F*: Μιλησιακά.
2523 Pácoro] *MF*: pocoro *P*: Πακόρῳ.
2524 aducha] *M*: aducho *P*.

Crasso. E uno ipócrita, el qual havía nombre Jassón de Tralia,[2525] cantava los dictados de Euripido[2526] los quales él escrivió por Pentea. E en esto Silaqui saltó en medio e echó la cabeça de Crasso. Los partos cridaron fuert, e con alegría levantaron la cabeça. E a Silaqui fizieron inclinar, segunt el comandamiento del Rei, los sergentes.[2527] La hora Jassón tomó la cabeça e, dançando, cantava diziendo: «Nós levamos de la montanya a nuestros bienaventurados palacios caça bienaventurada».[2528] E depués preguntava diziendo: «¿Quí te mató?». E otros respondían: «Mía es la hondra». E la hora sallió Pomacxadro,[2529] el qual conteció que cenava allí, e tomó la cabeça diziendo que por cierto la hondra apartenecía a él, porqu'él la havié aducha. E el Rei por alegría fizo un dono a Pomacxadro,[2530] assí como es lur antiga costumbre, e a Jassón dio un talent. En tal postrimería vino la capitanería de Crasso, es a saber, a canciones. No res menos, la injusticia vino sobre Erodes segunt la incurialidat qu'él mostró; e a Surino, porqu'él se esperjuró. E a Surino mató Herodes por invidia; e depués Herodes, quando Pácoro[2531] fue desconfido e captivado [f. 145v] de los romanos, por grant desplazer qu'él huvo fue fecho idrópico. {PF} E su fillo Fraortes[2532] traidorament le dio veneno. Mas el veneno no le fizo mal, antes le fizo provecho, porque le movió assí fuertment el vientre que por aquel fluxo

---

2525   Jassón de Tralia] jasson de tracia *M*: jassion de tracia *PF*: Ἰάσων Τραλλιανὸς.
2526   Euripido] egripido *PMF*: Εὐριπίδου.
2527   sergentes] *M*: sergenti *F*: surgenti *P*: ὑπηρέται.
2528   palacios caça bienaventurada] *M*: *om. PF*: μέλαθρα, μακάριον θέραμα.
2529   Pomacxadro] pocmacxandro *PMF*: Πομαξάθρης.
2530   Pomacxadro] pomacxandro *PMF*.
2531   Pácoro] *F*: pocoro *P*: *om. M*.
2532   Fraortes] *PF*: Φραάτης.

se alivió de aquella enfermedat. Por que Fraortes,[2533] dubdándose, se afogó él mismo por morir más aína.

Comparación que faze aquí el actor
entre Niquía e Crasso

Mas, quanto a la comparación de la riqueza de Niquía
e de Crasso, la riqueza de Niquía era más inreprensible,
porque más justament l'havía ganado que Crasso. E la
mena del metal verdat es que se faze por hombres bárbaros e maliciosos e quasi desperados en lugares secretos e
nozibles; no res menos, más privada cosa es qu'el robamiento de Sila e más qu'el fuego del qual él cremava a
Roma, el qual fuego Crasso, qui lo devía amortar, lo acen-
día más, queriéndose fazer rico faziendo pobres a sus ciudadanos e faziéndolos morir. E esta era la agricultura o
lavor de Crasso. E d'estas cosas de las quales reprendían a
Crasso en el consejo: cómo él fazía injusticia a los amigos
de los romanos por su ganancia, qu'él falagava a la gent
como faze la mujer, e escondía a los malfechores (ya sea
qu'él lo negás, mas pur se le provava),[2534] ninguna d'estas
cosas no se trobó jamás en Niquía, ni alguna ocasión falsa,
mas todo lo de que lo reprendían era qu'él dava moneda
a los maldizientes por miedo e no por otro, la qual cosa
no convenía a Periclí e a Aristidi, mas a esti era necessario, porqu'él no era por natura ardit. E d'esta cosa se gloriava Licurgo el rectórico quando lo reprendían qu'él dava
a los calupniadores o acusadores. E dezía: «Yo me alegro
que en tantos anyos como yo só conversado con vós otra

2533 Fraortes] cf. supra.
2534 mas pur se le provava] mas pur no se le provava (interlin. no)
P: pur non si li provava F: ἐλεγχόμενος.

ocasión no havedes trobada de reprenderme sino que antes he dado que tomado». E era aun Niquía más civil en las despensas, e se gloriava de offrecer a los templos e despender en los exercicios e far mostrar a dançar. Mas lo que Crasso había despendido en convidar tantos mil [f. 146r / xxxiv, 4] hombres a una cena, e aun les dio pora bevir tanto tiempo, Niquía no huvo jamás aquella riqueza, ya sea qu'él era rico. No res menos, en esta cosa parece grant desordenamiento de costumbre. E maravéllome si es alguno qui no lo sienta e conoçca que de malicia procede que alguno aplegue injustament e vituperosa e depués despienda dius color de bondat.

E quanto a favlar de la riqueza, cumple lo que havemos dicho. Mas en la civil conversación de Niquía, ni injusticia se troba ni malicia ni fuerça ni superbia; mas Crasso es blasmado de mucha infieldat, porque sovén la girava a amigança e a enemigança, en tanto que ni él mismo negava que por fuerça no teniés el consulado dando a muchos contra Cato e contra Domicio. E en los consejos de las provincias muchos fueron feridos e muriéronne IIII. E aun nós havemos dexado en la istoria qui Crasso mismo dio en el rostro con el punyo a Analio[2535] el consellero porque contradezía, e echolo del consejo corriendo sangre. E quanto era Crasso en estas cosas superbioso e forçador, tanto era Niquía temeroso e había miedo de hombres de nonada; la qual cosa es de reprensión. Mas Crasso en estas cosas era grant e muit cuerdo, no pas enta los Cleonas e Ipérbolos,[2536] mas enta la excelencia de César. E contrastava a los III triumfos de Pompeyo. E fue contrario a los dos, que assín eran maravejosos, porque cierta cosa es que en los aferes de la ciudat no

2535 Analio] nalio *PF*: Ἀνάλιον.
2536 Ipérbolos] iperboles *PF*: Ὑπερβόλους.

apartenece seyer temeroso, mas ardit. E si tú amas bivir sin baralla e temes de Alchibiado[2537] quando él está por tribunal, e a los lacedemonios en el Pilo, e a Perdica en Tracia, la ciudat ha grant amplura, e salle de medio, e pónete a contemplar, e «fázete corona de taciturnidat». Porque l'amor de la paz es por cierto cosa divina, e que la guerra cesse es cosa convenible de los griegos.[2538] E en esto no es digna cosa que fagamos comparación de Crasso a Niquía quando él huviés tirado la mar Caspia e al Occeano de India a las confinias e a la servitut de los romanos.

No res menos, qui tiene una [f. 146v] ciudat a su voluntat e qui conoce el bien e ha el poderío como el buen ciudadano, no es convenible cosa qu'él dé poderío a los malos, ni senyoría a aquellos a qui no apartenece,[2539] ni confiarse de aquellos qui no son dignos de fe, como fizo Niquía a Cleón, el qual era hombre de no res, el qual no havía otro sino que havía grant lengua e era sin vergüença, e por esto lo fizo capitán. Ni aun loo a Crasso, el qual se aquexó de combater con Espartaco antes qu'él fues seguro, mas él lo fizo por vanagloria, por tal que Pompeyo no viniés antes e le tirás su gloria, assí como Momio, qui tomó a Corintho, la gloria de Metelo. Mas el fecho de Niquía del todo era fuera de razón; porqu'él no dio a su enemigo el su officio por buena esperança, antes esperando grant periglo. E por miedo desemparó el bien de la patria por salvar el suyo. Mas Temistoclí, dubdándose, en el[2540] asalto de los persianos, del capitán de los de Athenas que no fues bien savio e sufficient e que no perdiés la ciudat, tiró a aquel capitán del officio. E Cato, quando vido la ciudat

2537   Alchibiado] archidiado *PF*: Ἀλκιβιάδην.
2538   cosa convenible de los griegos] ἑλληνικώτατον πολίτευμα.
2539   apartenece] apartiene *F*: aparteneçen *P*.
2540   en el] del *P*. dell *F*: ἐν τοῖς (Περσικοῖς).

en grandes periglos e en grandes barallas, la hora él fue contento de seyer tribuno del pueblo por ayuda de la ciudat. Mas aquel el qual en Mínoa e en la Citarea e en los tristos milios era capitán, allí do fazía menester grant maestría, solament por no combater con los lacedemonios se despujava los senyales de la capitanería e dava las galeas a Cleón, el qual era superbioso e ignorant, e dávale huest e armada e capitanería; e no solament él desemparava su gloria, mas aun la salut de su patria. Assín que depués, quando no quiso fazer guerra a la Cicilia, no la fazía por ocasión de alguna utilidat, mas por su flaqueza. E quanto era en él, él quería privar la ciudat de Athenas de la senyoría de Sicilia. No res menos, senyal era de grant virtut que, ya sea qu'él se agreujás de la guerra e fuyese de la capitanería, los de Athenas no cessavan de fazerlo capitán como a muit cuerdo e virtuoso. Mas Crasso, por quanto [f. 147r / xxxvi, 7] él deseasse seyer capitán de guerra, nunqua lo pudo haver sino a la batalla de los siervos. E esto fue por necessidat, porque Pompeyo e Metelo e Luculo eran absentes. E la hora Crasso huvo hondra. Mas aquellos qui eran en su ayuda, en otras cosas lo reputavan sufficient, mas no en fecho de armas, assín como pareció por obra, que, ya sea qu'él molestás a los romanos por su vanagloria que lo fiziessen capitán, nunqua fizo provecho a los romanos, antes muchas vegadas les nozió. Mas a Niquía los de Athenas lo enviaron a fazer guerra contra su voluntat; mas Crasso sacó los romanos de Roma a lur mal grado. E Niquía huvo adversidat por la ciudat; mas por Crasso la ciudat huvo adversidat.

De la qual cosa Niquía es digno de loor, porque assín cuerdo nunqua fue decebido esperando de los ciudadanos, mas se dubdó e no havía esperança de tomar la Sicilia. Mas Crasso es digno de reprensión, porqu'él se puso a fazer la guerra con los partos como si fues liugera cosa.

E en esto falleció, porqu'él quería fazer cosas grandes, es
a saber, que, assí como César diusmetió al ponent, quería
él diusmeter al levant e correr entro a la mar de India e
fazer guerra contra aquellos con los quales Luculo havía
guerreado antes e depués Pompeyo, los quales dos eran
buenos a todos, ya sea que a Pompeyo contradezían los
gentiles hombres como a César quando él venció a ccc^m
germanos. Cato dava por consejo que la ciudat condecen-
diés a la voluntat de los vencidos, por tal qu'el[2541] pecado
de perjurio[2542] de César non tornás sobr'ellos; mas el pueblo no curó de Cato, antes todos fazién fiesta e se alegravan. Por que, si Crasso huviés escripto qu'él diusmetería a
la senyoría de los romanos la ciudat de Susis e la Vactra[2543]
e los ircanos e todo lo qu'él havía en su piensa, ¿quánto
se sería alegrada la comunidat de Roma? Si convenible
cosa fues que [f. 147v] hombre fiziés injusticia e no cessás... Mas, quando alguno no se contenta de lo qu'él ha
e no quiere fazer justicia de alguna cosa chica, mas quiere hondrar a su injusticia en grandes cosas, echa la justicia
o como cosa chica o[2544] inútil.[2545]

Encara Niquía venció en muchas guerras a los enemigos, e poco falleció que no tomasse Saragoça. E quanto
por él, no falleció en alguna cosa, ya sea qu'él fues enfermo, mas por la invidia de los ciudadanos. Mas Crasso por
muchos fallecimientos no dexó aparecer la prosperidat de
los romanos en algún bien. E amos a dos se perdieron: el
uno dubdándose de las adevinaciones, e el otro menos-
preciándolas del todo. No res menos, más liugero era el

2541   qu'el] chel F: que P.
2542   perjurio] spergiuro F: piurio P: παρασπονδήματος.
2543   Vactra] jactra P: iactra F: Βάκτρα.
2544   o] et PF: ἤ.
2545   inútil] no inutil P: non inutile F: sin neg. en gr. Desde si convenible cosa, se trata del resumen de un pasaje griego apenas comprendido.

fallecimiento de Niquía por la antiga opinión o costumbre que la superbia inrazonable[2546] de Crasso. No res menos, la muert de Crasso es menos reprensible; porque sus enemigos se perjuraron, e los suyos lo tradieron. Mas Niquía assallió a los enemigos por suzia salut, la qual cosa fizo a su muert[2547] más suzia.

2546   inrazonable] inrazionabile *F:* inirazonable *P:* παρανόμου.
2547   muert] salut *P:* salute *F:* θάνατον.

LISSANDRO

{PF}

SÍGUESE EL XXV LIBRO: De las gestas e memorables fechos de Lissandro.

En los Delfos ha trasoro de los Acantios, el qual ha un sobrescripto tal: «Brassido e los Acanthios de los de Athenas». E por esta ocasión se cuidan algonos[2548] que la estatua de marbre la qual es dentro del templo enta las puertas sea de Brassido. Mas, segunt la semblança, ella es de Lissandro, segunt que parece en cabellos de la cabeça, los quales son muchos e fermosos; e ha barba luenga bien ornada, segunt la antiga costumbre. E no es pas, como algunos dizen, que —por ocasión que los de Argo, quando fueron vencidos, por dolor se acortaron los cabellos— los espartanos, porque [f. 148r / I, 2] huvieron victoria, queriendo fazer ***,[2549] por alegría dexaron crecer lures cabellos. Ni aun porque, quando los baquiados fuyeron de Corinto en Lacedemonia, parecieron humiles e menospreciados porqu'ellos havían radidas lures cabeças, los espartanos quisieron haver cabellos, mas esto fue ordenamiento de Licurgo; porqu'él sentenció que los cabellos fazen a los fermosos aparecer más fermosos e a los feos más terribles.

2548   algonos] alguonos *P*, *para la grafía, cf. también Filop. 32v, Ant. 155r, Craso 125v y Lis. 147v.*

2549   ***] *lag. en PF*: τὸ ἀντίπαλον 'lo contrario'.

E dízese que Aristóclito, el padre de Lissandro, no era de casa real. No res menos, él era del linatge de Ércules. E Lissandro del principio fue creado en pobredat, e se puso a deprender, e era más ordenado e más valient que algún otro e invencible de los deleites, exceptados aquellos qui proceden de los buenos aferes e qui fazen hondra a²⁵⁵⁰ aquellos qui los servan e en los quales no es vergüença a los jóvenes de Espartia si ellos se dexan vencer. Porque los espartanos del principio estudian de ensenyar a lures fillos que amen la gloria, e que les desplazian las cosas reprensibles, e que les plazia de seyer loados. Porque qui no se esfuerça en estas cosas, él mismo se menosprecia como perezoso qui non ama haver hondra por virtut. E el amor de la hondra e el contrast Lissandro deprendió segunt la doctrina de los lacones; e no es convenible cosa que alguno reprenda la natura de Lissandro en estas cosas. E parece que se diusmetía en poder de los poderosos más que no era la natura de los espartanos. E quando menester le fazía, liugerament sufría el agraviamiento de la senyoría, la qual cosa jutgan algunos que no sea chica part de abteza civil. E Aristótiles, jutgando que las complexiones malencónicas son de grant natura, como era la natura de Sócrates e de Plato e de Ércules, escrive por Lissandro que, del principio no pas, depués que començó seyer viejo, él havía complexión malencónica. E havía Lissandro esta [f. 148v] propriedat más que todos los otros: que muit bien sufría la pobreza, e riqueza no lo vencía. No res menos, él implió su patria de riqueza, tanto qu'él fizo cessar la imaginación de aquellos qui se maravellavan cómo él no amava la riqueza; porqu'él aduxo depués argent e oro infinito de la guerra de los áticos, e pora sí mismo no retuvo un daram. Aun quando Dionisio

2550   a] ad *F.* *om. P.*

el tirano envió a las fillas de Lissandro ropas de grant precio a la manera de Sicilia, no las quiso tomar, diziendo: «Yo me dubdo que no parescan más feas con estas ropas». No res menos, depués un poco, quando los de la ciudat lo enviaron por embaxador al tirano, Dionisio le envió II ornamentos, e enviole a dezir qu'él tomás qual le pluguiés e que lo presentás a su filla. E Lissandro dixo: «Mejores son los II qu'el uno»; e tomolos amos e se fue.

E quando la guerra del Pelopóniso tardava, cuidávanse algunos que los de Athenas por la adversidat que les esdevino en Sicilia deviessen perder la senyoría la qual havían en la mar e d'allí a poco tiempo no deviessen haver esperança en el poderío de la mar. E quando Alchibiado tornó del exilio, regiró fuertment las cosas e ordenó aún la marinería de los de Athenas que fues sufficient a fazer guerra con el Pelopóniso. Por la qual cosa, los lacedemonios se renovaron en la voluntat de la guerra. E porqu'el tiempo requería de haver capitán apto, e los aferes havían menester de más fuert aparellament, fizieron a Lissandro capitán de la mar.

Cómo Lissandro se'n fue a Éfeso, que oi es dicha Altologo, en la Turquía; e cómo venció en mar a Antíoco, capitán de las galeas de los de Athenas

E quando él fue a Éfeso, trobó que la ciudat amava mucho a los lacones e deseava fazer cosa que a ellos pluguiés. No res menos, él la falló muit agreuja- [f. 149r / III, 3] da, e era en periglo de fazerse bárbara por los robamientos de los persianos e porque continuadament acostumbravan con ellos, e toda la Lidia corría allí, e la gent d'armas del Rei la mayor part del tiempo se aturava allí. E Lissandro fizo atendar la huest allí, e comandó que los navilios de Argo estuviessen en aquel puerto, e congregó maestros de navilios e fazía galeas. Por la qual cosa, él obrió lures puertos,[2551] e ganavan de lur art, e las casas de los obreros eran plenas de haver. En tanto que entro agora aquella tierra es grant e rica d'aquel tiempo que Lissandro la puso en orden. E quando él supo qu'el fillo del Rei, qui havía nombre Cirus, vino en Sardis, él se fue a él por favlarle e por reprender a Tisaferno que, depués qu'él havía por comandamiento que por ayuda de los lacedemonios echasse a los de Athenas de la mar, cómo él dexó a Alchibiado e no governava a los marineros assín como convenía; por la qual cosa, ellos se perdían. A Cirus plazié que Tisaferno fues blasmado e que se trobassen ocasiones contra él, porqu'él era mal hombre e en especial era contrario a Cirus. Por esta ocasión e por la su bien ordenada conversación Lissandro fue amado, e especialment porque aptament se humiliava e mostrava servitut enta Cirus e del todo havía en su plazer al joven e animolo fuertment a la guerra. E quando Lissandro se devía partir, Cirus lo convidó e lo pregava que no refusasse sus donos, e, si él quisiés alguna otra cosa, qu'él ge lo dixiés, qu'él no le vendría a menos de lo que demandasse. Pués dixo Lissandro: «O Cirus, pues que tú es de tal voluntat, yo te priego que tú acrecientes el sueldo de los marineros e que hayan IIII por III». A Cirus plugo la demanda honorable de Lissandro, e diole x^m pieças de oro de la moneda de Darío, e él la despendió entre los marineros ultra lur sueldo. E en tal manera él buidó las galeas de los enemigos dando más grant sueldo. No res menos, él se dubdava de combater con Alchibia- [f. 149v] do, porque Alchibiado era solícito e diligent, e aína se trobava e en tierra e en mar con muchas galeas, e en todas las batallas qu'él combatió siempre fue victorioso.

2551   puertos] porti *F*: puertas *P*. λιμένας.

E quando Alchibiado se fue del Xamo ***2552 a Antíoco, capitán sobre al estol. Antíoco, por su superbia, por injuria de Lissandro entró en el puerto de Éfeso con dos galeas, e iva por la ribera del río chufando de Lissandro e firiendo con los escarnios. E veyendo Lissandro que otras galeas vinían en ayuda de Antíoco, armó más galeas, e finalment se mesclaron en la batalla. E venció Lissandro e tomó galeas xv e endreçó el trofeo, es a saber, signo de victoria. Por la qual cosa, la comunidat se ensanyó contra Alchibiado e lo depusieron de la capitanería, e toda la gent de armas lo blasmavan e lo injuriavan. Por la qual cosa, Alquibiado se fue al Quirróniso. La hora Lissandro enviava a las otras ciudades por aquellos qu'él sabía que eran valientes e ardidos, e los fazía venir a Éfeso, e les consejava cosas nuevas, e ordenava que entre ellos fiziessen companyías e parassen mientes que, quando los de Athenas fuessen desconfidos, cada una companyía se levantás en su ciudat e destruyessen el regimiento del pueblo e tomassen ellos la senyoría sobr'el pueblo. E de lo qu'él les dezía él los certificava por obra; e que a todos aquellos que él fazía amigos él los promovía en grandes officios e hondras e capitanerías; e fazía con aquellos muchas injusticias por tal qu'ellos se moviessen a cobdicia e que todos poniessen lures coraçones a él e que lo regraciassen. Por qu'ellos esperavan que, como él fues senyor, ninguna cosa no les fallecería por grant qu'ella fues de lo que menester les fiziés. E por esto, quando Calicratido fue enviado capitán successor de Lissandro, ni de principio fue visto2553 de grado, ni, después que lo conocieron qu'él era mui [f. 150r / v, 7] buen hombre e muit justo, les plugo la ordenación de

2552   ***] lag. en PF: εἰς Φώκαιαν, καταλιπὼν.
2553   visto] justo P: giusto F: εἶδον.

su senyoría; no pas porqu'él fuesse superbo ni decebidor, mas era hombre conversable, manso e verdadero. E maravellávanse de su virtut como de la más fermosa imagen de senyor; mas siempre deseavan la exaltación de Lissandro, porqu'él amava a los amigos, en tanto que, quando él se partía, todos se contristavan e ploravan.

Encara Lissandro tractó que ellos quisiessen más mal a Calicratido.[2554] Por que todo lo que le sobró de lo que Cirus le havía dado lo[2555] envió a çaga a Sardis diziendo a Calicratido: «Quieras o no, demanda que te den pora dar el sueldo, e para mientes cómo proveirás a la gent d'armas». E aun él fazía testimonios cómo él le consignava la gent de mar, no pas vencida mas victoriosa e poderosa en la mar. Calicratido, queriendo reptar a la loçanía de Lissandro como vana, dixo: «Pues si tú es senyor de la mar, métite al Xamo depués la part siniestra, e circúndala toda, e viente a Mílito, e allí me consigna las galeas; porque, si nós senyoreamos la mar, no dubdaremos de nuestros enemigos circundando la ribera de Samo». A esta cosa respondió Lissandro: «Yo de agora en avant no só senyor del estol, mas tú». E se partió e dexó a Calicratido en grant necessidat, porque él no aduxo trasoro de Lacedemonia ni le sofría el coraçón de echar pechos ni de tomar trasoro de las ciudades, que eran todas tribuladas e mal tractadas. Por que convenía que cada un capitán fues a las puertas del Rei por demandar moneda, como fizo Lissandro; en la qual cosa era muit mal apto Calicratido, porqu'él era hombre de franco coraçón e gentil e muit cuerdo e tal que le parecía que más hondrada cosa fues que en todas maneras griegos lo venciessen que ir a la puerta del bárbaro por falagarlo, el qual no havía otro bien en sí mismo sino que

2554   Calicratido] F: calicrati P: Καλλικρατίδα.
2555   lo] F: le P.

él [f. 150v] havía mucho oro. Mas, porque la necessidat lo constrenyía, él fue en Lidia, e de continent se fue al palacio de Cirus, e comandava a uno que fiziés saber al Rei que el capitán Calicratido era allí venido por favlarle. Uno de los porteros le dixo: «O amigo, Cirus no te puede veyer agora, porqu'él beve». E Calicratido dixo: «No es de maravellar si yo espero aquí entro qu'él haya bevido». Por esta cosa los bárbaros lo reputaron por grosero, e chufávanse d'él. E depués qu'él vino la segunda vegada a las puertas del Rei e aún no le dexaron entrar, él se ensanyó e partiose e fuésse a Éfeso maldiziendo muit fuertment a aquellos qui primerament por lur provecho falagavan a los bárbaros e les mostraron de seyer superbos por lur riqueza. E dixo en presencia de todos los que allí eran la hora que por cierto, quando él iría en Espartia, él ordenaría en toda manera qu'él pudiés que los griegos se departiessen de la amigança de los bárbaros e que los bárbaros tremolassen de los griegos quando cesaría la ocasión de demandar ayuda d'ellos el un griego contra el otro.

Cómo Áraco fue fecho capitán quanto al títol,
mas a Lisandro fue dado el poderío;
e de las condiciones de Lisandro

Los pensamientos de Calicratido siempre eran honorables por su patria. E él se fizo igual de los más adelantados griegos por su magnanimidat e valentía e justicia. Mas en poco tiempo él fue desconfido en una batalla de galeas la qual fue fecha en las Arginosas; e allí se perdió. Por que los amigos de los lacedemonios enviaron embaxadores en Espartia, porque lures aferes eran humiliados, demandando por capitán del estol a Lisandro e diziendo que, si él fues capitán, más de grado se pondrían a fazer la guerra. E semblantment ne pregava Cirus. [f. 151r / vii, 3]

Mas por esto que[2556] el estatuto embargava que ninguno no pudiés seyer capitán del estol II vegadas, los lacedemonios, queriendo fazer plazer a sus amigos, esleyeron por capitán, quanto al títol, a uno el qual havía nombre Áraco, mas a Lissandro, ya sea qu'ellos lo enviassen como procurador, no res menos, a él dieron todo el poderío. En las ciudades era muit amado, porqu'ellos esperavan que la senyoría de los pueblos se destruyesse por ayuda de Lissandro, e qu'ellos fuessen más poderosos. Mas todos aquellos qui querían bevir sin malicia como hombres buenos, faziendo comparación de Lissandro a Calicratidi, reputavan[2557] a Lissandro hombre malicioso e decebidor, e que la mayor part de las victorias fazía por decebimientos, e allí mostrava que fues el derecho do sentía que fues su provecho, e él no procedía al fecho sino quanto era por su utilidat, e no le parecía que segunt natura la verdat fuesse más adelantada que la mentira. E algunos aun le dixieron que no era convenible cosa que aquellos qui eran del linage de Ércules fiziessen guerra con decebimiento. Mas Lissandro chufando d'ellos dizía: «A do non cumple la piel del león anyademos la piel del raboso». Tales cosas se escrive qu'él fizo.

E a Mílito a algunos sus amigos prometió de ayudarles por destruir la senyoría del pueblo e de echar todos aquellos qui les contrastasen. Mas aquellos después se penidieron e fizieron paz con sus enemigos. E Lissandro mostrava que d'esta cosa se alegrás, e en público confirmava la paz; mas en secreto él se ensanyava con ellos e los blasmava[2558] e los enduzía que ellos assalliessen a sus enemigos. E después quando sentió que la batalla se començava,

---

2556   que] che *F*: *om. P.*
2557   reputavan] riputavano *F*: reputan *P*: ἐδόκει.
2558   blasmava] biasimava *F*: blasmavan *P*: κακίζων.

de continent se puso en lur ayuda. E como él entró en la ciudat e encontrava a alguno que fiziés baralla, él lo blasmava con paravlas e lo menaçava de punirlo; e a los otros dezía que, mientre qu'él era allí, no se [f. 151v] dubdassen de res. E esto fazía él por tal que aquellos qui amavan la senyoría del pueblo se confiassen d'él e que no fuyessen, antes que fincassen en la ciudat e que moriessen, assí como fue fecho: que todos aquellos qui por su esperança fincaron fueron muertos. E segunt que escrivía Androclido blasmando a Lissandro que liugerament él jurava, mas no servava su sacrament, segunt que Lissandro mismo dezía: que los ninyos se deven decebir con los alcaceres,²⁵⁵⁹ mas los hombres con sagramentes. E en esto él seguía las maneras de Policrato de Samo, el qual era senyor por tiranía e no por derecho. Ni era por costumbre de los lacones de reputar los dioses como a enemigos, e aún más vituperosament: porqu'el hombre qui²⁵⁶⁰ es perjuro manifiestament confiessa qu'él ha miedo de su enemigo, e más manifiestament confiessa qu'él menosprecia a Dios.

De la grant amor que Cirus bavié a Lissandro; e cómo Lisandro desbarató e priso el estol de los de Athenas en mar, e aprés priso lur ciudat e derrocó los muros de fundamiento; e de las otras cosas que se siguieron²⁵⁶¹

La hora Cirus envió por Lissandro, e vino a Sardis. E diole muchas cosas, e prometiole más. E le dixo que tanto lo amava que, si su padre no le dies tanto que le cumpliés, qu'él le daría de lo suyo; e si le falleciesse moneda, qu'él

---

2559   *Interlin., con distinta mano, encima de* alcaçeres, *P presenta la aclaración* sampognie.
2560   qui] che *F: om. P.*
2561   siguieron] siguiron *P.*

tajarié por pieças su cadira do él se assentava quando él fazié parlament, la qual era d'oro e de argent. E depués, quando él puyava a Midía enta su padre, comandó que las rendas de los ciudadanos las tomasse Lissandro, e recomandole la senyoría. E sobre su partir lo pregó que él no se combatiés con el estol de los de Athenas entro qu'él tornás, porqu'él devía venir, segunt qu'él dezía, con muchas fustas de Feniz e de Silicia.[2562] E pués se partió. Lissandro non podía estar occioso con tantas galeas; e por esto él se fue enta las islas, e diusmetió algunas d'ellas, e robó la Égue- [f. 152r / ix, 3] na e la Salamina, e decendió enta a la Atiquí, e saludó a Agio, el qual era allí venido con huest. E esto fizo por mostrar el poderío qu'él havía en mar, porque senyoreava la mar más qu'ellos no esperavan. No res menos, quando él supo que los de Athenas lo encalçavan, él fizo otro camino por medio de las islas e fuyó en Asia. E trobando Elíspondo que no havié guarda ninguna, entró dentro e combatió la ciudat de Lápsaco, él por mar con las galeas, e Thoro[2563] por tierra con su huest. E quando él tomó la ciudat,[2564] dio licencia a la gent d'armas[2565] que la robassen. E conteció qu'el estol de los de Athenas era en el puerto de una ciudat de Querróniso la qual se clama Eleonda.[2566] E quando supieron que la ciudat de Lápsaco era perdida, fueron de continent a Sisto, e tomaron victualias, e fueron por la ribera de la mar entro al lugar qui se clama los Ríos de la Cabra, en frontera de los enemigos, los quales eran de la otra part, a Lápsaco. E eran capitanes de los de Athenas muchos, entre los quales era Filoclí, el

---

2562 Silicia] cilicia *F*: siçilia *P*: Κιλικίας.
2563 Thoro] thedoro *P*: theodoro *F*: Θώραξ.
2564 la ciudat] *om. PF*: τὴν πόλιν.
2565 gent d'armas] gente darme *F*: ciudat *P*: στρατιώταις.
2566 Eleonda] cleonda *PF*: Ἐλαιοῦντα/ Ἐλεοῦντα.

qual antes havía ordenado que la ciudat fiziés un estatuto:
que a todos los enemigos qui fuessen tomados en batalla
fues cortado el dedo grant, por tal que no podiessen[2567]
tener lança e que pudiessen vogar el remo.

E todos folgavan con entención de combater el día
siguient; e Lissandro pensava otras cosas. No res menos, él
comandava a los marineros que entrassen en las galeas
por combater en la manyana, e que folgassen todos, e
estuviessen ordenadament aparellados de escuchar lo que
les sería comandado. A la huest de tierra comandó
que fuesse toda ordenada a la ribera de la mar, e que estuviés allí pacíficament. Quando el sol se levantó, se movieron las galeas de los de Athenas e venían por proa de las
galeas de Lissandro e las clamavan a la batalla. E Lissandro tenía semblantment las proas de sus galeas aparelladas
contra las proas de los enemigos; mas él no se movió. E
mandava las grón- [f. 152v] dolas o barquetas a los capitanes de las galeas comandándoles que solament estassen
firmes e no fuessen contra los enemigos. Finalment, a la
vesprada las galeas de los de Athenas tornaron enta çaga;
e Lissandro no dexó sallir de las galeas algún hombre de
armas entro qu'él envió II otras galeas de la guardia las
quales vidieron cómo los enemigos eran sallidos de lures
galeas. Aún en la manyana fue fecho semblantment, e aún
entro al tercero e al quarto día fazía Lissandro maliciosament assín como el primer día. En tanto que los de Athenas se ensuperbieron e menospreciavan a lures enemigos,
cuidando que por miedo no osavan ixir en el campo con
ellos. En esti medio vino Alchibiado del Querróniso, e
corrió de cavallo entro a la huest de los de Athenas,
e reprendía a los capitanes que no fazían bien lur officio por
dos razones: la una era porque no eran en buen puerto,

2567   podiessen] potessero *F*: podies *P*. δύνωνται.

mas perigloso; e la segunda, que, esperando lo que
menester les fazía de lontana tierra, grant fallecimiento
havrían; por que convenible cosa sería que ellos tornassen a Sisto por haver priesto lo que menester les fiziés
e por seyer luent de los enemigos, porqu'ellos havién
huest por tierra la qual era toda dius una senyoría, e
todos eran aparellados de fazer lo qu'el capitán les
comandasse. Mas ninguno no escuchava su consello,
antes Tideo le respondió injuriosament: «Tú no eres capitán, mas otros».

Quando Alchibiado sentió que traición era en medio
de ellos, él se partió. E las galeas de los de Athenas ivan
e tornavan, assín como havemos dicho, entro a cinco
días, menospreciando mucho a los enemigos. La hora Lissandro comandó a las galeas de la guardia que parassen
mientes a las galeas de los de Athenas quando tornassen;
e de continent qu'ellos vidiessen que la gent d'armas
devallase en tierra, que tornassen tan aquexadament
como pudiessen e en el me- [f. 153r / XI, 2] dio del camino levantassen un escudo de arambre en la proa por senyal que se levassen del puerto. E él iva en torno de los
patrones de las galeas e de los cómitres e de los marineros e de la gent d'armas, conortando a cada uno en su
grado e lugar e incitándolos a la batalla; e quando él
mostrás el senyal, vogassen ardidament contra los enemigos. Quando, pues, los de las galeas alçaron el escudo, e
la trompeta del capitán sonó, e el estol se movió e semblantment la huest de la tierra corrió enta la punta por
ayuda del estol. E el pasage de ribera a ribera era de xv
estadios. E súbitament asallieron el estol de los de Athenas; tanto que Conon, el capitán de los de Athenas,
quando vido súbitament de tierra el estol de los enemigos, fue el primero qui cridó que todo hombre entrasse
en galea. E veyéndose en tan grant necesidat del mal que

les sobrevino, a algunos clamava, a otros pregava e a otros constrenyía que armassen las galeas. Mas su aquexamiento no le valió nada, porque los hombres eran derramados por ocasión que, quando el estol devalló en tierra, non se guardavan de alguna cosa, e algunos ivan por el mercado, e otros ivan d'acá e d'allá, e otros dormían, e otros comían, e eran muit luent de la mar. E esto era por culpa de sus senyores. E quando los enemigos los assallieron, Conon fuyó con VIII galeas e passó en Chipre a Evagora. A las otras assallieron los de Pelopóniso; de las quales algunas eran medio armadas, e las envestieron; e las otras eran del todo vazías, e las tomavan. E lur pueblo moría allí cerca de las fustas, porque corrían por ayudar desarmados. E aquellos qui se metieron a foír por tierra, los enemigos los encalçavan e los tajavan en pieças sin misericordia. E tomó la hora Lissandro presoneros III^m con lures capitanes e todo lo que era en el puerto, exceptados aquellos qui eran en tierra e aquellos qui fuyeron con Conon. E depués qu'él congregó la preda e ligó las galeas ensem- [f. 153v] ble, la hora tornó con alegría de victoria e con toda manera de esturmentes a Lápsaco. E endreçó grandes fechos con chico treballo; e en una hora congregó grant tiempo, el qual havié recebido muchos mudamientos de prosperidades e de adversidades. E endreçó batalla segunt las primeras batallas fraudulosament en todo; la qual batalla passó por las manos de muchos capitanes de la Elada e de grandes, e mostró figuras de muchas cosas. E la hora se firmó por seso de hombre e buen consejo e avisamiento. Por la qual cosa, muchos cuidaron que esti fecho fues de Dios.

Encara fueron algunos qui vidieron sobre la galea de Lissandro a Cástor e a Pólux, el uno de la una part e el otro del otra. E quando él sallía del puerto pora ir contra los enemigos, aparecieron sobre sus timones estrellas

luzientes. E segunt la opinión de algunos, la piedra que
cayó del cielo fue senyal de esta tribulación. Porque,
segunt la opinión de muchos, cadió del cielo en los Ríos
de la Cabra una muit grant piedra, la qual entro al día de
oi parece, e los del Querróniso[2568] le fazen reverencia. E
Anaxagoras lo havía dicho antes: que de los cuerpos qu'el
cielo contiene se desradigaría uno por el grant movimiento de la fuert revolución e cayería en tierra. E la opinión
de aquel era que las estrellas hayan en natura de grieu piedra, e que la esplendor de la más subirana part de los ele-
mentes, qui se claman *ethera*, se fiende en aquellos e faze
relámpagos e ninguno no finca en un lugar mismo, porque, assí como cosa fría e greu, cayería en medio. Mas del
principio cada uno allí do es preso se costrenye por fuerça
siempre por el fuert mudamiento del cielo. E es opinión
de algunos que las estrellas las quales parece que cayen
no son por atracción de la ethera, ni que sea alguna part
de la ethera qui caya enta el aire en el suyo encendimien-
to, mas se amuerta, ni que congregación de aire pueda
puyar entro a la [f. 154r / xii, 5] ethera por recebir encen-
dimiento, antes dizen que son partidas de cuerpos celestiales[2569] que cayen por el movimiento fuert del cielo; porque se cayen allá, es a saber, de los cuerpos celestiales. E
estas cosas no cayen en lugares habitables de la tierra, mas
la mayor part cayen en la mar; e por esto no se troban. A
esti dicho de Anaxagoras faze testimoniança Dámaco[2570] en
la istoria la qual escrive *De la reverencia,* en la qual dize
que, antes que aquella piedra cayés, lxxv días continuos
sin nengún medio pareció un cuerpo grant como nuvle en

2568   Querróniso] queroniso *F:* queroconiso *P:* Χερρονησικῶν.
2569   partidas de cuerpos celestiales] partidas cuerpos celestiales *P:*
partidas corpi celestiali *F:* πτῶσις οὐρανίων σωμάτων.
2570   Dámaco] daniahco *PF:* Δάμαχος.

el cielo; e su semblança era ardient como fuego, e no
segurament ni estando en un lugar, mas, assí como parten
del fuego las centellas o purnas quando suflan fuert al
fuego, assín cadían las centellas de aquel fuego d'acá e
d'allá, e aquel se movía, quando en una part, quando en
otra, entro que por su graveza e peso cayó en aquel lugar
que havemos dicho. E pués que cessó apenas el miedo de
los abitadores de aquel lugar qui lo vedían, se congregaron e fueron allí. Mas ni fuego trobaron ni algún senyal de
fuego. Dámaco en estas cosas qu'él dize manifiesta cosa es
qu'él havría menester de oidores pacientes e de buenas
maneras. E si la su paravla es verdadera, manifiestament él
reprende a aquellos los quales dizen que por fuerça de
mudamiento de viento que la havié crebada, la sustenía, e
depués, cessando el viento, ella cadió. E por verdat, lo que
aparecía muchos días era fuego. Mas el amortamiento e la
desparición²⁵⁷¹ de aquel fuego convertió el aire en mudamiento de viento, por el qual conteció que aquella piedra
se crebasse,²⁵⁷² e depués, cesando la turbación del aire,
cayó la piedra. Mas estas cosas conviene que se escrivan
en otra manera de escriptura más sotilment.

E quando los gentiles hombres qui eran en companyía
de Lisandro dieron sentencia que [f. 154v] todos los ɪɪɪᵐ de
Athenas qui fueron presos fuessen muertos, Lissandro
clamó a Filoclea,²⁵⁷³ qui era capitán, e le preguntó qué
pena sentenciava él mismo qu'él deviés sostener por consello qu'él havía dado a los de Athenas contra los griegos.
Filoclea en esta tribulación no esmagó punto, mas ardidament díxole: «No te querelles²⁵⁷⁴ allí do no ha jutge, mas,

2571 desparición] desperacion *P*. desperazion *F*: φθορὰ.
2572 crebasse] trobasse *P*. trovasse *F*: ἐκριφῆναι.
2573 Filoclea] filocla *PF*: Φιλοκλέα.
2574 querelles] querellas *PF*.

pues que tú has vencido, fes todo lo que sería fecho a tú
si tú fuesses vencido». E depués, él se lavó²⁵⁷⁵ e se vestió
solepnement e iva delant de los otros ciudadanos a la
muert, segunt que escrive Theofrastro. Depués esto, quando Lissandro se puso en mar e iva corriendo por las ciudades, a todos los de Athenas que él trobava él les comandava que aína se fuessen a Athenas, e, si depués del
comandamiento él trobás alguno fuera de la ciudat, lo
fazía morir. E estas cosas fazié queriendo poner fambre en
la ciudat, por tal que no lo embargasen liugerament
en aquellas cosas qu'él entendía de fazer. E destruía las
comunidades e las ciudades, e a cada una ciudat ponía un
regidor e x gentiles hombres de aquellos que en cada una
ciudat havía ganado por amigos. Las quales cosas assín las
fazía en las ciudades de los amigos como de aquellos que
mal lo querían. E por esto tardava en el camino, ordenando aquellas cosas por las quales él se ponía en orden de
seyer monarca en la Elada. Porqu'él no dava la senyoría ni
a ricos ni a gentiles hombres, sino a sus amigos, qui fazían
a su plazer. E a aquellos dava los bienes de la ciudat e les
dava poderíos de hondrar e de punir a aquellos qu'ellos
querían. Por la qual cosa, él dava ayuda a muchos por
matar a sus enemigos. E por esto él mostrava senyales
[f. 155r / xiii, 7] de senyoría tiránica. E segunt que dize
Theópombo, él compara los lacedemonios a las taverne-
ras, las quales dan primerament buen vino, e depués mes-
clan ý vinagre; assí conteció a los griegos, qui antes tastaron la libertat, e depués mesclaron el vinagre de la tiranía.
Porque Lissandro no dexava que las comunas senyoreassen las cosas, mas las recomandava en las manos de los
hombres loçanos e más barallosos.

2575   lavó] salvo *PF*: λουσάμενος.

En poco tiempo depués qu'él ordenó todas las cosas a su voluntat, envió nuevas a los lacedemonios²⁵⁷⁶ qu'él iva con fustas IIᶜ. E en la Atiquí él se ajuntó con Pafsanía e con Agio, reyes de los lacedemonios, por tomar la ciudat de Athenas. E quando los de Athenas les contrastaron en esto, passó aún en Asia, e a todas partes él dissipava ***²⁵⁷⁷ las ciudades, e a sus amigos fazía dezeneros. Por la qual cosa, muchos eran muertos, e muchos fuían. E aun de la ciudat de Xamo él ne echó a todos, e recomandó la ciudat a algunos exiliados. E de Sisto echó a los sistios,²⁵⁷⁸ e la²⁵⁷⁹ dio a abitar e possedir a los cómitres e naucheros de sus fustas. La qual cosa desplugo a los lacedemonios, e tornaron aún los sistios a lures casas. Mas los otros aferes de Lissandro plazían a los griegos, es a saber, que los de Éguena, qui de mucho tiempo eran exiliados, tornassen a lur tierra; e los milios,²⁵⁸⁰ a Milo; e semblantment a Siquiona.²⁵⁸¹ A los quales todos él fazía abitar en las ciudades, echando a los de Athenas. E quando él supo que la ciudat de Athenas estava mal por la fambre, él se fue a la Pireá. E tanto fizo qu'él tomó la ciudat, segunt que Lissandro escrivió a los governadores de la Elada: que la ciudat de Athenas era presa. E los governadores escrivieron solament esta cosa, segunt que algunos lacedemonios dizen: «Cumple que sea presa». Mas la verdat es qu'ellos le enviaron dezir qu'el [f. 155v] consejo de los lacedemonios comandava qu'él destruyés la Pireá e que derrocasse los muros luengos qui eran de la ciudat entro a la Pireá, e qu'él dasse licencia a los exiliados que possidiessen lur tierra, e fiziessen en la

2576   lacedemonios] macedonios *P*. macedonii *F*. Λακεδαίμονα.
2577   ***] *lag. en PF*: τὰς πολιτείας τῶν (πόλεων).
2578   sistios] sitios *PF*: Σηστίους.
2579   la] *F*: da (*tachado*) *P*: τὴν πόλιν.
2580   milios] milos *PF*: Μηλίους.
2581   Siquiona] *PF*: Σκιωναίους.

quantidat de los navilios de los de Athenas lo que a ellos semejase. Por que, quando Tirameno consellava que sin[2582] alguna contradicción fiziessen el comandamiento de los lacedemonios, uno de los tribunos del pueblo, el qual havía nombre Cleomeno, le preguntó diziendo: «¿Cómo osas fazer el contrario de lo que fizo Temistoclí, es a saber, de dexar a los lacedemonios que derroquen los muros los quales fizo Temistoclí a mal grado de los lacedemonios?». E Tirameno dixo: «O joven, yo no fago el contrario de Temistoclí, el qual edificó por salvamiento de los ciudadanos, si yo digo de derrocar lo qu'él edificó, por salvamiento de los ciudadanos. E si los muros fazen a las ciudades bienaventuradas, la Espartia, la qual no es murada, devría seyer malaventurada más que las otras tierras».

E la hora Lissandro retuvo las fustas de los de Athenas, exceptadas XII, e derrocó lures muros. E quando él quería mudar las órdenes de la ciudat, ellos no lo consentían. E escrivió aún a los lacedemonios que los de Athenas eran sallidos de lures pactos e que lures muros estavan aún en piet e no los havían derrocados dentro el término. Por la qual cosa, fue fecho otro consejo e fue determinado segunt verdat que aquellos qui eran en ayuda de los lacedemonios corriessen la ciudat de Athenas e la robassen e destruyessen[2583] toda la ciudat e la dexasen desierta, que las ovejas pasturassen dentro. Por la qual cosa, quando ellos eran en solazes, un cantador cantó de los dictados de Euripido lo que escrive a la Electra de Agamenón, el qual dize en el principio [f. 156r / xv, 4]: «O infanta Ilectra, venido só en tu cort real, e la he fallada como un prado pleno de yerva por pasturar las bestias». Tanto que en esta cosa todos se contristaron e parecioles muit mal que assí noble

---

2582   sin] si *P.* se *F.*
2583   destruyessen] destrueyessen *P.*

ciudat e assí famosa fues destruida, de la qual ixién assí
maravellosos poetas. No res menos, Lissandro la destruyó,
e cavó aun los fundamientos de los muros, e cremó lures
galeas; en tal manera qu'él congregó todas las cantaderas
e cantavan, e todos aquellos qui eran en ayuda de los lacedemonios levavan garlandas e se alegravan porque reputavan que aquel día fues principio de franqueza. E depués,
él mudó los ordenamientos de la ciudat, e ordenó en la
tierra xxx regidores, e en la Pireá x, e al alcáçar puso guardas e alcaide, el qual havía nombre Calibio,²⁵⁸⁴ de Espartia, el qual quiso dar de un tocho a Aftólico,²⁵⁸⁵ el qual era
fuert combatedor, e Aftólico²⁵⁸⁶ lo tomó por la cama e lo
giró de suso a yuso. D'esta cosa Lissandro non se ensanyó,
antes dixo que Calibio no sabía senyorear a hombres líberos. No res menos, de allí en poco tiempo los xxx que
havemos dicho mataron a Aftólico²⁵⁸⁷ por amor de Calibio.

*De la robería que fizo Gílipo en las cosas que Lissandro
enviava a Lacedemonia; e cómo Lissandro fue acusado
depués por muchos que se clamavan d'él; e de cómo los
governadores enviaron por él*

Pués que Lissandro huvo ordenado lo qu'él quería, él
pasó en Tracia, e todo l'haver que le sobró e los donos e
las coronas que le fueron dadas como a hombre poderoso e como a senyor de toda la Elada, él envió todas cosas
a Lacedemonia con Gílipo, el qual fue capitán de la huest
de Sicilia. E Gílipo descusió los sacos de yuso e tomó de
cada uno una partida, e depués aún los cusió. [f. 156v] Mas

2584   Calibio] *F*: calipio *P*: Καλλίβιον.
2585   Aftólico] *F*: afcolico *P*: Αὐτόλυκον.
2586   Aftólico] astolico *PF*.
2587   Aftólico] *F*: astolico *P*.

él no sabié que en cada un saco havié una cédula en la
qual era escripto quánto havié en cada un saco. E quando
él fue en Espartia, escondió el furto entre las tejas del teja-
do de su casa, e los sacos consignó a los rectores mostrándoles los seyellos entregos. E quando los rectores ubrieron
los sacos, trobaron grant differencia del número a la
escriptura, e se maravejavan. Mas un servidor de Gílipo
dixo a los rectores en manera de proverbio: «Diuso nuestros tejados abitan muchas cucobayas».[2588] Porque parece
que la figura de la moneda de Athenas fue cucobaya».[2589]

Gílipo, depués qu'él fizo assín vil obra, segunt las
valentías que antes havié fechas, fuyó de Espartia. Por la
qual cosa, considerando los espartanos que por la moneda se deciben los hombres valientes, se dubdaron de[2590]
haver moneda e blasmavan a Lissandro. E en presencia de
testimonios requerían a los rectores que echassen aquella
moneda de oro e de argent como cosa que fazía fallecer
los hombres en destrucción de la tierra. Aun se dize que
Esquirafido determinó (e algunos otros dizen que fue Flo-
guido) que nunqua se recibiés en la tierra moneda de oro
ni de argent, mas confirmassen la moneda de lures antecessores, la qual era de fierro,[2591] e la metían al fuego entro
que fuesse bien roya e enflamada, e depués la metían en
vinagre, por tal que no pudiés más consumarse.[2592] E
fazién esta moneda pesant por tal que no se pudiés liugerament levar en otra provincia. E era de grant quantidat e
de poco valor. E parece que la primera moneda fues de
fierro e de arambre, de la qual moneda entro al día de oi

2588   muchas cucobayas] muchos cucos P: molti cucos F: πολλὰς
γλαῦκας.
2589   cucobaya] cuco PF: γλαῦκες.
2590   de] et PF: τὴν τοῦ νομίσματος ἰσχυν (φοβηθέντες).
2591   fierro] fuego PF: σιδηροῦν.
2592   consumarse] consumarsi F: consumar P: καταχαλκεύοιτο.

se troba; e son clamados aquellos dineros *óbolos*. E vi
d'aquellos óbolos fazen una dragma;[2593] porque tantos ne
caben en la mano de hombre. E claman aquella moneda
óbolos porque han la [f. 157r / xvii, adición al v. 5] forma
aguda. E porque los amigos de Lissandro contradezían a
estas cosas e se esforçavan de fazer que la moneda rema-
niés en la ciudat, parecioles bueno que, si la moneda
fincás al común, sería buena cosa. Por que fue ordenado[2594] que dius pena de la vida ninguna persona particular
no osás tener ni haver de aquella moneda, como si el
miedo fues de la estampa o cunyo de Licurgo[2595] e no de
la avaricia, la qual no embargava a la ciudat si no havié,
pues que se deleitava de haver lo que non havía. Pues que
la moneda ponía en dignidat a aquellos qui la havían, fazía
invidiosos a aquellos qui no la havían. Porque ninguno
otro podía menospreciar como cosa inútil pora sí mismo
lo qu'él vedía que era hondrado en común, ni podía reputar cosa de no res pora sí mismo aquella qu'él vedía que
de todos era amada, antes más aína se reciben en los
coraçones de los hombres aquellas costumbres qui plazen
a muchos que de aquel que sin miedo imple la tierra de
malas operaciones. Porque, quando todo se enclina a mal,
la hora la part sigue al todo en el mal. Mas el fallecimiento de uno falla[2596] muchas emiendas de aquellos qui son
cuerdos. Mas los lacedemonios estatuyeron la hora como
rectores la lei e el miedo: que en ningún hostal no se fallás
jamás alguna estampa o cunyo particular; mas lures
almas[2597] no salvaron sin[2598] solicitud de moneda, antes las

---

2593   dragma] dragina *P.* dragina *o, tal vez,* dragma *F:* δράχμην.
2594   ordenado] ordinato *F:* ornato *P:* ὥρισαν.
2595   Licurgo] liturgo *P:* ligurgo *F:* Λυκούργου.
2596   falla] falle *PF:* ἐχουσιν.
2597   almas] armas *P:* arme *F:* ψυχὰς.
2598   sin] ni *P:* ne *F:* ἀν(εκπλήκτους).

pusieron en deseo por imaginación; porque honorable
cosa es e grant que alguno sea rico. De las quales cosas
en otra escriptura havemos tocado a los lacedemonios. Por
que no es mal que la ciudat sea rica sino quando ella es
cobdiciosa; porque la cobdicia embarga la hondra de la
riqueza, e otrament ella es vana.

La hora Lissandro de las cosas que havía ganado puso
a los Delfos una su estatua de arambre, e de todos los
patrones de las galeas, e II estrellas de oro de Cástor e
Pólux, las quales desparecieron antes que les conteciés
[f. 157v] la adversidat de la Leftra. E en el trasoro de Brassido e de los acantios havié una galea d'oro e de vori que
cabié dos pintas, la qual envió Cirus a Lissandro en senyal
de victoria. E escrive Anaxandrido de los Delfos que allí
havié un depósito de Lissandro, la qual cosa no es de creyer considerando la su pobredat. No res menos, Lissandro
fizo tales cosas que ningún otro griego antes d'él no las
fizo. Parecía qu'él se levantasse en superbia más que a su
poderío no apartenecié. E edificaron templos por él,
segunt que escrive Duro,[2599] e le sacrificavan como a dios,
e cantavan por él imnos divinos, segunt que algunos aún
se remiembran del principio de un canto el qual dize assí:
«¡O laor! Loamos al glorioso capitán de la buena Elada, el
qual era de la ampla Espartia». E Lissandro mismo havía
siempre con él el poeta de los Quirilos, no por otro sino
porque él escriviés todos sus aferes e los ordenasse poéticament. E porque un otro el qual havía nombre Antíloco
le escrivió algunos pocos viersos, tanto le plugo qu'él
implió su sombrero de moneda d'argent e ge la dio. Un
otro el qual havía nombre Antímaco, colofonio, contrastava con Niquírato. ***;[2600] por que Antímaco se contristó, e

2599 Duro] diuro PF: Δοῦρις.
2600 ***] lag. en PF: τὸν Νικήρατον ἐστεφάνωσεν.

su dictado no pareció más. No res menos, Plato, el qual era hombre joven, se maravillava e loava el dictado de Antímaco. E veyendo qu'él era contristado porque fue menospreciado en aquel fecho, lo consolava diziéndole: «La ignorancia es de los ignorantes, e la neciedat de los necios, assí como la ceguedat, de los ciegos».

E tanto se dio Lissandro en l'amor de la hondra que no solament se tenían por agreujados los adelantados e aquellos qui eran hondrados igualment como él, mas aun e a aquellos[2601] qui se metían en su servitut tanto pareció él duro en sus costumbres por su grant loçanía. Porque ni la hondra ni la pena havían en él mesura. Mas, si él quería dar a alguno alguna cosa por amigança, él le dava la [f. 158r / xix, 2] senyoría de algún lugar e lo metía a tiranizar ciudades sin orden de razón. E la fin de su ira era una, es a saber, que de continent muriesse aquel contra qui él se ensanyava;[2602] e ninguno non podía escapar ni fuir. Por la qual cosa, a Mílito eran algunos principales de la tierra los quales se escondían por miedo d'él. E quando él ordenó qu'el regimiento de las ciudades fincás en pocos, dubdándose que aquellos fuyessen, les juró que no les faría injusticia solament qu'ellos viniessen devant él. E quando ellos se confiaron de su sagrament e vinieron, él los dio en las manos de aquellos pocos regidores qui los matassen. E en las otras ciudades muchos homicidios fueron fechos del pueblo; porque no solament matava Lissandro a la gent por su propria ocasión, mas aun muchos querían mal a otros o deseavan de ganarles lur haver, el qual él dava a sus amigos; e él mismo les ayudava en las roberías e en los homicidios. Por la qual cosa, dixo Eteoclio lacedemonio que toda la Elada no podrié soffrir a dos

---

2601   a aquellos] aquellos *P*: quelli *F*.
2602   se ensanyava] s'adirava *F*: ensenyava *P*: θυμοῦ.

Lissandros. La qual paravla dixo semblantment Arquéstra-
to por Alchibiado, segunt que escrive Teofrastro. El qual
Alchibiado parecía greu a la gent por su superbia e por su
vanidat. E el poderío de Lissandro parecía más greu e más
terrible por las duras costumbres qu'él havía. De las quales cosas se querellavan a los lacedemonios los qui eran
agreujados; mas los lacedemonios no curavan d'estas
cosas. E quando él fizo algunas injurias a Farnávaso, envió
Farnávaso algunos a la ciudat qui se querellassen d'él. Por
la qual cosa, se ensanyaron los governadores e tomaron a
uno de los capitanes qui eran en la companyía de Lissandro e lo mataron, porqu'él fizo moneda d'argent de cunyo
proprio. E enviaron a Lissandro un esquítalo comandándole que viniés. E el esquítalo es tal cosa como yo vos diré:
Quando los governadores envían por algún capitán de
huest de [f. 158v] tierra o de mar, fazen dos tochos redondos al torno de una mesura, es a saber, de una longueza,
e paran mientes sotilment que no sea ninguna differencia.
De los quales tochos el uno guardan pora ellos, e el otro
dan a aquel qu'ellos envían. E aquellos tochos claman
esquítalos. E quando querían enviar diziendo alguna cosa
grant e muit secreta a alguno de lures capitanes, entalla-
van²⁶⁰³ un paper muit estrecho assí como una tireta o tra-
buguera de cuero, e lo circundavan derredor aquel
tocho assín igualment que ni sobrás ni falleciese res. E
el tocho era assín cubierto de paper qu'el tocho no parecía res. E sobre aquel paper assín plegado escrivían por
orden lo que querían; e depués desplegavan el paper e lo
enviavan al capitán sin el tocho. E era impossible cosa que
aquella letra se pudiés leyer, porque todas las letras eran
entalladas, si aquel a qui era enviado el paper no lo enviás

2603   entallavan] intaglavano F: entallan P.

derredor a su esquítalo. E la hora las pieças se ajustavan ensemble, e podíase leyer la letra. E a aquel paper clamavan *esquítalo*.

Pués, quando los governadores enviaron el esquítalo a Lissandro en el Elíspondo, Lissandro se conturbó todo; e sobre todas las querellas se dubdó de la querella de Farnávaso. E por aquesto se aquexó de favlar con él. E depués que favlaron ensemble, Lissandro pregó a Farnávaso que escriviés una otra letra por él a los gentiles hombres[2604] diziendo que no le havía fecho ninguna injuria ni se querellava d'él. Mas no cuidó pas que Farnávaso fues así malicioso como él. E quando lo pregó, Farnávaso le prometió de fazer lo que quisiés. Por qu'él escrivió públicament segunt que Lissandro le havía pregado. Mas él havía escripto antes semblantment una otra letra semblant de aquella. E quando vino a seyellar la letra, cambió la letra, porque, quanto al veyer, no era differencia del una al otra, e dio a Lissandro aquella que antes havía escripto secretament. Lissandro, quando vino en Lacedemonia, fue, segunt que era costum- [f. 159r / xx, 4] bre, a los gentiles hombres e presentó a los governadores la letra de Farnávaso cuidando seyer líbero de la mayor querella, porque los lacedemonios amavan mucho a Farnávaso como a aquel que entre todos los capitanes del Rei más se mostró de buena voluntat en la guerra. Quando leyeron[2605] la epístola e[2606] fue dicho el tenor a Lissandro, él se partió muit esmagado. D'allí a pocos días él favló con los gentiles hombres e les dixo que por cierto él havía grant menester de puyar al templo del dios Amón e de fazerle sacrificio, segunt qu'él havía prometido antes qu'él començás aquellas

---

2604   gentiles hombres] gentiles *P*: gentili *F*: ἄρχοντας.
2605   leyeron] *om. PF*: ἀναγνόντες.
2606   e] *om. PF*.

grandes batallas. E dizen algunos que, quando combatía
en Tracia la ciudat de los afigeos, vido en suenyos al dios
Amón, e por su comandamiento él desemparó la guerra e
comandó a los afigeos que regraciassen e sacrificassen al
dios Amón. E por esto se aquexava de passar en Libia por
acabar su voto. Mas la mayor part cuidavan que él cercasse ocasión por que se dubdase de los governadores, e no
quería obedecer. E por esto quería ir en tierra estranya por
considerar sus aferes cómo ivan, assí como faze el cavallo,
el qual pace suelto en los campos, e pués torna en el pese-
bre, e depués va aún a fazer los servicios que es acostumbrado de fazer. Mas yo contaré un poco adelant qué ocasión escrive Éforo por qu'él se partió.

No res menos, él fizo tanto, ya sea con grant pena, que
los governadores lo dexaron. E depués que se fue, los
reyes se consejaron ensemble e consideraron cómo Lissandro con sus amiganças havié retenido las ciudades e la
senyoría de toda la Elada. E por esto se esforçavan de
retornar el poderío a las comunidades, assín como antes lo
havían, echando de todas partes a los amigos de Lissandro. Por la qual cosa, fueron fechas grandes novidades; e
primerament los de Athenas asallieron a los xxx tiranos los
quales ý havié ordenado Lissandro, e tomó aún la comunidat la senyoría. E quando Lissandro oyó esta cosa, tornó
[f. 159v] luego e ordenó aún con los lacedemonios que
pocos teniessen la senyoría e que puniessen a las comunidades como rebelles. E primerament enviaron a los xxx
talentes c pora las despensas de la guerra. E a Lissandro
enviaron capitán sobre ellos. Los reyes havían invidia de
Lissandro, e, dubdándose qu'él tomás aún la ciudat
de Athenas, parecioles bueno qu'el uno de los dos fues
cubiertament en ayuda de la comunidat de Athenas. E ixió
Pafsanía diziendo que él iva contra la comunidat por
ayuda de los tiranos; mas, quanto a la verdat, él iva

por embargar la guerra, por tal que Lissandro con ayuda de sus amigos no senyoreás aún la ciudat de Athenas. E acabó su entención, e fizo estar en paz a los de Athenas, e fizo cessar los ordenamientos, e embargó la cobdicia de Lissandro. Mas, passado un poco tiempo, los de Athenas se rebellaron, e los lacedemonios reftavan a Pafsanía diziendo que la comunidat de Athenas era refrenada quando pocos senyoreavan, mas Pafsanía, dándoles alguna libertat, les havié dado ocasión de rebellar e de blasmar a los lacedemonios. La qual cosa fue gloria de Lissandro; porque d'él[2607] todo hombre dezía qu'él no combatía en plazer de algunos otros, ni por su magnificencia, mas él guerreava por utilidat de la Espartia.

E su[2608] paravla era fuert e terrible a todos aquellos qui le contrariavan. Por la qual cosa, quando los de Argos contrastavan por los confines o términos de lur tierra, e les parecía que más justament dezían ellos que los lacedemonios, Lissandro mostró su guchiello e dixo: «Mejor dize por los términos aquel qui tiene esti guchiello». E uno de la Mégara favlava en una congregación enta Lissandro loçanament; e él le dixo: «O amigo, tus paravlas han menester de ciudat». E quando él sentió que los biotos eran de dos coraçones, él les demandó que quál querían [f. 160r / xxii, 4] más: o qu'él passás por lur tierra con las lanças endreçadas e altas, o baxas. Aun a Corintho, quando los corinthios se rebellaron e él se fue por esta ocasión contra ellos, veyendo que los lacedemonios quasi se dubdavan porque vidieron una liebre sallir del fossado, dixo a los lacedemonios: «¿No havedes vergüença de haver miedo de tales enemigos que por lur negligencia dexan abitar las liebres cerca de sus muros?».

2607   d'él] de *P. om. F.*
2608   su] que su *P.* che la sua *F.*

Cómo por ayuda e tractamiento de Lissandro
Agissílao fue fecho rei de los lacedemonios;
e de la invidia e discordia que cayó depués entre ellos

Depués esto, quando murió el rei Agio e fincó Leotiquido, qui se clamava²⁶⁰⁹ su fillo, e su ermano Agissílao,
Lissandro amó a Agissílao e ordenó que como legítimo e
legítimament nacido del linatge de Ércules qu'él tuviés el
regno. Porque manifiestament se dezía que Leotiquido era
bort e nacido de Alchibiado quando él abitava en Espartia
fugitivo e secretament havía a fazer con Timea. E Agio,
contando el tiempo e fallando que Leotiquido era bort, no
curava d'él. E quando él era enfermo e cerca de la muert,
aduxieron Leotiquido a él. E porqu'el joven lo pregó, e
aun los otros sus amigos, confessó en presencia de
muchos qu'él era su fillo legítimo. E pregó a muchos que
allí eran que fuessen testimonios d'esta cosa; e depués, él
murió. E assín testimoniavan ellos por Leotiquido. Agissílao era glorioso en todas las otras cosas, e havía en su
ayuda a Lissandro. No res menos, Diopito le nozía, porqu'él era muit sufficient a las divinas responsiones. E porque Agisílao era coxo, Diopito dezía por part de Dios una
tal responsión: «O Espartia, guárdate tú, que te alabas,
qu'el reino²⁶¹⁰ coxo no te enoye;²⁶¹¹ porque tribulaciones e
lazerios que tú no esperas ni piensas te domarán por
muchos tiempos, e onda de guerra te cobrirá en manera
que tú no parecerás». E quando todos por esta responsión
tenían la part de Leotiquido, [f. 160v] Lissandro dixo que
Diopitio no entendía derechament la divinal responsión;
porqu'el dios no se ensanyava si la Lacedemonia havía

2609   qui se clamava] se clamava *P*: si chiamava *F*: νομιζόμενον.
2610   reino] rey no *P*: re non *F*: βασιλεία.
2611   enoye] enoya *P*: noi *F*: βλάψῃ.

sobre sí rei qui fues coxo el piet, mas si los bordes regnassen sobr'el linatge de Ércules. Con tales paravlas Lissandro, el qual era más poderoso de todos, reduxo a los otros
a su voluntat, e fue fecho Agissílao rei.

E de continent le consejó qu'él fues en Asia, dándole
esperança qu'él destruiría a los persanos e qu'él havrié
más fama que todos los otros. Por la qual cosa, él escrivió
en Asia a sus amigos que ellos escriviessen a los lacedemonios e demandassen a Agissílao por capitán en la guerra de los bárbaros. E ellos, obedeciéndole, enviaron
embaxadores a los lacedemonios por demandar esta cosa.
La qual cosa fue assí grant por Agissílao con ayuda de Lissandro como[2612] el regno. No res menos, la natura del
hombre qui ama hondra[2613] no es mala en los senyores;
mas una cosa es que por la gloria ellos son envidiados, la
qual cosa no es chico embargamiento en los grandes aferes. Porque esdeviene que por la invidia troban contrarios
a lur virtut a[2614] aquellos qui serían en lur ayuda en los
buenos aferes. E la hora Agissílao con los otros xxx consejeros qui fueron con él en aquella capitanería tomó a Lissandro con entención que en todos sus aferes él fues más
adelantado que todos los otros. Mas, pués qu'él passó en
Asia, muit pocos venían a favlar con Agissílao, porque no
eran acostumbrados con él; mas a Lissandro, porque antes
lo havién conocido, ivan todos sovén. E sus amigos ide
ivan por él; e aquellos qui eran sospechosos, por miedo;
e todos lo seguían como si fuessen sus servidores. E assín
como contece en la responsión de las canciones que
muchas vegadas a uno qui se muestra humil muchos le

2612   como] come *F*: tomo *P*.
2613   ama hondra] avia hondra *P*: avia honore (*en margen*, vel ama
honore) *F*: φιλότιμοι.
2614   a] et *PF*.

responden, e a un otro qui lieva corona ninguno no lo escucha en lo que dize, assín conteció la hora que toda la dignidat de la senyoría era en el consejero, e al rei no fincó sino el nombre vazío de poderío. E ya sea que convenible cosa era que Lissandro fues [f. 161r / xxiii, 7] tocado[2615] en alguna cosa, porque tanto amava la hondra desordenada que bien le cumplía qu'él huviés la segunda dignidat depués del Rei, mas que del todo él menospreciás e desondrasse a hombre líbero e qui era su amigo, no fue digna cosa. De primero non le dava poderío de fazer alguna cosa, ni le dava alguna senyoría; e depués, en todo lo que entendía él que fues en grant plazer de Lissandro e sin fazer res ha amenguado[2616] planament su poderío. Veyendo, pues, Lissandro que en ninguna cosa él no prosperava, él sentió que por otro el Rei no lo agraviava sino porqu'él se esforçava de ayudar a sus amigos, ***[2617] que no viniessen sovén a él ni se humiliassen a él, mas que fiziessen buen semblant al Rei e a los otros qui de present les podían aprovechar. Por la qual cosa, muchos aturaron de requerirlo en lures necessidades; mas de servirlo manifiestament en los exercicios e de acompanyarlo en todo lugar nunqua lo dexaron. La qual cosa contristava a Agissílao más que a ningún otro por la invidia de la hondra. Por la qual cosa, a todos los otros cavalleros dava officios de senyoría, e a Lissandro fizo partidor de la carne. E depués, chufándose de los jonios, les dezía por injuria de Lissandro: «Vayan agora al mi partidor de la carne». E pareció bueno a Lissandro de favlar de esti fecho con Agissílao. E favlaron ensemble breves paravlas, assín como es

---

2615 *En P, interlin. y con letra distinta,* viziato.
2616 ha amenguado] amenguado *P.* amenomato (*en el margen,* menomava) *F.* παραλύων.
2617 ***] *lag. en PF.* αὐτὸς δὲ τὸ βοηθεῖν ἐξέλειπε, κἀκείνων ἐδεῖτο.

costumbre de los lacones. E dixo Lissandro: «O Agissílao, por verdat tú sabes bien amenguar a tus amigos». E Agissílao dixo: «Verdat dizes; si ellos quieren seyer mayores de mí». E Lissandro dixo: «Paréceme, o Agissílao, que tú me has abaxado más que no me convenía. No res menos, yo te prego que, al menos por no dar que favlar a los que se dan aguarda de nós, me fagas capitán en algún lugar do te parece que yo no te faga ningún greu o desplazer, mas que sea tu utilidat».

Por la qual cosa, él lo envió por embaxador a Líspondo; e por esto Lisandro por cierto quería mal a Agisílao. Mas ya por esto él non dexava de fazer lo que convenía. Por [f. 161v] la qual cosa, quando Mitridati vino en contrast con Farnávaso, Lisandro lo supo fazer tan saviament qu'él aduxo a Mitridati, el qual era valient e había muit grant huest, a Agissílao. E depués Agissílao no curó más de Lissandro en aquella guerra; e passó, no queriendo demorar, desondradament en Espartia. Por la qual cosa, él, queriendo mal a Agisílao e a toda la ciudat, más que ante se puso en coraçón de acabar la maldat que de mucho tiempo antes había pensada. E queríala començar la hora, e no esperar más. E la maldat era tal: De todos aquellos qui eran del linage de Ércules e qui se mesclaron con los dorios e vinieron al Pelopóniso, lur linage floreció en Espartia e fue grant e glorioso. No res menos, todos no succidían en el regno, sino solament de dos casas regnavan, a los quales clamavan Euripontidas[2618] e Agiados. Mas los otros por su gentileza no havían mayor hondra en la ciudat, mas qui era el más virtuoso era él solo nombrado e adelantado. E de aquellos nació Lissandro. E depués que vino en grant gloria e fue exalçado por sus obras e había

---

2618   Euripontidas] euritionidus *PF*: Εὐρυπωντίδαι.

muchos amigos e grant poderío, contristávase en su coraçón cómo él acrecía la ciudat por sus valentías, e otros regnavan en ella, los quales no eran mejores d'él. E púsose en coraçón de tirar el regno de las dos casas que havemos dicho e de darlo a todos; assín que todos aquellos qui eran del linatge de Hércules huviessen part en el regno. E segunt que algunos dizen, su intención era que cada uno que semejás a Hércules en las valentías pudiés regnar, pensando por sí mismo e cuidando que los ciudadanos no querían más a ningún otro espartano que a él.

Por la qual cosa, él començó a favlar saviament con los ciudadanos, e ordenava una escriptura segunt su intención la qual recuenta por él Cleón Licarnaso.²⁶¹⁹ No res menos, él consideró qu'él començava grandes aferes e que havía menester usar de grant sotileza e avisamiento por su ayuda, e no cumplía la paravla solament de Cleón. E ordenava responsiones divinas, e envia- [f. 162r / xxv, 2] va donos a l'adivina del Pithio, que ella dixiés algunas adevinaciones de part del dios, cuidándose que por las menazas de los dioses reduziés más liugerament a los lacedemonios a lur voluntat.

Cómo Lissandro se'n fue al templo del dios Amón; e de las sobtiles maneras qu'él tenié por seyer rei; e de su muert

Veyendo, pues, que la hora no pudo él acabar lo qu'él querié, él se puyó en el templo del dios Amón, e favló con sus profetas dándoles mucho oro. E ellos se ensanyaron e enviaron en Espartia acusadores contra Lissandro. E porque Lissandro no fue condepnado e tornávanse aquellos de Libia sin fazer res, dixieron a los espartanos: «Mejor jut-

2619 Licarnaso] *PF*: Ἁλικαρνάσεως.

garemos nós que vós quando vendredes enta nós por abitar en Libia». Porque divina responsión era antiga que los lacedemonios devían habitar en Libia. No res menos, pues que esta traición e esta maldat no es chica, mas huvo principio de grandes aferes, convenible cosa es que yo los escriva. E yo lo contaré breument siguiendo la paravla de un grant filósofo istórico.

En el Ponto era una infanta muit fermosa la qual dezía qu'el dios Apolo la havía emprenyada. E muchos eran qui no lo credían, porque no parecía seyer verdat; e muchos otros lo credían. En tanto que, quando la dicha infanta parió un infant masclo, muchos lo recibieron en su guardia e lo nudrían con toda diligencia. E pusieron nombre al infant Silinó como a fillo del dios; e algunos otros por esta ocasión venían de los Delfos e derramavan una fama por toda la Espartia diziendo que en el templo eran servadas algunas escripturas secretas en las quales se contenién[2620] algunas responsiones divinas antigas, las quales no era lícita cosa que alguno las leyesse sino el fillo del dios quando vendría en medio del templo dando senyal e testimoniança en esta cosa por tomar los libros en los quales son escriptas las responsiones divinas. Depués que Lissandro ordenó todas estas cosas, era cosa [f. 162v] necessaria que Silinó viniés como fillo del dios Apolo e demandás los libros, e que los sacerdotes examinasen la su nativitat, e, quando fuessen quasi convencidos, la hora le deviessen dar las escripturas, e él las deviés leyer en público con otras responsiones divinas, e la hora deviés dezir por el regno por el qual se fazían otros ordenamientos que los espartanos no esleyessen rei por linatge, mas por virtut, e siempre esleyessen el mejor. Mas estas cosas todas fallecieron

---

2620   contenién] contenevano *F*: contienen *P*.

a Lissandro, porque, quando Silinó iva por esta intención, uno de aquellos qui eran en esti consejo, dubdándose se partió de los otros. No res menos, esta maldat no fue revelada en vida de Lissandro, mas depués de su muert.

E morió en la batalla de los biotos. E la ocasión vino de los de Estivas, los quales echaron el sacrificio en la Aulida, e por esto los lacedemonios se querellavan d'ellos. Mas Lissandro los quería mal, en especial porque ellos ayudaron a los d'Athenas a la destrucción de los xxx tiranos los quales Lissandro havía constituidos. Por la qual cosa, los lacedemonios, menaçándolos, ordenaron que, si algún fugitivo de Athenas fues tomado, lo deviessen tornar a çaga, e qui contrariasse a esta cosa fues fuera de la paz. E los de Estivas ordenaron el contrario todo faziendo el ordenamiento piadoso: que toda la ciudat e casa fues ubierta a todos los de Athenas en todo lo que menester les fiziés, e qui no ayudás a los presoneros de Athenas, pagás un talent, e, si alguno aduziés armas por medio de la Biotía contra los tiranos, que todo hombre que fues de Estivas deviés dissimular como si no lo vidiés ni lo oyés. E como lo ordenaron de paravla, assín lo fizieron de fecho. Por la qual cosa, Trassíbolo passó por medio de la Biotía contra a los tiranos con ayuda de los de Estivas. Por la qual cosa, Lissandro se querellava[2621] de ellos.

E depués que la malenconía se multiplicó en él en su vejedat, de todo fue duro e desfrenado en su foror. E concitó e movió a los governadores, e enviaron contra los de [f. 163r / xxviii, 1] Estivas guardas, e fizieron capitán a Lissandro. E depués enviaron al rei Pafsanía con huest, el qual devía esquivar la Quiterona por entrar a la Biotía. Mas Lissandro passó por medio de la Foquida con mucha gent

2621   querellava] F: querella P.

d'armas; e la ciudat de los orcomenios de buen grado se
rendió a él, e tomó Lebadia[2622] por batalla. E escrivió a Pafsanía qu'él viniés por la Plátea e que se ajustase con él a[2623]
Alíarto. Las quales letras vinieron en las manos de los de
Estivas, porque lur talaya tomó al mensagero qui levava las
letras. Los d'Estivas, huviendo paz con los de Athenas, se
confiaron d'ellos e dexaron lur ciudat en lur guardia, e
ellos partieron al primer suenyo e fueron allí poco antes
que Lissandro; tanto que una part d'ellos entró en la ciudat. Lissandro de primero quiso que su huest se atendás
en un cabeço e que folgás allí entro que Pafsanía viniés.[2624]
E veyendo qu'el día passava e no podía esperar más, él se
armó e fizo armar todos los suyos e los ordenó devant de
los muros de la ciudat. E todos los de Estivas, qui fincaron
fuera, fueron de la part siniestra de la ciudat, e ivan cerca
la çaguera part de la huest de los enemigos devés la fuent
qui se clama Quissosa, en la qual se dize por favla que las
maminas[2625] lavaron[2626] al dios Bacus quando él nació; por
la qual cosa, aquella agua es bella e limpia e como que
sabe a vino, e es sabrosa en su bever. Allí cerca es el moniment de Alcmina,[2627] la qual fue mujer de Anfitrión e
depués a la fin ella abitó con Radamanto.[2628] E todos los
de Estivas qui se fallaron en la ciudat estavan de primero
en paz con los aliartos. Mas, quando vidieron que Lissandro con los primeros combatedores venía cerca los muros
de la ciudat, súbitament ubrieron las puertas, e salieron
contra él, e lo mataron a él e a su adevinador e a algunos

2622 Lebadia] la briadia *P*: labriadia *F*: Λεβάδειαν.
2623 a] ad (liarto) *F*: *om*. *P*: εἰς.
2624 viniés] venisse *F*: vinis *P*.
2625 maminas] *PF*: τιθήνας.
2626 lavaron] lauraron *PF*: ἀπολοῦσαι.
2627 Alcmina] alimina *PF*: Ἀλκμήνης.
2628 Radamanto] nadamanto *PF*: Ῥαδαμάνθυϊ.

otros, porque la mayor part de los otros tornaron de continent a çaga enta lur az. E porque los de Estivas no los[2629] desempararon, mas siempre los perseguían, fuyeron todos a los altos; de los quales ý murieron M[l]. [f. 163v] E murieron de los de Estivas III[c]. E la ocasión fue que encalçándolos vinieron en fuertes lugares. E aún más: que algunos d'Estivas ocasionavan a algunos otros d'Estivas qui[2630] eran amigos de los de Espartia;[2631] e, queriendo sallir de la suspición e de la reprensión, todos se perdieron, porque encalçavan sin tornar a çaga, e no havían misericordia de sí mismos.

Cómo el rei Pafsanía demandó e fizo enterrar el cuerpo de Lissandro; e cómo depués los espartanos jutgaron a muert al rei Pafsanía; e en quál lugar finió su vida

E quando Pafsanía iva de las Pláteas a las Thespias, supo en el camino las nuevas. E ordenó su huest e fue a Alíarto.[2632] E vino allí d'Estivas Trassívolo, e vinieron con él algunos de Athenas. E mientre que Pafsanía se consejava cómo podiés fazer paz por tal que pudiés enterrar sus muertos, los más viejos de los espartanos se ensanyavan e fueron al Rei e le dixieron en presencia de testimonios que no tomás el cuerpo de Lissandro con paz, mas querían combater e vencer con sus armas e tomarlo por fuerça de armas; e, si por ventura ellos fuessen vencidos, contentos eran de morir con lur capitán ensemble. Pafsanía pensó que muit dura cosa era de vencer a los d'Estivas en aquella hora qu'ellos eran vencedores, e especialment porque

---

2629   los] li *F*: lo *P*: αὐτοῖς.
2630   qui] *nexo completivo por* que.
2631   de Espartia] de athenas *P*: li atheniensi *F*: λακονίζειν.
2632   a Alíarto] a liarto *PF*: πρὸς τὸν Ἁλίαρτον.

el cuerpo de Lissandro era cerca los muros de la ciudat, e, si aun huviessen la victoria, fuert cosa sería de tomar el cuerpo sin paz. E por esto él envió un mensage e fizo paz. E su huest tornó a çaga. E como sallieron de las confinias de la Biotía e fueron en tierra de amigos, es a saber, de los panopeos, qui eran en lur ayuda, enterraron el cuerpo. E entro al día de oi parece el moniment cerca el camino qui va de los Delfos a la Queronia. E mientre que la huest folgava allí, un foqueo contava el fecho de la batalla a uno de Espartia el qual non se trobó allí, diziendo que, assí tost como Lissandro passó el Oplito, los enemigos lo assal-
[f. 164r / xxix, 5] lieron. El espartano, maravellándose a quí dezía *Oplito* (porque non entendié aquel nombre), deman-dávagelo. E el foqueo dixo: «O amigo, sepas que a todos los primeros combatedores nuestros e a los más esleídos tajaron por pieças los enemigos en el río qui corre cerca la ciudat, el qual se clama Oplito». Quando el espartano oyó esta cosa, ploró e dixo: «Por verdat, imposible cosa es que hombre pueda foír de lo que le deve contecer». Porque parece que responsión divina fues por Lissandro, la qual dezía assín: «Yo te comando que tú te guardes de Oplito, el qual faze grant roído, e del fillo de la tierra, es a saber, el falsario dragón, el qual viene de çaga». E dízese qu'el río que se clama Oplito corre enta la Coronia e se ajusta con un otro río el qual ha nombre Fílaro, el qual corre cerca de la ciudat de Alíarto. E la hora se clamava Oplito; mas agora se dize *Isómanto.* E aun aquel qui mató a Lissandro era de Alíarto, e havía nombre Neócoro,[2633] e levava por senyal en su escudo un dragón. Por la qual cosa, parece qu'el dicho de los dioses fue acabado.[2634] Dízese aun que entre los de Estivas fue un otra responsión divina, es a

---

2633 Neócoro] nocoro *PF*: Νεόχωρος.
2634 fue acabado] si compiesse *F*: acabado *P*.

saber, en el Isminio,[2635] en el tiempo[2636] de la guerra de los de Pelopóniso. La qual responsión significava la guerra que fue fecha en el Dilio e en el Alíarto. E dizía assí: «Guardaré cómo tú buscas las pisadas del lobo e la cima de Orcalido, do nunqua fallece que no haya raboso». E clama las pisadas a Dilio, porque allí se ajustan las confinias de la Atiquí e de la Biotía, e de la cima de Orcalido, qui[2637] se clama agora *Alópeco*, es a saber, 'rabosa', enta Alíarto, qui talaya enta Elicona.

E quando Lissandro murió en esta manera, desplugo tanto a los espartanos qu'ellos condepnaron al Rei a muert. Mas no quiso esperar, antes fuyó a la Tegea[2638] e entró en franqueza en el templo de la dea Palas, e allí finió su vida. E la virtut de Lissandro parecía más manifiesta por su pobreza la qual se trobó depués su muert. Porque hombre de tanto poderío e qui tantas ciudades havía diusmetidas e havié tal [f. 164v] regno en su comandamiento, nunqua multiplicó ni acreció la riqueza de su casa, segunt que escrive Teópombo, al qual se deve más creyer quando él loa que quando blasma, porque su propriedat era más de blasmar que de loar. E después, passado[2639] un tiempo, segunt que dize Éforo,[2640] fue en Espartia grant dissensión entre los de la liga; e por esto les fizo menester de veyer las escripturas que Lissandro tenié. E por esto se fue Agissílao al hostal de Lissandro. E entre las otras cosas trobó aquel libro en el qual era escripto el ordenamiento qu'él fizo en la ciudat, es a saber, de tirar el regno a los Agiados e de los Ebritiondi-

---

2635   Isminio] isininio *PF*: Ἰσμηνίῳ.
2636   tiempo] templo *PF*: ὑπὸ (τὸν Πελοποννησιακὸν).
2637   qui] *om. PF*: ὂν.
2638   Tegea] tegra *PF*: Τεγέαν.
2639   passado] passato *F*: passodo *P*.
2640   Éforo] efforo *F*: esforo *P*. Ἔφορος.

dos[2641] e meter la senyoría en común entro que se trobasse quí era más adelantado e virtuoso entre los gentiles
hombres. Por la qual cosa, Agissílao quiso manifestar esta
cosa a los ciudadanos por mostrarles qué hombre era Lissandro, e ellos no conocían. Mas uno de los governadores el qual havía nombre Lacratido, hombre muit cuerdo,
embargó a Agissílao diziendo: «No es convenible cosa que
nós desenterremos[2642] a Lissandro, mas que enterremos su
paravla con él ensemble; porque muit maliciosament son
sus paravlas ordenadas». No res menos, los lacedemonios
hondravan a Lissandro aun depués su muert. E todos
aquellos qui, viviendo Lissandro, havían desposadas sus
fillas por mulleres, veyendo que a su muert se trobó assí
pobre, licenciaron las mujeres. Por la qual cosa, los governadores los condepnaron, considerando que, quando Lissandro era bivo, creyendo[2643] ellos qu'él fuesse rico, se
diusmetían a él, e agora que havién visto por su pobreza
qu'él era hombre bueno e justo, lo menospreciavan. E
parece que en Esparta fues ordenamiento de condapnar a
aquellos qui no tomavan mujer e a aquellos qui se paren-
tavan por casamientos con los ricos, e no con los buenos.
E todas las cosas qui fueron contra Lissandro fueron fechas
assín como havemos escripto.

2641 Ebritiondidos] ebritionidos *PF*: Εὐρυτιωνδίδων.
2642 desenterremos] disoteriamo *F*: desencerremos *P*: ἀνορύττειν.
2643 creyendo] credendo *F*: creyen *P*: νομίζοντες.

SILA

[f. 165r / I 1]

SÍGUESE EL XXVI LIBRO: De las gestas e memorables fechos del grant Sila, cónsul de Roma.

{*PC*₂C₃F} Leucio Cornelio Sila era de la generación de los patricios, los quales eran los buenos de la patria. E uno de sus entenados, es a saber, Rufino, fue cónsul. No res menos, mayor fue su desondra que su hondra; porque se trobó qu'él havié más de x libras de argent lavrado, la qual cosa no atorgava la lei; e por eso fue echado del consejo. E todos aquellos qui devallaron d'él passaron lur vida humilment. E Sila mismo nació de pobres parientes, e vivié en una casa a loguero. Por la qual cosa, depués qu'él enriqueció, lo reptavan algunos diziendo qu'él indignament prosperava. E una vegada, depués qu'él tornó del armada de Libia e se loava de algunas cosas, un hombre bueno le dixo: «¿Cómo puede seyer que tú sías buen hombre, que tienes tanto, pues que tu padre no te dexó nada?». Ya sea que todos eran enclinados poco a poco a la ambición e cobdicia e a los deleites, e aun reptavan a aquellos qui no salvavan las riquezas que havían de sus antecessores, e semblantment reptavan a aquellos qui no eran contentos de la pobredat de sus antecessores. Por la qual cosa, depués que Sila senyoreó e matava a muchos e fue sentido que un libertino salvava a uno el qual era escripto por morir (por la qual cosa, él devía seyer espenyado), aquel libertino reftó a Sila cómo por mucho tiempo havían abitado ensemble en una casa a loguero. E el uno abitava de suso por II^m numos[2644] o dineros, e el otro de yuso por III^m. Assí que el medio[2645] de lur ventura eran M^l numos,[2646] los quales valen dragmas[2647] II^c L de Atiquí. E estas cosas se escriven por la antiga ventura de Sila.

Mas la figura de su persona parece por sus estatuas que havié los ojos fogueantes, fieros e terribles. E aun el color de su cara fazía más terrible, porqu'él era blanco e royo e todo pigatoso. Por la qual cosa, segunt su color le fue puesto un sobrenombre el qual le puso uno de Athenas diziendo: «Sila es una mo- [f. 165v] ra empastada de farina». E dízese por él que tanto era solaçoso que, quando él era joven e no era aún en tanta gloria, conversava con los juglares e con los bufones e sonava con ellos. E aun depués qu'él lo senyoreó todo, él congregó todos los mal acostumbrados qui eran en plaça, e bevía e solaçávase con ellos más que no convenía a su persona. E desemparava por el bever e por los solaces muchas cosas que havían menester de solicitut. Mas los otros tiempos era hombre de grant obra e callantible; mas a cena súbitament se mudava e de ninguna cosa necessaria no curava, sino qu'él se aprivadava con los dançadores e favlava de grado a cada uno. Por la qual cosa, cadió en la enfermedat del amor. E era muit luxurioso; en tanto que ni en su vejedat desemparó esti vicio. Por la qual cosa, él se enamoró de una mujer comuna, mas era muit rica, la qual havía nombre Nicópoli. E, quando ella murió, lo fizo su heredero. Aun su madrastra lo amava tanto como si fues su fijo legítimo,

---

2644 numos] C_2: numeros *PF*: *om. C_3*: νούμμους.
2645 medio] C_2: intedio *P*: intese *F*: *om. C_3*: μεταξὺ.
2646 numos] *cf. supra.*
2647 dragmas] C_2: draginas *P*: dragine *F*: *om. C_3*.

e aun ella lo fizo su heredero. E enrequeció sufficientment por las heredades.

E en el primer consulado de Mario fue con él, e era su trasorero. E fue reputado en su officio sufficient, e era honrado entre la huest. E fue en aquel tiempo amigo del rei de los nómados, el qual havía nombre Boco, porque los embaxadores de Boco escaparon de malandrines nómados, e Sila los recibió e los governó e les dio donos e los acompanyó e los envió segurament. Boco quería mal antes a su yerno Jugurta, dubdándose d'él; e la hora que Jugurta fue vencido e fuyó a él, Boco lo quería tradir. E enviava a Sila diziendo que le darié Jugurta en sus manos, queriéndole render cambio de la curialidat que le havía fecho. Sila se conselló con Mario, e tomó con él poca gent d'armas, e se puso en grant periglo quando por tomar a un otro se puso en las manos de tal que a los suyos quería mal e buscava de tradirlos. E grant cosa fue qu'él confiás su persona a tal hom- [f. 166r / III, 5] bre; porque Boco estava en II imaginaciones, huviéndolos entramos en su poderío, a quál d'ellos rompería su sagrament. E finalment se firmó a la primera traición, e dio Jugurta en poderío de Sila. E quanto la hondra del triumfo por la captividat de Jugurta, era de Mario; mas la gloria del ordenamiento era de Sila. De la qual cosa se contristava Mario secretament, porque Sila por natura se delectava de loarse. E la hora començava de haver hondra entre los ciudadanos, ya sea que antes no era conocido por su humil conversación. E tanto se adelantó por su ambición e cobdicia qu'él fizo entretallar en un aniello aquel fecho, e siempre lo levava con sí. E la escriptura dezía assín: «Boco da a Jugurta en las manos de Sila».

La qual cosa contristava mucho a Mario; mas le parecía que fuesse su amenguamiento de levar invidia a Sila, e en el segundo consulado él lo tenía con él por embaxador en las necessidades de la huest, e en el tercero consulado lo fizo capitán de mil. E muchas cosas adreçava Sila. Quando él era embaxador, él tomó al senyor de los tegtósagos, el qual havía nombre Cópilo. E quando él era capitán de mil, él induxo a los marsos, qui son grant nación e famosa, que se fiziessen amigos e ayudadores de los romanos.

Cómo entró malquerencia e división entre Mario e Sila; e aprés cómo Sila fue enviado en Capadocia por embargar a Mitridati; e de las otras cosas que depués contecieron

Depués esto, quando él sentió que Mario se tenié por agreujado d'él e no le dava poderío de fazer ni de endreçar alguna cosa, mas embargava su accrecentamiento, él se fizo amigo de Catlo, el qual senyoreava ensemble con Mario. E era Catlo hombre bueno; mas en las batallas era perezoso; e por esto en los mayores fechos se confiava de Sila. E Sila siempre acrecía su poderío. E por batalla él tomó una grant part de los bárbaros qui son en las Alpes. E después, quando les [f. 166v] menguaron las cosas necessarias e Sila tomó sobr'él de fazer la provisión, fizo tanta abundancia en la huest de Catlo que no solament ellos bivían sin ningún amenguamiento, mas davan aun a la huest de Mario. De la qual cosa Mario havía grant dolor. E esti fue el principio de la malquerencia; mas después acreció con sangre civil e con turbaciones inremediables e con tiranía e con confusión de todas las cosas. La qual cosa dio testimoniança a la sapiencia de Euripido en las enfermedades de las ciudades, el qual consella que todo hombre se guarde de la cobdicia, porque ningún diablo no es assín nozible como la cobdicia a aquellos qui la han.

La hora Sila, cuidándose que la gloria de las batallas lo fiziés sufficient en las cosas civiles, dexó los aferes de la

guerra e se puso en los aferes de la ciudat; mas él se trobó
decebido. E lo fizieron jutge de las mercadurías; e a otros
fizieron capitanes de guerra. Mas, passado un anyo, fue
aún fecho capitán. La qual cosa él se procuró con humiles
pregarias e con donos. Por la qual cosa, seyendo él capitán, dixo a César iradament: «Yo mostraré el mi poderío».
E César ridiose e dixo: «Bien dizes *el tuyo*, porque lo has
comprado». {PMC₂C₃F} Depués lo enviaron a Capadocia,
mostrando públicament que lo enviassen por Ariobarzano.
Mas, quanto a la verdat, ellos lo enviavan por embargar el
crecimiento del poderío de Mitridati. E la hora él no tomó
con él grant poderío; mas con la ayuda de los amigos de
los romanos él mató a muchos de Capadocia e más
de arminios qui les ayudavan, e echó a Gordio, e fizo rei
a Ariobarzano. E andando Sila cerca la riba de Eufatres,
vino a él un embaxador de Partia,[2648] el qual havía nombre
Oróvaso, de la part del rei Arsaqui, antes que la nación de
los partos se ajustasse nunqua con los romanos. Por que
parece que esta cosa fuesse por grant prosperidat de Sila
que en él començás [f. 167r / v, 8] el parlament de los partos demandando amigança e liga. Por la qual cosa, Sila fizo
poner iii cadiras: la una por Ariobarzano, e el otra por Oróvaso, e la tercera en medio de las dos por él mismo. E
sediendo allí, favlava con ellos. Por la qual cosa, el rei de
los partos mató depués a Oróvaso. Mas a Sila algunos lo
loaron, porqu'él mostró magnificencia entre los bárbaros;
e algunos lo blasmaron como a hombre grieu e cobdicioso quando no fazía menester. Dízese que con Oróvaso era
la hora uno de Calquida, el qual, considerando la cara de
Sila, segunt la art de la[2649] fisonomía jutgó que necessaria
cosa era que Sila se fiziés un grant hombre, diziendo qu'él

2648   Partia] *M*: parcia *C₂*; spartia *PF*: *om. C₃*; Πάρθος.
2649   de la] *M*: de *C₂*; *om. PFC₃*.

se maravellava cómo de la hora Sila no se adelantava más que todos los otros.

{PC₂C₃F} El contrast acreció entre Sila e Mario por ocasión estranya, es a saber, por la ambición de Boco, el qual en plazer de la comunidat de Roma e por amor de Sila puso en el Capitolio algunos depósitos e estatuas de algunos qui havían fecho algunas valentías, e en medio de aquellos puso la estatua de Jugurta, la qual era de oro, e él la dava a Sila. D'esta cosa se ensanyava Mario, e quería echar aquellas estatuas. Mas muchos otros eran en ayuda de Sila. E era la ciudat en punto de cremarse por ellos dos; mas fincó por la guerra que havía fuera, la qual la hora se manifestó e fizo grandes danyos a los romanos e los puso en grant periglo. En las quales guerras Mario no pudo mostrar alguna grant virtut, e reptava a la ventura de la guerra diziendo que ella havía menester de poderío e de aquexamiento. Mas Sila endreçó muchas cosas dignas de hondra. Por la qual cosa, todos lo reputavan digno de tener la senyoría. E era entre los ciudadanos grant, e mayor entre los amigos, e contra los enemigos bienaventurado. Por la qual cosa, no le esdevino como a Timóteo de Cónono, el qual, porque sus enemigos todo lo qu'él fazía lo atribuían a la [f. 167v] ventura e por esto lo pintavan como si él durmiés e su ventura tomava las ciudades con las redes, él²⁶⁵⁰ como maladoctrinado se ensanyava porque le parecía qu'él perdiés la hondra de su ardideza, e, tornando él de la capitanería, dixo en presencia del pueblo: «O hombres de Athenas, la ventura no ha part en estas cosas». E dízese que de la ora adelant la ventura le fue contraria; assín que nunqua fizo cosa por la qual huviés hondra, mas en todas cosas era desaventurado e finalment fue

---

2650   él] *C₂*; et *PF: om. C₃*.

exiliado de la ciudat. Mas Sila no solament atorgava con plazer los esdevenimientos de la ventura, antes la loava e acrecía esta opinión. E toda su prosperidat atribuía a la ventura, o sea por su loçanía, o sea porqu'él en tal manera regraciava a Dios, segunt qu'él escrivía en sus *Memoriales*, que todo lo qu'él fazié contra su voluntat mejor le esdevenía que lo qu'él se cuidava que fues mejor. E aun dize que más era aventurado que apto en las batallas; porque parece qu'él adelantava más la ventura que la virtut, e se ponía de todo a la ventura, en tanto que la unión²⁶⁵¹ de Metelo, el qual era igualment hondrado como él e era su parient, la reputava prosperidat que de Dios viniés. Porqu'él se cuidava que Metelo lo deviés mucho embargar toviendo²⁶⁵² la senyoría ensemble con él. No res menos, Metelo fue muit privado enta él. E quando enviaron a Sila a fazer la guerra contra aquellos qui eran rebellados, se escrive por istorias que en Lavernia se ubrió la tierra fuertment, e de dius tierra surtió fuego, e la flama parecía que puyás como colona en el cielo. E por esto dixieron los adevinos que un hombre qui mudava su color sería senyor e faría cessar las confusiones del tiempo. E Sila dixo por sí mismo: «Yo só aquel»; porque su color lo mostrava, e sus cabellos eran como de oro enflamados. E no se avergonçava de²⁶⁵³ dezir que en él fues tal virtut, tomando esperança de las cosas passadas que él havié [f. 168r / VI, 13] fecho. Mas las otras sus costumbres eran desordenadas; en tanto que muchas vegadas non semejava a sí mismo, condepnando²⁶⁵⁴ mucho, dando más que no apartenecía,

---

2651 unión] C_2 unio *P*: *lag. en F*: *om. C_3*.
2652 toviendo] C_2: tenendo *F*: coviendo *P*: *om. C_3*.
2653 de] de de *P*.
2654 condepnando] *P*: condempnando C_2: condannando *F*: *om. C_3*: ἀφελέσθαι 'robar'.

hondrando fuera de razón, injuriando desondradament,[2655] consolando aquellos de los quales havía menester, e fenyéndose[2656] que no uyés a aquellos qui lo pregavan. En tanto que la gent no entendía quál vicio regnava en él más por natura, o la loçanía, o de amar laor; e el desordenamiento qu'él mostrava a punir por chica ocasión, de fazer escorchar hombres e de lur cuero fazer tímpanos, e aun por chicos fallecimientos fazer grandes injusticias, e perdonar liugerament a las culpas que no se devían perdonar, e dar muert por chicos fallecimientos...[2657] E por esto puede hombre jutgar que por natura él era duro e cruel; no res menos, algunas vegadas él se amansava de la crueldat que havié, considerando la utilidat, assín como conteció en la guerra de aquellos lures súbditos qui se rebellaron. Porque los hombres d'armas mataron a Albino embaxador con tochos e piedras, e él dissimuló e no fizo ninguna vengança de tanta injusticia, antes dixo que bien havién fecho, no por otro sino porque de buena voluntat combatiessen e cubriessen lur fallecimiento con valentía. E no curó res de aquellos qui se querellavan. E la ocasión era porqu'él quería desfazer a Mario. Porque la grant guerra de los rebelles ya se acabava, e, queriendo seyer capitán de guerra contra a Mitridati, complazía a la gent d'armas qui eran con él. E quando él tornó a la ciudat, él fue esleído cónsul ensemble con Quinto Pompeyo. E era él la hora de L anyos. E tomó por mujer una muit gentil duenya la qual había nombre Cecilia,[2658] filla de Metelo, príncep de los sacerdotes. En las bodas de los quales la gent del pueblo trobaron muchas canciones, e muchos nobles huvieron

---

2655 desondradament] *P. om. C₂C₃: disonoratamente F.*
2656 fenyéndose] *C₃: fuyendose P. fuggendosi F: om. C₃.*
2657 *La sintaxis del original es sumamente complicada.*
2658 Cecilia] *C₃: sicilia PC₂F: Καικιλίαν.*

invidia reputando qu'él no fues digno de tomar tal duenya, ya sea que lo reputaron digno de seyer cónsul. Mas, [f. 168v] segunt que Tito dize, él no huvo pas esta mujer sola, antes, quando él era joven, ne havía preso una otra la qual havía nombre Julia, con la qual él fizo una filla; e depués tomó a Elia; e la tercera fue Quilía, a la qual licenció como estéril, empero enviola hondradament e con muchos donos; e pocos días aprés tomó a a Metela. Pareció bien que injustament havía ocasionado a Quilía, porque de todo consentía a las voluntades de Metela entro a la fin. En tanto que, ya sea qu'él no quería consentir a las pregarias de la comunidat por perdonar a algunos exiliados qui eran en la companyía de Vario,[2659] por pregarias de Metela él los[2660] exaudió. Mas estas cosas fueron depués.

Cómo la división de Mario e de Sila aduxo en grant confusión e periglo a Roma; e de los fuertes senyales que denunciaron las crueldades e males que devién venir a la ciudat por Sila, segunt se siguió depués

La hora él no reputava res el consulado, huviendo en su piensa la guerra de Mitridati, en la qual Mario le contrariava, el qual por su cobdicia nunqua se envellecía. Ya sea que de su persona era greu e cansado pora fechos de guerra, mas por su ambición quería aún passar la mar e ir en tierras estranyas por fazer grandes guerras. Por la qual cosa, seyendo Sila absent en la huest, Mario, estando en su casa, pensava maliciosament aquella dissensión la qual nozió a Roma más que no le nozieron todos los enemigos, assín como el demonio les mostró. E de las astas de las

<hr />

2659   Vario] ocro PC_2F: om. C_3: Οὐάριον.
2660   los] C_2: les P. om. C_3.

banderas se encendió fuego tanto que apenas lo podieron amortar. E tres cuervos aduxieron sus pollos[2661] en la carrera e los mataron; e depués levaron los cuerpos muertos a lures nidos. Los mures comieron los depósitos de las imágines d'oro, e los servidores del templo tomaron una madre de los mures la qual dentro en la gavia do eran los [f. 169r / VII, 5] lazos parió cinco mures, de los quales perdió los III. E la mayor cosa fue de todas estas que, seyendo el aire limpio sin nuvlos, fue oído un son de trompeta. E el son era agudo e doloroso como son de ploro, en tanto que todos fueron esmagados e huvieron grant miedo. Porque todos los savios de los truenos jutgaron aquel senyal diziendo que otra nación devía venir, e el mundo se devía mudar. Porque todas las naciones son VIII, de las quales son differenciadas las vidas e las costumbres. E la edat de cada una es tanta quanto es ordenado de Dios en la revolución del grant tiempo; que, quando el uno se acaba e el otro comiença, parece algún senyal maravelloso, o de tierra o de cielo, así como es cosa manifiesta a aquellos qui estudian en estas cosas e las deprenden: que, segunt el tiempo, vienen en el mundo hombres de otra conversación e de otras maneras, e menos curan los dioses por los hombres d'esti tiempo que de los primeros. E en la mudación de las generaciones se fazen muchas e grandes mortalidades. E la hondra de la adevinación algunas vegadas crece, e algunas vegadas amengua. E algunas vegadas el demonio muestra senyales manifiestos; e algunas vegadas en otra generación muestran los senyales poca cosa de lo que deve esdevenir. Los savios de los tirrenos dezían tales fablas; mas los del consejo cercavan las adevinaciones. E sedían en el templo en el qual vino volando un af qui aduzié en su pico una cigala; de la qual echó allí una part, e

2661   pollos] pelos *PF*: *om.* C_2C_3: νεοσσοὺς.

el otra part retuvo, e fuésse con ella. Por esta cosa jutgaron aquellos qui se entendían de los senyales que turbación e baralla sería de hombres qui havían possesiones al pueblo menudo, el qual havía grandes e muchas paravlas como la cigala. E los rústicos son lavradores de tierra.

La hora Mario fizo amigança con el tribuno Sulpicio, el qual en las mayores malicias non era menor que los otros, antes, si bien consideraba hombre, él era peyor que los otros. E lo peyor que era en él sí era que era hombre sin vergüença. [f. 169v] E el su alabamiento era de no guardarse de no fazer todo mal e toda suziedat. Por la qual cosa, en la plaça estaba siempre una tavla puesta; e él se asentaba siempre allí, e vendía públicament las cosas de los hombres francos, e contaba e congregaba la moneda, e de aquella mantenía iii^m hombres los quales todos levavan espadas.^{2662} E havía aún cerca d'él una partida de hombres de cavallo los quales eran siempre aparellados en sus necessidades; e los clamaba vicesenadores. E firmó una lei: que ningún hombre del Senado no podiés haver deudo de más de ii^m daremes, no obstant que, quando él morió, se trobó qu'él devié dar iii millones de daremes. A esti puso Mario ordenador en el pueblo, segunt su voluntat. E él ordenava todo lo qu'él quería por fuerça e por fierro. E ordenava otras leyes crueles; e todo porque Mario fues capitán contra Mitridati. E una vegada, porque los otros cónsules no atorgavan lo qu'él quería en una congregación la qual fue fecha en el templo de Cástor e de Pólux, él aduxo contra ellos grant pueblo e mató a muchos, e aun al fillo de Pompeyo. E Pompeyo fuyó secretament. Sila, quando lo encalçavan, fuyó en casa de Mario; por que de necessidat le convino consentir a aquella elección. E por

---

2662 *Entre* levavan *y* spadas, *P presenta* levavan lures *tachado; en el margen se repite* levavan.

esto Sulpicio no le tiró el consulado, mas solament ordenó que Mario fues capitán contra Mitridati. E envió de continent capitanes de mil a Nola que levassen de allí la huest
e la aduxiessen a Mario.

Entre esti medio, Sila fue antes e se salvó entre la huest.
E quando la gent d'armas supieron la entención de los
capitanes, de continent los lapidaron allí. E aun en Roma
los amigos de Mario matavan a los amigos de Sila, e robavan lures casas. E era general fuimiento de algunos de la
huest a la ciudat e de otros de la ciudat a la huest. E el
Senado no havía poderío, mas de todo era al comandamiento de Mario e de Sulpicio. E [f. 170r / ɪx, 3] quando él
supo que Sila venía enta la²⁶⁶³ ciudat, él envió a dos capitanes, es a saber, a Bruto e a Servilio, que le dixiessen que
no viniés. E porqu'ellos favlaron a Sila muit superbiosament, los de la huest los quisieron matar. E rompieron
lures escriptos, e les despullaron las ropas de escarlata que
ellos vestían, e los fizieron tornar muit vergonçosament. E
assí aína como ellos aparecieron de luent sin los senyales
de la capitanería, ya sea que rien no dixiesen, todo hombre conoció la turbación qui era estada e que ninguno no
podía retener ni remediar a Sila.

*Cómo Sila entró poderosament en Roma; e de las
crueldades que fizo, e Mario fuyó de Roma;
e aprés cómo Sila fue contra Mitridati; e cómo
priso e destruyó la ciudat de Athenas e aprés
ocupó e priso las cosas sagradas de los templos*

La companyía de Mario se aparellava. E Sila se partió
de Nola con su companyón, huviendo con él vɪ legiones.

2663   la] C_2C_3F: om. P.

E vedía bien que con buen coraçón venié contra la ciudat. No res menos, él se dubdava e estava en reguart por el periglo. Mas, quando Postumio el adevino supo los senyales que parecieron en el sacrificio de Sila, extendió sus manos enta Sila e lo pregava que lo fiziés ligar e guardar entro a la batalla e, si él no viniés aína a buena postrimería, que lo puniés de cumplida punición. Aun Sila vido en suenyos tal visión: Pareciole que la dea que los romanos recibieron de los de Capadocia e la hondravan, o sea la dea Junón, o sea la dea Palas, o otra, estuvo cerca d'él e le dio un rayo; e le comandó que con aquel rayo él firiés a cada uno de sus enemigos. E todos aquellos a qui él fería perecían. Mas por esta visión él se conortó e recitava el suenyo a su companyero. E siempre fazié ir la huest más adelant. E cerca las Piquinas él encontró embaxadores los quales lo pregavan qu'él no entrás de continent a la ciudat, mas que esperás entro qu'el consello determinás lo que fues justo por él. E Sila prometió de atendarse allí. [f. 170v] E comandó a todos los principales de la huest que cada uno tomase un lugar pora su legión. No res menos, quando los embaxadores se partieron, él envió a Leucio Bássilo e a Gayo Momio, los quales tomaron la²⁶⁶⁴ puerta de la ciudat e los muros qui son enta el poyo al qual claman Esquilino. E depués él ívase aquexadament. E la huest de Bássilo²⁶⁶⁵ venció por fuerça e entró en la ciudat. No res menos, el pueblo desarmado²⁶⁶⁶ no podía ir más adelant por los de la ciudat que los ferían con las tellas e con fustas de suso de los tejados e los embargavan. Por la qual cosa, se tiraron enta el muro de la ciudat. E en esti

2664   la] C_2C_3: su *P.* su (*en margen*, la) *F*: τὴν.
2665   Bássilo] bassio *PF*: basilio C_2C_3: Βάσιλλον.
2666   desarmado] C_2: (gente) desarmada C_3: deramado *P.* sparte *F*: ἄνοπλος.

medio plegó Sila e entró dentro. E vidiendo[2667] lo que se
fazié, él cridó que metiesen fuego en los hostales. E él
mismo tomó teda encendida e iva delant e comandava a
los arqueros que echasen fuego con las flechas por los
tejados. La qual cosa fazía Sila no por alguna consideración, mas como hombre qui era fuera de seso e de regla
en aquel passo. E dio la senyoría a la sanya,[2668] que solament él parava mientes a los enemigos, e no curava de
parientes ni de amigos ni havía misericordia, mas a los culpables e inculpables metía fuego. E mientre que estas
cosas se fazién, se cargaron sobre Mario enta el templo de
la dea de la Tierra, e allí fue cridada la franqueza de los
siervos por part de Mario. Mas, quando los enemigos lo
acometieron e fue vencido, él fuyó fuera.

La hora Sila congregó el consello, e condepnaron a
muert a Mario, e con él algunos otros entre los quales era
Sulpicio el tribuno, al qual tradió un su siervo e fue muerto. Al qual siervo Sila lo fizo primerament franco, e depués
lo fizo espenyar.[2669] E fizo fazer una crida contra Mario dius
cierta quantidat de argent. Mas en esto fizo él muit grant
mal, esguardado que poco antes havía recomendado Sila
su persona a él en su casa, e lo dexó [f. 171r / x, 2] ir sin
periglo. E si Mario no huviés dexado ir a Sila, mas lo
huviés dado en las manos de Sulpicio, él fuera muerto, e
Mario serié senyor de todo. Mas él huvo misericordia d'él.
E de allí a pocos días, quando él vino en semblant adversidat, no trobó semblant perdonança en él. Por la qual
cosa, el Senado se contristó, empero cubiertament. Mas el
pueblo manifiestament mostró por obra que quería mal a

2667   vidiendo] veyendo C_2; vedendo F: ridiendo P: libre C_3: συνιδὼν.
2668   a la sanya] al sanna PF: a la senna C_2: om. C_3: τῷ θυμῷ.
2669   espenyar] despenyar C_2: empenyar vel expenyar F:
κατεκρήμνισε.

Sila, e lo blasmavan. E tiraron a su nieto Nonio e a Servilio de sus officios, e metieron otros. E quanta injuria fizieron a ellos, tanta hondra fazién a estos por contristar a Sila. E Sila mostrava quasi dissimulando que esta cosa le plaziés, diziendo que por su ocasión el pueblo goyasse[2670] de su libertat e fiziesse lo que quisiesse. Por la qual cosa, queriendo Sila remediar el aborrimiento que la comunidat havié contra él, fizo a Leucio Quina cónsul. E lo fizo jurar que fincarié su amigo; e muchas maledicciones dio a sí mismo si él fiziés el contrario. Por la qual cosa, Quina puyó sobr'el Capitolio e, aduziendo una piedra, juró e maldixo a sí mismo diziendo que, si él no observás el sagrament, fues assín echado de la ciudat como él echava la piedra de sus manos. E echó la piedra en público en presencia de muchos. Mas, quando Quina tomó la senyoría, de continent él començó a tractar e ordenar que Sila fues jutgado. E puso por acusador a Verginio, tribuno del pueblo. Mas Sila no curó ni del acusador ni del judicio, e los dexava cridar. E él passó la mar, e fuése contra Mitridati.

E dízese que en aquellos días que Sila se partió de Italia con el estol, Mitridati se aturava a Pérgamo, do vido muchas fantasías e muchas otras cosas qui lo espantaron. E aun los de Pérgamo ordenaron en medio de la plaça ingeniosament con una tallola de fazer devallar una corona sobre su cabeça por victoria qu'él huvo. E como devallavan la corona e falleció poco de tocar a la cabeça, se crebaron los ingenios [f. 171v] e cadió la corona en tierra en medio de la plaça e toda se desfizo. Por la qual cosa, toda la comunidat fue esmagada. E Mitridati huvo grant miedo, e especialment en aquel tiempo quando él prosperava más qu'él no cuidava; porqu'él tomó la hora la Asia

---

2670   *Interlineado sobre* goyasse, *P presenta, con letra distinta,* s'allegrasse.

de los romanos e la Bitinia e la Capadocia de los reyes, e
él se aturava en Pérgamo dando a sus amigos grandes provincias. E uno su fillo era en el Ponto e, teniendo el Vósporo, possidía pacíficament la antiga senyoría entro a la
laguna de Meoti sin²⁶⁷¹ algún embargo; e el otro su fillo,
Ariaratho, diusmetía la Tracia²⁶⁷² e la Macedonia con mucha
huest. E los otros sus capitanes senyoreavan a otros lugares, huviendo cada uno grant poderío por sí mismo, entre
los quales era el mayor Archelaus, el qual tuvo quasi toda
la mar con grant estol e diusmetió las islas qui se claman
Cíclades e todas quantas son dentro de Malea e de Negre-
pont. E aun él decendió a Athenas e corrió grant partida. E
muchas naciones se diusmetieron a él las quales habitavan
en la Thesalia. E solament falleció en la Queronia; porque
allí lo encontró Brecio Sura, embaxador del capitán de
Macedonia, el qual havía nombre Sentio. E era Brecio hombre muit cuerdo e ardit. Esti muchas vegadas contrastó a
Archelaus, el qual corría por medio de la Biotía assín como
un río; e por III²⁶⁷²ᵇⁱˢ fuertes batallas qu'él le venció en la
Queronia, lo persiguió e lo fizo tornar a la mar. Mas Leucio Luculo comandó a Bretio qu'él se partiés por Sila e
desemparás la guera; porque era determinado que Sila la
fiziés. Por esto Bretio desemparó la Biotía e fuésse cerca a
Sentio; porqu'él prosperava más que no pensava, e toda la
Elada por sus buenas maneras lo amava e quería qu'él tornás. La qual cosa le era de mayor gloria que su valentía.

   Sila a to- [f. 172r / xii, 1] das las otras ciudades senyoreava, porque antes que fues a ellas le enviavan embaxadores e se diusmetían a él. Solament Athenas, contra su
voluntat, no se diusmetía, porqu'el²⁶⁷³ tirano qui la tirani-

2671   Meoti sin] C_2C_3F: meotisin sin (*el segundo* sin, *interlin*.) P.
2672   la Tracia] C_2C_3: las tracias P: le tracie F: Θράκην.
2672ᵇⁱˢ e por III] et per tre F: e III P: καὶ τρίσι (μάχαις).
2673   porqu'el] per che lo (che *interlin*.) F: por el PC_2: *om*. C_3.

zava contrariava, el qual havía nombre Aristíono. Por la qual cosa, él vino súbitament e retuvo la Pireá e combatía a Athenas con todas maneras de ingenios e con toda manera de batalla. E si él fues un poco aturado, él havría tomado sin periglo el castiello de alto, el qual era muit constrenyido de fambre. Mas, aquexándose de tornar a Roma, e dubdándose que aún no se fiziesen algunas comociones, con muchas despensas e con mucha guerra e con muchos periglos se aquexava de combater, en tanto que sin los otros aparellamientos diez Mˡ mulos levavan cada día lo que menester fazía por obrar los ingenios. Por la qual cosa, falleció la materia, porque los de Athenas echavan cosas pesadas e crebavan los ingenios e metían fuego e los cremavan. E por esto Sila puso mano a los árbores sagrados, e tajó los árbores de la Acadimia e de Liquio, e destruyó los más fermosos árbores que allí fuessen. E quando él huvo menester de despensas, él movió las cosas muebles de la Elada e tomó los depósitos sagrados los más preciosos que fuesen en el Epidauro e en los Olimpios. E escrivió a los Delfos a los Anfitíonos que le enviassen el trasoro del dios Apolo, qu'él lo guardaría mejor; e, si él havría menester de despenderlo, él lo pagaría de continent sin alguna falta. E envió un amigo de Foquida, el qual havía nombre Cafio,²⁶⁷⁴ con tal comandamiento qu'él recibiés todas las cosas a peso. Cafio se fue a los Delfos; no res menos, él dubdava de tomar alguna cosa, e ploró devant los Anfictiones diziendo que a su mal grado los agreujava. Aun algunos dixieron qu'ellos havién oído el son de la guitarra qui es en el palacio del dios, la qual sonava por sí misma. [f. 172v] Cafio, o sea porque lo creyés, o sea porque quería espantar a Sila, él le envió

2674   Cafio] C_2C_3: cassio PF: Κᾶφιν.

dezir esta cosa. E Sila le rescrivió por manera de reprensión diziéndole: «Maravéllome si Cafio no conoce que cantar apartenece a aquel qui es alegre e no pas a aquel qui
es tribulado; por la qual cosa, tomat segurament el trasoro del dios, porque Dios lo da alegrement». E quanto las
otras cosas, le enviavan liugerament; mas solament la pictara o jarra d'argent, la qual era fincada sola de las cosas
reales, porque era muit pesant e las bestias no la podían
levar, convino de necessidat que los Amfictiones²⁶⁷⁵ la tajassen por pieças. E en esto ellos se remembravan de Flaminio e de Manio Acilio²⁶⁷⁶ e de Emilio Paulo, de los quales
el uno echó a Antíoco de la Elada, e los otros vencieron
por batalla a los reyes de Macedonia; e no solament no
tocavan las cosas sagradas de los griegos, mas les fazién
aun reverencia e davan donos de sí mismos. Mas aquellos
senyoreavan a hombres bien ordenados, los quales sin
paravlas ponían sus manos a las necessidades de los senyores, e havién coraçones reales, e liugerament obedecían, e lur despensa era ordenada. E más suzia cosa les
parecía falagar la gent d'armas que de temer a los enemigos. Mas los capitanes de aquel tiempo no buscavan de
adelantarse por virtut, mas por fuerça. E mayor guerra
havían entre ellos que con los enemigos. E por esto les
convenía de necessidat que los fechos de armas e el aplegamiento de las huestes se fiziés por ordenamientos de los
tribunos del pueblo. E de quanto ellos despendían rescatavan el trebajo de la gent d'armas dándose buen tiempo.
En la qual cosa ellos se encontraron decebidos, e vendie-
ron²⁶⁷⁷ toda lur patria. Por senyorear a los mejores d'ellos,

---

2675   amfictiones] amficiones *C₂*; anficioves *C₃*: anificciones *PF*: Ἀμφικτύονες.
2676   Acilio] *C₃*: atilio *PC₂F*: Ἀκύλιον.
2677   vendieron] *C₂C₃*: vedieron *PF*: ὤνιον [...] ποιήσαντες.

se diusmetían a los malvados. Estas cosas echaron a Mario e diusmetieron a Sila; estas cosas [f. 173r / XII, 13] movieron a Quina que matás a Octavio; e a Fimbria, a Flaco.[2678] E Sila seguía a ellos, no pas como a hombres de menor condición; e con muchos donos consumó él a muchos, tractando estas cosas con lures subjectos. E ordenava que los siervos de los otros fuessen traidores a sus senyores. E aun él perdía a los suyos por sus ordenamientos, queriendo estar a lur grant plazer. E por esto él vino en necessidat grant combatiendo aquella ciudat.

Porqu'él había deseo desordenado de tomar la ciudat de Athenas, huviendo invidia de la antiga fama de la ciudat. E depués, quando los de la ciudat se chufavan e injuriavan a él e a Metela[2679] de los muros, segunt qu'el[2680] tirano Aristión les comandava, el qual era hombre de cruda e suzia condición e de mala ánima, e toda suziedat que havié Mitridati era en él. E de tantas guerras e tiranías que aquella ciudat escapó, él finalment la reduxo a enfermedat mortal, e a tanta necessidat los aduxo qu'ellos compravan el moyo de trigo por mil daremes. En tanto que los del alcáçar[2681] comían las yervas qui nacían en l'alcáçar, e cozían lures calçares qui eran de cuero e los comían; mas el tirano comía e bevía e cada día se embriagava. E sonando e dançando se chufava de los enemigos. E dissimuló de alumbrar la lámpada de la dea, la qual se amortó por falta de olio. La sacerdotissa de la dea le demandó trigo, e le dio pebre. Los consejeros e los sacerdotes[2682] lo pregavan

---

2678   a Flaco] et a flaco PC_2F: et a fraco C_3: ταῦτα Φλάκκου τοὺς περὶ Φιμβρίαν αὐτόχειρας ἐπόιησεν.
2679   Metela] metello PC_2F: acometiendole C_3: Μετέλλαν.
2680   qu'el] C_2C_3: que P: il F.
2681   del alcáçar] C_2C_3: de la carçer P: del casserio F: περὶ τὴν ἀκρόπολιν.
2682   sacerdotes] C_2C_3: sacerdoteses P.

qu'él huviés misericordia de la ciudat e fiziés paz con Sila; e él con el arco los ferié e los echava e los derramava, como si él fues una fiera que no se pudiés domar. Finalment, apenas mandó II o III de aquellos qui se embriagavan con él por fazer la paz, a los quales, porque no pregavan por lur salut, mas se alabavan por Theseo e por Éumolpo[2683] e por las cosas de Media, Sila los licenció diziéndoles: «O bienaventurados, tomat vuestras paravlas e itvos con ellas, porque Roma no me ha enviado a Athenas por doctrina, mas por [f. 173v] humiliar a sus rebelles».

E la hora, segunt que dizen, algunos de la huest uyeron favlar algunos viejos de Athenas, qui favlavan el uno con el otro e blasmavan al tirano diziendo qu'él no guardava bien aquella part de la ciudat qui se clama *Eptácalco*,[2684] de do podían puyar los enemigos. Quando Sila lo supo, él no menospreció pas las paravlas, mas la noche en el escuro él consideró el lugar. E como él comprendió que liugerament se podía tomar, se puso en obra. E escrive Sila mismo en los suyos *Memoriales* qu'el primero qui puyó sobr'el muro fue Marco Tíio, al qual uno de la ciudat le vino en contra, e le dio assí grant colpe de espada sobr'el bacinet que crebó su espada. Mas por esto él no se partió, antes él estuvo fuertment e retuvo aquel lugar; tanto que de allí fue tomada la ciudat, segunt que los más antigos de Athenas se remiembran aún. E Sila fue devers la puerta qui se clama Guierá,[2685] que es frontera de la Pireá, e aplanolo todo, e entró en la ciudat con sones terribles de trompetas e de buzinas de cuerno e con grandes cridos de la huest. E les dio licencia de robar e de matar sin misericordia. E todas las carreras estrechas eran plenas de hombres

2683   Éumolpo] *C₂*: cunolpo *PF*: enmolpo *C₃*: Εὔμολπον.
2684   Eptácalco] efcacalco *PC₂F*: estahcalco *C₃*: Ἑπτάχαλκον.
2685   Guierá] *C₂C₃*: guierra *PF*: Ἱερᾶς.

qui tenían las espadas nudas. E no se podían contar aquellos qui eran muertos; mas solament del lugar do corrió lur sangre se faze conto de la multitut. Porque sin aquellos qui fueron muertos por las carreras de la ciudat, solament del matamiento que fue fecho en la plaça, fue pleno el[2686] lugar qui es dentro del Dípilo entro a los tejados. E la sangre abundó tanto que de las puertas corrió entro al lugar qui se clama Proastio.[2687] E aun de aquellos qui fueron muertos no fueron menos aquellos qui se mataron el uno al otro e qui se mataron por sí mismos por la dolor de su patria, como hombres del todo destruidos. E eran todos fuera de seso veyendo que ninguna misericordia en Sila no era. E por esto [f. 174r / xiv, 8] no esperavan de haver alguna perdonança ni salvamiento. No res menos, quando Midía e Califón, qui eran fugitivos, lo pregavan e se echavan a sus piedes, e todos los nobles hombres qui eran en su companyía le demandaron la ciudat e él ya era farto e enoyado de la punición de los ciudadanos, dixo antes un laor de los antigos de Athenas, e depués los perdonó. E tomó Sila a Athenas, segunt qu'él escrive en sus *Memoriales*, a iii días del mes de março, quando los de Athenas havían por costumbre de fazer memoria de la destrucción de los hombres. E conteció que Athenas fue captivada quando fue el diluvio. Pués, quando fue la ciudat tomada, el tirano se reduxo al alcáçar. E Sila dexó allí a Curión qui lo teniés allí assitiado e combatiés l'alcáçar. E duró mucho tiempo el sitio, e finalment él se rendió por set. E de continent pareció un senyal: que en aquel día quando Curión lo devallava, seyendo sereno e buen tiempo, súbitament se anubló[2688] e pluvió muit grant agua e impliose l'alcáçar.

2686   el] C_2C_3; il *F*: en *P.*

2687   Proastio] prastio *PF*: psastio C_2; pastio C_3: Προάστειον.

2688   se anubló] fue grant nublado C_3: fue grant nevlado C_2; s'anuvolo *F*: se anullo *P.* νέφων [...] συνδραμόντων.

E en poco tiempo senyoreó a la Pireá e todo lo romanient, e cremó el lugar do se guardavan las armaduras, el qual havía fecho Filón e era obra maravellosa.

E entre esti medio, Taxilo,[2689] el capitán de Mitridati, devallava de Tracia e de Macedonia con hombres de piet c^m, e carros de cavallos xc. E envió dezir a Archelaus, el qual se aturava con el estol a la Moniquía[2690] e no devallava en tierra ni combatía con los romanos, mas le parecía mejor de dexar passar el tiempo sin res fazer e esperar que amenguassen a los enemigos las victualias. La qual cosa considerando Sila mejor qu'él, se partió (porqu'el lugar era seco y pobre, en tanto que ni en tiempo de paz era sufficient pora mantenerlos) e fuésse a la Biotía. E pareció a algunos qu'él errasse, porqu'él se partió de la Atiquí, qui es lugar de tierra fuert e aspra pora gentes de cavallo, e se puso en campos planos, e especialment [f. 174v] veyendo l'armada de los bárbaros poderosa de armaduras e de cavallos. No res menos, él era contento de estar en el periglo de la batalla por fuir la fambre e el desaise.[2691] Mas Sila havía miedo por Orticio, el qual era hombre valient e grant guerrero, el qual aduzía a Thesalia grant poderío. E los bárbaros, supiendo estas cosas, tenién los passos. Mas Cafio, el qual era griego, decibió[2692] a los bárbaros e aduxo a Orticio por otros caminos e lo fizo devallar por medio del lugar de Parnaso a la Titora, la qual no era aún assín grant ciudat como es agora, mas era castiello sobre una penya, al qual puyaron antes los foquios fuyendo de Xerses e se salvaron. Allí se aturó Orticio el día, por tal que los enemigos no lo sentiessen; e depués, la noche, él

2689   Taxilo] taxillo C_2C_3: laxillo *PF*: Ταξίλλης.
2690   Moniquía] C_2C_3: monoquia *PF*: Μουνυχίαν.
2691   desaise] mal ayse C_2: mal ayre C_3: disagio *F*: desayre *P*: σπάνιν.
2692   decibió] C_2C_3: no recibio *P*: non ricevette *F*: ψευσάμενος.

devalló a los casales de Patronida, e Sila lo fue a recebir, e se ajustó todo el poderío ensemble.

E se metieron en buen lugar do havié agua al piet de la montanya, el qual lugar se clama Filoviotó. E Sila mismo loava la natura e la disposición del lugar. E quando se atendaron allí, parecieron muit pocos en comparación de los bárbaros, porque la gent de cavallo no eran más de M^i v^c, e de piet eran menos de xv^m. E por esto los otros capitanes de los bárbaros aquexavan a Archelaus. E ordenaron lur poderío e implieron el campo de cavallos e de armaduras e de escudos e de paveses e de toda manera de armaduras por decebir a los romanos por fantasía e por aparencia. Porque la esplendor de las armaduras, las quales eran guarnidas de argent e de oro, e la color de los camocanes e de los drapos de oro de los quales eran lures sobreviestas,[2693] con tales armaduras de fierro e de arambre bien febridas, en lur movimiento mostravan aparecencia de flama terrible. Por la qual cosa, los roma- [f. 175r / xvi 5] nos se escondieron en lures tiendas, e Sila no podía por alguna manera tirar el miedo de lures coraçones, e los retenía a lur mal grado, porque querían fuir. E aun Sila había mayor desplazer veyendo que los bárbaros por esta ocasión ensuperbían más e se chufavan d'él e lo injuriavan, la qual cosa fue más provechable a Sila que todas las otras cosas. Porque los adversarios por esta cosa lo menospreciaron e se movieron muit desordenadament e aun no eran a la obediencia de lures capitanes por las muchas senyorías que havían. E pocos fincaron en las tiendas, e la mayor part del pueblo fue decebida por robar, e se desramaron d'acá e d'allá, e se alunyaron de la huest por muchas jornadas. E la hora destruyeron la ciudat de los

---

2693   sobreviestas] sobrevistas PC_3; sobrevestiduras C_2; sopraveste F: χιτώνων.

panopeos e de la Levadia, e robaron el lugar de las adevinaciones sin comandamiento de ningún capitán.

De la manera que tuvo Sila a sus companyías
por animarlos a combater; e cómo Archelaus
e los bárbaros fueron vencidos en batalla

Sila, veyendo con sus ojos cómo las ciudades se perdían
e huviendo grant dolor, no quería que la gent d'armas
estuviés occiosa, mas los costrenyía a cavar fossados e a
desviar los ríos de Quifissó[2694] de su curso. E no dexava
folgar a alguno. Qui se querellava, sin algún reguart lo
fazía punir. E él mismo estava sobre la obra por tal qu'e-
llos se enoyassen del trebajo e se metiessen en periglo de
combater. E assí conteció que, trebajándose III días e
andando él en derredor veyendo cómo ellos obravan,
todos a una voz lo pregavan que los levasse contra los
enemigos. E Sila les respondió: «Esta voz no es voz de
hombres qui se deleitan de[2695] combater, mas de hombres
qui no quieren treballar». Mas, quanto a la verdat, ellos
querían combater. E les comandó que fuessen con lures
[f. 175v] armas allí do havié seído por otros tiempos l'alcáçar de los parapotamios. E quando fue destruida, fincó
la cima de la montanya nuda, toda plena de piedras e circundada de diruptos tanto luent del mont Dilio[2696] quanto
dura el río de Asso. E al piet del mont se ajusta ensemble
con el Quifissó e fázese un río grant que no se puede passar; e por esto aquel lugar es fuert por atendarse una
huest. Por esta ocasión treballavan los bárbaros qui levavan

2694 los ríos de Quifissó] *P*: el rrio C_2C_3: li fiumi di quifisso *F*: τὸν τε
Κεφισὸν.
2695 de] C_2C_3: di *F*: om. *P*.
2696 Dilio] PC_2C_3F: Ἡδυλίου.

los escudos cubiertos de arambre de tomar antes aquel lugar por atendarse allí. Mas Sila iva adelant e retuvo el lugar por el grant coraçón que los suyos mostraron. E quando Archelaus vido que no se podía aturar allí, se fue enta la Queronia. E todos los de Queronia que eran en la huest de Sila pregaron a Sila que no disimulás el salvamiento de lur tierra. E por esto él envió de continent a Gavinio,[2697] el qual era capitán de mil, e diole una legión. E depués dio licencia a todos los de Queronia que se fuessen en ayuda de lur patria. No res menos, no pudieron alcançar a Gavinio,[2698] el qual era tanto buen hombre que más era voluntarioso de salvar a aquellos qui lo pregavan que ellos mismos qui lo pregavan que los salvás. E en tanto se salvó nuestra ciudat de periglo.

E de la Levadia enviavan adevinaciones de Trofonio[2699] de victoria a los romanos, segunt que dizen los del lugar más que de otra part. Mas, segunt que escrive Sila en el décimo libro de los *Memoriales,* un hombre maravelloso, el qual havía nombre Quinto Titio,[2700] vino a él quando él venció la batalla de la Queronia, e le dixo cómo Trofonio[2701] adevinava que una otra batalla se devía fazer en la Queronia con victoria dentro poco tiempo. Esti Titio[2702] era uno de los grandes mercadores qui fuessen en la Elada. E depués d'esto vino un otro hombre d'armas e favló a Sila de part del dios Júpiter certificándolo de la postrimería de sus aferes en Italia. Amos a dos se acordavan a la adevinación, porque la virtut divina los inspiró [f. 176r / XVII, 4] e vidieron tal visión como es dios Júpiter de los Olimpios,

2697   Gavinio] C_2F: gavino P: ganinio C_3: Γαβίνιον.
2698   Gavinio] C_2C_3F: gavino P.
2699   Trofonio] trifonio PC_2C_3F: Τροφωνίου.
2700   Titio] tito C_2C_3: *om. PF*: Τίτιος.
2701   Trofonio] *cf. supra.*
2702   Titio] tito PC_2C_3F.

quanto a la grandeza e quanto a la fermosura. E quando Sila passó el río de Asso, fue enta al Dilio[2703] e se atendó cerca del lugar do se atendó Archelaus: en medio de Acondio e de Dilio[2704] enta los casales qui se claman Assia. No res menos, el lugar do Archelaus se atendó se clama entro al día de oi por él *Archelao*. E Sila dexó allí a Morino porque, si los enemigos se movían, él escaramuçasse con ellos; e Sila se fue enta el Quifisó[2705] e sacrificava. E depués qu'él acabó el sacrificio, se fue enta la Queronia por tomar la legión qu'él había enviado allí e por considerar al Turio, el qual havían tomado los enemigos e lo tenién. E es una cima de montanya como un pino, e se clama Ortópago. E al piet de la montanya corre el río Morio. E es allí el templo de Apolo del Thorio. E clámase aquel dios Turio de la madre de Queronio, el qual edificó la Queronia, e su madre se clama Thura. Otros dizen qu'el buei que Pithio dio a Cadmo[2706] qui lo guidás apareció primerament en aquel lugar, e por aquel buei claman al lugar *Thurio*, porque los fenices claman al buei *tur*. E quando Sila se acercó a la Queronia, el capitán de mil lo[2707] sallió a recebir con su huest armada, e levávale una garlanda de laurel.[2708] E quando la recibió e saludó a la gent d'armas, los induzía que se metiessen en el periglo. E dos de la Queronia le favlaron diziendo e prometiéndole, segunt que dize Anacsídamo, que ellos echarían del Turio a los bárbaros qui antes lo havién tomado, solament qui les diesse alguna poca gent d'armas; porqu'ellos sabían otro camino el qual no sabían los bárbaros. E puya del lugar qui se clama

2703   Dilio] *cf. supra.*
2704   Dilio] *cf. supra.*
2705   Quifisó] quisifo *PF*: quisisso C_2: quesiso C_3: Κηφισὸν.
2706   Cadmo] cadinio *PF*: chadino C_2: tadio C_3: Κάδμῳ.
2707   lo] C_2C_3F: so *P*.
2708   laurel] laurell *P*.

Pétraco[2709] e vasse enta la penya la qual es suso del Turio. E quando puyarían suso e echarían piedras sobre ellos, los farían exir fuera al campo. E quando Gavinio testimonió que ellos eran hombres leales e valientes, Sila les dio comandamiento. [f. 176v] E él ordenava la az e compartía la gent de cavallo de todas partes. E él era en la part diestra; e la part siniestra dio a Morino Galo e a Orticio, porque havían sus proprios hombres de armas, es a saber, mil cada uno. E estavan de part e paravan mientes que los bárbaros no circundassen a los romanos, porque los vedían aparellados de fazer esta cosa con la gent de cavallo liugerament armados e con hombres de piet liugeros, e fizieron luenga lur az por tal que más liugerament podiesen circundar a los romanos.

E entretanto, Ericio, el senyor de Queronia, se fue planament con aquellos qui havemos dicho enta al Turio. E como se trobaron súbitament sobre las cabeças de los bárbaros, grant turbación fue entre los bárbaros, e se metieron en fuida veyendo cosa que no esperavan veyer. E la mayor part fueron muertos[2710] d'ellos mismos, porqu'ellos no esperaron punto, mas se echavan por la devallada ayuso e cadían sobre lures lanças, como aquellos qui no sentían cómo cadién por el grant miedo que ellos havién. E el uno espenyava al otro, fuyendo de los enemigos. Ni fallían colpe los enemigos firiendo a los desarmados; en tanto que allí al Thurio murieron III[m]. E a todos aquellos qui escaparon de allí Morino les tomó el passo e destruyó a todos. Algunos otros se esforçaron e fueron enta lur huest. E aquellos pocos fizieron grant danyo a los muchos, porque corrían entre ellos como locos por el grant miedo que havién preso. E

2709   Pétraco] petrohco *PC₂F*: petroco *C₃*: Πετράχου.
2710   muertos] morti *F*: muert *P*: muerta *C₂C₃*.

Sila, quando vido qu'ellos eran en tanta comoción e turba-
miento, acometiolos luego e tomó el campo de medio. Assí
que los carros de cavallo no pudieron fazer nada; porque
lur poderío es en el campo, que por fuerça de curso entran
fuertment entre los enemigos; mas en poco espacio no han
poderío, como el arquero que en su tirar no ha ordenamiento ni espacio. E assín conteció la hora a los bárbaros. E lur
primer asalto no valió nada. Mas, assín como sus cavallos
eran aún perezosos a correr, los romanos estuvieron a contra ellos quasi²⁷¹¹ chufándose d'ellos, [f. 177r / XVIII, 7] e con
cridos e con sones los fizieron tornar a çaga. E depués se
mesclaron los de piet cridando tanto que de lures vozes el
aire se fendía. E los bárbaros estuvieron con lanças luengas
e bien aplegadas ensemble. Los romanos echaron lures dardos e entraron con las espadas cortando las lanças de los
bárbaros, no por otro sino por fazerlos ensanyar porque
más aína viniessen a las manos. Porque vedían una otra az
de enemigos, es a saber, los siervos de lures enemigos, los
quales eran XVᵐ, a los quales afranquién los capitanes de
los reyes con cridas. E quando ellos se partién de lures senyores e fuían enta ellos, los romanos los metían con los
otros de piet e fazién ir a los siervos contra lures senyores.
Por la qual cosa, dixo un centurión romano. «A la fiesta de
Saturno yo sé que solament los siervos han hondra». No res
menos, porque los peones de los romanos no les pudieron
nozer nada, porqu'ellos eran ardidos en la batalla más que
por natura, los ballesteros fueron de çaga e los turbaron e
les fizieron girar cara.

Archelaus, teniendo²⁷¹² la part diestra, destendía siempre su gent por circundar a los romanos. E por esto Orticio dexó a los suyos correr por embargar los enemigos.

2711   quasi] C_2: quasi F: quisi P. libre C_3.
2712   teniendo] C_2C_3: tenendo F: ceniendo P.

Por la qual cosa, quando Archelaus envió contra ellos hombres de cavallo II^m, sentiéndose en periglo Orticio por la multitut de los bárbaros, se tirava enta los poyos e assín se iva departiendo de la az principal. E quando Sila supo, siendo a la part diestra, la qual aún no combatía, que los enemigos circundavan a Orticio, corrió en su ayuda. E quando Archelaus sentió esta cosa por el polvo que fazién, desemparó a Orticio e giró a la part diestra de Sila, esperando que, pues el senyor se era partido de allí, liugerament se rompería e vencería. E en aquella hora levó Tacsilo[2713] contra Morino los qui levavan los escudos de arambre. E oíase lur voz de dos partes, como que resonavan[2714] las mon- [f. 177v] tanyas. Por la qual cosa, Sila aturó non supiendo a quál part deviés ayudar. E quando le pareció que mejor era que tornás a su lugar, él envió a Orticio hombres IIII^m en ayuda de Morino. E comandó a los otros mil que lo siguiessen. E iva corriendo a la part diestra, la qual sola contrastava bien e se defendía de Archelaus. E quando Sila apareció, de todo se esforçaron contra los bárbaros e los vencieron e los encalçavan. E aquellos fuían sin retornar enta el río e a la montanya de Acontio. Sila, dubdándose por Morino, iva en ayuda d'él. E quando vido que semblantment Morino vencía, se puso a encalçar. E muchos bárbaros fueron muertos en el campo, e la mayor part se perdió cerca lures tiendas. Assín que solament cerca de Calquida ende morieron[2715] x^m. E Sila dize que entre tantos mil hombres fizo la cerca de los suyos e no fallecían sino XIIII, de los quales ne vinieron dos a la tarde. Por la qual cosa, él pintó en los suyos trofeos Júpiter e

2713   Tacsilo] C_2: taxillo C_3: tafquillo PF: Ταξίλης.

2714   resonavan] C_2: razonavan P: razonava F: rrazonasen C_3: ἀνταποδιδόντων τὴν περιήχησιν.

2715   morieron] C_3: murieron C_2: morirono F: movieron P: διαπεσεῖν.

Victoria e a Venus, porque con apteza e con poderío, e no
pas menos con prosperidat, ganó aquella batalla. E puso
allí un trofeo al Thurio en somo del cabeço do circundó a
los bárbaros, do él escrivió con nombres griegos[2716] Moli-
co[2717] e Anacsídamo,[2718] los ardidos qui ordenaron esta victoria. E fizo grant convit a la fuent de Odipodo,[2719] cerca
de Estivas. Por la qual cosa, les tiró la meatat de lur tierra
e la dio a los pithios e a los olimpios, que rendiessen cada
un anyo a lures templos el trasoro que les havía tirado.

　　Depués d'esto, quando él supo que Flaco, qui era de la
contraria part, era fecho cónsul e passava el golfo Yonio con
poderío, mostrando qu'él pasás contra Mitridati (mas por
verdat él passava contra Sila), él se movió ir contra Thesalia[2720] por encontrarlo. E quando fue a la ciudat que se
clama Melitia,[2721] le vinieron nuevas de muchas partes que lo
que havía dexado de çaga d'él[2722] una otra huest real no
menor que la primera lo robava e lo assitiava, di- [f. 178r /
xx, 3] ziendo que[2723] Dorílao[2724] havié fugido a la Calquida
con grant estol e aduzié lxxxᵐ hombres los más aptos e los
más ordenados[2725] de toda la huest de Mitridati, e havié corri-
do entro a la Biotía, e la tenié deseando de provocar a Sila

　　2716　con nombres griegos] nombres griegos PC_2: nombre griego C_3:
nomi grechi F: γράμμασιν Ἑλληνικοῖς.
　　2717　Molico] PC_2: modito C_3: malito F: Ὁμολώιχον.
　　2718　Anacsídamo] C_2: anecssidanio P: anecssidamo F: anatasidamo
C_3: Ἀναξίδαμον.
　　2719　Odipodo] PF: odipido C_2C_3: Οἰδιπόδειον.
　　2720　Thesalia] italia PC_2C_3F: Θετταλίας.
　　2721　Melitia] milicia C_2C_3: melita P: mileta F: Μελίτειαν.
　　2722　lo que havía dexado de çaga d'él] lo que avia dexado de çaga
de la PC_2: quello che aveva lasciato di dietro de la F: lo dexava detras de
la C_3: τὰ κατόπιν.
　　2723　que] che F: por que C_2C_3: om. P.
　　2724　Dorílao] darialo PF: dario los C_2: dapño C_3: Δορύλαος.
　　2725　los más aptos e los más ordenados] C_2: los mas aptos et los
ordenados P: li piu atti et (?) ordinati F: los mas altos C_3.

a la batalla. *** e porque Archilaus embargava a Dorílao[2726] e no curava d'él, antes divulgava una fama: que tanta huest de tantos mil no era perdida sin traición. Mas Sila tornó aína e mostró a Dorílao[2727] que Archelaus era cuerdo e adoctrinado en la virtut de los romanos. Mas a Archelaus dava esperança el lugar de Orcomenó,[2728] do eran atendados, porque era apto pora cavallos. E entre todos los campos de la Biotía la part de los orcomenios es la mejor. E no ha allí algún árbor entro a los pantanes[2729] o lagos do entra el río Mauro, el qual nace al piet de la ciudat tan grant que entre[2730] todos los ríos de los griegos esti solo en el tiempo de las miesses se passa[2731] con nau. E quando el sol se gira, él crece como el río Nilo, e fázese como un piélago e riega todos aquellos campos, e fructifican como Egipto. No res menos, las plantas no se fazen luengas. E el río no va adelant, mas la mayor part fallece en las lagunas ciegas e en los pantanes. E una part se mescla con el Quífisso, do parece que la laguna produze canyas de las quales se fazen flautas.

De la grant ardideza de Sila e de las paravlas
que dixo a los romanos que fuyén e
desbarataron diversas vegadas a los bárbaros;
e de las convenencias[2732] fechas entre Mitridati e Sila

Quando Sila se atendó cerca de Archelaus, Archelaus callava;[2733] mas Sila fazía fossados de dos partes por poder

---

2726 Dorílao] darialo *PF*: durialo *C₂C₃*: Δορύλαος.
2727 Dorílao] durialo *PC₂C₃F*.
2728 Orcomenó] *C₂C₃*: ortomeno *P*: ortomenio *F*: Ὀρχομενῷ.
2729 pantanes] *C₂C₃*: panteneos *P*: pantani *F*: ἑλῶν.
2730 entre] *C₂C₃*: *om. PF*.
2731 passa] *C₂C₃F*: massa *P*: πλώιμος.
2732 convenencias] conveneçias *P*.
2733 callava] cavava *PF*: cavallava *C₂*: cavalgava *C₃*: ἡσύχαζεν.

embargar a los enemigos que no fuessen a lugar apto pora
los cavallos, e que se tirassen enta las lagunas. Mas los bárbaros no lo sufrieron, antes de continent que lures capitanes les dieron licencia, vinieron con furor, como si fuessen
ríos corrientes, encalçando a los romanos. Por que, estando Si- [f. 178v] la sobre la obra e fuyendo los que lavravan
el fossado, e conturbaron fuyendo a la mayor part qui era
con Sila. E Sila la hora²⁷³⁴ descavalgó²⁷³⁵ e tomó la bandera e se fincó entre los enemigos cridando: «O romanos, a
mí es bueno morir aquí; mas vós remembratvos de dezir
a los que vos demandaren que en la Orcomenia²⁷³⁶ havedes traído al monarca». Por esta paravla se tornaron los
otros, e corrieron en su ayuda dos otras legiones de la part
diestra, con las quales él assallió assín ardidament a los
enemigos que de todo los puso en fuida. Depués, él tornó
un poco a çaga e fizo comer a su pueblo. E aún fazié cavar
los fossados, e aún venién los bárbaros mejor ordenados
que primero. E la hora murió Diógenes, entenado de
Archelaus, combatiendo maravellosament. E aún los bárbaros se metieron en fuida. E quando los romanos los
encalçaron tanto que fueron a las manos con ellos e se
encerraron dentro del lugar do eran atendados, passaron
aquella noche mala por los colpes que havién recebidos.
E aún el día siguient Sila cavava los fossados; e aún vinieron los bárbaros sobr'él. E la hora fue fecha una fuert batalla e grandes homicidios, e de todo se pusieron los bárbaros en vencida. E por el miedo de los romanos ninguno
no tornava cara; en tanto que los romanos tomaron el
lugar do los bárbaros eran atendados. E era todo el lugar

2734   E Sila la hora] C_2 esa ora sila C_3; om. PF: ἔνθα δὲ Σύλλας αὐτὸς.
2735   descavalgó] C_2C_3; de cavallo P: da cavallo F: ἀποπηδήσας.
2736   que en la Orcomenia] C_2C_3; que la arcomeni P: che la arcome-
nia F: ὡς ἐν Ὀρχομενῷ.

pleno de muertos. E los pantanes e la laguna eran tintos de la sangre; en tanto que entro agora se troban allí bacinetes e espadas e pieças de cuiraças rovelladas e cubiertas de lodo, ya sea que son anyos cerca dozientos que aquella batalla fue. Tales cosas fueron fechas a la Queronia e al Orcomenó.

E quando Quina e Carbón se fortificaron en Roma e forçavan a los gentiles hombres muit fuera de razón, la hora²⁷³⁷ muchos fuían de lur tiranía e se reduzién a la [f. 179r / xxii, 1] huest de Sila como de fortuna al puerto; en tanto que en poco tiempo se aplegó a él forma de consello. E Metela misma apenas furtó a sí misma e a sus fillos e fuésse a Sila diziéndole cómo sus enemigos havían cremado sus casas e sus casales. E lo concitavan que diesse acorrimiento. E no supiendo Sila qué deviés fazer (porque no podía sofrir que su patria viniés a aminguamiento ni decaimiento, e aun no le parecía bueno de dexar tanto fecho como era la guerra de Mitridati que no la acabase), entretanto vino un mercadero a Sila, el qual havía nombre Archelaus, del Dilio²⁷³⁸ con algunas nuevas secretas de part de Archelaus, el qual era capitán del Rei. La qual cosa plugo tanto a Sila qu'él se aquexava mucho de favlar con Archelaus. E se ajuntaron ensemble al Dilio²⁷³⁹ enta la mar do es el templo de Apolo.²⁷⁴⁰ Quando Archelaus començó a favlar e pregava a Sila qu'él tomás del Rei moneda e galeas e poderío quanto querié, solament qu'él desemparás la Asia e qu'él fues a la guerra de Roma, Sila respondió saviament qu'él no curás de Mitridati e que regnás en lugar d'él, solament que fues en liga de los romanos e que les

2737   la hora] C_2; et PF: om. C_3.
2738   Dilio] PC_2C_3F: Ἡδυλίου.
2739   Dilio] PC_2F: om. C_3.
2740   de Apolo] C_2C_3; om. PF: τοῦ Ἀπόλλωνος.

dies las galeas. Mas Archelaus no acceptó esta traición; e Sila dixo: «O Archelaus, tú eres de Capadocia e servidor de rei bárbaro e amigo, e no acceptas la cosa suzia por tantos bienes; e a mí, qui só senyor de los romanos, ¿a mí, Sila, osas favlar de traición tú, qui havías cxx^m hombres e fuyeste con muit pocos de la Queronia e estuviste escondido dos días entre los lagos de los orcomenios e entre los boxones, e desempareste a la Biotía e no passeste de ella por la grant multitut de los muertos?». E faziéndole reverencia, lo pregava que poniés fin a la guerra e fiziés paz con Mitridati. E Sila acceptava sus pregarias con tal pacto: [f. 179v] que Mitridati desemparasse la Asia e la Peflagonia,[2741] e tornás a Ariobarzano la Bitinia e la Nicomidía e la Capadocia, e que dies a los romanos talentes ii^m e galeas de batalla lxx a sus despensas, e por tal manera Sila le confirmarié toda la otra senyoría e lo farié amigo de los romanos.

Quando estos pactos fueron finidos, él se tornó d'allí e iva por medio de la Thesalia e de Macedonia enta Elíspondo, huviendo con él a Archilao hondradament. E quando Archelaus fue enfermo muit greument cerca del Láreso, Sila estuvo allí e lo fizo folgar e havía grant anxia e cura d'él, como de uno de sus gentiles hombres qui eran en su companyía. Por la qual cosa, fue blasmada la obra de Sila e su victoria, diziendo que no havía vencido limpiament e qu'él havía tornado todos los amigos los quales tenía captivos, solament fizo morir a Aristión, el tirano, con veneno, porqu'él quería mal a Archelao. E aún más[2742] la tierra qu'él dio a Capadocio en la Eubia, la qual era x^m mesuras, e la subscripción por la qual él confirmava qu'él era amigo de

2741   Peflagonia] PC₂; pefragonia C₃; pamflagonia F: Παφλαγονίαν.
2742   E aún más] et aun mas que PC₂; et ancora piu che F: et C₃; μάλιστα.

los romanos e de lur liga. Por la qual cosa él mismo responde en sus *Memoriales*. E quando vinieron la hora los embaxadores de Mitridati, ya sea que todas las otras cosas acceptavan, lo pregavan qu'él huviés la Peflagonia,²⁷⁴³ mas que galea no le dava ninguna. E Sila se ensanyó e dixo: «¿Qué dezides vós? ¿Mitridati tiene la Peflagonia²⁷⁴⁴ e niégame las galeas? E yo me cuidava qu'él me deviés adorar si yo le dexás solament la mano diestra, con la qual él mató muchos romanos. Por ventura él cuidará²⁷⁴⁵ otrament quando yo passaré en la Asia. Mas agora, aturándose²⁷⁴⁶ a Pérgamo, ordene²⁷⁴⁷ la batalla la qual non ha vista». Los embaxadores por miedo callaron; mas Archelaus pregava a Sila e lo amansava a- [f. 180r / XXIII, 8] dorándolo e tomando su mano e lagrimando. Por la qual cosa, él fizo tanto que Sila consentió de enviarlos a Mitridati e que ordenassen la paz como a él plaziés, e, si no consentiés, que él mismo se matás. Con tal promisión los envió, e él entró en Midía²⁷⁴⁸ e la robó, e tornó aún a Macedonia, e allí recibió a Archelao cerca de Philipis con tales nuevas, diziendo que todas cosas havién bien ordenado e finado, e que Mitridati lo pregava que se ajustasen por favlar ensemble. E la ocasión era por Fimbría, el qual mató a aquel qui era su companyón en la capitanería, porqu'él era de la part contraria, e venció a todos los capitanes de Mitridati, e iva contra él mismo. Por la qual cosa, dubdándose Mitridati, quiso seyer amigo de Sila.

2743 Peflagonia] *PC₂*: pefagonia *C₃*: pamflagonia *F.*

2744 Peflagonia] *PC₂*: pamflagonia *F*: pefagonia *C₃*.

2745 cuidará] *C₂*: cuidaria *P*: se arrepentirá *C₃*: crederra *F.*

2746 aturándose] estándose *C₂*: estando *C₃*: aturannose (dimorandosi *en margen*) *F*: aturaronse *P*: καθήμενος.

2747 ordene] *P*: ordeno *C₂C₃*: ordini *F*: διαστρατήγει.

2748 Midía] *PF*: media *C₂C₃*: Μηδικὴν.

E se aplegaron en un lugar de Troya el qual se clama Dárdano. E havié Mitridati galeas II^c bien armadas, e por tierra havié otra huest, es a saber, hombres de piet xx^m, e de cavallo VI^m, e muchos otros con carros de cavallo. Mas Sila no havié sino hombres IIII^m de piet, e de cavallo II^c. E quando Mitridati le vino al encuentro e alargó su mano diestra, Sila dixo: «Qui priega favla antes; mas qui vence cúmplele de callar». E quando Mitridati començó a responder e maliciosament allegava las ocasiones de la guerra echando quasi la culpa en part a la ventura e en part a los romanos, Sila respondió: «Antes yo oía de otros, agora yo mismo siento que Mitridati es apto en favlar, el qual en tales aferes qui no son razonables no dize alguna cosa al propósito, mas solament compone malicias». E la hora Sila le començó a reptar fuertment. E depués aún lo preguntó si él quería fazer lo que Archelaus havía [f. 180v] prometido. E quando él dixo «Hoc», la hora lo saludó e lo abraçó e lo besó. E depués, él envió a Ariobarzano e a Nicomido a los reyes e los pacificó. E quando Mitridati dio LXX galeas e arqueros V^c, passó depués al Ponto. Sila entendió que su gent d'armas havían desplazer de aquella paz, porque les parecía muit gran mal de veyer a aquel qui era más aborrido de los romanos que todos los otros reyes e qui tractó que fuessen muertos en Asia en un día CL^m romanos, qu'él[2749] salliés de Asia con riqueza e con robería la qual él robó por espacio de IIII anyos. Mas Sila en esta cosa respondié que, si Mitridati se fues ajustado con Fimbría contra él, no se podrié defender d'ellos.

La hora se partió de allí Sila e fuésse enta Fimbría, el qual era atendado a la Thiatira, do devalló Sila e se atendó cerca d'él e cavava fossados. E la gent d'armas de Fim-

---

2749   qu'él] C_2: que C_3: et quel (et *interl.*) P: et che elli F.

bría sallían de lures tiendas e ivan cerca d'ellos desarmados, e saludavan a la huest de Sila, e les ayudavan a cavar de buena voluntat. Fimbría, veyendo la mutación de su gent, dubdándose de Sila, el qual era duro a perdonar, matose él mismo dentro de su tienda. De la hora Sila fizo una colecta comuna en Asia de xx^m talentes; e aún en especialidat él destruyó las casas e las robó do abitavan la gent d'armas en las casas de los ciudadanos. Porque comandamiento era qu'el senyor del ostal diese cierta cosa cada día a cada un forestero qui abitava en su casa, e que le aparejás de comer por él e por todos sus amigos a los quales él quisiés convidar, e cada un capitán huviés cada día l daremes e una ropa estando en l'ostal e una otra quando quisiés ir en plaça.

Cómo Sila se combatió con Mario
e con otros capitanes de Roma, e los venció

Depués d'esto, él passó con todo el estol a la Pireá en tres [f. 181r] días, e por avisamiento de otro tomó por sí la librería de Apelicó Tiyo, en la qual la mayor part[2750] de los libros eran de Aristótiles e[2751] de Teofrastro, los quales no eran aún conocidos mucho. De los quales, depués que fueron levados a Roma, Tirano el gramático ne traslató muchos, e aun depués Rodio[2752] el gramático ne traslató más e los dio a Messo. E los más viejos peripatéticos se fizieron bellos favladores e plazibles; mas no le vinieron a las manos todas las escripturas de Aristótiles e de Theofrastro.[2753] Ni aun pudieron bien estudear aquellos qui le vinieron

---

2750 part] parte C_2C_3: *om. PF*: τὰ πλεῖστα.
2751 eran de Aristótiles e] C_2C_3: *om. PF*: Ἀριστοτέλους καὶ.
2752 Rodio] C_2C_3: nodio *PF*: Ῥόδιον.
2753 Theofrastro] C_2F tefrastro *P*: teofastro C_3: Θεοφράστου.

a las manos, porque Nileon[2754] Esquipsio, el heredero de los libros, conversava con hombres idiotas e qui no amavan hondra. Sila, tardando en Athenas, huvo la enfermedat de la podraga, segunt que dize Estrabus, e passó al Idipsó a los banyos de virtudes. E allí conversava por passar tiempo con los artífices del dios Bacus. E mientre qu'él iva e vinié por la ribera de la mar, algunos pescadores le aduxieron muit buen pescado. E quando el present le plugo e supo qu'ellos eran de las Aleas, les preguntó si aún era bivo el senyor[2755] de las Aleas. Porque, quando él huvo la victoria de Orcomenó[2756] e encalçava a los enemigos, él destruyó III ciudades de Biotía, es a saber, la Antidona e la Lárimna[2757] e las Aleas. Los pescadores por grant miedo qu'ellos huvieron no podién favlar; e Sila sonridiéndose les dio licencia que se fuessen alegrement. Por la qual cosa, se conortaron e se fueron a lur ciudat.

Sila pasó por medio de la Macedonia e de la Thesalia, e devalló a la mar. E aparejava M II^c naves por passar a Brándiz. E allí cerca es Apolonia. E cerca d'ella es el Ninfio, el qual es lugar sagrado e todo pleno de verdura. E en diversos lugares surten fontanas de fuego, e corre el fuego como agua. Allí tomaron un sátiro, el qual dormía e era tal como los pintores lo pintan e los entalladores de piedras lo entallan. E quando lo aduxieron a Sila, Sila le preguntava con trujamanes quí era. Sátiro apenas cridó, no pas voz inteligible, mas fuert e aspra, a manera de relincho de cavallo [f. 181v] mesclado con voz de cabrón. Por la qual cosa, Sila se espantó e lo echó de sí. Depués, quan-

2754   Nileon] cleon PC_2F: creon C_3: Νηλέως.
2755   aún era bivo el senyor] P (el senyor *va interlin.*): ancora era vivo il signore F: eran aun bivos los C_2: *libre* C_3: ἔτι [...] ζῇ τις.
2756   Orcomenó] C_2C_3: oreomeno P: orcomenio F: Ὀρχομενῷ.
2757   Lárimna] lasimna C_2: lamina PF: lu..ntia C_3: Λάρυμναν.

do él devía passar con la huest en Italia, dubdándose que cada uno no fues a su tierra e que se aturarían, juraron todos por sí mismos de passar e de no nozer en alguna cosa en Italia por lur voluntat. E depués, quando vedían qu'él havía menester de moneda, cada uno le aduzía segunt que podía. No res menos, él no recebía nada, mas solament los loó e los regració e los fizo guidar en su camino. E passava, segunt qu'él conta, con xv suyos lugar-tenientes, los quales levavan iiii^c l^{m2758} hombres. No res menos, Dios le reveló antes paladinament los senyales de la prosperidat. Primerament, en el passage de Táranto: Quando él sacrificava, apareció en su oreja una forma de guirlanda de laurel^{2759} con dos piedras preciosas penden-tes. E aun antes qu'él passás en Campania,^{2760} en el mont de los Ifeos aparecieron ii cabrones los quales se comba-tían ensemble como^{2761} hombres. La qual cosa era fantasía. E poco a poco se levantó de tierra e se departió en diver-sas partes en el aire, como fantasía negra.^{2762} Aprés apare-cieron en aquel lugar Mario el joven e Norbanó el cónsul, e aduxieron poderío grant. En poco tiempo Sila sin ningún orden e sin alguna celada, solament con buen coraçón e con la ardideza de todos los qui eran con él, los puso en vencida e mató de los de Norbanó vii^m, e a él assitió en la ciudat la qual ha nombre Capua. La qual cosa fue ocasión a los hombres d'armas que non se derramassen por lures ciudades, mas que se ajustassen ensemble, porque ellos menospreciavan a sus contrarios, ya sea que fuessen muchos más. E dízese que al Silvio encontró Sila un siervo

2758   iiii^c l^m] C_2C_3: l^m PF (iiii *tachado en P*): πεντήκοντα καὶ τετρακο-σίας σπείρας.
2759   laurel] C_2C_3: laurell *P.*
2760   Campania] C_2C_3: companya *P*: campagna *F*: Καμπανία.
2761   como] C_2: con *PFC$_3$*: ἃ συμβαίνει [...] ἀθρώποις.
2762   negra] C_2C_3: nera *F*: niegra *o* megra *P*: ἀμαυροῖς.

de uno el qual havía nombre Poncio, el qual siervo era
loco e le aduzía nuevas de la dea ***²⁷⁶³ ardideza e victoria
de la batalla mescladas ensemble, e si él non se aquexás,
el Capitolio se cremaría. La qual cosa conteció en aquel
día mismo que aquel hombre dixo la profecía. [f. 182r /
xxvii, 13] E esta cosa fue en el principio del mes de julio.
Aún conteció otra cosa: Marco Léuculo, uno de los lugar-
tenientes de capitanes, resistió con xvi^m hombres que
havía a su comandamiento a l^m enemigos. E bien se
confiava de la ardideza de los suyos; mas se dubdava porque la mayor part d'ellos eran sin armaduras. E mientre
qu'él tardava consellándose, de un campo qui era cerca
d'ellos, do era un prado, se levantó un viento sotil que
desradigó e destruyó las flores e las echó sobre lures escudos e bacinetes; en tanto que lures enemigos mismos los
vedían como coronados. Por la qual cosa, ellos combatieron de mejor coraçón e vencieron. E mataron de sus enemigos xviii^m,²⁷⁶⁴ e tomaron lures tiendas. E esti Léuculo era
ermano de Luculo, el qual depués destruyó a Mitridati e a
Tigrano.

Sila, veyendo que los enemigos le venían de suso de
todas partes con grandes huestes, se provó a decebir a los
enemigos enduziendo a uno de los cónsules, es a saber, a
Cipión, a concordia. E quando Cipión recibió las nuevas,
se fizieron más de congregaciones e más de parlamentes
comunes. Mas Sila prolongava los aferes teniéndolos en
suspenso con algunas ocasiones, e destruyó a la gent de
Cipión con los suyos; porque todos eran aptos a decebir
como lur senyor. Por la qual cosa, entravan allí do eran
atendados e estavan con ellos ensemble. E a algunos
davan, e a otros prometían, e a otros falagavan e los deci-

2763   ***] lag. en PFC₂C₃: Ἐννοῦς.
2764   xviii^m] C₂C₃: xxiii^m PF: ὀκτακισχιλίους.

bién, e los provocavan a la muert de Cipión. Por la qual
cosa, depués, quando Sila vino cerca con hombres xx^m,
toda la gent d'armas de Cipión lo saludaron e dexaron a
Cipión solo en su tienda. La hora Sila con los xx^m suyos,
qui eran como aves amaestradas,[2765] tiró a sí otros xl^m de
los enemigos e los aduxo todos a sus tiendas. Por la qual
cosa, se dize que Carbón dixo: «La rabosa e el león abitan
[f. 182v] en el alma de Sila; mas mayor tribulación me da
el raboso». Depués, Mario, qui se trobava al Sinio con
lxxxv^m hombres, clamava a Sila a la batalla. E Sila muit de
grado quería combater aquel día, porqu'él vido dormien-
do un tal suenyo: Parecíale que Mario el viejo, qui antes
era muerto, consejava a su fijo Mario qui se guardás el día
siguient de combater, porque grant adversidat le vendrié.
E por esto Sila era muit voluntarioso de combater. E envió
a Dolobeo, el qual era atendado luent de allí. Mas los enemigos tomaron los passos e embargavan a la huest de Sila,
que combatía con ellos e havié mucho treballado por
delivrar el camino a Dolobeo. E aun plovió mucha agua
dentro el fossado qu'ellos fazién; por que se ensanyaron
mucho. E por esto los otros capitanes pregavan a Sila que
dexassen estar la batalla. E mostrávanle la gent d'armas,
qui era toda treballada e folgávanse todos sobre lures
paveses. E quando Sila dio licencia, ya sea que contra su
voluntat, començaron de cavar e de cerrar el lugar do eran
atendados. E la hora Mario iva devant de los otros de cavallo e los asallió cuidándose departirlos, porque no eran
ordenados. Mas allí acabava la ventura por obra lo que a
Sila havía mostrado en suenyos. Porque, quando la gent
d'armas de Sila lo vidieron, se ensanyaron e desempararon

2765   aves amaestradas] aves amaestradas (*interlin. y tachado* amaestradas) *P.* aves amostrados *P.* aves amaestrados *C₂.* abos amaestrados *C₃.*
uccelli amaestrati *F.* ἠθάσιν ὄρνισιν.

todos la obra, e fincaron sus lanças en tierra, e metieron
mano a las espadas, e cridaron todos ardidament, e
començaron a combater con los enemigos. Mas los enemigos no duraron mucho, ante se pusieron en vencida. E fue
fecha grant mortalidat. E Mario fuyó al Prenestó,[2766] e falló
las puertas cerradas. E los de la tierra echaron una cuerda
de los muros, e Mario se ligó él mismo, e assín lo tiraron
suso. Mas algunos otros dizen (de los quales [f. 183r /
XXVIII, 14] es Fenestela) que Mario no sentió esta batalla;
que, quando fue alçado el senyal de la batalla, Mario, porque
havié mucho velado de tarde, se puso a folgar dius una
sombra e se adurmió e apenas se espertó quando fueron
rotos los suyos e fuían. En esta batalla se perdieron de los
de Sila solament XXIII; mas de los enemigos fueron muertos XX[m], e fueron tomados bivos VIII[m]. Semblantment pros-
peraron los otros capitanes sus companyones, es a saber,
Pompeyo, Crasso, Metelo e Servilio, los quales sin falta
e con poca cosa destruyeron grandes poderíos de los enemigos. En tanto que aquel qui tenía más la contraria part,
es a saber, Carbón, fuyó de noche de su huest e passó en
Libia.

Çaguerament, assí como un hombre valient espera de
combater con un otro qui haya mucho treballado, vino
contra Sila Saunito Telexino,[2767] el qual vino poco menos
cerca de Roma por tal que Sila no lo sentiés e cerca las
puertas él lo echás.[2768] E se aquexava con Lambonio Leuca-
nó, depués que congregó mucho poderío, de correr entro

2766 Prenestó] preneto *PF*: prieneto C_2; prierreto C_3: Πραινεστὸν.

2767 Saunito Telexino] C_2; saluto telexiino *PF*: savito talexino C_3:
Σαυνίτης Τελεσῖνος.

2768 cerca las puertas él lo echás] cerca las puertas el lo echasse C_2C_3;
cercas las puertas et las echas (*tachado el primer* las; *interlin.* et; *en margen el segundo* las) *P*: presso alle porti et las ecas (*con trazo horizontal
sobre la* c) *F*: καταβαλεῖν ἐπὶ θύραις.

al Prenestó[2769] e tomar de allí a Mario porque no fues allí assitiado. Mas, quando él sentió que Sila con grandes cridos le venié al delant e Pompeyo le venié de çaga, sentiendo qu'él era embargado adelant e de çaga, hombre maestro de guerra e usado[2770] en grandes batallas, se levantó de noche e iva enta Roma con toda su huest. E por poco falleció que él no entró dentro, por las guardas de la ciudat. No res menos, de luent de la puerta la qual claman Colina por espacio de x estadios él escavalgó con superbia alabándose cómo él havié decebido a tantos capitanes. La manyana, como los más jóvenes de Roma sallieron contra él, mató a muchos, entre los quales era el noble e bueno Claudio Apio. Por la qual cosa, fue un grant roído en la ciudat e grandes ploros [f. 183v] de mujeres diziendo que por cierto la ciudat sería perdida. En esto el primero qui apareció de los de Sila fue Balbo, qui vinié fuertment corriendo con hombres de cavallo VII[c]. No res menos, él descavalgó un poco por tal que los cavallos se refrescasen.[2771] E depués metieron de continent los frenos e venían aquexadament contra los enemigos. E en esti medio vino Sila e comandó que todo hombre comiés; e él ordenava las azes. Dolobela e Torcovato[2772] lo pregavan mucho qu'él esperás que folgassen, por tal que finalment non huviessen periglo, porque eran treballados. Por que dezían: «Nós no combatemos con Carbón e con Mario, mas con saunitos[2773] e con leucanos, con la más enemigada generación de los romanos».

2769   Prenestó] cf. supra; pero puerto C_3.

2770   usado] C_2C_3: usando P. usati F. ἔμπειρος.

2771   refrescassen] C_2: refrenassen P. rifrenassen (en el margen, rifrescassen) F. dar fuelgo C_3: ἀναψῦξαι τὸν ἱδρῶτα.

2772   Torcovato] turtovato PF. turtonato C_2C_3: Τορκουάτου.

2773   saunitos] sannitos P. sanitos C_2C_3: sanniti F. Σαυνίτας.

Sila los reprendió e comandó que sonassen las trompetas
por senyal de combater. E el sol era cerca del ponent,
porque era la hora décima del día. E fue fecha una batalla assín maravellosa que nunqua fue otra tal. E quanto a
la part diestra, do era Crasso, vencía noblement; mas la
part siniestra enflaquecía, e los enemigos la opremién
fuertment. Por que Sila le iva en torno conortándola e
ayudándola. E Sila cavalgava en cavallo blanco mui ardit
e corrient. Por la qual cosa, dos de los enemigos lo conocieron e, temprando lures lanças, e las lançaron contra él.
E Sila lo sentió, e el su trotero o page dio un grant colpe
con el fuet o açot al cavallo, e el cavallo passó adelant,
e entramas las lanças le passaron cerca la coda del cavallo e se fincaron en tierra. E dízese qu'él havié de los Delfos un ídolo chico de oro del dios Apolo el qual levava
siempre sobre él en las batallas. E la hora lo besava e
dezía assín: «O Apolo, tú has exalçado al bienaventurado
Sila Cornilio en muchas batallas, e lo has mostrado grant
e solepne; ¿e agora lo has a- [f. 184r / xxix, 12] ducho a
las puertas de su patria porque se pierda vituperosament
con sus ciudadanos?». Tal oración faziendo Sila, a algunos
pregava e a algunos menaçava e a los otros ayudava. No
res menos, finalment la part siniestra fue rota, e él se
mescló con aquellos qui fuían e se reduxo a las tiendas
con ellos e perdió en aquella batalla muchos amigos e
conocientes. E aun muchos qui sallieron de la ciudat por
mirar fueron calcigados e murieron; tanto que todo hombre cuidava que ya era acabada la destrucción de la ciudat. E Mario fue delivrado del sitio, porque, fuyendo Sila,
muchos fueron enta aquel lugar e dixieron a Ofelo Lucrecio, al qual Sila havié puesto allí por combater la tierra,
qu'él se partiés d'allí, que Sila era perdido e los enemigos senyoreavan a Roma. Mas a la grant noche vinieron
algunos de Crasso a Sila demandando que les enviasse de

cenar a él e a su gent a la Antemna,[2774] porqu'él havía vencido a los enemigos e los havía perseguido entro allí, e allí se posaron por folgar.

De las grandes crueldades del cruel Sila

Quando Sila oyó estas nuevas e supo certanament que la mayor part de los enemigos era perdida, de manyana fue a la Antemna.[2775] E III^m de los enemigos enviaron mensage a él que le plaziés de recebirlos. E él prometió de recebirlos si ellos fiziessen algún mal a los otros e depués viniessen a él. Aquellos lo creyeron e asallieron a los otros, e muchos murieron combatiendo entre ellos. No res menos, a aquellos e a otros que fincaron entro a VI^m los congregó todos al ipodromio e envió por el Senado que viniés al templo de Junón. E quando él se fue por favlar con ellos, aquellos qui eran ordenados por él tallavan e matavan a aquellos VI^m. Por la qual cosa, por los cridos de[2776] tanta multitut de hombres qui eran muertos en tan chico lugar[2777] vinié grant voz e rumor; e se espantaron los del Senado. Sila, estan- [f. 184v] do en su color e no moviéndose de su primera paravla, comandó que escuchassen sus paravlas. E por tal que no se entremetiessen de otra cosa, dixo: «Yo he comandado que algunos malfechores fuessen castigados». Mas esta cosa dio a entender a los romanos que no era franqueza de tiranía, mas mutación. Mario, pues, del principio fue grieu e no mudó su manera por la senyoría; mas Sila del principio mostró

2774 Antemna] C_2; amtemna P. antenina C_3 F: Ἄντεμναν.
2775 Antemna] antenina PF: anntena C_2; entena C_3.
2776 de] C_2 C_3; et PF.
2777 en tan chico lugar] C_2 C_3; lag. en PF: ἐν χωρίῳ μικρῷ.

su prosperidat humil e útil enta la ciudat, e lo reputavan amador del estado de los gentiles hombres e sufficient pora la utilidat de la comunidat. E por juventut él se deleitava de redir, e aun liugerament plorava por compassión. E por esto en las grandes senyorías vinié la calupnia e frau, porque non dexan a los hombres virtuosos aturar en lures primeras costumbres, mas fazen como endemoniados que no han en sí humildat. La qual cosa es, o que la ventura diusmete a la natura de su estado e muda el poderío, o que la maldat, jaziendo, estava cubierta por la impotencia, e depués la licencia del poderío la descubre en otros aferes que nós diremos.

La hora, pues, Sila tornó a los muertos e implió la ciudat de homicidios innumerables de los justos e injustos. E muchos eran muertos que no havían culpa a Sila, mas cada un su amigo qui havía enemigança con otro le demandava licencia de fazer su vengança, e ge la dava. E por esto un joven el qual havía nombre Metelo demandó a Sila ardidament dentro en el Senado diziendo: «¿Qué postrimería aturan estos males, e quánto durará que los hombres hayan esperança que cessen estos aferes?». «E nós —dixo— no[2778] demandamos perdonança por aquellos que tú quieres matar, mas por aquellos que tú dizes de salvar, porque nos dubdamos d'ellos». E Sila [f. 185r / xxxi 3] respondió: «Yo non sé aún quáles dexaré». E Metelo dixo: «Pues, di quáles quieres punir». E Sila dixo: «Yo lo diré». Algunos dizen que Metelo non dixo estas paravlas, mas que Afidio las dixo últimament, el qual era acostumbrado de solaçarse con Sila. E Sila escrivió de continent otros lxxx sin consejo de algunos gentiles hombres. E veyendo que d'esta cosa eran agreujados, passó un día e[2779] escrivió

2778 no] non C_2C_3F: nos P: οὐχ.
2779 e] om. PC_2C_3F.

otros ii^c xx, e depués, en el tercero día, otros tantos. Aprés, passados otros dos días, dixo: «De quantos me só remembrado,[2780] yo he escripto; e de aquellos que yo no me só remembrado, yo los escriviré depués». E aun él escrivía que qui recibiés e salvás alguno d'estos, la pena sería la muert, o salvás a su ermano, o a su padre o a su fillo; e aun, qui matás algunos d'estos, o fues servidor qui matasse a su senyor, o fillo qui matás a su padre, havría talentes dos. E aquella cosa que a todos pareció más injusta fue aquesta: que de todos aquellos que puso en el escripto de la muert, e a sus fillos e a los fillos d'ellos tomava lur haver; la qual cosa fue fecha no solament en Roma, mas aun en todas las ciudades de Italia. E ni templo fincó limpio de los hombres muertos, ni casa de amigo ni abitación de parient, mas entre los braços de las mujeres legítimas eran muertos los maridos, e entre los braços de las madres eran muertos los fillos. E aun otros eran muertos no por trasoro, mas solament por enamigança. E por toda la ciudat se dezía: «A esti ha muerto su grant hostal, e a aquel el huerto, aquel fue perdido en los banyos de virtut, e el otro en otra part, e otro en otra».

De la muert de Abrilio; e cómo Mario
se mató él mismo; e cómo se intituló dictador;
e de la injusta muert de Lucrecio Ofela

Uno el qual havía nombre Quinto Abrilio, hombre pa-
[f. 185v] cífico, non havía otra culpa sino qu'él havía compasión de aquellos qui havían adversidat. E quando vino a la plaça e leía aquellos qui eran escriptos a la condepnación

----

2780   só remembrado] sono rimembrato *F*: remiembro *C₂C₃*: remembrado *P*; *cf. infra.*

de la muert, trobó escripto a sí mismo e dixo: «¡O mí desaventurado!,[2781] el casal de Albana me mata». E como fue un
poco adelant, un otro lo siguió e lo mató.

Entre esto, quando Mario vido que lo tomavan, se mató
él mismo. E depués, Sila mismo vino al Prenestó.[2782] E del
principio él punía a cada uno por sí; mas, depués, él congregó a todos ensemble en un lugar e comandó que todos
fuessen muertos. Los quales fueron xii[m]. E perdonó solament a Xeno, el qual respondió muit noblement diziendo
que nunqua él regraciarié al homicida[2783] de la patria; e de
su grado se mescló con los otros e fue tajado en pieças
ensemble con ellos. E la cosa que más pareció irrazonable
la hora fue que Leucio Catilina[2784] mató a su ermano antes
que las cosas se ordenassen, e pregó la hora a Sila qu'el
muerto fues escripto con los bivos. E porqu'él le dio la
licencia, Leucio en retribución d'esta cosa mató a uno el
qual había nombre Marco Mario, qui era de la part contraria. E mientre que Sila sedía en la plaça, él le aduxo la
cabeça del muerto, e depués fuésse a la cuenca[2785] de
Apolo, la qual era allí cerca, e lavose las manos.

E sin estos homicidios, afligía mucho la gent por las sus
otras malas obras. E se intituló dictador, ya sea que cxx
anyos eran passados que esti officio se dexó. E fue determinado comunament de todos qu'él no fues[2786] jutgado de
ninguna cosa qu'él huviés fecho, e aun por el tiempo
advenidero huviés poderío de dar muert e vida e heredades e suertes e edificar e destruir, tomar regnos e darlos a
qui quisiés. E todas las cosas qu'él tomava, tanto las ven-

2781   desaventurado] C_2; disventurato F: deseaventurado P. om. C_3.
2782   Prenestó] preneto PC_2F: om. C_3; cf. supra.
2783   homicida] F: homicidia P: homiciador C_2: matador C_3.
2784   Catilina] F: catilini PC_2: catelin C_3: Κατιλίναν.
2785   cuenca] C_2: conca F: cuenta P: περιρραντηρίῳ.
2786   fues] fuesse C_2C_3: fosse F: fue P.

día superbiosament e senyoreable, sediendo por tribunal, que más pareció grieu a la gent lo que él dava qu'el danyo qu'él fazié. Porque las dava a mujeres fermo- [f. 186r / xxxiii, 3] sas e cantadrizes e a bufones e a personas de vida suzia. E los donos qu'él dava eran provisiones de ciudades, de castiellos, de tierras e de gentes. E aun casava las gentiles mujeres a lur mal grado con hombres de no nada. E queriendo fazerse amigo de Pompeyo Magno, le comandó qu'él dexás la mujer qu'él havía e casolo con Emilia, fija de Escauro;[2787] e a su mujer, Metela, a la qual tomó Magno Labrio, Sila la departió, ya sea que era prenyada quando era con Pompeo; e morió sobr'el parto. Lucrecio Ofela, qui havié sitiado a Mario en el Prenestó,[2788] porqu'él demandava el consulado, Sila lo embargava. E quando vino por esta cosa en la plaça con muchos otros qui le ayudavan por haver el consulado, Sila envió de aquellos qui eran cerca d'él a un centurión, el qual mató a Ofela. E él sedía por tribunal en el templo de Cástor e de Pólux; e de allí vedía la plaça. Quando los hombres tomaron al centurión e lo levaron al tribunal, Sila comandó a todos que no fiziessen roído porqu'él lo havía comandado. E dixo que lo dexassen.

Del triumfo de Sila; e cómo, aprés Metela,
casó con Valeria, ermana de Orticio el rectórico;
e aprés cómo Sila murió de grieu enfermedat de piojos

El triumfo de Sila fue muit glorioso por las cosas mui preciosas que había robado de los reyes. E la más fermosa cosa que fue en aquel triumfo era de los exiliados. Porque los más gloriosos e los más poderosos de todos los

---

2787 Escauro] scauro *F*: escaro *C₂*: scaro *P*: om. *C₃*: Σκαύρου.
2788 Prenestó] preneto *PFC₂*: om. *C₃*.

ciudadanos lo seguían coronados de laurel clamando a
Sila salvador e padre, e diziendo que por él tornaron a su
patria e recobraron sus mujeres e sus fillos. E depués qu'él
cumplió todo lo qu'él querié, seyendo en la congregación,
él contava sus aferes; e no contava menos sus buenas venturas que sus valentías. E depués, él comandó que en
[f. 186v] todas estas cosas le fuesse nombrado *templo de
prosperidat*,[2789] porque esti vocable *felix* significa 'prosperidat'. No res menos, quando él escrivié a los griegos o
quando él favlava con ellos, él nombrava a sí mismo *Epa-
fródito*. E quando Metela parió dos infantes gemelos, al
masclo puso nombre Fausto, porque los romanos la cosa
bienaventurada e al buen encuentro dizen *fausto*. E no
credía tanto a sus obras como a su buena ventura; e toda
su esperança ponía en la ventura. En tanto que, depués
qu'él huvo muerto a muchos e fue mutación en la ciudat,
él desemparó la senyoría e dio licencia a la comunidat que
esleyesen cónsules sin que él se acercasse al consejo, mas
iva por la plaça como persona privada e profería su persona a qui la quería. Por la qual cosa, un su adversario
superbioso el qual havía nombre Marco Lépido havié
intención de seyer cónsul, no pas por sí mismo, mas por
Pompeo, porque le parecía grant cosa. E por esto él pregó
a la comunidat, e la comunidat le fizo gracia. E quando
Sila vido que Pompeo era alegre porqu'él havía vencido
e[2790] passava cerca d'él, lo clamó e le dixo: «O joven, por
cierto la tu civilidat es buena, e eres digno de seyer adelantado más que Catlo Lépido, el qual es mejor de todos,
qui es de todo endemoniado. Mas guárda.t que no duer-
mas; porque tú has fecho a tu adversario más poderoso

<hr />

2789   *templo de prosperidat*] templo de prosperidad C_3: tiempo de
prosperidat *P*: tempo di prosperita *F*: tpo de prosperida C_2: Εὐτυχῆ.
2790   e] C_2: om. *PF*: libre C_3.

que tú». Por la qual cosa, Sila dixo proféticament, porque Lépido aína se giró e se fizo enemigo de la companyía de Pompeyo.

E Sila sacrificó a Ércules el diexmo de su haver; e por la fiesta él fizo un convit a la comunidat de grant despensa. E tanto sobravan las cosas que eran aparejadas que cada día echavan en el río grant quantidat de costas ya cozinadas e de grant precio, e bevían vino de xl anyos e más.[2791] Mientre [f. 187r / xxxv, 2] qu'el convit durava (porque duró muchos días), Metela[2792] enfermó de enfermedat mortal. E porque los adevinos no dexavan a Sila que se acostás a ella, porque no contaminás a su casa favlando con ella, Sila mismo escrivió el libel de repudio por Metela. E comandó, seyendo ella aún biva, que fues trasmudada en otra casa.[2793] La qual cosa él consideró segunt las leyes por miedo de la divinidat. No res menos, la lei qu'él mismo estatuyó de la quantidat que se devía despender a las exequias de los muertos, él fue el primero que la rompió, porqu'él no se agraviava de alguna despensa que fues necessaria de Metela. E los otros sus convides eran simples; mas la ora eran con muchos solazes e depuertos por consolación de su tribulación. Empero, depués que passaron pocos meses, e él era a veyer un exercicio de dos qui se devían combater, e el lugar no era aún partido, mas las mujeres estavan aún ensemble con los hombres, conteció que cerca de Sila sedía una mujer bella e de noble linatge, e era filla de Mesala e ermana de Orticio el rectórico, e ella havía nombre Baleria, e poco antes se era departida de su marido. Esta, estando çaga de Sila, alargó su mano sobre él e tirole una poca estopa de su ropa e tornó depués a su

2791 e más] C_2: mas (*tachado* et) *P.* mai *F: om. C_3:* καὶ παλαιότερον.
2792 Metela] metella C_2F: metello *P: om. C_3:* Μετέλλα.
2793 casa] C_2F: cosa *P: om. C_3:* ὀικίαν.

lugar. Sila talayó enta ella e maravellose. E ella dixo: «Monarca, aquí no ha ren de mal, mas yo quiero haver alguna chica part de tu buena ventura». Esta paravla Sila escuchó con plazer, e de continent pareció en su cara que la concupicencia lo movié. Por la qual cosa, él enviava secretament e demandava por ella. E supo su nombre e su linatge e su vida. E depués el uno guardava al otro sonridiéndose. Finalment, ordenaron de fazer bodas. E quanto a ella, no cayó reprensión. No digo assín de Sila. Porque la mujer era honesta e noble; [f. 187v] mas el principio del amor de Sila enta ella no fue honesto. Porqu'él fizo como joven luxurioso que por veyer se dexó decebir del amor, del qual proceden todas las más suzias e más vergonçosas passiones de la natura.

E depués que Sila la tomó en su casa, estava todo el día con ella con cantadores e sonadores de violas e de guitarras e con hombres qui se embriagavan. E jazía en tierra e bevía con ellos. E eran hondrados en su presencia Rosquio²⁷⁹⁴ e Comodó²⁷⁹⁵ e †Sohoyeso†²⁷⁹⁶ e Arquemimo²⁷⁹⁷ e Mitrobio, al qual él amava fuertment de su joventut entro que fue muit viejo. Por la qual cosa, él cayó en enfermedat la qual no sentió entro a un grant tiempo; en tanto que las sus entranyas por grant abundancia de fleuma fueron plenas de podridura. Por que su carne toda fue pudrida, e era todo pleno de piojos. E todo el día e la noche muchos le estavan derredor que radién los piojos sobre d'él. Mas todo lo que radién no era nada en comparación de aquellos qui nacían. E sus ropas todas e su lavamiento e su

---

2794   Rosquio] resquio C_2; nesquio *PF*: *om.* C_3. Ῥώσκιος.
2795   e Comodó] *PF*: commode C_2; *om.* C_3: ὁ κωμῳδὸς.
2796   e †Sohoyeso†] et sohoyeso *PF*: sohuso C_2; *om.* C_3: καὶ Σῶριξ.
2797   e Arquemimo] et arquemino *PF*: arquimino C_2; *om.* C_3: ὁ ἀρχιμῖμος.

comer eran plenos de aquella podridura. E por esto la mayor part del día estava en el banyo, dentro en el agua. E se lavava, mas no le valié nada, porque la subitana pudridura e el tornar de los piojos vencía a la continuidat de los lavamientos. E dízese que, entre los antigos, Ácasto de Pelio murió de piojos; e de los çagueros, Alcmano²⁷⁹⁸ el bruno, e Ferequido theólogo, encarcerado, e Calisteno olintio, e Muzio el notario; e aquel qui comencó en Sicilia la guerra de los siervos depués qu'él fuyó, uno el qual havía nombre Euno, que, depués que fue preso e lo levaron a Roma, morió de piojos.

Mas Sila no solament conoció antes su fin, mas aun la predixo, segunt que [f. 188r / xxxvii, 1] escrive en el xxii° de sus *Memoriales*, que dos días antes de su fin cessó de la escriptura. E dízese que los caldeos le predixieron que bivrié él en toda prosperidat, e a la fin de su prosperidat él morría.²⁷⁹⁹ E aun dize que su fillo, el qual era muerto poco antes que Metela, le apareció en suenyos e estuvo cerca d'él con una ropa vieja e lo pregava qu'él cessás de las anxias e solicitúdines e que fues con él a su madre Metela²⁸⁰⁰ por bevir sin treballo. No res menos, él no cessó entro a la fin de fazer los fechos de la comunidat, mas x días antes de su fin, sentiendo que los jutges eran en dissensión, los pacificó e escrivió la manera como se devían regir e governar. E depués, un día antes que muriés, él oyó dezir que un gentil hombre que havía nombre Granio era deudor de la comunidat e no quería pagar, mas esperava la muert de Sila. E Sila envió por él, e lo fizo venir a su cambra, e allí comandó a los servidores que afogassen a Granio. E por la grant comoción del pueblo e por los

2798   Alcmano] alimano *PC₂F*: *om. C₃*: Ἀλκμᾶνα.
2799   morría] morrebbe *F*: moría *P*: murió *C₂*: *om. C₃*: καταστρέψαι.
2800   Metela] metella *C₂F*: metello *P*: *om. C₃*: Μετέλλης.

cridos, Sila echó la postema[2801] con mucha sangre, e falle-
ciole el poderío, e passó aquella noche dolorosament, e
morió. E dexó dos fillos los quales fizo con Metela. Porque
Valeria[2802] depués de la muert de Sila fizo una filla, e clamávanla Póstuma, porque los romanos claman assí a aquellos qui nacen depués la muert de su padre.

La hora fueron algunos a Lépido por embargar las exequias de Sila; mas Pompeo, ya sea qu'él havía desplazer
porque Sila no fizo mención d'él en su testament como de
los otros sus amigos, a algunos induzía con pregarias e a
otros con menaças, e acompanyaron el cuerpo entro
a Roma e lo enterraron sin periglo hondradament. E dízese que las mujeres nobles levaron tantas cosas aromáticas
a las exequias que mesclaron el ensens con el cinamo-
mo,[2803] e fizieron una estatua de Sila tan grant como él, e
aun un otra estatua de macero. E el [f. 188v] día que lo
enterraron, de manyana fazié tanta nievla que todo hombre esperava grant pluvia; e por esto apenas levantaron el
cuerpo entro a la hora nona del día. E de continent se
levantó un viento e encendió fuertment el fuego e fizo
grant flama e cremó aína el cuerpo. E quando el fuego
començó a menguar, la hora començó la pluvia e duró
entro a la noche. Por qu'el hombre puede considerar que,
seyendo él muerto, aún su ventura lo seguía. E su cuerpo
fue enterrado ensemble con los de los hombres. E su
moniment es en el campo de Mars, e ha un sobrescripto
el qual escrivió él mismo, e dezía breument assí: «Ninguno
mi amigo me passó de bondat, ni algún mi enemigo de
maldat».

2801 postema] C_2F: postena P: om. C_3: ἀπόστημα.
2802 Valeria] F: valerio PC_2: Οὐαλερία.
2803 cinamomo] C_2F: cinamonio P: κινναμώμου.

{PF}*La comparación que faze el actor
entre Lisandro e Sila*[2804]

Pues que nós havemos contado la vida de Sila, proce-
damos a la comparación d'él e de Lissandro. Estos entramos crecieron e se fizieron grandes. No res menos, Lisandro tomó la senyoría con voluntat de los ciudadanos e no
los forçó en alguna cosa contra razón. Mas allí do son las
partidas o bandas, e el más malvado troba hondra, como
fue en Roma quando el pueblo fue consumado e se
levantava un tirano aprés de otro. Por que no fue cosa
estranya si Sila senyoreó quando los Glaucos[2805] e los
Saturninos echavan a los Metelos de la ciudat, e en las
congregaciones eran muertos fillos de cónsules, e por oro
e por argent se compravan las capitanerías e se fazían
armadas, e fazían leyes con fuego e con fierro a mal
grado[2806] de aquellos qui contrastavan. E por esto yo no
riepto ad aquel que en tales molestias e desordenaciones
adreça[2807] grandes aferes; ni aun reputo que fues todo
bueno qui en tales adversidades de la ciudat quería seyer
mayor de los otros. A aquel qui enviava la Espartia[2808]
razona- [f. 189r / xxxix, 6] blement e ordenadament a
grandes senyorías e aferes, parece qu'él era jutgado noble
de los nobles e primero entre los primeros. E por esto
muchas vegadas tornó la senyoría a los ciudadanos, e aún
ge la dieron, e fincávale el primado por hondra de su virtut. Mas Sila, una vegada fue esleído senyor, e él passó x
anyos continuos qu'él mismo se fizo algunas vegadas

2804   Sila] entre Silla *P.*
2805   Glaucos] glaueos *PF*: Γλαυκίαι.
2806   a mal grado] *F*: almagrado *P*: βιαζόμενοι.
2807   adreça] adreçan *P*: adirizzano *F*: διαπραξάμενον.
2808   Espartia] patria *PF*: Σπάρτης.

vicecónsul e otra vegada dictador, e siempre tiranizó en las armas.

Començó Lissandro de mudar l'estamiento de la ciudat; empero, más privadament e más razonablement que Sila. Porqu'él con paravlas induzía la gent en lo qu'él quería, e no los consumava con armas, mas solament treballava de endreçar las maneras de los reyes. La qual cosa parecía natural justicia: que de los gentiles hombres un noble senyoreás la ciudat la qual era cabeça de toda la Elada, no por nobleza, mas por virtut. E assín como el caçador no busca lo que es engendrado de perra, mas busca perro, e el cavallero lo que es nacido de yegua, mas busca cavallo e no cura si de cavallo nace mulo, assín el hombre civil de todo fallecerá si no examina al gentil hombre quál es, mas de los quáles es procedido. E por esto los espartanos echaron a algunos de senyoría como a malos e ineptos; porque la malicia, non obstant el linage, es cosa desondrada; mas la virtut no es solament honorable por linatge, mas aun por sí sola. Encara, las injusticias el uno las fizo por sus amigos; mas el otro e[2809] a sus amigos. E cierta cosa es que Lissandro la mayor part de los males que fizo los fizo por sus amigos, por tal que fuessen fuertes e senyoreassen; mas Sila huvo invidia de la capitanería de Pompeyo, e de Dolobelo en el estol. E a Lucrecio Ofela, el qual havié mucho treballado [f. 189v] en las armas, porqu'él quería seyer cónsul, lo fizo matar en su presencia. E matava a aquellos qui mucho amava por tal que los otros huviessen grant miedo e tremolassen por él.

E sobre todas cosas, el ardor que Sila havié en los deleites corporales e en congregar trasoro muestra la manera[2810] de Lissandro seyer gentil, e la de Sila tiránica.

2809   e] et *F*: et (*tachado*) *P*: ἄχρι.
2810   manera] maniera *F*: menera *P*.

Lissandro no fizo alguna cosa desordenada ni pueril en tanta senyoría e poderío como él havía, ante, lo que se dize: «En casa leones, e en campo rabosos»,[2811] si alguno otro esquivó esti proverbio, escusolo él. E en todos los lugares do él se trobava, la su conversación era adoctrinada a la manera de los lacones. Por Sila,[2812] ni quando era joven se abstenié de los deleites por pobreza, ni en vejedat por la edat, mas solament él dava a los ciudadanos leyes de bodas[2813] e consejos de honestat, e él de todo era luxurioso. Por la qual cosa, él reduxo la ciudat a tanta pobreza qu'ella misma vendía su libertat a las ciudades[2814] que le eran diusmetidas. E cada día confirmava las casas ricas e las metía al encant e las vendía; mas los donos que él dava a los lausengeros no havién mesura. ¿E quál atempramiento devié haver en los donos que él dava, seyendo embriago, aquel qui públicament, en presencia del pueblo qui le estava aderredor, vendía grant haver por muit poco precio pora un su amigo e comandó al corredor que firmasse la venda? E porque un otro ý puyó más e[2815] el corredor lo cridó, e Sila lo tomó mucho a mal e dixo: «O amigos, grant injuria me es fecha si yo non puedo ordenar de mi caça como yo quiero». Mas Lissandro, los donos qui fueron dados a él propriament, los envió con los otros donos a su patria. De la qual cosa yo no lo loo; porqu'él [f. 190r / XLI 7] nozió por ventura más a la Espartia con aquellas cosas que no nozió Sila en Roma robando todas cosas. Mas estas cosas yo pongo solament por senyal que

---

2811   rabosos] rabsos *PF*: ἀλώπεκες.
2812   Por Sila] *P*: silla *F*: ὁ δ'.
2813   leyes de bodas] leyes et bodas *P*: leggi et nozze *F*: τοὺς περὶ γάμων νόμους.
2814   a las ciudades] et las ciudades *P*: et le cittadi *F*: ταῖς πόλεσιν (πωλεῖν).
2815   e] et *F*: *om. P*: καὶ.

Lissandro no curava de riquezas. No res menos, cada uno d'ellos huvo en su patria alguna cosa especial: Sila, ya sea qu'él fues desonesto e goloso, no res menos, castigava a sus ciudadanos; mas Lissandro de aquellas cosas qu'él se abstenié provocava la ciudat a errar. E Sila era peyor que sus leyes; mas Lissandro fizo a los ciudadanos peyores d'él, porqu'él mostró a la Espartia de apreciar aquellas cosas las quales él estudeava²⁸¹⁶ de no quererlas. Tales fueron lures civilidades.

Mas en fecho de guerras, considerando tantas batallas e grandes periglos e multitut de victorias, Sila es incomparable. No res menos, Lissandro huvo ii victorias en²⁸¹⁷ batalla de galeas; e tomó la ciudat de Athenas. E no fue tan grant fecho como fue glorioso e²⁸¹⁸ solepne. E lo que le esdevino al lugar de Alíarto fue por desaventura; e le esdevino por mal consejo. Porqu'él no esperó qu'el grant poderío del Rei viniés de la Plátea, do era, antes por su furor e por su ambición, no esperando tiempo convenible, e él se acostó a los muros de la ciudat tanto que los hombres de la tierra sallieron fuera e lo mataron. E no murió defendiéndose como Cleómbroto a la Leftra o como Epaminonda, el qual encalçava a sus enemigos e, firmando la victoria qu'él havía fecho, recibió colpes mortales e cadió. Estos murieron, mas fizieron muert de hombres de armas e de reales; mas Lissandro perdiose desondradament muriendo como un peón empavesado. E por esta cosa él dio testimoniança de doctrina a los viejos espartanos [f. 190v] que ellos fazién bien guardándose de ir a combater a los muros, de los quales el más valient hombre puede recebir colpes mortales, no solament de hombres, mas aun de

2816   estudeava] studiava *F*: no studeava *P*: ἔμαθε.
2817   en] et en *P*: et in *F*.
2818   e] *om. PF.*

mujeres, e muchas vegadas, segunt que se dize que Paris
mató a Achiles en las puertas. E quántas victorias fizo Sila
contra los adversarios e quántos millares mató de enemigos, no se podrié liugerament contar. E tomó II vegadas a
Roma,[2819] e tomó aun a la Pireá de Athenas, no pas por
fambre, como fizo Lissandro, mas con muchas e grandes
batallas. E echó a Archílao de la tierra en mar, e en esta
manera lo[2820] tomó. E aun los capitanes qui eran contrarios
de Lissandro le fazién fuert guerra. E la batalla de las galeas que fue fecha contra Antíoco e Filoclea era como un
depuerto e como un solaz de plazer; porqu'el uno era
governador de Alchibiado, e Filocleo era tribuno del pueblo de Athenas, «hombre inhonorable, mas solament hombre gargantero de paravlas», a los quales Mitridati no ha
vrié fecho iguales de sus rapaces, ni Mario de sus maceros. Mas los adversarios de Sila eran senyores, cónsules,
capitanes e tribunos. Mas yo quiero dexar a los otros; ¿quál
fue de los romanos más terrible que Mario, o quí fue entre
los reyes más poderoso que Mitridati, o quál fue entre los
italianos mejor combatedor que Lambonio e Telessino, de
los quales Sila algunos echó de la tierra e a algunos puso
en servitut e a los otros mató?

Mas la mayor cosa que a mí parece es esta: que Lissandro todos sus fechos ordenava con ayuda de los ciudadanos; mas Sila, seyendo fugitivo e desechado[2821] de los enemigos, quando su mujer fue exiliada, sus casas se derri-
bavan e sus amigos morían, la hora por ayuda de su patria
[f. 191r / XLIII, 2] él contrastava en la Biotía contra tantos
millares de hombres e levantava trofeos. E quando Mitridati le dava ayuda contra sus enemigos, no se amolleció

2819   Roma] ronio *PF*: Ῥώμην.
2820   lo] *PF*: τὸν Πειραιᾶ.
2821   e desechado] desecho *P*: *om. F*: καὶ κατεστασιασμένος.

en res, ni lo quiso saludar entro qu'él confessó qu'él
desemparava la Asia e le dava las galeas e rendía la Bitinia e la Capadocia a lures reyes. Por la qual cosa, parece
que Sila nunqua fizo mejor cosa ni más cuerda, porqu'él
quiso más el bien común qu'el proprio. E assín como los
perros no muerden ni toman a aquel qui quieren mal entro
que lo fazen aturar, assín fizo Sila, el qual antes ordenó las
cosas estranyas e depués començó las suyas. E en todas
cosas lo que fue fecho a Athenas ha comparación quanto
a doctrina moral; porque, quando Sila tomó la ciudat (la
qual le era enemiga por la senyoría de Mitridati), él la dexó
líbera e en lures estatutos. Mas Lissandro en tanta adversidat como a la ciudat vino de tanta senyoría, no huvo mercet d'ella, antes destruyó el estado común e puso sobre
ella tiranos crueles e sin razón. No res menos, yo fago fin
aquí, porque conviene que nós consideremos que nós no
desviamos mucho de la verdat; e damos sentencia que
más cosas fizo Sila, mas menos falleció Lissandro. Por
que adelantamos al uno de abstinencia e de tempramien-
to, e al otro de valentía e de fecho d'armas.

GAYO MARIO CORIOLANO

{*PF*}

COMIENÇA EL XXVII LIBRO: De las gestas e memorables fechos de Gayo Mario Coriolano[2822] de Roma; e cómo él priso la ciudat Coriolana.[2823] La casada de los Marcios en Roma a muchos de los patricios fizo gloriosos, de los quales era Marcio Gayo. Él depués fue fecho emperador con Tilio Ostilio[2824] como fillo de su [f. 191v] ermana. Estos fueron los Marcios, e Poplio e[2825] Quinto, que fizieron devallar en Roma agua mucha e buena; e con ellos Quinsurino, al qual fizo la comunidat de Roma extimador dos vegadas, e depués él mismo induxo a la comunidat que fiziés un estatuto que ninguno no pudiés haver II vegadas un mismo officio. Mas Gayo Mario, por el qual nós escrevimos estas cosas, porqu'él fue criado uérfano de padre, solament con su madre vidua, mostró que la orfanidat ha muchos males; no res menos, ella no embarga qu'el uérfano no pueda seyer más solícito e más adelantado que muchos otros, sino en tanto

---

2822 Coriolano] *F*: coroliano *P*: Κοριολανός.
2823 Coriolana] *F*: coroliana *P*.
2824 Ostilio] hostilio *F*: estilio *P*: Ὀστίλιον.
2825 e] *om. PF*: καὶ.

como ella da ocasión a los malos de reptarla diziendo que los uérfanos no aprovechan ni medran porque ninguno no ha cura d'ellos. Mas esti ha testimoniado por aquellos qui consideran la natura, e por quanto ella sea noble e buena, si ella finca privada de doctrina, engendra muchos males ensemble con los bienes, como la tierra noble qui no es lavrada ni sembrada. Porque la dureza de sus costumbres lo aduzía en grandes ardidezas, e las acabava. No res menos, porqu'él non cessava liugerament de ensanyarse ni se redrava de los contrastes, no era amigable en su favlar ni se acordava con los otros. Mas, quanto a la abstinencia de los deleites e de no seyer perezoso en los treballos e de no seyer siervo de la moneda, todos²⁸²⁶ se maravellavan d'él. Por que le pusieron III nombres, es a saber, *abstinencia, justicia* e *valentía*. Mas en los favlares civiles a ninguno no plazié,²⁸²⁷ porqu'él era grieu en su favlar e mal amigable, antes lo querían mal, porqu'él quería que pocos senyoreassen. Porque los hombres no reciben beneficio por las ciencias quanto por privar a [f. 192r / 1 5] la natura e por usar en su favlar mesura. Roma en aquellos tiempos mucho loava la part de la virtut la qual se usa en fechos de guerra e en exercicio de armas. E era como una opinión entre ellos que la ardideza es un nombre de la virtut. E el propio nombre *ardideza* era nombre común en²⁸²⁸ toda la generación de los romanos.

Mas Marcio amó más de guerrear que ninguno más de los otros; e de su joventut se deleitava levar en su mano armas. E no reputava que a algún romano conviniés de haver alguna possesión el qual no huviés antes que todas las otras cosas por natura armaduras bien ordenadas. E en

---

2826   todos] tutti *F*: totos *P*.
2827   plazié] piaze *P*: picea *F*: ἐδυσχέραινον.
2828   en] et *PF*.

esta manera se fizo fuert en toda manera de combater. Porqu'él era liugero a correr e grieu a seyer preso, e en defensión ninguno no lo podía forçar. Por la qual cosa, todos
aquellos qui havían contrast con él de ardideza e de virtut,
porque no eran²⁸²⁹ iuales a él, atribuían la ocasión a su persona, diziendo que su persona no era perezosa e era
invencible e no forçable.

E la primera vegada que Marcio fue en fechos d'armas
era aún infant joven, quando Tarquinio regnó en Roma. E
quando él se privó del regno, muchas vegadas combatió e
fue vencido. E finalment, se puso a la ventura, e tornáva-
se en Roma con muit grant gent de latines e de muchos
otros italianos, los quales ivan con él no tanto por su amor
quanto por humiliar el poderío de los romanos por la invidia e por el miedo que havién d'ellos. En esta guerra, la
qual tomó muchas bueltas por el una part e por el otra,
combatiendo Marcio valientment en presencia del dictador
e veyendo que un romano cayó cerca d'él, no fue negligent, mas estuvo devant d'él e combatiose con aquel qui
le venía en contra, [f. 192v] e lo mató. E quando el capitán huvo la victoria de aquella batalla, coronó primerament a Marcio con corona de fulla de robre. Porque la lei
dava por dono tal corona a aquellos qui ayudavan a algún
ciudadano en la batalla, o sea porque hondravan al robre
por los de la Arcadia, a los quales el divino oráculo nombra «comedores de villotas», o sea que más aína fallavan
robre en cada un lugar que ellos fuessen, porqu'el robre
crece en todas partes e toda la tierra es plena, o sea aun
qu'ellos reputavan al robre cosa sagrada a Júpiter, el qual
era guardiano de las ciudades. E por esto conveniblement
davan corona de robre en salvamiento. E el robre entre los

2829   eran] erano *F*; era *P*.

árbores salvages es el más fructífero, e es más fuert que[2830]
los domésticos. E havían el robre por comer las bellotas e
por bever la miel, e por companaye las aves que tomavan
con el visco, el qual nace del robre. En aquella batalla
dízese que parecieron Cástor el Pólux. Depués la batalla,
aparecieron aún a cavallo en la plaça todos sudados e
denunciaron la victoria. En el qual lugar, cerca la fontana,
edificaron los romanos un templo por ellos. E ordenaron
que aquel día fuese dedicado a Cástor e a Pólux cerca la
fin del mes de julio.

E parece que la hondra en los jóvenes, si ellos son de
liugera natura en la ambición o cobdicia, quanto más por
tiempo viene a ellos, tanto más se mortifica, porque más
aína se fartan de la set de la hondra. Mas los sesos de las
fuertes naturas, qui son aptos de alumbrarse en los bienes
aparentes e crecen e se fazen resplandientes, se enver-
güençan de renunciar a la gloria e que no la ganan por
obra, [f. 193r / IV, 1] no como si la tomassen ellos por premio, mas assín como si ellos la metiessen en pényora[2831]
de lures valentías. La qual cosa conteció a Marcio. E él
mismo se fizo mal querer e envidiar por sus valentías, queriendo siempre parecer más maravelloso que los otros,
anyadiendo ardideza sobre ardideza. E aduzía siempre
caças sobre caças e roberías sobre roberías, e los capitanes çagueros siempre se estudiavan cómo pudiessen vencer a los primeros en la testimoniança e en la hondra de
Marcio. E en aquel tiempo muchas batallas de romanos
fueron fechas de las quales nunqua tornó él sin corona e
sin hondra. E los otros[2832] reputavan que la gloria fues
mérito de lur virtut; mas Marcio reputava que la fin de su

2830 más fuert que] mas que *P*: piu che *F*: ἰσχυρότατον.
2831 pényora] pegnora *F*: penyoria *P*.
2832 otros] *om. PF*: ἄλλοις.

gloria fues la alegría de su madre. E esta cosa reputava él su acabada hondra e beatitut que su madre lo veyés coronado e qu'ella oyés que lo loassen e que por grant alegría lo abraçás con lágrimas. Esta cosa se dize semblantment por Epaminón, qu'él confessó que él reputava su grant prosperidat que su padre e su madre eran aún bivos e vidieron sus valentías e la victoria qu'él huvo a la Leutra. E aquel fartó a entramos sus parientes, padre e madre, e demoravan todos ensemble e se alegravan ensemble. Mas Marcio, como uérfano de padre, considerando que la hondra de su padre devía fazer a su madre, non se fartava de fazer buen coraçón a su madre Volupnia e de hondrarla en todas maneras. E por voluntat e pregarias d'ella tomó mujer; e aun depués qu'él fizo fillos, estava con su madre en una abitación.

E quando él havié ya en la ciudat gloria e poderío por su virtut, el consejo vino en dissensión con el pueblo por ayuda de los ricos. Porque parece que la comunidat sofría muchos males de los prestadores, en tanto que aquellos qui havían poco fincaron pobres, porque les levavan las pén- [f. 193v] yoras e las vendían por pagar los deudos; e a los ricos metían en la cárcer. E especialment tales personas qui eran plenos de feridas las quales havién recebidas en muchas batallas por ayuda de lur patria. Por la qual cosa, se acordaron depués contra los sabinos e prometieron que los ricos condecenderían a los deudos. Por la qual cosa, dieron por fermança[2833] a Marcio[2834] Valerio. E depués que combatieron en aquella guerra valientment e huvieron victoria, los prestadores no condecendían en alguna cosa, e el consejo se enfenyía e dissimulava que no se remembrasse de sus convenciones. E la gent era

---

2833   fermança] fermaça *P.* fermanza *F.*
2834   Marcio] mario *PF.* Μάρκιον.

encarcerada. E por esto eran en la ciudat muchas turbaciones e bandos. E ya era manifiesto a los enemigos que la
comunidat era en dissensión; en tanto que los enemigos
corrían e cremavan la tierra. E quando los senyores clamavan a los qui eran de edat que se armassen, ninguno no
los escuchava. Por que algunos gentiles hombres desempararon el primero consejo jutgando que convenible cosa
era que condecendiessen a los pobres e que mollificasen
la grant dureza de las leyes. Mas algunos contradezían, de
los quales era Marcio, no pas porqu'él curasse mucho
de la riqueza, mas él consejava diziendo que, si ellos
havién sano entendimiento, devién humiliar e amortar la
superbia del pueblo, el qual contradezié a las leyes e
menospreciavan e injuriavan a los grandes.

E porqu'el consejo se congregava muchas vegadas por
esti fecho e nunqua determinavan alguna cosa firmement,
los pobres se congregaron súbitament, e comovieron el
pueblo, e desempararon la ciudat, e se fueron al mont que
agora se clama Sagrado, al río de Anio, e allí estavan. No
pas que ellos fiziessen alguna fuerça o rebellión, mas solament cridavan diziendo: «Nós somos exiliados de nuestra
ciudat por ocasión de los ricos. E quanto por aire e por
agua e por lugar de enterrarnos, Italia nos lo dará en
[f. 194r / vi, 1] todas partes, porque ninguna otra cosa dentro de Roma no havíamos, sino de ir en huest e por los
ricos de[2835] seyer feridos e muertos». Por esta cosa el consejo se dubdó e envió de los ancianos los más humiles e
los más amados de la comunidat, de los quales Memnio
Agripa[2836] favló pregando a la comunidat e respondiendo
por el consejo. E finalment reduxo su paravla en forma de
una favla de la qual todos se remiembran. E es atal: Él dixo

2835 de] et de *P. om. F.*
2836 Agripa] agrippa *F.* agripia *P.* Ἀγρίππας.

que todos los miembros del hombre se rebellaron contra el vientre e lo reprendían diziendo qu'él solo estava occioso de todo el cuerpo e sin cuidado,[2837] mas los otros miembros sostenién muchos treballos e servitudes grandes por el plazer del vientre. E el vientre se chufava de lur lucura diziendo cómo no conocían que todas las viandas que él recibié las distribuyé e compartié a todos los miembros. «Atal es —dixo él—, o ciudadanos, el orden del Senado enta vós; porqu'el consejo d'ellos e la operación con aparellamiento convenible aduze a vós por mesura quanto apartenece a cada uno e quanto le faze menester por su utilidat».

E por esto se pacificaron demandando qu'el consejo les diesse poderío que ellos esleyessen v mayorales que fuessen en lur ayuda quanto fiziés menester, a los quales claman agora tribunos. De los quales esleyeron principales a Junio Bruto e a Sicinio Beluto,[2838] a los quales fizieron depués capitanes de la rebellión. E depués que la ciudat fue concordada, toda la multitut iva en fechos d'armas e obedecían[2839] de grado a los gentiles hombres en lo que menester fazía por la guerra. Mas a Marcio[2840] no plazía que la comunidat se fortificás e que los gentiles hombres se aflaqueciessen. E considerava bien que a muchos otros patricios desplazié esta cosa. No res menos, él los pregava que ellos no viniessen en dissensión con el pueblo (porque la guerra era contra lur patria), mas que pareciessen adelantados del pueblo por virtut más que por poderío.

2837   cuidado] *interlin, encima de* cuidado, *aparece en* P, *con letra distinta,* pensiero.

2838   Beluto] deluto P: delnto F: Βελλοῦτον.

2839   obedecían] obediencia P: ulbidivano F: παρεῖχον αὐτοὺς τοῖς ἄρχουσι.

2840   Marcio] marzio F: mario P: Μάρκιος.

E havían la hora los romanos guerra con la nación de
los boluscos, los quales havían [f. 194v] una ciudat
de grant dignidat la qual clamavan Coriolana. E quando[2841]
el cónsul Cominio la circundó, los otros boluscos,[2842] dubdándose de lur ciudat principal, corrían de todas partes
contra los romanos por asallirlos de dos partes. E él
iva contra los boluscos que se congregavan de part de fuera,
e a Larcio Tito, el qual era hombre maravilloso entre los
nobles romanos, dexó por combater la ciudat. Los coriolanos menospreciaron a los romanos, qui eran fincados
quasi pocos, e sallieron contra ellos. E, quanto de primero, ellos vencían e encalçavan a los romanos entro a lures
tiendas, do Marcio con muit pocos sallió fuera e echó por
tierra a todos aquellos qui lo encontraron, e a los qui venían fizo arrestar. E clamava a los romanos con grant voz,
porque, segunt que Cato dixo, la hondra de la gent d'armas no es solament de venir a las manos e a colpes terribles, mas aun en poderío de voz e en aspecto terrible que
los enemigos no se osen acercar ni atalayarlos. E veyendo
que muchos romanos se aplegavan a él, los enemigos
huvieron miedo e se partían. Mas Marcio no fue contento
d'esto, antes persiguía e encalçava a los enemigos qui
fuían entro a las puertas. E depués, veyendo que los romanos no querían más encalçar (porque los aflechavan e
lapidavan de los muros), e de entrar con aquellos qui fuían
en la ciudat (la qual era plena de gent de armas) ninguno
no curava ni havié tanta ardideza, no res menos, Marcio
se acostó a ellos e los pregava e los conortava diziendo:
«La ventura ha más ubierta la ciudat por nós, qui encal-
çamos,[2843] que por aquellos qui fuyen». Muchos no lo

2841 quando] quan *F*: quanto *P*.
2842 boluscos] buscos *P*: volsci *F*: Οὐλοῦσκοι.
2843 encalçamos] incalciamo *P*: encalçavamos *P*: τοῖς διωκοῦσι.

querían seguir; mas Marcio se puso por fuerça en medio de los enemigos e assallió las puertas e entró [f. 195r / VIII, 6] con ellos ensemble. E quanto al principio, ninguno no huvo ardideza de contrastarle ni de sofrirlo; mas depués los coriolanos, veyendo que muit pocos eran con él, se congregavan ensemble por ayudar a sus amigos e por combater con sus enemigos. La hora se dize que Marcio fizo una batalla incredible de obra de sus manos e de liugería de sus piedes e de ardideza de su coraçón dentro la ciudat, la qual era muit plena de gent de armas, combatiendo quasi él solo e venciendo a todos aquellos que le vinieron en contra. En tanto qu'él los fizo retraher a la estrema part de la ciudat e los constrenyó a los cantones, e los otros como desperados echaron las armas e dieron poderío a Marcio que fiziés entrar a los romanos qui eran fuera.

Quando los romanos tomaron la ciudat en esta manera e todos se metieron a robar por ganar, Marcio se ensanyava e cridava considerando que mala cosa era si el cónsul e los otros ciudadanos qui eran con él combatiessen con los enemigos, e estos por ocasión de la ganancia se arredrassen del periglo. E veyendo que la mayor part no lo escuchava, se partió con[2844] aquellos qui eran voluntariosos por el camino do él sentía que la huest de los romanos era passada. E algunas vegadas aquexava a aquellos qui eran con él e los pregava que no fuessen perezosos, e algunas vegadas él pregava a los dioses que no falleciés de la batalla, mas que fues a tal tiempo que pudiés combater con los otros e ponerse en periglo con los suyos ciudadanos. E los romanos tenién por costumbre que, depués qu'ellos eran ordenados de combatir e se devían meter sus sobrevestas, alçavan lures escudos e fazién testamentes sin

2844   con] da (interlin. con) F. de P.

escriptura e nombravan herederos[2845] a qui ellos querían en audiencia de qui ellos querían. E [f. 195v] en esti fecho sobrevino Marcio, quando los romanos fazían esta cosa veyendo los enemigos. E en el principio, quando los romanos lo vidieron venir con pocos e todo sudado e sangriento, todos se turbaron. Mas depués, quando él vino cerca del cónsul alegrement e estendió su mano diestra denunciándole la capción de la ciudat, Cominio lo abraçó e lo besó; e todos quellos qui lo oyeron se confortaron, e los otros por imaginación entendían las buenas nuevas, e todos cridavan que los embiás a la batalla. Marcio preguntó a Cominio qué orden havía l'armada de los enemigos e cómo havían ordenado sus azes e en quál part eran los más valientes. E el cónsul dixo: «Yo me cuido, Marcio, que nuestra az de medio sía por contra de los más valientes e de aquellos qui no deven girar cara». «Pues —dixo Marcio— yo te priego que tú nos metas contra d'ellos». E el cónsul se maravelló de su ardideza e atorgole su voluntat. E quando se afrontaron a colpes de lanças, Marcio se adelantó como rayo, e ninguno de los boluscos no le pudo contrastar, mas en todas partes de lures azes do Marcio[2846] fería, de continent los rompía. E depués, ellos tornavan de dos partes e ponían a Marcio en medio de los más valientes. Dubdándose, pues, el cónsul, envió de continent a Marcio los más valientes qui eran cerca d'él, e fue fecha una grant batalla con Marcio, e en poca de ora cadieron muchos muertos. E los romanos multiplicaron tanto que por fuerça rompieron a los enemigos e los metieron en fuida e los persiguían. No res menos, pregavan a Marcio, porqu'él era agreujado de los treballos e de los colpes, que él tornás a las tiendas. Mas él dixo: «Aquellos qui vencen

2845 herederos] heredi *F*: heredoros *P*.
2846 Marcio] marzio *F*: mario *P*.

no se cansan». E siem- [f. 196r / IX, 9] pre encalçava entro que fue vencido todo el romanient de la huest de los boluscos²⁸⁴⁷ e fueron muertos muchos e presos muchos.

El día siguient, quando Marcio vino al cónsul e todos se aplegavan, puyó el cónsul sobr'el tribunal e fizo oración e regració a los dioses e dioles aquel laor maravelloso de las cosas qu'él mismo vido en la batalla e oyó dezir. E depués le comandó qu'él metiés de part por él el²⁸⁴⁸ diezmo de todo lo que havían ganado, es a saber, de trasoro de cavallos e de hombres, que de todo ý havía mucho, antes que alguno tomasse alguna cosa. E ultra esto le dio por su valentía un cavallo todo ornado. E plugo a los romanos el comandamiento del cónsul. Mas Marcio sallió adelant e dixo: «El cavallo yo recibo, e los laores del senyor me plazen; mas a todas las otras cosas yo renuncio, porque no semeja que sea mi hondra, antes parece que sea salario. Por que a mí plaze que mi part sea partida entre todos. Mas yo vos demando una gracia e priégovos que me la atorguedes: Entre los boluscos yo havía un amigo, hombre humil e bueno. Aquel agora es captivado e, ya sea qu'él fues rico e bienaventurado, agora es fecho presonero e siervo. E porque son muchas bondades en él, digna cosa es que lo aleviemos de una cosa, es a saber, de la vendición». En estas paravlas cridaron todos, e la mayor part se maravellava más de esta cosa que de sus valentías, considerando que trasoro non lo vencía. E aun aquellos qui havían invidia d'él porque era hondrado, ellos mismos davan buena testimoniança d'él diziendo que, depués qu'él no quiso tomar tales e tantas cosas, más quiso la virtut²⁸⁴⁹ que sus valentías

---

2847   boluscos] volsci *F*: boloscos *P*.
2848   el] il *F*: om. *P*.
2849   más quiso la virtut] mas quiso *P*: ma volle *F*: μᾶλλον [...] τὴν ἀρετὴν ἠγάπησαν.

por las quales era hondrado. E ya sea qu'el bien ganado del trasoro sea mejor que de las armaduras, no res menos, más honorable cosa es que hombre no las aprecie las riquezas ni que las gane de buen aquisto.

E quan- [f. 196v] do la multitut calló, dixo Cominio el capitán: «Estos dones vós non podedes forçar de Marcio[2850] que los tome a su mal grado depués que no los accepta ni los quiere tomar; mas lo que a él no pertenece de refusar, le podemos dar, es a saber, que sea clamado Coriolano, porque esta cosa procedió de su operación». Por tal ocasión él huvo el tercero nombre, es a saber, *Coriolano*. Por la qual cosa, es manifiesto que su propio nombre era Gayo, e el segundo, es a saber, Marcio, era de su casa e de su linatge, e el tercero era por sus valentías, segunt que tenían por costumbre los griegos, que metían sobrenombre de la operación o de la ventura o de la semblança, como es: *Ventregudo*[2851] o *Camús*;[2852] de la virtut, como es *Bienfazedor* e *Amador de ermano*; de prosperidat, como es *Bienaventurado*. Encara a algunos reyes ponían tales sobrenombres por derrisión, assín como clamavan a Antígono[2853] *Dósona*[2854] e a Tolomeo *Láthiro*. E especialment los romanos usan mucho esti nombre, es a saber, *Quefalodémeno*, es a saber, 'cabeza ligada', porque uno de los Metelos por una ferida qu'él havié iva mucho tiempo con la fruent ligada. E a algunos ponen nombres segunt los accidentes de lur nativitat, como es que, si alguna criatura nace falleciendo el padre, lo claman *Proclo*, o *Póstumo* si nace aprés la muert del padre. E si nacen dos gemelos

2850   Marcio] marzio *F*: mario *P*.
2851   Ventregudo] vetregudo *PF*.
2852   Camús] 'chato'; en gr. Γρυπὸν 'aguileño'.
2853   Antígono] anthonio *PF*: Ἀντιγόνῳ.
2854   Dósona] donosa *PF*: Δώσωνα.

o melguizos e depués muera el uno, al otro claman *Bopis-co*,[2855] assí como dizen aun por la condición de la persona *Sila, Negro*,[2856] *Claudio*, los quales sobrenombres fazen bien de ponerlos por tal que no se acostumbren de reputarse a reptamiento algún defecto corporal, como es seyer tuerto, coxo, semblantes cosas, mas que los reputen assí como a sus proprios nombres. Mas estas cosas conviene escrevir en otras escripturas.

[f. 197r / xii, 1] *Cómo Marcio se esforçava que la senyoría de la ciudat fues en poder de los gentiles hombres e no de la comunidat del pueblo; por lo qual cayó en ira de los tribunos del pueblo; e cómo fue acusado e en periglo*

Pues que la guerra fue finida, los tribunos movían turbación en la ciudat sin alguna justa ocasión. Mas todos los males e todas las turbaciones que fueron primerament en las primeras turbaciones, aquellas allegavan contra los patricios, porque la mayor part de los campos de la tierra no fueron sembrados ni lavrados, e aun la guerra los embargava que no podían comprar de fuera lo que menester les fazía. Por la qual cosa, fue grant carestía. E veyendo los tribunos que las cosas necessarias no se trobavan, dizían paravlas e calupnias contra los ricos, diziendo qu'ellos ordenavan que fues carestía porque querían mal al pueblo. La hora vinieron embaxadores de los de Velitro diziendo que ellos davan a los romanos lur ciudat e los pregavan que embiassen gentes por abitarla, porque allá fue grant mortaldat e consumola tanto que apenas fincó de los x uno. E pareció a los más cuerdos que en tiempo

2855 *Bopisco*] hopisco *P*: hopifto *F*: Οὐοπίσκον.
2856 *Negro*] *F*: nego *P*: Νίγρους.

convenible fues acceptada la pregaria de los velitranos[2857] por amenguar alguna cosa de la multitut por la carestía e por ordenar la turbación de la ciudat, esperando que, si ellos enviassen a aquellos qui metían la turbación e provocavan a los tribunos a fazer barallas, se purgava la ciudat de aquellos qui buscavan de fazer baralla, segunt que los cónsules los esleían e los enviavan por abitar en aquella tierra. E a otros aun ordenavan que se congregassen e fiziessen huest contra los boluscos. E estas cosas tractavan por tal que las guerras civiles e las turbaciones amenguassen e que, seyendo en fechos d'armas, los pobres, los tribunos de la comunidat e [f. 197v] los patricios que se acordassen entre ellos e biviessen más pacíficament.

Mas Sicinio e Bruto los tribunos contradezían a esti consejo diziendo: «Lo que vós clamades *abitación* semeja paravla privada; mas vós feches cosa muit salvage, que empuxades a los pobres como qui los espenya enviándolos a ciudat enferma, la qual es plena de muertos no enterrados, e los feches abitar con hombres estranyos e malaventurados. E non vos cumple esto que vós consumedes una part de los ciudadanos por fambre e una otra part echades a la enfermedat, mas aun ordenades guerra voluntaria por tal que ningún mal no amengüe de la ciudat, la qual ya es consumada por la servitut de los ricos». Las quales paravlas depués que fueron divulgadas en la comunidat, ninguno non iva por abitar en aquella ciudat ni obedecía al comandamiento de los cónsules ni al ordenamiento de la huest. Por la qual cosa, el consejo pensó de fazer por otra manera sotilment. Marcio como superbioso por las valentías que había fecho e por la gloria qu'él havié, e veyendo que todos los adelantados lo preciavan mucho,

---

2857   velitranos] velletrani *F*: relitranos *P*: Οὐελιτρανῶν.

contradixo públicament a los tribunos, e los cónsules enviaron por fuerça a abitar aquella ciudat metiendo grant pena a aquellos qui eran ordenados por ir allá, si no fuessen. Depués, quando ellos eran perezosos de ir a la huest, Marcio tomó con sí de sus companyones e de otros qui le consentieron algunos qui levavan lanças, e corrió la tierra de los antiatos[2858] e trobó allí mucho trigo e muchas otras cosas qu'él tomó, es a saber, ganado grosso e menudo. De las quales cosas él pora sí no retuvo nada, mas todo lo compartió entre la su gent. E tornose a Roma con grant abundancia, en tanto que los otros se penidieron e havían invidia de aquellos los quales fueron [f. 198r / XIII, 6] ricos. E querían mal a Marcio e se agreujavan de su gloria e de su poderío, el qual siempre acrecía contra la comunidat.

En poco tiempo començaron a ordenar que Marcio[2859] fuesse cónsul; e en esto consentían muchos. E la comunidat se envergonçava de desondrar e de abaxar hombre adelantado e por linatge e por virtut, especialment considerando assín grandes beneficios como havían recebido d'él. Porque de costumbre era que aquel qui devía seyer promovido en senyoría devía devallar en la plaça sin manto e descenyido e se devía diusmeter a los ciudadanos e los devía pregar, o sea por humiliar lures coraçones con tal manera de pregarias, o sea por manifestar la valentía por los colpes que havié[2860] preso, e que no apareciés que se fiziés por ventura ni fues suspición que se fiziés por donos. Mas depués entró mucho la venda e la compra, e se mescló l'argent con la elección de la congregación. E poco a poco tocó la †senyoría†[2861] a los jutges e a los

---

2858 antiatos] antiotos *PF*: Ἀντιατῶν.
2859 Marcio] marzio *F*: mario *P*.
2860 havié] avien *P*: avevano *F*.
2861 †senyoría†] senyoria *P*: signoria *F*: δωροδοκία 'venalidad'.

capitanes, e reduxo la ciudat a monarchía, e el trasoro
puso en servitut a las armas. E bien parece que no dixo
mal aquel qui dixo que aquel primerament destruyó la
comunidat qui primerament dio donos. E esta cosa mala
no fue fecha del principio en Roma manifiestament, mas
secretament poco a poco corrió adelant. E no sabemos
quál fue aquel que primerament dio donos e puso escándalos en Roma. Mas esto sabemos a Athenas: Ánito[2862] de
Anthemio fue el primero qui dio donos a los jutges quando él estava en judicio por la traición de Pilo a la fin de
los de Pelopóniso, quando aún en Roma la multitut mantenía a aquel divino linatge.

Mas la hora que aparecieron muchas plagas[2863] de Marcio de muchas batallas[2864] en las quales él apareció más
adelantado que los otros continuando las guerras anyos
XVII, levavan reverencia a su virtut e dezían entre ellos de
fazer- [f. 198v] lo cónsul. Quando vino el día que se devía
confirmar la elección e Marcio vino en la congregación e
los gentiles hombres del consejo lo enviavan adelant hondradament e todos los patricios le estavan en torno públicament (la qual cosa otra vegada no fue fecha), muchos se
departieron de su amor e començaron de haver invidia
d'él dubdándose que, si él fuesse senyor, no buscás de dar
la senyoría a los nobles, pues que tanta dignidat havía
entre los patricios que de todo no anulás la franqueza de
la comunidat. E en esta cosa se acordaron e echaron a
Marcio de la elección del consulado e intitularon a otros.
La qual cosa desplugo mucho al consejo, considerando
que más era injuriado el consejo que Marcio. E aun a Marcio pareció muit greu esta cosa, porqu'él quería parecer

---

2862   Ánito] athenio *PF*: Ἄνυτος.
2863   plagas] plegas *PF*: ὠτειλὰς.
2864   batallas] plegas *PF*: ἀγώνων.

magnífico, segunt que por natura él era sanyoso e animoso a contrastar. Por la qual cosa, su acto era de todo superbioso e no era en res malicioso, la qual cosa ayuda a la
virtut civil, mas havía solament la superbia no atemprada
de paravla e de fecho, la qual abita ensemble, como dize
Plato,[2865] en el desertamiento. Por la qual cosa, qui quiere
seyer promovido en las cosas comunes, menester faze que
sea bien favlant e que ame la simplicidat, de la qual algunos se chufan. E Marcio, como hombre duro, cuidándose
que qui quiere diusmeter a los otros fues valentía,[2866] e no
considerando que esta cosa es passión del ánima la qual
por esta ocasión faze crecer el furor como una inflamadu-
ra, iva mucho sanyoso contra la comunidat. E todos los
más jóvenes de los patricios los quales se ensuperbían por
lur nobleza, e siempre se aplegavan a él e se aquexavan
de fazer lo que le plazía. E la hora se aplegaron a él por
condolerse con él. [f. 199r / xv, 6] E se ensanyavan e
encendían más su furor con sus paravlas, no pas en bien;
porque todos, quando ivan en fecho d'armas con él, lo
amavan e lo reputavan lur maestro en fechos de guerra, e
los endreçava que sin invidia cada uno se esforçás de
seyer más adelantado.

En esti medio vino a Roma de Italia grant quantidat de
trigo por compra, e no menos que aquel que havían comprado les envió por dono de Saragoça Gelón el tirano. En
tanto que muchos havían buena esperança que la ciudat
se afranquía de dos[2867] males ensemble, es a saber, de
carestía e de turbación. E quando el consejo se aplegó,

2865   Plato] cato *PF*: Πλάτων.

2866   cuidándose que qui quiere diusmeter a los otros fues valentía]
P: pensandosi che chi vuol sottometter li altri fosse valentia *F*: καὶ τὸ
νικᾶν καὶ κρατεῖν πάντων καὶ πάντως ἔργον ἀνδρείας ἡγούμενος.

2867   de dos] de los *P*: delli (*en margen*, di due) *F*.

todo el pueblo ***2868 como esperando de comprar por precio más convenible, e aun que le fues dado de gracia; porque eran muchos entre ellos que esta cosa tractavan. Mas Marcio se levantó e reptó muncho con grant furor a aquellos qui favlavan de fazer gracia al pueblo. E clamava traidores de los gentiles hombres a aquellos qui nodrían contra ellos simientes malvadas las quales havían echadas en el pueblo por lur superbia e por injuria de los nobles. Las quales simientes bueno sería estado que ante que creciessen no las huviessen dissimulado, e qu'el pueblo no huviés tomado tanto poderío e no fuesse de la ora avant tanto terrible que fiziessen todo lo que quisiessen, e que los cónsules no pudiessen fazer alguna cosa sin la voluntat del pueblo. En tanto qu'el pueblo, no huviendo ningún senyor, metiessen algunos malvados por mayorales; e que por furor fiziessen lo que ellos quisiessen, en tanto que ellos mismos partiessen e diessen segunt que fazían los griegos, los quales havían buen regiment del pueblo. «E esta cosa —dizié Marcio— por lur desordenamiento induze la ciudat en destrucción. E no dirán que por gracia les sea [f. 199v] fecho esto ni por ir en fecho d'armas, antes parecerá que vós condecendedes a ellos e los falagades por miedo de las calupnias que vos han calupniados. E como ellos esperan que por esta ocasión vós les feches gracia, ni por esto cessarán de lur maldat ni amenguarán de lures contrastes e de lures roídos. E esta cosa es muit mala. Mas, si nuestro seso es sano, destruyamos la senyoría de el pueblo, la qual es en destrucción del consulado e división de la ciudat, la qual no es una como era antes, mas es tanto departida que no se puede aplegar ni venir a unidat».

2868 ***] lag. en PF: ἐκαραδόκει.

Muchas tales cosas diziendo Marcio, fizo enflamar a los jóvenes ultra natura e aun quasi a todos los ricos. E todos dezían por él qu'él solo era en la ciudat hombre invencible e qui no quería seyer falagado. Mas algunos[2869] de los viejos le contradezían dubdándose de lo que se podía esdevenir, segunt que nengún bien no se'nde es seguido. Porque, seyendo allí dos de los tribunos e sentiendo que la opinión de Marcio se confirmava, corrieron fuera al pueblo con cridos comandando que la multitut se congregás en lur ayuda. E quando la congregación fue fecha desordenadament e fueron recitadas en público las paravlas de Marcio, por poco fallió qu'el pueblo con su furor no corrió al consello. Los tribunos lo fizieron a saber a Marcio e le enviaron dezir comandando que viniés a responder. E porque Marcio[2870] dixo paravlas injuriosas a los sargentes[2871] e los echó vituperosament,[2872] fueron los tribunos mismos con otros officiales por levarlo por fuerça. E lo tomaron e lo tiravan; mas los patricios se congregavan e contrastaron a los tribunos, e a los otros officiales diéronles de buenas tochadas. E sobreviniendo la noche, fizo cesar [f. 200r / XVII, 7] el roído. La manyana, viendo los cónsules todo el pueblo movido e que de todas partes se aplegavan en la plaça, se dubdaron de la ciudat, e por esto ellos congregaron el consejo e comandaron que todo hombre parás mientes de amansar el movimiento de la multitut e de meterlos en buen ordenamiento con buenas paravlas e con buena manera. Porque, si ellos eran cuerdos, devién considerar que no era tiempo de ambición ni de haver invidia por vanagloria, antes era tiempo perigloso e que

---

2869   algunos] alcuni *F*: alguno *P*: ἔνιοι.
2870   Marcio] *F*: mario *P*.
2871   sargentes] sirgenti *F*: surgenti *P*: ὑπηρέτας.
2872   vituperosament] vituperosamente *F*: vituposament *P*.

havía menester de priesto remedio e de ordenamiento
benigno.

Quando la mayor part consentió en esto, se acostaron
enta el pueblo quanto podían e les favlavan e los pacifi-
cavan e se escusavan en part con paravlas duras e en part
consejándolos. E quanto por el precio, no serié contrast
entre ellos. E quando la mayor part del pueblo condecendió en estas cosas, es a saber, aquellos qui ordenadament
estavan e escuchavan, la hora se levantaron los tribunos
diziendo que, si el consejo prometía bien, justa cosa era
que la multitut escuchás todo lo que fues convenible. «No
res menos —dixieron ellos—, nós comandamos que Marcio responda cómo él provocava el consejo en confusión
de la ciudat e en destrucción de la senyoría comuna». E
por esta cosa enviavan a dezir a Marcio que viniés. Mas
él no los escuchava, antes, batiendo a los officiales e injuriando a los otros, él por su part sucitava batallas civiles
e ponía los ciudadanos a las armas. Las quales cosas fazían o por fazer que Marcio contra su natura se mostrás
humil, o que, si él estuviés en su natural condición, pro-
vocasse el furor del pueblo contra él. La qual cosa más
esperavan considerando derechament la su pertinacia. E
como él estuvo por responder, el pueblo calló e diole
licencia de dezir. E quando él començó a favlar [f. 200v]
e los otros esperavan que los deviés pregar, él fizo todo
el contrario. E no solament les dezía muchas injurias en
público, antes por la dureza de su voz e por el esguart
de su cara mostrava por su loçanía qu'él menospreciás a
todos e no huviés miedo d'ellos. La comunidat se ensanyó, porque les parecía qu'él favlava muit durament; e
uno de los tribunos, es a saber, Sicinio,[2873] el qual era

2873   Sicinio] F: sicino P. Σικίννιος.

muit superbioso, favló un poco con sus companyones e
depués dixo públicament que los tribunos sentenciavan
a Marcio a la muert. E comandó a los officiales de la ciudat que lo levassen al alcácer de continent e lo espenya-
ssen de allí suso en la profundidat que es dius del alcácer.
E quando los officiales de la cort lo tomavan, a muchos
de la multitut parecía cosa estranya e erguillosa lo que se
fazía. Mas los patricios de todo se curruçaron por grant
dolor de Marcio e se metieron a²⁸⁷⁴ ayudarle, no solament
con cridos, mas aun algunos d'ellos empuxavan con las
manos a aquellos qui tiravan a Marcio. E ponían a Marcio en medio d'ellos, e algunos otros estendían sus
manos pregando la multitut. E quando los parientes e
amigos de los tribunos conocieron que por paravlas
e por cridos ren no se fazié en tanto desordenamiento, e
que sin grant muert de patricios no podían tirar a Marcio
de lures manos ni fer punición d'él, reduxieron a los tribunos que dissimulassen a aquella justicia, porque era
dura e fuera de razón, e que sin orden judiciario no lo
matassen con furor, e que diessen licencia a la comunidat que determinasen qué pena deviés haver. La hora
Sicinio demandava a los patricios por qué ellos querían
escapar a Marcio, al qual la comunidat quería punir. E
ellos demandaron a Sicinio: «E vós, ¿qué havedes en
vuestro coraçón, e por qué queredes [f. 201r / xviii, 7] sin
alguna examinación condepnar al más noble a tal pena
atán gruel e fuera de razón?». E Sicinio dixo: «No me-
tades²⁸⁷⁵ vós ocasión de escándalo e de división enta la
comunidat, porque la comunidat vos atorga por vuestras
pregarias que sea jutgado. E a ti, Marcio, te citamos que
vengas a la tercera congregación e que muestres cómo

2874   a] ad *F*: *om. P*.
2875   metades] metedes *P*: mi tendete *F*: (μὴ) ποιεῖσθε.

no fazes injusticia a los ciudadanos; porque tu judicio
será fecho con orden e con elección».

Esta cosa plugo a los patricios, e, teniendo Marcio con
ellos, se partieron alegres entro al tiempo de la tercera
congregación (fazen los romanos una congregación dentro IX días a la qual claman *ferias*). E esperavan los patricios, veyendo que se congregava huest contra los adversarios,[2876] que esta cosa deviés cessar. E si la guerra durasse,
deviés cessar el furor del pueblo e que se humiliasse lur
sanya; e depués passassen[2877] más mansament, o que del
todo cessasen por ocasión de la guerra. Mas, porque en
breu tiempo fizieron paz con los adversarios[2878] e tornaron,
los patricios se tornavan sovén dubdándose e considerando cómo pudiessen fazer que ni a Marcio desemparassen
ni los tribunos comoviessen la ciudat. Apio Claudio, del
qual pensavan todos que quisiés mal a la comunidat,
más que todos los otros dezía en público e clamava testimonios que, si davan poderío a la comunidat de determinar contra los patricios, destruyén la ciudat e ellos mismos
se tradién desemparando del todo la ciudat. Mas los más
viejos e los más amados de la comunidat dezían el contrario diziendo: «Si la comunidat toma el poderío, se fará más
mansa[2879] e más benigna;[2880] porque la comunidat no
menosprecia el consejo, mas, porque le parece qu'el consejo menosprecia a la comunidat, demanda por su hondra
e por su consolación qu'el judicio se faga [f. 201v] por la
comunidat».

2876   adversarios] *P*: adversarii *F*: Ἀντιάτας 'los de Antio'.
2877   passassen] passavan *PF*.
2878   adversarios] *cf. supra*.
2879   mansa] manso *P*: mansueto *F*.
2880   benigna] benigno *PF*.

Cómo Marcio[2881] *fue acusado por el pueblo e condepnado*
a exilio; e cómo, por vengarse de los romanos, se fue
a los volcos e los provocó a fazer guerra contra ellos

Veyendo, pues, Marcio qu'el Senado por l'amor de sí
mismo e por el miedo de la comunidat no metían remedio
alguno, él demandó a los tribunos de qué cosa lo acusavan e por qué culpa lo metían en judicio de la comunidat.
E quando ellos le dizieron: «La tu culpa es la tiranía; e te
será provado que tú has intención de tiranizar», e la ora él
se levantó e dixo: «Yo mismo, yo, he a responder a la
comunidat. E no dissimuledes de alguna examinación e
justicia, si d'esta cosa yo seré convencido. Solament con
derecha probación e qu'ellos no deciban al consejo
con mentiras». E quando ellos lo prometieron assín, fue de
continent ordenado el judicio. E depués que la comunidat
se congregó, no dieron primerament el poderío a hombres
ricos e provados e exercitados en fecho de armas que jutgassen como convenía, mas dieron el poderío al pueblo
vicioso e pobre e ignorant e que no piensa bien; a aquellos[2882] dieron la determinación. No res menos, pues que la
tentación de la tiranía no se pudo provar, dexáronla estar
e repitían las primeras paravlas que Marcio havía dicho en
el consejo, es a saber, cómo él embargava que las cosas de
la ciudat no se vendiessen a buen mercado e comandava
que se destruyesse el poderío del pueblo. E aun lo acusavan de cosa estranya diziendo que las cosas qu'él havía
ganado en la tierra de los adversarios[2883] no las aduxo a la
comunidat, antes las destribuyó entre la gent d'armas qui
era con él. De la qual cosa Marcio quedó más confuso;

2881   Marcio] marzio *F*: mario *P*.
2882   aquellos] quelli *F*: quellos *P*.
2883   adversarios] *cf. supra.*

porque súbitament fue enterrogado d'esta cosa e no podía luego fazer responsión que contentás al pue- [f. 202r / xx, 6] blo común, mas, quando él loava a aquellos qui fueron en l'armada con él, la mayor part de aquellos qui no fueron cridavan. Finalment, la sentencia fue cometida a los parentados, de los quales iiiˢ lo condepnaron. E la condepnación fue exilio perpetual. E depués que esta cosa fue publicada e cridava la universidat, se partió tanto alegre e ensuperbida²⁸⁸⁴ que nunqua tanto se alegró ni se ensuperbió por victoria que huviés en alguna batalla de los enemigos. Mas los del consejo huvieron grant desplazer e fazían mala cara, penidiéndose porque no havían fecho e sostenido toda cosa antes que sofrir qu'el pueblo los injuriasse e que senyoreablement fiziés tanto. E no fazía menester que alguno por vestidos ni por algún otro senyal mostrás su intención. Porque los populares, qui eran alegres, manifiestament se conocían, assí como los patricios, qui eran tribulados.

No res menos, Marcio nunqua se esmagó ni se humilió en sus actos ni en su andar ni mudó su cara, mas siempre él estava firme entre los otros, e él no se tribulava. Él no había misericordia de sí mismo ni sabía comportar pacientment lo que le era contecido, mas la passión de la ira e del furor lo venció. La qual cosa muchos no conocen qu'ella sea tribulación. Que, quando el alma se ensanya por su ardor, echa el acto de la humilidat e la pereza. E parece el hombre irado priesto en lures aferes, assín como se enflama el hombre de una victoria que sea contra natura. E assín mostró Marcio de continent por obra la su desposición, que, quando él entró en su casa e trobó su madre e su mujer, qui ploravan e cridavan, él las comandó que

---

2884   ensuperbida] superba *F*: enserubi.a (*ilegible la penúltima letra*) *P*: γεγηθὼς.

callassen e las conortó. E depués tomó licencia d'ellas e ívase enta las puertas. E todos los patricios lo acompanyavan. Mas él no tomó d'ellos alguna cosa ni fizo mención de pregarlos, mas [f. 202v] tomó licencia d'ellos e ívase solament con III o IIII hombres de armas. E en pocos días en algunos casales do él estava, seyendo solo, entró en imaginaciones segunt su furor. E no pensava ningún bien, mas pensava solament cómo él se podiés vengar de los romanos. E se puso en coraçón de mover contra ellos la guerra dura e certana. E por esto se puso a provar a los volcos, los quales eran poderosos e de personas e de haver, considerando[2885] que, ya sea que poco tiempo antes fuessen estado vencidos, no havían perdido por esto lur poderío, antes eran más corroçados contra los romanos.

E era entre ellos uno el qual havía nombre Tilo Amfidio,[2886] el qual entre los volcos havía dignidat real. E por su grant riqueza e por su valentía e por la excelencia de su linage esti quería mal a Marcio más que a ninguno otro romano. E Marcio lo sabía bien; porque muchas vegadas en las batallas el uno[2887] reptava al otro, e se menaçavan el uno al otro, e se avantavan el uno más qu'el otro, assín como es costumbre de jóvenes ardides e combatidores qui son ambiciosos e han invidia el uno del otro. E por la guerra comuna ellos vinieron a odio particular. E Marcio considerava que Tilo era superbioso, porqu'él deseava más que todos los otros volcos de trobar alguna ocasión por que pudiés vencer a los romanos. E la hora él confesó que verdat era lo que se dezía: que dura cosa es de contrastar a la universidat;[2888] e qui lo faze, ama más lo qu'él busca que

2885   considerando] et considerando *PF*.
2886   Amfidio] afidio *PF*: Ἀμφίδιος.
2887   uno] *F*: *om. P*.
2888   universidat] *P*: universita *F*: θυμῷ 'pasión'.

su vida. Marcio mudó sus vestidos porque no fues conocido, e cerca la noche él entró en la ciudat de los enemigos,
como fizo Teseo.[2889] E ya sea que muchos lo encontravan,
ninguno no lo conoció.

E él iva todo derecho al hostal de [f. 203r / xxiii, 4] Tilo.
E entró súbitament dentro en el palacio, e assentose e no
dezía nada. E cubrió su cabeça e parava mientes a una part
e a otra. Los del hostal se maravillavan quién era; mas ninguno no le osó levantar, porque a todo hombre parecía
por sus actos e por su silencio que fues hombre de dignidat. No res menos, le fue dicho a Tilo sobre la cena. Tilo
se levantó e fue enta él e le preguntó quién era e por qué
cosa era venido. E la hora Marcio se descubrió e estuvo un
poco, e depués dixo: «O Tilo, si aún no me conoces, antes
veyes e no creyes, necessaria cosa es que yo mismo me
acuse: Yo só Marcio Gayo, el qual he fecho muchos males
a tú e a los volcos, e por esto me han puesto un nombre
por el qual yo non puedo negar esta cosa, es a saber,
Coriolano. Porque de todos aquellos treballos e periglos
que passé, no he ganado otra retribución sino el nombre
el qual es senyal de la enemigança que havía con vós. E
d'esta cosa sola ninguno no me ha privado por la invidia
e por la injuria del pueblo e por la flaqueza de los gentiles hombres e por la traición de aquellos qui eran hondrados como yo. E agora me han exiliado, e só fecho prega-
dor de tu hostal, no pas por salvamiento nin[2890] miedo
(que, si yo temiés la muert, ¿qué menester me fazía venir
aquí?), mas só venido por vengarme de aquellos qui me
han exiliado. E por esto yo te fago senyor de mi persona;
pues, si has coraçón contra tus enemigos, piénsate que mis
adversidades sean por tu provecho; e jutga que mi desas-

2889　Theseo] *PF*: ὁ Δυσσεὺς U (por ὁ Ὀδυσσεὺς).
2890　nin] sin *P*: senza *F*: καὶ.

tre sea buen astre a todos los volcos. Porque yo combati-
ré tanto mejor por vós que yo no combatía contra vós,
quanto mejor combaten aquellos qui saben la condición
de lures enemigos que los estranyos. E si tú eres perezoso de fazer la guerra, ni yo curo de bevir ni será bueno [f.
203v] que tú salves a hombre que antes fue tu enemigo e
agora no val res». Quando Tilo oyó estas paravlas, se alegró mucho maravellosament e tomolo por la mano e le
dixo: «O Marcio, levántate e conórtate, porque dando tu
persona has fecho grant bien, e espera de los voluscos
mayor». E depués mostró enta él mayor dignidat que no
esperava, e cenaron ensemble. E los días siguientes se
consejavan amos a dos solos sobr'el fecho de la guerra.

E en Roma la malquerencia que los patricios havían
contra la universidat, e especialment por la condapnación
de Marcio, ponía grandes escándalos. E muchos eran qui
dezían: «Estas cosas estranyas son dignas de miedo». E los
adevinos, sacerdotes e idiotas semblantment prophetiza-
van. E dízese que conteció tal cosa: Un latín el qual havía
nombre Tito, no pas de los más nobles, no res menos era
hombre manso e sin baralla e limpio de adevinaciones e
especialment de loçanía, esti vido en suenyos a Júpiter, qui
le comandava que diziés al Senado cómo devant de su
procession havié enviado un dançador malo e desabroso.
Del qual suenyo él no curó primerament; mas depués que
lo vido la segunda e la tercera vegada e fue negligent, vido
muert subitánea de su buen fillo, e súbitament todo su
cuerpo fue paralítico. Por qu'él se fizo levar en un lecho
chico devant del Senado. E contando su suenyo sentía
poco a poco que su persona mejorava, en tanto que,
quando él acabó todo su suenyo, él se levantó todo sano
e iva por sí mismo. El consejo se maravelló mucho e fizo
grant inquisición sobre esta cosa, la qual fue tal: Uno dio
en las manos de sus siervos un otro su siervo e les comandó

que lo[2891] passassen açotando por la plaça e, depués que fuessen passados la plaça, [f. 204r / xxiv, 6] lo matassen. Sobre esti batimiento e marturio e los movimientos dolorosos qu'el siervo fazía, conteció que la procesión de la fiesta del dios se fazía e muchos se ensanyavan veyendo tal crueldat e veyendo los movimientos dolorosos qu'el siervo fazié por fuerça. Mas ninguno non lo escapó, mas solament blasmavan e maldezían a aquel qui fazía fer esta cosa. E la grant pena del siervo era, quando él errava, si él levava un fust de carro, el qual se clama *rimostati*, e passás por la vezindat. E era clamado *furcifer*,[2892] que sona en lengua romana 'portador de forca'.

Quando, pues, Latino les dixo el suenyo e ellos se maravellavan diziendo quál serié[2893] aquel dançador malo e desabroso el qual iva delant la procesión, recordáronse algunos de aquella non devida punición de aquel siervo qui la hora fue levado por medio de la plaça e depués fue muerto. E depués que todos se acordaron en esto, los sacerdotes punieron al senyor d'aquel siervo e depués fizieron una otra solepnidat e procesión. E parece que Numa, el más sabio de todos los sacerdotes, muit bien estatuyó que, quando los príncipes de los sacerdotes fazen algún sagrado misterio, el cridador va adelant cridando: «Hoc age», es a saber, 'fes esta cosa', por tal que todo hombre talaye las cosas divinas e que ninguna cosa humana no entrevenga que embargue[2894] a los misterios divinos. E por esta ocasión tienen los romanos por costumbre que por muit chica suspición refazen las solepnidades. E si algún cavallo de aquellos qui lievan lo que claman *thissas* ***,[2895] e si aquel

2891   lo] *F:* la *P.*
2892   *furcifer*] fulcifer *PF.*
2893   quál serié] quasi *PF:* ὅστις ἦν.
2894   embargue] embarge *P.*
2895   ***] *lag. en PF:* ἀτονήσαντος.

qui cavalga el cavallo tome las riendas con la mano siniestra, ordenan aún otra procession. En tanto que dentro un anyo xxxᵗᵃ vezes fue fecha una fiesta porque le amenguava alguna †noche†²⁸⁹⁶ o algún fallecimiento le contecié. [f. 204v] Tal era la reverencia que los romanos havían enta las cosas divinas.

E la hora Marcio e Tilo faviavan ensemble secretament con los más poderosos contra los romanos. E los induzía a fazer guerra diziendo que los romanos eran entre ellos escandalizados. Mas ellos se recelavan e respondían cómo ellos havían treguas entro a ii anyos. Mas los romanos mismos dieron la ocasión, porque ellos por alguna suspición e calupnia cridaron a una fiesta que fazían que todos los boluscos, antes qu'el sol se posás, se partiessen de la ciudat. E dizen algunos que esta baratería e esti decebimiento fue obra de Marcio, porqu'él envió a Roma diziendo a los gentiles hombres fraudulosament cómo los boluscos havían entención en la fiesta, sobre los solaces, de assallir a los romanos. E Tilo, por mover más aína la guerra e por comover más a los boluscos, ordenó que ellos enviassen a Roma por demandar todas las ciudades e la tierra que los romanos les havían tirado en tiempo de la guerra. Los romanos, quando oyeron a los embaxadores, se ensanyaron e respondieron: «Los boluscos serán los primeros qui levantarán armas; mas los romanos serán los çagueros qui las posarán». Por esta cosa Tilo congregó toda la universidat. E pués que²⁸⁹⁷ todos atorgaron que la guerra se fiziés, les dio por consejo que clamassen a Marcio e que ninguno no lo quisiés mal, antes que se confiassen d'él, porque su ayuda sería tanto provechable quanto fue el danyo que les fizo quando guerreava contra ellos.

2896   †noche†] noche *P.* notte *F.*
2897   pues que] poi che *F.* que *P.*

E quando enviaron por Marcio e él favló en presencia
de la multitut, él pareció no menos valient e apto combatedor por sus armaduras que por sus paravlas. E [f. 205r /
XXVII, 1] pareció maravelloso de seso e de prática e de ardideza. Por qu'él fue fecho capitán de la guerra ensemble
con Tilo e monarca en las batallas. Marcio, dubdándose
que entro que los boluscos fuessen aparejados la prolongación del tiempo no lo embargasse de su intención, todos
los otros aferes de la ciudat e de dar e tomar lo que
menester fiziés por la guerra dexó todo a las manos de los
gentiles hombres e de los ricos, e él con la voluntat de
los boluscos tomó con él los más ardides e corrió súbitament la tierra de los romanos e robó e ganó tanto que bien
se contentaron los boluscos, en tanto que se enoyavan de
levar tanta robería allí do eran atendados. Mas aun todo
esti danyo que fizo a los romanos e que enrequeció a su
huest le pareció poco, segunt su intención. Mas la intención por la qual él fazié estas[2898] cosas era muit grant, e
quería meter a los patricios en calupnia e suspición de los
romanos. Por la qual cosa, ya sea qu'él destruía todas las
cosas, los casales e las possesiones de los patricios salvava e no consentía a ninguno que les fiziés danyo ni que
tomás alguna cosa d'ellos. Por la qual cosa, grandes calupnias e turbaciones se levantaron entre los romanos. E los
patricios se querellavan de la universidat, porque injustament havían exiliado a hombre valient e poderoso, e la
universidat blasmava d'ellos diziendo que por malquerencia de la comunidat aduzían a Marcio, e que los otros sufrían
las penas e ellos folgavan guardando lur riqueza e lur trasoro e no ponién lures personas en periglo de batalla.
Tales malicias pensó Marcio e dio grant conuerto a los

2898   fazié estas] faziestas *P*.

boluscos de menospreciar a los romanos, e los tornó sin algún periglo.

E depués qu'el poderío de los boluscos se aplegó ensemble e pareció que fues mucho, parecioles bueno que la una part fincase por talaya de las ciudades, e los otros fuessen a fazer guerra contra los romanos. E Marcio dio la elección a Tilo que tomás qual senyoría quisiés de las dos: o de fincar [f. 205v] a guardar las ciudades o de ir con la huest contra los romanos. E Tilo dixo: «Yo veyo que Marcio no solament no es menos[2899] de mí en virtut, antes veyo aun qu'él es más aventurado en todas guerras que yo». E comandó que Marcio fuesse senyor de las huestes contra los romanos. E él fincava por talaya de la tierra; porqu'él más liugerament providiría de las cosas necessarias a la huest. La qual cosa conortó más a Marcio ***. E depués que le fizieron reverencia, no les nozió res. Mas, depués esto, él robava la tierra de los latines, esperando que allí se deviessen mesclar con ellos, porque todos los latines eran con ellos e muchas vegadas los romanos les havían enviado ayuda. E depués que a la multitut no plazié la guerra e el tiempo del officio de los cónsules se acabava e ellos no se querían poner en periglo, licenciaron a los latines. Depués Marcio se puso en coraçón de ir contra las ciudades públicament. E quando los tolerinos[2900] e los vicanos e los pedanos e aun los bolanos les contrastaron, e él los venció e tomó lur haver e lures personas; a todos aquellos qui se rendían a él era muit solícito que no recibiessen algún desplazer contra su voluntat. E por esto él se atendava luent de la ciudat.

2899   no solament no es menos] no es solament menos (*entre* solament *y* menos *aparece tachado* no es) *P:* non e solamente meno *F:* (εἰπὼν ὡς) οὐδὲν ἀρετῇ λειπόμενον αὐτοῦ τὸν Μάρκιον ὁρᾷ.
2900   tolerinos] tolleranos *PF:* Τολερίνους.

Depués esto, él tomó el lugar que ha nombre Bolas,
el qual es luent de Roma c estadios, e quasi a todos aquellos qui eran de edat los consumó. E por esto ni aun
aquellos bolcos a los quales ordenaron que fincasen a la
guarda de las ciudades se aturaron, mas todos ivan con sus
armas a Marcio diziendo: «Todos nós no conocemos sino
a un capitán e un senyor, es a saber, Marcio». E era grant
la fama de Marcio en toda la Italia, e la gloria de su virtut
maravellosa, que por decaimiento de una persona contecieron tantas cosas fuera de razón. Mas los fechos de los
romanos no havían ningún orden, porque de combater
eran desperados e cada día entre ellos havían baralla
[f. 206r / xxix, 2] entro que les fueron nuevas que los enemigos havían assitiado a Lavinio, do eran los gamellos²⁹⁰¹
sagrados de los dioses de lures antecessores. E el principio de lur linatge era allí, porque aquella era la primera
ciudat que Eneas construxo. Depués esto, la universidat
mudó consello, e pareció que los patricios se partiessen de
la cosa que era razonable, porque la universidat se movió
a solver la sentencia que era dada contra Marcio e enviarle
dezir con pregarias qu'él viniés a la ciudat. Mas, quando el
consejo se aplegó e supo la voluntat de la universidat, lo
embargó, o sea que quisiés contrastar e contradezir en
todo lo que la universidat quería, o sea porque no quería
que Marcio viniés por gracia de la universidat, o sea porque
lo havían en odio porqu'él quería mal a todos como a
desconocientes enta él e se mostró enemigo de la patria
universal, ya sea qu'él sabié que la part más adelantada e
más poderosa e más senyoreable le había compassión
e eran injuriados todos los gentiles hombres assí como él.

2901   gamellos] *P.* ghamellos *F.* ἱερά; *cf. también Pomp. 30v.*

Cómo Marcio se atendó cerca Roma, e los romanos
le enviaron embaxadores demandando paz;
e de la respuesta²⁹⁰² que Marcio les fizo

Quando la determinación del consejo fue manifiesta a
la multitut, la universidat no quiso confirmar alguna cosa
ni renovar sino en presencia e de consentimiento del consejo. E quando Marcio lo uyó, más se ensanyó. E desemparó de combater la ciudat de Lavinio²⁹⁰³ e por grant ira
qu'él havía iva todo derecho a la ciudat. E se atendó en un
lugar el qual se clama los Fossados de Clilias, que es luent
de la ciudat estadios XL. E pareció muit terrible e dioles
muchas turbaciones. No res menos, la comoción que era
entre ellos cessó, porque no era alguno, ni gentil hombre
ni del consejo, qui contradiziés a la universidat si ella quería tornar a Marcio en Roma. Mas so- [f. 206v] lament
veyendo las mujeres, que discorrían por la ciudat e pregavan a los dioses, e aun los ancianos, que ploravan e pregavan, que todos eran senyales de miedo e de cuidado de
perdición, comprendieron²⁹⁰⁴ todos que la universidat jus-
tament²⁹⁰⁵ demandava la paz de Marcio, mas el consejo los
fizo fallecer, porque era bueno que la sanya e la malquerencia fues cessada en el principio. E pareció bueno universalment a todos de enviar embaxadores a Marcio cómo
ellos le davan poderío de tornar a su patria. Por que lo
pregavan²⁹⁰⁶ que fiziés cessar la guerra. E aquellos qui fueron enviados del consejo eran amigos de Marcio; e

---

2902   *respuesta*] risposta *F*: respuestas *P.*
2903   Lavinio] lavino *PF*; *cf. supra.*
2904   comprendieron] comprendiendo *P*: comprendendo *F*: συν-
έγνωσαν.
2905   justament] jnstantment (*con trazo vertical sobre la primera* n) *P*:
stantemente *F*: ὀρθῶς.
2906   pregavan] pregavano *F*: pregava *P*: δεομένους.

esperavan como parientes e amigos trobar de continent curialidat[2907] en él. Mas res no fue fecho, mas los levaron por medio de la huest e apenas le pudieron favlar. Sediendo él con grant gent e con cara brusca e no pacient e sediendo cerca de los principales de los volcos, comandava a los embaxadores que dixiessen por qué eran venidos. E depués qu'ellos huvieron favlado con paravlas humiles e con acto privado, callaron. E él respondió por sí crudament e con ira de lo que havían fecho; e por los volcos él comandava que les rendiessen lures ciudades e la tierra que les havían tirada por guerra e que tractassen a los volcos como hondrados ciudadanos latines, porque la guerra no podié cessar segurament sino con convenciones e con justicia. E dioles término que se consejasen dentro xxx días. E como los embaxadores se tornaron, partiose Marcio de aquella encontrada.

E esta ocasión tomavan contra Marcio aquellos volcos qui antes se tenién por agreujados de su poderío e le levavan invidia, entre los quales era Tilo, no pas porque Marcio le fiziés alguna injusticia en especialidat, mas segunt passión humana él había desplazer porque su gloria era amenguada del todo e [f. 207r / xxxi 2] los volcos no fazían mención d'él ni reputavan haver otro senyor que Marcio. E por los otros, jutgavan que, quanta part de senyoría e de poderío les diesse Marcio, tanto les cumpliesse. E por esto del principio sembravan calupnias e se congregavan ensemble mal contentos e dezían que aquel levantamiento que fizo del campo era traición, no pas de ventura[2908] e de armas, antes de tiempos entre los quales todas las cosas se salvan e se pierden. E que[2909] Marcio en aquel tiempo

2907   curialidat] curialment *P*: cortesement *F*: φιλοφροσύνην.
2908   ventura] *PF*: τειχῶν 'muros'; *ha habido con fusión, por itacismo, con* τυχῶν.
2909   que] *para este* que, *aparentemente ocioso, cf. también Cim. 63v, Tes. 86r...*

no estava occioso, mas corría la tierra de los sujectos de
sus enemigos e los consumava. E tomó vii ciudades grandes e bien pobladas; e los romanos no le²⁹¹⁰ osavan ayudar, mas estavan todos perezosos; e como si fuessen fuera
de seso, assín desemparavan la guerra. E quando el término fue passado e Marcio tornó aún con todo su poderío,
le enviaron aún embaxadores pregándole que remitiés e
pacificás su furor e apartasse a los volcos luent de la ciudat e fiziés e dixiés lo que mejor le pareciés por amas a
dos las partes, porque los romanos no condecendían en
alguna cosa por miedo, mas, si los volcos querién d'ellos
alguna cosa amigablement, la farían de grado, solament
que posassen las armas. «En esto —dixo Marcio— yo no
respondo como capitán de los volcos; mas como ciudadano de Roma yo vos dó por consejo e vos priego que vos
esforcedes de condecender quanto vós podedes a la justicia e que vós hayades consejo sobre todo lo que vos digo
e que tornedes a mí dentro iii días. E si vós acordades otrament, yo non vos dó por consejo que vengades con paravlas vanas en la huest».

E quando los embaxadores tornaron e el consejo uyó
la final respuesta e vido que tanta tempestat vinié sobre la
ciudat, surgieron la áncora la qual se clama *Sagrada*, e el
consejo determinó que todos los adevinos e los maestros
de los secretos divinos e los guardianos e los aoreros,
todos fuessen a Marcio [f. 207v] revestidos e parados
segunt la costumbre de lur officio, e que no diziessen ni
pregassen alguna otra cosa sino que cessás la guerra e
depués favlás con sus ciudadanos por los volcos. Marcio
recibió a aquellos qui fueron enviados en la huest; mas
ninguna otra cosa non fizo nin dixo más humil sino lo
qu'él havía dicho antes por fazer la paz, e, si no, que

esperassen la batalla. E quando los sacerdotes tornaron, parecioles bueno de estar dentro de la ciudat e de guardar los muros e, si los enemigos los assalliessen, qu'ellos se defendiessen de los muros, esperando que en esti medio algún bien les viniesse por ventura, porque ellos sentían bien que de sí mismos[2911] no fazían alguna cosa de lur salvamiento, sino que toda la tierra era plena de turbaciones e de miedo e de mala fama. Por la qual cosa, conteció una cosa que dize Omero, ya sea que a muchos no plaze. Dize Omero que «en grandes aferes e maravellosos Athina puso seso en su piensa». E aún: «Uno de los inmortales puso en la intención de la piensa consejo al pueblo». E «por ventura se membró o[2912] que los dioses lo comandaron». Las quales cosas algunos menospreciaron porque Omero ordena la piensa del proponimiento de cada uno que ella sea incredible con consolación incredible.[2913] Mas esta cosa Omero no la faze assín, antes todas cosas qui son de plazer e acordables e acostumbradas de seyer fechas razonablement, aquellas comanda a nós, segunt qu'él dize: «Yo me só consejado en mi piensa de grant coraçón». E aún dixo assín: «Mayor tribulación fue, e su coraçón dentro de sus pechos pensava muchas cosas contrarias». Mas do es operación estranya e periglosa e ha menester de divina inspiración e ayuda, no faze algún danyo, mas qu'él[2914] mueve el proponimiento. E no viene a fin de su operación, mas da fantasía, la qual aduze en pensamiento. Por la qual cosa, no faze la [f. 208r / xxxii, 7] operación sin voluntat, mas solament da principio a aquella cosa que no procede de la voluntat, e aduze conuerto e esperança. E si no es

2911   mismos] medesimi *F*: mismo *P*.
2912   o] *om. PF*: ἤ.
2913   *El texto está corrupto en griego.*
2914   él] τὸν θεόν.

esto, tiramos las cosas divinas en todo de todas ocasiones nuestras e principios. E si esta cosa no es convenible, ¿quál es, pues, la otra manera por la qual cosa los dioses ayudan a los hombres e obran con ellos? No pas que lures personas se trasmudan ni[2915] mueven ellos las manos e los piedes de los hombres, antes levantan la prática del alma e el proponimiento con algunas fantasías e imaginaciones, o fazen venir[2916] el contrario e fazen cessar[2917] las cosas.

Cómo por el avisamiento de Valeria, ermana
de Poplícola, la madre e la muller de Marcio, ensemble
con las otras honorables duenyas de Roma, fueron a
Marcio por impetrar la paz; e de las virtuosas paravlas
que su madre dixo a Marcio por salvamiento
de la patria; e de lo qu'él fizo por reverencia suya

La ora en Roma las mujeres ivan a diversos dioses; mas la mayor part e las más cuerdas havían recurso al dios Júpiter, la estatua del qual era en el Capitolio. Entre las quales era Valeria, la ermana de Poplícola, el qual fizo muchas e grandes utilidades a los romanos e en la ciudat e en las guerras, segunt que nós escrevimos en su istoria. Poplícola era muerto antes; mas Valeria havía hondra e gloria en la ciudat, porque su conversación mostrava qu'ella no envergonçava a su linatge. E esto que yo digo conteció la hora súbitament a Valeria, e fue por utilidat de la ciudat. No sin divina inspiración ella se levantó e fizo levantar a las otras todas e se fue al hostal de Volupnia, madre de Marcio. E como ella entró e la trobó sediendo con su

---

2915   ni] ne *F*: et ni *P*: οὐδὲ.
2916   fazen venir] faze venir *P*: fa venire *F*: ἀποστρέφοντες.
2917   fazen cessar] faze cessar *P*: fa cessare *F*: ἱστάντες.

nuera (e tenié en su falda los fillos de Marcio), puso las mujeres en torno d'ella e les dixo: «O Volupnia e tú, Virgilia, nós las mujeres somos venidas a las [f. 208v] mujeres sin determinación de consejo e sin comandamiento de los gentiles hombres. E segunt que parece, Dios huvo piedat de nuestras pregarias e nos puso en coraçón de venir a vós e de pregarvos por salvación de nós e de los otros ciudadanos. E si vós nos uides en tales cosas las quales aduzen más resplandient gloria que no ganaron las fillas de los sabinos²⁹¹⁸ quando tiraron de la batalla a sus parientes e sus maridos e los metieron en paz, venit e vayamos a Marcio ensemble e ayudatnos a las pregarias e daredes testimoniança verdadera a la vuestra patria e justa, que, ya sea que muchos males ella sufre, a vós no han fecho ningún mal ni han consejado alguna cosa irada contra vós. E si aún no trobaredes en él alguna misericordia, empero a vós enviará él sin algún danyo». Quando Valeria huvo dicho lo que quiso, todas las otras mujeres cridaron. E depués Volupnia respondió e dixo: «O mujeres, entre las comunas tribulaciones havemos nuestra part, como vós; e ultra esto havemos otra adversidat, porque havemos perdido la gloria e la virtut de Marcio ni veyemos que su persona sía salva, antes como encarcerada entre las armas de los enemigos. E aún es mayor el nuestro mal astre si la nuestra patria es tanto enflaquecida que meta en nós su esperança, porque nós non sabemos si fará él de nós alguna mención, pues que de su patria no faze mención ni de su madre ni de su mujer ni de sus fillos. No res menos, tomatnos e levatnos a él. E si otro bien no podemos fazer, al menos morremos pregándolo por nuestra patria».

Por la qual cosa, ella levantó los ninyos e a Vergilia, e iva ella misma con las otras mujeres enta la huest de los

---

2918   sabinos] sabini *F*: salinios *P*: Σαβίνων.

volcos. E lur vista puso entre los enemigos reverencia pia-
dosa e silencio. E conteció que la hora Marcio sedía por
tribunal con los otros senyores. E quando él vido que las
mujeres se acercavan a él, se maravelló. E [f. 209r / xxxiv,
3] quando él vido que su madre venía devant de las otras,
ya sea qu'él quería fincar en su pertinacia e en su entención e no condecender ni enclinarse en alguna cosa, no
res menos, pués qu'él fue vencido de la passión e se
comovió por la presencia de ella, no pudo sofrir que su
madre se acercás estando él assentado, antes decendió
priestament e no perezosa e la fue a recebir. E primerament besó a su madre una grant hora, e depués a su mujer
e a sus fijos. E echavan las lágrimas por abundancia, e él
huvo grant compassión.

E depués que d'estas cosas fue farto e sentió que su
madre le quería favlar, clamó cerca d'él los principales
consejeros de los volcos. E la hora él dio audiencia a
Volupnia, la qual dezía tales cosas: «O fijo, ya sea que nós
non dezimos res, tú por nuestras ropas e por nuestras
caras e por la miseria de nuestras personas puedes considerar quánto assitiamiento ha fecho tu exilio a nuestra
casa. Considera, pues, que nós somos venidas aquí assí
como las más malaventuradas que todas las otras mujeres
del mundo, e el más dolç esguart que nós havíamos nos
es tornado en más terrible, que, veyendo yo a mi fillo e
esta a su marido, e él está como enemigo devant los muros
de su patria. E lo que es consolación de los otros, de pregar a los dioses, a nós es tornado en defecto. Porque no[2919]
es possible a nós que nós preguemos a los dioses por la
victoria de la patria e por tu salvación, mas lo que los enemigos devrían pregar contra nós conviene que digamos en
nuestras oraciones. Porque necessaria cosa es que tu

2919   no] non *F*: nos *P*: oʋ.

mujer e tus fillos pierdan o a tú o a lur patria; mas yo no
podré sofrir de bevir si la guerra deve durar, antes, si tú
no me consientes de cessar d'esta dissensión e que fagas
unidat e paz, métite en coraçón e sías cierto que nunqua
te mesclarás en batalla con tu patria antes que passás
sobre el cuerpo de tu madre muerta. Porque no es convenible [f. 209v] cosa que yo veya aquel día que los ciudadanos envergüencen a mi fillo ni que mi fillo reciba el
triumfo contra su patria. Si, pues, yo te priego que tú salves la patria e desempares los volcos, a ti conviene haver
consideración de fuert judicio. Porque ni destruir tus ciudadanos es bueno, ni es justa cosa que fagas traición a aquellos qui se son confiados a tú. E agora demandamos que
nos delivres de los males e que salves el una part e el otra.
Mas aún más glorioso bien farás a los volcos, porque son
más poderosos e les parecerá que fazen mayor gracia e
bondat e paz e amigança, la qual cosa no parecerá a ellos
menos de lo que yo digo. E de todo lo que se fará parecerá que tú seas ocasión. E si no se faze, entramas las partes
darán la culpa a tú. E la batalla es cosa dubdosa; mas esta
cosa es cierta: que, si tú viences, no ganarás otro sino que
serás reputado destruidor de tu patria; e si tú serás vencido, parecerá que por tu furor e por tu ira tus amigos e bien-
fechores reciben grandes tribulaciones e dolores».

E mientre que Volupnia dezía estas paravlas, Marcio
escuchava e res non dezía. Mas, depués qu'ella calló, estuvo una grant hora en silencio. E dixo aún ella: «¡O fijo!,
¿qué callas?, ¿quál de las dos cosas es bueno:²⁹²⁰ que tú des
a la universidat²⁹²¹ e no fagas alguna gracia a tu madre en

2920   bueno] *P.* buono *F.*
2921   universidat] *P.* universita *F.* ὀργῇ 'ira'; *parece que se trata de una
confusión de* θυμῷ, *sinónimo de* ὀργῇ, *con* δήμῳ 'pueblo, comunidad'. *Cf.
también Coriol. 202v.*

assín grandes cosas como ella te priega, o pertenece a
grant hombre de remembrarse de las malicias e que hombre no faga reverentment e honorable los beneficios que
apartenecen a los fillos de fazer enta lures parientes? Esto
no es obra de grant hombre e de bueno. E a ninguno
otro no apartenece tanto de seyer reconocient como a tú porque echas de tú la ingratitut. E ya sea que por la tu patria
has conquistado memoria grant e solepne, a tu madre ninguna gracia no has fecho. E justa cosa serié e convenible
que sin algún treballo yo empetrás de tú lo que yo te priego bien e justament. Mas, porque tú no con- [f. 210r /
XXXVI, 4] sientes, yo he grant dolor, porque yo só privada
de mi esperança». E depués que huvo dichas estas paravlas, se echó a sus piedes con su mujer e con sus fillos. E
Marcio[2922] cridó: «¡O madre!, ¿qué me has fecho?»; e de continent la levantó e estrenyole la mano derecha e dixo:
«Madre, mucho me has diusmetido, e me has vencido de
victoria la qual es próspera[2923] pora la patria, mas pora mí
es malastruga, porque yo me parto vencido de tú sola». E
depués que dixo esto, favló con su madre e con su mujer
depart e les fizo tornar en Roma, segunt que ellas le havían pregado. E depués que passó la noche, él levó los
volcos de allí e se alunyó, ya sea que todos los volcos no
eran de un coraçón ni de una affección. Porque algunos
querían mal a él e a sus fechos; e algunos otros no, porque amavan de bevir folgadament e pacífica; e a algunos
otros desplazía lo qu'él fazía, mas de Marcio dezían qu'él
era digno de perdonança porque necessidat lo constrenyía
a fazer lo qu'él fazía. No res menos, ninguno no le contradixo, mas todos lo seguían e más se maravellavan de su
virtut que de su poderío.

2922   Marcio] marzio *F*: março *P*.
2923   es próspera] prospera *PF*.

Mas quánto miedo havía la universidat de[2924] Roma mientre que la guerra durava apareció depués que cessó la guerra. Porque, quando ellos vidieron de los muros que los volcos se partían, obrieron de continent los templos todos, e se coronaron como si ellos huviessen havido victoria, e sacrificavan. E aún pareció más manifiesta la alegría de la ciudat por la amigança e hondra que la universidat e el consejo mostraron enta las mujeres; porque todos dezían e reputavan que las mujeres fueron ocasión e causa de lur salvamiento. E depués qu'el consejo determinó que todo lo que las mujeres determinassen que se fiziés por su gloria, e por lur regraciamiento que los senyores de la tierra lo acabassen, las mujeres no demandaron otro sino que edificassen un templo a la Ventura femenina e qu'ellas querían pagar la despensa del [f. 210v] edificio, mas que la comunidat fiziés la despensa de los sacrificios e de las hondras que apartenecién a los dioses. E depués qu'el consejo loó la lur honorable demanda, fizieron el templo e el ídolo a la despensa del común. No res menos, las mujeres pusieron otro tanto e fizieron una estatua, la qual, segunt que los romanos dizen, quando ella se adreçava en el templo, dixo tales paravlas: «O mujeres, con amor divino me havedes dado».

E dizen[2925] aun fabulosament que dos vegadas fue oída esta voz. E quieren que nós consintamos de acceptar tales cosas como aquellas que es impossible que sean. Porque, si las ídolas parecen sudadas o que corre d'ellas humor como sangre, no es grant cosa ni impossible, porque muchas fustas e piedras muchas vegadas por humidat sudan e muestran muchos colores, e por el aire que le es en derredor reciben muchos colores. Por la qual cosa, si

2924   de] di F: da P.
2925   dizen] dicono F: dize P: μυθολογοῦσιν.

algunos piensan qu'el demonio lo faga por senyal, no nueze res. E es possible cosa que de las ídolas proceda algunas vegadas algún son como de murmuración e de suspiro. La qual cosa esdeviene de la profundidat de la tierra por algún crebantamiento o por fuerça de departimiento de la tierra; mas que en[2926] cosa inanimada sea voz natural con significación manifiesta, como de boca perfecta, del todo es impossible, pues qu'el alma non favla ni dize nada sin órgano corporal concordado con las partes del parlamiento. Mas, depués que la istoria nos constrenye con muchos testimonios sufficientes, nos vence en aquel qui dize que passión esdevino en la fantasía del alma, la qual cosa no era semblant al sentimiento. Assí como en los suenyos a nós[2927] parece que oímos e veyemos sin que oyamos e veyamos. Empero, en aquellos que han devoción en los dioses por el superfluo amor (e por esto no pueden [f. 211r / xxxviii, 5] dissimular estas cosas), grant cosa es que certanament se creya la maravellosa potencia de Dios, la qual no es tal como la potencia humana ni es semblant a las cosas humanas ni quanto a natura ni quanto a operación ni quanto a ingenio ni quanto a poderío. E quantas cosas faze la divina potencia las quales nós non podemos fazer, e piensa lo que nós non podemos pensar, no es fuera de razón, antes, assín como las cosas divinas son de todo differenciadas e departidas de las humanas, assín las sus operaciones de todo son estranyas e no semblantes a las humanas. Mas las cosas divinas, segunt que dize Iráclito, «por la infialdat fuyen e no se sienten».

2926 en] es (*en margen, con tachón en caja*) P. es F. ἐν.
2927 nós] noi F. vos P. δοκοῦμεν.

Cómo Marcio fue muerto a grant traición malvadament

E depués que Marcio tornó de la huest a la ciudat de
Antio, Tilo, porque se dubdava d'él, le levava grant odio e
se agreujava d'él e buscava de fazerlo matar por traición.
Porque, si él escapás la ora, no trobarié depués ocasión
contra él. Por la qual cosa, él ordenó e congregó muchos
contra él, e le comandava que tornasse²⁹²⁸ la senyoría a los
volcos. Marcio, dubdándose que no fincás como hombre
particular, es a saber, sin officio, e considerando²⁹²⁹ que
Tilo era senyor e havía grant poderío entre sus ciudadanos, dezía que la senyoría él la dexaría a los volcos quando todos fuessen contentos, porqu'él havía tomada la senyoría con voluntat comuna de todos; mas él no licenciava
a los antiatos²⁹³⁰ que lo querían por senyor. Mas, quando
fue fecha congregación, se levantaron los tribunos del
pueblo qui antes eran ordenados e concitavan a la multitut contra Marcio. E quando Marcio se levantó e aquellos
qui cridavan contra él fuertment por reverencia suya callaron e le dieron espacio de favlar, los más nobles de los
antiatos,²⁹³¹ especialment aquellos qui [f. 211v] amavan la
paz, se manifestaron cómo lo querían escuchar amigablement e jutgar justament. E por esto Tilo se dubdó de la responsión de Marcio, porqu'él sabía que Marcio era muit
poderoso en su favlar e todo lo que fizo antes era de
mayor gracia qu'el çaguero reptamiento. No res menos,
aquella acusación testimoniava del todo que por grant gracia lo fizo. Por que no lo podían reptar qu'él les huviés
fecho tuerto si ellos no metieron en servitut la ciudat de

2928　tornasse] rendesse *F*: tornassen *P*: ἀποδόντα.
2929　considerando] considero *PF*.
2930　antiatos] antiocos *PF*: Ἀντιατῶν.
2931　antiatos] cf. *supra*.

Roma, mas solament serían estados cerca de tomarla por Marcio. E por esto no les pareció bueno de contrastar con los muchos, mas los otros superbiosos de aquella companyía cridaron diziendo: «¡No es convenible cosa de escuchar al traidor, ni conviene a los volcos de dissimular allá do vienen, qu'él por tiranía non quiere desemparar la senyoría!». E depués que dixieron estas paravlas, súbitament lo asallieron e lo mataron. E ninguno de quantos eran allí no le ayudó. Empero, la mayor part de aquellos qui allí eran mostró que no les plazía lo que fue fecho. E por esto de todas las ciudades se aplegaron a hondrar su cuerpo, e lo enterraron hondradament, e ornaron[2932] su sepultura con armaduras e con mucha robería como a sepultura de capitán valient. E los romanos, quando supieron su fin, no mostraron algún senyal ni de hondra ni de odio, sino que a petición de las mujeres dieron licencia que se fiziessen plantos por él entro a x meses, segunt que havían por costumbre de fazer duelo por padre e por fillo e por ermano. E tanto era el término del duelo, segunt la lei pompilia, assí como nós havemos escripto por él. E depués la muert de Marcio, ellos huvieron guerra con los sicanos, qui eran lures amigos, por la senyoría. E tanto procedió la guerra que vinieron a los colpes [f. 212r / XXXIX, 12] e a los homicidios. E depués fueron todos vencidos[2933] en batalla de los romanos. E allí murió Tilo, e se consumó lur mayor poderío, e fueron contentos de muit vituperosos pactos, porqu'ellos se fizieron subjectos de los romanos e prometieron de fazer lo que les comandassen.

2932 ornaron] tornaron a *P*. intorniarono *F*: κοσμήσαντες.
2933 vencidos] *om. PF*: κρατηθέντες.

ALCHIBIADO

{PF}

SÍGUESE EL XXXIII LIBRO: De las gestas e memorables fechos de Alchibiado.

La generación de Alchibiado de part de su padre parece que tomasse principio de Eurissaco e de Éanto. De part de su madre era alcmeonido,[2934] e era clamada Dinomaca e era filla de Megacleo. Mas el padre de Alchibiado, el qual havía nombre Clinío, con su estol proprio combatió las galeas de los enemigos cerca del Artemisio muit gloriosament, e depués él murió cerca de Coronia combatiendo con los biotos. E de la ora avant, Periclí e Arifron eran tutores de Alchibiado, los quales eran parientes de Xántipo.[2935] Dízese aún por Alchibiado qu'él no ganó poco de gloria[2936] por la devoción que en él havía por grant amor Sócrates. E bien es dicho, pues que ni de Formíon ni de Niquío ni de Demóstenes ni de Lámaco ni de Trassívolo, los quales fueron assí famosos como él, las madres de los quales nunqua fueron nombradas. Mas de Alchibiado conocemos aun la nodriça, la qual ha nombre Amicla, de la generación de los lacones; e su nodriço era Zópiro. De los quales Antisteno escrive por el uno, e Plato

---

2934 alcmeonido] *PF*: Ἀλκμαιωνίδης.
2935 Xántipo] exantipo *PF*: Ξανθίππου.
2936 gloria] *F*: glioria *P*.

por el otro. De la fermosura de Alchibiado non vos cal dezir nada, porque la fermosura de su persona, seyendo ninyo e seyendo joven infant e seyendo aun en viril edat, lo fazié deleitable e amado de todos. E esta fermosura lo siguió en todas sus edades. Assín como dezía Euripido que «atupno [f. 212v] es bueno de todos los bienes», assín fue Alchibiado. Mas en muit pocos fue esta cosa; mas no tanto como en la fermosura de Alchibiado por buena natura e por virtut de persona. E era en su favlar balbucient; la qual cosa, segunt que se dize, fazía más plazient su favlar. Mas él suplía el defecto de su favlar con buen orden qu'él havía e amigable, assín como Aristofano se remembró de su balbuciamiento do él reprende a uno que havía nombre Théoro diziendo assín: «E pués Alquibiado balbuciendo dixo enta mí: "Veyes a Théolo,²⁹³⁷ qui polta²⁹³⁸ cabeça de colvo", queriendo dezir: "Veyes a Théoro, qui aduze cabeça de cuervo"».

E su †maestro†²⁹³⁹ mostró muchos regiramientos e mudaciones irrazonables, segunt que contece en grandes aferes e en las venturas que esdevienen sin regla. E por natura le parecía que muchas passiones e grandes devía sofrir. E la más fuert cosa que en él fues era que siempre él quería seyer adelantado e contrastar con todo hombre. Las quales cosas son manifiestas, segunt que algunos se remiembran de las cosas que fazié en su puericia. Una vegada, mientre qu'él luchava, aquel con qui él luchava le estrenyó muit fuert; e Alchibiado, por no cayer, muit aptament²⁹⁴⁰ tiró enta suso los ligamientos de aquel qui lo constrenyía, e mordiole las manos. E porque aquel lo dexó

2937 Théolo] theoro *PF*: Θέωλον.
2938 polta] porta *PF* (*tachado* polta *en P*): ἔχει.
2939 †maestro†] maestro *PF*: ἦθος 'carácter'.
2940 aptament] apertament *P*: apertamente *F*.

e le dixo: «O Alquibiado, tú muerdes como las mujeres», e
Alquibiado dixo: «No pas como las mujeres, mas aun como
los leones». Quando él era chico, él jugava en la carrera a
los uessos. E quando la buelta vino a él, conteció que un
carro vino cargado. E primerament Alquibiado comandó al
carretero que aturasse, porqu'el tracto o lanç suyo era en
el camino del carro. El carretero [f. 213r / II, 4] por su rus-
tiquería no lo escuchava, mas siempre iva avant. Por la
qual cosa, todos los otros moços, se partieron; mas Alchibiado se echó boca yuso davant los bueyes e estendió su
persona diziendo: «Passa agora si quieres». En tanto qu'el
hombre huvo miedo e fizo tornar los bueyes a çaga. E
todos aquellos qui vidieron esta cosa fueron turbados, e
con grandes vozes corrieron enta él. E quando fue de edat
de deprender[2941] alguna cosa, a todos los otros maestros
era muit obedient. Mas la flauta e los otros insturmentes de
boca le desplazían como a cosa rústica e servil. Porqu'el
ministerio de la viola e del laút e de semblantes instrumentes no mudan la cara del hombre ni aduzen acto qui no
sea pertenecient a gentil hombre. Mas la cara de aquel qui
con su boca sofla en l'estrument trasmuda la cara assín
que apenas es conocido. Encara la viola canta ensemble e
favla con aquel qui la sona; mas l'estrument de boca tira
la boca e cierra la voz de cada uno e embarga el favlar. E
por esto él dezía: «Los moços de Estivas sonen[2942] las flautas, porque no saben disputar; mas nós, de Athenas,
segunt que dizen nuestros padres, tenemos por nuestros
progenitores a la dea Palas e al dios Apolo. E la dea Palas
se leye que echó la flauta, e el dios Apolo fizo escorchar
al sonador d'ella». Tales cosas diziendo muchas vegadas
Alchibiado, e chufando e diziendo verdat, retraía su persona

2941   deprender] reprender *P*: riprendere *F*: μανθάνειν.
2942   sonen] soven *PF*: αὐλείτωσαν.

de esta doctrina e retraía a los otros. En tanto que esta paravla luego fue divulgada entre los moços diziendo: «Alchibiado faze bien huviendo en abominación los estrumentes de boca, e chúfase de aquellos qui sonan las flautas». Por la qual cosa, la flauta cayó mucho de los solaces de los nobles, e de todo fue menospreciada.

E entre los blasmos de los quales Antifono lo blasma, *** do escrive que, quando él era moço, él fuyó de la casa e fuésse enta uno el qual²⁹⁴³ se clamava Dimocrato, qui era hombre de mala fama. Por la qual cosa, Arifron lo quiso dese- [f. 213v] redar.²⁹⁴⁴ Mas Periclí no dexó, antes dixo assín: «Si él es muerto, parecerá por crida un día antes; e si él es salvo, todo el romanient de su vida no será en salvamiento». E que²⁹⁴⁵ a uno de aquellos qui lo siguían dio en la lucha de Sibirtio con un tocho, e lo mató. Las quales cosas hombre no deve creyer, porqu'él dize estas injurias por malquerencia, segunt que él mismo confiessa allí do nós havemos dicho.

No res menos, esta cosa es verdadera que muchos nobles se aplegavan a él e le fazién companyía; de los quales manifiesta cosa es que todos se maravellavan de la excelencia de su fermosura, e por esto todos le fazién reverencia. E la sola amor de Sócrates era grant testimoniança de la buena natura e de la virtut del infant, la qual Sócrates considerava por la finosomía de su cara a la manera de la trene, la qual tomava esplendor del alma del infant. E por esto Sócrates, dubdándose de la riqueza e de la dignidat, dubdándose él aun del pueblo, que cada uno, o sea de la tierra, o sea estranyo, se esforçava de fazerse

2943 qual] quale *F*: *om. P.*

2944 deseredar] *de* ἀποκηρύττειν 'desheredar' < γ, frente al correcto ἐπικηρύττειν 'pregonar'.

2945 que] *P*: che *F*: ὅτι. *Depende del* escrive *anterior* (*gr.* γέγραπται).

amigo de Alchibiado con falaguerías e con donos, se puso a ayudar al infant e de no dissimular, como si fues una planta que en el tiempo de su flor echás su fruito e lo perdiés. Porque la ventura de ninguna cosa de aquellas que buenas se dizen le †parece que† en tanto que aquel qui viene en prosperidat por filosofía sea fecho hombre grosero e sin malicia, e no acompanyado de paravlas manifiestas e mordientes, las quales constrenyeron a Alchibiado quando se apreciava.²⁹⁴⁶ E él lo embargó²⁹⁴⁷ de aquellos qui lo falagavan e lo favlavan segunt voluntat por tal que non escuchás consejo de hombre adoctrinado. No res menos, él por su grant natura conoció a Sócrates, e escuchava paravlas no pas de hombre enamorado el qual procura deleites femeninos, ni de tal qui demanda besamientos e tocamientos suzios, mas de tal qui reprendía la flaqueza [f. 214r / ɪv, 3] del alma e tribulava la vana e loca loçanía. E en esta cosa, segunt que dize el poeta, Alchibiado «obedeció e se humilió como humilia el gallo a su ala por servitut». E reputó²⁹⁴⁸ la obra de Sócrates verdadero servicio de Dios por la solicitut del salvamiento de los jóvenes. Depués, Alchibiado, menospreciando su persona e maravellándose de Sócrates e amando la curialidat e aun haviendo en reverencia la virtut, no sentía aun qu'él conquistava por su possesión ídolo de amor o, segunt que dize Plato, *contra-amor*. Porque todos se maravellavan veyéndolo cómo él cenava con Sócrates e cómo abitava con él, e enta los otros sus amigos era grieu e apenas se dexava tractar e a algunos favlava durament, como era Ánito de Anthemíon,²⁹⁴⁹ el qual amava a Alchibiado. E

2946 quando se apreciava] *P*: quan s'apprezzava *F*: θρυπτόμενος 'debilitado'.
2947 lo embargó] embargo *P*: inpaccio *F*: ἀποκλειόμενος.
2948 reputó] reputa *P*: riputa *F*: ἡγήσατο.
2949 Anthemíon] arthemion *P*: arthimion *F*: Ἀνθεμίωνος.

quando Ánito convidó a algunos sus amigos, envió a Alchibiado, e Alchibiado no ý quiso ir. No res menos, pues que huvo estado en solaz con sus amigos e fue farto, se levantó e iva enta Ánitho[2950] e estuvo davant las puertas del palacio. E quando vido que las tavlas eran todas plenas de copas e de picheres de oro e de argent, comandó a sus servidores que levassen la meitat a su hostal, e él con todo esto no denyó entrar, antes se fue. A los amigos que allí eran desplazía esto cómo Alchibiado mostrava enta Ánitho[2951] acto de superbia e de injuria. Mas Ánitho[2952] dixo mansament e amigable: «Él ha poderío de tomarlo todo, e él nos ha dexado nuestra part».

Assín fazié Alchibiado a los otros sus amigos. Un hombre advenedizo qui abitava en Athenas e havía poco vendió lo qu'él havía, e congregó tanta moneda que montava ciento estatiros. E los levó a Alchibiado e lo pregava que los tomás. Alchibiado ridiose e convidolo a cena. E quando ellos huvieron comido, le dio aquel oro e le comandó que al día siguient él se trobás en plaça por contrastar a los arrendadores de los arrendamientos de la comunidat, poniendo más al encanto[2953] que los otros no metían. El hombre [f. 214v] no osava acceptar esti dicho, porqu'el precio montava muchos talentes. Alchibiado lo menaçó que lo batirié si no lo fiziés assín, porque conteció que por algunos sus aferes él se querellava de los arrendadores. La manyana sallió aquel advenedizo a la plaça e puso sobr'el encant un talent. Los officiales cridavan e se giravan enta él diziéndole: «Da fermança», creyendo que no trobaría fermança. E el hombre se dubdó e se partía. E Alchibiado,

---

2950   Ánitho] anithio *PF*: Ἄνυθον.
2951   Ánitho] *cf. supra.*
2952   Ánitho] *cf. supra.*
2953   encanto] *F*: encato *P*.

estando apartado, dixo: «Escrevit a mí por su fermança, porque es mi amigo». Quando los otros arrendadores oyeron esta cosa, fueron esmagados, porque costumbre era que con la segunda compra se congregavan los deudos remanientes de la primera. Considerando,[2954] pues, que no havía otro remedio, pregavan[2955] al hombre e le proferían moneda. Mas Alchibiado no quería qu'él tomas menos de un talent. E quando ellos le dieron el talent, le comandó que lo tomás e que se fues. En esta manera fizo la hora provecho a aquel hombre.

Mas la amigança de Sócrates havía muchos contrarios, porque senyoreava a Alchibiado; porque sus paravlas le tocavan e tornavan a su coraçón, en tanto qu'él plorava. Mas algunas vegadas Alchibiado se alunyava de Sócrates e dava su persona a los lausengeros por los muchos deleites que lo decebían. E, quando él fuía, Sócrates manifiestament lo perseguía; porque d'él sólo havía miedo e se envergonçava, mas a todos los otros menospreciava.

E quanto a los deleites, Alchibiado era muit relaxoso; mas el amor de la hondra lo refrenava. E por esto sus amigos lo metían en pensamientos más que no aparteneció a su edat e lo induzían qu'él congregás haver, lausengiándole e diziéndole: «Quando serás mayor sobre las cosas de la comunidat, no solament farás escurecer a los tribunos e capitanes, antes vencirás la gloria e el poderío que tiene Periclí». Pues, assí como [f. 215r / vi, 5] el fierro, mientre que es al fuego, se amollifica e al frío se endurece, porque las raridades de la sustancia se conjungen, así todas vegadas que Sócrates lo tenía cerca, él con sus consejos lo costrenyía e lo fazía humil e non ardit quando él sentía quánta virtut le fallecía.

2954   considerando] considera (*tachado* cion): considerazione *F*.
2955   pregavan] pregavano *F*: pregava *P*: ἐδέοντο.

E quando él mudó la edat pueril, él se fue a un maestro de gramática e le demandó un libro de Omero. E quando el maestro le dixo que no'nde havía, le dio un bufet e s'en fue. E un otro dixo: «Yo he un libro el qual he dictado yo mismo». E a aquel dixo: «O tristo, pues que tú eres sufficient de exponer Omero, ¿por qué no lo ensenyas a los infantes, mas les ensenyas otras escripturas simples?». E queriendo favlar una vegada a Periclí, se fue a su puerta. E quando él oyó dezir que Periclí no havié espacio de favlarle (por-qu'él pensava en quál manera él respondería a los de Athe-nas), partiéndose dixo: «¿E no era mejor que antes huviés pensado que non le fiziés menester[2955bis] de responder?».

De las cosas que Alchibiado fazía seyendo joven; e cómo su estudio era en bien ordenar e ordenadament favlar

Quando Alchibiado era aún joven infant, fue en fechos d'armas en la huest de Potídea. E Sócrates era atendado con él e era su companyón en las batallas. E un día, com-batiéndose muit fuert amos a dos, se levaron valientment. No res menos, Alchibiado por un colpe qu'él recibió se agenolló; e Sócrates se puso devant él e, combatiendo valientment, salvó con sus armas a Alchibiado. E segunt derecha razón, la hondra de la valentía a Sócrates aparte-necía. Mas, porque los capitanes atribuían esta gloria a Alchibiado como a hombre de grant dignidat, Sócrates, queriendo acrecer la ambición de Alchibiado en bien, era el primero qui testimoniava e pregava que Alchibiado fues hondrado, es a saber, que fues coronado e [f. 215v] que le fuesse dada l'armada. Mas en una otra batalla que fue fecha al Dilio, los de Athenas fuían. E Alchibiado era la hora a cavallo; mas Sócrates se iva con algunos pocos a

---

2955bis fiziés menester] fizies *P*: facesse *F*.

piet. E quando Alchibiado lo vido, no pasó mas adelant, mas, veyendo que los enemigos lo asallían e matavan a muchos, él enviava a Sócrates adelant, e él iva en torno d'él en su ayuda. Mas estas cosas fueron fechas depués.

Alchibiado dio una morrada a Ipónico, padre de Calío, el qual era hombre glorioso e muit poderoso de riqueza e de parentesco. E esta cosa fizo él no por ira ni por contrast alguno, mas por solaz, por una apuesta que havía puesto²⁹⁵⁶ con sus amigos. Quando esta desondra fue divulgada por la ciudat, e todos, assí como era convenible cosa, se ensanyavan, Alchibiado fue de manyana al ostal de Ipónico e tocó a la puerta e entró a él. E pués qu'él fue devant, se despulló su ropa e dio su persona en poderío de Ipónico que lo castigasse e se vengasse d'él. Mas Ipónico lo perdonó e remetió toda la ira; assín que depués lo tomó por yerno de una su filla la qual havía nombre Ipareti. Mas algunos dizen que no Ipónico, antes Calía, su fillo, la dio a Alchibiado en x talentes. E depués qu'ella parió, anyadió a Alchibiado otros x talentes, porque assín era la conveniencia davant que fiziés fillos. Calía, dubdándose de traición, vino a la comunidat e fizo donación de su haver e de su casa, si por ventura ella muriés sin fillos. Ipareti era mujer ordenada e amava su marido. E contristávase porque Alchibiado se mesclava con otras mujeres, estranyas e²⁹⁵⁷ de la tierra. E por esto ella se partió de su casa e fuésse a su ermano. E porque Alchibiado non curava d'esta cosa e siempre se [f. 216r / VIII, 5] deportava, Ipareti pregava a la senyoría que no por otros, mas ella misma quería ir e dar en público en escripto el libelo de repudio. E mientre que ella iva por fazer esta cosa segunt la lei, Alchibiado le fue de çaga e rapola e levola por medio de la plaça en casa

---

2956   havía puesto] avian puesto *P*: aveano posta *F*: συνθέμενος.
2957   e] *om. PF*: καὶ.

suya, e ninguno no osó contrastarle ni levárgela. E fincó con él entro a su fin; e morió dentro poco tiempo *** Alchibiado passó[2958] en Éfeso. E quanto a la verdat, esta fuerça no pareció del todo fuera de razón ni cosa de vergüença, porque parece que por esto la lei fazié venir devant la comunidat a aquella qui desempara a su marido, porque ella se acuerde con su marido e que aún la retenga.

Encara él havié un perro muit bueno e bello e grant; e lo compró por minas LXX. E el perro había muit bella coda, e Alchibiado tallógela. E porque sus amigos lo reprendían e le dezían que a todos desplazía por el perro e lo blasmavan, e él se ridió e dixo: «Agora se faze lo que yo quiero; porque yo quiero que los de Athenas digan por mí esta cosa e no otra peyor».

E dízese que en el principio, quando él entró en los aferes de la comunidat, entró con donos, no pas por manera de sobornación, mas por ventura. Porque, passando él por la plaça, los de Athenas cridavan, e él demandó por qué ellos cridavan. E quando él supo que ellos cridavan por necessidat de moneda, entró en medio e pagó la moneda. Por la qual cosa, todo el pueblo lo loó con grant voz. Alchibiado, por grant alegría, se desmembró la codorniz que levava en su ropa; e el af se espantó por las vozes e fuyó. E aún cridó el pueblo más fuert, porque muchos se levantaron e ivan a tomar el af, entre los quales Antíoco tomó la af. Por la qual cosa, él fue depués su amigo. E muchas cosas eran qui obrían a Alchibiado grandes puertos en los aferes de la ciudat, es a saber, su linage, su riqueza, su valentía en batallas, grant número de [f. 216v] parientes e de amigos. Mas de todo[2959] no pregava a Dios de acrecer[2960] e de seyer poderoso, sino de bien favlar en

2958   *** Alchibiado passó] alchibiado passo PF: Ἀλκιβιάδου πλεύσαντος.
2959   de todo] di tutto F: de todos P.
2960   acrecer] aacrecer P.

público. E por esto él era poderoso en su favlar; e muchos poetas lo testimoniavan. E el más poderoso de los rectóricos, allí do escrive contra Midío,[2961] dize por Alchibiado que entre las otras cosas qu'él havía, principalment era muit apto en su favlar. E si nós devemos creyer[2962] a Theofrastro como a aquel que más escrivió de istorias que todos los otros filósofos, Alchibiado havía muchas nobles imaginaciones, e era más sufficient a fallarlas que todos los otros. E no se contentava de dezir solament lo que apartenecía, antes quería que su favlar fues bien ordenado con ornados vocables e estranyos. E por esto muchas vegadas él fallecía si liugerament no le vinié en la memoria vocable que le plaziés. E entre su favlar, si algún vocable le falleciés, él callava e pensava tanto que lo fallava e reintegrava aún su favlar e lo acabava.

E entro al día de oi fama es grant de los carros de batalla qu'él tenié e de los cavallos tantos qu'él nudría, de los quales tenié VII a los Olimpios, qui corrían maravellosament. La qual cosa ninguna persona privada ni algún rei no fizo sino Alchibiado. E huvo muchas victorias, segunt que dize Tuquidido e Euripido en lures cánticos: «O fillo del sol,[2963] a tú loo. Buena es la victoria e muit buena; e ningún otro griego no venció con carro armado como tú, qui corriste una, II, III vegadas sin lazerio e fuste encoronado de corona de olivera e te pusiste al cridador que cridasse la tu valentía».

Las quales cosas más famosament testimonian las nobles ciudades: la ciudat de Éfeso le envió una tienda muit artificiosa e bella; Sío[2964] le dava la prebenda de sus

---

2961   Midío] amidio *PF*: Μειδίου.
2962   creyer] credere *F*: screvir *P*: πιστεύομεν.
2963   sol] *P*: sole *F*: Κλεινίου: *ha habido confusión con* ἡλίου.
2964   Sío] *PF*: Χίων.

cavallos e carneros en grant quantidat; mas el vino e las
otras cosa nece- {empieza el cód. 72} [f. 1r / xii, 1] sarias le
dava Metelín en abundancia por razón porque siempre él
tenié mucha gent a su tavla. No res menos, en aquella su
pompa conteció qu'él fue calupniado, no pas por alguna
su maldat, mas solament por la grant pompa qu'él fazié,
por uno de Athenas el qual havía nombre Diomedes, qui
era su amigo e no era hombre malicioso. Deseava haver
qualque victoria[2965] de los Olimpios. E supiendo que en la
ciudat de Argo se cridava un cosser de la comunidat,
pregó a Alchibiado, como a aquel qui era poderoso e hondrado en la ciudat de Argo e havía allí muchos amigos,
que lo comprás por él. E Alchibiado lo compró, e depués
no curó de Diomedes, ante lo escrivió a su nombre. Por la
qual cosa, Diomedes por la grant dolor qu'él havié clamava por testimonios los dioses e los hombres. E esta cosa
fue puesta en judicio; por que Isócrates[2966] escrivió algunas
paravlas en ayuda de Alchibiado en do no dize que Diomedes fues jutgado, mas Tissía.

Cómo Alchibiado por invidia de Niquía
sucitava guerras e discordias con los lacedemonios;
e cómo fue fecho capitán

E quando Alchibiado entró en los aferes de la comunidat, seyendo muit joven, de continent él humilió a los
otros tribunos. No res menos, él havía contrast con
Féaco[2967] de Erasístrato e con Niquío de Niquérato; porqu'el uno era de mayor edat d'él e era reputado noble

---

2965   qualque victoria] qualche victoria *F*: quales victorias *P*:
(ἐπιθυμῶν) νίκην.
2966   Isócrates] socrates *P*: socrate *F*: Ἰσοκράτει.
2967   Féaco] fraco *PF*: Φαίακα.

capitán de guerra, mas Féaco[2968] de Erasístrato crecié la
hora e havié parientes famosos. No res menos, no era
tanto como Alchibiado sufficient en favlar ni en algunas
otras cosas. E era suficient por favlar en particular, mas no
davant la multitut. E dízese aun allí do se escrive contra
Alchibiado que la ciudat havié mucha vaxiella d'oro e de
argent la qual Alchibiado tenié cada día a su uso como si
fuesse suya. E era uno [f. 2v] el qual havía nombre Ipérvolo Perithido, del qual faze mención Tuquidido qu'él era
mal hombre. Por la qual cosa, los poetas e los cómicos lo
reptavan en la plaça; mas él no curava res ni se contristava por quanto mal dixiessen d'él. E ya sea que algunos
dizen que menospreciar la hondra valentía es, yo digo
que es confusión. Esti Ipérvolo a ninguno no plazía. No
res menos, el pueblo muchas vegadas havía menester
d'él, porqu'él se deleitava de blasmar e de calupniar a los
hombres de dignidat. Por la qual cosa, el pueblo lo induxo que fiziés l'exilio de las ostrias, con el qual humiliavan
a los nobles e los exiliavan a cierto tiempo, no tanto por
miedo quanto por invidia. E manifiesta cosa era que la
suert d'esti exiliamiento devié[2969] venir sobre el uno de los
III. E por esto Alchibiado cessó de fazer contrastos e favló
con Niquía[2970] e, segunt que algunos dizen, con Féaco.[2971]
E con la companyía de aquel tornaron el exilio de las
ostrias sobre Ipérvolo; e fue exiliado súbitament. E no fue
convenible condepnación, segunt que dize Plato el cómico, que Ipérvolo huviés dignidat por su maldat, porque
no era digno de tal sentencia: qu'el exilio de las ostrias no
fue trobado por tal hombre de assín baxa condición. E

2968   Féaco] cf. supra.
2969   devié] dovea F: deve P.
2970   Niquía] niquea P: nicia F: Νικίαν.
2971   Féaco] cf. supra.

quanto d'estas cosas, en otra part havemos favlado más largament.

E Alchibiado se contristava por Niquía,[2972] no tanto por la hondra que él havié de los ciudadanos quanto por el laor qu'él havié de los enemigos. E Alchibiado mostró amigança enta los lacedemonios, porqu'él fizo bien governar a todos aquellos qui fueron tomados a Pilo. Mas, porque la paz fue fecha por obra de Niquía e los lacedemonios recobraron a los suyos, amavan más a Niquía. E era fama en toda la Grecia que Periclí los puso en guerra, e Niquía fizo fin de la guerra. E la mayor part de la gent nombravan aquella paz *de Niquía*.[2973] Por las quales cosas, Alchibiado por invidia havía grant desplazer [f. 3r / xiv, 2] e buscava manera como pudiés desfazer los pactos. E primerament, sentiendo que los de Argo querían mal a los espartanos e que havían miedo d'ellos e que por esto buscavan ayuda, él secretament los conortava que ellos havrían ayuda de los de Athenas. E enviava a los principales de la comunidat que no se dubdassen ni se diusmetiessen a la servitut de los lacedemonios, mas que se tornassen a los de Athenas, diziendo: «Los de Athenas son penedidos, e lur intención es de romper la paz». E pués que los lacedemonios fizieron liga con los viotos e no rendieron el castiello Pánacto a los de Athenas, ante lo derrocaron (por la qual cosa los de Athenas se ensanyaron), e Alchibiado siempre los inflamava, e aun todo el día molestava a Niquía diziendo qu'él no quiso ir a tomar aquellos enemigos qui eran fincados a la Esfactiría, e otros los havían tomados, e qu'él había fecho gracia a los lacedemonios e no los quiso humiliar porque eran sus amigos; cómo, pués, no fazían con los biotos e con los corinthios conju-

---

2972 Niquía] niquea *P*: nicia *F*.
2973 *de Niquía*] niquia *PF*: Νικίειον.

raciones, e que a los de Athenas él embargava de fazer amigança e liga con griegos qui la querién[2974] e no es por consejo de los lacedemonios. Por la qual cosa, él constrenyié mucho a Niquía. E conteció la hora que embaxadores vinieron de los lacedemonios con grandes comissiones, diziendo que havían grant poderío de fazer todo lo que les pareciesse de razón. La qual cosa plugo mucho al consejo de Athenas. E el día siguient se devía congregar la universidat. E por esto Alchibiado, dubdándose, ordenó cuerdament de favlar con los embaxadores. E quando ellos vinieron, él les dixo: «O espartanos, ¿que vos es esdevenido, e cómo no conocedes qu'el consejo siempre vos favla más humilment e más benignament, mas la universidat, qui mucho quiere saber, quiere grandes cosas? Si, pues, vós dezides que vós sodes venidos con pleno poderío, ellos por lur maldat vos comandarán e costrenyerán en [f. 3v] muchas cosas. Dexat, pues, esta lucura; e si vós queredes que los de Athenas condecendan a mejores pactos e que no vos agraven de lo que vós no queredes, dezit solament vuestra razón como simples mensageros e no como hombres qui han pleno poderío. E nós vos ayudaremos quanto podremos por gracia de los lacedemonios». E de su part les prometió tanta ayuda qu'él los tiró de Niquía, creyendo ellos, pues, del todo a sus paravlas e maravellándose de su seso e de su grant prudencia, que les parecía maravellosa. El día siguient, quando la universidat se congregó e los embaxadores entraron en consejo, Alchibiado los interrogó muit benignament si ellos havían pleno poderío en lo por que eran venidos. E ellos dixieron de no. E de continent Alchibiado los avolotó con ira e con cridos, no assín como si él fiziés tuerto a ellos, mas como si ellos fiziessen tuerto a él. E los clamava infieles e hombres

2974   la querién] la volevano *F*: lo querie *P*.

de dos paravlas e hombres qui no eran venidos por dezir
ni por fazer alguna cosa buena. En tanto qu'el consejo se
ensanyó, e toda la universidat fue en grant furor. Mas
Niquía todo fue esmagado e estava malenconioso, porque
sus paravlas no parecieron verdaderas, no supiendo él el
decebimiento.

Por la qual cosa, depués que los lacedemonios no
pudieron acabar lo que querían, la universidat fizo capitán a Alchibiado. E de continent fizo liga con los de Argo
e con los de Mantinia e con los ilios. E quanto al principio, ninguno no lo loava de lo qu'él fazié, ya sea que
grandes cosas él tractava, es a saber, de poner en dissensión e de conturbar a todo el Pelopóniso e ordenar contra los lacedemonios en un día cerca de Mantinia tanta
gent d'armas. E mucho luent de Athenas ordenava batalla
periglosa, [f. 4r / xv, 2], en la qual, si él venciés, su victoria no era de grant utilidat; e si él fues vencido, no era
fuert cosa que los lacedemonios de todo fuessen senyores
de Athenas. Depués d'esta guerra, los mil del pueblo asallieron a la ciudat de Argos por fazer que tornás al regimiento de la comunidat e fuesse a la obediencia de la ciudat. Mas los lacedemonios luego cobraron poderío e
destruyeron la senyoría de la comunidat. Mas aún la multitut sallió a las armas e venció. E depués vino Alchibiado
e confirmó la victoria del pueblo e ordenó que murassen
muros luengos de la ciudat entro a la mar, por tal que más
aína tuviessen ayuda de los de Athenas. ***2975 muchos
tajadores de piedras e muradores, e mostrava enta ellos
grant voluntat por gracia e por lur conortamiento e aun
por su plazer e poderío. E assín enduxo a los de Patras
que fiziessen muros luengos entro a la mar por ajustar la
ciudat con la mar. E uno dixo a los de Patras: «Los de

2975   ***] lag. en PF: ἐκόμισε.

Athenas vos sorberán». E Alchibiado dixo: «Verdat es, mas tarde e entro a los piedes; mas los lacedemonios subtosament e entro a la cabeça».

Cómo a inducción de Alchibiado los de Athenas
enviaron huest en Sicilia, e Alchibiado fue acusado
e jutgado a muert; e cómo escapó e se fue
a los lacedemonios contra los de Athenas;
e cómo depués lo quisieron matar los lacedemonios

Consejava aún Alchibiado a los de Athenas que no solament se teniessen a la mar, mas estudiassen de haver poderío e en tierra. Por la qual cosa, les reduzía en memoria el sagrament que los agraulitos[2976] son acostumbrados de jurar. El qual sagrament se clama *sagrament áttico.*[2977] E juravan sobre trigo e ordio e vinya[2978] e oliva. El qual sagramiento significava que ellos devién[2979] procurar de abitar en tierra domés- [f. 4v] tica e fructífera.

No res menos, con todas estas civilidades e paravlas ordenadas e con todo el seso grant qu'él havié e buena consideración, él tornó aún a la vida dissoluta e a comeres e a deleites e a vestidos de grant precio. En tanto que aun en las galeas le fazían especiales lugares por su reposo e por su dormir, e no le fazían lecho de tavlas, mas de cuerdas texidas, por tal qu'él durmiés más blando. E fizo un escudo todo de oro en el qual no eran las armas de sus antecessores, mas solament el dios de Amor, el qual levava el rayo. Las quales cosas ***[2980] los gentiles hombres, lo

---

2976 agraulitos] agaulitos *PF:* Ἀγραύλῳ.
2977 *áttico*] actico *PF:* Ἀττικῆς.
2978 vinya] unya *PF:* ἀμπέλοις.
2979 devién] dovevano *F:* deven *P.*
2980 ***] *lag. en PF:* ὁρῶντες.

tenían en abominación, e se dubdavan, por el menosprecio qu'él mostrava, que non fues senyal de tiranía. E aun
al pueblo, segunt que dize Aristofani, «desplazía; no res
menos, ellos lo amavan».[2981] Tanto que ellos dezían: «No es
convenible cosa que alguno críe león[2982] a la ciudat; mas,
si lo cría, conviene que sía diusmetido a sus plazeres». Porque los beneficios qu'él fazié a la ciudat en común e los
donos que dava en particular a cada uno, la qual cosa ningún otro no fazía, e la gloria de sus progenitores e el
poderío de sí mismo e la fermosura de su persona e la
valentía e la apteza e el seso qu'él havía en fechos de guerra costrenyían a los de Athenas que lo perdonassen de las
otras cosas e que huviessen paciencia. Por la qual cosa, los
sus fallecimientos eran reputados como solaces e los nombravan de nombres más privados, como fue aquel que
puso en la cárcel a Agátarco el pintor, e depués qu'él le
huvo pintada toda su casa, lo envió con muchos donos. E
una otra vez dio una morrada a Taurea, porqu'él, huviendo gelosía de Alchibiado, dava donos a la comunidat e
se esforçava de vencerlo en esta cosa. Estas cosas clamavan los de Athenas *amor de hondra*, assín como clamavan
benignidat quando él [f. 5r / XVI, 5] tomó una de las cap-
tivas de Milo e la tenié e engendró un fillo en ella. No res
menos, mandó que todos los de Milo fuessen muertos. Esti
fue ocasión principal por qu'él dio favor en esta cosa. Por
la qual cosa, parece que Arquístrato no dezía sin razón
diziendo que toda la Elada no podría sofrir a dos Alchibia-
dos. La hora Timo, el qual se clamava *Missántropo*,[2983] porqu'él quería mal a todo hombre, veyendo que Alchibiado
fazié grant vida e era muit hondrado de todos e venié muit

2981   amavan] amavano *F*: amava *P*.
2982   león] leone *F*: leo *P*: λέοντα.
2983   *Missántropo*] missatropo *PF*: μισάνθρωπος.

hondradament de la congregación, no lo dubdó ni se partió del camino, mas fuésse enta él e lo saludó diziendo: «O fijo mío, bien fazes que tú te creces, porque grant mal creces pora todos estos». De esta cosa algunos se ridían, e algunos injuriavan a Timon, e a algunos otros tocó esta paravla mucho al coraçón. ¡Tanto era fuert cosa a jutgar quién era Alchibiado por la ineguaidat de su natura!

No res menos, los de Athenas, e en vida de Periclí e aprés su muert, deseavan haver la Sicilia e se esforçavan de tomarla. Por la qual cosa, si alguno era injuriado de los saragoçanos, estos le enviavan ayuda cuidando que esta ayuda fues fundament[2984] de fazer mayor huest. E qui los puso en mayor ardor e deseo d'esta cosa e los induxo que, no poco a poco, antes con grant estol fuessen una vegada a provar si de todo pudiessen senyorear la isla, fue Alchibiado, induziendo a la comunidat que huviés grant esperança, porqu'él l'havía mayor. E la presa[2985] de Sicilia no era su final intención, antes era quasi principio segunt las otras esperanças qu'él havía. Niquía embargava a los de Athenas quanto podía, diziendo que fuert cosa era tomar la isla. Mas a Alchibiado parecié que la capción de Sicilia fues principio de otras guerras. E pensava de prender Carqui- [f. 5v] donia e Libia,[2986] e, depués qu'ellos senyoreassen la Libia e la Carquidonia, que havrién quasi entre las redes la Italia e el Pelopóniso. E todos los jóvenes qui por esperança ensuperbían eran con él. E muchos de los ancianos, quando sedían ensemble, determinavan segunt lur esperança que aquella huest faría grandes aferes. E designavan la forma de la isla e el sitio de la Libia e de Carquidonia. No res menos, Sócrates, el filósofo, e Meto,

---

2984   fundament] fundamento *F*: fundadament *P*: ἐπιβάθρας.
2985   presa] priessa *P*: calca *F*.
2986   e Libia] et de libia *P*: et di libia *F*: καὶ Λιβύην.

el astrólogo, no esperavan ningún bien de aquella armada. Al uno revelava esta cosa su imaginación natural; mas Meto, o qu'él lo huviés por alguna razón de astrología o por adevinación de lo que devié contecer, él se dubdó e se enfenyó de seyer loco, e encendió una teda e cremó su casa. Algunos dizen qu'él no lo fizo con ficción, antes a todo su buen seso cremó su casa de noche, e pués en la manyana él pregava a los ciudadanos que huviessen compassión d'él por la adversidat que le era esdevenida, e que su fillo fincasse de ir en la armada. E assí fue fecho por aquel decebimiento que havemos dicho.

E Niquía fue fecho capitán de guerra a su mal grado, porqu'él no quería seyer, dubdándose de lo que esdevino, e más aún por tal companyón que le davan. Porque los de Athenas se cuidavan que lur guerra havría mejor fin ajustando la ardideza de Alchibiado con la providencia de Niquía. E el tercero companyón, más anciano que los otros, era Lámaco, el qual, assín anciano como él era, pareció más ardient en muchas batallas que Alchibiado e a mayores periglos se metía. E mientre que ellos se consejavan quánta multitut de gent devía ir en la huest e con quál aparellament, Niquía provava si pudiés fazer que la guerra fincás. Mas[2987] Alchibiado contradixo e venció. E el rectórico Dimóstrato escrivió cómo era convenible cosa cómo los capitanes de la guerra huviessen pleno poderío e en la huest [f. 6r / XVIII, 3] e en fazer la guerra. E la comunidat confirmó esti consejo. E toda cosa era aparejada por navigar. Mas la fiesta que conteció la hora no fue buen senyal, porque eran los días de Adonides, e por toda la ciudat jazían las estatuas de Adonides en manera como si ellos levassen un muerto por enterrar. E las mujeres ploravan con plantos. Mas a aquellos qui estas cosas menospre-

2987   Mas] ma F: mal P: δὲ.

cian los espantó más un otro senyal, es a saber, que una noche la mayor part de las ídolas de Mars se quebraron. Mas la fama fue que los de Corintho lo havían fecho porque ellos havían abitado Saragoça e querían que los adevinos embargassen la armada e que se desemparás la guerra. Mas la mayor part no davan fe a estas paravlas ni a los senyales, mas, assí como contece a los jóvenes desordenados que, quando son embriagos, que poco a poco de los solaces vienen a las injurias e a las barallas, e assín la hora los de Athenas por miedo e por ira reputaron que fues grant presupción de algunos, e conjuraron en grandes aferes e fizieron grant inquisición en muchas congregaciones e el consello e el pueblo con grant rigor.

En medio de esti tiempo algunos siervos reptavan a Alchibiado e a sus amigos diziendo que, quando ellos eran en las beverrías e solaces, contrafazían a los misterios divinos e se finyién de seyer tales como los dioses. E dezían que Theodoro era como pregonador, e Politío[2988] levava las tedas, e Alchibiado era el sacerdot, e los otros escuchavan e los clamavan[2989] dicípulos, segunt que contiene la reprensión la qual escrivió Quimon de Thesalia blasmando a Alchibiado cómo él apareció impiadoso enta los dioses. E quando la comunidat se ensanyó e tractavan a Alchibiado asprament, Androclí, como aquel qui era su enemigo, començó a turbar la companyía de Alchibiado. Mas, quando la comunidat supo [f. 6v] certanament que la gent de mar amavan a Alchibiado, e la gent d'armas qui eran de Argo e de Mantenia, los quales eran mil, dezían manifiestament por Alchibiado: «Nós imos tanto luengo camino e passamos tanta mar, e si alguno le fará desplazer, de continent nos partiremos de vós», tomaron d'esta

---

2988   Politío] pollicio *PF*: Πουλυτίωνα.
2989   clamavan] clamava *P*: chiamava *F*.

cosa grant conuerto e eran aparellados de responder a todo hombre. Por la qual cosa, sus enemigos se dubdaron qu'el pueblo, porque havía menester de Alchibiado, no se enflaqueciés[2990] en judicio. E por esto ellos metieron captelosament algunos rectóricos los quales no eran reputados enemigos de Alchibiado (ya sea que no le querían menos mal que los otros enemigos manifiestos) e contrastaron con el pueblo con tales paravlas: «No es capitán de guerra qui ha pleno poderío en tanta congregación e en tantos ayudadores qui son aparejados por ir, qu'él sea examinado e jutgado e que pierda tiempo. Por la qual cosa, métanse en mar con buena ventura; e quando la guerra será acabada e será tornado, la hora se jutgará». Esta cosa bien la sentió[2991] Alchibiado, por qu'él se puso en medio e dixo: «Mala cosa es que yo dexe a çaga de mí ocasiones[2992] e calupnias e que vós me enviedes en pendient con tanto poderío. Porque, si yo só digno de muert,[2993] e yo seré convencido; mas, quando yo havré sueltas e purgadas mis acusaciones e pareceré limpio, la hora iré contra los enemigos e no pensaré de los calupniadores».

E, veyendo que no lo escuchavan, mas le comandavan que navegás, él passó con sus companyones huviendo galeas CXL, e hombres de piet armados v^m, e arqueros e fondaleros e otros peones liugerament armados M^l III^c, e otra gent d'armas honorable. E quando él se fue en Italia e tomó Regio, dava consejo en quál manera se deviesen combater. Niquía le contradezía; mas Lámaco se acordava

---

2990   enflaqueciés] indebolisse *F*: enflequecies *P*: ἀμβλύτερος [...] γένηται.

2991   sentió] senti *F*: sentencio *P*: οὐκ ἐλάνθανε.

2992   a çaga de mí ocasiones] la çaga de mis ocasiones *P*: la coda delle mie cagioni *F*: αἰτίας ἀπολιπόντα καθ' ἑαυτοῦ.

2993   si yo só digno de muert] et yo so digno de muert *P*: se io son degno di morte (se *en el margen*) *F*: μὴ λύσαντι τὰς κατηγορίας.

con él. E passó con él ensemble en Sicilia, e fueron recebidos en [f. 7r / xx, 3] Catania. E otra cosa no fizo porque los de Athenas le enviaron dezir que estuviés en judicio. Porque[2994] primerament los siervos e los forestieros lo calupniavan de suspiciones cubiertas; mas depués, quando él fue absent, sus enemigos huvieron espacio e[2995] ordenaron las calupnias contra él sobre las dos cosas que nós havemos dicho, es a saber, que, quando eran[2996] en beverías e solaces, contrafazían a los misterios divinos e se fenyían seyer tales como los dioses; e que estas dos cosas procedían de conjuración e era senyal de novidat e de grant rebellión. E por esto, a todos aquellos qui fueron enculpados que fuessen en aquella companyía los metieron en la cárcer sin alguna inquisición. E havían desplazer por Alchibiado cómo no lo jutgaron de continent en tal e tan grant ocasión. E quáles fueron aquellos qui manifestaron esti fallecimiento, cierto Tuquididi no los nombró. Mas, segunt que dize Frínico, fueron Dioclido[2997] e Teucro. Mas no dezían alguna cosa cierta. Aun el uno d'ellos fue preguntado cómo conocía las caras de aquellos[2998] qui rompieron las estatuas, e él respondió que por el resplendor de la luna. E en esto él falleció, porque, quando esta cosa conteció, era renovación de la luna. E por esto los más cuerdos cridaron; mas la universidat estava dura sobre la acusación que fue fecha. Mas, assín como de primero, levavan en la cárcer a todos aquellos que d'esta cosa eran acusados de alguno.

2994   Porque] et porque *P*. et perche *F*. γὰρ.
2995   e] *om. PF.*
2996   eran] erano *F*. era *P*.
2997   Dioclido] theoclido *PF*. Διοκλειδαν.
2998   aquellos] quelli *F*. aquellas *P*.

Entre los quales era Andoquido, el rectórico, del qual escrive Elánico, el istoriógrafo, qu'él era del linatge de Ulixes, e era reputado enemigo del pueblo. E por esto la suspición era más firme: el gran dios Mars el qual estava cerca de su casa lo fizieron fazer los del linatge del rei Agamenón, e aquel sólo quasi fincó sano de tantas estatuas famosas. E por esto aquella estatua era nombrada de Andoqui- [f. 7v] do. E la superscripción de la estatua significava esti mismo. Conteció, pues, que Timeo en la cárcer fizo amigo a Andoquido. Ya sea qu'él no era assí noble como él, no res menos, él era savio e ardit. Timeo, pues, ordenó con Andoquido qu'él acusás a sí mismo de esti crimen e a algunos otros pocos; que, quanto por sí mismo, él no se dubdava, porque la universidat havía ordenado que qui confessás la verdat fues perdonado. E porqu'el judicio a todos es incierto, mas en los poderosos es terrible, mejor era qu'él escapás con mentiras que morir desondradament por aquella misma razón e occasión. E que, si él considerás bien esti consejo, era útil a la comunidat, porque mejor era qu'él acusás a pocos de aquellos qui eran sospechosos e delivrassen a muchos e buenos de furor de la universidat. Andoquido acceptó el consejo de Timeo, e confessó por sí mismo e por algunos otros; e él escapó, segunt que era estatuido. Mas a todos aquellos qui él nombró los mataron, exceptados aquellos qui fuyeron. E por mayor certenidat, Andoquido puso en aquella calupnia dos sus siervos. No res menos, el furor de la universidat no cessó en todo por esto, antes, depués qu'él se delivró d'esta cuestión, toda la universidat concorrió a Alchibiado e enviaron a él el parentado de los Salaminos.[2999] No res menos, les comandaron que curialment se humiliassen enta él e no lo forçassen ni lo tocassen en su persona, mas que fiziessen con paravlas humiles e

2999   Salaminos] F: solaminos P: Σαλαμινίαν.

atempradas que él los siguiesse al judicio. Porque ellos se dubdavan que turbación fues en la huest; la qual él liugerament havría fecho, porque, quando él se partía, todos se contristavan considerando que la guerra sería luenga por ocasión de Niquía; porque ellos tiravan el aguijón de su operación. Mas, quanto sea por Lámaco, él era buen guerrero e valient; mas no era apreciado, porque era pobre.

Por la qual cosa, Alchibiado, quando se partía de Sicilia, privó a los de Athenas de la ciudat de Mecina; porque eran algunos [f. 8r / XXII, 1] que la querían dar a los de Athenas, los quales Alchibiado sabía bien, e lo envió dezir a sus amigos de Saragoça, e en tal manera él embargó aquel fecho. E quando él passó al Thorio, devalló de la galea e se escondió e escapó de aquellos que lo buscavan. E uno lo falló e le dixo: «O Alchibiado, ¿no te confías de tu patria?». E Alchibiado dixo: «Hoc, bien, en todas otras cosas; mas de mi vida no me confiava de mi madre, dubdando que ella no errás e poniés conto negro en lugar de blanco». Después, quando él supo que la ciudat había dado sentencia de muert contra él, dixo: «Yo les mostraré que yo só bivo». E escriviose el tenor de la acusación fecha contra él, la qual contiene assín: «Laquiado de Quimono de Thesalia ha acusado a Alchibiado de Clinío de Escambonido cómo él ha fecho impiedat contra las deas, es a saber, a la dea Céreris e a la Prosérpina, contrafaziendo lures misterios e mostrándolos a sus amigos en su casa vestido como sacerdot; e Politío[3000] levava las tedas, e Theodoro Figeo era como preconizador, e a los otros amigos clamava dicípulos divinos contra los estatutos que fizo Éumolpo[3001] e los sacerdotes de Eleussino».[3002] Jutgado de esta cosa, e fue dada sentencia contra él en su

---

3000   Politío] policio *PF*: Πουλυτίωνα.
3001   Éumolpo] cumolpo *PF*: Εὐμολπιδῶν.
3002   Eleussino] eleuessino *PF*: Ἐλευσῖνος.

absencia, e la comunidat tomó todos sus bienes. E fue determinado que todos los sacerdotes e las sacerdotissas lo maldeziessen. E en esta cosa no contradixo sino Teana de Ménono, la qual era del Ágraulo, diziendo: «Yo só sacerdotissa de benedicción e no de maldición».

E mientre que tal sentencia fue dada contra Alchibiado, él estava a Argo, depués qu'él fuyó de los Thorios; e depués él fue al Pelopóniso. Mas, dubdándose de sus enemigos, como hombre qui del todo era desperado de su patria, envió pregarias a Espartia que lo assegurassen [f. 8v] e que fuessen ciertos qu'él les farié mayor utilidat en grandes aferes que no les nozió quando él les fazía guerra. Los espartanos lo asseguraron e lo recibieron de grado, e él fue con grant coraçón. E de continent él acabó un tractado: que, veyendo él que los espartanos tardavan e eran perezosos por dar ayuda a los de Saragoça, esti los incitava que enviassen a Gílipo por capitán que destruyés el poderío de los de Athenas en Sicilia; e depués, con los de la patria ensemble, fiziessen guerra contra los de Athenas; el tercero e mayor, que corriessen a la Decelia, segunt que ellos la destruyeron toda. Por la qual cosa, toda la universidat lo reputava apto, e aun cada uno en particular se maravellava d'él, e atraía toda la universidat en todas maneras a su amor e quasi los encantava conversando a modo de los lacones. En tanto que los espartanos, veyendo qu'él era exiliado e qu'él se lavava con agua fría e que se contentava de biscocho[3003] con grossas e simples viandas, se maravellavan e estavan en dubdo si esti havía hovido jamás cozinero en su casa, o si jamás vestió ropas delicadas. ¡Tanto seguía Alchibiado aptament a los espartanos! Porque, segunt que se dize, él era diestro como el cuerdo

---

3003 biscocho] biscohco *P*. biscotte *F*. μάζη.

caçador de tomar la destreza e el modo de la conversación de aquellos con qui él conversava. Porqu'él sabía mejor contrafazer e resemblar todas cosas qu'el camello.[3004] Porque se dize qu'el camello[3005] no puede contrafazer al color blanco; mas Alchibiado, conversando con buenos e con malos, no era alguna cosa qu'él no contrafaziés. En Espartia él conversava como humil e como turbado e como campión exercitado; e en la Jonia conversava como hombre perezoso e guloso e como bergant; en Tracia parecía loçano e cavalgant. E aun quando se trobava con el capitán Tisaferno, era de grant despensa e de grant liberalidat e passava la magnificencia persana. No pas que mudás sus costumbres, mas él endreçava su natura segunt [f. 9r / XXIII, 5] aquellos qui le favlavan, mostrando compassión a aquellos qui eran de menos grado qu'él. E por esto él se conformava[3006] en toda manera que le parecía más convenible. E la ora, trobándose en Lacedemonia, tanto turbó a la muller del rei Agio que ella se emprenyó d'él. Ni ella lo negava, antes, quando ella parió fillo masclo, ya sea que lo clamavan Leotiquido, ella entre las donzellas e sus amigas dezía murmurando: «Esti es Alchibiado!». ¡Tanto l'havía ocupada l'amor de Alchibiado! E él por grant alegría qu'él havía dezía: «Yo no he fecho esta cosa por mi deleit ni por injuria de algún otro, mas solament por tal que de mi linage sea rei de los lacedemonios». Las quales paravlas muchos las[3007] reportaron al rei Agio; tanto qu'él se'nde certificó, e especialment por el tiempo. Porque él por ocasión del[3008] tierratrémol se partió de su cambra e de su

---

3004 camello] *PF*: χαμαιλέοντος 'camaleón'.
3005 camello] *cf. supra.*
3006 conformava] confirmava *P*: confermava *F*: σχῆμα [...] κατεδύετο.
3007 las] le *F*: la *P*.
3008 del] *F*: de *P*.

muller; e passados x meses ***,[3009] Agio sentenció que esti
infant no era de su semiença. E por esto él no succidió en
el regno.

E depués que los de Athenas huvieron adversidat en
Sicilia, los de Sío[3010] e de Metelín e del Quísico enviaron a
Espartia embaxadores a significar que no querían seyer
más de la liga de los de Athenas. E en esta cosa davan
favor a los de Metelín los biotos, e a los de Quísico Farnávaso. Mas Alchibiado induxo a los espartanos que antes
diessen ayuda a los de Sío.[3011] Por la qual cosa, él pasó la
mar con ellos ensemble, e por poco fincó que no departió toda la Yonia de los de Athenas. E la companyía qu'él
tenía a los capitanes de los lacedemonios nozía mucho a
los de Athenas. E por esto Agio no solament lo quería mal
por su muller, mas aun le levava especial odio por la gloria que dava. Porque Alchibiado era famoso en todas partes, e dezíase que todo lo que fazién los lacedemonios
Alchibiado lo endreçava. E los otros espartanos más [f. 9v]
poderosos e más honrados lo querían mal por invidia; en
tanto que ellos huvieron tanto poderío que ellos ordenaron con lures gentiles hombres que de Lacedemonia escriviessen todos a Yonia[3012] que matassen a Alchibiado. Alchibiado sentió esta cosa, e dubdándose, ya sea qu'él
participava en los aferes con los lacedemonios, no res
menos, él se guardava de ir a las manos.[3013] E por su segurança recomandó su persona al capitán Tisaferno. E de allí
adelant era adelantado en su presencia e mayor de todos
los otros. E Tisaferno no era hombre simple, antes era de

3009   ***] *lag. en PF*: οὐκέτι συνῆλθεν αὐτῇ.
3010   Sío] *P*: scio *F*: Χῖοι.
3011   Sío] *cf. supra*.
3012   Yonia] yonio *PF*: Ἰωνίαν.
3013   a las manos] a los romanos *P*: alli romani *F*: εἰς χεῖρας.

malas maneras e amador de malicias. E de continent, considerando la grant apteza de Alchibiado en todas maneras, se maravellava. E Alchibiado por sus continuas curialidades diusmetía las naturas e las costumbres de todos. E aquellos que se dubdavan d'él e qui havían invidia d'él, quando favlavan con él, se consolavan. E Tisaferno, ya sea qu'él quería más mal a los griegos que todos los otros bárbaros, por los falagos de Alchibiado se amansó tanto qu'él buscava cómo lo podiés vencer con retribuciones. Por la qual cosa, a un jardín qu'él havía, el qual era mejor de todos los otros de aguas e de reposos e de abitaciones solepnes e realment ornadas, le puso nombre *Alchibiado.* E asín lo clamavan todos los otros.

Cómo Alchibiado se partió de la amistat de los lacedemonios e se tornó a los de Athenas, que era su patria; e de las cosas maravellosas que fizo

Alchibiado, desperado de los espartanos como de infieles e huviendo miedo de Agio, dezía mal d'ellos a Tisaferno, e no le dexava que les ayudás luego ni que destruyés a los de Athenas, mas le consejava que a los [f. 10r / xxv, 1] marineros dies poca soldea e que sovén los contristás e, depués que entramas las partes fuessen bien humiliadas el uno por el otro, qu'él los humiliás más en el servicio del Rei. Tisaferno lo escuchava de grado e lo amava e lo loava. En tanto que amas las partes de los griegos talayavan a Alchibiado, e los de Athenas se penedían de lo que havían fecho contra él, porque se les en seguía mal. Encara Alchibiado mismo se contristava e havía miedo por Athenas que de todo no se consumase[3014] e qu'él romaniés mal

---

3014　se consumase] se confirmase *P.* si confermasse *F.* ἀναιρεθείσης.

quisto entre los lacedemonios. E el poderío todo de los de Athenas era la ora al[3015] Xamo; e de allí fazían lo que menester havían contra aquellos qui se revelavan, e los diusmetían, e salvavan las otras cosas que havían, porque ellos eran sufficientes en la mar e por combater con los enemigos. No res menos, ellos havían miedo de Tisaferno e de las CL galeas que se dezía que havían los fenizes, las quales si fuessen venidas, la ciudat no havía esperança ninguna. Esta cosa sentía Alchibiado; e por esto él envia va a los gentiles hombres de Athenas qui eran a Xamo secretament dándoles esperança qu'él ordinaría que Tisaferno serié su amigo. La qual cosa él tractava no por gracia de la universidat, mas por los gentiles hombres si por ventura pudiessen humiliar al pueblo e ellos tuviessen el regimiento de la ciudat. A todos los otros vencía el consejo de Alchibiado sino solament a Ofrénico,[3016] el qual havía suspición de lo que era verdat, es a saber, que Alchibiado no era contento del regimiento del pueblo ni aun de los gentiles hombres, mas solament, porqu'él fues perdonado e que pudiés venir a la ciudat, calupniava al pueblo e contentava a los poderosos e por esto fazié lo qu'él fazié e embargava quanto él podía.

No res menos, quando el consejo contrario venció, [f. 10v] esti fue enemigo manifiesto de Alchibiado, e envió dezir secretament a Astíoco,[3017] el qual era capitán del estol de los enemigos, que se guardás de Alchibiado, porqu'él era de dos caras, e que lo tomasse. Mas, segunt el dicho común, el uno de Cret fue a favlar al otro, es a saber, baratador a baratador. Porque[3018] Astíoco, dubdándose por

3015   al] el *P.* il *F.* ἐν [...] τῇ.
3016   Ofrénico] *PF.* Φρύνιχος (*precedido del artículo*).
3017   Astíoco] astico *PF.* Ἀστύοχον.
3018   Porque] por *P.* per *F.* γὰρ.

Tisaferno e veyendo tanta magnificencia e poderío que Alchibiado havié en la presencia de Tisaferno, reveló las nuevas de Ofrénico[3019] a Alchibiado. E Alchibiado envió a Xamo las acusaciones[3020] de Ofrénico;[3021] en tanto que todos no pudieron más sofrir e se congregaron contra Ofrénico.[3022] E Ofrénico,[3023] veyendo qu'él no había ninguna cubierta ni algún otro refugio, se puso a mejar e curar el un mal con otro mayor. E envió aún a Astíoco reprendiéndolo porqu'él había revelado su secreto, e prometíale de dar en sus manos las galeas de los de Athenas e aun el lugar do eran atendados. No res menos, aquella traición de Ofrénico[3024] no nozió en res a los de Athenas, porque Astíoco lo reveló aún e manifestó la su acusación enta Alchibiado. La qual cosa Ofrénico[3025] la sentió luego; e esperando que Alchibiado enviás una otra acusación contra él, se providió e dixo a los de Athenas que las galeas de los enemigos devían venir contra ellos, e les dio por consejo que ellos entrassen en las galeas e cerrassen todo en derredor el lugar do eran atendados entro que los de Athenas fuessen aparellados. E vinieron aún otras nuevas de Alchibiado que se guardassen de Ofrénico[3026] como de traidor; mas los de Athenas no lo credieron pensando que Alchibiado calupniosament escriviés contra Ofrénico.[3027] Después, uno de los de su partida el qual había nombre Ermon dio un colpe de guchiello a Ofrénico[3028] en medio de la plaça e lo

3019   Ofrénico] cf. supra.
3020   acusaciones] ocasiciones P: accusazioni F: κατηγορήσαντας.
3021   Ofrénico] cf. supra.
3022   Ofrénico] cf. supra.
3023   Ofrénico] cf. supra.
3024   Ofrénico] cf. supra.
3025   Ofrénico] cf. supra.
3026   Ofrénico] cf. supra.
3027   Ofrénico] cf. supra.
3028   Ofrénico] cf. supra.

mató. E [f. 11r / xxv, 14] los de Athenas se congregaron en judicio e condepnaron a Ofrénico³⁰²⁹ por traidor, ya sea qu'él era muerto; e a Hermon e a los otros de su companyía encoronaron.

E quando los amigos de Alchibiado senyorearon al Xamo, enviaron a Tissandro en el castiello por mudar el estado de la ciudat. E asín como la esperança mueve a los poderosos de contradezir a los ordenamientos e destruir a la comunidat, assín estos esperavan de fazer por ayuda de Alchibiado, esperando que les enviás gent e poderío de Tisaferno. E depués que ellos se fortificaron e tomaron en sus manos las cosas, aquellos qui se clamavan vᵐ, e eran ɪɪɪɪᶜ, de la ora adelant flacament se levavan en el fecho de la guerra e no curavan tanto de Alchibiado. E la una ocasión era que no credían de trasmudar a los ciudadanos, porque passavan desaise;³⁰³⁰ e la otra era porque cuidavan que los lacedemonios condecendiessen más aína como aquellos qui eran acostumbrados de haver pocos senyores. E quanto la universidat que se trobava en la ciudat, a su mal grado callava por miedo, porque muchos fueron muertos de aquellos qui contrariavan a los ɪɪɪɪᶜ. E aquellos qui eran al Xamo, quando supieron lo que era fecho, fueron enoyados e començaron a passar a la Pireá. E por esto enviaron a Alchibiado e lo fizieron capitán en destrucción de los tiranos. E Alchibiado no fizo como algunos otros porque súbitament fue fecho grant por voluntat de muchos, ni jutgó que fues cosa convenible que de todo se diesse a ellos e no contradiziés en alguna cosa a aquellos que a hombre exiliado e vagabundo por tierras ajenas constituyeron senyor de tanto estol e de tanta huest e de

3029   Ofrénico] cf. supra.
3030   passavan desaise] passavano disagi F: passavan desaire P: ξενο-
παθοῦσι.

grant poderío (la qual cosa apartenecía a grant príncep), e los reprendió del grant coraçón que ellos huvieron por lur sanya. Mas él los embar- [f. 11v] gó de grant fallecimiento, e manifiestament salvó Alchibiado los aferes de la ciudat. Porque, si lures enemigos fuesen pasados la hora súbitament en lur patria, havrían senyoreado a toda la Yonia e a Líspondo e a las islas sin batalla, e los de Athenas havrían guerreado con los suyos de Athenas e havrién puesto la batalla dentro de lur ciudat. La qual cosa sólo Alchibiado embargó que no se fiziés, no solament consellando a toda la multitut en general, mas a cada uno en especial: a algunos pregava e a otros reptava. E en esta cosa le[3031] ayudava Trassíbolo de Estiri, el qual era con él e cridava mucho por esta cosa. Porque, segunt que se dize, mayor voz havía que los otros todos de Athenas. Esti fue un bien de Alchibiado; e el otro fue qu'él les prometió qu'el Rei les enviaría las galeas de Feniz a las quales esperavan los lacedemonios. Por la qual cosa, él passó. E quando aquellas galeas fueron al Áspendo,[3032] él tractó con Tisaferno qu'él decebiés a los lacedemonios. E la ocasión que la ayuda de aquella armada fues embargada de amas a dos las partes fue por ordenament de Alchibiado; e especialment de los lacedemonios. Porque manifiesta cosa es que, si tanto poderío como era en aquel estol se fues ajustado[3033] con los lacedemonios, de todo havrían destruido el poderío que los de Athenas havían en el mar. E por esto Alchibiado dio por consejo al bárbaro qu'él dissimulás sobr'el fecho de los griegos, por tal que entre ellos se consumás.

De la ora se destruyeron los IIII^c con ayuda voluntaria de los amigos de Alchibiado, dando ayuda a aquellos qui

---

3031 le] l' *F:* les *P:* αὐτῷ.
3032 Áspendo] aspando *P:* hellespontho *F:* Άσπενδον.
3033 se fues ajustado] si fues ajiustado *P:* si fosse congiunta *F:* προσγενομένη.

amavan la senyoría del pueblo. E depués comandó el consejo que Alchibiado tornás a su patria. Mas a Al- [f. 12r / xxvii, 1] chibiado pareció desconvenible que sin mostrar compassión a muchos e sin fazerles gracia él tornás a su patria con las manos vazías e sin res fazer; antes quería tornar hondradament. E por esto él se partió primerament con pocas fustas del Xamo e circundó la mar de Lango e de Cnido. E quando él supo que Míndaro[3034] el espartano puyava a Elíspondo con todo el estol e que los de Athenas lo siguían, se aquexó de ir en lur ayuda, e por ventura él los alcançó en tal lugar e hora que entramos los estoles se combatían cerca del Ábido. E algunas vegadas vencía el una part, e algunas vegadas el otra. E combatiéronse entro a la ora de viespras. E quando Alchibiado pareció con galeas xviii, los lacedemonios cuidaron todo el contrario, es a saber, qu'él viniés en lur ayuda; e los de Athenas fazían grant roído. Mas la galea del capitán levantó aína la senyal de paz, e de continent se puso ir contra los del Pelopóniso de aquella part do ellos vencían e encalçavan. E los fizo tornar e costrenyolos de ferir a tierra. E los asallió envestiendo a las galeas e feriendo e matando a los marineros qui nadavan por ir en tierra. Porque Farnávaso era en lur ayuda por tierra e se esforçava de escapar lures galeas, las quales eran cerca de tierra. Finalment, él escapó a las galeas de los de Athenas, e tomó xxx de las galeas de los lacedemonios; e alçó Alchibiado el trofeo. E depués qu'él prosperó assín solepnement, él se quiso presentar a Tisaferno curialment. E aparelló donos e presentes que fuessen sufficientes por él, e por sí mismo fizo aparellament senyoreable, e iva por tierra a él. No res menos, lo que él esperava le falleció, porque los lacedemonios blasmavan [f. 12v] a Tisaferno, el qual, dubdándo-

3034　Míndaro] murado _PF_: Μίνδαρον.

se qu'el Rei no le buscás ocasión, le pareció bueno que prisiés a Alchibiado, remembrándose del tiempo que Alchibiado fue e lo assitió dentro a Sardis, e que con tal injusticia él escaparía de la calupnia.

Entre esti medio, passados xxx días, Alchibiado trobó un cavallo e fuyó de aquellos qui lo guardavan e se salvó entro a las Clasomenás. E aun él calupniava a Tisaferno diziendo qu'él de su grado lo havía dexado. E depués fue a la huest de los de Athenas. E quando él supo que Míndaro e Farnávaso eran ajustados ensemble al Quísico, él envió la gent d'armas por tierra diziendo que necessaria cosa era que les fiziés guerra por mar e por tierra, e aun que les convinié a combater ciudades. Que, si no huviessen perfecta victoria, no podrién haver trasoro. E, depués, él armó las galeas e surgió al Pricónisso e comandó a todas las fustas sotiles que estuviessen sobre sí mismos e que se guardassen quanto pudiessen que los enemigos no los sentiessen de ninguna part. Conteció aún la hora que plovió muit grant agua con fuertes truenos, e la escuredat de la pluvia les ayudó mucho a esconder lur aparellamiento. En tanto que no solament no lo sentieron los enemigos, antes e los de Athenas eran desperados de tanta turbación. E él les comandó que entrassen todos en las galeas. E moviose el estol. E quando la niebla començó passar, aparecieron las galeas de los del Pelopóniso davant del puerto del Quísico. E dubdándose Alchibiado que los lacedemonios, veyendo tanto estol de los de Athenas, no feriessen en tierra, comandó a la otra gent d'armas que andassen más folgadament, e él con xl galeas se [f. 13r / xxviii, 6] mostró e clamava los enemigos a la batalla. E aquellos se decibieron e menospreciaron e con grant coraçón ixieron contra ellos tantos espartanos. E de continent començaron la batalla. E veyendo, mientre que ellos combatían, el romanient del estol que vinié, se espantaron e

fuían. E Alchibiado con las xx galeas mejores los encalçó
e devalló en tierra e consumó a muchos de aquellos qui
fuían de las galeas. Míndaro e Farnávaso ayudavan a los
lacedemonios por tierra. E Alchibiado mató allí a Míndaro
combatiendo valientment; mas Farnávaso fuyó. La hora los
de Athenas despullaron a los muertos e ganaron muchas
armaduras e todas las galeas. E quando Farnávaso fuyó,
tomaron al Quísico e fueron consumados los del Pelopóniso. E los de Athenas no solament tenién fuertment a Elíspondo, mas aun de toda la otra mar echaron a los lacedemonios. E en tanto que tomaron letras las quales enviavan
a los officiales en lengua de los lacones las quales dezían:
«O hombres, los bienes son perdidos; Míndaro cayó; no
sabemos qué nos conviene a fazer».

E en tanto ensuperbió la gent d'armas de Alchibiado
que no se denyava mesclarse con la otra primera gent d'armas; porque aquellos fueron muchas vegadas vencidos, e
estos nunqua fueron vencidos. Porque poco antes Trássilo
havié fallecido en Éfeso en vergüença de los de Athenas;
e los de Éfeso adreçaron trofeo de arambre. E esta cosa los
encargava a la huest de Alchibiado. Mas la gent d'armas de
Trásilo,[3035] magnificando a sí mismos e a lur capitán, no
querían participar con ellos ni en casa ni en lugar ni en
exercicios. Mas, quando entraron en el Ábido, Farnávaso
les vino de suso con gent de piet e de cavallo; e la hora
Al- [f. 13v] chibiado se fue contra él ensemble con Trássilo e lo rompieron e lo encalçaron entro a la noche. E por
esto de aquella hora adelant conversavan ensemble e
davan donos el uno al otro. E depués tornaron a lures tiendas. E el día siguient adreçó el trofeo e corría e robava la
tierra de Farnávaso, porque ninguno no le osava contras-

3035   Trásilo] trasillo *PF: en gr. el referente es Alcibíades.*

tar. E a todos los sacerdotes[3036] e sacerdotissas qu'él tomó
al robamiento, a todos los dexó ir francos sin alguna
redepción.

Cómo Alchibiado[3037] assitió Calcedonia, e cómo la ciudat de Silivría se rendió a él, e aprés le fue rendida la ciudat de Bisancio, que oi es Costantinoble

E quando él oyó dezir que Calcedonia era revelada a
los de Athenas e que havía recebido guardas e capitán de los
lacedemonios, se puso a combaterla. E quando él supo
que todo el ganado havían enviado a los bitinios como
amigos por salvamiento, fue con su huest a las confinias
de los bitinios e envioles un mensagero, querellándose
d'ellos. E ellos por miedo le dieron todo lo que tenían de
los calcedonios, e juraron de seyer sus amigos.

E depués, quando Alchibiado cerrava a Calcedonia
devés la mar, Farnávaso vino de fuera enta la mar por
delivrar la ciudat.; e aun de la part de dentro Ipocrás lacedemonio, del qual havemos dicho que era capitán de Calcedonia, congregó quanto poderío él havía por defenderse de los de Athenas. Alchibiado partió su huest en dos
partes, e los asallió así durament que Farnávaso por necessidat fuyó vituperosament, e mató a Ipocrás e a muchos
otros con él. E depués corrió todo el Líspondo [f. 14r / xxx,
3] congregando trasoro, e tomó a Silivría. La qual cosa fue
periglosa fuera de tiempo, no huviendo alguna compassión de sí mismo. Porque aquellos qui le prometieron de
darle la ciudat ordenaron de fazer senyal, es a saber,
de fazer un faraón a media noche, e depués ellos por

3036   sacerdotes] sacerdoti *F*: sacerdoteses *P*.
3037   Alchibiado] agissilao *PF*.

necessidat lo fizieron antes de la media noche, porque
ellos se dubdaron de uno de aquellos qui era en la conjuración, el qual de continent se penidió. E quando ellos
levantaron el alimara antes que la huest fues aparellada,
Alchibiado tomó con él entro xxx hombres d'armas e se
esforçó de correr enta el muro de la ciudat. E comandó a
los otros que lo siguiessen; e corrieron otros xx empavesados. E quando los traidores le obrieron las puertas, él entró.
No res menos, él sentió que los de Silivría venían contra
él armados a contrastar con ellos. No vedía él qué fues su
salvamiento; ni fuir quería, porque entro aquel día siempre pareció invencible e nunqua tornó a çaga. Por la qual
cosa, él fizo sonar la trompeta e comandó que uno d'ellos
pregonasse que los de Silivría no levantasen armas contra
los de Athenas, mas que viniessen a pactos. E plazioles. E
mientre que ellos favlavan ensemble por los pactos, sobrevino la huest de Alchibiado, e Alchibiado consideró bien
lo que era, es a saber, que los de Silivría amavan la paz. E
dubdándose que los de Tracia que eran en su companyía
e eran muchos e lo seguían de buen grado, por amor d'él
no robassen la tierra, los licenció a todos que salliessen
fuera de la ciudat. E a pregarias de los de Silivría no fizo
algún mal, mas solament tomó algún haver e puso guardias e partiose.

Los otros capitanes qui combatían a Calcedonia fizieron
paz con Farnávaso con tales pactos que ellos tomassen
haver [f. 14v] e Calcedonia fues en servitut de los de Athenas, e que depués estos no fiziessen danyo a su tierra, e él
que les diesse guiadores que guidassen a los embaxadores
de Athenas sin periglo entro al Rei. Quando Alchibiado
tornó, Farnávaso lo pregava qu'él jurás los pactos que los
otros havían fechos. E él dixo: «Yo no juraré si tú non juras
antes». E depués que los sagramentes fueron fechos, él fue
contra los de Bisancio, los quales se eran rebellados, e assi-

tió la ciudat. Anaxílao[3038] e Licurgo[3039] e algunos otros le prometieron de dárgela solament que la salvasse. E él levantó una fama que en la tierra de Yonia[3040] era fecha alguna rebellión, e por esto él iva allá. E partiose de día con todo su estol; mas la noche él tornó callantiblement e devalló él con la gent de piet e fue cerca los muros e escuchava. Mas las galeas tornaron al puerto e entraron por fuerça con vozes muchas e con roído; e más espantaron a los de Bisancio que hombre no credería. E dieron tiempo a los amigos de los de Athenas de recebir a Alchibiado espaciosament, porque todos los de la tierra corrién al puerto por ayuda de sus navilios. No res menos, Alchibiado no pudo fazer que no combatiesse, porque todos aquellos que se trobaron en Bisancio, e del Pelopóniso e biotos e de la Mégara,[3041] es a saber, marineros, todos fueron ensemble. E quando sentieron que los de Athenas eran dentro, se metieron en orden e fueron con grant voluntat contra él. E fue fecha una fuert batalla. No res menos, Alchibiado venció, huviendo con sí la diestra part; e a la part siniestra era Thirameno. E tomó de los enemigos iiiᶜ bivos, e los otros se perdieron. Mas ninguno de Bisancio depués de la batalla no murió, segunt que havían por pactos con aquellos qui le dieron la tierra. La [f. 15r / xxxi 7] qual cosa depués usó Anaxílao.[3042] Como traidor acusado por los lacedemonios, no envergonçó a su fecho con tal responsión, porqu'él dixo: «Yo no só lacedemonio, mas bisancio; ni parava mientes al periglo de la Espartia, mas de Bisancio, el qual era assitiado e res allí no entrava, antes el poco trigo

---

3038 Anacsílao] ancsilao *PF:* Ἀναξιλάου.
3039 Licurgo] liturgo *PF:* Λυκούργου.
3040 Yonia] eonia *PF:* Ἰωνίαν.
3041 Mégara] meguerra *PF:* Μεγαρεῖς.
3042 Anaxílao] anaxilo *PF:* Ἀναξίλαος.

que la tierra havía los del Pelopóniso e los biotos lo comían, e los de Bisancio con lures mujeres e fillos havían
fambre. E yo con todo esto no he rendido la tierra a los
enemigos, antes la he salvada de las guerras e de los males
de la guerra, seguiendo en esto a los nobles lacedemonios,
los quales no saben sino una cosa, la qual es buena e justa,
es a saber, la utilidat de lur patria». Las quales cosas quando los lacedemonios las uyeron, huvieron vergüença e
delivraron a aquellos qui eran acusados.

Cómo Alchibiado tornó a Athenas, do fue recebido con grant honor; e de las cosas que fizo depués

Alchibiado ya deseava de veyer su patria e que sus ciudadanos lo veyessen vencedor de tantas batallas como él
venció a los enemigos. E se partió con el estol con los de
Athenas ornado de muchas cosas que havían ganadas, son
a saber: cativos muchos e banderas de muchas de galeas
e escudos e armas e joyas otras de las galeas qu'él havía
vencidas e ganyadas, las quales todas ensemble no eran
menos de IIᶜ. No res menos, lo que escrive Durio de Xamo
que Alchibiado entrava en el puerto de los de Athenas con
tanta magnificencia que Crisógono cantava acordándose
con aquellos que vogavan, e Calipido comandava seyendo bien ornado e respondía a la canción, esto ni Theópombo lo escrivió ni Éforo ni Xenofó; ni apartenecía a
hombre exiliado tornando a su patria que él fiziés obras
como de embriago, como dixo Durio alabándose qu'él era
nacido del linage de Alchibiado. Mas la verdat es que
Alchibiado tornava con miedo. E quando él surgió sus
galeas, no devalló de la galea, mas [f. 15v] estuvo sobre la
cubierta entro que vido a su nieto Euriptólomo[3043] e otros

3043   Euriptólomo] eriptolemo *P*: criptolomo *F*: Εὐρυπτόλομον.

muchos amigos e parientes que lo esperavan e lo pregavan que devallase. E quando él devalló, los de Athenas, ya
sea que encontrassen por el camino a los otros capitanes,
no parecía que en fiziessen mención d'ellos, mas todos
corrían enta Alchibiado cridando e saludando. E cada uno
se esforçava de andar cerca él. E lo coronavan. E qui non
se podía ajustar a él lo mirava[3044] de luent; e los ancianos
lo mostravan a los jóvenes. E en aquella alegría muchas
lágrimas fueron echadas por recordança de la primera
adversidat, conociendo que ni en Sicilia havrién seído desconfidos ni res de lo que ellos querían les serié fallecido
si ellos huviessen dexado a Alchibiado senyor e comanda-
dor de los aferes en aquel poderío el qual era tanto, pues
qu'él recibió la ciudat tal que por poco falleció que ella no
perdiés la mar e solament senyoreava apenas sus casales
e aun dentro de sí misma era en disensión, e esti de no res e
del todo humiliada[3045] la havié levantada e exalçado e le
havié rendido el poderío de la mar, e aun en las batallas
de la tierra havié mostrado que en todas partes él era vencedor a los enemigos.[3046]

E quanto a la determinación del consejo que
Alchibiado tornase, la universidat de antes la havía ya
confirmada. E escriviola Critío[3047] el Cálescro,[3048] segunt qu'él
mismo ne faze mención en sus poetrías remembrando el
regraciament de Alchibiado. E quando toda la universidat
corrió a la congregación, Alchibiado entró en medio e se
complanyía de sus adversidades reptando un poco a la

3044   mirava] injuriava *PF*: ἐθεῶντο.
3045   humiliada] humiliado *P*: humiliato (*interlin. encima de la* o *aparece* a) *F*.
3046   vencedor a los enemigos] *P*: vincitore de nemici (*en margen,* ai
nemici) *F*: νικῶσαν [...] πολεμίους.
3047   Critío] cristio *PF*: Κριτίου.
3048   Cálescro] calestro *PF*: Καλλαίσχρου.

universidat;[3049] mas todo lo atribuía a la mala ventura e a la invidia del demonio. E depués él favló mucho conortándolos que huviessen buena esperança contra sus enemigos, e enanimolos a todos. E la universidat lo coronó con coronas de oro, e fue fecho capitán general e monarca en tierra e en mar. E [f. 16r / xxxiii, 3] determinaron de renderle todo su haver, e que por las maldiciones que le dieron fiziessen oraciones e pregarias todos los sacerdotes por comandament de la universidat. Por la qual cosa, uno de los sacerdotes dixo: «Yo no he dado alguna maledicción si él no faze injusticia a la ciudat».

E biviendo bien e honorablement, el tiempo vinient rompía la imaginación de algunos. Porque vinié el día quando, segunt la costumbre, las sacerdotisas lavavan la dea, e por esto le tiran todos los ornamientos. E aparellavan el ídolo, e los de Athenas reputan aquel día especial e no obran, ante fazen fiesta. E parecía a algunos que la dea no recibiés curialment a Alchibiado ni le plugo su advenimiento, antes que cubiertament lo echava de sí. No res menos, la hora todas cosas se fazían segunt el plazer de Alchibiado. E armaron galeas c, las quales se devían partir de continent. No res menos, a Alchibiado vino un apetito e voluntat noble e honorable el qual lo retuvo entro a la fiesta de la dea. Porque, después que los lacedemonios havién tomado el passo de la Decelia e tenían los caminos de la Eleusina, la fiesta no havía tanto buen ordenament ni tanta solepnidat por mar como era acostumbrada. Porque de necessidat amenguavan los sacrificios e las danças que fazién por el camino con imnos passando la procession. Por que pareció bueno a Alchibiado por la gloria de la dea e por laor de la patria de servar las cosas

---

3049   universidat] adversidat *P*: adversita *F*: δήμῳ.

sagradas e el buen ordenament de lures antecessores e de enviar la procession por tierra a vista de los enemigos, por tal qu'ellos cambiassen o, si no, él entendía de humiliar a Agio; e si ellos se moviessen a combater, quería fazer él batalla con los Agios en presencia de su patria por tal que todas las ciudades fuessen testimonios de su valentía. E depués qu'él tomó consello sobre esta cosa e lo dixo a todos los sacerdotes, puso a los cabos talayas e envió primerament [f. 16v] los primeros combatedores, e él mismo tomó a todo el sacerdocio circundado de hombres armados e iva ordenadament e plana, e fazía muestra humil convenible a las cosas divinas.³⁰⁵⁰ E todos aquellos qui no havían invidia la³⁰⁵¹ clamavan *sagrada*. E la reduxo a la ciudat sin miedo; porque ninguno de los enemigos no se osó levantar contra ellos. En la qual cosa él mismo se exalçó³⁰⁵² e exaltó³⁰⁵³ su gent d'armas e mostrando que ninguno no los podía vencer e que ellos eran invencibles huviendo a él por capitán. E los otros, grandes e chicos, tanto eran diusmetidos a él que todos lo amavan; en tanto que paladinament dezían qu'él ordenás lo que quisiés e que fiziés e esleyés e, mientre qu'él biviés, no se dubdás de los calupniadores en los aferes de la ciudat.

Mas, si Alchibiado havía entención de tiranizar, no era cosa cierta. No res menos, los más poderosos de la ciudat le ayudaron que se partiés aína. E determinaron lo qu'él quería, e le dieron por companyones a aquellos qu'él quiso. E quando él passava con C fustas, él combatió la isla de Andri. E quanto a la batalla, él los³⁰⁵⁴ venció, e a los

3050   divinas] divine *F*: didvinas *P*.
3051   la] lo *PF*.
3052   se exalçó] se exalco *P*: sexalço *F*: ἤρθη.
3053   exaltó] *PF*: ἐπῆρεν.
3054   los] *om. PF*: αὐτῶν.

lacedemonios qui eran con ellos; mas la ciudat no tomó. Por la qual cosa, los qui mal lo querían en la ciudat fallaron occasiones contra él. E parece que Alchibiado por otra cosa no fues destruido sino por la grant gloria qu'él havié; porque ella era grant e plena de seso e de ardideza en todas aquellas cosas que él acabava. E en aquellas cosas que le fallecían mostrava qu'él no huviés hovido ansia; e no credían que fuesse por su impotencia. Porque en las cosas qu'él se aquexava de fazer no le fallecía nada; e esperavan de oír qu'él huviés tomado a los de Sío³⁰⁵⁵ e a toda la Yonia. E por esto se ensanyavan, porque no acabó aína todo lo que ellos querían. E no consideravan la [f. 17r] impotencia del trasoro, mas con poca cosa combatían con hombres los quales tenían a su sueldo el Grant Rei; e por esto muchas vegadas por necessidat Alchibiado dexava la huest que buscase el sueldo e qué comer e las otras cosas necessarias. E la última acusación que fue contra él fue por tal ocasión: que, quando los lacedemonios enviaron por capitán a Lissandro (el qual de lo que tomava de Cirus por III miallas dava IIII a los †romanos†,³⁰⁵⁶ e Alchibiado no les podía dar III), passó por congregar moneda e dexó governador a Antíoco. El qual otrament era bueno, mas era greu en sus costumbres. E huviendo él por comandamiento de Alchibiado que, si aun los enemigos lo asalliessen, no tomás la batalla, él menospreció el comandament e armó su galea e una otra e se fue al puerto de Éfeso. E iva por la ribera de la mar davant las proas de los enemigos injuriándolos suziament e favlándoles desordenadament. E de primero Lissandro se movió a encalçarlo con pocas fustas. Mas, quando el estol de los de Athenas se movió todo en ayuda de Antíoco, Lissandro se movió con la mayor part

---

3055   de Sío] delios *PF*: Χίους.
3056   †romanos†] romanos *PF*: ναύτῃ.

del estol, e venció e mató a Antíoco, e tomó muchas fustas, e endreçó trofeo. Quando Alchibiado oyó esta cosa, él se tornó e congregó todo el estol, e clamava a Lissandro a la batalla. E Lissandro dixo: «Cúmpleme lo que he vencido». E no fue contra él.

Cómo Alchibiado fue acusado de algunos de la ciudat e echado de la capitanería; e de la su infortunada muert

Uno de aquellos de la huest el qual quería mal a Alchibiado, es a saber, Trassívolo de Trasso, passó a [f. 17v] Athenas por acusar a Alchibiado. E provocó a la universidat diziendo: «Alchibiado ha consumado las cosas e ha perdido las galeas recomendando la capitanería a tales qui non se deleitan de otro sino de beverrías, por tal qu'él pudiés ir d'acá e d'allá por sacar monedas e por embriagarse e deportarse con viles fembras, no obstant que nós havemos los enemigos de cerca». E aun lo acusavan qu'él había edificado en Tracia por sí mismo fortalezas como si a él no plaziés e no pudiés bevir en su patria. Los de Athenas escucharon la calupnia e acusación, e mostraron enta Alchibiado ira e malquerencia, e esleyeron otros capitanes. Quando Alchibiado supo esta cosa, él se dubdó e desemparó toda la huest, e congregó gent forestera e estranya. E combatía la Tracia, es a saber, aquella part que no tiene por sí senyor.[3057] Por la qual cosa, él congregó grant haver de aquellos qu'él tomó, e aseguró a todos los griegos sus vezinos de los bárbaros. Mas los capitanes de los de Athenas, es a saber, Tideo e Menandro e Adímanto, havían congregado todo el estol de los de Athenas en los ríos de

---

3057   no tiene por sí senyor] se tiene por si senyor *P*: si tiene per se signore *F*: ἀβασιλεύτοις.

la Ega, es a saber, al Gano; e acostumbráronse de ir la manyana enta Lápsaco, do era Lissandro con su estol, e lo clamavan a la batalla e depués se tornavan con superbia; e menospreciando los enemigos, estavan desordenadament.

Alchibiado, qui era cerca, no fue negligent, mas se fue a cavallo enta l'estol de los de Athenas e mostrava a los capitanes lo que era lur provecho, diziéndoles que ellos estavan a los cabos do no havié puertos ni ninguna ciudat, mas les convinié tomar lo que menester les fazié de luent, es a saber, del Sistó; e que veyé ir a los marineros derramados do quiere cada uno [f. 18r / xxxvi, 6] e no'nde curan estándoles los enemigos con su estol de part delant, los quales eran todos en obediencia de un hombre. Mas los capitanes no aceptaron el consejo de Alchibiado; e aun Tideo lo licenció injuriosament diziendo: «Otros son capitanes, e no tú». Alchibiado sentió que entre ellos andava traición, e mientre qu'él se iva dixo a algunos sus amigos que le mostravan el camino: «Si estos capitanes no me huviessen injuriado, dentro pocos días yo havría ordenado que los lacedemonios, de necessidat, o combatrían o desempararían lures galeas e fuirían». A algunos d'ellos pareció qu'él lo dixiés por loçanía, e algunos jutgavan qu'él dezía bien si él levasse por tierra huest de Tracia de piet e de cavallo, e qu'él justament reprendiés la culpa de los de Athenas. Lo qual aína se manifestó por obra; porque Lissandro los[3058] assallió súbitament e, exceptadas viii galeas, las quales fuyeron con Conon, a todas las otras, las quales eran cerca ii^c, las tomó. E tomó hombres bivos iii^m, a los quales mató depués. E en poco tiempo él tomó la ciudat de Athenas e cremó lures galeas e desfizo los muros

3058   los] li *F*: lo *P*. αὐτοῖς.

luengos. E quando Alchibiado vido que los lacedemonios eran senyores en tierra e en mar, dubdándose de'ellos, él se fue a Bitinia e havía con él grant trasoro. E dexó mucho allá do abitava; mas él perdió mucho en Bitinia por algunos robadores de Tracia que abitavan allí. Por la qual cosa, le pareció bueno de ir al Rei, cuidando qu'el Rei, quando lo huviés conocido, no lo preciaría menos que a Themistoclí, especialment porqu'él havía mejor ocasión, porque él no iva contra su patria como Themistoclí, antes iva por utilidat de su ciudat por pregar al Rei que le dies ayuda contra los enemigos. Cuidando, pues, Alchibiado que Farnávaso le dies favor que segurament pudiés ir al Rei, se fue a él a Frigia e estava con él. [f. 18v] E esti consolava a él, e él hondrava a él.

E los de Athenas se contristavan cómo havían perdido la senyoría. E quando Lissandro constituyó sobre ellos xxx tiranos e les tiró del todo la libertat de la ciudat e fueron consumados todos lures bienes, se aplegaron plorando e contava el uno al otro la lur neciedat e fallecimiento. Por la qual cosa, reputavan e conocieron que mayor fallecimiento havién fecho quando la segunda vegada se ensanyaron contra Alchibiado. Porque lo echaron no por justa ocasión, mas porque un servidor havía perdido suziament pocas fustas, e ellos privaron la ciudat del más fuert e del más apto capitán que ellos huviessen.[3059] Mas, porque aún él era bivo, havían alguna poca esperança que del todo no fuessen destruidos lures aferes, considerando que por los tiempos passados él nunqua quiso folgar ni agora dissimulava la injuria de los lacedemonios e el agraviamiento de los xxx. La qual cosa a muchos no parecía fuera de razón, porque los xxx, dubdándose, preguntavan siempre

3059   huviessen] huvieessen *P.*

diligentment: «¿Qué faze Alchibiado?, ¿qué tracta?». E Critía[3060] dezía a Lissandro: «Si los de Athenas se goviernan por común, impossible cosa es que los lacedemonios senyoreassen a la Elada sin fallecimiento; ni Alchibiado dexará a los de Athenas que se aturen dius particular senyoría, ya sea que a tiempo obedecen». No res menos, Lissandro non lo escuchó en esto entro que los officiales enviaron comandamiento[3061] que Alchibiado fuesse destruido, o sea porque ellos dubdavan de los grandes aferes de Alchibiado, o sea por amor de Agio.

La hora Lissandro escrivió a Farnávaso sobre esti fecho; e Farnávaso cometió esti fecho a su ermano Magueo e a su tío Sussamitro. E conteció que Alchibiado en aquel tiempo estava en un casal de Frigia e havía con él su amiga Timandra. ***[3062] e ella tenié su cabeça en sus braços e que le metía el blanquet en su cara. Otros dizen qu'él vido a Magueo que le cortava la cabeça, e su cuerpo jazía en tierra. [f. 19r / xxxix, 3] Esti suenyo vido él cerca de su fin. E a aquellos que Farnávaso envió no osavan entrar en el hostal, mas lo circundaron e pusiéronle fuego. Quando Alchibiado sentió esta cosa, congregó su ropa e echola al fuego. E depués se plegó su manto en el braço, e en la mano derecha tenía su guchiello, e sallió fuera qu'el fuego no le nozió. E assín aína como él apareció fuera, los bárbaros se derramaron todos, e ninguno no fincó qui se fues a combater con él mano a mano, mas estavan d'él luent e lo aflechavan e lo combatían con piedras e lanças. E depués qu'él cayó muerto e los bárbaros se partieron, Timandra tomó su cuerpo e lo embolvió con su ropa, e de

---

3060   Critía] *F*: eritia *P*. Κριτίας.
3061   comandamiento] comandamento *F*: comadamiento *P*.
3062   ***] *lag. en PF*: ὄψιν δὲ κατὰ τοὺς ὕπνους εἶδε τοιαύτην· ἐδόκει περικεῖσθαι μὲν αὐτὸς τὴν ἐσθῆτα τῆς ἑταίρας.

lo que ella havié lo enterró hondradament. E d'esta[3063] se dize que fue filla Ilai[3064] la qual se clamava Corinthia; e era seída captiva en un castiello de Sicilia el qual se clamava Ícaro. Algunos dizen que fue otra la ocasión de su muert, diziendo que ni Lissandro ni Farnávaso ni los lacedemonios se entremetieron en esto, mas Alchibiado forçó una infanta e la tenía con él, e sus ermanos d'ella por el desplazer que havían cremaron la casa do él abitava, e, depués qu'él escapó del fuego, lo mataron.

Comparación que faze el actor entre Alchibiado e Marcio

Depués que nós havemos dicho los aferes que nos parecen razonables de contar, en los fechos de guerra entre Marcio e Alchibiado el uno no vence al otro, mas en valentía, en ardideza e en maestría de guerrear e en providencia son havidos iguales. Mas, como mostrava hombre que Alchibiado fues más sufficient en fechos de guerra, qu'él en tierra e en mar en[3065] muchas e grandes batallas ***. E que lur presencia fues provechosa e lur absencia nozible, esto havían amos a dos. Mas la conversación de Alchibiado los honestos la tenían en abominación como enganyadera e decebidera, porqu'él quería seyer en plazer de muchos. Mas [f. 19v] la conversación de Marcio era en todo odiosa a la universidat de Roma como superbiosa e qui no quería que la universidat senyoreás. E ya sea qu'el una ni el otra no sea loable, no res menos, de menos blasmo es aquella que tirava a la universidat a propriedat

3063 d'esta] esta *P.* questa *F.* ταύτης.

3064 Ilai] de yllay *PF.* Λαΐδα. *La forma manuscrita* yllay *parece suponer un gr.* ἡ Λαΐς, *lo que exige la corrección introducida en la nota anterior, conforme, por lo demás, con el original plutarquiano.*

3065 en] *om. PF.* ἐν.

curialment que aquella que injuriava a muchos porque no apareciés qu'él curás de lur amigança. E suzia cosa es de falagar a la universidat por seyer fuert; mas seyer terrible e fazer mal por seyer fuert no solament es suzia cosa, mas aun e injusta.

E manifiesta cosa es que Marcio era hombre simple; mas Alchibiado era malicioso e decebidor. E es aún más blasmado Alchibiado porque de todo a los embaxadores de los lacedemonios embargó la paz. Mas, si él puso la ciudat en guerra, él con la ayuda de los de Argo e de Mantinia la fizo más poderosa e más terrible. E Marcio calupnió con mentiras a los voluscos e los puso en guerra con los romanos; mas la su ocasión rendió su fecho más desondrado, porque no lo fizo por zelo de su ciudat como Alchibiado, mas lo fizo por satisfación de su ira e de su furor. E Alchibiado no negava que no se alegrasse quando él era hondrado, e que no se contristás quando él era menospreciado, e por esto se esforçava de seyer curial. Mas a Marcio su superbia no lo dexava qu'él consolás a aquellos qui lo podían hondrar e magnificar, mas por su ambición venía en grant congoxa. E estas son las cosas de que hombre puede blasmar a Marcio. Mas todos los otros sus aferes fueron resplandientes. E quanto a honestat e menosprecio de moneda, él es digno de seyer puesto igual con los más limpios griegos, e no con Alchibiado, el qual en estas cosas era mucho relexado e negligent en los bienes.

THEMISTOCLÍ

{*PF*} [f. 20r]

SÍGUESE EL XXIX LIBRO:[3066] De las gestas e memorables fechos de Themistoclí de Athenas.

La generación de Themistoclí no era muit excelent, porque su padre, Neoclí, no era de los más sufficientes de Athenas, antes era de la universidat qui se clama Frearrio[3067] e del linage de los Leontidos. Ni era legítimo, «porque su madre, Abrotonia,[3068] segunt que escrive uno, era de la generación de los de Tracia; mas ella parió al grant Themistoclí entre los griegos». Mas Fanía escrive que su madre era advenediza, e no la clama[3069] Abrotonia,[3070] mas Euterina;[3071] ni dize que ella fuesse de Tracia, antes de la Cárea. Mas Neantho anyade aun de quál ciudat de la Cárea era, es a saber, de Alicarnasso. Fuera de las puertas de Athenas era un lugar el qual se clama Quinósarges, do se congregavan todos aquellos qui no eran legítimos, porque aquel lugar era el exercicio de Ércules, el qual entre los dioses no era reputado legítimo, mas espurio, porque

---

3066 libro] *F: om. P.*
3067 Frearrio] creario *PF:* Φρεαρρίου.
3068 Abrotonia] abrotania *PF:* Ἀβρότονον.
3069 clama] claman *P:* chiamano *F:* ἀναγράφει.
3070 Abrotonia] *cf. supra.*
3071 Euterina] *PF:* Εὐτέρπην.

su madre era mortal. E por esto Themistoclí, usando allí segunt la antiga costumbre, induzía a muchos nobles aptament que se aplegassen allí con él ensemble por exercitarse; e con tal manera, sotilment, él destruyó la differencia de los legítimos e de los espurios. E que Themistoclí era del linage de los licomidos, manifiesta cosa es, porqu'el[3072] templo de los licomidos, el qual havían en común con los fliasios,[3073] quando los bárbaros lo cremaron, Themistoclí lo reedificó como suyo e ornolo con pinturas, segunt que escrive Simonido.

E dizen algunos que Themistoclí de su puericia era pleno de ardideza e por natura [f. 20v] compuesto, e quería seyer adelantado en grandes aferes, e civil.[3074] Por la qual cosa, quando él ixié del escuela, nunqua estava occioso ni iva a jugar, mas la su nación era de pensar de componer algunas paravlas, de las quales algunas eran por blasmo e algunas por laor. Por la qual cosa, su maestro dezía por él: «O fijo mío,[3075] tú no serás chica cosa, mas serás por cierto o grant bien o grant mal». E los ensenyamientos que los otros se aquexan de aprender aína por seyer en lur libertat e por haver deleites, él los aprendía perezosament; mas los ensenyamientos de seso e de buena operación mostrava que los menospreciás[3076] esperando de su natura. E por esto algunos acostumbrados en la diciplina qui se clama de los fillos de los gentiles hombres, como es de favlar ensemble e de deportarse amiga-

---

3072   es, porqu'el] e perche il *F*: es es porquel templo de los licomidos manifiesta cosa es porquel (*el segmento* es porquel templo de los licomidos manifiesta cosa es *está flanqueado por las dos sílabas de* vacat) *P*.

3073   fliasios] filiasios *PF*: Φλυῆσι.

3074   civil] civiles *P*: civili *F*: πολιτικός.

3075   mío] mia *PF*.

3076   menospreciás] *P*: disprezzasse *F*: ὑπερορῶν (*por* ὑπερερῶν).

blement, quando levavan con sí a Themistoclí e se chufavan d'él porque no era acostumbrado en estas cosas, convinié qu'él les contrastás con paravlas más greves. Porqu'él
dezía: «De acordar una viola e de sonar una guitarra yo no
só apto; mas de tomar una chica tierra e humiliada e de
fazerla grant e honrada, só bien apto». Dize Estisímbroto
por Temistoclí qu'él estudiava en los principios de Anacxágoras e se aquexava de estudiar en el Mélisso natural.
Mas esta cosa no se acuerda segunt el tiempo; porque
Mélisso fue lugar tenient de capitanería de Periclí quando
combatía la ciudat de Xamo, e Anacxágoras era con él
ensemble, e Periclí fue muit çaguero de Themistoclí. Mas
es[3077] plus de creyer lo que dize Mnissífilo,[3078] el qual dize
que Themistoclí ***[3079] a Frearrio, el qual ni rectórico era ni
de aquellos qui se claman filósofos naturales, mas se apro-
prió como cosa de su aptitut e la servava como art la suc-
cessión de Solón, la qual se clama sapiencia, es a saber,
[f. 21r / ii, 4] aptitut de batalla e avisament, a la qual los
çagueros mesclaron con art sufficientment e la reduxieron
de obra en paravlas e a estudio, e fueron clamados sofis-
tas. A esti Frearrio se aplegava Themistoclí al principio
quando entró en los servicios de la ciudat. Mas en los primeros fechos de su joventut no escuchava ninguno, porque su natura sola se cumplía sin otro adoctrinamiento, la
qual faze grandes mudamientos en la aptitut e muchas
vegadas crece en la peyor part, segunt que Themistoclí
mismo lo confesava depués diziendo que los potros más
bravos se fazen cavallos muit buenos quando son bien
domados. E dizen algunos cómo su padre lo deseredó,[3080]

3077   es] e F. el P.
3078   Mnissífilo] missifilo PF. Μνησιφίλου.
3079   ***] lag. en PF. ζηλώτην γενέσθαι.
3080   deseredó] deserodo P. disredo F. ἀποκήρυξιν.

por la qual cosa su madre con grant dolor que ella huvo de la desondra de su fillo murió por su voluntat. Mas ellos dizen mentira, antes dizen otros que su padre de todo lo embargava en los aferes de la ciudat; por la qual cosa, él le[3081] mostrava al puerto de la mar las galeas viejas que estavan allí e ninguno no curava d'ellas por exemplo que assín menosprecia la universidat a los tribunos quando no valen.

E parece que aína e fuertment tocaron a Themistoclí de joventut los aferes de la ciudat, e muit fuertment lo sostuvo el amor de la gloria. E por esto, queriendo seyer adelantado, no havié vergüença de sofrir las malquerencias con los poderosos de la ciudat e especialment, más que los otros, con Aristido de Lissímaco, el qual siempre era contrario. E el principio de lur enamigança fue por no res; e lur contrast creció[3082] por lur conversación inrazonable. Aristido, como manso de natura e bueno en su conversación, no curava de gloria ni de retribución, mas siempre considerava lo mejor con segurança e con justicia, e muchas vegadas por necessidat él contrastava con Themistoclí porqu'él comovía al pueblo en cosas vanas. E dízese que tanto era ambicioso Themistoclí en superla- [f. 21v] tivo grado que, quando los griegos combatieron con los bárbaros a Maratona e fue cridada la valentía de Melciado, ya sea que Themistoclí era la hora muit joven, parecía qu'él fues en grandes cuidados, e velava toda la noche, e desemparó todas las beverrías e solaces. E porque algunos se maravellavan de la mutación de sus costumbres e ge lo dezían, él dezía: «El trofeo de Melciado no me dexa folgar». E quanto a los otros, parecía que aquella victoria que ellos huvieron a Maratona fues fin de la guerra; mas a Themis-

3081   le] se *P. om. F.*
3082   creció] cesso *PF.*

toclí parecía qu'ella fues principio de mayor guerra. E exercitava a sí mismo e a los de la ciudat pensando de luent lo que devié esdevenir.

E primero la entrada de los[3083] metales del Laurio tenían por costumbre los de Athenas de partir entre ellos. Mas Themistoclí solo huvo ardideza de entrar en medio de la universidat e de dezir que convenible cosa era que todo hombre renunciás a aquel partimiento, e de aquel trasoro fiziessen galeas pora la guerra que ellos havían con los de Éguena, la qual guerra bullié la hora en la Elada más que ninguna otra, e los de Éguena tenían la mar con muchas galeas. Por la qual cosa, todos escucharon volentiés a Themistoclí. Porqu'él no los menaçava por Darío ni por los de Persia, los quales eran luent e no era assí cierta cosa que deviessen venir, mas favló saviament segunt el tiempo e el furor de la ciudat el qual havían contra los de Éguena. E assín trobó ocasión convenible por fazer aparellamiento de galeas. Por la qual cosa, de aquel trasoro fueron fechas galeas ciento, con las quales combatieron depués con Xerses en mar. De la ora avant, poco a poco fizo devallar la ciudat en la mar, porque todos le consentían quando él dezía que por tierra ni aun a sus pares eran sufficientes a fazer guerra; mas con poderío de galeas eran sufficientes a contrastar aun e a los bárbaros en manera que fuessen senyores de los griegos. E segunt que [f. 22r / IV, 4] dize Plato, Themistoclí fizo a los de Athenas de cavalleros marineros, en tanto qu'él fue acusado cómo él havía reducho la universidat de Athenas de escudos e de lanças a estropes e a remos. Las quales cosas Themistoclí acabó assín como él quería, porqu'él venció a Melciado en el contrasto. E si él nozió o aprovechó a la ciudat, aprés lo veremos más filosóficament; mas que los griegos se salvaron la hora

---

3083   de los] a los *P*: de *F*: ἀπὸ τῶν.

por la mar e que aquellas galeas redreçaron la ciudat de Athenas, la qual antes era dissipada, Xerses mismo lo ator-gó, el qual,[3084] quando sus galeas fueron vencidas, fuyó. Ya sea qu'el poderío qu'él havié por tierra era invencible, no res menos, él mostró que no podía soffrir la guerra de la ciudat e dexó a Mardonio no pas, segunt que a mí parece, por diusmeter a los griegos, mas por embargarlos que no lo encalçassen.

Themistoclí era liberal a fazer sacrificios e convides, e aun era escasso quando fazía menester. Por la qual cosa, quando él demandó a Filido, el qual era maestre escude-ro de cavallos, que le diesse un cavallo e no lo dio, lo menaçó diziendo que aína faría su casa estable de cava-llos. La qual paravla era escusa por meterlo en baralla con algunos sus amigos. E quanto a magnificencia, él venció a todos. Por la qual cosa, seyendo aún joven e no bien conocido, pregó mucho a Epiclea, sonador de guitarra, el qual era muit preciado entre los de Athenas en su art, que fues con él ensemble por tal que por ocasión d'él fuessen muchos a su casa. E quando él se fue a Olimpia, por zelo-sía de Quimon espendió mucho e venció a Quimon en el aparellamiento qu'él havía fecho. E endreçó una sobres-cripción la qual dezía assín: «Themistoclí †dava† Freario,[3085] Frínico ensenyava, e Adímanto governava». E era más acceptado en el pueblo porque a cada uno clamava por nombre de su boca. E en los acuerdos era justo jutge segunt [f. 22v] qu'él mostró enta Simonido de Cía. El qual le demandava a Themistoclí como a capitán algún dono noble; e porque lo que le demandava era grant cosa, res-pondió: «Ni tú serías buen poeta si tú cantasses discordant, ni yo sería buen senyor si yo diesse irrazonablement». E

3084   qual] om. PF.
3085   †dava† Freario] dava frexario PF: Φρεάρριος ἐχορήγει.

depués que Themistoclí creció e plazié a todos, puso en tanta turbación a Aristido que los de Athenas lo exiliaron.

Cómo Themistoclí rendió la senyoría de los de Athenas; e cómo e por quál sotileza él se esforçava de meter división entre los yonios e los bárbaros

E los de Athenas, sentiendo qu'el rei de los medos devallava enta la Elada, se consejavan por fazer capitán. E todos los otros, dubdándose del periglo, de lur grado renunciaron a la capitanería. Mas uno de los tribunos el qual havía nombre Epiquido de Eufimido,[3086] apto en favlar (mas era de flaco coraçón), quería seyer capitán de aquella guerra. E todos esperavan que fues ordenado capitán d'esta cosa. Dubdándose Themistoclí que, viniendo el poderío a él, no se consumasse de todo la tierra, compró de Epiquido con dineros la hondra de la senyoría. Encara es de loar lo qu'él fizo enta aquel de dos lenguas quando vinieron los embaxadores del Rei por demandar tierra e agua; porqu'él sentenció a muert a aquel turzemán[3087] el qual huvo ardideza de prestar voz griega a comandamientos bárbaros. Mas mayor cosa fue qu'él reduxo a paz todas las ciudades de los griegos, e fizo cessar la guerra que havién entre ellos, e fízoles consentir que lur enamigança cessás por la guerra de los bárbaros.

E quando él recibió la senyoría, començó de meter los ciudadanos en las galeas, e los fazié consentir de desemparar la ciudat e de encontrar al Bárbaro en mar luent de la Elada. E porque muchos lo embargavan, él fizo grant huest por tierra ensemble con los lacedemonios entro a los

---

3086   Eufimido] eufinido *PF*: Εὐφημίδου.
3087   turzemán] turzenia *PF*: ἑρμηνέα.

[f. 23r] montes de Thesalia, la qual aún parecía que no era
en la amigança de los medos. Mas, depués que tornaron
de allí sin res fazer, e los de Thesalia se vinieron con el
Rei, e aun todas las otras ciudades entro a la Biotía, de la
hora en avant los de Athenas eran más obedientes a Themistoclí en la armada de la mar, e lo enviaron con estol
en[3088] Artemisio por guardar a aquellos pasos estrechos. E
quando fue allí, trobó que todos los griegos comandavan
que Euribiado lacedemonio fues capitán de toda la armada. Mas a los de Athenas no parecié cosa convenible de
seyer a comandamiento de otros, pues que más de galeas
havían ellos que todos los otros ensemble. Mas Themistoclí, considerando el periglo, él mismo renunció a la capitanería e la lexó a Euribiado, e amansava a los de Athenas
prometiéndoles que, si en la guerra pareciessen buenos,
los griegos de grado se diusmeterían a ellos. Por la qual
cosa, parece que Themistoclí fue ocasión de la salvación
de los griegos e glorificó especialment a los de Athenas en
esto que ellos vencién a sus enemigos por valentía e a sus
amigos con bondat. E quando Euribiado se afrontó con la
primera part del estol de los bárbaros, veyendo tanta multitut, se esmagó. E supo aún que ɪɪᶜ otras galeas de bárbaros ivan en torno cerca del Esquíato.[3089] E por esto él quería
tornar aína a la Elada por poner en las galeas toda la gent
de piet que eran en el Pelopóniso, considerando qu'el
poderío del Rei en la mar era invencible. D'esta cosa
huvieron miedo los euboyos, que los griegos no los
desemparassen, e enviaron a uno el qual havía nombre
Pelágonda[3090] a Themistoclí con mucho haver e con embaxada secreta. Themistoclí tomó todo lo que le enviaron e

3088   en] de *P*. da *F*. ἐπ'.
3089   Esquíato] squito *PF*. Σκιάθου.
3090   Pelágonda] pelagona *PF*. Πελάγοντα.

diolo todo a la companyía de Euribiado, segunt que Iródoto escrive. E porque uno de los ciudadanos le era contrario
en esta cosa, el qual havía nombre Arquitelo, e era patrón
de la galea Sagrada e no havía de qué pagar a sus marineros (en tanto que los marineros lo tiraron [f. 23v] estando a
cena de su tavla, e quería tornar a çaga), e Themistoclí le
envió de cenar pan e carne e un cofín, e puso deyuso un
talent de argent. E enviole a dezir que al present él se passase e el día siguient huviés cura de sus marineros e, si no,
qu'él lo acusaría a los ciudadanos cómo él havía argent de
los enemigos, segunt que escrive Fanía el lesbio.[3091]

Mas las batallas de las galeas que fueron fechas la ora
en el estrecho no fizieron final victoria por complimiento
de guerra. Mas a los griegos fizo grant utilidat, porque
ellos en el periglo deprendieron que ni multitut de galeas
ni ornament d'ellas ni vozes superbiosas ni órganos barbá-
ricos pueden fazer alguna cosa de mal a hombres qui son
acostumbrados de combater e qui son ardides en batalla,
antes pertenece a los griegos cuerdos de menospreciar
todas estas cosas e de ir ardidament contra las personas de
los bárbaros e, combatiendo con ellos, acabar su guerra. La
qual cosa consideró Píndalo e dixo por la batalla que fue
fecha al Artemissio que «los jóvenes de Athenas havían
puesto noble fundament de franqueza»; porque la esperança es por cierto principio de victoria. E el Artemissio es
un cabo de Euboya de sobre de la ciudat de Estíea,[3092] la
qual agora se clama Oreón, e su ribera de mar es estendida enta la voria o sierço. Es allí un templo de la Diana, e
en derredor del templo muchos árboles; e aun son en
derredor estatuas de piedra blanca. Mas, quando aquella
piedra se manea con la mano, riende color e odor de

3091   lesbio] rescibio (ci *interlin.*) *P.* ricevette *F.* Λέσβιος.
3092   Estíea] estica *PF.* Ἐστίαιαν.

safrán. E sobre una de aquellas estatuas era escripto: «Los jóvenes de Athenas domaron aquí naciones de Asia de todas gentes con batalla de galeas, e, depués que consumaron[3093] las gentes de los medos, ofrecieron a la virgo Diana estos senyales».

E en aquella ribera [f. 24r / VIII, 6] de mar parecién muchos poyos, porque del profundo de la mar salle negra cenisa como si fues cremada del fuego, porque allí cremaron las galeas rotas e los muertos.

E quando fueron levadas las nuevas de las Thermópilas al Artemissio que Leonido fue muerto e que Xerses havía senyoreado la entrada de la tierra, tornaron a la Elada e en todas partes los de Athenas como muit savios e virtuosos eran principales. Themistoclí, pues, tornando siempre navigava cerca la ribera, e do él vedía escala o puerto o lugar de surgir que fues necessario por agua, él adreçava piedras con letras. E si por ventura las piedras se trobassen ya de tiempo passado adreçadas, él ý fazía entretallar las letras en ellas, las quales letras dezían a los yonios, si possible cosa era, que desemparassen a los bárbaros e andassen con lures antecessores, es a saber, con los de Athenas, los quales eran en periglo por la libertat d'ellos; e si no, que en las batallas conturbassen a los bárbaros quanto podiessen. E esperava él de dos cosas una: o de poner dissensión entre los yonios o de meterlos en baralla[3093bis] con los bárbaros, poniéndolos en suspición. E quando Xerses passó desuso por la Dorida en la Foquida e cremava las ciudades, los griegos no ayudavan res, e especialment quando los de Athenas los pregavan que lo encontrassen en la Biotía antes que ellos pusiessen el piet en la Atiquí, segunt que ellos les havían ayudado por mar en el Artemissio. E pues

---

3093   consumaron] *F*: cosumaron *P*.
3093bis   baralla] batalla *P*: ταράξειν.

que ninguno no los escuchava, mas solament guardavan el
Pelopóniso e començaron a congregar todo el poderío
dentro del estrecho e lo muravan del un mar al otro, los de
Athenas se ensanyavan por la traición e havían desplazer
porque ellos eran solos. Porque en ninguna manera [f.
24v] no se cuidavan que se pudiessen defender ellos solos de
tantas huestes por tierra, mas era necessario la hora que
ellos desemparassen la ciudat e que se poniessen sobre las
galeas. La qual cosa el pueblo escuchava muit durament,
que ya ni victoria buscavan ni salvación, pues que ellos
desemparavan las cosas sagradas de los dioses e los moni-
mentes de sus antecessores.

Tanto que Themistoclí no podía más tener a su obediencia la multitut con imaginaciones humanas, mas cercava senyales divinos e adevinaciones. E dezía por senyal:
«El drago ***3094 desparecido, e de todo lo que le meten
delant cada día los sacerdotes no se troba que sía tocado
nada». E los sacerdotes recitavan esta cosa al pueblo e
dezían: «Esti es senyal cómo la dea ha desemparado la ciudat e nos envía a la mar». Las quales cosas todas dezían los
sacerdotes por ordenamiento de Themistoclí. E aun Themistoclí recitava al oráculo divino: cómo Dios comandava
que ellos fiziessen muros de fusta por lur guardia. E de-
zíales que por cierto esta cosa no significava otro sino las
galeas; e Dios clamava a la dea Salamina3095 no pas trista
ni temerosa, porque grant prosperidat devié allí esdevenir
a los griegos. E depués que su consejo venció, él determinó e escrivió que recomandassen la lur ciudat a lur duenya, es a saber, a la dea Palas, e todos aquellos qui eran
de edat entrassen en las galeas, e las mujeres e los moços
e las servientas cada uno las salvás como pudiés. E quando

3094   ***] *lag. en* P*F*: δοκεῖ γενέσθαι.
3095   a la dea Salamina] P: la dea salamina F: τὴν Σαλαμῖνα θείαν.

la determinación fue confirmada, la mayor part de los de
Athenas recomendaron[3096] lures mujeres e parientas a los
trezinios, e los trezinios las recibieron hondradament, en
tanto que ellos comandaron que huviessen lur vida del
común, dando cada día a cada uno d'ellos[3097] dos[3098] óbolos, e los moços podiessen tomar fruitos de todas partes
sin dineros. E aun estatuyeron qu'el común pagás a los
maestros qui les ensenya- [f. 25r / x, 5] van. Esti ordenament escrivió Nicagoras.[3099] Mas, porque los de Athenas no
havían trasoro en común, a consejo del Ariópago, segunt
que dize Aristótiles, davan por soldea a cada uno hombre
d'armas daremes VIII. E segunt que escrive Clídimo,[3100] esta
cosa fue por seso e por ordenamiento de Themistoclí. E
como, quando los de Athenas devallavan a la Pireá, la
cabeça de la dea Gorgón se perdió de la estatua e Themistoclí se enfenyó de buscarla, e por esta ocasión él remes-
ció la roba de cada uno e trobó grant haver entre la ropa
de cada uno, e toda cosa fue puesta en medio, assín huvieron a fazer las despensas de las galeas. E quando el estol
de la ciudat se puso en el piélago, a algunos desplazié esta
vista, e algunos se maravellavan cómo ellos enviavan lures
parientes a los otros lugares; e ellos, no obstant los ploros
e las lágrimas e los abraçamientos de lures parientes, fincavan alegres e passavan a la isla. Encara de las animalias
privadas[3101] que ivan con ellos fue grant comoción e dolor
por dolçor del coraçón, porque ladravan amigablement a
aquellos qui las nudrién, quando ellos entravan en las

3096   recomendaron] raccomandaron *F*: recomendando *P*: ὑπεξέθεντο.
3097   d'ellos] di loro *F*: de los *P*.
3098   dos] *om. PF*: δύο.
3099   Nicágoras] nicano *P*: nitano *F*: Νικαγόρας.
3100   Clídimo] elidino *PF*: Κλείδημος.
3101   las animalias privadas] li animali domestichi *F*: las animales privadas *P*: τῶν ἡμερῶν [...] ζῴων.

galeas, e los siguían. Por la qual cosa, el perro de Xántipo, padre de Periclí, non pudo sofrir de fincar solo en tierra, antes saltó en la mar e siguió la galea do iva su senyor entro a que fue a Salamina[3102] e allí murió, segunt que entro al día de oi aparece por senyal que se clama el *Moniment del Perro*.

E quando Themistoclí sentió que sus ciudadanos amavan a Aristido e se dubdavan, porque era contristado, qu'él no se poniés con los bárbaros e conturbás los fechos de la Elada, porque antes de la guerra fue exiliado por baralla que huvo con Themistoclí, Themistoclí fizo un estatuto que todo hombre que fues exiliado por quanto quiere tiempo fues aturado en el exilio pudiés segurament venir a sus ciudadanos por dezir e fazer con ellos ensemble todas aquellas [f. 25v] cosas que fuessen por utilidat de la Elada.

Cómo los griegos vencieron a los bárbaros en la mar,
do fue fecha una grant e famosa batalla
por el avisamiento e sotileza de Themistoclí

Euribiado era capitán del estol por la dignidat de Esparta; mas en los periglos él era muell. E queriéndose levantar de allí por ir enta el estrecho, do era venida por tierra la huest de tierra de los de Pelopóniso, Themistoclí le contradezía dubdándose de su covardía. E le dixo: «O Themistoclí, a aquellos qui se adelantan más que no se conviene les dan morradas».[3103] «Verdat es —dixo Themistoclí—, mas ni aquellos son coronados qui fuyen de las batallas». E quando él levantó el tocho por darle, Themistoclí dixo:

3102   Salamina] *F*: salemina *P*: Σαλαμῖνα.
3103   morradas] moradas *PF*: ῥαπίζουσι.

«Dame, solament que me escuches». E quando Euribiado se maravelló de la humildat de Themistoclí, le dio licencia qu'él dixiés lo que quisiés. E él dezía lo que le parecía mal e inútil segunt el tiempo. E uno d'ellos dixo: «Hombre qui al present no ha ciudat no nos ensenya derechament a nós, qui havemos nuestras patrias, que las desemparemos». E Themistoclí se giró enta él e le dixo: «Tristo, nós havemos desemparado nuestras casas e nuestras tierras muradas porque no nos pareció bueno de ponernos en servitut por aquellas cosas inanimadas; mas havemos grant ciudat griega, es a saber, las II^c galeas que tú veyes aquí aparelladas, con las quales nos salvaremos. Mas, si vós nos desempararedes[3104] agora, que será la segunda vegada, e vos ides, sabrán los griegos de continent que los de Athenas tienen la ciudat franca e líbera, e mejor tierra que aquella que han desemparado». Sobre esto Euribiado se dubdó que los de Athenas no los desemparasen e fuyessen. E como un otro eretrieo[3105] començó a dezir alguna cosa, Themistoclí dixo a él: «E pues, ¿soes hombres[3106] de combater vós, qui havedes cuchiello e no havedes [f. 26r / XI, 6] coraçón?».

Estas cosas dezía Themistoclí en galea estando sobre la cubierta. E mientre qu'él favlava, pareció una cucobaya[3107] qui volava baxo de la part diestra de las galeas e se posava sobre los colaces. Por la qual cosa,[3108] los de Athenas se animaron más a combater con las galeas. E quando el estol de los enemigos se acostava al Atiquí enta el puerto qui se clama Falirea, e la multitut cubrió todas las riberas en

3104   desempararedes] abbandonerete F: desemparedes P.
3105   eretrieo] eretico P: erotico F: Ἐρετρίεως.
3106   hombres] huomini F: hombre P.
3107   una cucobaya] un cuco PF: γλαῦκα.
3108   cosa] F: om. F.

torno, e el Rei mismo devalló enta la mar con sus huestes
en tierra e apareció súbitament, e todos los poderíos fueron venidos, las paravlas de Themistoclí se derramaron
enta los griegos e aun los del Pelopóniso talayavan enta el
estrecho e se ensanyavan contra aquellos qui otrament
dezían. E determinaron de irse de noche, e assín lo
comandaron a los cómitres. Themistoclí se ensanyava
mucho cómo los griegos desemparavan tal ayuda como les
dava la disposición e la estrechura del lugar e †convenría†
que todos se derramasen cada uno en su ciudat; e se conselló por sí mismo e ordenó una sotileza con Siquinio persano, el qual era captivo, mas muit leal e amable a Themistoclí e nodrizo de sus infantes. A esti envió Themistoclí
secretament a Xerses e le comandó que le diziés: «O Rei,
Themistoclí, el capitan de Athenas, entiende seyer tuyo e
fázete a saber él primerament que los griegos fuyen,
e conséjate que tú no los lexes fuir, mas agora que no son
con la huest de tierra, mientre que son en esta comoción,
que tú los escometas, e destruirás lur poderío de marinería». Xerses se cuidó que las paravlas procidiessen de amor
e las dixo a los otros capitanes del estol. E les comandó
que las otras galeas armassen folgadament, mas que de
continent ii^c galeas se levantassen e tomassen los passos e
circundassen a las islas por tal que de los enemigos ninguno no pudiés escapar. La qual cosa quando se fazié,
A- [f. 26v] ristido de Lisímaco lo sentió primerament e vino
a la tienda de Themistoclí, no como su amigo, porque antes
por ocasión d'él fue con la ostria exiliado, mas vino por la
necesidat del tiempo. E como Themistoclí exió fuera, Aristido le dixo cómo por cierto el estol de los bárbaros havía
circundado el estol de los griegos. Themistoclí, conociendo las buenas maneras de Aristido, se alegró. Por que él
vino a él e le reveló su secreto e lo pregó qu'él se esforçás
quanto él pudiés de fazer que la batalla se fiziés en

aquellos lugares estrechos. Aristido loó a Themistoclí e ívase a los otros patrones de las galeas e capitanes provocándolos a la batalla, ya sea que ellos no lo credían bien. Mas de continent pareció una galea de Tenedo en la qual era patrón Panecio. La qual galea no venía por otro sino por certificarlos cómo los bárbaros los havían circundados. Por la qual cosa, los griegos fueron en tanta furor que de lur grado ivan al periglo por la necessidat.

L'otro día de manyana Xerses sedía alto sobre una cadira de oro mirando su huest e el ordenament de aquella en un lugar qui se clama Iraclio, en la qual part la isla dista poco de la Atiquí. E havía cerca d'él muchos escriptores por escrevir en quál manera se devía fazer la batalla. E mientre que Themistoclí[3109] fazía sacrificio en su galea, le aduxieron III captivos muit fermosos en la cara, vestidos de panyos de oro, ornados de nobles joyas. E dezían que eran fillos de Artafto e de Sandaca,[3110] la qual era ermana del Rei. Quando el adevino, el qual havía nombre Efrantido,[3111] los vido e vido que de continent del sacrificio se alumbró grant flama e ensemble[3112] con aquel senyal estornudó, saludó graciosament a Themistoclí e le dio por consejo que sacrificás a aquellos jóvenes, que por ellos los griegos havrían salvamiento e victoria. Themistoclí, considerando que la adevinación era [f. 27r / XIII, 4] grant e greve fuera de razón e no benedicha, segunt que es costumbre en las cosas de necessidat, tomose l'avantage e dixo que huviessen esperança de salvamiento. No res menos, todos a una voz clamavan a Dios e ajustaron los captivos al ídolo e cuidavan que, segunt el comandamien-

---

3109 Themistoclí] *F*: thenuitocli *P.*
3110 Sandaca] sandrafa *PF*: Σανδάκης.
3111 Efrantido] afrantido *PF*: Εὐφραντίδης.
3112 ensemble] ensemple *PF*: ἅμα.

to del adevino, fuessen degollados. Esta cosa escrive hombre filósofo savio en istorias, es a saber, Fanía de Lesbo. Mas la multitut del estol de los de Persia eran galeas M[l], segunt que escrive Isquilo el poeta, de las quales eran ciento[3113] e VII galeas muit sotiles. Mas las galeas de los de Athenas eran CLXXX, de las quales cada una havía XVIII sobresalientes, de los quales los IIII eran ballesteros, e los otros eran hombres de armas. E parece que Themistoclí consideró bien el lugar e el tiempo, e se guardó de envestir por proa a los enemigos antes que se levantasse el embat a la hora acostumbrada e que las undas viniessen a los estrechos. La qual cosa a las galeas de los griegos no nozía nada, porque eran grossas e baxas; mas a las galeas de los persianos nozía mucho, porque ellos havían las popas grandes e poco plano de cubiertas altas e grieves, e l'embat se encolgava e echava las galeas de los persianos al través enta el estol de los griegos. E todos los griegos con grant coraçón vogavan fuert con el viento en proa parando siempre mientes a Themistoclí, porqu'el siempre considerava la utilidat. E el patrón de la galea de Xerses, el qual havía nombre Ariameno, porqu'él havía la mayor galea de todas, aflechava a Themistoclí como si él fues sobre un castiello. E era valient hombre e más ardit e más justo que los ermanos del Rei. A esti[3114] Ariameno lo envestieron dos, es a saber, Aminea Decheleo e Soclío Pedieo.[3115] E quando se ligaron ensemble al en- [f. 27v] vestir, Ariameno saltó en medio d'ellos e ellos le contrastaron valientment e lo echaron en la mar. E quando la mar echó su cuerpo fuera, Artemissía lo conoció e lo puyó a Xerses.

3113 ciento] *P.* c *F.* ἑκατὸν δὶς.
3114 esti] esto *P.* questo *F.* τοῦτον.
3115 Soclío Pedieo] sotlio podico *PF.* Σωκλῆς Πεδιεὺς.

En esta batalla se dize que de la Eleusina resplandió grant lumbre, e el campo el qual se clama Triasio se implió de vozes como si fuessen muchos hombres en la fiesta del dios Yaco.[3116] E vidieron fantasías e ídolos de la Éguena los quales estendían lures manos e lançavan al estol de los griegos. El primer patrón de galea de bárbaros fue Licomedo de Athenas; e todos los senyales de hondra qu'él havía los ofreció al dios Apolo. E quando los de Persia se defendían muit fuertment al hora de viespras e los griegos los rompieron, huvieron aquella famosa victoria que nunca entre los griegos ni entre los bárbaros fue fecha otra más solepne por la valentía de todos los griegos e por consejo de Themistoclí.

E depués de aquella batalla, Xerses fue en grant furor por aquella desaventura e se esforçava de cerrar los passos e de meter gent d'armas en Salamina contra los griegos. La hora Themistoclí interrogó a Aristido provando su intención e díxole: «O Aristido, ¿quieres tú que nos vayamos con nuestro estol a Elíspondo e que destruyamos el puent e encerremos la Asia dentro de la Europa?». Esta paravla desplugo a Aristido, e dixo: «Entro agora nós havemos vencido al Bárbaro porqu'él se aturava en solaces e en reposos; mas, si nós lo encerramos en la Elada e lo[3117] metemos en necessidat, aquel qui es senyor de tantas huestes, él de agora adelant no se assentará a sombra de panyos de oro por mirar cómo se faze la guerra, mas tomará ardideza e él mismo se meterá en los periglos por emendar sus falle- [f. 28r / xvi 3] cimientos. Por que no es bueno que nós destruyamos el puent, antes, si possible cosa fues, serié mellor que nós ne fiziéssemos un otro porqu'él passás más aína e que lo echássemos de Europa».

3116   Yaco] vaco *P*: bacco *F*: Ἴακχον.
3117   lo] *F*: los *P*: τῷ βαρβάρῳ.

Pués dixo Themistoclí: «O Aristido, si[3118] a tú parece que esta cosa nos aprovecha, conviene que nós pensemos sotilment en quál manera Xerses se vaya más aína». E quando Themistoclí vido que Aristido se acordava en esto, él envió a Xerses un su castrado el qual havía nombre Arnaqui, al qual havía antes captivado, por certificarlo que los griegos, depués que lo havían vencido en la mar, querían ir al Elíspondo por desfazer su puent, e que Themistoclí, como hombre que bien lo querié, pensava por él e le enviava a dezir que aquexadament él passase, porqu'él ordenaría qu'el estol tardaría a encalçarlo. Quando el Bárbaro oyó estas cosas, él trembló todo por miedo e muit aína se partió. E mostró la sufficiencia del seso de Themistoclí e de Aristido por Mardonio solo, el qual fincó de çaga del Rei con muit poca part del poderío de Xerses; e combatieron con él los griegos en la Plátea,[3119] e fueron en periglo muit grant.

E los eguineotos fizieron grant valentía en aquella batalla de las galeas. No res menos, la hondra de la victoria atribuían todos a Themistoclí a mal lur grado, por la invidia que havían; e como quando ellos se partieron del estrecho, cada uno atribuía a sí mismo principalment la valentía e depués a Themistoclí. Mas los lacedemonios lo[3120] levaron a Espartia, e hondraron e coronaron a Euribiado como valient, e a Temistoclí como a muit cuerdo. E diéronle el mejor cavallo cubierto que ellos huviessen. E le [f. 28v] dieron III jóvenes que lo acompanyassen entro a lures confinias o términos.

3118   si] om. PF: εἰ.
3119   Plátea] platra PF: Πλαταιεῦσιν.
3120   lo] F: los P: αὐτὸν.

Cómo Themistoclí era havido por muit honorable por
la bella parlería que era en él; e cómo depués començó
a agreujar al pueblo; e a la fin cómo fue exiliado

Depués d'esto, quando se fizo la fiesta de los Olimpios
e Themistoclí entró en la plaça do se esprovavan los jóvenes, dexaron todos de mirar los exercicios e miravan a él.
E el uno lo mostrava al otro, e todos se maravillavan d'él
e lo loavan, en tanto qu'él mismo por grant alegría dixo a
sus amigos: «Yo mismo confiesso que yo he recibido la
retribución de los treballos que yo he treballado en
la Elada».

Porqu'él era muit honorable segunt que parece por
estas cosas de las quales aún se remiembran algunos, que,
quando lo fizieron capitán, él no fizo alguna cosa ni por
él ni por la comunidat entro al día qu'el estol devía sallir,
por fazer e dezir en público lo que menester fazié e que por
esto públicament pareciés grant e qu'él huviés grant
poderío e grant actoridat. Aun depués de la batalla de las
galeas, andando Themistoclí por la ribera de la mar e
veyendo braçales de oro e otras joyas de los bárbaros, él
passó avant, mas los mostró a un su amigo qui lo seguía,
e le dixo: «Ves tú a tomar aquellas cosas pora tú, porque
tú no eres Themistoclí». Un otro de los gentiles hombres
el qual havía nombre Antifato, porque se ponía mucho
adelant, Themistoclí no curava d'él; mas, depués qu'él se
humilió, él le dixo: «O joven, tardeste; no res menos, amos
a dos somos fechos cuerdos». E dezía por los de Athenas:
«Ellos me hondran no pas por el bien, mas así [f. 29r /
xviii, 4] como los hombres se recullen diuso del plátano³¹²¹
quando faze mal tiempo, e depués, quando faze buen

3121   plátano] planto *P*: pianto *F*: πλατάνῳ.

tiempo, lo tajan en pieças; assín fazen ellos de mí». Quando Serefio le dixo: «O Themistoclí, la gloria no la has ganada por ti,[3122] mas por la ciudat», Themistoclí le dixo: «Verdat dizes; mas, si yo fues Serefio, ni yo sería glorioso ni tú, qui es de Athenas». Un otro de los capitanes el qual parecía que huviés fecho alguna valentía por utilidat de la ciudat contrastava e queríase fazer igual de Themistoclí faziendo comparación de sus aferes a los aferes de Themistoclí. E Themistoclí dixo: «El çaguero día de la alegría de la fiesta contrastava con el primero día diziendo que aquel día era día de aparellamiento e de solicitut e de treballo, mas ella era de reposo e sin ningún cuidado. E la fiesta dixo: 'Verdat dizes, mas, si yo amenguás, tú no serías assín'. E si yo amenguás de vós, ¿dó seríades vós?». Dezía aún reprendiendo a su fillo: «O fillo, tú es el más poderoso de todos los griegos: e como a los griegos comandan los de Athenas, a los de Athenas comando yo, a mí comanda tu madre, e tú a tu madre». Encara tractavan de darle yerno pora su filla un rico e un otro noble. Él quiso más al virtuoso diziendo assín: «Yo quiero más hombre qui haya menester de moneda que moneda que haya menester de hombre». Tal era Themistoclí en sus responsiones.

E depués que Themistoclí adreçó aquellas batallas de las galeas e huvo victoria, començó a agreujar a la ciudat. E tractó con los officiales de los lacedemonios por vía de donos que en esta cosa no le contrariassen, segunt que dize Theópombo;[3123] mas, segunt que dizen los más, con dece- [f. 29v] bimientos. Porqu'él se fue en Espartia quasi como embaxador, e quando los espartanos se querellavan

3122   ti] mi *P.* me *F.* αὐτὸν 'ti mismo'.
3123   Theópombo] *F.* thepombo *P.* Θεόπομπος.

d'él diziendo que los de Athenas muravan la tierra, él lo
negava e les dezía: «Enviat a Athenas hombres que con sus
ojos veyan la verdat». La qual cosa dezía él maliciosament
por dos ocasiones: la una era por tal qu'el tiempo passás
e los de Athenas murassen de todo la tierra, e la otra era
porque los de Athenas huviessen ostages por él a aquellos
qui los lacedemonios enviavan. E assín fue fecho. E quando los lacedemonios finalment fueron certificados d'esta
cosa, no fizieron ningún mal a Themistoclí, sino que lo
licenciaron que se fues. No res menos, secretament lo querían mal. E depués, considerando Themistoclí que la Pireá
era apto lugar de fazer puerto, ordenava que se fiziés. E
assín poco a poco tirava la ciudat enta la mar e fazía todo
el contrario de lo que fazían los otros reyes, los quales se
estudiavan de retraher de todo los ciudadanos de la mar e
que se acostumbrassen de bevir sin navigar, mas que solament lavrassen la tierra e la plantassen. E les dezían por
exemplo que Possidón contrastava con Palas por la tierra,
e Palas mostró a los jutges el moral, e venció. Mas Themistoclí ajustó la ciudat en la Pireá e la tierra con la mar, e de
continent dio a la comunidat acrecimiento contra los griegos, porque todo el poderío se trasmudó en marineros e
en naucheres e cómites e capitanes. Por la qual cosa, la
senyoría la qual era en tierra se trasmudó en la mar, sino
que depués los xxx la retornaron en la tierra, considerando que la senyoría de la mar faze regnar al pueblo, mas
[f. 30r / xix, 6] los lavradores de la tierra poco se agreujan de
haver un senyor. No res menos, estas cosas fueron depués.

E en las congregaciones de los anfictiones[3124] los lacedemonios consejavan que todas las ciudades qui no dieron ayuda en la guerra de los medos no fuessen partici-

---

3124   anfictiones] *F*: anficciones *P*: Ἀμφικτυονικοῖς.

pantes en la concordia de los anfictiones.[3125] Dubdándose, pues, Themistoclí que no echasen de las congregaciones a los de Thesalia e de Argo e aun a los de Estivas e huviessen los lacedemonios mayor poderío en los consejos e fiziessen lo que quisiessen, él se fue por las ciudades e mudó la entención de las gentes diziéndoles que solament XXXI ciudades fueron unidas e participantes en la guerra, de las quales la mayor part eran castiellos chicos, e que mala cosa serié, pues,[3126] que toda la Elada fincás fuera de la paz e que la congregación no se fiziés sino por dos o III ciudades, las mayores. En esto escandalizó a los lacedemonios, e hondravan más a Quimon e ordenavan que en los aferes de la ciudat él contrariás siempre a Themistoclí.

Encara Themistoclí era greu a aquellos qui eran de la liga de los de Athenas, porqu'él iva por las islas e congregava moneda. Segunt que escrive Iródoto,[3127] quando él se fue en Andri, él dixo: «Yo he aducho con mí dos dioses, es a saber, la obediencia e la necessidat». E los de Andri le respondieron: «E nós havemos otros dos grandes dioses: la pobredat e la impotencia, los quales nos embargan que non te demos moneda». Por la qual cosa, uno el qual havía nombre Timocreo,[3128] poeta, por esta ocasión se movió de fazer comedia, es a saber, viersos por reprensión de Themistoclí como de hombre avaro, calupniándolo[3129] que por donos tornava en la patria los exiliados e aun por donos exiliava a los otros, asín [f. 30v] como havía exiliado a él. E que los de Athenas —dezía él— hayan exiliado a Timocreo[3130] por consejo de

3125 anfictiones] *F*: afficciones *P*: Ἀμφικτυονίας.
3126 pues] *PF*: οὖν.
3127 Iródoto] idoroto *PF*: Ἡρόδοτος.
3128 Timocreo] thimocleo *PF*: Τιμοκρέων.
3129 calupniándolo] calupniadolo *P*: calupniatolo *F*.
3130 Timocreo] *cf. supra.*

Themistoclí, verdat es; mas porque lo sentieron qu'él era traidor e amigo de los medos, segunt qu'él lo confiessa[3131] en
un su dictado qu'él escrivió quando exiliaron a Themistoclí
los de Athenas, diziendo qu'él era amigo de los medos: «E
parece que Timocreo[3132] no fues solo qui huviés fecho sagrament, mas ý havié otros malvados; porque ý havié muchos
rabosos segunt que dize él: "Yo no só solo"».

E no solament lo calupniava Timocreo,[3133] mas aun
otros, porque los ciudadanos acceptavan las calupnias
contra él por la invidia que havían d'él por todas las otras
cosas e porque cerca de su casa él edificó un templo al[3134]
qual puso nombre *Aristóbola*, quasi 'noble consejo', por
dar a entender que noblement había consellado a su patria
e a los griegos. En el qual templo era la estatua de Themistoclí, por la qual parece que no solament había alma
maravellosa, mas aun cara falaguera e decebidera. E quando se tenían por agreujados d'él, muchas vegadas les
dezía: «¿Por qué vos tenedes por agreujados de aquellos
qui muchas vegadas vos han aprovechado e que muchas
vegadas recibides bien[3135] d'ellos?». No res menos, los de
Athenas exiliaron a Themistoclí no pas por alguna maldat,
mas solament por humiliar su dignidat, segunt que havían
por costumbre de fazer a todos aquellos qui no se acordavan bien con la comunidat. Porque esti exilio de las ostrias
no era exilio de pena, mas solament consolación de envidia e respirament de malquerencia e humiliación de los
adelantados.

3131   confiessa] confessa *F*: confiesse *P*.
3132   Timocreo] *cf. supra*.
3133   Timocreo] *cf. supra*.
3134   al] *F*: el *P*: ἣν (προσηγόρευσε).
3135   recibides bien] v'anno fatto pro *F*: reciben bien *P*: (τί κοπιᾶτε)
εὖ πάσχοντες.

Cómo Themistoclí fue calupniado e acusado
seyendo en el exilio; e cómo le convino fuir
e andar errando en diversas partidas

Depués que Themistoclí fue exiliado e estava en Argo, las cosas que contecieron a Pafsanía dieron ocasión a los enemigos de Themistoclí de calupniarlo. E aquel qui lo [f. 31r / xxiii, 1] acusava e calupniava como a traidor era Leoboto³¹³⁶ de Almeón con obra de los espartanos. Porque Pafsanía, el qual ordenava antes la traición de los griegos, de primero se cubría de Themistoclí, ya sea que era su amigo; mas, quando entendió qu'él era contristado porque él fue exiliado, la hora él tomó esperança de fazerlo participant de su consejo mostrándole las letras del Rei e enduziéndolo contra los griegos como a malos e desconocientes. Themistoclí de continent refusó sus pregarias e no quiso su companyía. Mas él no manifestó sus paravlas a ninguno ni lo fizo a saber a la ciudat, o sea porqu'él cessás d'esta voluntat estranya e periglosa e de todo fuera de razón, o porqu'él se cuidava que estas cosas se manifestarién por otra manera. E quando Pafsanía murió e fallaron sus escripturas de esti fecho, pusieron a Themistoclí en suspición. E los lacedemonios cridavan contra él; e todos los ciudadanos qui havían invida d'él lo blasmavan. E él, porque no era present allí, respondía por escripturas a las calupnias que le ponían, diziendo qu'él, seyendo tal como él era que siempre senyoreava él e no havié por natura que otro lo senyoreás, ni jamás havrié sufierto de dar a sí mismo e la Elada en servitut de los bárbaros. Mas aquellos qui lo acusavan induxieron a la comunidat que enviassen hombres qui tomassen a Themistoclí e lo aduziessen ligado a la examinación de los griegos.

3136   Leoboto] leonboto *P.* leomboto *F.* Λεωβότης.

Quando Themistoclí sentió esta cosa, él passó a Corfo
supiendo que ellos havían recebido beneficio d'él. Porque,
quando fue jutge de los de Corfo en el contrast que havían
con los de Corintho, él fizo cessar aquella enemigança en
tal manera que los corinthos pagassen xx³¹³⁷ talentes e que
la Leucada³¹³⁸ fues comuna abitación de amas a dos las
partes. De Corfo se fuyó Themistoclí al Ípiro.³¹³⁹ E porque
los de Athenas e los lacedemonios siempre lo perseguían,
[f. 31v] echó a sí mismo en esperanças tristas e fuésse a
Ádmito,³¹⁴⁰ rei de los molosos,³¹⁴¹ al qual por el tiempo
passado, quando él pregava de algunas cosas a los de
Athenas, Themistoclí lo injurió quando él era poderoso en
la ciudat. De la hora Ádmito³¹⁴² lo quería mal e manifiestament dezía que, si lo tomás, lo puniríe. Mas Themistoclí en
aquella adversidat mayor miedo havié de la nueva invidia
de sus parientes que de la vieja ira del Rei. E por esto él
se puso a pregar a Ádmito;³¹⁴³ mas él tuvo estranya manera, porqu'él lo pregó teniendo el fijo del Rei en sus manos.
La qual manera de pregar los molosos tanto la acceptan
que ninguna cosa no deniegan. E algunos dizen que
Ádmito³¹⁴⁴ mismo dio esti consejo a Themistoclí por haver
ocasión de licenciar a aquellos qui lo perseguían, porque
necessidat lo constrenyié que no lo dasse a ellos. La hora
Epicrato furtó de Athenas la mujer de Themistoclí e sus
fillos e los envió a él. Por la qual cosa, quando Quimon lo
supo ***.³¹⁴⁵ Depués, o qu'él se oblidás, o que mostrás que

3137   xx] ɪɪᶜ P: cc F: εἴκοσι.
3138   Leucada] leutata PF: Λευκάδα.
3139   al Ípiro] al lipiro P: ad lipiro F: εἰς Ἤπειρον.
3140   a Ádmito] adinito P: ad Adinito F: πρὸς Ἄδμητον.
3141   molosos] molos PF: Μολοσσῶν.
3142   Ádmito] adinito PF.
3143   a Ádmito] adinitio P: Adinito F.
3144   Ádmito] adinito PF.
3145   ***] lag. en PF.

Themistoclí no se recordás, dize que Themistoclí passó en Sicilia e demandava por muller la filla de Guerón,[3146] prometiéndole de adur los griegos a su servitut. E quando Guerón non lo atorgó, él passó en Asia.

La qual cosa no parece que pudiés seyer assín, porque Theofrastro escrive en los *Sermones de los reyes* por Themistoclí que, quando Guerón mandó a la fiesta de los Olimpios cavallos corrientes e una tienda de grant precio muit artificiosament fecha, Themistoclí dio por consejo a los griegos que rapassen la tienda del tirano e embargassen a los cavallos que no corriesen con los otros. Mas Tuquidido escrive más consonantment[3147] qu'él, partiéndose de Ádmito, se fue por tierra a la otra mar, a la Pitnia,[3148] la qual agora se clama Quitros, e de todos aquellos qui navigavan con él ensemble ninguno no lo conoció entro que por fortuna vinieron a Nacsía,[3149] a la [f. 32r / xxv, 2] qual combatían la ora los de Athenas. E la hora por miedo, a su mal grado, manifestose e con pregarias e con menaças diziéndoles qu'él los acusaría a los de Athenas cómo ellos no ignorantment mas cientment por donos qu'él les dio lo levaron sobre lur nau. E en esta manera fizo apenas que ellos mudaron la vela e passaron en Asia. E de su haver, sus amigos le enviaron part en Asia secretament, e el romanient confiscó la comunidat. E fue la quantidat, segunt que dize Theofastro, talentes LXXX; mas, segunt que dize Theópompo, fueron talentes C, ya sea que, antes que[3150] Themistoclí se entremetiés de los aferes de la ciudat, todo lo qu'él havía no puyava a la valor de III talentes.

3146   Guerón] *PF*: Ἱέρωνος.
3147   consonantment] consonantemente *F*: consonatment *P*.
3148   Pitnia] *PF*: Πύδνης.
3149   Nacsía] nicsia *PF*: Νάξον.
3150   antes que] *om. PF*: πρὶν.

E quando él passó a Quimi e sentió que muchos hombres qui abitavan cerca la mar havían voluntat de ganar como mejor pudiessen e buscavan de tomarlo (porqu'el Rei lo havié fecho cridar por II^{c3151} talentes qui ge lo presentás), él se fuyó a un castiello que se clama Egás, do ningún otro no lo conoció sino Nicogeno su amigo, el qual era el más rico de todos los eoleos[3152] e por esto era conocido de los senyores. Allí estuvo escondido algunos días. E depués que cenaron a un sacrificio que fue fecho, el nodriço de los infantes de Nicogeno, el qual havía nombre Olbio,[3153] fue quasi fuera de su seso e cridó e dixo estas paravlas: «Para mientes de noche, fuye de noche, da victoria a la noche». E depués que Themistoclí se adurmió, vido un tal suenyo: Parecíale que un dragón le cinyó por el vientre e tirávase a su cuello;[3154] e aprés tornó un águila, e quando lo tocó en la cara, lo abraçó con sus alas e lo levantó e levolo luent; e depués apareció una [f. 32v] quantidat de oro sobr'el qual l'águila le metió segurament salvo de todo miedo.

Cómo Nicogeno envió con grant sotileza a Themistoclí al rei de Persia, e cómo fue recibido por él; e de las gracias que le fizo

La ora Nicogeno lo envió con tal sotileza: La mayor part de la generación de los bárbaros, e especialment los persianos, son muit zelosos de sus mujeres. E no solament guardan fuertment a sus mujeres, mas aun a sus amigas e a sus esclavas, assín que ellas no sean vistas de otros hom-

---

3151 II^c] II *P.* II (*al margen,* II^c) *F:* διακοσίων.
3152 eoleos] *PF:* Αἰολέων.
3153 Olbio] abio *PF:* Ὄλβιος.
3154 tirávase a su cuello] *PF:* προσανέρποντα τῷ τραχήλῳ.

bres. E por esto las tienen encerradas en sus casas. E quando van por el camino, las fazen ir sobre carros de cavallos
cubiertos con tiendas. Un tal carro aparejó[3155] Nicogeno, e
puso desuso a Themistoclí e cubriolo como si fues mujer.
E comandó a aquellos qui lo acompanyavan que, si alguno los encontrás por el camino e preguntás «¿Quí es?», que
ellos dixiessen: «Ella es una infanta griega de Yonia
que nós levamos a los príncipes de la cort del Rei».

Mas Tuquidido e Haron de Lápsaco escriven que Xerses era la hora muerto e que Themistoclí fue a fazer reverencia a su fillo. Mas Éforo e Dino[3156] e Clitarco e Iraclido
e muchos otros se concordan qu'él iva a Xerses mismo. No
res menos, parece segunt el tiempo, que Tuquidido diga
más derechament que los otros. E quando Themistoclí fue
a la cort[3157] del Rei e entró en el periglo, favló primerament
con Artávano, príncep de cavallería, e dixo: «Yo só griego
e quiero favlar al Rei por las mayores cosas qu'él tiene
siempre en su piensa e de las quales más se aquexa». E
Artávano le dixo: «O advenedizo, las costumbres de los
hombres han grandes differencias; e diversas gentes han
diversos bienes. No res menos, todos comunament reputan buena cosa hondrar a su patria e salvar- [f. 33r / XXVII,
3] la. E vós, segunt que fama es, loades la libertat e ator-
gades la egualdat. Mas nós havemos leyes muchas e buenas; mas la mejor de todas es que nós hondramos al Rei e
adoramos la imagen de Dios, qui salva a todas cosas. Si,
pues, tú aceptas nuestras leyes e quieres adorar, puedes
veyer al Rei e saludarlo. Mas, si otrament quieres fazer,
troba otro mensagero, porque no es costumbre de los

3155   aparejó] apparecchio *F*: aparecio *P*: κατασκευασθείσης.
3156   Dino] *F*: edino *P*: Δείνων.
3157   cort] cor *P* (*tal vez* cor *por fonética sintáctica; cf. también*
Cam.56r: esguar del capitolio): corte *F*.

reyes, segunt lures antecessores, de escuchar alguno si no lo adora primero». Quando Themistoclí uyó estas cosas, dixo: «O Artávano, yo por esto só venido por acrecer la fama e la hondra del Rei, e atorgo vuestras leyes pues que assín parece³¹⁵⁸ a Dios, el qual faze grandes a los persianos. E por mí adorarán al Rei muchos más que aquellos que agora lo adoran. E por esto no sea nengún embargamiento a las paravlas que yo quiero dezir al Rei mismo». Artávano dixo: «Pues, ¿quál griego diremos al Rei que sea venido? Porque no parece segunt tus maneras que tú seas hombre idiota». E Themistoclí dixo: «O Artávano, mi nombre ninguno no lo oirá antes qu'el Rei». Assín escrive Fanías.

E depués que Themistoclí entró al Rei e le fizo reverencia, estava callantiblement. El Rei comandó al turzemán que le preguntás quién era. La hora le dixo: «O Rei, venido só a tú yo, Themistoclí de Athenas, fugitivo e desechado de los griegos, al qual los de Persia son deudores de muchos males e aun de muchos bienes. Porque yo embargué que los griegos no vos encalçassen quando vos querían encalçar depués que vos vencieron. E quanto a mí, todas cosas me convienen en estas mías adversidades, aparellado de recebir la tu gracia³¹⁵⁹ si me quieres perdonar, o demandarte perdonança si me quieres mal. E tú recibe la testimoniança [f. 33v] de estos mis enemigos persianos de los beneficios que de mí han recebidos, e reputa a mis adversidades por tu hondra, es a saber, que no acabes tu ira en mí, antes que muestres la tu virtut. Porque, si tú me salvas, salvarás a uno qui es venido a tú fugitivo; e si me matas, perderás un enemigo de los griegos». E depués que dixo estas paravlas, él recitó maravellosament el suenyo que havié visto en l'hostal de Nicogeno e la adevinación

3158   parece] P: piace F: δοκεῖ.
3159   gracia] ignorancia P: ignoranzia F: χάριν.

de Júpiter la qual es en la Dodona,[3160] la qual agora se clama Bondiça, por la qual vino él segurament a él. Quando el persiano lo oyó, no le respondió nada a él; mas se maravelló de su seso e de su ardideza. No res menos, él se giró enta sus amigos e beatificó a sí mismo por la venida de Themistoclí como de muit grant prosperidat, e fizo sacrificio a Mars e lo pregó qu'él dies tal seso a todos sus enemigos que ellos mismos echassen a todos los nobles de sí. E depués del sacrificio, él se puso a la beverría o solaz. E la noche, durmiendo, cridó iii vegadas: «¡Yo he a Themistoclí de Athenas!».

En la manyana el Rei clamó a todos sus amigos ensemble, e depués fizo entrar a Themistoclí, el qual no havía esperança de ningún bien, porqu'él vedía que todos aquellos qui eran congregados a las puertas del Rei, pués que uyeron su nombre, eran contristados e por grant ira dezían mal d'él. Encara, quando entrava e fue cerca de allí do era Rocsano,[3161] suspiró e dixo: «O griego, serpient malvada, la ventura del Rei te ha aducho aquí». E quando vino devant del Rei e le fizo reverencia, el Rei lo saludó curialment e lo besó e le dixo primerament: «Yo te só deudor de ii^c talentes, porque tú mismo eres venido, e es justa cosa que tú tomes todo lo que yo he fecho cridar que daría a aquel qui te aduxiés». E depués le prome- [f. 34r / xxix, 3] tió mucho más de lo quel dio, e lo conortava e le comandava que paladinament dixiés lo qu'él dixiés por los griegos. E Themistoclí respondió e dixo: «La paravla del hombre semeja a los drapos del lecho, que quanto más se destienden más muestran su beldat, e, si se aplegan, esconden e pierden su beldat. E por esto —dixo él— yo he menester de tiempo

---

3160   en la Dodona] en a dodona P: in dodona F: τοῦ Δωδωναίου (Διός).

3161   Rocsano] nocsano PF: Ῥωξάνης.

convenible». El exemplo de Themistoclí plugo al Rei e le
comandó que tomás tanto tiempo como él quisiés. E él
tomó un anyo; e en medio de esti anyo él aprendió la lengua sufficientment e favlava con el Rei mismo solo; por que
pareció a los otros qu'él favlás por los fechos de los griegos. Por la qual cosa, quando entre los amigos del Rei contecieron muchas cosas estranyas en la cort del Rei, él huvo
ardideza de presentarse por ellos devant del Rei. Por la
qual cosa, los más poderosos havían invidia d'él. Porque
las hondras qu'el Rei fazía a Themistoclí no eran semblantes a las hondras qu'él fazía a los otros advenedizos, mas
en las caças iva con el Rei; tanto qu'él vido la cara de la
madre del Rei e fue su familiar, e aun por comandament
del Rei ella aprendió d'él las paravlas mágicas.

Cómo Themistoclí cuidó seyer tradido e muerto
por el capitán de Frigia;
e aprés cómo él mismo se mató con veneno

Depués d'esto, quando Dimárato espartano vino por
embaxador e el Rei le comandó qu'él demandás alguna
gracia, él demandó que le fues puesto sobre su cabeça
corona real e passás coronado por medio de Sardis. Mitro-
pausto,[3162] el nieto del Rei, tomó a Dimárato [f. 34v] por la
mano e le dixo: «Esta corona no ha cabeça por cubrir; e si
tú tomases el rayo no serías fecho Rei».[3163] Por la qual cosa,
el Rei echó fuera a Dimárato e fue irado enta él en tal
manera que no lo quería perdonar. Mas Themistoclí amansó la sanya del Rei e pacificolo con Dimárato. Dízese aun
que los çagueros reyes, quando se acordavan con los grie-

3162   Mitropausto] mitropasto *PF*: Μιθροπαύστης.
3163   rei] *P*: re *F*: Ζεὺς.

gos, todas vegadas que los griegos pregavan, les prometían por escripto que mayor lo reputarían que Themistoclí. Mas Themistoclí, pus que fue magnificado e[3164] muchos lo consolavan e fue ordenada su tavla e ornada muit solepnement, dixo a sus servidores: «O infantes míos, convernía que nós nos perdiéssemos si antes no fuésemos perdidos». E dízese que fueron dadas III ciudades a Themistoclí por su pan e por su vino e por su companage, es a saber, el Lápsaco e Magnissía e el Anino.[3165] Mas Neanto del Quísico e[3166] Fanío anyaden otras II ciudades, es a saber, la Percota[3167] e la Palésquipsa: la una por los drapos de su lecho, e la otra pora su vestir.

E quando Themistoclí devallava en la mar, el capitán de la Frigia sobirana, el qual havía nombre Epicsío, andava por tradirlo. E de mucho tiempo antes havía aparellado los pissidios que, quando él se fues a folgar en la ciudat que se clama Leondoquéfalo, que quiere dezir 'cabeça de leones', que allí lo matassen. Mas, quando Themistoclí durmié al medio día, la madre de los dioses le apareció en suenyos e le dixo: «O Themistoclí, absiéntate de la cabeça de los leones, que no cayas en mano del leonciello. E yo te demando por esta cosa en lu- [f. 35r / xxx, 2] gar de tribulación a Mniseptolema[3168] por mi consolación». En esto Themistoclí se comovió e fizo oración a la dea e desemparó el camino común e passó ultra de aquel lugar. E metiose a folgar porque era de noche. Mas de sus mulos qui levavan su ropa cadió uno en el río el qual levava su tienda. E porque era banyada, sus servidores la pararon

---

3164 e] et *F*: *om*. *P*: καὶ.
3165 Anino] *PF*: Μυοῦντα/ Ἀμυοῦντα.
3166 e] o *PF*: καὶ.
3167 Percota] percopa *PF*: Περκώτην.
3168 Mniseptolema] mniseptolenia *PF*: Μνησιπτολέμαν.

por exugar. Por la qual cosa, los pissidos tomaron sus guchiellos e se fueron enta la tienda cuidándose que allí albergás Themistoclí e que lo trobarían folgando en la tienda. E quando ellos començaron obrir las puertas de la tienda, los que eran dentro e guardavan la ropa los assallieron e los tomaron. E la hora Themistoclí escapó manifiestament del periglo. E se maravelló de la aparición[3169] de la dea, e le edificó un templo en la ciudat de Magnissía,[3170] e fizo a su filla Mniseptolema[3171] sacerdotissa de aquel templo.

E quando él fue a Sardis e havía espacio, iva por los lugares sagrados veyendo lures aparellamientos e la multitut de los depósitos. E entre los otros vido en el templo de la dea de la Tierra, la qual es clamada Cori (es a saber, Prosérpina), un hombre de arambre el qual levava agua, de grandeça de dos pieças, el qual havié fecho de las condepnaciones que él condepnó a aquellos qui furtaron las aguas corrientes de los de Athenas e trasmudaron los conduchos, quando los de Athenas por esta ocasión lo fizieron sobrestant de las aguas e falló a aquellos qui las [f. 35v] furtaron. O sea porqu'él huvo desplazer porque su depósito fue captivado, o sea queriendo mostrar a los de Athenas quánta hondra e quánta grandeza él havié en las cosas del Rei, él pregó al capitán de Lidia e le demandó que le dexás enviar la Prosérpina a Athenas. El Bárbaro se ensanyó mucho e dixo qu'él escrivirié por esta cosa al Rei. Themistoclí huvo miedo, e por esto él huvo refugio a las mujeres del Bárbaro e envió donos a sus amigos, e con aquellas pacificó al Bárbaro. De la ora adelant, en todas las otras cosas Themistoclí passava más cuerdament, dubdándose de la invidia de los bárbaros. E no es assín como dize Theó-

3169　aparición] apparizione *F*: aparacion *P*: ἐπιφάνειαν.
3170　Magnissía] magnassia *P*: magnesia *F*: Μαγνησία.
3171　Mniseptolema] cf. supra.

pombo que Themistoclí iva por el Asia d'acá e d'allá
vagabundo como hombre fugitivo, mas abitava en la Magnisía e havía grandes rendas e tales hondras como los más
adelantados de Persia. E en esta bienaventurança bivió
muchos anyos sin miedo, porqu'el Rei havía su piensa en
otros aferes e no parava mientes a los fechos de los griegos. Mas, quando Egipto se rebelló contra él por obra e
ayuda de los de Athenas, e fueron galeas de griegos entro
en Chipre e Cilicia,[3172] e Quimon senyoreava la mar, la ora
el Rei quiso ir contra los griegos por embargar lur acrecimiento. Por qu'él congregava huest e enviava capitanes. E
fueron nuevas a Magnisía a Themistoclí e comandamientos del Rei qu'él confirmás las promissiones que él havía
prometido al Rei contra los griegos. La hora Themistoclí ni
se aquexó con sus ciudadanos ni se ensuperbió con tanta
obra e poderío como [f. 36r / xxxi 5] él havié en la guerra,
mas lo reputava impossible. E aun la Elada havía la hora
grandes capitanes, e Quimon passava buena vida maravellosament en la guerra. E aun Themistoclí havía vergüença
de ir contra sus ordenamientos e de la bondat de aquellos
maravellosos hombres. E por esto él se consejó noblement
de poner fin convenible a su vida. E fizo sacrificio a los
dioses,[3173] e congregó sus amigos. E segunt que fama
comuna es, bevió sangre de toro; mas, segunt que algunos
otros dizen, bevió veneno terminado por un día[3174] e
murió en Magnisía seyendo de edat de lxv anyos, de los
quales la mayor partida él passó en senyorías e civilidades.
E quando el Rei supo la ocasión e la manera de su muert,
se maravelló d'él e recibió amigablement a sus amigos.

3172   Cilicia] *F:* cicilia *P:* Κιλικίας.
3173   dioses] dii *F:* diosos *P.*
3174   terminado por un día] *P:* terminato per un di *F:* (φάρμακον)
ἐφήμερον.

E Themistoclí dexó fillos los quales engendró en Arqui-
pa de Lissandro: Arquéptolo e Políeucto[3175] e Cleófando,
del qual faze mención Plato el filósofo diziendo solament
qu'él era buen cavallero, mas no dize pas qu'él fues apto
a ninguna otra cosa honorable. Mas de los fillos primeros,
Neoclí morió seyendo aún moço de mordimiento de cavallo, e a Dioclea Lissandro lo tomó por fijo adoptivo. E
havía muchas fillas, de las quales al una la qual havía nombre Mniseptolema[3176] tomó por mujer Arquéptolo, porque
no era su ermana de madre, mas de una otra mujer que
Themistoclí tomó depués; e al otra que havía nombre Ita-
lía tomó Pantido de Sío; e al otra que havía nombre Síva-
ro tomó Nicomedo de Athenas; e a Nicomaca tomó Fras-
siclo,[3177] nieto de Themistoclí. E quando él supo de la
muert de Themistoclí, él passó en Magnesia [f. 36v] e
la tomó de sus ermanos; e Frassiclí[3178] nudrió la menor de
todas e la çaguera, la qual havía nombre Asía. E los mag-
nitos han sepultura solepne. Mas de su cuerpo dize Andoquido que los de Athenas lo furtaron e lo derramaron
d'acá e d'allá. De la qual cosa él miente, mas lo dize por
comover a los gentiles hombres con el pueblo. Encara e
Diodoro Periguito allí do él escrive *De las sepulturas* dize
que en el puerto de la Pireá es un cabo el qual se clama
Álquimo, qui entra en mar en manera de un cantón, e dentro de la buelta de aquel cantón do el mar se abonança ha
un grant fundament, e sobre aquel fundament ha una
ídola, e aquella dize que es monimento de Themistoclí. E
allega por su testimoniança a Plato cómico, el qual dize
assín: «O Themistoclí, el monimento tuyo es puesto en

3175   Políeucto] poliecto *PF*: Πολύευκτον.
3176   Mniseptolema] minseptolema *PF*: Μνησιπτολέμαν.
3177   Frassiclo] frasillo *PF*: Φρασικλῆς.
3178   Frassiclí] themistocli *PF*: Φρασικλῆς.

lugar diestro, que los passantes lo puedan saludar de todas partes. E verás todos los qui entran e sallen por mar. Do las galeas combatrán, las verás». No res menos, a Magnisía entro a los tiempos nuestros servavan a aquellos[3179] qui nacieron de Themistoclí hondras e donos los quales Themistoclí de Athenas havié por su provisión; el qual se fizo mi conocient e amigo en l'ostal de Amonio el filósofo.

3179   a aquellos] aquellos *P.* quelli *F.* τοῖς δ'.

CAMILO

{*PF*}

SÍGUESE EL XXX LIBRO: De las gestas e memorables fechos de armas de Furio[3180] Camilo, dictador romano; e, primerament, de lo que conteció en aquel tiempo.

Por Furio[3181] Camilo muchas cosas e grandes se dizen, de las quales la mayor es que, depués qu'él fizo muchos e grandes aferes en sus senyorías e fue fecho v vegadas dictador e fue intitu- [f. 37r / i, 1] lado segundo edificador de Roma, ninguna vegada non fue fecho cónsul. E la razón era que por grant contrast qu'el pueblo havía con el Senado vinieron en tal ordenamiento que no se fiziessen cónsules, mas solament los príncipes de las cavallerías (los quales havían actoridat e poderío de cónsules en todo lo que fazién) rigiesen e governassen la tierra. E en el principio de esta cosa la multitut no se tenía por agreujada, porque d'esta cosa se consolavan aquellos a qui desplazía que pocos regnassen, porque la hora comandavan vi hombres e non ii solos. En tal tiempo Camilo crecía de gloria e de haver, e no quería seyer cónsul a mal grado de la comunidat. No res menos, en todas las senyorías qu'él huvo, él

---

3180   Furio] *F*: ffrurio *P*, *cf. infra.*
3181   Furio] *F*: ffrurio *P*: Φουρίου.

se levó en tal manera que, si él senyoreava solo, su senyoría era comuna, e su gloria.[3182] E si él havía companyones, la senyoría era d'él mismo. E la razón era la humildat,
de uno, porqu'él senyoreava sin invidia, e del otro, era el
seso por el qual él era adelantado.

Aun quando la casa de Furio[3183] era assín famosa, él fue
el primero qui por su industria vino en gloria e en grandeza. E quando primerament él fue en fechos d'armas por
comandament del dictador Postumio Verto[3184] en la grant
guerra de los ecanos[3185] e de los volcos, él iva de cavallo
devant de la huest e fue ferido en la pierna; e assín ferido
como él era, él combatía assín valientment con los primeros de los enemigos que él los puso en muit grant rota e
vencida. Por la qual cosa, los romanos le fizieron otras
hondras e fue fecho apreciador, el qual officio era de grant
dignidat en aquel tiempo. Por[3186] la qual cosa, aún se
recuerdan algunos de una cosa qu'él fizo muit buena,
qu'él costrenyó con paravlas e con menaças de condepnar
[f. 37v] a aquellos qui no havían mujer si non tomassen
mujeres aquellas viudas, las quales eran muchas por las
guerras. E costrenyó a los uérfanos que contribuyessen
con los otros, porque antes no davan res. E la razón fue
por las espesas armadas que fazién, las quales havían
menester de grandes despensas. E más los costrinyó la
guerra de los víos, a los quales algunos claman agora
venetanos. E havién ciudat maravellosa, es a saber, Tirre-
nia, la qual de armaduras e de huestes no era menos que

3182   e su gloria] *P.* et la sua gloria *F:* τὴν δὲ δόξαν ἰδίαν 'y la gloria,
suya'.
3183   Furio] *cf. supra.*
3184   Verto] *PF:* Τουβέρτῳ; *la supresión de la primera sílaba parece
deberse a su confusión con el artículo.*
3185   ecanos] sicanos *PF:* Αἰκανοὺς.
3186   Por] *om. PF.*

Roma. E aun por la grant riqueza que havían muchas vegadas combatieron con los romanos por conquistar gloria e
senyoría. Mas en aquel tiempo les amenguó aquella ambición, porque ella fue humiliada por muchas e grandes
guerras. E por esto ellos alçaron los muros de la ciudat e
fornecieron la ciudat de trigo e de armaduras; e combatían
de dentro de la ciudat por mucho tiempo. Mas la guerra
no agreujava menos a aquellos qui tenién la tierra assitiada
que los de la tierra; porque no eran acostumbrados de
estar luengament en huest, mas ivan solament de verano,
e de ivierno folgavan en lures casas. Mas la hora los príncipes de las cavallerías los constrenyían[3187] que se aturassen en estranya tierra e fiziessen fortalezas por lur salvamiento e anyadiessen el verano con l'ivierno. Passó, pues,
el séptimo anyo de aquella guerra; en tanto que los capitanes fueron acusados como flacos. E por esto fizieron
otros capitanes, de los quales era la hora Camilo[3188] príncep de cavallería la segunda vegada. E fízole menester de
fazer guerra con los falerios[3189] e con los capinatos, los
quales el [f. 38r / II, 10] tiempo passado quando no havían
miedo injuriaron a la tierra e la conturbaron mucho en
todo el tiempo de la guerra de los tirrenos. Mas Camilo[3190]
la consumó la hora e la humilió en tanto que los encerró
dentro de los muros. E más non pudo fazer.

E en el fervor de aquella guerra conteció tal cosa a la
laguna de Albanida (no menos incredible que todas las
otras maravellas que contecieron) e espaventó mucho a
los romanos: Ya se acabavan las miesses, e el tiempo ni
era pluvioso ni húmido, mas bien ordenado, e los ríos de

3187   constrenyían] contrenyan P.
3188   Camilo] camillo F: camillio P. Κάμιλλος.
3189   falerios] valerios PF: Φαλερίοις.
3190   Camilo] cf. supra.

Italia se secaron de todo sino que en algunos fincó alguna poca agua. Solament la laguna de Albanida crecía poco
a poco e se alçava sin seyer turbia, tanto que ya tocava las
sumidades de los puyuelos, e los pastores no sabién qué
fazer. E depués, poco a poco aquella part de la tierra la
qual despartía la laguna de la tierra más baxa se crebó,[3191]
e el agua se derramó por los campos e devallava a la mar.
La qual cosa fizo miedo no solament a los romanos, mas
aun a todos los otros qui abitavan en Italia, como senyal
grant. E d'esta cosa se favlava más en la huest qui guerreava con los viyos, porque ellos uyeron lo que conteció en
la laguna.

E assín como esdeviene en las guerras perezosas (los
enemigos muchas vegadas se ajustan e favlan ensemble),
e assín fue la ora; porque un romano conocié a un ciudadano el qual parecía cient de paravlas antigas e sabía la art
de la adevinación más que todos los otros. E quando él
uyó la multiplicación de la laguna, él se alegró e chufáva-
se del sitio e de la guerra de los romanos. E la hora el
romano dixo: «En esti anyo muchos senyales estranyos son
contecidos a los romanos. E por esto yo me quiero consejar con tú si es possible cosa [f. 38v] que pueda meter
algún remedio a mi persona, pues que toda la comunidat
es de todo enferma». Quando aquel hombre lo escuchó,
de grado estava atento a las paravlas del romano por oír
alguna cosa secreta. El romano lo levó con sus paravlas
luent de las puertas e lo tomó e lo alçó en peso, porque
era más fuert qu'él. E de continent corrieron muchos otros
de la huest en su ayuda, e assín lo senyorearon e lo presentaron a los capitanes.

3191   se crebó] se trobo *PF*: ὑπεκραγέντος.

*Cómo Camilo venció en batalla los faliscos e
los capinatos, e aprés tomó la ciudat de los viyos;
e del triumfo que le fue fecho en Roma*

Quando aquel hombre se vido en esta necessidat, supiendo que hombre no puede esquivar lo que deve contecer, recitava adevinaciones antigas por su patria diziendo cómo ella no se pudía tomar e, pues que la Albanida era sallida de sus términos, que ellos fiziessen fossados e otros caminos por que la fiziessen tornar a çaga e que la embargassen que no se mesclás con la mar. Quando el consejo uyó esta cosa, maravellávase mucho e parecioles bueno de enviar a los Delfos por preguntar al dios. E aquellos qui fueron enviados eran hombres grandes e gloriosos, es a saber, Cosso[3192] Licinio, Valerio Potito e Ambusto,[3193] los quales, quando ellos fueron por mar e recibieron la adevinación del dios, tornaron diziendo algunas otras adevinaciones por menospreciamiento de algunas fiestas las quales se clamavan *Latinas*,[3194] e qu'el agua del Albanida la fiziessen tornar a çaga que no fues a la mar al mejor que pudiessen; e si esto no pudiessen fazer, que fiziessen foyos e fossados por los campos e derramassen aquella agua. En esta cosa los sacerdotes entendían a los sacrificios, e la otra gent corrieron a trasmudar el agua.

E depués, el anyo [f. 39r / v, 1] décimo de la guerra, el Senado destruyó las senyorías e fizo a Camilo dictador. E a Camilo pareció bueno de tomar en su companyía sobre la gent de cavallo a Cornelio Cipión. E pregó a los dioses e fizo votos que, si aquella guerra huviés glorioso fin, qu'él aduría las deas grandes e edificaría un templo a la dea a

---

3192   Cosso] casso *P.* cassio *F.* Κόσσος.
3193   Ambusto] arbusto *PF.* Ἄμβουστος.
3194   Latinas] latine *F.* latines *P.* Λατίνας.

la qual los romanos clamavan Mama[3195] Matuta, la qual, segunt que me semeja por las cosas que fazen en la fiesta, es la Lefcodea,[3196] es a saber, la 'dea blanca'. La hora Camilo entró en la tierra de los faliscos e los venció con grant batalla, no solament a ellos, mas aun a los capinatos, qui les ayudavan. E depués començó a combater la ciudat de los viyos. E veyendo que fuert cosa era de tomar la ciudat por batalla, él començó de fazer cavas, la qual cosa se fizo liugerament porque la tierra era muell. E por esto él se aparelló a la batalla. E clamava a los de la ciudat que salliesen de fuera por combater. E en esti medio los otros acabaron la cava, e los biyos no lo sintieron, e entraron al alcáçar en el templo de la dea Junón, el qual era mayor de todos los otros e el más hondrado. E conteció la ora, segunt que se dize, qu'el senyor de los tirrenos sacrificava. E quando el adevino guardó las entranyas de la bestia, cridó fuert: «¡Dios da victoria a aquellos qui seguirán[3197] esti sacrificio!». E quando los romanos uyeron esta voz, ubrieron del todo la cava e sallieron de fuera armados; de que los viyos se espantaron e fuyeron. E los romanos raparon las entranyas e las levaron a Camilo. Estas cosas parecen como favlas; no res menos, la hora fue tomada la ciudat. E quando los romanos la senyorearon de todo, congregavan riquezas infinitas. E quando Camilo vido lo que se fazié, del principio él ploró. Mas depués, quando todos aquellos qui eran con él ensemble lo beatificavan, él alçó [f. 39v] sus manos a los dioses e dixo: «¡O Júpiter muit grant e vosotros los dioses, qui veyedes las justas obras e las injustas, vós sabedes bien que esta vengança que nós fazemos en la ciudat de nuestros enemigos no es injusta; porque grant necessidat nos faze ir con-

---

3195 Mama] mana *PF*: Μητέρα.
3196 Lefcodea] *PF*: Λευκοθέαν.
3197 seguirán] seguran *P*: sicuran *F*: κατακολουθήσαντι.

tra ellos! E si por esta prosperidat nos deve contecer alguna cosa contraria, priego por el bien de mi ciudat que venga sobre mí sólo, porque se acabe en menor mal». E depués que dixo estas paravlas, segunt la costumbre de los romanos (los quales, depués que fazen lur oración e fazen la reverencia, se giran a la part[3198] diestra), Camilo se giró, e girándose se estropeçó e cayó; por que todos aquellos qui eran con él se conturbaron. Mas él se levantó e dixo: «Assín m'es contecido chico fallecimiento en grant prosperidat».

E la hora él se puso en coraçón de tomar el ídolo de la dea Junón e de levarlo a Roma, segunt el voto qu'él havía fecho a los dioses. E depués que muchos se aplegaron por esta cosa, Camilo sacrificava pregando a la dea que le plaziés lo qu'él quería fazer, es a saber, de abitar con ellos ensemble en Roma. E el ídolo favló planament e dixo: «Plázeme e lo quiero». Mas Livio[3199] dize que algunos dixieron esta paravla en lugar del ídolo. Mas aquellos qui confirman el primer dicho aduzen por testimoniança la grant prosperidat de la ciudat, la qual de no res es venida en grant gloria e en grant poderío. La qual cosa es impossible que se faga sin la ayuda de los dioses. Encara dizen que de un otro ídolo procedieron sospiros en aquel tiempo e murmuraciones e sudores, segunt que muchos qui uyeron e vidieron estas cosas lo han escripto. Mas a creyer mucho estas cosas o de todo no creyerlas es[3200] cosa periglosa el uno e el otro por la impotencia humana; [f. 40r / VI, 6] porque no se puede[3201] mantener en un estado, mas algunas vegadas viene[3202] en menosprecio de los dioses e algunas vegadas en superbia por grant desordenamiento. Mas la virtut es de tenerse al medio.

3198   a la part] al part *P*: alla parde *F*.
3199   Livio] qui lo huyo *P*: chi l'udi *F*: Λίουιος.
3200   es] e *F*: en *P*: ἐστι.
3201   puede] pueden *P*: possono *F*: (ἀσθένειαν) ἔχουσαν.
3202   viene] vienen *PF*: (ἀσθένειαν) ἐκφερομένην.

La hora Camilo, o sea porqu'él puyasse en superbia porqu'él havié destruido por batalla la ciudat qui guerreava con Roma, o sea que las lausenjerías o falaguerías de muchos lo fizieron más ensuperbir, él fizo su triumfo muit superbiosament andando por medio de Roma sobre un carro el qual tiravan IIII cavallos blancos. La qual cosa ningún otro no la fizo antes d'él, porque esta cosa era determinado que se fiziés solament al emperador e al padre de los dioses; por la qual cosa, es reputada cosa sagrada. E por esto fue calupniado entre los ciudadanos. E la otra segunda razón era porqu'él embargava lo que los tribunos havían ordenado, es a saber, qu'el pueblo se partiés en dos partes, e que la meitat fues abitar en aquella ciudat que tomaron entro que ellos pudiessen haver mayor poderío e guardassen más segurament la tierra e la prosperidat con dos galeas[3203] grandes e buenas. El pueblo atorgava esta cosa de grado; mas el consejo e los otros nobles de la ciudat reputavan que fues destrucción de Roma que los tribunos comandassen e huviessen actoridat. E por el desplazer que havían huvieron refugio a Camilo; e por esto Camilo ponía entre el pueblo siempre ocasiones e solicitúdines, porqu'él destruía aquel ordenamiento; assín que por esta cosa él los contristava. La más manifiesta ocasión por que la comunidat lo quería mal fue por el diezmo de lo que havían ganado en curso. Porque, quando ellos ivan contra los biyos, él prometía a los dioses de darles la décima part de lo que ganassen. E quando la ciudat fue tomada e las cosas fueron partidas, [f. 40v] él no quiso conturbar a sus ciudadanos. E depués, passado un tiempo, quando cessó su senyoría, dixo esta cosa a los del consejo, e los adevinos dezían que los dioses mostravan senya-

---

3203   galeas] *P.* galee *F.* ἄστεσι 'ciudades'.

les de corroço e sanya, e que necessaria cosa era que los amansassen.[3204]

Quando el consello determinó que se congregás de todas las cosas la décima part[3205] e era necessaria cosa que todo hombre la diesse con sagrament, fueron fechas a la gent de armas muchas tribulaciones e fuerças, porque eran pobres e muit impotentes e los forçavan que pagassen de lo que no havían, e no curavan de lo que havían despendido. E quando por esta cosa davan roído a Camilo e él no havía otra mejor escusa, él se tornava a esta diziendo qu'él se havía oblidado la promissión qu'él havía fecho a los dioses e que los dioses se eran ensanyados porque la ora él les havía prometido la décima part de las cosas de los enemigos, e agora tomava[3206] la décima de las cosas de los ciudadanos. No res menos, cada uno dio lo que era convenible, e parecioles bueno que de estas cosas fiziessen un vaso de oro e que lo embiassen a los Delfos. Mas en la ciudat no se trobava oro; por que las mujeres huvieron consejo entre ellas, e cada una que havía alguna joya de oro la dava por aquella oblación. E puyó a la quantidat de VIII talentes de oro. E por esto el Senado determinó por hondra de las mujeres que, quando ellas muriessen, se dixiessen[3207] algunas cosas por laor suyo sobre lures sepulturas, como solían fazer a los hombres. Porque antes no era costumbre que las mujeres muertas fuessen loadas en público. E esleyeron III los más nobles embaxadores del dios e armaron una galea de buenos [f. 41r / VIII, 5] marineros e la

3204 amansassen] amansasseno *F*: amassen *P*: θεῶν μῆνιν, ἱλασμοῦ καὶ χαριστηρίων δεομένην.

3205 de todas las cosas la décima part] de todas las decimas part *P*: del tucta la x part *F*: τὴν δεκάτην.

3206 tomava] tomavan *P*: piglavano *F*: δεκατεύει.

3207 se dixiessen] se diessen *P*: si dessono *F*: λέγεσθαι.

ornaron muit bien e la enviaron al dios. E era de ivierno e
bonança de mar. Mas depués les conteció que todos cuidaron seyer perdidos; mas aún se salvaron. La qual cosa
ellos no esperavan. E en las islas de Éolo galeas de
Lípari[3208] los assallieron porqu'el tiempo era abonançado.
Mas, porque los pregaron, no los combatieron. No res
menos, ligaron la galea e la tiravan. E quando fueron al
puerto, metieron en[3209] encant el[3210] haver e las personas,
como cosas de curso. E apenas consentieron los cursarios
e quisieron obedecer el consejo del capitán Timissíteo por
su virtut e por su poderío, e los dexaron. E aun él envió
en lur companyía sus galeas e ayudó a levar la oblación.
E por esto él trobó en Roma hondras tales como le apartenecién.[3211]

Cómo Camilo fue fecho príncep de la cavallería;
e cómo conquirió la ciudat de los falerios
por virtut e por justicia, sin armas

Los tribunos querían aún confirmar el primero estatuto,
es a saber, de partir el pueblo. Mas, como la guerra de los
faliscos se començó, la hora los nobles huvieron tiempo
de esleír a los officiales a lur plazer. E fizieron a Camilo
príncep de cavallería con otros v, porqu'el tiempo requería que ellos huviessen senyor qui huviés dignidat e gloria
e saber. E depués que la comunidat lo esleyó semblantment, Camilo tomó poderío sufficient e entró en la tierra
de los faliscos. E combatía una lur ciudat fuert e bien

3208 Lípari] limpari *PF*: Λιπαρέων.
3209 en] a *F*: el *P*.
3210 el] l' *F*: en *P*.
3211 apartenecién] apparteneano *F*: apartençien *P*.

armada, no pas porqu'él se cuidás que fues chica cosa a tomarla o que la pudiés tomar en poco tiempo, mas él quería que los ciudadanos tardassen allí por tal que no se rebellassen en lures casas folgando. E esta consolación[3212] pensavan siempre los romanos, como fazen los meges, echando luent de la ciudat los conturbadores.

No res menos, los falireos, esperando en [f. 41v] las fuerças de lures ciudades, tanto menospreciavan la guerra de los romanos que, exceptados aquellos que guardavan los muros de las ciudades, todos los otros folgavan e ivan por la ciudat con sus ropas. E sus infantes ivan al escuela, e lur maestro levávalos de fuera de los muros e allí se exercitavan, e depués los retornava.[3213] Porque los falerios, segunt la costumbre de los griegos, havían un maestro solo pora todos los infantes ensemble, por tal que los infantes de principio huviessen companyías e amigança ensemble. Aquel maestro quería trader a los falerios por ocasión de los infantes en tal manera: Él cada día levava los moços fuera de la tierra cerca de los muros; e depués que se havién solaçado, los tornava dentro; e depués poco a poco los alunyó e los acostumbró que se segurassen como si algún miedo no fues. E finalment, levó los infantes entro a la primera talaya de los[3214] romanos e los[3215] dio a los romanos e dixo que los levassen a Camilo. E quando vino él mismo devant de Camilo, dixo: «O Camilo, yo só maestro d'estos infantes; mas yo quiero más fazer gracia a tú que seyer meritado d'estos infantes». E como Camilo lo uyó, le pareció muit mal e dixo enta aquellos qui

3212   consolación] cosolacion P.
3213   retornava] rimenava F: retornavan P: ἀπῆγεν.
3214   de los] dei F: de las P.
3215   los] li F: les (interpretado primeramente como objeto indirecto; la a que sigue a dio está interlineada) P.

eran con él: «La guerra es mala cosa, porque ella se faze con fuerças e con injusticias. No res menos, entre los buenos hombres la guerra ha algunas leyes, e hombre no deve buscar tanto de haver victoria quanto de esquivar las gracias de los malos hombres e no piadosos. Porque un grant capitán de guerra deve fazer su guerra esperando en su virtut e no en malicia de otros». La hora él comandó a los servientes que esquinçassen las ropas del maestro e ligassen sus manos de çaga e diessen a los infantes tochos e nervios de bueyes [f. 42r / x, 5] e que fuessen a lur ciudat batiéndolo al traidor. Quando los falerios supieron la traición del maestro, toda la ciudat era plena de ploros, segunt que convenía en assín grant adversidat, e todos los hombres valientes e las mujeres corrían a los muros e a las puertas de la tierra. E los infantes qui venían parecieron de cerca injuriando e batiendo el maestro, el qual era nudo, e clamando a Camilo dios e padre. Por la qual cosa, no solament los parientes de los infantes, mas aun los otros ciudadanos, veyéndolos, se maravellavan e se reduxieron al amor de la justicia de Camilo. E se congregaron ensemble e enviaron a él embaxadores dando lures personas a su comandamiento. Mas Camilo los envió a Roma. E quando los embaxadores entraron en el consello, dixieron tales paravlas: «Los romanos, qui antes han quesido la justicia que la victoria, nos han ensenyado que nós queramos más seyer vencidos que no estar en libertat. No pas que nós seamos tanto amenguados de poderío, mas porque confessamos que lur virtut nos ha vencidos». El consejo cometió esta cosa a Camilo qu'él fiziés en esti fecho como a él pareciés; e Camilo tomó de los falerios haver, e fizo amigança con todos los faliscos[3216] e se partió d'allí.

3216   faliscos] fallisqui *F*: falerios *P*: Φαλίσκους.

Cómo Camilo fue acusado e condepnado; e cómo se fue de Roma

La gent d'armas, qui esperava de robar los bienes de los falerios, quando tornaron a Roma con las manos vazías, calupniaron a Camilo en presencia de los otros ciudadanos diziendo qu'él querié mal a la comunidat e que por invidia no[3217] quiso que los pobres huviessen provecho. E los tribunos del pueblo començaron aún de [f. 42v] poner adelant el estatuto del partimiento de la gent de la tierra, segunt que de suso es dicho, e comovían al pueblo qui consentiés a aquella determinación. Mas Camilo sin algún reguart les contradixo tanto que aquel estatuto fue anullado. Por la qual cosa, fueron todos irados contra Camilo; en tanto que, quando él perdió lo suyo e murió su fillo, no le mostraron compasión ni amenguaron en lur furor, haviendo tanto desplazer como havía aquel hombre bueno e manso. Mas, depués qu'él fue condepnado, él se estava en su casa encerrado con las mujeres por pobreza.

E el acusador era Leucio Apulío; e la acusación era de furto de las cosas de los tirrenos; en tanto que dezían que vidieron qu'él havía puertas de arambre las quales fueron de la robería. E el pueblo por la ocasión sobredicha manifiestament atorgava la condepnación de Camilo. Por esta cosa Camilo congregó a todos sus amigos e a sus companyones, los quales fueron muchos, e los pregava que no lo dexassen condepnar injustament por ocasiones suzias e qu'él no viniés en derrisión e menosprecio de sus enemigos. Sus amigos se consellaron ensemble e le respondieron diziendo: «Quanto al judicio, nós non cuidamos que te podamos ayudar. Mas, si deves dar alguna cosa,

---

3217   no] om. P. non (interlin.) F. μισοδήμου.

todos te ayudaremos a pagar». La qual cosa Camilo no
pudo sofrir, mas le pareció mejor de fuir de la ciudat
corruçado. Tomó, pues, conget de su mujer e de su fillo e
sallió de su casa e se fue callando entro a la puerta de la
ciudat. E depués se estivo e girose a çaga e levantó sus
manos enta el Capitolio e fizo oración a los dioses que, si
él injustament era privado de su patria, como hombre injuriado por la maldat e por la invidia de la comunidat, que
aína [f. 43r / xii, 4] se penidiessen los romanos e fues
manifiesta cosa a todas las gentes que los romanos huviessen a pregar e amassen a Camilo.

En esta manera maldixo Camilo a sus ciudadanos,
como fizo Achiles, e fuyó, deviendo dar por malvada sentencia la valor de xvᵐ assarios, los quales puyan a razón
de argent daremes ᴍˡ vᶜ. Porqu'el assario era moneda de
argent e valié x dineros de arambre; e por esto lo clamavan *dinero*. E no es ningún romano qui no se cuide que
la justicia exaudió las maledicciones de Camilo e aduxo
aína la vengança de su injusticia, no pas plaziblement, mas
dolorosament, famosa e manifiesta. ¡Tanto vino la ventura
contraria a la ciudat de Roma, e tanto periglo e consumación le aduxo aquel tiempo con muchas tribulaciones, o
sea que por ventura conteciessen estas cosas, o sea que
algunos de los dioses no querién desemparar la virtut
quando los hombres eran desconocientes!

Primerament pareció senyal de mal qu'el extimador
murió del mes de julio;³²¹⁸ porque los romanos tenían en
muit grant reverencia la senyoría del extimador e la reputavan sagrada. Encara, antes que Camilo fuyés, un hombre
no pas famoso ni de consello, mas buen hombre, el qual

3218   del mes de julio] *P*: del mese di julio *F*: (προσιόντος) Ἰουλίου
μηνὸς (ἡ τοῦ τιμητοῦ τελευτή). *El pasaje es problemático en griego.*

havía nombre Marco Cedicio, recontó a los príncipes sobre
las milicias[3219] cosas sobre las quales hombre devría bien
pensar. Dixo que la noche passada, andando por el camino
el qual se clama *Nuevo*, le pareció que uno lo clamó con
grant voz; e se giró, mas non vido ninguno. Mas uyó voz e
mayor que de hombre e dezía: «O Marco Cedicio, vate'n la
manyana a los senyores e diles que dentro poco tiempo
esperen a los gálicos». Quando los príncipes de las milicias[3220] lo uyeron, les pareció como cosa de chufa e de solaz.
E de allí a poco tiempo conteció lo que fue fecho a Camilo.

[f. 43v] *Cómo e por quál ocasión los gálicos*
de la generación de los célticos fueron a abitar[3221]
Italia e ocuparon las ciudades de los tirrenos;
e de lo[3222] *que les conteció sobr'el sitio de la ciudat*

E los gálicos, los quales son de la generación de los
celtos, por lur grant multitut, segunt que se dize, desempararon lur patria, porque ella no era sufficient de nudrir-
los a todos, e se pusieron a buscar otras tierras pora lur
abitación. E fueron muchos millares de hombres d'armas,
e havían con ellos lures mujeres e fillos aún en mayor multitut. Algunos d'ellos se fueron enta la part boreal, enta el
mar Occiano, e passaron los montes Rifeos e retuvieron
el cabo de la Europa. E los otros fincaron abitando entre
las Alpes e los montes Pirineos mucho tiempo cerca la ciudat de Senes e de los celtorios. Estos, pasando un tiempo,
tastaron del vino el qual fue levado de Italia, e tanto les supo

---

3219   milicias] malicias (*tachado en el cuerpo central, y reproducido
en el margen*) *P.* malizie *F.* χιλίαρχοι.
3220   milicias] malicias *P.* malizie *F.* χιλίαρχοι.
3221   a abitar] abitar *P.*
3222   lo] quello *F.* los *P.*

bueno que por deleite del vino fueron fuera de su seso. Por la qual cosa, tomaron lures armas e ivan enta las Alpes buscando solament aquella tierra qui lieva tal fruito, que toda otra tierra reputavan infructuosa e salvage. E qui primerament les levó el vino e los induxo que fuessen en Italia, dízese que fue Arron,[3223] gentil hombre tirreno, no pas que por natura él fues malo, mas le conteció tal adversidat: Él[3224] fue fecho tutor de un infant órfano, el qual era muit rico e de grant beldat, el qual havía nombre Lucumo. Esti Lucumo abitava de chiqueñez con Arron.[3225] E quando fue de mayor edat, no desemparó la casa de Arron,[3226] mas se enfenyía que le plaziés de abitar con él. E grant tiempo fue[3227] passado que no fue sentido qu'él tocás carnalment la mujer de Arron.[3228] Mas, quando esti mal fue prolongado ni podían desemparar lur mal deseo ni lo podían ya celar, el joven provó de tirar la mujer al marido e de tenerla públicament. El marido se fue [f. 44r / xv, 6] al judicio, e como hombre vencido por la multitut de los amigos de Lucumo[3229] e por su grant haver, desemparó su patria. E quando él sentió la intención de los gálicos, se fue a ellos e los puso en vía de ir contra la Italia.

E como ellos entraron, de continent ellos senyorearon toda la tierra que tenían antes los tirrenos de las Alpes entro a las dos mares, segunt que la paravla muestra e el nombre, pues que el mar qui es de la part boreal lo claman Adriano, de una ciudat de los tirrenos la qual se clama Adria; e la mar que es enta el levant la claman el mar Tirre-

3223 Arron] abron *PF*: Ἄρρων.
3224 Él] elli *F*: et *P*.
3225 Arron] *cf. supra*.
3226 Arron] *cf. supra*.
3227 fue] *om. PF*.
3228 Arron] *cf. supra*.
3229 Lucumo] lucunio *PF*: Λουκούμωνος.

no. E aquel lugar es todo pleno de árbores e bueno por pacer animales. E ha ide ríos corrientes; e havía ý ciudades grandes xviii, las quales eran assín ordenadas que eran ricas de moneda e honorables en lur conversación. Las quales retuvieron los gálicos quando ne echaron a los tirrenos. Mas estas cosas fueron fechas de grant tiempo antes.

La hora los gálicos fueron en huest contra la ciudat de los tirrenos la qual se clamava Clusia, e la combatían. Los de Clusia huvieron refugio a los romanos demandándoles que enviassen embaxadores e letras a los bárbaros. Los romanos enviaron iii nobles hombres del linage de los Fabios muit hondrados en la ciudat de Roma. Los gálicos los recibieron curialment por el nombre de Roma, e cessaron de combater la ciudat, e favlaron con ellos. E quando les preguntaron qué tuerto les havían fecho los clussinos por que eran venidos contra lur ciudat, Breno, el rei de los gálicos, ridiose e dixo: «Los clusinos nos[3230] fazen tuerto en esto, porque ellos pueden lavrar poca tierra e quieren ne haver mucha, e no son tan corteses que quieran dar alguna part a nós, qui somos estranyos e muchos[3231] e pobres; assín como los albanos e los fidinatos e los ardea- [f. 44v] tos fazían por otros tiempos a vós, romanos, e como de present fazen los biyos e los capinatos e muchos de los faliscos e de los volcos. Por que vós feches huest[3232] contra ellos; e si no[3233] vos dan de lures bienes, vós los robades e los captivades e destruides lures ciudades. E no fazedes algún tuerto, antes vós seguides la mejor lei, la qual atorga qu'el mejor haya las cosas del peyor. La qual cosa se comiença de los dioses e depués

3230 nos] no *P.* non *F.* ἡμᾶς.
3231 muchos] molti *F.* muchos (*tachada la* s) *P.* πολλοῖς.
3232 huest] hoste *F.* huestes *P.*
3233 no] non (*en margen*) *F.* om. *P.* μή.

devalla a las fieras, las quales han por natura que aquellas
que son más adelantadas hayan más que aquellas que son
diusmetidas a ellas. Cessat, pues, de haver compasión e
misericordia de los clusinos porque son combatidos, por tal
que vós no[3234] ensenyedes a los gálicos de haver piedat de
aquellos a los quales los romanos fazen injusticia». De estas
paravlas conocieron los romanos que Breno[3235] no era apto
de condecender a lures pregarias. E de continent entraron
en Clusia e conortaron a los ciudadanos e los incitaron que
ixiessen con ellos ensemble contra los bárbaros, o sea por
provar lur poderío, o por mostrarles lur poderío. Quando
los clusinos sallieron e fue fecha la batalla cerca de los
muros, uno de los Favios el qual havía nombre Ámbusto[3236]
corrió de cavallo contra un grant hombre e bueno el qual
corría de cavallo más adelant que la prima az de los gálicos. E de principio no lo conocieron, porque se mesclaron
luego e el resplandor de las armaduras celava su cara. E
quando él venció al gálico e lo echó a tierra e lo despulla-
va, la hora Breno[3237] lo conoció e clamava a los dioses por
testimonios cómo Fabio havía fecho contra razón porqu'él
era venido como embaxador e fizo como enemigo. E por
esto Breno[3238] fizo cessar de continent la batalla e no curó
mas de los clusinos, mas †iva†[3239] la [f. 45r / xvii, 9] huest
derechament contra Roma. No res menos, queriendo dar a
entender que no parecíes qu'él buscás ocasiones, él sufrió
aquella injusticia de Fabio[3240] e envió a Roma demandando
vengança. E siempre él iva adelant.

3234   no] non *F*: nos *P*: μὴ.
3235   Breno] *F*: brenio *P*: Βρέννον.
3236   Ámbusto] abrusto *PF*: Ἄμβουστος.
3237   Breno] *cf. supra*.
3238   Breno] *cf. supra*.
3239   †iva†] iva *P*: andava *F*: ἦγεν.
3240   Fabio] *F*: babio *P*.

Quando el consejo fue congregado, muchos reprendían a Fabio. E de los sacerdotes, aquellos qui son[3241] clamados *fitiados* comovían al consejo que toda aquella maldat tornasse a aquel uno el qual havía fecho el mal, e todos los otros serían depués limpios. E aquestos fitiados los[3242] ordenó Numa Pompilio, el qual fue el más manso e el más justo de los otros reyes,[3243] que ellos conservassen e jutgassen las ocasiones e confirmassen a aquellos qui movién justa guerra. E quando el consejo recitó esta cosa en presencia de la comunidat cómo los sacerdotes blasmavan a Fabio, la mayor part se chufó de las cosas divinas e se ridían, en tanto que fizieron a Fabio príncep de milicia ensemble con sus ermanos.

Cómo e por quál ocasión los celtos vinieron a batalla con los romanos e los vencieron e prisieron la ciudat de Roma

Quando los celtos uyeron esta cosa, se ensanyaron fuertment, e sin algún embargo lo más aína qu'ellos pudían venían contra Roma. E todos aquellos qui los vedían por el camino, considerando lur multitut e resplandor de las armaduras e lur furor, eran espantados e cuidávanse que deviessen consumar toda la tierra e las ciudades. Mas los celtos no fizieron tuerto a ninguno ni robavan res de los casales, mas passavan cerca de las ciudades e dezían: «Nós imos a Roma, e a los romanos fazemos guerra; mas a todos los otros reputamos nuestros amigos». En esti fecho de los bárbaros [f. 45v], los príncipes de las milicias de los romanos

---

3241 son] no son *P*: non sono *F*: *no hay neg. en griego.*
3242 los] li *F*: lo *P*: τούτους.
3243 de los otros reyes] *P*: delli altri re *F*: βασιλέων (ἡμερώτατος [...] καὶ δικαιότατος).

fizieron sallir a la batalla no res menos de la quantidat
de xl^m hombres armados. Mas una grant part d'ellos no
eran aún exercitados en fechos de armas, e la hora
començaron de levar armas. E lo peyor era que del todo
menospreciavan a los dioses, ni sacrificavan ni preguntavan a los adevinos, como era convenible cosa, antes que
se poniessen en periglo. E aun el regimiento de muchos
los turbava más en sus aferes, ya sea que en otras guerras
menores fueron contentos de haver monarcas, a los quales
clamavan dictadores, porque ellos no eran ignorantes
quánta utilidat es en tiempo de periglo que todos sean de
una intención e que uno haya la auctoridat e tenga la justicia en sus manos e que todos lo obedeciessen. Mas sobre
todas estas cosas les nozió la desconocencia qu'ellos mostraron enta Camilo. No res menos, ellos sallieron de fuera
luent de la ciudat estadios xc e se atendaron al río de Alia,
do se ajusta con el Tíber. E quando los bárbaros aparecieron allí, los romanos combatieron vilment por lur desordenamiento; e los celtos consumaron de continent la part
siniestra, en tanto que fueron constrenyidos de passar el
río. E la part diestra fuyó del camino enta los poyos, e
muchos de aquellos se salvaron en la ciudat, e los otros
que los celtos no querían matar, mas dissimulavan de
veyerlos, porque eran cansados de matarne tantos, se salvaron a los biyos e fuían de noche porque Roma era perdida e todas sus cosas eran consumadas.

E fue fecha aquella batalla a la tornada de las miesses,
seyendo la luna plena, en aquel día que conteció a los
Fabios la grant passión [f. 46r / xix, 1] que los tirrenos tallaron por pieças de la generación de los Fabios iii^c. E fincó
por memoria que aquel día se clamás por el río *Aliada*.
Mas por los días malos, si hombre lo deve creyer o no, e
si Iráclito reptó derechament a Isíodo (porque algunos
días reputava buenos e algunos malos, pues qu'él no

conocié que la natura de todos los días es una), en otros aferes lo havemos declarado. No res menos, los romanos reputan aquel día uno de los malos, e por esto se guardan aun II o III días cerca de aquel por aquel miedo que ellos han de aquel accident. E esto fazen por costumbre, segunt que más clarament lo dezimos allí do escrevimos por las *Suspiciones de los romanos*.

E si los gálicos huviessen la hora, depués la batalla, seguido a aquellos qui fuían sin algún embargamiento, era del todo destruida Roma e consumados todos los qui eran en ella. ¡Tanto miedo fizieron aquellos qui fuían a aquellos qui los esperavan! ¡E tanto sallieron de lur seso por el grant miedo! Mas los bárbaros de assín grant victoria como huvieron, más que no credían, por grant alegría se pusieron a folgar e a robar e partir entre ellos lo que robavan. A todos aquellos qui fuían los dexavan ir francament, e aquellos qui fincavan los asseguravan entro que fuessen aparejados. Por la qual cosa, ellos desempararon toda la ciudat e armaron solament al Capitolio e lo muraron e tomaron algunas cosas sagradas en el Capitolio. Mas las vírgines de la dea Minerva cremaron el fuego con las otras cosas sagradas e se fuyeron. Segunt que algunos escriven, lo que ellas conservan no es otro sino fuego como a principio de todas cosas. Porque aquella cosa que por natura [f. 46v] es más movient es el fuego. La generación es movimiento, o al menos con movimiento; e todas las otras cosas que son partes de la materia, quando fallece la calor, yazen occiosas e parecen muertas e desean el poderío del fuego como ánima. E quando ella viene, por alguna manera se mueven aquellas cosas que la[3244] reciben a acción o passión. Numa, pues, como filósofo, por reverencia suya

---

3244   la] *F*: las *P*: προσελθούσης.

salvó el fuego velando por figura del poderío eternal, el
qual faze buenas todas cosas. Algunos dizen aun qu'el
ídolo de Palas jazía aún allí depués que Eneas lo aduxo allí
de Troya. Encara dizen algunos que allí eran ii pitarras o
jarras: la una era abierta e vazía, e la otra era plena e bulla-
da. Estas guardavan las vírgines solas; mas al fuego como
a cosa limpia todos lo vedían.

Mas la hora ellas tomaron las cosas sagradas más
necessarias e fuían enta el río. E conteció que con los otros
qui fuían era Leucio Albino, el qual era hombre del pueblo e fuía con su muller e con sus fillos e con algunas otras
cosas necessarias las quales él puso sobre un carro, e
ívase. E quando él vido las vírgines qui levavan en lures
senos las cosas sagradas de los dioses e ivan cansadas por
el treballo que sufrién, fizo aína devallar del carro a su
muller e a sus fillos e a su haver, e les dio el carro que
puyassen suso e que fuyessen a qualque ciudat de griegos.
Esta reverencia que Albino mostró a la divinidat en el
tiempo assín perigloso no es justa cosa que nós no la
recordemos. Mas [f. 47r / xxi, 4] los sacerdotes de los otros
dioses e los hombres de dignidat no pudieron sufrir de
desemparar a lur ciudat, mas solepnement vestidos fazían
oración a los dioses con el príncep de los sacerdotes,
Fabio. E depués se assentaron en plaça sobre las cadiras
de vori esperando veyer lo que les contecería.

Passados iii días, vino Breno[3245] con su huest e falló las
puertas de la ciudat abiertas e los muros vazíos de guardas. E de primero él se dubdó que nol fiziessen algún
decebimiento, porque no se cuidava que los romanos
fuessen assí del todo desperados. Mas, quando él supo la
verdat, él entró por la puerta que se clama Colina e tomó
Roma. E eran la hora passados anyos ccclx pués que Roma

3245   Breno] brenno *F*: brenio *P*: Βρέννος.

fue edificada, si es de creyer porque se troba verdadero
conto de los anyos, pues que por otras cosas más nuevas
grant contrast dio aquella confusión. E quando aquella tribulación fue, vino en la Elada fama, segunt que escrive
Iraclido Pondicó en la escriptura qu'él escrive *Por el alma,*
e dize assín: «Huest vino de las partes boriales e tomó ciudat griega la qual era abitada en una part de fuera en la
Grant Mar». Mas Aristótiles el filósofo dize que los celtos
tomaron Roma. No res menos, él dize que Leucio la salvó;
mas Camilo no era Leucio, antes era Marcio. Mas estas
cosas las dizen por imaginación.

De las cosas que los celtos fizieron en Roma
quando la huvieron presa; e cómo Camilo recobró
la senyoría e echó los celtos de la ciudat de Roma;
e de las cosas que depués se siguieron

Pués que Breno[3246] senyoreó la ciudat, puso guardas en
torno del Capitolio. E depués, quando [f. 47v] él devallava
en la plaça, él se maravelló veyendo aquellos hombres
cómo sedían sin miedo, enclinados sobre los tochos que
tenían. E por esta cosa se maravillavan los gálicos e esta-
ron mucho antes que los tocassen. E depués que uno
huvo ardideza de ajustarse a uno d'ellos el qual havía
nombre Papirio Mario, e alargó la mano e lo tomó por la
barba (la qual era mucha e luenga) e ge la tirava, Papirio
le dio sobre la cabeça al bárbaro con el tocho que tenié e
lo rompió. Mas el bárbaro puso la mano a su guchiello
e mató a Papirio. E depués se[3247] movieron los otros bárbaros contra los otros e los mataron, e a todos quantos

---

3246 Breno] *cf. supra.*
3247 se] si *F:* que *P.*

trobavan por las carreras los matavan. E robavan las casas e depués las cremavan e las derrocavan por el mal que querían a aquellos qui eran en el Capitolio, porque no[3248] se diusmetían a lur servitut, antes se defendían de los muros. E por esta ocasión nozieron más a la ciudat e matavan a todos los que tomavan, assín mujeres como los hombres, assín los viejos como los jóvenes.

Mas, porque la guerra del Capitolio se prolongava e los gálicos havían menester de victualias, se departieron algunos, e algunos se aturaron con el rei en el sitio del Capitolio, e los otros corrían por la tierra robando e occupando los casales. E no ivan todos ensemble, mas cada un capitán con su companyía, unos de la una part, otros de la otra, porque eran ensuperbidos de tanta prosperidat e se despartían sin miedo. Mas la mayor part e la mejor ordenada se fue enta la ciudat de los ardeatos, do estava Camilo depués que fuyó, como persona privada. No res [f. 48r / xxiii, 2] menos, él havía cuidados e esperanças, no qu'él pensás cómo él pudiés escapar de los enemigos, mas cómo él los pudiés guerrear quando el tiempo viniés. Por la qual cosa, veyendo que los ardeatos eran muchos e temerosos, porque no eran acostumbrados en fechos de guerra e lures capitanes eran muelles, dixo primerament paravlas algunas a los jóvenes diziendo que la adversidat de los romanos no la devían reputar valentía de los celtos, e el mal que les havía contecido por lur locura e mal ordenamiento que lo reputassen obra de aquellos qui no dieron res a la victoria, mas estavan a los accidentes de la ventura. «E por esto es bueno —dixo él— que nós nos metamos al periglo por echar de la patria la guerra de los bárbaros e de las estranyas naciones. E si vós lo queredes fazer, yo vos daré manera que vós venceredes sin periglo».

3248   no] non *F*: *om. P*: οὐκ.

Quando los jóvenes acceptaron sus paravlas, Camilo se fue a los principales del consejo e a los otros grandes hombres de los ardeatos. E depués que todos acordaron su dicho, él fizo armar a todos aquellos qui eran de edat, e los tenié dentro de los muros por tal que los enemigos no los sintiessen, porque eran cerca. E quando los bárbaros corrieron de cavallo la tierra e de la multitut de la robería eran agreujados, descavalgaron en el campo sin algún resguart e se atendaron allí e estavan embriagos. E quando Camilo lo supo por las espías qu'él havía enviado, él sallió fuera con los ardeatos e fuésse lo más secretament qu'él pudo entro al lugar do eran los bárbaros alojados. E cerca la me- [f. 48v] dia noche los assallió con grandes vozes e con sones de muchas trompetas, assín que apenas sintieron aquella tanta turbación por la embriagueza e por el suenyo. E pocos d'ellos fueron qui se espertaron e se armaron e combatiendo con Camilo cadieron. E a todos los otros mataron desarmados e durmiendo por la embriagueza. E a algunos pocos qui fuyeron los de cavallo los trobaron de día derramados por la tierra; e, encalçándolos, los consumaron todos.

La fama fue luego en las otras ciudades e munchos se exercitavan en las armas, e especialment los romanos qui fuyeron de la batalla la qual fue fecha en Albania e estavan con los biyos, los quales havían grant desplazer considerando que la ventura havía privado a los romanos de assín maravelloso capitán e ornó a los ardeatos con la ordenación de Camilo, e la ciudat qui lo engendró e qui lo nudrió era consumada. «E nós —dezién ellos— por defecto de capitán folgamos dentro los muros estranyos e havemos desemparado la Italia. O nós enviemos a los ardeatos a demandar nuestro capitán, o nós tomemos nuestras armas e vayamos a él, porque ni él es fugitivo ni nós somos ciudadanos depués que patria no havemos;

porque los enemigos la senyorean». E depués que ellos se determinaron en esto, enviaron pregando a Camilo qu'él acceptás la senyoría. E Camilo dixo: «Yo no la accepto fasta que sea determinado por aquellos qui son en el Capitolio, assín como es de razón. Porque a aquellos qui se son salvados allí reputamos patria; e si ellos me [f. 49r / XXIV, 3] comandan, de buen grado los obedeceré. Mas, si ellos no quieren, yo no faré ninguna grant cosa». E en esta cosa todos se maravellavan de su reverencia e bondat; mas no sabían cómo lo fiziessen a saber al Capitolio, porque reputavan impossible cosa que alguno pudiés entrar en el Capitolio, pues que los enemigos tenían la ciudat.

Entre los jóvenes era uno el qual havía nombre Poncio Cominio del mediano linage de los de la ciudat, mas amava de seyer hondrado. Esti de su grado se puso en esti periglo, e non levava letras a los del Capitolio que por ventura no fues tomado e supiessen los bárbaros la entención de Camilo, mas solament se vistió una ropa vieja e cargose de armas e partiose de día por otro camino. E de noche se aplegó a la ciudat. E veyendo qu'él no podía passar el río por el puent, porque los bárbaros lo guardavan, plegó su ropa, porque era poca, e él se la puso sobre la cabeça. E depués se puso sobre las armas e passó a la ciudat. E passava por medio de las guardias, e fuésse a la puerta qui se clama Carmentida,[3249] do fazían grant guardia. E allí era una penya ajustada con los muros del Capitolio. E puyó por allí que no lo sentieron, ya sea que con grant pena e con grant periglo, e saludó las guardias e les dixo su nombre. E ellos lo levaron a los senyores de los romanos. E quando el consejo se congregó, súbitament él les dixo las nuevas de la victoria de Camilo, la qual aún no sabían, e les contó el consejo de la gent de armas qui era

3249   Carmentida] mamercina P. mamertina F. Καρμεντίδα.

de fuera e los pregava que confirmassen a Camilo la capitanería, porque los ciudadanos [f. 49v] que eran de fuera a
él solo obedecién.[3250] Quando el consejo uyó esta cosa, se
consejó e fizo dictador a Camilo. E enviaron a Poncio por
aquel mismo camino que era venido. E huvo aún Poncio
buena ventura que los enemigos no lo sentieron, e dixo a
los romanos qui eran de fuera el ordenament del Senado.

E depués que todos[3251] lo acceptaron de grado, fue
Camilo e falló qu'ellos eran hombres d'armas xx^m. E congregava él aún gentes de do él podía, e se aparellava contra
los bárbaros. E en esta manera fue fecho Camilo dictador
la segunda vegada. E fuésse a los biyos e favló con la gent
d'armas, e siempre congregava más de ayuda por diusmeter a los bárbaros. Algunos bárbaros sallieron por ventura
de Roma por aquel camino do era passado Poncio, e vidieron el rastro, e vidieron en la penya del Capitolio el rastro
por do era entrado e exido. La qual cosa contaron al rei.
E fue él mismo e lo vido, e la ora no dixo nada; mas a la
tarde él congregó a todos los celtos los quales eran liugeros de las personas e acostumbrados en montanyas, e les
dixo: «Nuestros enemigos mismos nos muestran el camino,
que a ellos no es asín greu que hombre no pueda ir; mas
solament es vergüença que nós hayamos el principio e
desemparemos la fin, e que nós desemparemos el lugar
como si non se pudiés tomar. Porque, allí do puede ir uno,
no es grant cosa que puedan ir muchos uno a uno, antes
el uno confuerta al otro. E yo daré a cada uno donos e
hondras segunt su valentía».

Los gálicos se ofrecieron de grado a las paravlas del
[f. 50r / xxvii, 1] rei, e cerca la media noche puyaron
muchos sobre la penya, en tanto que ellos puyavan más

3250   obedecién] obediano *F*: obeçien *P*: πεισομένων.
3251   todos] tutti *F*: todo *P*: ἐκείνων.

liugerament que no pensavan. Tanto que los primeros se
acercaron a la fortaleza que hombre ni perro no los sentió
sino que allí havié en el templo de la dea Juno[3252] ánsares
sagradas a las quales por otros tiempos davan a comer
entro a que se fartasen, mas la hora por la carestía no curavan d'ellas, e pasávanlo mal. E esti animal es de buen sentimiento e espantadizo de sones. E la ora velavan más por
la fambre que havían; e por esto sentieron el rumor de los
gálicos e corrieron contra ellos cridando, e de continent
fizieron levantar las guardas. E como los bárbaros aparecieron paladinament de la hora avant, no callando, antes ardidament assallieron a los romanos, los romanos tomava
cada uno aquella armadura que trobava, e aquexadament
se ayudavan todos. E el primero de todos fue Malio, el qual
era hombre honrado e de su persona valient. Esti encontró
a dos enemigos, de los quales el uno alçó la manaira por
dar a Malio. Mas Malio fue presto e le dio un colpe de
espada e cortole la mano diestra, e al otro dio con el escudo en la cara e lo echó la penya ayuso. E depués se estuvo cerca del muro con otros qui le acorrieron, e echaron a
los bárbaros, assín que no pudieron fazer nada segunt la
ardideza que huvieron. E depués que los romanos escaparon del periglo, derrocaron de manyana al conestable[3253] de
la guarda e lo echaron {P} entre los ene- [f. 50v] migos
cabeça ayuso sobre las piedras. Mas a Malio fizieron grant
honra por su valentía e le daron donos non tanto por
necessidat como por hondra; porque le davan cada día
media livra de trigo al peso de la tierra e tanto vino.

De la ora avant los celtos eran en tribulación como
aquellos qui no havían lo que menester les fazía: que Camilo los embargava e no pudían robar. E aun les vino una

3252   Juno] F: juna P.
3253   conestable] conestabole F: conostable P: ἄρχοντα.

enfermedat por los muertos que jazían derramados por la tierra en grant quantidat. E habitavan en las casas derrocadas. E el aire era muit calient por la cenisa de aquellos que cremavan, e con el aliento infeccionava el uno al otro. E aun les nozía sobre todo la mudación de vida; porque eran acostumbrados de estar en lugares de sombra e frescos, e la ora entraron en ciudat destemprada a iur natura. E aun la prolongación del tiempo; porque estavan occiosos assitiando el Capitolio: que ya havían estado VII meses que tenién el sitio. ¡Tanta consumación se fizo³²⁵⁴ d'ellos que por la multitut no enterravan a los muertos! Mas esta cosa no valía res a los qui eran assitiados, porque assín bien los costrenyía la fambre, ni sabían lo que Camilo fazía, e havían grant dolor porque los bárbaros los havían assí encerrados e guardavan assí solícitament que ninguno no podía entrar a ellos por dezirles las nuevas. E porqu'el una part e la otra estavan mal, favlavan de acuerdo. E depués que començaron a favlar los de la guardia del una part con los de la otra, pareció bueno a los senyores de favlar ensemble. E favló Sulpicio, el qual era príncep de la milicia, con Breno,³²⁵⁵ e se acordaron que los romanos les diessen [f. 51r / XXVIII, 4] Mˡ livras de oro e que los celtos se partiessen de la ciudat e de la patria. E depués que lo juraron e sobre esto levaron el oro, e los celtos fazían primerament malicias en el peso secretament, e depués paladinament tiravan el peso. De la qual cosa los romanos se ensanyavan. E aun Breno³²⁵⁶ por mayor escarnio de los romanos se decenyó su cinta con su guchiello e lo puso sobre los pesos. Sulpicio le preguntó: «¿Qué es esto?». —«¿Qué otro deve seyer sino tribulación a los vencidos?». Esta paravla fue depués

---

3254   se fizo] fizo *P*. εἶναι.
3255   Breno] brenio *P*. Βρέννῳ.
3256   Breno] *cf. supra.*

tomada por proverbio. E los romanos se ensanyaron todos, e parecíale que convenible cosa fues que tomassen el oro e que tornassen a çaga e sufriessen la guerra. Algunos otros sufrían que les fiziessen alguna injusticia, diziendo: «O poco o mucho que les diessen, vergüença d'ellos era; mas necessidat les fazié sofrir esta vergüença».

Seyendo ellos en esti contrast, Camilo vino con su huest entro a las puertas. E quando él supo lo que se fazía, comandó a los otros que lo siguiessen ordenadament e folgadament. Mas él con todos los más adelantados iva aquexadament enta los romanos. Quando todos se tiraron a part e lo recibieron bien ordenadament e pacíficament como a monarca, él tiró el oro de los pesos e lo dio a los servientes e dixo a los celtos: «Tomat vuestra balança e vuestros pesos, e itvos; porque no es costumbre de los romanos salvar su patria con oro, mas con fierro». E Breno[3257] se ensanyó e dixo: «Vós me fazedes tuerto e rompedes los pactos». E Camilo le dixo: «Los pactos no fueron fechos legítimament, e por esto no son acabados, porque yo só fecho dictador, e al present ningún otro no ha actoridat segunt las leyes. Assín que tú has [f. 51v] fecho los pactos con aquellos qui no havían la actoridat. Mas agora di lo que quieres; porque yo só venido con legítimo poderío por perdonar a aquellos qui me recibrán e por punir a todos los culpables qui no se peniden». De esta cosa se turbó Breno,[3258] en tanto que amas a dos las partes pusieron mano a las espadas, seyendo mescladas en unas casas derrocadas e en carreras estrechas, do ni el una part ni el otra se podía defender. Por que Breno,[3259] veyendo que algunos eran muertos, consideró el lugar e fizo alunyar a

3257 Breno] cf. supra.
3258 Breno] cf. supra.
3259 Breno] cf. supra.

los celtos. E se levantó de noche e desemparó la ciudat; e se fue fuera de la ciudat estadios LX, e se atendó en el camino qui se clama Sabinia. En la manyana, Camilo los asallió maravellosament armado, huviendo con él romanos ardidos e seguros, e fue fecha una grant e dura batalla. Mas, finalment, él puso a los bárbaros en vencida con mucha occisión. E tomó lures tiendas, e encalçaron a aquellos qui fuían, e matáronne la mayor part. E a aquellos qui se derramaron d'acá e d'allá los de las villas e ciudades los encalçavan e los matavan.

E assín fue presa aquella vegada Roma inrazonablement, e assín se salvó más inrazonablement. E fue en servitut de los bárbaros VII meses; porque ella fue tomada en los idus de julio, es a saber, a XV días del dicho mes, e se afranquió en los idus de febrero. E la hora Camilo fizo el triumfo muit solepnement. E bien le convenía, porqu'él fue salvador de ciudat destruida e reduxo la ciudat a su estado; porque e aquellos qui eran fuera tornaron dentro con sus mujeres e con sus [f. 52r / XXX, 3] infantes, e aquellos qui fueron assitiados en el Capitolio (los quales por poco fue que no muriessen por fambre) recibían a aquellos qui venían e los abraçavan e ploravan. E los sacerdotes aduzían todas las cosas sagradas que havían escondidas, e las mostravan, e todos las vedían con tanta afección como si los dioses viniessen en Roma. La hora Camilo sacrificó a los dioses e limpió la ciudat, segunt que ordenaron aquellos qui sabían de estas cosas. E primerament ordenó todas las cosas sagradas; e depués que falló el lugar do fue oída la voz del dios el[3260] qual predixo a Sedicio la venida de los bárbaros, e edificó allí un templo e lo intituló *de Fama e Adevinación*.

3260   el] al *P*.

A los templos limpiaron con grant lazerio por hondra de Camilo. Mas, quando vinieron a edificar la ciudat, la qual era de todo destruida, muchos havían tribulación e eran perezosos a repararla, porque eran pobres e havían más menester de folgar por el treballo que havían hovido que de treballar. Mas, porque ellos eran de moneda pobres e de lures personas impotentes por el mal que havían sufierto, por esto ellos se tornaron enta los biyos e dieron ardideza de favlar a los lausenjeros e escuchavan paravlas conturbativas contra Camilo, diziendo qu'él por su gloria privava a los romanos de ciudat aparellada e los costrenyía de abitar edificios derrocados, e alumbrava tanto fuego contra sus ciudadanos no por otro sino solament porque no le cumplié seyer senyor de Roma e capitán general, mas querié fazer cessar el nombre de Rómulo³²⁶¹ e qu'él fues clamado edificador de Roma. Por esto, quando el consejo huvo miedo, no dexaron [f. 52v] a Camilo qu'él renunciás a la senyoría dentro en el anyo, ya sea que ningún dictador no passó jamás vi meses. E él³²⁶² consolava al pueblo e se esforçava de fazer que ellos consentiessen a su dicho mostrándoles las sepulturas de lures padres e los templos maravellosos que Numa e los otros reyes havían fechos e los senyales divinos, es a saber, cómo se falló, quando el Capitolio se fundava, una cabeça nuevament cortada, la qual significava que Roma por la virtut divina devía seyer cabeça de toda Italia. «Encara el fuego de la dea Minerba, el qual alumbran las vírgines e que nunqua se deve amortar, si nós desemparamos la ciudat, él se amortará e será nuestro blasmo, o sea que otros estranyos vengan a abitar la ciudat, o sea que finque desierta». Tales paravlas dezían los del consello al pueblo,

---

3261 Rómulo] numulo *P.* Ῥωμύλου.
3262 él] *P.* αὐτὴ (= ἡ βουλὴ).

e a todos ensemble e a cada uno en particular. Mas ellos mismos no eran firmes en lur propósito veyendo el pueblo nudo e pobre e de todo impotent que deviessen redreçar reliquias de ciudat destruida depués que ende havían otra aparellada.

E parecioles bueno de cometer al consejo a Camilo, e Camilo favló en público parlament mucho por ayuda de la patria, e depués a cada uno de los otros. Por la qual cosa, dieron licencia que se levantás el primero e dixiés su entención, e pués ordenadament los otros. E el primero fue Leucio Lucrecio. E quando todos callaron e Lucrecio devié començar a favlar, vino por ventura de fuera un centurión ensemble con su gent por fazer la guardia del día. Lucrecio saludó al primero qui levava la bandera e le comandó que firmás allí la bandera diziendo que allí se assentaría e se re- [f. 53r / xxxii, 2] posaría mejor que en otra part. Depués Lucrecio consideró la paravla qu'él dixo súbitament segunt la necessidat del tiempo, e adoró †e recomendando† a los dioses la su intención. E todos lo siguieron en esto. E la multitut súbitament se mudó de su consejo, e el uno incitava al otro por reparación de la patria, no partiéndose por otro, mas cada uno fiziés como quisiés e pudiés. E dentro un anyo se renovaron los muros de la ciudat e las casas de cada uno. Después, quando limpiavan los templos, entre los otros en el templo de Mars trobaron dentro mucha cenisa enterrada e el tocho tuerto de Rómulo,[3263] el qual se clamava *litio* e con el qual adevinavan los agüeros, assí como fazía Rómulo[3264] mismo, el qual era subirano entre los adevinadores. E depués qu'él despareció, los sacerdotes levaron el tocho e lo salvavan con las otras cosas sagradas que ninguno non lo tocase. E

3263 Rómulo] numulo *P.* Ῥωμύλου.
3264 Rómulo] *cf. supra.*

quando todas las otras cosas se consumaron, el tocho se
trobó sano, huviendo grant alegría los romanos, esperando que por esti senyal se confirmás la perpetual salvación
de Roma.

Cómo Camilo fue dictador la tercera vegada; e cómo
con grant sotileza cremó la huest de los latines
e de los volcos dentro lures castras o tiendas

Antes que los romanos cessasen de aquellos pensamientos, les sobrevino otra guerra, e los icanos[3265] e los
latines, e aun los volcos, corrían la tierra; e los tirrenos
combatían la ciudat de Sutri, la qual era con los romanos.
E quando los príncipes de las milicias de los romanos los
quales havían la senyoría se atendaron a la sierra que ha
nombre Marchia, los latines los assitiaron, e estavan en
periglo. E por esto enviaron a Roma por ayuda. Por la qual
cosa, [f. 53v] Camilo fue fecho la tercera vegada dictador.
De esta guerra se favla por dos maneras. E yo primerament
conto aquella manera qui sembla favla: Dízese que los latines, o sea por trobar ocasión contra los romanos, o sea
por aparentarse verdaderament con ellos por vía de matrimonios, enviaron a los romanos diziendo que les enviassen mujeres vírgines e líberas. No supiendo los romanos
qué deviessen fazer, porque se dubdassen de la guerra
como hombres qui aún eran desordenados e sin alguna
provisión (e se dubdavan de la demanda que fazién los
latines de las mujeres que no las demandassen como ostages, mas por cubrir lur intención mostravan que querían
fazer parentado o matrimonios con ellos), una sirvienta la
qual había nombre Tutula (e segunt que algunos dizen,

3265   icanos] sicanos *P.* Ἀικανῶν.

havía nombre Filotida) dio por consejo a los senyores que ornassen a ella e a las otras más fermosas sirvientas como a fillas de gentiles hombres e como esposadas nobles, e que las enviassen, e que ella pensaría del romanient. Assín fue fecho. E fueron esleídas aquellas que ella quiso, e fueron ornadas e enviadas. Los latines eran atendados cerca la ciudat. E a la noche, quando las moças durmieron con los latines, tomaron secretament lures espadas e lures cuchiellos. E Tutula, o sea Filotida, puyó sobre una figuera salvage e colgó su ropa de çaga d'ella e cubrió el lugar. E depués fizo una alimara, segunt qu'ella havía ordenado con los gentiles hombres solos, e ningún otro de los ciudadanos no lo sabía. E por esto la gent d'armas salló desordenadament, porque los gentiles hombres los aquexavan súbitament e el uno [f. 54r / xxxiii, 6] clamava al otro e se ponían en orden. E quando ellos se aplegaron a los latines, los quales dormían sin pensamiento, matáronne la mayor partida. E esta cosa fue fecha a las nonas de julio, es a saber, a vii días del dicho mes, a los quales días claman *Quintilias*.[3266] E la fiesta que fazen la hora la fazen por memoria de esti fecho. E por esto primerament sallen de la puerta súbitament clamando el uno al otro los nombres suyos, es a saber, Gayo, Marcio, Lucio e otros nombres semblantes en memoria como la hora aquexándose clamava el uno al otro. Encara las sirvientas ivan en derredor ornadas solepnement, e[3267] a cada uno que trobavan por el camino se chufavan d'él. E quasi se assentavan con ellos por significación de lo que havían fecho a los latines. E depués, sediendo a tavla, comién seyendo cubiertas de ramos de figueras. E aquel día claman *Nonas Capratinas* por aquel árbor do Tutula mostró el alimara, el qual era

---

3266 quintilias] quinlias *P*. Κὺιντιλίαις.
3267 e] *om. P*.

figuera salvage, a la qual claman ellos *cabrafigo*. Mas otros
dizen que las cosas se fazen por memoria de la passión de
Rómulo;[3268] porque en aquel día él despareció quando él
favlava en público a la padula de la cabra. E fue un movimiento de viento con escuridat e con eclipsi del sol,
segunt que algunos dixieron. E por aquel lugar claman
aquellos días *Nonas Capratinas*. Esti es el un dicho.

Mas el otro, el qual es más verdadero e que más ator-
gan los istoriales, es esti: Quando Camilo fue fecho dictador e supo que la huest de los príncipes de las milicias era
assitiada de los latines e de los volcos, e se esforçava de
levar con él en la armada no solament los jóvenes, mas
aun los viejos ciudadanos. E fizo una grant rodeada porque los enemi- [f. 54v] gos no lo sintiessen, e se puso con
su huest de çaga d'ellos cerca el mont Marcio. E havié
muchos fuegos. Por la qual cosa, los príncipes de las milicias conocieron que Camilo era. E tomaron tanta ardideza
que ellos querían correr por combater con los enemigos.
Los latines e los volcos congregáronse en un estrecho
lugar e encerraron el lugar do eran atendados con grandes
fustes, esperando que les viniés ayuda; porque ellos esperavan a los tirrenos. Quando Camilo sentió esta cosa, dubdándose que no le conteciés lo qu'él había fecho a los
enemigos, es a saber, que aptament los había circundado,
e se aquexó de fazer sus fechos antes que los enemigos
pudiessen haver socorso. E considerando que los enemigos se eran fortificados con fustes e[3269] que devallava del
mont a una cierta hora un grant viento, él aparelló grant
quantidat de esqueros e de teda. E al alba, fizo ir una part
de su huest en lugar de do combatiessen con vallestas e
con arcos a los enemigos, e a otros comandó que fuessen

3268   Rómulo] rumulo *P*: Ῥωμύλου.
3269   e] *om. P*: καὶ.

del otra part qui clamassen e cridassen fuert. E él tomó a
aquellos qui devían encender el fuego, e estuvo de aquella part de do vinié el viento esperando la hora quando
el viento fues más fuert. E quando la batalla fue ordenada, el
sol puyava, e el viento se esforçava. E los qui levavan
el fuego pusieron por su comandamiento mucho fuego a
las barreras; e el fuego, trobando mucha fusta, tomose
todo en derredor de las barreras. E los latines no havían
aparejado ninguna cosa por amortar el fuego, e congregá-
vanse todos en poco lugar. E muit pocos ne fuyeron; mas
los otros se cremaron allí entro que los romanos amorta-
ron el fuego e rapavan lur haver.

[f. 55r / xxxv, 1] *Cómo los tirrenos prisieron la ciudat
de Sutri, e cómo aquel día mismo la cobró Camilo;
e de lo que fizo en vengança de los sutrinos; e de
las otras cosas que la hora acaecieron*

La hora Camilo dexó a su fijo Lucio en la huest con los
captivos e con l'haver, e él entró en la tierra de los enemigos e tomó la ciudat de los icanos.[3270] E los volcos se rendieron. E de continent él fue con la huest enta Sutri, no
sabiendo lo que era contecido a los sutrinos, mas credién-
dose que los sutrinos suffriessen aún el sitio de los tirrenos, qui los havían assitiados, se aquexava de ayudarles en
aquel periglo que ellos eran. Mas los sutrinos ya havían
rendida la ciudat a los enemigos, los quales los dexaron
nudos en camisas. E vinieron a recebir a Camilo ellos e
lures mujeres e fijos, nudos e pobres, por el camino, plorando lur adversidat. Camilo huvo grant dolor veyéndolos
en tanta miseria. E depués, veyendo que los romanos

3270   icanos] sicanos *P.* Ἀικανῶν.

havién grant dolor quando los sutrinos los abraçavan e
ploravan, pareciole que no era bueno de tardar a fazer la
vengança, mas ir en aquel día mismo a Sutrio, pensando
que los tirrenos, qui havían tomado ciudat tan rica e no
dexavan alguno allí de qui se dubdassen ni de fuera esperavan alguno que les noziés, que[3271] los trobarían[3272] sin
talayas, turbados por los plazeres qu'ellos tomavan. La
qual cosa él pensó derechament; en tanto que no solament
los enemigos no lo sentieron entro que fue allí, mas él fue
aun entro a las puertas e rompió el muro. Porque ninguno no guaitava, mas todos eran derramados por las casas
en embriaguezas e en luxurias, en tanto que apenas lo sintieron. E tanto eran turbados de la embriagueza e de la
incontinencia que ni fuir podían ni defenderse, mas esperavan la muert [f. 55v] suziament dentro de las casas e se
rendían ellos mismos. Assín conteció a la ciudat de los
sutrinos que en un día fue presa dos vegadas, e perdiéron-
la aquellos qui la tenían, e aun la cobraron aquellos qui la
perdieron por ayuda e por virtut de Camilo.

E el triumfo de aquella valentía aduxo más de gracias
a Camilo que los dos primeros; en tanto que aquellos qui
havían invidia d'él e dezían que por ventura fazía lo qu'él
fazía e non por virtut de Camilo, la hora por aquellos aferes, quisiessen o non, les convenía confessar la verdat e
dar gloria al avisamiento e sotileza de Camilo. E entre
aquellos qui querían mal a Camilo era Marco Malio, hombre muit notable, el qual primerament echó a los celtos de
la fortaleza quando de noche asallieron al Capitolio (e por
esto le fue puesto nombre Capitolino). E esti, queriendo
seyer más adelantado de todos los ciudadanos e depués
no pudiendo vencer por gloria las bondades de Camilo,

3271 que] et que *P*.
3272 trobarían] robarian *P*. εὑρήσειν.

començó a tiranizar decibiendo a muchos, especialment a aquellos qui devían dar alguna cosa contra los prestadores. E a aquellos tirava lo suyo contra razón. Por la qual cosa, muchos pobres se ajustaron con él. En tanto que los buenos ciudadanos havían miedo de esta cosa; porque aquellos públicament los injuriavan en la plaça e se desordenavan sin vergüença. Por la qual cosa, ellos fizieron dictador a Cointo Capitolino, el qual puso en la cárcer a Malio. Por la qual cosa, todo el pueblo se vestió de negro, la qual cosa no se faze sino por grandes [f. 56r / xxxvi, 4] e universales desaventuras. Por la qual cosa, el consello se dubdó e comandó que fues delivrado. Mas por esto no se mejoró, antes más superbiosament se levava e tirava el pueblo a su amor. E fizieron aún príncep de cavallería a Camilo. E quando se jutgava Malio, el esguar del Capitolio nozía mucho a los qui lo acusavan. Porque de aquel lugar do se fazía la congregación parecía aquella part del Capitolio do Malio combatió de noche con los celtos, e, veyendo el lugar, havían piedat de Malio. E él mismo estendía sus manos enta aquel lugar e plorava e les recordava los treballos que él huvo allí por el Capitolio. Por que los jutges no sabían qué fazer e desemparavan el judicio: ni lo absolvían, porque su injusticia[3273] era manifiesta, ni lo podían condepnar segunt las leyes, porque ellos vedían con sus ojos el lugar do Malio havía fecho la valentía. La qual cosa considerando Camilo, mudó el lugar del judicio fuera de la puerta, en el lugar qui se clama Petelino, del qual lugar el Capitolio no parecía. E de continent fue fecho el judicio sin embargamiento. E los jutges dieron sentencia digna segunt la su justicia, e fue levado Malio al Capitolio e echado de la penya, la cabeça ayuso, de aquella part por do él antes havía echado a los celtos. E ganó memoria de

---

3273   injusticia] justicia *P*: ἀδίκημα.

aquel lugar de la mayor prosperidat e de la mayor adversidat. E depués los romanos destruyeron sus casas e edificaron un templo a la dea a la qual claman *Monita*. E determinaron que de allí adelant ninguno de los patricios no
abitás en el Capitolio.

E depués pregavan a Camilo qu'él acceptás el principado de la milicia la sexta vegada. Mas él no quería, considerando qu'él era viejo e dubdándose de la invidia e que la
[f. 56v] ventura no se mudás de tanta gloria como él havía
e de tantos buenos fechos como fizo. Mas la más manifiesta escusa era la enfermedat de su persona; porque conteció qu'él enfermó en aquellos días. No res menos, la comunidat no le dexó desemparar la senyoría, antes cridavan
todos: «¡Nós no queremos qu'él cavalgue ni qu'él combata
con los enemigos, mas que solament él nos conseje e que
nos comande!». Por la qual cosa, convino[3274] que por necessidat él acceptás la senyoría. E començó a ir contra los
enemigos, es a saber, contra los penestrinos e contra los
volcos. E havía en su companyía a Leucio[3275] Furio.[3276] E
aquellos enemigos robavan e captivavan todas las tierras
qui eran en ayuda de los romanos, con grant poderío. E
quando Camilo sallió e se atendó cerca de los enemigos,
quería tardar entro que fuesse sano. Mas Leucio, qui era en
su companyía, deseando haver gloria, no se podía refrenar
en el periglo e[3277] provocava e concitava a los otros capitanes de las azes. En esta cosa dubdándose Camilo que la
gent no cuidás que por invidia él embargás los ordenamientos e la hondra de los jóvenes, contra su voluntat le
dio licencia qu'él poniés en orden el poderío e ordenás la
huest por combater. E él como enfermo fincó en las tien-

3274   convino] covino *P.*
3275   a Leucio] leucio *P.*
3276   Furio] frurio *P.* Φουρίου.
3277   e] *om. P.* καὶ.

das con pocos. E quando Leucio se puso a la batalla e falleció e Camilo sentió la vencida de los romanos, no se retuvo, antes sallió de su lecho e andó con aquellos qui lo seguían entro a las puertas del lugar do era atendado, e passava por medio de aquellos qui fuían, e corría siempre enta aquellos qui encalçavan. [f. 57r / xxxvii, 4] Por que³²⁷⁸ los qui fuían tornavan e lo seguían, e aquellos qui venían estuvieron devant d'él ayudando el uno al otro e dando segurança de no desemparar a su capitán por fuir. En tal manera tornaron la hora los enemigos a çaga. E el día siguient, Camilo mismo ordenó su huest e venció del todo a los enemigos. E entró en el lugar do eran atendados ensemble con los que fuían, e mató la mayor part, e tomó lures tiendas. Después, quando él supo que los tirrenos havían tomado la ciudat de Sutri e havían muerto a todos los ciudadanos, los quales eran romanos, envió a Roma la mayor part de la gent qu'él tenié, e especialment a aquellos qui eran bien armados, e él tomó con él los más jóvenes e los más voluntariosos e se fue a la ciudat de los tirrenos e la tomó. E a los unos mató, e a los otros apresonó.

E quando él tornó en Roma con grant robería, mostró que aquellos hombres qui no se dubdaron de la enfermedat e de la velleza del capitán fueron más cuerdos que todos los otros (pues qu'él era cient e ardit) e lo fizieron capitán, ya sea que contra su voluntat, más de grado que a los otros jóvenes qui pregavan de haver la senyoría. E por esto, quando aún fue dicho que los toscanos³²⁷⁹ se rebellavan, los romanos pregavan a Camilo qu'él tomás un companyón e que andás contra ellos. E muchos lo pregavan

---

3278   encalçavan. Por que] encalçavan et corrian siempre enta aquellos qui encalçavan porque porque *P* (*flanqueado por* va [...] cat *el segmento* et corrian siempre enta aquellos qui encalçavan porque).

3279   toscanos] *P*: Τουσκλανῶν.

que los tomás en su companyía. Mas él dexó a todos e
tomó a Lucio Furio.[3280] La qual cosa ninguno no havía cre-
dido, porqu'él fue aquel qui poco antes por su suspición
quiso combater con los enemigos contra la voluntat de
Camilo, e fue vencido. Mas parece qu'él quería cobrir aquella desaventura, e por livrarlo de aquella vergüença que
antes havía recebida, por esto [f. 57v] lo esleyó por su companyón. Los toscanos,[3281] queriendo maliciosament cobrir
su falta, enviaron por los campos los lavradores de la tierra
e los pastores, que fiziessen lures aferes. Las puertas de la
ciudat eran todas abiertas, lures fillos eran en la escuela, los
menestrales fazían lures officios, los nobles estavan en la
plaça sin armas, e los mayores ivan aquexadament por
recebir a los romanos e los levavan a lures casas como
hombres quasi que ninguna malicia no havían ni esperavan
de haver algún mal. Camilo d'esta cosa no fue pas decebido qu'él no supiesse bien lur traición; mas él huvo mercet
de lur repentimiento e les comandó que fuessen a demandar perdón al Senado. E él mismo les ayudó en el consello. E fueron perdonados e reputados de la ora adelant ciudadanos de Roma. Estas cosas famosas fueron fechas en la
vi vegada que Camilo fue fecho príncep de milicia.

Cómo Camilo fue fecho dictador la iiii^a e la v^a vegada;
e cómo venció los celtos una otra vegada
con grant sotileza e avisamiento; e de la su muert

Depués d'esto, el pueblo se rebelló contra los gentiles
hombres por inducción de Licinio[3282] Estolo. E el contrast
era que de los dos cónsules el uno fues fecho del pueblo

3280 Furio] frorio *P.* Φούριον.
3281 toscanos] *P.* Τουσκλανοὶ.
3282 Licinio] luçinio *P.* Λικιννίου.

e que no fuessen entramos de los patricios. E por[3283] esto
fizieron tribunos del pueblo; e embargavan que cónsules
no se fiziessen. E porque eran sin senyoría, muchas grandes turbaciones se movían. E por esto el consejo fizo a
Camilo dictador contra la voluntat del pueblo. E assín fue
fecho IIII vegadas dictador, ya sea qu'él no lo quería, porque no le parecía justo de ir contra aquellos hombres
[f. 58r / xxxix, 2] qui en su presencia sufrieron grandes
penas e muchas con él ensemble. Porque más cosas fizo
con ellos que con la ayuda de los patricios en los aferes
de la ciudat. E aun los patricios lo fizieron dictador por
invidia, por tal que o él por su poderío destruyés[3284] al
pueblo o, si no pudiés, qu'el pueblo destruyés a él. Camilo provó segunt el tiempo de endreçar estos fechos. E
quando él supo quál día los tribunos devían publicar sus
leyes, él escrivió davant que se congregás huest, e clamava el pueblo de la plaça que viniés al campo, menaçando
de levar la pena a aquellos qui no obeciessen su comandamiento. E los tribunos de la otra part le contradezían e
juravan que ellos lo condepnarían en L^m dineros de argent
si[3285] él no cessás de embargar lo que la comunidat havía
ordenado.[3286] E o sea qu'él huviés miedo que no fues aún
exiliado e no fues condepnado, seyendo hombre viello e
huviendo passado tantas tribulaciones, o sea porqu'él se
dubdava que la multitut non se moviés a baralla e considerando que no podría vencer la multitut, la qual es invencible,[3287] se fue a su casa e trobó ocasión fingiéndose qu'él

---

3283   patricios. E por] patricios et por esto fizieron tribunos e que no
fuessen entra et por *P* (*flanqueado por* va [...] cat *el segmento* et por esto
fizieron tribunos et que no fuessen entra).
3284   destruyés] destrueyes *P*.
3285   si] et si *P*.
3286   ordenado] ordenada *P*.
3287   invencible] inuenciple *P*.

era enfermo, e juró de no acceptar más senyoría. Por la qual cosa, el consejo esleyó otro dictador. E el dictador fizo su conestable³²⁸⁸ a aquel qui fue ocasión de aquella turbación e le dio poderío que confirmás aquella lei la qual tribulava a los patricios. E la lei dezía que ninguno no huviés más de vᶜ pletros de tierra. E quanto por aquella vegada, Estolo huvo poderío,³²⁸⁹ e él pareció poderoso; mas de allí a poco tiempo se trobó qu'él havié más tierra, e fue pu- [f. 58v] nido segunt la sentencia de su lei.

Aprés d'esto vinieron nuevas ciertas que los celtos en grant multitut se eran departidos de la mar Adriática e venían contra Roma. Segunt las paravlas eran los fechos de la guerra; porque ellos captivavan la tierra, e todos los que no podían venir a Roma se derramavan por las montanyas. E esti miedo fizo cessar aquella turbación, e todos se aplega-ron ensemble, la gent comuna con los patricios, e todos por común consejo fizieron a Camilo dictador la quinta vegada. Camilo era muit viejo, e poco le fallecía de LXXX anyos. E quando él consideró el periglo, él acceptó la capitanería e ordenava la huest. E conociendo qu'el mayor poderío de los bárbaros era en las espadas, con las quales firién terrible-ment e tallavan quanto alcançavan, e más por la grant fuerça que por art, fizo a toda la gent d'armas bacinetes de fierro todos redondos porque la espada eslenás o se rompiés; e en los escudos puso en derredor launas de arambre, porque la fusta sola no podía sofrir los colpes. E después havían en medio una brocha de fierro luenga e les ensenyava Camilo cómo estendiessen las manos por recebir los colpes e firie-ssen enta la cara a los enemigos con aquella brocha.

3288   conestable] conostable P.
3289   Estolo huvo poderío] de esto no huvo poderío P (tachado lo en el texto central, y sustituido por no en el margen): λαμπρὸς ὁ Στόλων ἐγεγόνει τῇ ψήφῳ κρατήσας.

E quando la huest de los celtos vino cerca el río de Anio con grant robería, Camilo fizo sallir la huest de los romanos. E la fizo estar en lugar secreto, assín que la mayor part no parecían, e aquella part que se amostró parecía que huviesse miedo e que por miedo se tirás enta las alturas. Por la qual cosa, queriendo Camilo que los enemigos se afirmassen más en esta imaginación, no curava [f. 59r / xli 2] ayudar a algunos de los suyos qui eran robados, mas solament él encerrava al lugar do él era atendado e parava mientes lo que se fazía. E quando él vido que algunos de los enemigos andavan derramados por robar e los otros estavan embriagos en lures tiendas, e seyendo aún de noche Camilo envió los más liugeros que turbassen a los bárbaros. E depués, cerca el alba, él ordenó e puso en az los armados en el campo, los quales eran muchos e ardides e no pas pocos e temerosos, como los bárbaros se cuidavan. Esta cosa espantó primerament a los celtos; porque los liugeros los assallieron quando eran aún nudos e los costrenyían[3290] de combater antes que se armasen e que cada uno se metiés en la az ordenadament. Por la qual cosa, quando Camilo corrió sobre ellos, queriendo o no, le levantaron sus espadas e corrieron contra los romanos, los quales recebían los colpes de las espadas en sus escudos assín que ningún mal no havían. Mas las espadas de los bárbaros se plegavan como fierro muell. E no solament eran los escudos de los romanos fuertes por sofrir los colpes (porque havían cércoles[3291] de fierro e launas de arambre), mas aun ferían a los enemigos en la cara con las brochas de fierro qui eran en los escudos, segunt que havemos dicho. Por la qual cosa, los celtos desemparavan lures espadas como cosas inútiles e tomavan las

---

3290   costrenyían] costrenia *P.*
3291   cércoles] corcoles *P* (*cf. Róm. 102v:* cercoles *P.* circuli *F*).

brochas de los escudos de los romanos, las quales eran[3292] como lanças chicas, e empuxavan a los enemigos a çaga. Sobre esto, los romanos los assallieron valientment. E circundaron a los primeros combatedores, e los çagueros se derramaron por el campo, porque Camilo havía tomado antes los [f. 59v] passos de las montanyas e de todos los lugares altos. E dízese que esta guerra fue fecha depués que Roma fue presa anyos xiii. E la hora tomaron los romanos una poca esperança contra los celtos; porque antes havían grant miedo d'ellos. E la hora conocieron que por desaventura los havién vencido primerament los bárbaros contra razón e no por lur poderío. E que ellos huviessen grant miedo de los bárbaros es cosa manifiesta por la lei que fizieron: que los sacerdotes fuessen francos de todas las armadas sino solament contra los gálicos.

Esta fue la çaguera batalla que Camilo fizo. Quanto[3293] la ciudat de Veletri, se rendió a él e la tomó sin batalla. E fincó la guerra más periglosa, es a saber, la civil; porque el pueblo quería poner un cónsul, e el consejo le contrastava. E por esto no dexavan a Camilo qu'él renunciás a la senyoría, por haver su actoridat en ayuda de los gentiles hombres. E mientre que Camilo sedía en una congregación, los tribunos enviaron un sirvient por Camilo, comandándole que lo siguiés. E tomolo por la falda tirándolo qu'él viniés, quisiés o no. Camilo empuxava de suso del tribunal al servient; e la multitut, qui era de yuso, comandava al sirvient que tirás a Camilo[3294] enta yuso. Camilo, vidiendo que no podía más, ni la senyoría renunció ni al pueblo reptó, mas tomó con él el consejo e ívase enta el Senado. E antes qu'él entrás dentro, se giró enta el Capi-

3292   eran] era P.
3293   quanto] quando P.
3294   Camilo] mario P.

tolio e fizo oración a los dioses que adreçassen los fechos de la ciudat a mejor fin. E fizo voto que, si ellos se acordassen, él edificaría un templo de la Unidat. En el consejo fue grant turbación por el contrast que havían entre ellos el pueblo con los gentiles hombres. Empero, [f. 60r / xlii, 4] el más manso e simple consejo venció consentiendo al pueblo. E fue determinado que la multitut esleyesse al uno de los cónsules del pueblo. E depués, el dictador publicó la determinación del consejo. E de continent el pueblo fue pacificado con el consejo. E enviaron a Camilo a su casa con loores e con alegría. El día siguiente, fue fecha congregación e fue determinado que se edificás el templo de la Unidat en medio de la plaça, e que se pudiés veyer de todas partes, por las cosas que fueron fechas la hora, segunt que Camilo prometió a los dioses; e a los iii días qui se claman Latinas anyadieron un otro día, e fazién fiesta iiii días. E los romanos sacrificavan con coronas e fazían processión. E fueron fechos los cónsules segunt que Camilo determinó, es a saber, de los patricios Marco Emilio, e del pueblo Leucio Sexto. E esta fue la fin de los aferes de Camilo.

Depués d'estas cosas, en el anyo siguient conteció en Roma mortaldat que consumó del pueblo multitut infinida, e de los gentiles hombres la mayor part. La hora murió Camilo, el qual era e de su persona e de costumbres en su conversación sufficient quanto algún otro lo pudo seyer. E la su muert contristó a los romanos más que de nengún otro qui muriés aquel anyo en aquella enfermedat.

SOLÓN

{*PF*}

SÍGUESE EL XXXI LIBRO: De las gestas e memorables fechos de Solón de Athenas.

Solón no era fijo de Euforío, segunt que escrive Dídimo el gramático enta Asclipiado[3295] segunt el dicho de Filocleo, mas, segunt que todos se acuerdan, él fue fijo de Exiquestido. El qual Exiquestido havía riquezas e poderío de medianos ciudadanos; mas él era de la casa del primer linage, porqu'él era de los Codridos. Mas la madre de Solón era nieta de Pisístrato, e havién grant amor ensemble Solón e Pisístrato. E ya sea que ellos viniessen en algún contrast por los aferes de la ciudat, la antiga amigança fincó siempre entre ellos.

E depués qu'el padre de Solón destruyó lo suyo en donos e en fazer curialidades, Solón se envergonçava de tomar alguna cosa de otros, porque era nacido de tal casa que solía acorrer a otros. E por esto, seyendo aún joven, començó a fazer mercadurías. E dizen algunos qu'él non se destranyó de su tierra por ganancia de moneda, sino por aprender ciencia e valor; porque verdaderament él era amador de sapiencia. E seyendo aún viejo, él dezía: «Quanto más envellesco, tanto más aprendo». E nunqua

---

3295 Asclipiado] sclipiado *PF*: Ἀσκληπιάδων.

preció las riquezas, mas dezía que assín es rico aquel qui
puede fartar solament a su vientre e reposar sus costados
e sus piedes como aquel qui ha mucho argent e oro e
campos qui lievan trigo e cavallos e mulos. «E si por ventura yo deseo de haver moneda, yo non la deseo possedir
injustament, pues que la justicia viene de çaga». Pues no
embarga a la bondat del hombre muit apreciado si él
no cura mucho de ganar cosas superfluas, ni aun si él di-
ssimula de haver cosas de oro necessarias. E en aquel
tiempo, segunt que muestra Isíodo, «fazer mercadería no
era cosa de reprensión», antes era cosa honorable, porque
ganava amor de los bárbaros e gracias de reyes, e los mer-
caderos eran [f. 61r / II, 6] adoctrinados en muchas cosas;
en tanto que algunos d'ellos abitaron grandes ciudades,
como fizo primerament Massalea, al qual amaron los celtos qui abitavan cerca del Rose. E Tales se dize que se fizo
mercadero; e Ipocrás el matemático; e aun Plato quando
iva en Egipto tomó por sus despensas olio.

Por que parece a algunos que, quando Solón se fizo
mercadero, no lo fizo por otro sino por haver las despensas necessarias e por haver su reposo. E que Solón mismo
más se reputás del número de los pobres que de los ricos,
es cosa manifiesta por lo qu'él dize que «muchos malos
hombres enriquecen, e los buenos empobrecen; mas nós
no queremos cambiar³²⁹⁶ nuestra virtut en lur riqueza, porque la virtut está siempre firme, e l'haver del hombre una
vegada lo tiene uno e una vegada otro». E del comença-
miento³²⁹⁷ se fizo poeta, no pas aquexadament, mas folgadament, a su plazer. E depués él anyadía a los viersos consejos útiles por la ciudat, segunt qu'él reprendía a los de

---

3296   cambiar] embiar *P*: mandare *F*: διαμειψόμεθα.
3297   del començamiento] de comandamiento *P*: di comandamento *F*:
κατ' ἀρχάς.

Athenas. E começó de escrevir las leyes poéticament; e aún algunos se miembran del principio †de estillo†,[3298] el qual dize assín: «Primerament, nós pregamos a Cronidi[3299] por el rei de los dioses, que dé a estos ligamientos buena ventura e gloria». Mas él se aquexó más en la filosofía moral; porque en la natural él es simple, segunt que él dize que «de la niévla se faze nief e piedra, e qu'el relámpago se faze del trueno, e que la mar se conturba por los vientos, e, si alguna cosa no la mueve, ella es la más justa cosa[3300] de todas las otras cosas».

E Solón favló ensemble con Tales en los Delfos e aun a Corintho en congregación [f. 61v] e en solaz de savios el qual fizo Períandro.[3301] E el bolvimiento del tríspol[3302] puso amos a dos en mayor dignidat. El qual fue fecho en esta manera: Algunos del Lango[3303] echaron las redes, e algunos milissios qui se trobaron allí compraron lo que las retes tomarían antes que la presa pareciés. E mientre que tiravan la ret, apareció el tríspel[3304] de oro el qual se dize que Elena echó quando ella tornava de Troya, membrándose de un oráculo. Fue, pues, entre ellos grant contrast por la convenencia que havían fecho; en tanto que las ciudades vinieron en dissensión. Por la qual cosa, vinieron a batalla. E por esto la sacerdotissa del dios Apolo de Pithia comandó que se dies al más savio.[3305] Por la qual cosa, ellos lo enviaron primerament a Tales, porque antes havían combatido con todos los militios ensemble. E Tales lo

3298 †de estillo†] de estillo P: dilestillo F.
3299 Cronidi] Yormidi PF: Κρονίδη.
3300 justa cosa] cosa justa P: cosa giusta F.
3301 Períandro] penandro PF: Περιάνδρου.
3302 tríspol] PF: τρίποδος.
3303 Lango] PF: Κώων; cf. Alcib. 12r.
3304 tríspel] cf. supra, tríspol.
3305 al más savio] a los mas savios P: al piu savio F: τῷ σοφοτάτῳ.

envió a Bías como a más savio; e Bías lo envió a un otro como a más savio d'él. E en tal manera el tríspel[3306] fue en torno por todos los filósofos e retornó a la segunda vegada a Tales. Finalment, fue levado de Mílito a Estivas, e fue presentado al dios Apolo. Algunos dizen que no era tríspel,[3307] mas una copa[3308] grant que Cresso envió. E otros dizen un gobel que dexó Vaticlí.

Cómo Solón fue ordenador de las leyes de los de Athenas; e de lo que le conteció con Tales; e cómo priso la ciudat de Mégara e la isla de Salamina

Dízese que, quando Anaharso[3309] fue a Athenas, él fue en l'ostal[3310] de Solón e fería la puerta diziendo: «Yo só estranyo, e só venido por fazer amigança con tú ensemble». Solón le respondió: «Más valería que fiziesses[3311] [f. 62r / v, 2] amigança en tu casa». «Pues —dixo Anaharso[3312]—, pues que tú eres en tu hostal, recibe a nós advenedizos amigablement». Por esto Solón se maravelló de la supitana respuesta del hombre, e lo recibió curialment en tiempo sufficient quando él governava las cosas del común e ordenava las leyes. Quando Anaharso[3313] comprendió esta cosa, se chufava de los aferes de Solón, es a saber, cómo Solón se cuidava de embargar las injusticias de los ciudadanos e las copdicias con letras, las quales son como telas de aranya, las quales pueden retener solament

---

3306	tríspel] cf. supra.
3307	tríspel] cf. supra.
3308	copa] cosa PF: φιάλην.
3309	Anaharso] PF: Ἀνάχαρσιν.
3310	en l'ostal] allo stal F: en stol F: ἐπὶ τὴν οἰκίαν.
3311	fiziesses] facessi F: fizies P.
3312	Anaharso] cf. supra.
3313	Anaharso] cf. supra.

los impotentes quando son tomados allí, mas los potentes las rompen. Solón dixo en esto que los hombres servan las concordias, porque a ninguno no es útil de romper los pactos qu'él ha prometido. «E por esto yo ordeno estas leyes por mostrar a mis ciudadanos quánto es mejor bevir justament que injusta». Mas, por verdat, estas cosas fueron assí como consideró Anaharso,[3314] e non como esperava Solón. Dezía Anaharso:[3315] «Yo me maravello de la congregación de los griegos cómo lures filósofos dizen, e los idiotas jutgan».

Después d'esto, quando Solón se fue a Mílito a Tales, él se maravelló de Tales cómo él no tomava muller por fazer fillos. Tales calló la hora; e passando algunos días, él ordenó con un hombre estranyo qui dixiés: «Yo só agora venido de Athenas dentro x días». E quando Solón uyó esta cosa, lo preguntava si él sabía dezir algunas nuevas de la tierra. E el hombre le respondió assín como era ordenado por Tales, e dixo: «Yo he visto levar un muerto joven, e toda la ciudat lo acompanyava. E segunt que ellos dizen, era el fillo de un grant hombre e glorioso, más adelantado que todos los otros ciudadanos. E no es allí, mas dixieron qu'él era absent [f. 62v] grant tiempo havié». Solón dixo: «Por cierto, mal es aventurado aquel hombre qualque sía, si es assín como tú dizes». E el hombre dixo: «Yo he oído bien su nombre, mas no me miembra; no res menos, se dezía qu'él es muit cuerdo e justo». E todas vegadas qu'él preguntava e el hombre respondía, el miedo tocava a Solón e ya[3316] la tribulación lo turbava. E dixo a aquel forestero su nombre diziendo: «¿Claman por ventura al padre del moço Solón?». «Hoc» —dixo el hombre. La hora

3314 Anaharso] cf. supra.
3315 Anaharso] cf. supra.
3316 e ya] et gia F: et ya tach., P: καὶ [...] ἤδη.

Solón començó a bater su cabeça e a fazer e dezir como los tribulados dizen e fazen. La hora Tales lo tomó e ridiose e le dixo: «O Solón, estas cosas que han contristado a tú, qui eres muit fuert, embargan a mí de mujer e de fijos. Mas seas cierto que estas paravlas no son verdaderas». Estas cosas dize Érmipo que las escrivió Páteco, el qual dezía qu'él havía el alma de Isopo.

No res menos, él es fuera de razón aquel qui por miedo de danyo e de pérdida desempara de haver lo que menester conviene. Porque en tal manera ni riqueza ni gloria ni sapiencia amaría ninguno dubdándose de perderlas, pues que nós veyemos que la virtut, la qual es la mayor possesión e la más dolç que hombre puede haver, se parte de nós por enfermedat o por mezinas.³³¹⁷ E Tales no ganó más por esti su miedo, antes huvo danyo de la ganancia de amigos e de parientes, assín como parece por lo qu'él fizo qu'él tomó un fillo adoptivo, es a saber, a Quívisto,³³¹⁸ fillo de su ermana. Porque, assí como el alma ha en sí el entendimiento e la memoria, assín ha el amor; e quando no ha su cosa propria que puede amar, se pone en cosa ajena. E [f. 63r / vii, 3] de necessidat el hombre qui atorga l'amor, quando es solitario de legítimos successores, él se imple de ajenos, los quales siempre lo ponen en piensa e en miedo; en tanto que tú verás algunos que se fazen filósofos por mujeres e fijos, mostrando de seyer de firme natura; mas en moços que los sierven e en fijos de sus amigas, si por ventura son enfermos o mueren, tanto los tira el amor que cridan e los claman suziament. E aun muchos por la muert de su cavallo o perro los ha enoyado la vida; e otros han perdido sus fillos e buenos, e ningún mal no han hovido ni han fecho ninguna cosa desconvenible,

---

3317   mezinas] *PF*: φαρμάκων.
3318   Quívisto] quivito *P*: qvito *F*: Κύβισθον.

antes bivieron assí como les apartenecía. Porque la flaqueza aduze las tribulaciones e los miedos sin fin, e no pas
l'amor, a tales hombres qui no[3319] son adoctrinados de
paravla enta los fechos de la ventura; e aquellos no se fartan de lo que aman por el miedo que han de perderlo. E
es convenible cosa que ni la pobreza atorgue[3320] por miedo
de perder el haver, ni quiera de no haver amigos por
miedo de perderlos, ni de no haver fillos por miedo que
los fillos no mueran, mas que razonablement se meta en
todas cosas. E aquestas cosas havemos dicho a present
más que no era necessario.

La hora los de Athenas, seyendo enoyados de aquella
guerra la qual huvieron con los de la Mégara por la isla de
Salamina, mucho tiempo ordenaron que ninguno no osás
escrevir ni dezir jamás que convenible cosa era que la ciudat huviés jurisdicción en Salamina; e qui lo osaría dezir,
perdiés la vida. La qual cosa pareció muit greu a Solón,
porque era muit desconvenible. E veyendo [f. 63v] que
muchos jóvenes deseavan de ir a combater, mas por el
estatuto no osavan començar, Solón simuló que fues loco,
e de su casa procedió fama en la ciudat qu'él havía perdido[3321] el seso. E él en aquel tiempo pensó e escrivió paravlas algunas las quales estudió sufficientment por dezirlas
de boca. E depués sallió súbitament en la plaça. E quando la multitut se congregó, él puyó sobre la piedra do se
fazía la crida e dixo sus viersos cantando, el principio de
los quales comiença assín: «El lugar de la crida yo lo he
fecho lugar de canciones; e só venido a cridar por la amable Salamina». E los viersos eran c,[3322] muit deleitables. E

3319   no] om. PF: άν(ασκήτοις).
3320   atorgue] aconsenta F: atorga P.
3321   perdido] perduto F: perdide P.
3322   C] VPF: ἑκατὸν.

quando él acabó de dezirlos, començaron sus amigos de
loarlo; e especialment Pisístrato,[3323] induziendo a los ciudadanos que destruyessen aquel estatuto. E de continent,
todos de una entención e de una voluntat, se movieron a
fazer la guerra. E fizieron capitán a Solón. Dízese comunament que, quando Solón navigó con Pisístrato en la Coliada e trobó allí todas las mujeres ensemble que fazían fiesta
a la dea e sacrificavan segunt la costumbre de lures antecessores, él envió un su fiel a Salamina, como si él fues
fugitivo, diziendo a los de la Mégara que, si ellos querían
tomar todas las mujeres de Athenas, que ellos lo más aína
que pudiessen navigassen con él ensemble a la Coliada.[3324]
Los de la Mégara[3325] lo consentieron, e armaron una galea
e ivan. E Solón comandó a las mujeres que se partiessen, e
armó todos los jóvenes qui no havían barba, e los paró
con ropas e con ornamientos femeninos, e tenían sus
cuchiellos escondidos. E les comandó que dançassen con
canciones en la ribera de la mar entro que todos los de la
galea devallassen. E todos los de la galea salliron fuera de-
[f. 64r / VIII, 5] sarmados como aquellos qui ivan contra
mujeres. E de continent, ninguno d'ellos no escapó, antes
fueron los de Athenas con aquella galea misma e tomaron
Salamina.

Mas otros dizen qu'el dios de los Delfos dio por responsión que fiziessen sacrificio a los principales senyores
de la tierra. E por esto Solón passó de noche a la isla e
fazía sacrificio a los grandes senyores, es a saber, a Perífi-
mo e a Queheria.[3326] E tomó con él hombres de Athenas v[c]
con tal pacto que, si ellos no tomassen la isla, que aque-

3323   Pisístrato] F: pasistrato P: Πεισίστρατος.
3324   Coliada] colida PF: Κωλιάδα.
3325   Mégara] F: megala P: Μεγαρεῖς.
3326   Queheria] PF: Κυχρεῖ.

llos fuessen senyores universales de la ciudat. E depués, él passó a la isla ***[3327] un golfo el qual talaya enta la Euboya. Los de la Mégara[3328] qui se trobaron a Salamina lo uyeron dezir, mas no certanament; por que enviaron una fusta por espía. E quando fueron cerca, Solón la tomó, e a todos los de la Mégara[3329] puso en fierros. E puso en la fusta hombres suyos comandándoles que al más aína que pudiessen fuessen enta la ciudat e estuviessen celados quanto pudiessen. E él tomó el romanient de la huest e iva por tierra enta la ciudat. E quando los de la Mégara sallieron a la batalla, los otros de Athenas que ivan por mar tomaron súbitament la ciudat. E aun él venció a los de la Mégara por tierra.[3330] E a todos aquellos qui no fueron muertos en la batalla los dexó ir con pactos de paz.

Aprés esto, los de la Mégara[3331] havían contrast con los de Athenas e metieron jutges a los lacedemonios por acordarlos. E Solón propuso en judicio cómo II fillos de Oea,[3332] es a saber, Fileo e Eurisaco, se fizieron ciudadanos de Athenas; e por esto dieron la isla a los de Athenas, e ellos abitaron entramos en la Atiquí: el uno a la Braurona,[3333] e el otro a Mílito.[3334] Por la qual cosa, el pueblo de do era Pisístrato de Fileo se clama *Filedo*.[3335] E los de la Mégara entierran lures muertos enta el levant;[3336] mas [f. 64v] los de Athenas enta el ponent. E los de Salamina, siguiendo las maneras de los de Athenas, entierran ellos a

3327 ***] *lag. en PF*: κατὰ.
3328 Mégara] *F*: megra *P*.
3329 Mégara] *F*: megra *P*.
3330 Mégara] *F*: megra *P*.
3331 Mégara] *F*: megra *P*.
3332 Oea] *PF*: Αἴαντος.
3333 Braurona] baurorona *PF*: Βραυρῶνι.
3334 Mílito] *PF*: Μελίτῃ.
3335 Filedo] fledo *PF*: Φιλαϊδῶν.
3336 levant] levante *F*: lavant *P*: ἕω.

los muertos enta el ponent. Esti judicio jutgaron v hombres, es a saber: Critoledo, Amonfáreto,[3337] Ipsiquido,
Anacsilo e Cleomeno.

E esta cosa fue gloria de Solón; mas aún era mayor gloria suya qu'él mostró a los griegos cómo devían vengar la
adevinación del dios e punir a los quirreos injuriados de
la adevinación. Por la qual cosa, se rebellaron los anfictiones[3338] e començaron la guerra, segunt que escrive Aristótiles; e reduze la ocasión sobre Solón. E era en aquella
guerra capitán Almeo.

Mas la contaminación de Quilonio de mucho tiempo
conturbava a la ciudat, depués que Megaclí de Quilonio
tiró en judicio aquellos companyones qui pregavan a la
dea e echaron un cordón al cuello de la dea e lo tenían. E
quando se talló el cordón por sí mismo sin algún colpe, la
hora Megaclí, qui era senyor, con sus companyones los
començaron a tomar diziendo: «Pues qu'el cordón es rompido, la dea no accepta pregarias». E de aquellos, a algunos lapidaron de part de fuera, e a algunos otros mataron
devant de las estatuas do eran fuidos. E a aquellos solament perdonaron qui pregaron a lures mujeres. E por esta
ocasión los clamavan contaminados e los querían muit mal.

*Cómo por la división que fue en Athenas entre los ricos e
los pobres Solón fue esleído por mayor d'ellos e los reduxo
a concordia; e de las cosas que depués se siguieron*

Depués d'esto, todos aquellos qui se congregaron de la
part de Quilon havían siempre turbaciones con la part de
Megacleo, en el qual tiempo la turbación se fortificó tanto

3337   Amonfáreto] anfofareto *PF*: Ἀμομφάρετος.
3338   anfictiones] *F*: anficciones *P*: Ἀμφικτύονες.

que la comunidat fue [f. 65r / xii, 1] en división. En esto
Solón con los otros nobles de Athenas se puso en medio
e pregó e consejó e fizo consentir a aquellos qui eran clamados contaminados que estuviessen en judicio. E fueron
esleídos jutges nobles hombres iii^c.³³³⁹ E el acusador era
Miro el flico;³³⁴⁰ e fueron condepnados. E aquellos qui eran
aún bivos fuyeron, e las reliquias de los muertos fueron
desenterradas e echadas fuera de lures términos. Sobre
esta turbación los de la Mégara assallieron a los de Athenas e les tomaron la Néssea; e Salamina se rebelló. E en la
ciudat havié fantasías e espantamientos. E los adevinos
dezían: «Los sacrificios nos muestran algunas contamina-
ciones que han menester de limpiezas». En esto todos
aquellos de Cret qui no se contentavan de Períandro
enviaron por Epimenido Festio, el qual era reputado de
todos amador de los dioses e adoctrinado en las cosas
divinas e en los oráculos (en tanto qu'él era clamado Ono-
mativaltas). E quando Epimenido vino, ayudava mucho a
Solón a ordenar las leyes, e menguó los ploros barbares-
cos de las mujeres los quales fazían. E ordenó sacrificios
por limpieza, e ordenó que los sacrificios fuessen de
menor despensa por tal que más liugerament los fiziessen.
E limpió toda la ciudat con oraciones e sacrificios e templos. E les consejó que se diusmetiessen a la justicia, e los
aduxo en paz e en unidat. No res menos, quando él vido
la Moniquía, la qual es puerto de Athenas, él consideró
sufficientment e dixo: «¡O quánto es ciega cosa el hombre
en las cosas que deven contecer! Que si los de Athenas
supiessen quántas tribulaciones les deve dar esti lugar, lo
comerían con los dientes». E Epimenido pareció muit
maravelloso. E los de Athe- [f. 65v] nas lo regraciaron e le

3339 iii^c] trecento *F*: iii *P*: τριακοσίων.
3340 flico] *P*: Φλυέως.

davan grant trasoro; mas él no tomó ninguna otra cosa sino qu'él demandó un ramo del olivero sagrado. E tomo-lo e depués se fue.

E la hora cessó la turbación la qual era por la contami-nación de Quilonio, depués que fuyeron los contamina-dos. E aún depués, quantas tribulaciones³³⁴¹ havía la tierra, en tantas partes fue departida la ciudat. E cercava el lina-ge de los diacrios³³⁴² de endreçar el estado del pueblo; mas el linage de los pedieos ayudava que los pocos regnassen; la tercera part, es a saber, los parales, tractavan la cierta manera como mediana e embargavan al una part e al otra. La hora se movieron los pobres contra los ricos, e pericli-tava la ciudat. E no parecía que otrament pudiés cessar la turbación sino por tiranía. Todo el pueblo devía dar mucho a los ricos; e laboravan las tierras e dávanles la sexta part e se fazían prestar sobre lures personas. Por que los constrenyían que los sirviessen personalment, e los vendían en tierras estranyas; e algunos qui havían fijos los vendían por el deudo o fuían de la ciudat por el agra-vamiento de los préstamos. Mas la mayor part como más poderosos se congregavan en companyías, e el uno atiza-va al otro que no desemparasse el uno al otro, antes que ordenassen que la ciudat huviés un senyor qui fues hom-bre fiel e ordenás los fechos de la ciudat.

En esto los más savios de Athenas, considerando que solament Solón era fuera de los pecados —ni participava con los ricos en las injusticias, ni aun en las necessidades de los pobres—, e lo pregaron qu'él endreçás la ciudat e fiziés cessar las turbaciones. Mas Fanía lesbio escrive que Solón mismo decibió amas a dos las partes, es a saber, los pobres e [f. 66r / xɪv, 2] los ricos, no por otro sino por sal-

3341 tribulaciones] *P*: tribolazioni *F*: διαφοράς 'diferencias'.
3342 diacrios] diaqurios *P*: diaquirios *F*: Διακρίων.

var la ciudat, en esta manera: él prometió secretament a los pobres que les compartiría la tierra pora lavrar, e a los ricos prometió de confirmar lures escripturas de los deudos. Por que todos se acordaron e lo esleyeron que él los acordás e pusiés lei: los ricos lo esleyeron como a rico, e los pobres como a bueno. Por la qual cosa, como él dixo la primera paravia —«que concordia no faze guerra»—, plugo a todos, porque algunos esperavan de haver concordia segunt lur dignidat e virtut, e los otros segunt lur poderío. Por esta cosa muchos vinieron a Solón e lo induzién a tiranía e lo aquexavan que aína tomás la ciudat en su poderío. E algunos dizen que la Pithia le envió dezir qu'él se moviés a esta cosa diziéndole: «Assiéntate, Solón, en medio de la nau e fes obra de governador, que muchos de Athenas te ayudarán», segunt que lo aquexavan en la monarchía e le dizían: «¿Por qué te envergüenças del nombre de la monarchía, pues que por tu virtut se fará regno, assí como los euboyos han acceptado por tirano a Tinonda,[3343] e los de Metelín a Pitacó?». Mas estas paravlas no lo movieron punto de su propósito, mas dixo a sus amigos: «La tiranía buen casal es, mas non ha dó pueda pisar el piet». Por la qual cosa, él escrivía a Foco diziendo: «Yo non he vergüença porque yo he contristado a mi patria no queriendo tomar la salvage tiranía por contaminarme ni por envergonçar a mi gloria; porque me parece mejor de vencer en esta manera a todos los hombres». Por esto parece bien que, antes que Solón fiziés las leyes, era famoso en gloria. No res menos, sus amigos lo reptavan porqu'él fuyó de la tiranía, e dezién: «Solón no es savio natural ni de buen consejo, [f. 66v] pues que Dios le ha dado el bien e non lo ha acceptado, e, huviendo la caça aparellada, non estendió las redes».

3343   Tinonda] tinon *P*: thimon *F*: Τυννώνδαν.

No res menos, ya sea qu'él no acceptó la tiranía, non se mostró por esto flaco en los servicios, ni fizo las leyes segunt la voluntat de los poderosos ni en plazer de aquellos qui esleyeron a él, mas todas las leyes qui eran por utilidat de la ciudat ni las emendó ni las mudó, dubdándose que por esta cosa no fues comoción en la gent e que no pudiés adreçar los fallimientos. Mas tanto dezía e fazía quanto esperava que le deviessen consentir o le sufriessen, si él lo forçás, segunt qu'él dezía mismo qu'él «havía ajustado ensemble fuerça e justicia». Por la qual cosa, quando le preguntavan si él havía escripto leyes útiles por los de Athenas, él dixo: «Hoc, de aquellas³³⁴⁴ que era posible de acceptar a los virtuosos». E esti es el parlament de los de Athenas, que las cosas suzias las cubran con fermosos nombres; porque claman a las putas *otras*,³³⁴⁵ e a los mercadores *congregación*, e a la cárcel *propriedat*, e a los alcaides *guardianes*. E esta cosa trobó primerament Solón, segunt qu'él nombró el amenguamiento del deudo *sisahtia*,³³⁴⁶ la qual cosa él fizo antes por adreçamiento de la ciudat, como él escrivió que todos los primeros deudos fuessen dexados e que de allí avant ninguno no prestás sobre persona de hombre. Mas Androtío³³⁴⁷ dize qu'él no dexó del todo los deudos, mas alevió las usuras. E esta cosa pareció a los pobres que cumplié,³³⁴⁸ e clamavan a la sisahtia *humanidat*. E acreció todas las mesuras e hondrava la moneda; porque la mina³³⁴⁹ de Atiquí valía antes daremes LXXIII, e la hora él la acreció en ciento. E quanto

3344   aquellas] quelli (*en margen*, quelle) *F*: aquellas *P*.
3345   *otras*] otras *PF*: ἑταίρας (*ha habido confusión con su homófono* ἑτέρας 'otras').
3346   *sisahtia*] sisahcia *PF*: σεισάχθειαν.
3347   Androtío] andriotido *PF*: Ἀνδροτίων.
3348   cumplié] bastasse *F*: cumplien *P*.
3349   mina] rana *PF*: μνᾶν.

al nombre, uno era; mas, quanto a la valor, le creció más; [f. 67r / xv, 4] e los deudores, dando menos, pagavan más. La qual cosa era utilidat de aquellos qui pagavan, e non nozía a aquellos qui recebían. Assín dize Androtío; mas la mayor part dize que de todo él cassó los deudos. E aquella cosa fue clamada *sisahtia*. E esta es la más vedadera, segunt que escrive Solón mismo: qu'él «gastó los primeros términos de los campos e reduxo aquellos qui eran venidos en tierras estranyas a la ciudat como ciudadanos (e ya lur lengua barbareava por la extraniedat), e aquellos qui eran en servitut havielos afranquido a todos». E por esti fecho le conteció cosa de grant desplazer. Porque, quando él quería cassar los deudos e buscava alguna ocasión razonable, él se consejó con algunos sus amigos de los quales más se confiava, es a saber, Conon[3350] e Clinía[3351] e Ipónico, por saber cómo les parecía que fues bueno qu'él cassás los deudos e no[3352] compartiés la tierra.[3353] Quando ellos lo uyeron, se fizieron prestar de los ricos mucha moneda e compraron tierra. E depués, quando la lei fue publicada, ellos recibieron bien el fruto de la tierra; mas los deudos no rendían. E por esto fue calupniado Solón, no como si él fues injuriado con los otros injuriados, mas como si él fiziés injuria a otros ensemble con aquellos qui las injurias fazién. Mas esta suspición aína cessó, porque, segunt la lei qu'él havía estatuido, él fue el primero qui quitó todos los deudos qu'él havía prestado, los quales montavan a la valor de v talentes. E algunos dizen[3354] xv; de los quales es uno Políssilo de Rodas.

3350   Conon] canon *PF*: Κόνωνα.
3351   Clinía] calinia *PF*: Κλεινίαν.
3352   no] *om. PF*: οὐ.
3353   tierra] guerra *PF* (terra *en el margen de F*): γῆν.
3354   dizen] dicono *F*: dize *P*: λέγουσιν.

Mas, porqu'él no partió la tierra, huvieron desplazer [f. 67v] los pobres, e todos havían mal coraçón enta él: los pobres por la tierra, e los ricos por el danyo de los deudos. Licurgo,[3355] qui fue el onzeno decendient del linage de Ércules, regnó en Espartia muchos anyos, e havía grant dignidat e poderío e muchos amigos. Quando él endreçó la ciudat en egualdat e assín esforçadament qu'él perdió allí el uno de sus ojos, reduxo la tierra en salvación e a tanta unidat que ningún ciudadano no era pobre ni rico. Mas Solón esta cosa non pudo fazer; empero, no fue negligent en todo lo qu'él podía. E qui él fues odioso, él mismo lo escrive diziendo: «De primero, mis ciudadanos me vedían alegrement; mas agora me guardan de travierso como a enemigo». No res menos, aína se penidieron e se pacificaron e fizieron fiesta e sacrificio regraciando e nombrando la sisahtia.

E fizieron a Solón endreçador e condedor de leyes. E todas las cosas metieron en su poderío: senyorías, congregaciones, judicios, consejos, e qu'él ordenás qué hondra deviés haver cada uno, e qu'él confirmás lo que le pareciés e cassás lo que a él pareciés, assí como él cassó las leyes de Draco homicidiales, que él fizo no por otro sino porque no perdonava a alguno, mas a todos ponía una pena, es a saber, de la vida, o fues jutgado como fugitivo, o como occioso: que, si solament él furtás coles o fruita, devía morir como los homicidiales. E por esto pareció depués cuerdo Dimadi porqu'él dixo que Draco no escrivió sus leyes con tinta, mas con sangre. E Draco mismo, quando fue preguntado [f. 68r / XVII, 4] por qué havía puesto una misma pena a los chicos fallimientos e a los grandes, dixo: «Yo reputo los menores fallimientos dignos de muert; mas a los grandes no he más de que pueda anyader».

3355   Licurgo] licurno *PF*: Λυκοῦργος.

Fizo aún Solón otra cosa. Porqu'él dio por consejo que las senyorías huviessen los ricos, assín como antes; mas en los otros aferes de la ciudat que mesclás e participás el pueblo, ya sea que antes no se entremetiés. E ¿qué fizo?[3356] Ordenó las hondras de los ciudadanos en esta manera: Él partió las condiciones de la gent en IIII partes: a los primeros atorgó los officios e las dignidades e les clamó *pendacosiomedinos*, quasi del nombre de vᶜ; a los segundos clamó *ipadas*, porque tenían cavallos; a los terceros clamó *sobrayuveros*; e a todos los otros clamava *thitas*. E estos no havían ninguna senyoría ni otro poderío en la ciudat, sino que podían seyer presentes en las congregaciones e en los judicios. E esta cosa del començamiento pareció cosa de no res; mas depués pareció muit grant, e grandes contrastes contecían por esta cosa. Porque, assín como los mayores havían auctoridat de jutgar, assín havían cada uno d'estos poderío de examinar el judicio por que fue fecho. E escrivió sus leyes muit escurament, no por otro sino porque las leyes, quando han excepciones e contradicciones, han menester de jutge e han a determinar los dubdos, assín como savios de las leyes. E dio al pueblo actoridat de examinar por hondra; mas el poderío reservó a los jutges, los quales eran adoctrinados en las leyes. E aun queriendo ayudar la enfermedat de los muchos, dio poderío a cada uno de demandar vengança por aquellos qui [f. 68v] recebían injuria. E si por aventura alguno fues batido, cada uno qui quería havía actoridat de acusar a aquel qui havía fecho el mal. La qual cosa él fizo razonablement queriendo que los ciudadanos se doliesen el uno por el otro, como si todos fuessen un cuerpo, segunt que algunos se miembran de una su paravla la qual se acorda con esta lei.

3356 ¿qué fizo?] *no hay interrogación en el original.*

Él fue preguntado quál ciudat se govierna mejor; e él dixo: «Aquella en la qual los qui no reciben injuria no menos pueden acusar e fazer punir a los malefactores que aquellos qui han recebida la injuria».

Depués d'esto, él ordenó el consejo del Ariópago, en el qual eran los gentiles hombres conselleros de aquella amiyea. E veyendo qu'el pueblo se ensuperbía porque era delivrado de los deudos, esleyó de cada un linage, los quales eran IIII, hombres c e estatuyó que ellos fuessen en el segundo consejo de todas las cosas que menester fiziessen a la comunidat e no dexassen que alguna cosa entrás en la congregación si ellos no la examinassen. Mas el consejo sobirano era por guardar e servar las leyes. La qual cosa él fizo por intención que la ciudat fues extimada sobre los dos consejos, assí como sobre dos áncoras, e huviés menos de turbación e biviés más folgadament.

E entre las otras leyes qu'él escrivió, escrivió esta la qual parece bien estranya, es a saber: que, si en la ciudat fues alguna dissensión, que fues desondrado cada uno qui no se teniés o con el una part o con el otra. E parece que su intención fue que ninguno por evitar el periglo de sí mismo no fues negligent en las cosas comunas, e que ninguno no se cuidás fazer bien no dando a- [f. 69r / xx, 1] yuda a su patria, mas que se mesclás con los mejores e con los más justos e les ayudás e se metiés en periglo con ellos. E era mejor que tirarse fuera de periglo e esperar a veyer quí sería más poderoso. Encara es loable aquella lei la qual vieda que ninguno non diga mal de los muertos; porque justa cosa es de cuidar que aquellos qui son ya muertos sían santificados, e que utilidat sía de la ciudat tirar la cosa perpetual de las enemiganças. E que alguno no dixiesse mal de otros en los templos ni en las fiestas ni en los exercicios; e qui fiziés el contrario, fues condepnado. E esto fizo porque le parecía cosa de mal ensenyament que hombre no pudiés refrenar en alguna part su furor. E la lei de los testamentes pareció muit sufficient. Porque antes era lei que las cosas del muerto fincassen solament a su linatge; mas esti comandó que, si él non huviés fillos, pudiés dar lo suyo a qui quisiés. En esta manera él hondró e al parentesco e a la amigança, e les dio actoridat sobre lures cosas. Aún fizo una lei por las exequias de los muertos, e vedó que ninguno non matás buei ***3357 a la sepultura estranya sino quando el cuerpo se levasse.

E veyendo que la ciudat se emplía de pueblo de todas partes e la mayor part de la tierra era infructuosa e los hombres de la mar no tenían por costumbre de levar alguna cosa fuera a aquellos qui no havían de darles alguna cosa por escambio, ordenó que los ciudadanos fuessen menestrales de artes mecánicas. E escrivió una lei: El padre qui a su fillo no ha mostrado art, no sea tenido el fillo de nudrirlo. E Licurgo3358 abitava en tierra franca de gent [f. 69v] estranya, la qual era grant e fructífera, e havían muchos siervos por livrar la tierra. E segunt esto, él fizo bien a tirar sus ciudadanos de las artes e fazerlos hombres d'armas.3359 Mas Solón no acordó las cosas segunt las leyes, mas las leyes segunt las cosas. Por que, veyendo que la tierra no era sufficient por nudrir tanta multitut, hondró las artes; e por esto él ordenó qu'el consejo de los Ariópagos parassen mientes de dó havía cada uno lo que menester le fazié, e, si fallassen3360 alguno qui non lavrás o qui no supiés art, que lo puniessen. Encara escrivió una otra lei más fuert d'esta: que los ilegítimos no fuessen tenidos de nudrir a lures padres; porque aquel qui no toma mujer, manifiesta

---

3357   ***] *lag. en PF*: οὐδ' [...] βαδίζειν.
3358   Licurgo] luturgo *P*: liturgo *F*: Λυκούργῳ.
3359   d'armas] *om. PF*: ἐν ὅπλοις.
3360   fallassen] falagassen *PF*.

cosa es que él non lo faze por fazer fillos, mas por su deleit, e cúmplele por su mérito el solo deleit, ni ha hondrado a tales fillos, antes ha fecho lur natividat vituperosa. Mas aquella lei qu'él fizo por las mujeres no parece razonable. Porque dize que, si alguno comprende a alguno en adulterio, que lo mate; mas, si alguno força alguna mujer que no haya marido, pague daremes C; e el alcauet pague daremes xx, exceptado las públicas qui públicament venden sus personas. E puso orden a la despensa de los sacrificios e a las hondras de los exercicios. E qui aduziés un lobo, huviés v daremes; e qui aduziés una loba, huviés un dareme (e el dareme era el precio de un carnero; e los v, de un buei). E era antiga costumbre de los de Athenas de querer más combater con el lobo que lavrar la tierra. Encara fizo una otra lei por el agua, porque la tierra no havía ríos ni valsas. E ordenó que del agua que era luent IIII estadios, cada uno po- [f. 70r / xxxIII, 6] diés tomar por su necessidat; e si era más luent, qu'él buscás agua pora él; e si alguno fazié poço³³⁶¹ e no fallase agua por x passos, qu'él pudiés tomar agua pora sus necessidades de su vezino II vegadas el día. La qual fizo por ayuda de la pobreza, e no de la occiosidat. Comandó aun por el plantar que qui plantasse en los campos alguna cosa, que la plantasse luent de su vezino por espacio de v piedes, exceptado figuera e olivero, las quales fuessen de lontano de IX piedes. La qual cosa él fizo porque estos árbores destienden mucho sus radizes e porqu'el aire e sombra de aquellos árbores es nozible a algunos otros. E qui querié meter colmenas, las metiés luent de su vezino IIIᶜ piedes.

E de quanto fruito fiziés la tierra, no dasen a los estranyos sino olio; e qui sacaría otra cosa, pagasse al común

---

3361 poço] *F:* poco *P:* φρέαρ.

daremes c e fuesse maldicho. E aun se dize que ni figas no osavan sacar de la tierra. Aún fizo una otra lei: que ningún advenedizo non fues fecho ciudadano si él no fues perpetual exiliado de su patria e qu'él viniés con toda su familia e que aprendiés alguna art por bevir. E estatuyó que sus leyes huviessen vigor entro a c anyos. E eran escriptas en fustas quadradas, las quales claman *quirbas*. E el consejo jurava de servar las leyes de Solón. E si alguno de los grandes hombres no servasse las leyes, deviés dar a los Delfos una estatua d'oro assí grant como su persona.

Cómo Solón se partió de su patria, e por quál razón;
e de lo que le conteció en tierras estranyas,
especialment con el rei Crisso de Lidia

[f. 70v] E depués que Solón dio las leyes, venían la gent a él cada día, e algunos loavan lo qu'él había fecho, e algunos lo blasmavan, e algunos otros le consejavan que anyadiés o amenguás algunas cosas de lo qu'él había escripto. E eran munchos qui le preguntavan e qui lo requerían qu'él declarás la sentencia de sus dichos e por qu'él los escrivió assín, e que les ensenyás la entención e la significación de sus paravlas. Considerando, pues, que, si él no lo fazié, era fuera de razón, e si lo fazié, era ocasión de grant invidia, e dubdándose que los ciudadanos no trobassen occasiones contra él, trobó ocasión de navigar e tomó licencia de seyer absent x anyos, pensando que dentro x anyos todos se acostumbrarién en aquellas leyes.

Fuésse él primerament en Egipto, e allí se aturó un tiempo con Psenofio³³⁶² iliopolito e con Sonco³³⁶³ saíto, los

3362   Psenofio] plenofio *P*: plenosio *F*: Ψένωφιν.
3363   Sonco] sohco *PF*: Σῶγχιν.

quales eran más savios de todos los filósofos, e de aquellos uyó por Atlant, segunt que dize Plato, e depués puso aquella doctrina en escripto a los griegos. Depués d'esto, él fue en Chipre; e uno de los reyes el qual havía nombre Filóquipro lo amó e lo hondrava mucho. Aquel rei havía una ciudat fuert en lugar alto, mas seco; e por esto él havía pocos ciudadanos. Por que Solón le consejó e fizo tanto que la trasmudó en plano, do havié amigable abitación. E Solón mismo le ayudó a edificarla entro que ella fue bella e fuert; por que muchos fueron a abitar allí, en tanto que los otros reyes huvieron invidia. E por esto Filóquipro por hondra de Solón puso a la ciudat nombre *Solus*, la qual antes havía nombre *Epía*.

Depués esto, Crisso, el rei de Lidia, envió a Solón con grandes pregarias que fues a él. E fue a Sardis, do conteció a Solón assí como esdeviene a los hombres de [f. 71r / XXVII, 2] montanya que nunqua vidieron la mar: que, quando ellos quieren devallar enta la mar, toda agua que veyen, o sea río,[3364] o sea laguna, les parece que sea la mar. Assín conteció a Solón: Quando él entró en el palacio e vedía a todos ornados solepnement e cada uno d'ellos puyava e devallava magníficament con multitut de maceros, parecíale que cada uno de aquellos fues Crisso entro que lo levaron a él, el[3365] qual era maravellosament ornado de ornamientos estranyos, assí que parecía cosa singular. Quando Solón le estuvo devant, no dixo nada que havié visto, segunt que Crisso se cuidava, antes pareció aun a Crisso que Solón no lo apreciás e que la su magnificencia le pareciés poca. E por esto él comandó que sus trasoros fuessen abiertos, los quales eran infinitos, e que los mostrasen a Solón. E depués que le mostraron tesoros

3364 río] rio rio *P*.
3365 el] il *F*: e *P*.

innumerables, lo levaron aún a Crisso. E Crisso le preguntó si él sabía algún otro hombre que fues más bienaventurado d'él. E Solón dixo: «Hoc, bien yo sei un conciudada-
no mío, es a saber, Telo, el qual fue buen hombre e dexó
fillos muit aptos e murió hondradament mostrando su
valentía por su patria». Por esta cosa pareció a Crisso³³⁶⁶
que Solón fues villano, porqu'él adelantava más a un hombre particular que un rei, e la muert de un hombre más
que tanta fuerça e tanto poderío. No res menos, él le preguntó si él sabía alguno más bienaventurado que Telo. E
dixo: «Hoc, a Cléobo e a Vito, los quales eran ermanos e
se amavan tanto el uno al otro e amavan tanto a lur madre
que, quando lures bueyes no podían fazer servicio, ellos
ponían lures cuellos al yuvo e tiravan el carro; e levaron
lur madre al templo de Junón, e todos aquellos qui la vidían la beatificavan de tales [f. 71v] fillos como ella havía
engendrados. E depués que sacrificaron e bevieron, no se
levantaron, antes murieron de muert gloriosa». E la hora
dixo Crisso con furor: «Pues a nós non nos metes en algún
conto de felicidat humana?». Solón, no queriéndolo falagar
ni aun fazerlo ensanyar, dixo: «O Rei, Dios a los griegos ha
dado mesuradament todas cosas por lur humildat, e aun la
nuestra sapiencia no es real, mas popular. No res menos,
es ardida. La qual, considerando que la vida del hombre
recibe muchos mudamientos de ventura, no nos dexa
seyer mucho cobdiciosos en los bienes presentes nin nos
dexa maravellar de prosperidat de hombre, la qual se
puede depués de algún tiempo mudar, porque a ninguno
no es manifiesto lo que le deve contecer, e solament a
aquel que entro a su fin se mantiene en prosperidat reputamos bienaventurado. Mas la beatitut de aquel que, mientre

---

3366 Crisso] trisso *P.* Creso *F.* Κροίσῳ.

que bive, es en periglo, no es cierta, assín como la corona del combatedor no es firme mientre que aún se combate». Depués que Solón dixo aquestas paravlas, se partió,
e no dio alguna doctrina a Crisso, mas lo contristó.
Conteció la hora que Isopo era en Sardis. E contristán-
dose porque Solón no havía trobado alguna curialidat en
Crisso, le dixo: «O Solón, hombre no deve dezir res a los
reyes o les deve favlar en lur plazer». E Solón dixo: «¡Por
Júpiter, no! Antes, o non deve favlar, o deve favlar derechament». E quanto por aquella vegada Crisso menospreció a Solón. Mas depués, quando combatió con Cirus e fue
vencido e perdió su ciudat e fue tomado bivo e devía
seyer cremado, e por esto havían encendido el fuego e lo
puyavan [f. 72r / xxviii, 2] ligado e todos los persianos
lo vedían e aun Cirus mismo era allí present, Crisso cridó
alta voz quanto él pudo iii vegadas: «¡O Solón!». Cirus se
maravelló e le envió a preguntar qué era aquel Solón, al
qual sólo él clamava en su adversidat, si era dios o hombre. Crisso no se cubrió, mas dixo la verdat: qu'él era uno
de los savios griegos por el qual «yo envié e vino; e no
envié por él por deprender alguna cosa convenible, mas
solament porqu'él me veyés e contás a otros la mi prosperidat, la qual yo he agora perdida con mayor malaventura
que³³⁶⁷ quando yo la possedía. Porque su bien, quando yo
lo havía, era solament en paravlas e fantasías; mas agora
su mudación es tornada en operaciones de tribulaciones
inremediables. Las quales cosas él previdiendo, me dezía
que yo considerás la fin de mi vida e que yo no ensuper-
biés por instables fantasías». Quando estas cosas fueron
dichas a Cirus, él, como más savio de Crisso, veyendo por
operación la virtut de la paravla de Solón, no solament

3367   que] *om. PF*: ἡ.

perdonó a Crisso, antes en todo el tiempo de su vida lo hondrava. E por esto fue reputado Solón salvador del uno e maestro del otro.

Cómo Pisístrato tiranizó e se ocupó la senyoría de Athenas, e de la muert del virtuoso Solón

Mientre que Solón era absent, los de Athenas fueron en dissensión. E era principal de los pedieos Licurgo,[3368] e de los diacrios[3369] Pisístrato, e de los páralos Megaclí de Alcmeo.[3370] El pueblo se tenía por agreujado de los ricos; e ya sea que ellos bivían segunt las ordinaciones de Solón, ellos esperavan otras cosas más vanas e deseavan otra ordenación,[3371] esperando que en la mutación el pueblo havría mayor poderío. Entre estos fechos, [f. 72v] vino Solón a Athenas. Ya sea que todos lo hondravan, non era assín poderoso en fazer e en dezir como era antes, ni era assín fervient, por la velleza, mas solament favlava de part a los principales e se esforçava de tirar los escándalos e de meterlos en concordia e en paz. E parecía que Pisístrato le consentiés más que ningún otro, como aquel qui havié dolças paravlas en su favlar, e parecía ayudador de los pobres e condecendient a los escándalos evitar. Aun él seguía lo que no tenié en coraçón por natura. E todos lo creían como a reverent e cuerdo más que aquellos qui verdaderament eran tales. E quasi parecía que él amava la derechura e que le desplazía si alguno quisiés mudar el estament de la ciudat. Por tal manera él decibía a muchos. Mas Solón conoció luego su malicia, ya sea que no lo quería mal,

3368   Licurgo] liturgo *PF*: Λυκούργου.
3369   diacrios] datrios *PF*: Διακρίων.
3370   Alcmeo] alimeo *PF*: Ἀλκμαίωνος.
3371   ordenación] ordenacon *P*: ordinamenti *F*.

mas lo consellava[3372] e lo amansava e dezía a él mismo e aun a algunos otros por él que, si alguno pudiés sacar del alma de Pisístrato sola esta cosa, es a saber, la ambición e la[3373] cobdicia e sanarlo del deseo de la tiranía, ninguno otro ciudadano no sería más apto a virtut qu'él.

E quando Pisístrato se firió él mismo e vino en la plaça sobre un carro diziendo que los enemigos lo havían traído e concitava el pueblo e todos havían desplazer e cridavan por él, la hora Solón se acostó a él e le dixo: «O fillo de Ipocrás, tú no sigues bien a Ulixes a fazer tales decebimientos como fazía él a los enemigos». No res menos, la multitut era aparellada en ayuda de Pisístrato, e congregose toda la universidat. E quando Aristo estatuyó que fuessen dados a Pisístrato L maceros qui guardassen su persona, [f. 73r / xxx, 3] Solón se levantó e contradixo diziendo: «¡O, cómo vós creyedes a lengua e a paravlas de decebidor! E cada uno de vós en particular pisa como raboso; e todos ensemble sodes flacos de seso». E veyendo que toda la pobre gent era voluntariosa de complazer a Pisístrato e los ricos fuían por miedo, partiose él semblantment. Mas solament dixo esto: «Yo só más cuerdo que algunos, e más ardit[3374] que algunos otros: más cuerdo só que aquellos que no sienten lo que se faze, e más ardit que aquellos qui lo sienten e no osan contrastar a la tiranía». Mas, depués qu'el pueblo confirmó esti consello, Solón non contrastó más por los maceros e dissimulava la congregación que fazía Pisístrato entro qu'él tomó el colaz. Quando esta cosa fue fecha e la ciudat era toda en comoción, Megaclí con los otros alcmeonidos[3375] fuyó de continent. Mas Solón era

---

3372 consellava] consollava *P*: consolava *F*: νουθετεῖν.

3373 e la] et *F*: *om. P*: καί.

3374 más ardit] piu ardito *F*: mar ardit *P*: ἀνδρειότερος.

3375 alcmeonidos] alimeonidos *PF*: Ἀλκμαιωνιδῶν.

viejo e no havía qui le ayudás. No res menos, él ixió en la plaça e favló con los ciudadanos blasmando al mal consejo e a lur flaqueza e pregándolos que no desemparassen lur franqueza. E les dixo: «Más liugera cosa era[3376] a vós de embargar la tiranía quando ella se congregava; mas mayor cosa e más solepne es de destruirla agora que es formada». E veyendo que por miedo que havían ninguno no lo escuchava, fuésse a su casa e puso sus armas en la carrera devant su puerta e dixo: «Quanto por mí, yo he ayudado mi patria e las leyes quanto he podido». E de la ora adelant, no se entremetió en res, mas parava mientes a lo que se fazía. Sus amigos le consellavan que fuyés, mas él non los quiso escuchar, antes él escrivía e reprendía a los de Athenas siempre diziendo: «O tristos atineos, si vós havedes algún mal por vuestra[3377] maldat, no lo atribuyades a la malquerencia de los dioses, que vós mismos havedes [f. 73v] assegurados a los malfazedores, e por esto soes en mala servitut».

Por esto le consejavan muchos que se partiés, huviendo compassión d'él qu'el tirano no lo fiziés morir. E le preguntavan en qué se confiava e fazía lo que fazié. E Solón dixo que en la vejedat. No res menos, Pisístrato, quando fue senyor, consoló muncho a Solón. E quando enviava por él, lo hondrava tanto que lo tenía por su consellero e servava la mayor part de las leyes qu'él fizo e induzía a sus amigos que las servassen. En tanto que, quando Pisístrato fue acusado de homicidio, no obstant qu'él fues tirano, él fue ordenadament a responder al Ariópago. Mas aquel qui lo acusava no osó ir al judicio. E esti Pisístrato fizo una lei: que, si algún hombre d'armas fues despoderado en batalla,

---

3376   era] es *P*. e *F* (*en el margen,* era): ἦν.
3377   vuestra] vostra *F*: nuestra *P*. ὑμετέρην.

la comunidat le dies la vida. Mas otros dizen que Solón fizo aquella lei, e Pisístrato la confirmó con las otras.

Depués d'esto, Solón començó a escrevir la istoria de Atelant, segunt qu'él fue adoctrinado de los theólogos de Egipto. No res menos, él solament obrió grant puerta e buena. Mas depués, o por la vejedat o por la grandeza de la materia, la dexó imperfecta. E assín como sus prólogos dan tanta consolación que ninguna otra escriptura no da tanta, assín engendra grant desplazer lo que falleció.[3378] E murió en el principio de la tiranía de Pisístrato[3379] dentro de dos anyos. Porque Pisístrato començó a tiranizar en el tiempo de Comío.[3380] E dízese que, depués que Solón murió, su cenisa fue derramada sobre la isla de Salamina. E esta paravla parece seyer favla; no res menos, otros dignos de fe la escriven, e aun Aristótil el filósofo.

3378 *En el original, hay dos iniciadores sucesivos de la Atlántida: Solón y Platón. En la traducción, Solón aparece como único iniciador, adornado con atributos que, en realidad, corresponden a Platón.*

3379 de Pisístrato] di pisistrato *F*: pisistrato *P*: Πεισιστράτου.

3380 Comío] conio *PF*: Κωμίαν.

POPLÍCOLA

{*PF*}

OMIENÇA EL XXXIII LIBRO: De las gestas e memorables fechos de armas de Poplícola.[3381] Poplícola,[3382] del qual nós fazemos comparación al present con Solón, esti nombre no havía antes, mas la universidat de Roma le puso esti nombre por su hondra. Porque antes lo clamavan *Poplio Valerio*, porque era del linage de aquel Valerio antigo el qual puso tal paz entre los sabinos e los romanos qu'él[3383] fizo una comunidat. E en el tiempo que los reyes regnavan en Roma, Valerio era famoso e de su paravla e de su riqueza; porque su paravla era siempre derecha en ayuda de la justicia, e su riqueza líberament se departía en aquellos qui la querían. Por la qual cosa, manifiesta cosa era que, si la ciudat mudás estament e qu'el pueblo tomás la senyoría, Valerio havría el primado. Mas, quando Tarquinio tomó la senyoría contra razón e governava tiránicament, la universidat se ensanyó e lo quería mal. E fallaron por ocasión de rebellión lo que conteció a Lucrecia, la qual se mató ella misma porque la forçó el tirano. La hora Leucio Bruto, dando favor a la dissensión de la universidat contra el tirano, vino

---

3381 Poplicola] poplio *P*: publicola *F*.
3382 Poplicola] poplio *P*: publicola *F*: Ποπλικόλαν.
3383 qu'él] el *PF*.

primerament a Valerio, e con el furor e ayuda de aquel
echó a los reyes. Por la qual cosa, cuidávase Valerio qu'el
pueblo en lugar de los reyes farían algún senyor. E considerando, jutgava en sí mismo que a Bruto apartenecía la
senyoría, porqu'él ayudó primerament que la senyoría
viniés en el pueblo, e especialment porque al pueblo desplazía de oír el nombre de la monarchía; e por eso ellos
estatuían II senyores. Por la qual razón, esperava Valerio
que aprés de Bruto él sería el segundo cónsul. Mas le falleció; porque ellos fizieron companyón de Bruto contra su
voluntat a Tarquinio Colatino³³⁸⁴ [f. 74v], marido de Lucrecia, el qual, quanto en virtut, no era menor de Valerio, mas
los poderosos fizieron esta cosa porque ellos se dubdavan
de los reyes, los quales tractavan de fuera de amansar a la
ciudat porque los recibiés. E por esto ellos fizieron capitán
a aquel qui era enemigo de los reyes, imaginando que tal
capitán nunqua condecendería³³⁸⁵ a sus enemigos.

De esta cosa se ensanyó Valerio, porque parecía que no
confiassen d'él qu'él buscás la utilidat de la patria por ocasión que los tiranos no le nozieron en especialidat. Por la
qual cosa, ni en consello ni en los aferes de la ciudat se
entremetía, en tanto que muchos se dubdavan que él no
se metiés con los reyes e desemparasse del todo la ciudat
en tiempo assí perigloso. E quando Bruto devía sacrificar e
jurar, porque algunos havían suspición d'él, e fue ordenado
el día, devalló Valerio en la congregación muit alegre e juró
primerament él que en ninguna cosa no condecendería a
Tarquinio,³³⁸⁶ mas que entro a la fin él combatería. Por esta
cosa él dio alegría e conuerto e al consejo e a los gentiles
hombres. E de continent su obra confirmó su paravla; por-

3384   Tarquinio Colatino] tarquino latino *PF*: Ταρκύνιος Κολλατῖνος.
3385   condecendería] condiscenderia *F*: condesçeria *P*.
3386   Tarquinio] tarquimio *P*: tarquino *F*: Ταρκυνίοις.

que de part de Tarquinio vinieron embaxadores a la universidat con paravlas mansas e decebideras queriendo decebir el pueblo diziendo qu'el tirano havía desemparado la superbia e demandava concordia. Los cónsules querían presentar los embaxadoress en presencia del pueblo; mas Valerio lo embargó porque no diessen ocasión de desordenamiento a hombres pobres, qui eran enoyados de la tiranía del tirano.

Depués d'esto, vinieron otros embaxadores diziendo: «Tarquinio renuncia el regno e la guerra, mas él demanda su haver e su trasoro por [f. 75r / III, 1] sí e por sus amigos e parientes, porque hayan de qué bevir como hombres exiliados». E muchos le havían compasión; e aun Colatino consentía. Bruto el ardit se ensanyó e corrió en la congregación clamando a su companyón traidor, pues que dava a los tiranos tales cosas por las quales havrían ocasión de fazer guerras e tiranías. E quando todos los ciudadanos vinieron allí do era el pueblo congregado, Gayo Minucio consejó a Bruto e a los romanos que mejor era que aquel trasoro fincás a los romanos por fazer guerra contra el tirano que darlo al tirano por fazer guerra a los romanos. No res menos, a los romanos pareció bueno, pues que ellos havían la franqueza, por la qual cosa ellos combatían, de echar fuera el trasoro del tirano con él ensemble. Empero, Tarquinio poco curava del tresoro, mas él lo demandava por provar el pueblo e por tractamiento de traición. La qual cosa tractavan los embaxadores maliciosament mostrando de esperar el romanient del trasoro, porque partida les ne havían dado e partida no. Por la qual cosa, ellos destruyeron dos casas de aquellas que parecían mejores, huviendo en su consejo III Aquilios e II Vitelios, los quales todos eran de part de sus madres nietos del cónsul Colatino.[3387] E aun

---

3387   Colatino] palatino *PF*: Κολλατίνου.

Vitelio havía especial parentesco con Bruto; porque Bruto havía una lur[3388] ermana por mujer, e havía fillos en ella, de los quales los ɪɪ fueron decebidos e consentieron a la traición por mesclarse con el parentesco de los Tarquinios e por delivrarse de las malas maneras e de la crueldat de lur padre, por esperanças reales. E dezían a Bruto *cruel* porqu'él no condecendía a ningún malfazedor; e *de mala manera*[3389] le dezían porque un tiempo se cubrió de los tiranos por escapar del periglo.

E depués que los jóvenes [f. 75v] consentieron e favlaron con los Aquilios, ordenaron de fazer un sagrament grant e malo, es a saber, de matar un hombre e de tocar en sus entranyas e de jurar. Por la qual cosa, fueron todos en l'ostal de Aquilio. E el lugar do se devía firmar el sagrament del todo era escuro, e no sentieron a un siervo (el qual havía nombre Bindicio) qui se escondió allí dentro, no pas que d'esto supiés él ante alguna cosa ni que los quisiés tradir, mas conteció que se trobó allí dentro e, dubdándose que no lo vidiessen, se escondió de çaga de una caxa, tanto qu'él vido e uyó todo lo que fue fecho e dicho. E lur convención era de matar a los cónsules. E depués escrivieron a Tarquinio e dieron las letras a los embaxadores, porque ellos se fizieron amigos de los Aquilios e estavan con ellos ensemble e fueron presentes a los sagramentes. E pues que fizieron lo que querían e se partieron, sallió Bindicio de allí do era e no sabía qué fazer, porque fuert cosa le parecía de acusar a Bruto sus fillos de assín orrible cosa, e de acusar aún los nietos al tío, es a saber, a Colatino. E aun a ningún romano que no huviés ningún officio no se dava fe en assí grandes aferes; por que le

---

3388   lur] *en gr.* αὐτῶν, referido a un Οὐιτελλίοις precedente, cambiado en U² *en* Οὐιτελλίῳ.
3389   *de mala manera*] *en gr.* ἀβελτερίᾳ.

parecía mellor de callar. Mas, porque su conciencia lo acusava, él se fue a Valerio, el qual era de mejores maneras
(porque Valerio a todos dava buenas paravlas, e su casa
siempre era abierta, e no menospreciava a algunos de los
chicos ni en fechos ni en paravlas).

Pués, quando Bindicio fue a él e le manifestó la traición,
era con él ensemble su mujer e su ermano Marco. Valerio
fue todo esmagado e no dexó partir a Bindicio, [f. 76r / v, 1],
mas lo encerró en una cambra e fizo estar su mujer a la
puerta por talaya, e a su ermano comandó que circundás
el palacio real e buscás³³⁹⁰ todos los siervos si por ventura
pudiés fallar las letras. E él, ya sea que siempre tenié cerca
sí muchos servidores e amigos armados, la hora ende tomó
más e ívase enta el hostal de los Aquilios, los quales conteció la hora que eran absentes. Por la qual cosa, Valerio
súbitament empuxó las puertas e entró dentro e falló las
letras allí do los embaxadores posavan. E entre esti medio,
corrieron los Aquilios, e se mesclaron con ellos en las puertas, e querían rapar las letras. Finalment, empuxando el
uno al otro, vinieron a la plaça. Semblantment fue fecho en
el palacio real; porque Marco falló dentro en lures ropas
algunas letras e las tomó. E de los hombres reales aduxo
en la plaça quantos ne podía aduzir.

De la magnanimidat e virtut de Bruto,
cónsul de Roma, qui fizo matar dos fillos suyos
en su presencia, qui querién traír la ciudat e la patria

Depués qu'el roído cessó, por comandament de los
cónsules Valerio comandó e fizo venir a Vendicio, e fueron
leídas las letras. E ninguno no huvo ardideza de responder

3390   buscás] *P.* cercasse *F.* παραφυλάττειν 'vigilar'.

alguna cosa. Por que la mayor part de la gent estavan malenconiosos e callavan. E algunos pocos qui querían fazer plazer a Bruto se membraron de fuir. E Colatino los conortava talayándolos mansament e plorando. Callava aun e Valerio. Mas Bruto clamó por nombre a sus dos fillos: «O Tito, e tú, Valerio, ¿por qué no respondedes a las acusaciones que fazen contra vós?». E depués que los huvo interrogado III vega- [f. 76v] das e no le respondieron nada, giró su cara enta los servientes e les dixo: «D'aquí avant, la mayor part del fecho finca en vós». E ellos de continent tomaron los jóvenes e rompieron lures ropas e les ligaron las manos de çaga e los batían con vergas. Los otros no podían sofrir de veyerlos ni de aturarse allí. Mas Bruto ni giró su cara ni mudó por compasión la color qu'él havía por furor, mas talayava con grant ira a sus fillos quando eran assín turmentados, entro que los echaron en tierra e les cortaron las cabeças con la segur. E dexó los otros a su companyón, e se levó d'allí e fuésse. E fizo cosa que nós non podemos loar ni blasmar; porque o la alteza de la virtut tiró a su alma de las passiones, o que la grandeza del mal lo sacó de su seso. E ninguna d'estas dos cosas es chica o humana, mas es divina o bestial. Por que más justa cosa es qu'el judicio siga a su gloria que la virtut salla de su lealtat por la impotencia de aquel qui jutga. Porque los romanos no reputan tanto la edificacion de Rómulo quanto reputan esti ordenamiento de Bruto.

E quando Bruto se partió, todos fincaron esmagados por lo que era fecho, e callaron una grant ora. Por que los Aquilios,[3391] veyendo la flaqueza de Colatino, tomaron esperança e pregaron que los esperassen un tiempo por fazer sus responsiones e que les rendiessen Bindicio como lur siervo e qu'él no fues en nombre de los otros acusadores. E ya Colatino condecendía a esta cosa; mas Valerio ni a Bindicio³³⁹² quería desemparar, ni al pueblo dexava que dexassen ir a los traidores. Finalment, Valerio puso mano sobre las personas de los malfechores e enviava por Bruto e blasmava [f. 77r / VII, 3] a Colatino, porqu'él dissimuló que su companyón matás a sus fillos, e él dava los traidores de la patria a sus mujeres. Quando el cónsul se ensanyó e comandó que Bindicio fues tirado a part, los sirvientes lo tiravan; mas los amigos de Valerio les contrastaron. E la universidat clamava a Bruto. Vino aún Bruto. E depués que todos callaron, dixo: «Contra mis fijos yo fue jutge sufficient; mas, por los otros, depués que mis ciudadanos son líberos, yo los fago jutges; e qui quiere favlar a la universidat por ellos, que favle». Por la qual cosa, allí no fueron más paravlas, mas de continent cortaron a todos las cabeças. De Colatino se dubdavan porque era parient del rei, e les desplazía qu'él participás al nombre de Tarquinio. E por esto él renunció a la senyoría e fuyó de la ciudat. E quando se assentaron al consejo, fizieron a Valerio cónsul como aquel qui era digno e³³⁹³ le convenía por regraciament de su fervor. E por esto él quiso que Bindicio fues participant de aquel regraciament (e fue el primero liberto que fue fecho ciudadano de Roma) e qu'él fues de parage e qu'él fues de consello. E depués Apio, por consentimiento de los tribunos, le³³⁹⁴ confirmó la gracia; e entro al día de oi, la universal³³⁹⁵ libertat claman *bindicio*.

E de la ora adelant, dieron licencia a los romanos que robassen l'haver de los reyes. E derrocaron lures palacios, e lures campos consacraron al dios Mars; por que clamaron

3392   Bindicio] *F*: bondicio *P*: Οὐινδίκιον.
3393   e] et *F*: *om. P*.
3394   le] *P*: li *F*: τοῖς δ' ἄλλοις ἀπελευθέροις.
3395   universal] universidat *P*: universita *F*: παντελὴς.

a aquellos campos *arios*, es a saber, 'de Mars'. E conteció
que aquellos campos eran segados, e no les pareció bueno
de trillar la mies e tomar el grano pora lur uso como a cosas
sagradas, mas corrieron todos e echavan las garbas en el río,
e sem- [f. 77v] blantment tajaron los árbores e los echaron
al río porque el lugar de Dios fues infructuoso. E aquello,
mientre que lo echavan, se ajustó ensemble, porque la
corrient del río no lo tiró muit luent, mas, como falló alguna firmeza, se aturó, e la otra materia qu'el río tirava no
podía passar e fincó allí. E ajustándose ensemble, echaron
radizes. E depués devalló una grant quantidat de tarquín, el
qual religó todas las cosas ensemble, en tanto que con[3396] la
fuerça del agua no se movían, mas se confirmaron allí e
poco a poco crecieron en tanto que oi en día es fecha allí
una isla sagrada do es la ciudat.[3397] E son allí dos templos.
E claman a aquel lugar en latín *en medio de dos puentes*.

Cómo Tarquinio fue contra Roma con los tirrenos;
e cómo Bruto e Poblícola lo vencieron en batalla,
en la qual Bruto murió; e de lo que aprés se siguió

Tarquinio, depués que perdió la esperança de tomar la
ciudat por traición e la senyoría, se fue a los tirrenos, los
quales lo recibieron muit de grado e lo acompanyavan con
grant poderío. E los cónsules congregaron huest de romanos por defensión, e ordenaron sus azes en los casales
sagrados, de los quales el uno se clama Lodo de los Ursos,
e el otro Limona Esuyo.[3398] E como començaron de com-

3396   con] *om. PF.*
3397   do es la ciudat] dove e la citta *F:* do la ciudat *P* (do *está inter-*
lin.; entre do *y* la *aparece tachado* et): κατὰ τὴν πόλιν.
3398   Limona Esuyo] limonaesuyo *P:* limona et suyo *F:* Λειμῶνα
Αἰσούειον Υ (por Ναιούιον).

bater el fillo de Tarquinio,[3399] el qual havía nombre Arro, e
el cónsul de Roma Bruto, no pas por ventura, mas por
odio e por furor el uno contra el tirano enemigo de la
patria e el otro como exiliado, se afrontaron de cavallo e
combatieron más por furor que por razón, no curando de
lures personas, e murieron amos a dos ensemble. E como
del principio [f. 78r / ix, 4] fue malo, assín no fue ia fin
buena, mas amas a dos las partes se fizieron e recibieron
danyo, e finalment partiéronse por el mal tiempo. E Valerio no sabía qué fazer, no supiendo la postremería de la
batalla, porqu'él vedía su gent d'armas que se contristavan
de los muertos suyos. Porque fue fecha allí grant mortaldat, e amas a dos las partes a igual. No res menos, cada
una de las partes, veyendo lur danyo cerca, más se cuidavan de seyer vencidos que vencedores, porque del[3400]
danyo de los enemigos no podían haver certenidat sino
por imaginación. E quando vino la noche, dízese qu'el
campo tremoló quando entramas las huestes folgavan porque eran treballadas. E depués de la tierratrémol fue oída
una voz muit grant que dixo que de los tirrenos era muerto uno más que de los romanos. E aquella cosa que cridó
fue cosa divina. Por la qual cosa, los romanos se conortaron e cridaron con alegría; mas los tirrenos huvieron
miedo e fuyeron derramados[3401] de lures tiendas. E fincaron solament pres de v^m, a los quales depués tomaron los
romanos. E partieron lur haver, e contaron los muertos e
trobaron muertos de los enemigos x^m,[3402] e de los romanos
uno menos. E fue fecha esta batalla un día antes de las
kalendas de março. E fue fecho el triumfo a Valerio; e él

3399   Tarquinio] tarquino *PF*: Ταρκυνίου.
3400   porque del] perche del *F*: porquel *P*.
3401   derramados] sparti *F*: derramando *P*: διεσπάρησαν.
3402   X^m] *PF*: τριακόσιοι [...] ἐπὶ χιλίοις καὶ μυρίοις.

fue el primero cónsul que entró en la ciudat con carro de
IIII cavallos. De la qual cosa ninguno no le huvo invidia,
como a algunos dixieron, antes plugo a todos. E de las
otras hondras que Valerio fizo a su companyón en sus exequias, él fizo un sermón sobre su sepultura, el qual plugo
a los romanos mucho, en tanto que de la ora avant [f. 78v]
tomaron por costumbre de loar los nobles a sus sepulturas. No res menos, Anaximeno el rectórico escrive que
Solón fizo esta lei.

Mas d'esta cosa querían mal[3403] a Valerio diziendo:
«Bruto, el qual era reputado de todos padre de la libertat,
nunqua quiso senyorear solo, antes fue contento de haver
companyón primero e segundo; e él ha apropriado todas
cosas a sí mismo, ya sea qu'él no es successor del consulado de Bruto, mas de la tiranía de Tarquinio. ¿Qué val,
pues, si él loa a Bruto con paravlas e sigue a Tarquinio por
obra e que devalla con tantas segures e con tantas maças
de tal palacio que ni aquel del rei qu'él ha destruido no
era tal?». Porque conteció que Valerio abitava en una abitación a la qual clamavan *Vitelia*, la qual era sobre del
mercado, e vedía de alto todo lo que se fazía. E era fuert
cosa de puyar allí suso. E quando devallava, su acto parecía superbioso como de rei. E quánto de bien es a una
senyoría de haver orejas que más quieran escuchar las
reprensiones públicas e las paravlas verdaderas más que
las falaguerías, bien lo mostró la hora Valerio. Porque,
quando él uyó de sus amigos, que le contavan cómo
muchos lo reputavan fallir, él no contrastó ni se ensanyó,
mas congregó de continent a los maestros e en una noche
echó sus casas todas a tierra; en tanto que los romanos,
vidiendo esta cosa, se congregavan e se maravellavan[3404]

3403   querían mal] queria mal *P*: volea male *F*: ἤχθοντο.
3404   maravellavan] maraviglavan *F*: maravellava *P*.

del grant seso de Valerio. E desplazíales por las casas, e se deleitavan de ver la beldat de las casas como la beldat de un hombre, considerando [f. 79r / x, 5] que fueron destruidas no por razón, mas por invidia, e qu'el senyor abitava con su familia en casas estranyas, porque sus amigos lo recibieron entro que la comunidat le dio lugar e edificó casas más altas³⁴⁰⁵ que aquellas que antes havía do agora es un templo de la dea a la qual claman Vicaspoca.³⁴⁰⁶ De la ora en avant, no solament quiso mostrar su persona mucho mansa, mas aun e su senyoría. E desemparó las manairas,³⁴⁰⁷ e depués los tochos dexó a la comunidat. E muchos no entendían que, por esto qu'él se mostrava tanto humil, que por su humildat él enflaquecía la invidia e del todo la anullava. E quanto más parecié³⁴⁰⁸ qu'él amenguás³⁴⁰⁹ la hondra de su persona, tanto más ajustava de poderío e actoridat, porqu'él fazía amar a la universidat, e la universidat de todo le complazié, en tanto que le pusieron sobrenombre *Poplícola*, es a saber, 'curador e proveidor de la universidat'. E esti nombre fue más fuert que todos los otros que nombraremos nós en el romanient del istoria de su vida.

Depués esto, él dio licencia que se fiziés consello por el consulado. No res menos, dubdándose que alguno o por invidia o por necessidat no contrariás, ordenó la ciudat como monarca. E primerament, porque eran pocos de consello, él suplió el falliment. Porque Tarquinio havía muerto a muchos, e muchos otros se perdieron en la batalla que fue fecha poco antes. E por esto Valerio escrivió

3405   más altas] μετεωροτέραν Υ *por* μετριωτέραν.
3406   Vicaspoca] vitaspoca *PF*: Ούικασπόκας.
3407   manairas] maneras *P*: maniere *F*: πελέκεις; *cf. Cam. 50r*.
3408   parecié] pareçe *P*: pare *F*: ἐδόκει.
3409   amenguás] amengua *P*: minorii *F*.

CLXIIII de consejo. E escrivió leyes, de las quales aquellas
que dieron a la multitut de mayor poderío fue la primera:
Que qui da favor a aquellos qui los cónsules condepnan,
se apele[3410] a la universidat. La [f. 79v] segunda lei fue que
qui tomará senyoría, que la senyoría no le romanga. La tercera (que ayudó mucho a los pobres) fue qu'él tajó los
comercos[3411] e las otras contribuciones. E aquella lei la
qual escrivió universalment contra aquellos qui no obedeciessen a los cónsules fue en ayuda de la universidat, porqu'él puso pena de pagar v bueyes e dos carneros. E era
el precio del carnero óbolos x, mas del buei c. Porque en
aquel tiempo los romanos no usavan moneda, mas su
riqueza era de animales, assí como entro agora lures sus-
tancias claman *peculios*. E lur primera moneda tiene figura
de carnero o de buei o de puerco. E aun a sus fillos ponían nombre de estas cosas, clamándolos *Silas* e *Bubulcos*
e *Caprarios* e *Porquios*.

En estas cosas fue ayuda de la universidat, e fizo sus
leyes condecendibles. Mas él escrivió una otra lei: Que qui
da licencia sin judicio de matar a aquel qui quiere[3412] seyer
tirano, solament que muestre acto públicament, sea líbero.
Encara pareció loable Valerio por la lei que fizo por el trasoro. Porque havían menester por ocasión de la guerra
que cada uno contribuyés de su haver. Mas él no quiso
cullir esta moneda ni dexó a ningún su amigo que la
culliés, ni que haver de común entrás en casa de persona
privada, mas ordenó qu'el temple de Saturno fues el trasoro, assín como es entro al día de oi. E dio licencia a la universidat que esleyessen ii noveles trasoreros; por que fizie-

---

3410   se apele] sapelli *F*: se aparelle *P*: ἐπικαλεῖσθαι.
3411   comercos] comerquos *P* (*tal vez* < comercos < comerços):
comerques *F*: τέλη 'impuestos'.
3412   aquel qui quiere] aquel quiere *P*: qual vuole *F*: τὸν βουλόμενον.

ron a Poplio Beturio[3413] e a Menucio Marco. E se congregó grant haver. E la hora él quiso que Lucrecio, padre de Lucrecia, fues su companyón en la senyoría. Al qual, depués qu'él tomó l'oficio, Poplícola lo hon- [f. 80r / XII, 5] drava como a más viejo e le fazía las hondras que se claman *fasces*, las quales d'él son fincadas a nós e las servamos a los más viejos de nós. E aprés de pocos días que murió Lucrecio, se fizieron consellos, e fue fecho[3414] Marco Oracio. E senyoreava con él ensemble el residuo de aquel anyo.

E porque Tarquinio ordenava en la tierra de los tirrenos de fazer guerra enta los romanos, dizen[3415] que apareció un grant senyal: Mientre que Tarquinio[3416] regnava e complió el templo de Júpiter en el Capitolio, comandó a algunos maestros tirrenos de los viyos que poniessen en somo del templo un carro de cavallo de rajola. E d'allí a poco tiempo perdió la senyoría. E pues que los tirrenos lo formaron e lo metieron en el camino,[3417] no conteció a aquella obra como a las otras obras de tierra, las quales se restrinyen depués que la humidat es consumada, antes se infló e se fizo muit grant e fuert e mucho dura, en tanto que les convino a desfazer el techo del camino[3418] e las paredes, e apenas lo pudieron sacar. Los adevinos, veyendo esta cosa, sentenciaron diziendo: «Aquel qui esta cosa toca grant prosperidat e grant poderío havrá». Por la qual cosa, oyéndolo los viyos, se consellaron de no dexar estas cosas a los romanos. E por esto respondieron: «Esta cosa conviene a Tarquinio, e no a aquellos qui echaron a Tarquinio». De allí a pocos días, seyendo

---

3413   Beturio] becurio *PF*: Οὐετούριος.
3414   fue fecho] *P*: fu fatto *F*: ἡρέθη 'fue elegido'.
3415   dizen] dicono *F*: dize *P*: λέγεται.
3416   Tarquinio] tarquio *P*: tarquino *F*: Ταρκυνίου.
3417   camino] *PF*: κάμινον 'horno'.
3418   camino] *cf. supra*.

en el ipodromio el carro de cavallo el qual venció Iníoco,[3419] el qual lo tirava planament levando corona en la cabeça... Mas los cavallos se espantaron, o sea por ventura, o sea por alguna fantasma, e tiravan a Iníoco muit aína en la ciudat. E Iníoco fería a los cavallos e tirávalos quanto él podía, mas ren no le valía. Por que [f. 80v] él los dexó en lur libertat e los seguía, en tanto que entraron en el Capitolio e lo tiraron entro a la puerta la qual claman *Ratumena*.[3420] De esta cosa se maravellaron los viyos e huvieron miedo; e comandaron a los artífices que diessen el carro a los romanos.

Mas al templo de Júpiter del Capitolio promexió Tarquinio de fazerlo quando él combatía con los sabinos. E Tarquinio Superbo, el qual fue o su fillo o fillo de su fillo, lo acabó; mas no lo pudo sagrar, porque fallecía un poco de acabarse quando Tarquinio fue deposado del regno. E quando fue de todo acabado e bien ordenado, Poplícola por su hondra lo quería sagrar. Mas d'esta cosa los gentiles hombres le levavan invidia. E quanto sea por las otras hondras, menos le envidiavan; mas esta hondra, qui era estranya, no querían qu'él la huviés, e incitavan a Oracio qu'él la demandás por sí. E porque Poplícola por necessidat huvo a ir en huest, los gentiles hombres determinaron que Oracio sagrasse el templo, e lo puyaron al Capitolio. Mas algunos dizen que por suert conteció a Poplícola qu'él fues en huest e que Oracio fiziés la consagración. E quando todos se congregaron en el Capitolio e todos callaron e eran los días de los idus de setiembre, Oracio fizo todas aquellas cosas que devía fazer segunt razón. E depués tocó las puertas diziendo las oraciones segunt que era de costumbre. Marco, ermano de Poplícola, estava de grant hora a las puertas e esperava tiempo. E la hora le dixo: «O cónsul, tu fillo enfermó

3419 Iníoco] inico *PF*: ἡνίοχος 'auriga'.
3420 Ratumena] natumena *PF*: Ῥατουμέναν.

en la huest e es muerto». E todos aquellos qui lo oyeron se contristaron, sino solament Oracio, e dixo sola esta paravla: «Pues, echat el muerto [f. 81r / xɪv, 7] do queredes, porque d'esto no he cuidado». E pués que dixo la paravla, cumplió el romanient de la consagración. Estas nuevas no eran verdaderas, mas Marco dixo la mentira por tal que Oracio se partiés d'allí. E es cosa maravellosa de la firmeza de Oracio, o sea qu'él sentiesse luego el decebimiento, o sea porque, si él credió la paravla, no se movió de su estament.

Assín fue fecho e[3421] en la segunda consegración de lo que Tarquinio edificó e Oracio consegró; porqu'el fuego lo cremó en las batallas civiles, e Sila lo edificó e Cátulo lo acabó, porque Sila murió antes. E aun quando fue destruido en las turbaciones de Vitelio, Vespesiano lo edificó de los fundamientos. E prosperó más en esta cosa que Sila; porque Sila no consagró, mas Vespasiano lo consagró e murió antes que lo vidiés destruir. Porque, depués su muert, el Capitolio se cremó la quarta vegada, e Domiciano lo edificó e lo acabó. E dízese que Tarquinio despendió xl.[m] libras de argent solament a los fundamientos. Mas estas cosas no curamos tractar al present.

Cómo Tarquinio fuyó e Porsina[3422] lo emparó contra los romanos; e cómo Poplícola e Lucrecio se combatieron con él; e de la valentía de Coclio; e cómo Porsina[3423] fizo paz con los romanos

La hora Tarquinio, pués que su fillo combatió con Bruto e se perdieron amos, fuyó él a Clusi a Clara Por-

3421   e] *PF*: καὶ.
3422   Porsina] *cf. infra.*
3423   Porsina] *cf. infra.*

sina³⁴²⁴ e lo pregó como a poderoso³⁴²⁵ e honorable. E
Porsina³⁴²⁶ le prometió de ayudar. E primerament envió un
comandament a Roma que lo recibiessen. E veyendo que
los romanos no lo escuchavan, los desafió e les assignó
término quándo e dó querían combater con ellos. Por la
qual cosa, él vino con grant poderío. E los romanos esleyeron cónsules a Poplícola e a Lucrecio. [f. 81v] Poplícola
tornó en Roma e quiso vencer al seso de Porsina,³⁴²⁷ e
edificava una ciudat la qual se clama Siglivría, mostrando
de no curar de su guerra. Mas Porsina³⁴²⁸ aína se puso a
combater la ciudat, e echó fuera a los guardianes, los quales, fuyendo de la ciudat, por poco falleció que no fizieron entrar los enemigos qui los encalçavan de çaga. E
Poplícola se presentó³⁴²⁹ devant las puertas con grandes
cridos, e combatió cerca del río, e se defendió valientment
entro que fue ferido assín durament que lo huvieron a
levar fuera de la batalla. Semblantment conteció a su companyón Lucrecio. Por la qual cosa, los romanos fueron en
grant tribulación e fuían en la ciudat por salvar sus personas. E porque los enemigos³⁴³⁰ los empuxavan sobre el
puent de fusta, fue Roma en periglo de seyer presa del
todo. No res menos, ellos se defendieron. E el principal
fue Coclio Oracio e dos otros gentiles hombres con él, es
a saber, Herminio³⁴³¹ e Lucrecio. E esti nombre Coclio³⁴³²

3424 Porsina] porsinia *P*: porsenna *F*: Πορσίναν Y.
3425 como a poderoso] come poderoso *F*: a poderoso como *P* (como *en el margen*).
3426 Porsina] *cf. supra*.
3427 Porsina] *cf. supra*.
3428 Porsina] *cf. supra*.
3429 se presentó] sapresento *F*: presento *P*.
3430 enemigos] sabinos *P*: sabini *F*: πολεμίων.
3431 Herminio] hermieyo *PF*: Ἑρμήνιος.
3432 Coclio] cloquio *P*: cocle *F*: Κόκλην.

era sobrenombre de Oracio, porque havía un ojo, porque el otro havía perdido en la batalla. Mas, segunt que otros dizen, su nariz era tanto aplanada que no fazié departimiento el un ojo del otro, e sus cellas eran mescladas; por que muchos lo querían clamar Cíclopa.[3433] Mas por el defecto de la lengua fincó que la multitut lo clamava Coclio. Esti estava devant del puent e se defendió valientment de los enemigos, entro que aquellos qui le estavan de çaga destruyeron el puent. E la hora cayó en el río armado, e nadando él passó a la otra part, seyendo ferido de los tirrenos de un colpe de lança en la pierna. Quando Poplícola supo la virtut de Coclio, dio de continent por consejo a los romanos que cada uno le dies la vianda de un día e quanta tierra pudiés lavrar en [f. 82r / xvi 9] un día. E ultra esto, le fue endreçada por su hondra una estatua de arambre. E la endreçaron en el templo de Ífesto por consolación de la coxedat que le conteció por el colpe.

E depués que Porsina[3434] assitió la ciudat, la fambre la costrenyía, e aun una otra companyía de los tirrenos robava la tierra. Poplícola ya era la tercera vegada que era fecho cónsul. E quanto por Porsina, él guardava bien la tierra; mas él sallió contra los tirrenos e combatió con ellos valientment e los puso en fuida e mató d'ellos v^m. Mas de lo que conteció a Mucio, diversos ne favlan diversament. Mas nós lo contaremos segunt que nós lo havemos creído. Esti era hombre virtuoso e en fechos de guerra valient, e buscava manera de matar a Porsina. E por esto él se fue a la huest de Porsina vestido a la manera de los tirrenos e favlando como ellos. E mientre qu'el rei sedía, esti le iva en torno; mas no le conocía, e de preguntar se dubdava. E creyendo por un otro qui sedía con el rei qu'él fues el

3433   Cíclopa] cicopla *PF*: Κύκλωπα.
3434   Porsina] porsino *P*: porsenna *F*.

rei, sacó su cuchiello e lo mató. La hora él fue tomado e
fue jutgado a muert. E mientre que estava la gradilla sobre
la qual cremavan las carnes de los sacrificios, e Porsina
deviendo sacrificar, levantó su mano sobre la gradilla.
Mucio talayó con cara ardida, e Porsina se dubdó.[3435] Por
la qual cosa, Porsina se maravelló e lo perdonó, en tanto
que desuso del tribunal él le rendió su guchiello, e él
decendió su mano siniestra e recibió el guchiello. E por
esto le fue puesto sobrenombre Esqueola,[3436] es a saber,
esquerrero. E dixo Mucio esta paravla: «O Porsina, yo he
bien vencido a tu miedo; mas a mí ha vencido la tu virtut.
E por esto lo que yo no he quesido de manifestar al marturio, lo manifestaré agora en recompen- [f. 82v] sación de
la gracia que tú me has fecho: Sepas de cierto que III^c
romanos van dentro por tu huest todos a una intención
como yo, e guardan solament que hayan tiempo. E yo só
el primero que he començado; e no me clamo de la ventura porque yo he fallecido, porque yo no he matado a un
buen hombre, el qual devría seyer amigo de los romanos
e non enemigo». Quando Porsina uyó estas paravlas, él las
credió e huvo plazer de partirse con pactos, no tanto por
el miedo de los III^c quanto porque le plugo la virtut de los
romanos. A esti Mucio claman todos *Céola*;[3437] mas Atinó-
doro[3438] lo clama[3439] *Obsígono* en la epístola la qual escrive a Octavia, ermana de César.

3435   talayó con cara ardida, e Porsina se dubdó] talayó et porsina se
dubdo con cara ardida *P*: guato et porsena dubito con faccia ardita] *F*:
ἀποβλέπων ἰταμῷ καὶ ἀτρέπτῳ τῷ προσώπῳ.

3436   Esqueola] esquela *PF*: Σκαιόλαν.

3437   Céola] sçeola *P*: sceuola *F*: Σκαιόλα. La forma de *P* parece un
híbrido del lat. SCAEVOLA y el gr. Σκαιόλα.

3438   Atinódoro] antinodoro *PF*: Ἀθηνόδωρος.

3439   clama] chiama *F*: cloma *P*.

E Poplícola non credía que Porsina fues tan greu enemigo de los romanos quanto[3440] lo reputava digno de seyer
lur amigo e companyón. E por esto él era contento de
estar en judicio con Tarquinio en la presencia de Porsina.
E d'esta cosa había grant esperança. E muchas vegadas clamava a Tarquinio en esti fecho por mostrarle por razón
que de todo era malvado, e por esto fue justament privado de su senyoría e exiliado. Tarquinio respondió durament que no quería que alguno fues su jutge, ni aun quería que Porsina lo jutgás, porque antes él era en su ayuda
e depués se giró. D'esta cosa se ensanyó Porsina e no
curava d'él. E su fillo Arro lo pregava por la paz de los
romanos; e se aquexava de haver lur amigança. De la hora
cessó la guerra, e les rendieron toda lur tierra, e les rendieron los presoneros e aun a todos aquellos qui por lur
voluntat se fueron. E los romanos dieron por ostages x
fillos de gentiles hombres ornados de púrpuras e tantas
vírgines, de las quales era [f. 83r / xviii, 3] la una Valeria,
la filla de Poplícola.

E Porsina desemparó todos los ingenios de guerra. Las
vírgines de los romanos, porque no habían a fazer otra
cosa, devallaron a un banyo do un poyo circunda el río
como un golfo, e la corrient es mansa. Quando las vírgines vidieron que ninguno no las guardava ni ninguno no
pasava[3441] por la tierra ni alguno no se banyava en el río,
se metieron a nadar entre la corrient. E dízese que una d'e-
llas la qual había nombre Clilía passó a cavallo. E las otras
nadavan, e ella les mostró el passo e las conortava. E assín
que todas passaron e depués que se salvaron e vinieron a
Poplícola, a él non plugo ni las recibió, antes se contristó
cuidando qu'él parecería hombre de poca fe enta Porsina,

3440   quanto] quanto *F*: quando *P*.
3441   pasava] posava *PF*: παριόντας.

e la ardideza de las vírgines parecería malicia de los romanos. E por esto él las congregó aún e las envió con buena guarda. Quando Tarquinio sentió esta cosa, fizo una celada e assallió a los romanos qui las levavan, porque eran pocos. E mientre que se combatían, Valeria, la filla de Poplícola, passó por medio d'ellos e fuyó. E III sus siervos qui fuyeron con ella la salvaron. Mas las otras en medio de aquellos qui se combatían estavan en periglo. No res menos, quando Arro, fillo de Porsina, sentió esta cosa, luego[3442] les ayudó. E depués que los enemigos fuyeron, él salvó a los romanos. E quando él vido que ellos levavan las vírgines, él preguntó quál fue aquella que primerament dio el consejo de fuir e concitó a las otras. E quando él supo que fue Clilía, él se giró enta ella e la vido con ojo manso [f. 83v] e alegre. E depués comandó que fues aducho un cavallo real todo ornado, e ge lo dio. Esta cosa dizen por su testimoniança aquellos que dizen que Clilía sola passó el río con el cavallo. Por la qual cosa, en el Palacio, andando[3443] enta el Camino Sagrado, es endreçada la estatua de Clilía a cavallo. Mas algunos dizen que aquella estatua es de Valeria e non de Clilía. No res menos, Porsina fizo la hora paz con los romanos e mostró enta ellos muchas otras curialidades. E comandó a los tirrenos que tomassen solament sus armas e que se partiessen, e non ninguna otra cosa, mas que dexassen el lugar do eran atendados pleno de trigo e de haver. Las quales cosas todas él dio a los romanos, segunt que entro al día de oi ellos servan la memoria de aquella curialidat por regraciamiento de Porsina; porque en el palacio del consello está una su estatua d'arambre.

3442 luego] subitamente *F*: lugo *P*: ὀξέως.
3443 andando] *F*: andandando *P*.

Cómo Poplícola fue fecho cónsul la IIII^a vegada;
e de las batallas que venció su ermano Valerio,
cónsul de Roma; e cómo Apio Clauso
se passó de los sabinos a los romanos

Depués d'esto, porque los sabinos corrían las tierra, fizieron cónsules a Marco Valerio, ermano de Poplícola, e a Postumio Toberto. E seyendo Poplícola en aquella huest, venció Marco[3444] por su consejo II grandes batallas, de las quales en la segunda él mató de los enemigos XIII^m, sin que ningún romano muriesse.

E el anyo siguient, fue aún fecho cónsul Poplícola la IIII^a vegada, e los romanos esperavan aún grant guerra, porque los sabinos e los latines fizieron una liga. En aquel tiempo tocó a la ciudat un miedo del demonio, e todas las mujeres prenyadas se afollaron [f. 84r / XXI, 1] e ninguna no podía parir criatura perfecta. Consideró, pues, Poplícola e, segunt las adevinaciones de Sibila, él pacificó l'infierno e aun, segunt las adevinaciones del Pithio, él reduxo la ciudat en mansedat[3445] e esperanças divinas. E de la ora en avant, él parava mientes a los miedos humanos, porque la congregación de los enemigos era grant e fazían grant aparellament. Entre los sabinos era uno el qual havía nombre Apio Clauso, poderoso de haver e famoso de fuerça de su persona. Mas sobre todo era adelantado por gloria de virtut e de poderío de favlar. Mas aquella cosa que esdeviene a los grandes no le falleció, es a saber, la invidia. Mas fue invidiado, e aquellos qui antes le havían invidia fallaron ocasión de favlar contra él. E dezían que fazía cessar la

---

3444   venció Marco] vencio a Marco *P*: ὁ Μᾶρκος ἐνίκησεν.
3445   mansedat] manvestat *PF*: ἡδίονα.

guerra no por otro sino por acrecer a los romanos, entro
qu'él diusmetiés su patria en tiranía. E quando él sentió
lur invidia e lur calupnia, ya sea que de grado se sería
diusmetido al judicio, no res menos, dubdándose de lur
invidia, él congregó grant companyía de amigos e de
parientes e se rebelló. E por esta ocasión la guerra de los
sabinos tardava. E Poplícola no solament se contentava
de saber lo que se fazía, mas aun él tractava e conortava las rebeliones. E por esto él havía siempre muchos
amigos qui favlavan a Clauso como por part de Poplícola, diziéndole: «Poplícola te conoce por buen hombre, e
por esto no le parece convenible que tú fagas guerra a
tus ciudadanos porque te fazen tuerto. Mas, si tú quieres
salvar a tu persona e te quieres partir e fuir de aquellos
que mal te quieren, es aparellado de recebirte e por su
part en especialidat e aun por part de [f. 84v] la comunidat, assín dignament como se conviene a tu virtut e a la
magnificencia de los romanos». Quando Clauso consideró bien esta cosa, pareciole bueno segunt la necessidat
e comovió a muchos otros sus amigos. E aun muchos
otros le conortavan en esto. E levó v^m hostales con toda
lur familia e con lures fillos e mulleres, e ívase a Roma.
Poplícola lo sabía antes e lo esperava, e lo recibió muit
amigablement, e ajustó a todos los otros suyos a las
cosas civiles. E dio a cada uno d'ellos ii pletros de tierra
cerca del río; e a Clauso dio xxv e lo escrivió que fues
del consello. E esti fue el primer officio que la ciudat le
dio. E porqu'él se levó bien en esto, él puyó en la primera dignidat e fue poderoso e dexó de çaga d'él el linage de los Clausios, el qual no era menor que algún otro
linage de Roma.

Cómo Poplícola e Lucrecio e Postumio[3446] vencieron
a los sabinos; e de la muert del valient Poplícola,
e de la grant honor que le fue fecha

Quando los sabinos fueron en división por el partir de
Clauso, los hombres turbativos no dexavan folgar la ciudat diziendo: «Clauso en su absencia ordenava aquellas
cosas qu'él no pudo ordenar en su presencia, por tal que
los sabinos no se puedan vengar de las injurias de los
romanos». Por la qual cosa, ellos se partieron con grant
huest e se atendaron a las Fidinas e ponieron celadas
cerca Roma en valles do havié[3447] muchos árbores. E la
manyana siguient, devían passar II^m hombres de piet con
preda e con poca gent de cavallo. E era ordenado que,
quando fuessen cerca de la ciudat, se metiessen a foír
entro que levassen a los romanos [f. 85r / XXII, 3] allí do
eran las celadas. Las quales cosas Poplícola supo por
algunos qui de lur grado se partieron de la huest e se fueron a Poplícola. E de continent, aparelló lo que menester
fazié; e compartió su poderío. Por la qual cosa, sallió a la
tarde Postumio[3448] Balbo, yerno de Poplícola, con tres
mil[3449] hombres d'armas e tomó e ocupó todos los poyos
o cabeços a los piedes de los quales los sabinos tenían
sus celadas. E Lucrecio, companyón de Poplícola, huviendo con él los hombres liugeros e valientes, ordenose de
encalçar la gent de cavallo de los sabinos, los quales devían
passar con la preda. E Poplícola tomó la huest e se fue por
otro camino e circundó a los enemigos. E conteció assín
la hora que jazié grant nievla, e especialment al alba.

3446   Postumio] *F*: postunio *P*: Ποστούμιος.
3447   havié] avien *P*: avea *F*.
3448   Postumio] *cf. supra.*
3449   con tres mil] contra mil *P*: contra mille *F*: τρισχιλίοις.

E Postumio[3450] con grandes vozes echava flechas contra
los qui eran en la celada. E Lucrecio encalçava a los de
cavallo. E Poplícola ferió en las tiendas, en tanto que
de todas partes estavan mal los sabinos que no se defendiessen res, mas fuyendo eran muertos, porque cada una
de lures partes se cuidava que los otros sus companyones
fuessen salvos e no se aturavan por defenderse, mas fuían
los unos a los otros, es a saber, los de las tiendas a los qui
eran en las celadas, e los de las celadas a las tiendas. E
los unos fugitivos encontravan a los otros; e aquellos qui
cuidavan que les[3451] deviessen ayudar, havían menester de
ayuda. E que los sabinos no se perdiessen todos e que
escapassen algunos, la ciudat de los fidinos ne fue ocasión, porque ella era cerca del lugar do los [f. 85v] sabinos eran atendados. E todos aquellos qui no se pudieron
salvar en ella fueron muertos o tomados bivos o captivos.

Esti fecho,[3452] ya sea que los romanos havían por costumbre de atribuir tales cosas a la fortuna, no res menos,
esta cosa atribuían a la operación de lur capitán, e todo
hombre dezía: «Poplícola esto solament no ha fecho: que
non los ha encarcerados, mas él nos los ha dados como
ciegos e coxos qui los passemos por el filo de la espada».
E el pueblo enrequeció de la robería e de los captivos. La
hora Poplícola fizo el triumfo e recomandó la ciudat a
aquellos qui fueron fechos cónsules aprés d'él. E de continent él murió e acabó su vida en aquellas cosas que más
buenas son reputadas. E la universidat, como si nunqua lo
huviés hondrado en su vida e que por deudo lo deviés
aún hondrar e regraciar, determinó que su cuerpo fues

3450 Postumio] cf. supra.
3451 les] los que les P. quelli che F.
3452 Esti fecho] esto fecho P. quest- fco (osc. la última letra del
demostrativo): τοῦτο τὸ κατόρθωμα.

enterrado a las despensas de la comunidat. E cada uno levava por su hondra el quarto de su haver. E aun las mujeres se congregaron todas ensemble de part e se acordaron de fazer duelo por él grant entro a un anyo complido. E segunt la determinación de los ciudadanos, él fue enterrado dentro en la ciudat en el lugar que se clama Velia. E determinaron que todo su linage fuesse participant en aquella hondra.

THESEO

{*PF*}

ÍGUESE EL XXXIII LIBRO: De las gestas e memorables fechos de Theseo, fijo de Egeo, rei de Athenas. Socio Senecio, assín como los istóricos en la descripción de la Tierra e de las ciudades, si por ventura alguna cosa fuye de lur [f. 86r / I, 1] piensa, depués, remembrándose, la ponen con escripturas compendiosas en algunas extremidades de lures páginas diziendo: «Estos son montones secos de arena e paravlas de bestias salvages»³⁴⁵³ o «montones salvages» o³⁴⁵⁴ «piélago espeso», assín e yo, aquexándome de escrevir *Vidas semblantes*,³⁴⁵⁵ que yo he discurrido tantas istorias quantas el tiempo dava que verdaderament fuessen convenibles segunt los aferes. Mas las principales, convenible cosa era que yo dixiés que fuessen de poetas e de escriptores de fablas, porque non son assín certanas. Mas, porque yo he escripto la vida de Licurgo,³⁴⁵⁶ qui fizo las leyes, e del rei Noma Pompilio, pareciome bueno de puyar enta Rómulo depués que yo me só acostado a los tiempos segunt que era él. E mientre

---

3453   e paravlas de bestias salvages] o paraulas de bestias salvages *P*. o parole di bestie salvatiche *F*: καὶ θηριώδεις.
3454   o] et *PF*: ἡ.
3455   semblantes] sembantes *P*. simiglanti *F*: παραλλήλων.
3456   Licurgo] liturgo *P*. ligurgo *F*: Λυκούργου.

que yo pensava a quí lo pudiés comparar, pareciome
bueno de assemejar el padre de la muit gloriosa Roma al
abitador bueno e famoso de Athenas. E Dios quiera que
nós dictemos istoria limpia de favlas. E si por ventura
ne[3457] huviés, pregamos a aquellos qui las estudiarán que
con grant mansuetut reciban la principal narración.

E parece que Theseo fue muit semblant a Rómulo. Porque amos a dos nacieron espurios, e parecía que los dioses los havían engendrado; e amos a dos fueron valientes,
e con la valentía havían el seso; e dos ciudades, las más
famosas, fizieron. Porqu'el uno edificó a Roma, e el otro
fizo abitar a Athenas. E ninguno d'ellos no pudo escapar
de la adversidat; e finalment, amos a dos ofendieron a sus
ciudades.

La generación de Theseo de part de padre puya a
Erectea,[3458] e de part de madre él fue pelopido, porque
Pélop fue el más poderoso rei [f. 86v] del Pelopóniso,[3459]
no tanto por multitut de haver quanto por multitut de
fillos. Por la qual cosa, él tomó de cascuna ciudat yernos
pora sus fillas los más nobles, entre los quales fue uno el
agüelo de Theseo, el qual havía nombre Pitheo, el qual
abitó una chica ciudat, es a saber, de Trissinio. No res
menos, fama era en aquel tiempo qu'él fues el más cuerdo e el más sabient de todos los otros. E la especialidat
de su savieza era tal que Issíodo la usó en su *Geórgica* e
pareció sufficient. En aquel tiempo, pregando Egeo a los
dioses por fazer fillos, la adevina Pithia le adevinó como
saben todos, e le comandó qu'él no se ajustás con mujer
antes qu'él viniés a Athenas. Mas no le declaró su dicho,

3457   ne] ni *PF*.
3458   Erectea] eretica *PF*: Ἐρεχθέα.
3459   Pelopóniso] pelo *PF*: Πελοποννήσῳ.

antes le favló escurament diziendo: «¡O delantado más que los otros!, guárdate que no sueltes el piet davant de tu odre antes que entres en la comunidat de los de Athenas». Egeo preguntava esta cosa a Pitheo, e Pitheo sentió por esta cosa algún misterio. E tanto fizo que lo decibió, e se mescló con Edra. E depués que durmió con ella, entendió que ella era filla de Pitheo. E depués, supiendo que ella era prenyada, él le dexó un guchiello e un par de estivales, las quales cosas él las escondió deyuso una grant piedra en tal manera que la piedra las cubrié del todo. E comandó secretament a ella que, si ella huviés fillo masclo, quando viniés en edat qu'él pudiés levantar la piedra, que tomás aquellas cosas e qu'ella lo enviás a él con aquellas cosas e que ningún otro non supiés nada, porqu'él se dubdava mucho de los Palantidos como de sus traidores. E eran aquellos Palantidos, es a saber, fillos de Pálanto, L, e menospreciavan a esti porque no havía fillos.

Pus que Egeo se partió, Edra [f. 87r / IV, 1], quando vino su tiempo, huvo un fillo e le puso nombre Theseo por las cosas que Egeo havía escondidas.

E era costumbre en aquel tiempo que, quando los infantes eran de edat, que ellos andassen a los Delfos e que cortassen sus cabellos e que los ofreciessen al dios como primicias. Por la qual cosa, Theseo fue allí. E aquel lugar do él posó se clama por él *Thesía*. E cortó sus cabellos davant de la cima de su cabeça, segunt que dize Omero por los Ábantes; porque aquellos se cortavan los cabellos. E toda generación que los corta en esta manera es clamada *theseida* por Theseo. E los Ábantes fueron los primeros qui cortaron sus cabellos en esta manera, no pas que los árabes les huviessen mostrado de fazer assín, ni que estos los siguiessen, mas lo tomaron por costumbre como hombres batalleros e qui de cerca combatían e qui

más eran ardides de venir a las manos que todos los otros,
segunt que Arquíloco[3460] testimonia por ellos diziendo assí:
«Quando Mars congregará[3461] la batalla en el campo, no
tirarán[3462] allí muchos arcos ni muchas fondas, mas será[3463]
allí combatimiento de espadas con muchos sospiros; porque esta tal batalla la saben los senyores de la Eubía, qui
son famosos cambatedores». E porque los enemigos no los
tomassen por los cabellos, se esquilavan. La qual cosa consideró Alesandre de Macedonia e comandó a sus capitanes
que radiessen las barbas de los macedonios, porque en las
batallas liugerament eran tomados.

*Cómo Edra, madre de Theseo, descubrió
quién era su padre; e de las cosas qu'él començó
a fazer yendo enta Athenas a su padre*

Edra por el tiempo passado escondió la verdadera
generación de Theseo, e Pitheo metió una fama que
[f. 87v] Theseo era engendrado de Neptuno, al qual los tri-
zinios lievan grant reverencia como a guardiano de lur ciudat, e a aquel sacrifican, e lur moneda es la figura de una
fússina.[3464] E depués que Theseo vino en adolecencia[3465] e
mostrava haver en sí ardideza con seso e con fuerça de
persona e con entendimiento de ánima, la hora Edra lo
levó cerca la piedra e le dixo su generación e le comandó
que tomasse los senyales de su padre e qu'él andás por
mar a Athenas. Theseo, quanto sea por levantar la piedra,
él fue bien contento e muit liugerament la levantó; mas no

3460   Arquíloco] arquilogo *PF*: Ἀρχίλοχος.
3461   congregará] congregava *PF*: (εὖτ' ἀν [...] Ἄρης) συνάγῃ.
3462   tirarán] tiravan *PF*: τανύσσεται.
3463   será] *P*: era *F*: ἔσσεται.
3464   fússina] *PF* (< lat. FUSCINA 'tridente'): τρίαιναν.
3465   adolecencia] adoloçencia *P*: adoloscenza *F*.

quería ir por mar, ya sea que la mar era segura, e su agüelo e su padre lo pregavan que fues por mar, porqu'el camino de Athenas era por tierra perigloso por los ladrones, e
de ninguna part no era limpia ni segura la vía. Porque en
aquel tiempo ý havié hombres qui eran liugeros de piedes
e diestros de manos e de sus personas valientes, treballan-
tes ultra natura, salvages que nunqua se privavan, superbos e injuriosos; e adeleitávanse de³⁴⁶⁶ forçar e destruir
toda cosa que les viniés devant. E la vergüença e la justicia e la conveniencia, las quales cosas son loadas como
cosas humanas, ellos las³⁴⁶⁷ reputavan a pereza. E querían
forçar a otros dubdándose que otros no forçassen a ellos.
E parecíales que estas cosas no les convenían,³⁴⁶⁸ porque
eran más poderosos que los otros. De aquella malvada
gent Hércules mató algunos, e algunos otros por miedo
d'él se humiliaron. Mas, depués qu'él passó en Lidia e³⁴⁶⁹
él mismo se castigava porqu'él había muerto a Ífito, trobaron aún los ladrones espacio e se estendieron por la Elada,
e el camino de ir del Pelopóniso a Athenas por tierra del
todo era pe- [f. 88r / vi, 7] rigloso. E por esta cosa Pitheo
contava a Theseo de aquellos robadores e dezíale la condición de cada uno e qué fazían a los advenedizos. Por
que le consejava que andás por mar. Mas parece que ellos
no entendían cómo de grant tiempo antes la gloria de la
virtut de Hércules enflamava el coraçón de Theseo, e muit
de grado escuchava a aquellos qui le contavan sus valentías, e especialment a aquellos qui lo vidieron e qui le tenían companyía e en paravlas e en fechos. E la hora pareció manifiestament qu'él había aquella passión que huvo

---

3466 de] om. *PF.*
3467 las] le *F:* la *P.*
3468 convenían] conveniano *F:* convenia *P.*
3469 e] om. *PF.*

Themistoclí, el qual dezía: «Las valentías de Melciado no me dexan punto folgar».

Assín dezía él maravellándose de las valentías de Hércules, las quales de noche vedía en suenyos, e de día la ardor lo comovía a fazer semblantes aferes, especialment porque eran[3470] parientes nacidos de consobrinos. Porque Edra era filla de Pitheo, e Almena era filla de Lissidica, e Lissidica e Pitheo[3471] eran fijos de un padre e de una madre, es a saber, de Ipodamia e de Pélopo. E por esto parecía mal a Theseo que Hércules por mar e por tierra huviés limpiado de todas partes los robadores e qu'él fuyés de los exercicios los quales tenié devant sus piedes e fiziés vergüença a aquel qui era reputado su padre, fuyendo por mar, e aun qu'él levasse senyales al padre verdadero: los estivales e el guchiello sin sangre e no mostrás de principio ningún senyal de gentileza. En tal manera él començó no pas de fazer injuria a alguno, mas de defenderse si alguno le quisiés fazer injuria.

E primerament, en Pidauría[3472] era uno el qual havía nombre Perifito; e las armas suyas eran una maça, e por esto [f. 88v / VIII, 1] lo clamavan *Maçucato*.[3473] E quando Perifeto tomó Theseo e le embargava su camino, Theseo se combatió con él e lo mató. E tomó aquella maça, e de todo la tenía por su arma, assín como Hércules levava la piel del león. Mas aquel levava la piel por mostrar qué bestia havía matado, e esti mostrava la maça por senyal qu'él solo la havié vencida e que, teniéndola él, ella era invencible. E al Estrecho él mató un sinio[3474] el qual havía

---

3470   eran] erano *F*: era *P*: ἐτύγχανον.
3471   Pitheo] *F*: epitheo *P*: Πιτθεὺς.
3472   Pidauría] pidauna *PF*: Ἐπιδαυρίᾳ.
3473   Maçucato] macucato *P*: matucato *F*: Κορυνήτην.
3474   sinio] simio *PF*: Σίννιν.

nombre Pitucampo en aquella manera en la qual era acostumbrado de matar a muchos otros. E mostró por esto Theseo qu'el natural instinto[3475] vence la art e a la doctrina. E esti Sinio[3476] havié una filla la qual era grant de persona e fermosa, e havía nombre Perigona. E quando su padre fue muerto, ella fuyó; e Theseo la fue a buscar. Perigona se metió en un mont espeso, e sin malicia pregava a las espinas e les prometía que, si la salvassen, nunqua les nozerié. Quando Theseo la falló, él la asseguró que no le faría mal; e ella vino a él, e él se mescló con ella e engendró a Melánipo,[3477] e Melánipo[3478] engendró a Yocso, el qual acompanyó a Órnito a abitar la Cárea. Por la qual cosa, los qui nacieron de Yocso tienen por costumbre de sus antecessores de no comer espina de espáragos e de no cremar aquella yerba que ha nombre *estiví*, mas de hondrarla e fazerle reverencia.

E la puerca Cromiona no era pas chica bestia, mas muit fiera. E Theseo fue a ella e la mató porque no parecLés que a su mal grado él fiziés lo qu'él fazía, mostrando que convenible cosa es que hombre se defienda de los malos hombres, mas a las [f. 89r / IX, 2] diestras fieras las vaya a assallir valientment antes que le fagan danyo. Algunos dizen que non era puerca, mas que era una mujer luxuriosa e grant malandrina, e havía nombre Feá,[3479] e abitava en aquellas partes en un lugar que se clama Cromiona, e segunt sus maneras era clamada puerca, e Theseo la mató.

3475   instinto] insinto *P*: insinto vel instinto *F*: ἀρετὴν.
3476   Sinio] simio *PF*.
3477   Melánipo] menalipo *PF*: Μελανίππου.
3478   Melánipo] cf. *supra*.
3479   Feá] sea *PF*: Φαιὰν.

Espenyó aún a Siron,[3480] la cabeça enta yuso de las penyas qui son devant de la Mégara.[3481] El qual Siron,[3482]
segunt que dizen muchos, era grant malandrín; mas, segunt
que otros dizen, él era grant goliart e era hombre salvage
e comandava a los viandantes que trobava que le lavassen
los piedes cerca a la mar; e quando ellos le lavavan los
piedes, él les dava una coz[3483] e los echava en la mar. Mas
los istóricos de la patria de la Mégara[3484] todos se concordan que ni él era malandrín ni fazía injurias a ninguno,
antes puníа a los malandrines e era amigo e parient de los
buenos, segunt que nós todos sabemos que Eacó[3485] era
más santo que todos los otros griegos. E aun los de Athenas hondravan a Quecrea salaminio como a dios. E la virtut de Pileo e de Telamonio no era escondida. Esquero era
yerno de Quecrea e suegro de Eacó[3486] e agüelo de Pileo
e de Telamonio, los quales eran fillos de Endiida, filla de
esti Esquiro. E pues, no parece que los más nobles fuessen
parientes de Esquiro si él era assín malo como muchos
dizen, mas dizen assín que Theseo mató a Esquiro, no
quando él iva a Athenas, mas depués, quando él decibió
a Dioclea, senyor de la Mégara,[3487] e tomó la Eleusina.[3488]
E tales contradicciones son de esti fecho.

Depués d'esto, él combatió uno por uno en la Eleusina[3489] con Querquino, el qual era de la Arcadia, e lo mató.

3480   Siron] PF: Σκείρωνα.
3481   Mégara] megra PF: Μεγαρικῆς.
3482   Siron] cf. supra.
3483   coz] voz P: boce F: λακτίζοντα.
3484   Mégara] cf. supra.
3485   Eacó] eaço P: caco F: Αἰακòν.
3486   Eacó] eacro PF.
3487   Mégara] cf. supra.
3488   Eleusina] Elepsina PF: Ἐλευσῖνα.
3489   Eleusina] elcusina PF: Ἐλευσῖνι.

E poco más avant, él mató al domador Procrusto en la
Ermiona en [f. 89v] aquella manera qu'él destendía[3490] a los
estranyos sobre los bancos diziendo que los quería dreçar
con los bancos. Las quales cosas Theseo fazía siguiendo
las maneras de Hércules, segunt qu'él mató en sacrificio a
Búsiro, †rucó†[3491] con Anteo e combatió uno por uno con
Quicno.[3492] E a Térmero[3493] dio una carabaçada con su
cabeça e lo mató. Por que se dize por semblança d'él[3494]
mal *termero*;[3495] porque parece que aquel mal Termero[3496]
a todos †cutava†[3497] con la cabeça e los matava. Assín fazía
Theseo, que en aquella manera que ellos forçavan a los
otros forçava él a ellos; e ellos eran punidos segunt la lur
injusticia.

Cómo Theseo ribó en Athenas e lo conoció su padre
por los senyales que havié dexado a su madre; e cómo
desbarató Theseo el linage de los Palantidos; e de
lo que le conteció en la isla de Cret con el Minotauro;
e de las otras cosas que depués se siguieron

Quando él fue más adelant e plegó al Quifisó, algunos
hombres del linage de los Fitalidos[3498] le sallieron al
encuentro, e ellos lo saludaron primerament. Por la qual
cosa, él los pregó, e ellos lo alimpiaron segunt la costumbre e sacrificaron por su ignocencia e lo convidaron en sus

---

3490   destendía] distendea *F*: descendea *P.*
3491   †rucó†] *PF*: κατεπάλαισε 'venció'.
3492   Quicno] quieno *PF*: Κύκνον.
3493   Térmero] thermeno *PF*: Τέρμερον.
3494   d'él] del *PF.*
3495   *termero*] termeno *P*: termino *F*: Τερμέρειον.
3496   mal Termero] mal termeno *PF*: ὁ Τέρμερος.
3497   †cutava†] cutava *PF*: παίων 'herir'.
3498   Fitalidos] sitalidos *PF*: Φυταλιδῶν.

casas antes que ningún otro lo recibiés amigablement en todo aquel camino. E quando fue a la ciudat, trobó en la ciudat grant división e grant dissensión; e especialment Egeo e su casa estavan mal, que Midia fuyó de Corintho a Egeo, que con encantamientos e con yerbas ella farié qu'él havrié fillos, e por esto ella estava con él. Quando ella sentió que Theseo venía, antes que Theseo ne supiés ren (e Egeo era ya viejo e espantado de las rebelliones), fizo consentir a Egeo que en el convit Theseo fues mezinado como estranyo. Quando Theseo vino a yantar, no le pareció bueno de [f. 90r / xii, 4] manifestar quí era antes qu'él dies alguna ocasión de noticia a su padre. Por la qual cosa, él sacó el guchiello por tajar carne mostrando siempre el cuchiello a su padre. E Egeo lo conoció de continent, e tan tost se giró e derramó el got do era el veneno. E lo besó, e congregó a los ciudadanos, e lo manifestó. E ellos lo recibieron graciosament por sus valentías.

Mas los Palantidos esperavan antes de senyorear el regno quando Egeo muriés sin fillos. E quando Theseo pareció su successor, ellos havían desplazer, porque Egeo regnava, el qual no era legítimo heredero, mas era adoptivo de Pandíon,[3499] e que un otro estranyo, es a saber, Theseo, deviés regnar. Por la qual cosa, ellos se aparellaron contra Theseo e partiéronse en dos partes: la meitat iva paladinament con lur padre a la ciudat, e los otros fizieron una celada al Gargitó por assallir a sus enemigos por dos partes, devant e de çaga. E havían con ellos un cridador del linage de los Agnosios el qual havía nombre Leo; e esti manifestó a Theseo todos lures secretos. Theseo súbitament asallió a los de la celada e luego los destruyó a todos. Los otros qui eran con Pálanta, quando supieron esta cosa, se fueron todos; e por esto los Palineos

3499 Pandíon] *F*: paudion *P*: Πανδίονι.

de la ora avant no se parentaron con los Agnosios por el odio de la traición de Leo.

Theseo, queriendo parecer hombre de grant operación e queriendo tirar la universidat a su amor, sallió al tauro el qual era a Marathona, el qual nozía mucho a los abitadores de la Tetrápoli, e lo tomó e adúxolo bivo por medio de la ciudat e [f. 90v] depués lo sacrificó al dios Apolo.

Depués esto, vinieron de Cret la tercera vegada los qui devían recebir el treudo que la mayor part de los istoriógrafos escriven que *** por la muert de Andrógeo, el qual fue muerto en la Atiquí, segunt que pareció. Por esto Minon tractava mal a los de Athenas. E la mala ventura consumó la tierra de fambre e de mortaldat; e depués, el dios les comandó que pacificassen a Minon e lo amansasen entro a que cessás el furor del dios e amenguás los males. En esto enviaron embaxadores con pregarias e fizieron pactos de enviar cad' anyo por trebuto, entro a ix anyos, vii fillos de gentiles hombres e tantas vírgines, a los quales luego, como eran en Cret, el Minotauro los consumava. El qual Minotauro dize Eurípides qui fue «un ninyo qui nació de natura mesclada de hombre e de tauro».

Mas Filóhoro[3500] dize que los de Cret no acceptan el dicho de Eurípides, mas dizen que era una cárcer la qual ha nombre Lambarinto, e no havía otro mal sino que de allí ninguno no podía escapar, mas, andando d'acá e d'allá, el hombre moría. E Minon fazía fer exercicios por Andrógeo; e fazié combater uno por uno. E a qui vencía dava uno de aquellos jóvenes qui lo serviesse; e lo servía en todo el tiempo de su vida. E del principio vencía el más adelantado capitán, el qual havía nombre Tauro e era hombre crudel e sin misericordia enta los infantes de Athenas. E assín escrive por aquellos infantes aun Aristótiles. E

3500 Filóhoro] *PF*: Φιλόχορος.

no tiene por opinión que Minon los matás, porqu'él era, segunt que se dize, rei [f. 91r / xvɪ] e condedor de leyes, e Radámanto[3501] amava la justicia e servava sus leyes.

Mas, porque ellos envellecían en Cret e morían allí en servitut, se partieron secretament, e passaron primerament en Italia, e abitavan en Pulla, e de allí tornaron depués en Tracia e fueron clamados botieos. E a las fiestas e a los sacrificios que fazen cantan e dizen: «Vayamos a Athenas», por memoria de la estranyedat. Assín escrive Aristótiles en[3502] la *Policía de los votieos.*

Quando, pues, vino el tercero anyo del treudo e convenié que todos los padres qui havién bellos fillos los presentasen, començaron aún los Palantios de calupniar a Egeo en presencia de los ciudadanos diziendo que por él era todo esti mal, e él sólo era excepto de la tribulación, e havía fecho senyor a un espurio, e de los legítimos fillos de los gentiles hombres no'nde curava. Quando Theseo oyó estas paravlas, huvo grant desplazer. No res menos, pareciole bueno de participar en las adversidades de los ciudadanos, e sin alguna suert él se ofreció a sí mismo. E todos se maravellavan como aquel qui era amado de la universidat. Mas Egeo lo revocava, e él no lo escuchava. Por la qual cosa, él lo envió con vela negra como aquel qui iva en periglo manifiesto. Mas Elanicó[3503] dize que los de Athenas no enviavan a sus fillos por suert, mas Minon mismo vinié e los esleyé.[3504] E esleyó primerament a Theseo. E era ordenado que los de Athenas diessen el navilio e que los jóvenes entrassen sin armas e passasen ensem-

---

3501   Radámanto] nadamanto *P.* nadamante *F.* Ῥαδάμανθον.
3502   Aristótiles en] Aristoteli in *F.* aristotiles a las fiestas et a los sacrificios en *P.*
3503   Elanicó] alanico *PF.* Ἑλλανικὸς.
3504   esleyé] eleggeva *F.* esley- (*borrosa la letra final*) *P.*

ble con Minon. E esta pena devía cessar quando el Minotauro ***.³⁵⁰⁵ Por la qual cosa, Egeo les [f. 91v] dio una otra vela blanca e comandó al naucher que, si Theseo se salvás, qu'él a la tornada navigás con vela blanca; e si él se perdiés, tornás con vela negra por senyal de la muert. Mas Simonido dize que la vela del salvamiento no era blanca, mas era «tenyida en grana». E era governador de la fusta, segunt que dize Simonido, Ferecleo. Mas, assí como dize Filócoro, que lo dize más verdaderament, Theseo mismo tomó de Salamina por naucher a Nauséthoo, e por proero a Féaco;³⁵⁰⁶ porque los de Athenas non eran aún acostumbrados de marinería. E los demandó a Esquiro, e Esquiro ge los dio. E por esto Theseo puso después cerca del moniment de Esquiro al Falero dos otras estatuas de Nausíthoo de Féaco.³⁵⁰⁷

E depués qu'él tomó los otros jóvenes por suert, él se fue al Delfinio, e pregó por estos jóvenes e puso devant del dios un ramo de olivera sagrada encoronado de lana blanca. E Dios le comandó que pregás a la dea Venus Epitraguía.

E quando él passó en Cret, Ariatne, segunt que muchos escriven, se enamoró de Theseo e le dio un filo e le ensenyó cómo él deviés exir de las bueltas de Lambarinto. E en esta manera él mató al Minotauro, e passó de Cret, e levó con él ensemble los fillos de los de Athenas e a Ariatne. Mas Dimon dize que, quando Theseo fue sobre su partir de Cret, mató allí a Tauro, capitán de Minon, combatiendo con él ensemble en la³⁵⁰⁸ galea. Mas, segunt que escrive Filócoro, Passifá amava a Tauro, e era fama que havié a

3505 ***] lag. en PF: ἀπολομένου.
3506 Féaco] fraco PF: Φαίακα.
3507 Féaco] cf. supra.
3508 ensemble en la] insieme nella F: sobre en P (en interlin.).

fazer con ella. E por esto Minon quería mal a Tauro, e aun
todos los otros lo querían mal por sus malas maneras.
Quando, pues, Minon fizo los exercicios, todos, remembrándose que Tauro devía [f. 92r / xix, 4] vencer, havían
invidia. E por esto, quando Theseo demandó a Minon gracia de combaterse solo con Tauro, Minon lo consentió.
Theseo ya havía vencido a los otros; mas a Tauro †livró†[3509]
de todo. E era de costumbre que las mulleres estuviessen
a veyer los exercicios; e por esto era allí Ariatne. A Ariatne plúgole la cara de Theseo, e se maravelló de sus valentías, e de todo se enamoró d'él. E aun Minon lo acceptó
mucho e le dio los jóvenes; e dexó d'allí avant la ciudat
franca de treudo. Mas Clídimo[3510] contó por otra manera
començando de las cosas antigas. Porque antigament era
estatuto antigo entre los griegos que de ninguna part no
pudiés exir barca armada, mas que levás solament v personas. E por esto iva Jassón en derredor con su fusta, la
qual clamavan Argó, por limpiar de todas partes a los cursarios. E quando Dédalo fuyó con una barqueta de Athenas, Minon armó galeas contra el estatuto, e lo encalçava.
E levantose una fortuna e echó sus fustas en Sicilia, e allí
finió su vida. E Deucalíon, el fillo de Minon, huviendo
odio a los de Athenas, envió embaxadores a los de Athenas demandando a Dédalo e menaçando que, si no lo
diessen, él mataría lures fillos, los quales antes Minon tenía
por ostages. E quanto por aquella vegada, Theseo respondió mansament demandando perdonança por Dédalo
como por su nieto, porqu'él era fillo de Meropa, filla de
Erecteo. No res me- [f. 92v] nos, él fazía fer fustas luent
de la mar porque non fues sentido, e otras ne fazía Pitheo

3509   †livró†] liuro *PF*: καταπαλαισθέντος καὶ προπηλακισθέντος 'vencido y humillado'.
3510   Clídimo] elidimo *P*: elidino *F*: Κλείδημος.

al Trisina,[3511] e otras en otra part. E quando las fustas fueron aparelladas, Theseo se puso en mar haviendo con él a Dédalo e otros pilotes de Cret los quales eran antes fugitivos. Los de Cret, no supiendo nada, credían que fuessen navilios de mercadería, e sallían amigablement. Theseo tomó el puerto, e passó liugerament, e se fue al Conossó,[3512] e combatió cerca las puertas de Lambarinto, e mató a Ducalión e a sus maceros. E depués que Ariatne tomó la senyoría, fizo amigança con ellos e tomó los fillos de los de Athenas, e juraron los de Cret de nunqua mover guerra con los de Athenas.

E dízense aún por Ariathne muchas paravlas que no[3513] se acuerdan. Algunos dizen que, como él la desemparó, ella se negó. Otros dizen que la tomó e depués la dexó a Nacso,[3514] e ella abitó con el sacerdot Ónaro. E la dexó allí porqu'él «amava mucho la fermosura de Panopida». Otros dizen qu'él engendró con ella dos fillos, qui havían nombre Enopío e Estáfilo, segunt que dize Íon de Sío por su patria diziendo: «Sío, la qual edificó Enopío, fillo de Theseo». No res menos, Peon Amatusio, favlando especialment d'esto, dize que la fortuna echó a Theseo en Chipre huviendo con él Ariatne, la qual era prenyada. E porque era treballada de la mar, la puso en tierra sola, e él andó al navilio por tal qu'el navilio no feriés en la playa; e las mujeres [f. 93r / xx, 5] del lugar recibieron a Ariatne e la governavan e la consolavan porque era sola. E aun le mostravan letras e le dezían por consolarla que Theseo las enviava. Mas, antes que ella pariés, murió de parto, e enterráronla. Depués vino Theseo e se contristó mucho por

3511 Trisina] trisona *PF*: Τροιζῆνι.
3512 Conossó] *PF*: Κνωσσὸν.
3513 no] non *F*: no (*tachado*) *P*: οὐδὲν.
3514 Nacso] nisia *PF*: Νάξον.

ella, e dexó a los de la tierra moneda por fazer sacrificios e dos estatuas chicas: la una de argent e la otra de arambre.

Mas, quando él se partió de Cret, él surgió a Delo. E sacrificó al dios e puso allí un ídolo de la dea Venus el qual le havié dado Ariatne.[3515] E en aquel sacrificio él dançó con los otros jóvenes una dança segunt las revoluciones e bueltas de Lambarinto. Por la qual cosa, entro al día de oi los de Delo fazen fiesta e dançan en memoria de Theseo. E claman la guisa de aquella dança *guérano*, es a saber, *grúa*, segunt que escrive Diquearco.

E quando se acercaron a la Atiquí, por la grant alegría que ellos havían, se oblidó él e su governador de poner la vela la qual era la senyal de lur salvamiento. E quando Egeo la vido, como desperado se derrocó por grant dolor e murió. Quando Theseo surgió en el puerto e sacrificava assí como él havié prometido a los dioses quando él partía, envió un mensage a la ciudat, el qual los trobó a todos tribulados por la muert del rei. Empero, por la alegría que huvieron de la salvación de Theseo, lo començaron a coronar. El mensage recibió bien las coronas; mas por la dolor non se puso nenguna en la cabeça, mas él coronó solament al tocho de la mensagería. E quando él tornó a la mar, antes que Theseo acabás su [f. 93v] sacrificio, él se aturó de fuera por no conturbar el sacrificio. E depués qu'el sacrificio fue acabado, él contó las nuevas de la muert del rei. E se fueron todos a la ciudat con dolor e con ploros, e hondradament enterró a su padre. E por esta ocasión a los sacrificios de su padre, los quales claman *oscoforía*, no coronan al cridador, mas solament a su tocho, e cridan: «¡Oimé, oimé, leve, leve!».[3516] E los claman *oscoforía*

3515   Ariatne] *F*: ariatene *P*: Ἀριάδνη.
3516   Oimé, oimé, leve, leve] *PF*: ἐλελεῦ, ἰοὺ, ἰοὺ.

porque circundan al tocho del cridador del sacrificio con una copa plena de razimos e de uva fresca e madura.

E el parescalam[3517] de xxx remos en el qual pasó Theseo los de Athenas lo guardaron entro al tiempo de Dimitrio Falireo, renovando siempre las tavlas viejas e toda la otra fusta. En tanto que aun los filósofos tomaron por exemplo aquel navilio por la paravla dudosa; porque algunos dezían qu'él era aquel mismo navilio, e algunos contrastavan de non. E, por cierto, él era aquel, e no era aquel. E los de Athenas por recompensación e regraciamiento ordenaron que se fiziés un templo en hondra de Theseo e que se fiziés fiesta porque eran afranquidos del treudo de Cret.

E depués la muert de Egeo, Theseo se puso en coraçón una grant cosa, es a saber, de congregar todos aquellos qui habitavan en la Atiquí en una ciudat. E todos los derramados congregó en una comunidat. Aun quando entre ellos era alguna turbación o contrast, Teseo los pacificava favlándoles él mismo e consejándoles. E los menos poderosos lo escuchavan de grado; e los más poderosos havían miedo d'él. E dávales el governament de la ciudat sin el regno; porqu'él era [f. 94r / xxiv, 2] contento que la universidat huviés actoridat e él fues solament por salvar las leyes e por comandar en fechos de armas, e en las otras cosas que huviessen poderío los otros. E algunos lo obedecían de grado; e los otros por miedo de su poderío, el qual era grant, e de su ardideza, la qual no havié embargamiento. E por esto condecendían a su voluntat por parecer que de grado lo obedecían e no por fuerça. E destruyó la diversidat de las universidades e de los consejos e de los trasoros. E ordenó que fues una universidat e un consejo e un trasoro allí do es agora la ciudat de los de Athenas.

3517   parescalam] P: parescarmo F: πλοῖον.

E esti fue el primero que le puso nombre Athenas. E fizo una fiesta general e la clamó *Panathínea*. E mató en aquella mutación de las abitaciones c bueyes, e nombró aquel mes *Ecatombeona*. E desemparó el regno e predicava la unidat en la ciudat, e ordenava que todos biviessen en una manera. E començó de los dioses ordenando los sacrificios de cada uno e las solepnidades. E quando él envió a los Delfos por saber alguna cosa de la ciudat, le vino tal adevinación: «O Theseo, fijo de Egeo e de la filla de Pitheo, mi padre ha puesto muchos regiramientos e muchos treudos de diversas ciudades en tu ciudat, e tú non hayas muchas imaginaciones de treballar, porque en la mar passarás como odre». La qual cosa dixo aun Sibila después diziendo: «Tú te zampozarás en el piélago como odre; mas no quiere Dios que de todo te afogues».

E Theseo, queriendo acrecer la hora a la ciudat, enviava la crida por todo que toda gent viniés. Mas, quando él vido la grant multitut, no la dexó desor- [f. 94v] denada, antes él mismo la compartió en nobles e en lavradores de tierra e en menestrales. E cometió a los nobles que huviessen ansia de las cosas divinas e mostrassen las leyes e adoctrinassen la multitut a las fiestas. E que los nobles fuessen adelantados en gloria, e los lavradores de la tierra en las cosas necessarias, e los menestrales en la multitut. E que esti ordenament los teniés en egualdat, pues que cada uno era adelantado en su grado e en lo qu'el uno havié menester del otro. E qu'él fues el primero de todos qui renunciás a la monarchía e se enclinó a la senyoría de la universidat, Aristótiles lo dize, e Omero lo testimonia. Porque, de toda l'armada de los griegos que fue contra Troya, solament a los de Athenas nombró universidat. E fizo moneda. E la figura era forma de buei, o sea por el tauro qu'él mató a Marathona, o por el capitán de Minon, el qual havía nombre Tauro, o por concitar los ciudadanos a labor de la tierra. La hora él senyoreó la provincia de la Mégara e la puso en servitut de la Atiquí. Por la qual cosa, él puso en el Estrecho una grant estatua sobre la qual eran escriptos dos viersos, son a saber: «Todo lo que ella tiene de levant no es Pelopóniso, mas Jonia; e todo lo que tiene de ponent no es Jonia, mas es Pelopóniso». E assín como Hércules fizo la fiesta de los Olimpios, assín fizo él semblantment la fiesta de los Istmios.[3518] E dízese *Istmios*[3519] un passo estrecho de tierra qui ha la mar de dos partes como era aquel do él puso aquella estatua. E por esto él ordenó aquella fiesta, e por el lugar la claman *Istmia*.[3520] E la fiesta de los Olimpios es de Júpiter; mas la fiesta de los Istmios[3521] es de Neptuno. Mas algunos dizen que la fiesta de los Istmios[3522] non era [f. 95r / xxv, 6] por Neptuno, mas por Esquiron, por limpiamiento de la contaminación del homicidio; porqu'él lo havía matado. E comandó que los de Corinto en aquella fiesta fiziessen hondra a los de Athenas: que ellos sediessen a la sombra de la vela de la nau sagrada la qual él sacrificó, en tanto como ella se puede destender.

De las opiniones que son del passage de Hércules e de Theseo contra las amazonas; e cómo ellas vinieron; e de la companyía de Theseo con Pireto[3523]

Depués d'esto, él passó la mar con Hércules quando él se fue contra las amazonas. Por la qual cosa, él tomó a Antiopa por hondra de su valentía, segunt que dize Filócoro; mas,

---

3518   Istmios] istonios *PF*: Ἴσθμια.
3519   *Istmios*] *cf. supra.*
3520   *Istmia*] istinia *PF*: Ἴσθμια.
3521   Istmios] *cf. supra.*
3522   Istmios] *cf. supra.*
3523   Pireto] *cf. infra.*

como dize Ferequido[3524] e Elánico e Iródoro (qui lo dizen
más conveniblement), Theseo fue solo en su estol e tomó
e puso en servitut la Amazonia. La qual cosa nunqua pudo
fazer algún otro antes qu'él de quantos ý fueron sino él. E
Menecrato escrive que, huviendo Theseo con él Antiopa,
estuvo un tiempo en Bitinia e havía con él III ermanos
nobles hombres de Athenas, los quales havían nombre
Éuneo e Thoas e Solóento. El qual Solóento era todo enfla-
mado del amor de Antiopa, en tanto qu'él manifestó la su
passión a un su amigo, el qual lo dixo a Antiopa. Antiopa
lo reprendió durament, mas no lo acusó a Theseo, mas se
passó honestament. De que Solóento fue desperado e
se echó en el río e se afogó. E depués, quando Theseo
examinó e supo la ocasión por qu'él ***,[3525] se contristó e
se remembró de una adevinación de Pitheo la qual dezía:
Quando él se contristás en la estranyedat, que allí edificás
una ciudat e de- [f. 95v] xás algunos de los suyos senyores
de aquella ciudat. E por esto él edificó allí una ciudat; e
por el Pithio la clamó Pithópoli; e al río qui passa cerca de
la ciudat por hondra de aquel joven le clamó Solóento. E
dexó senyores allí a los ermanos de Solóento,[3526] e con
ellos dexó a Hermo. Por que los de Pithópoli claman a lur
lugar la abitación de Ermo.

Por ocasión d'esta ciudat las amazonas fizieron armada
contra los de Athenas. E no fizieron obra de mujeres, mas
fizieron valientment sus aferes. Porque las amazonas no se
serién atendadas cerca la ciudat de Athenas ni havrién
combatido cerca la Pinica[3527] si antes no huviessen senyoreado toda la tierra de fuera. Empero, dezir qu'el mar del

---

3524   Ferequido] ferenico *PF*: Φερεκύδης.
3525   ***] *lag. en PF*; el sentido de lo omitido es 'lo hizo'.
3526   Solóento] soloenco *P*: soloento *F* (*con* c *interlin. encima de la* t).
3527   Pinica] *PF*: Πνύκα.

Vósporo[3528] se gelás assín fuert que las amazonas passasen de sobre el gielo, fuert cosa es de creyer. Mas que cerca de Athenas se atendassen, lo testimonian los nombres de los lugares e las sepulturas de los muertos. No res menos, tardaron mucho a combater, porqu'el una part e el otra eran perezosas en esto. Finalment, Theseo, segunt la adevinación qu'él havía de Apolo, le fizo sacrificio primerament, e depués ixió manifiestament a la batalla contra las amazonas. E segunt que escrive Clídimo, el qual escrive d'esta batalla sotilment, la az siniestra de las amazonas tornó a çaga entro al lugar que oi se clama Amazonia;[3529] mas la part diestra plegava entro a la Pinica[3530] en la Crissa, contra la qual az los de Athenas se defendían e finalment las metieron en vencida e las fizieron tornar a çaga. E la otra part, quando los de Athenas sallieron del Paladio e de Licio, combatieron con ellas [f. 96r / xxvii, 5] e las encalçaron entro a lures tiendas e matáronne muchas. E passados iiii meses, Ipólita los puso en concordia con grant treballo (Ipólita clama aquí a Antiopa de Theseo). Algunos dizen que Antiopa sallió fuera a la batalla ensemble con Theseo e dio un colpe de lança a Imolpadía.[3531] E no es cosa estranya si en istorias assín antigas es algún error. No res menos, la mortaldat de las amazonas aparece por lures sepulturas. Encara parece que ni por la Thesalia passaron sin batalla, porque a la Escutussa[3532] parecen entro al día de oi lures cabeças e lures sepulturas.

E dízese aun que Theseo fizo muchas valentías solo. E muchos otros; mas no solos, mas con ayuda de Theseo,

---

3528   Vósporo] *F*: vospero *P*: Βοσπόρῳ.
3529   Amazonia] *P*: amaçonia *F*: Ἀμαζόνειον.
3530   Pinica] *cf. supra*.
3531   Imolpadía] imolpidia *PF*: Μολπαδιας; *la* I *inicial parece reflejar el artículo neogriego*.
3532   Escutussa] *F*: escucussa *P*: Σκοτουσαίαν.

segunt que se dize por proverbio que «sin Theseo ren no se faze». Aun se dize un otro proverbio: «Theseo es un otro Hércules». E ayudó Theseo a Ádrasto[3533] a tomar los muertos los quales cadieron diuso de la Cadmía,[3534] no pas porqu'él venciés a los de Estivas en batalla, segunt que escrive Eurípides, mas porque se acordó con ellos, segunt que dize Filócoro que los primeros pactos que se fiziessen que las huestes tomassen a sus muertos fueron aquellos. E el primero que condecendió a dar a los enemigos aquellos qui fueron muertos en batalla fue Hércules.

Mas el amigança de Pireto[3535] e de Theseo fue fecha en esta manera: Theseo era famoso de fuerça e de valentía, e Pireto lo quería provar. E por esto él echó a sus bueyes de la Marathona. E quando le fue dicho qu'él lo en- [f. 96v] calçava armado, no fuyó, mas le sallió al encuentro. E quando se vidieron, cada uno se maravelló de la fermosura del otro, e plazíale su ardideza. E por esto no se combatieron, mas Pireto estendió su mano diestra e dio actoridat a Theseo qu'él fues jutge sobr'el fecho de los bueyes los quales él havía echado, e qu'él lo puniés assín como él quisiés. Theseo lo perdonó e lo requirió de amigança e de companyía. E fizieron lures pactos con sagramentes de la ora adelant. Depués que Pireto tomó por mujer a Didamia e fue por fazer las bodas, él pregó a Theseo qu'él fues en su companyía por un lugar e por veyer a los lapitos. E conteció qu'él convidó a cena a los centauros, los quales, depués que fueron embriagos, fazién algunos actos suzios

3533   a Ádrasto] ad arastro *F*: adarasto *P*: Ἀδράστῳ.
3534   Cadmía] cadinia *P*: cadimia *F*: Καδμείᾳ.
3535   Pireto] *P*: peritoo *F* (*en el margen,* peritoo vel pireto): Πειρίθουν.
Se esperaría Pirito, *pero aparece siempre* Pireto *en P.*

a las mujeres. Los lapithos[3536] les contrastaron fuertment, e con la ayuda de Theseo los mataron todos en aquella ora. E algunos que tomaron bivos los exiliaron.

Cómo Theseo e Pireto raparon Elena en el templo
de la dea Juno; e aprés, de la muert de Pireto,[3537]
primerament; e depués, de la muert de Theseo

Depués d'esto, fueron amos a dos en Espartia; e mientre que Elena dançava en el templo de la dea Junón, la raparon e fuyeron. Los espartanos enviaron algunos de çaga d'ellos, los quales los encalçaron entro a la Teguea, e depués tornaron. E la hora se acordaron amos a dos con sagramentes que a qui viniés la suert huviés a Elena, e aquel fues en ayuda del otro por rapar una otra. E la suert vino a Theseo, e huvo a Elena, la qual era aún doncella joven, e la levó a las Afidnas[3538] e la recomandó a su madre que la guardás. E comandó a Áfidno[3539] como amigo caro que la salvás secretament. E [f. 97r / xxxi, 4] él segunt el pacto se fue con Pireto[3540] al Ípiro por la filla de Edoneo, rei de los molosos, el qual puso nombre a su mujer Fersefona, e a su filla Cori, e a su perro Cérbero. E qui quisiés tomar su filla por mujer convenié ques combatiés con el perro, e qui lo venciés la tomás. Mas, quando Edoneo supo que Pireto[3541] no era venido por casar, mas por rapar su filla, él los tomó e echó a Pireto al Cérvero, e comiolo; e a Theseo puso en la cárcer.

3536 lapithos] *F*: pithos *P*. Λαπίθαι.
3537 Pireto] *F*: pirreto *P*. *cf. supra.*
3538 Afidnas] *F*: afidinas *P*. Ἀφίδνας.
3539 a Áfidno] afidno *P*: afidino *F*: Ἀφίδνῳ.
3540 Pireto] *cf. supra.*
3541 Pireto] *F*: pirreto *P.*

En aquel tiempo que Theseo era en la cárcer, Menesteo de Peteó,[3542] el qual era fillo de Orneo erecteo, de una
part baratava al pueblo, e del otra congregava a todos los
poderosos, los quales querían mal a Theseo por la senyoría del pueblo, cuidándose cada uno de los nobles qu'él
fues privado del regno, e dezían mal a todos de Theseo
diziendo: «Por ocasión de un suenyo de franqueza un
hombre forestero los ha congregados a todos en una ciudat por haverlos todos a su comandamiento como a sus
servidores, e son dapnificados de lures bienes». Aun esti
Menesteo ordenó con los Tindaridos que viniessen a
demandar a Elena. Por la qual cosa fue grant turbación,
porque los Tindaridos de primero no nozían a la tierra,
mas solament demandavan a su ermana, e quando los de
Athenas respondieron: «Nós no la tenemos ni sabemos dó
sea», la hora començaron de fazer guerra. Uno el qual
havía nombre Acádimo sentió por alguna manera dó Elena
era escondida, e lo fizo saber a sus ermanos. E por esto
los Tindaridos en su vida hondravan a Acádimo.[3543] E aun
depués su [f. 97v] muert, quando los lacedemonios fizieron
muchas vegadas huest contra la Atiquí, nunqua nozieron a
la Academía por aquel Acádimo. E los Tindaridos se fueron la hora a las Afidnas, e las tomaron por batalla. En la
qual batalla murió Alicó, fillo de Esquiro, porqu'él era en
companyía de los Dióscuros, es a saber, de Cástor e de
Pólux. E por él clamavan aquel lugar de la Mégara do es
enterrado, Alicó. Mas, segunt que escrive Irea, Theseo
mismo lo mató. La qual cosa no parece verdat que, Theseo seyendo present, fues tomada la Afidna, e su madre
fues captivada.

3542   Peteó] petro *PF*: Πετεὼ.
3543   a Acádimo] cadimo *PF*: Ἀκάδημον.

E quando las Afidnas fueron tomadas e los de Athenas se dubdavan, Menesteo[3544] ordenó que recibiessen a los Tindaridos amigablement dentro de la ciudat e que les fiziessen cortesía, porque ellos no fazían guerra sino solament a Theseo, el qual antes les havía fecho injusticia, mas a todos los otros querién bien e les davan e los salvavan segunt que ellos mostraron por obra. E por esto Áfidno los adoptó en fillos, e los hondraron como a dioses, e los nombraron *ánacas*, o sea por la paciencia que mostraron, o sea por la cortesía que fizieron que ninguno de Athenas no huviés mal, e especialment seyendo entrados tanta huest dentro de la tierra. E parece que de la ora se acostumbraron de clamar a los reyes *ánactas*, porque han cura del pueblo.

Aprés d'esto, quando Hércules passó por la tierra de Edonea e supo lo que era contecido a Pireto e a Theseo, por Pireto no podía ren fazer, mas por Teseo él demandó gracia que lo perdonás. E perdonolo. E quando Theseo fue perdonado, él se vino a Athenas e trobó humiliados a todos sus amigos, e a sus [f. 98r / xxxv, 3] templos, los quales eran clamados *Theseos*, fue mudado el nombre e eran clamados *Hércules*, sino solament iiii. Queriendo, pues, comandar como antes solía, fallava muchas turbaciones, porque todos aquellos qui antes mal lo querían lo solían temer, mas la hora no lo temían. E acrecieron lur malquerencia, e la universidat mudó su amor e no lo escuchavan. E queriéndolos reduzir a su obediencia, trobava mucha contrariedat. E como desperado, envió d'allí sus fillos a[3545] Elefínoro de Alcódondo,[3546] e él se estuvo al Garguitó e maldixo a los de Athenas, assín que entro al día de oi se

3544   Menesteo] *F*: menestro *P*. Μενεσθεὺς.
3545   a] et *PF* (ad *en el margen de F*): πρὸς.
3546   Alcódondo] arcodondo *PF*: Χαλκώδοντος.

nombra el *lugar de la maledicción*. E depués él passó a
Esquiro, cuidando haver amigança con los de la tierra e
trobar sus casales en la isla, en la qual regnava Licomido.
Fuése, pues, a él demandando las possesiones de sus antecesores por abitar allí. Licomido, o sea porqu'él se dubdás
de la gloria de Theseo, o sea por amor de Menesteo, fizo
puyar a Theseo en el más alto lugar de la ciudat por mostrarle sus possesiones, e lo espenyó e lo echó de cabeça
ayuso sobre las piedras. Mas algunos dizen qu'él tenía por
costumbre de passear depués de comer, e qu'el piet le
eslenó e cayó. Mas lo primero parece más verdadero. E
quando él morió, ninguno non fizo mención d'él, mas regnava en Athenas Menesteo. E sus fillos fueron con Elefínoro en la armada de Troya, e tomaron el regno de Athenas.
Aprés d'esto, muchas cosas contecieron las quales enduxieron a los de Athenas de hondrar a Theseo como a senyor. E especialment a la batalla que fizieron al Maratona
con los medos; porque a muchos pareció que vedían
como fantasma a Theseo armado qui iva delant a los
[f. 98v] de Athenas combatiendo con los bárbaros.

Por la qual cosa, quando los de Athenas fueron depués
al lugar de la adevinación, la Pithia les comandó que
levassen los uesos de Theseo a Athenas e que los enterra-
ssen hondradament e los guardassen. Mas impossible cosa
les parecía de trobarlos e de tomarlos. Mas Quimon tomó
la isla; e queriendo trobar el cuerpo de Theseo, vido en un
cabeçuelo una águila la qual con el pico e con las
unglas[3547] cavava la tierra. Por la qual cosa, él lo conoció
por gracia divina e cavó allí e trobó al cuerpo de Theseo,
segunt que nós escrevimos en la *Vida* de Quimon. Fallo-
se, pues, el lugar de grant persona, e cerca d'ella havié una

---

3547   unglas] uerglas *PF*: ὄνυξι.

lança de arambre e una espada. E quando Quimon aduxo los uessos de Theseo con su galea, los de Athenas lo recibieron hondradament como si él fues tornado bivo, e lo enterraron en medio de la ciudat. E es la su sepultura refugio de los siervos e franqueza de todos aquellos qui se dubdan de los más fuertes, assín como él era protector e ayudador d'ellos quando él era bivo e uía mansament las pregarias de todos los humiles. E le fazen sacrificio al octavo día de agosto, quando él tornó de Cret, e a todas las octavas de los otros meses, segunt que escrive Diódoro Periiguito, porque les parece que esti conto le conviene más como a fillo de Neptuno, segunt hondran[3548] a Neptuno en todas las octavas. Porqu'el primer conto firme,[3549] al qual los arisméticos claman *cubo*, es VIII, el qual procide del primer conto e[3550] se dobla. E es apropiado esti cubo a Dios, porqu'él es firme e inmovible, assín como claman a esti Dios infalible porqu'él contiene la tierra firmement.

3548   hondran] hondra *P.* honore *F.*
3549   firme] fue firme (fue *interlin.*) *P.* fu fermo *F.*
3550   e] el *PF.*

RÓMULO

{*PF*}

SÍGUESE EL XXXIIII LIBRO: De las gestas e memorables fechos de Rómulo.

El grant nombre de Roma e su gloria, la qual fue manifiesta a todas las gentes, de quí e por qué razón ella lo conquistás, los istóricos qui escriven no se acuerdan, mas algunos dizen que algunos pelasgos andaron en estranyedat e senyorearon a muchos lugares e a muchos hombres, e finalment abitaron allí, e por el poderío que ellos havían en las armas nombraron a lur ciudat *Roma*. Mas otros dizen que, quando Troya fue presa, algunos fuyeron e vinieron con navilios e el viento los echó en la Tirrinía e surgieron en el río de Tibre. E lures mulleres eran treballadas de la mar, e todas ensemble se consejaron con la más noble e cuerda de todas, la qual havía nombre Roma, de cremar los navilios. E assí lo fizieron. Por la qual cosa, lures maridos se ensanyaron fuertment de primero; mas, depués que por necessidat les convino abitar el Palantio, veyendo un poco tiempo que el lugar era provechoso a ellos e los de la tierra lo vedían de grado, fizieron muchas hondras a Roma e por ella clamaron lur ciudat *Roma*. E de la hora fincó la costumbre que las mujeres besan en la boca a los parientes suyos e amigos, assín como fazían quando huvieron cremado los navilios, que besavan a lures maridos porque las perdonassen de lo que havían fecho.

E otros dizen que Eneas tomó por mujer a aquella que
havía nombre Roma, de la qual son diversas opiniones:
Algunos dizen que ella fue filla de Ítalo e de Leucaria;
otros dizen que fue de Télefo de Ércules. E muchas otras
cosas dizen las quales no se acuerdan[3551] bien. E todos
aquellos qui se acuerdan en la paravla más [f. 99v] justa:
que por Rómulo es assín clamada, non se acuerdan en su
generación. Algunos dizen qu'él fue fillo de Eneas e de
Decsitea, filla de Fórbanto, e que lo aduxieron ninyo en
Italia con su ermano Romo.[3552] E quando el río creció, las
otras fustas se perdieron sino solament aquella do eran los
ninyos, la qual se assentó en lugar muell, e se salvaron. E
por esto fue clamado aquel lugar *Roma*. Otros dizen que
una la qual havía nombre Roma, filla de Troya, tomó marido latino, el qual havía nombre Tilémaco, e engendró a
Rómulo. Otros dizen fablas de su natividat diziendo que
en l'ostal de un senyor el qual era rei de los albaneses
pareció una fantasía de demonio. E dizen que apareció en
similitut de hombre como de fuego e duró por muchos
días. E en Tirrinía era un lugar de adevinaciones de do
vino a aquel rei el qual havía nombre Tarquecio una responsión: qu'él mesclás con aquella fantasía una virgen,
porque aquella virgen de aquella fantasía concibrié[3553] un
fijo muit glorioso e adelantado en virtut e en ventura e en
poderío. Tarquecio dixo esta cosa a una su filla e le
comandó que se mesclás con aquella fantasía. E ella non
se denyó fazerlo, mas envió una su doncella. Quando Tarquecio lo supo, se ensanyó mucho e queríalas matar entramas. Mas, quando él vido en suenyos la dea Vesta que le
embargava de esti omicidio, comandó a todas sus fillas

3551   acuerdan] accordano *F*. acuerda *P*.
3552   Romo] *PF*: Ῥῶμον.
3553   concibrié] conçibrrie *P*. concieperebbe *F*.

que ligadas texiessen[3554] una tela, e, depués qu'ellas la huviessen texida, les daría maridos. Mas, quanto ellas texían de día, Tarquecio[3555] lo destexía la noche. E quando la doncella parió, huvo II fillos ensemble. E Tarquecio[3556] los dio a uno el qual havía nombre Teracio,[3557] que los matás. Teracio los levó cerca del río e los puso allí, e partiose. Allí venía espesament una loba e les dava las [f. 100r / II, 7] tetas. E venían aun muchas aves volantes que les aduzían a comer muchas cosas; en tanto que uno qui guardava bueyes lo conoció e maravellose e fue allá e levó los infantes de allí. Los quales, quando fueron grandes, assallieron a Tarquecio e tiráronle la senyoría. Estas cosas dize uno el qual havía nombre Promathío, qui escrivió una *Istoria Itálica*.

Mas la paravla más cierta e que muchos acceptan como más verdadera es aquella que dize Dioclo[3558] de Peparitho,[3559] al qual siguió Fabio Víctor[3560] en las cosas qu'él escrivió. E dize assín: El regno de Eneas passava en sus successores e devalló a II ermanos, es a saber, Numitor e Amulio. E Amulio[3561] partió todas las cosas en dos partes: el regno puso por una part, e el oro e el trasoro que lures antecessores aduxieron de Troya por una otra part. Numitor quiso antes el regno, e Amulio tomó el trasoro. Por la qual cosa, él vino en tan grant poderío que en poco tiempo él tomó el regno por fuerça. E porque su ermano havía una filla, dubdándose que ella no fiziés

---

3554 texiessen] texiesse *P*: tessessero *F*.
3555 Tarquecio] *F*: tarquicio *P*: Ταρχετίου.
3556 Tarquecio] *cf. supra*.
3557 Teracio] terecio *PF*: Τερατίῳ.
3558 Dioclo] diotho *PF*: Διοκλῆς.
3559 de Peparitho] de paparitho *P*: di paparitho *F*: Πεπαρήθιος.
3560 Víctor] victo *PF*: Οὐίκτωρ.
3561 E Amulio] et amulio *F*: *om. P*: Ἀμουλίου.

fillos que[3562] depués buscasen de fazer vengança de su
agüelo e tomassen a él la senyoría, él la fizo sacerdotissa
de la dea Vesta por tal que ella fincás virgen. E algunos
dizen que havía nombre Ilía,[3563] e otros dizen Rea, e otros
Silvia.[3564] Passado un tiempo, él entendió que ella era
prenyada contra razón. E su filla, la qual havía nombre
Anthó, fizo tanto por sus pregarias que él no la punió la
hora, mas la encarceró e comandó que ninguno no le favlás, por saber el tiempo de su parto. Ella huvo II fillos
grandes e fermosos. Por la qual cosa, Amulio se dubdó
aún más. Por qu'él comandó a uno de sus servidores que
los tomás e que los echás en el río. E él puso los ninyos
en una cuenca e fuése al río por echarlos dentro. Mas,
veyendo el río que corría muit fuert, se dubdó de plegar-
se al río, e [f. 100v] dexó la cuenca cerca del río e se partió. Quando el río creció, levantó poco a poco la cuenca,
e la corrient la levó entro a un lugar muell, el qual se
clama agora *Cermano*,[3565] mas antes se clamava *Germano*
por los dos ermanos.

E allí cerca havié una figuera[3566] salvage a la qual dezían *Ruminalio*, o sea por Rómulo, segunt que muchos
creyen, o sea porque las bestias ivan allí por la sombra, o
sea por el tetar de los ninyos, porque los antigos a la teta
clamavan *roma*. Seyendo allí los ninyos, una loba los[3567]
alechava, e una ave les aduzía a comer e los guardava.
Estos dos animales son reputados del dios Mars, e los latines fazen grant reverencia a aquella ave por tal que se creía
que lur madre fues prenyada del dios Mars. E dízese que

3562 que] che *F*: *om. P*.
3563 Ilía] italia *PF*: Ἰλίαν.
3564 Silvia] siliva *PF*: Σιλουΐαν.
3565 Cermano] *P*: Çermano *F*: Κερμανὸν.
3566 figuera] figura *PF*: ἐρινεὸς.
3567 los] *om. PF*.

Amulio mismo la decibió primerament e[3568] la huvo virgen. Mas, porqu'él era armado, pareció a ella que fues el dios Mars. La hora un porquero el qual havía nombre Féstolo falló a los infantes e levolos a su mujer, la qual havía nombre Larencia,[3569] e los nudrió. Otros dizen (e es más verdadero) que la nudriça que nudría a los infanes no era, como dicho es de part de suso, que una loba los criava, mas los romanos claman a las putas *lobas*; e por esto el lugar desonesto se clama *lupanar*. E porque aquella Larencia[3570] qui nodrió a los infantes era mujer desonesta, la clamavan *lupa*; e el nombre d'ella dio ocasión a la fabla. E a aquella fazién los romanos sacrificio en el mes de abril como el mes del dios Mars. E claman aquella fiesta *Larencia*.[3571]

El guardián del templo de Mars, seyendo contristado, quiso fazer un estranyo solaz, es a saber, de jugar a los dados con el dios Mars, con tal pacto que, si él venciés, el dios le fiziés qualque bien, e si el dios venciés, que faría él al dios [f. 101r / v, 1] un buen convit e le aduría una fermosa moça que folgás con él. Por la qual cosa, él echava los dados por el dios e por sí mismo. Finalment, el guardián perdió. Queriendo, pues, parecer justo en su promissión, aparelló al dios una cena. E aquella Larencia[3572] que havemos dicha, la qual era fermosa muller, mas aún no era conocida ni famosa, él la pregó porque se echás con el dios. E aprés la cena le fizo un buen lecho en medio del templo, e cerrola dentro por tal qu'el dios la huviés. E dízese qu'el dios se mescló con ella e le comandó que en la manyana ella andás a la plaça e al primero hombre que

---

3568 e] et *F*: om. *P*.
3569 Larencia] larenzia *F*: laurençia *P*: Λαρεντίαν.
3570 Larencia] *cf. supra*.
3571 Larencia] *cf. supra*.
3572 Larencia] *cf. supra*.

encontrás por el camino lo besás e lo fiziés su amigo. En la manyana ella encontró a un ciudadano antigo, mas muit rico e non havía fijos car non havía mujer; e él havía nombre Tarrucio. Esti se mescló con ella, e tanto la amó que, quando vino a morir, la fizo heredera en muchas e grandes possesiones e en grant riqueza. Mas ella la mayor part de aquellas cosas dio por testament a la comunidat; e por esto fue famosa. E depués, ella desapareció estando en aquel lugar do la otra Larencia[3573] jazía. E clámase agora aquel lugar *Bilauro,* o sea porque passan el río quando crece con las barcas (las quales ellos claman *bilaturas*), o sea porque tienen por costumbre de cobrir las carreras del mercado entro al ipodromio por fazer sombra a los qui miran los solaces, e claman los romanos a aquella cobertura *velos.*

*Cómo Rómulo e Romo[3574] començaron a usar; e cómo
Romo[3575] fue preso; e cómo se supo quí[3576] ellos eran;
e de la muert del rei Amulio; e cómo ellos
prisieron la senyoría e començaron a abitar Roma*

El porquero, segunt que se dize, nudría secretament aquellos [f. 101v] infantes. E segunt que otros lo dizen mejor, él los nudría con voluntat de Numitor, el qual los governava e comandó[3577] que fuessen levados a los gabios. E allí deprendían letras e todas otras cosas que apartenecen a gentil hombre. E fueron clamados Romo[3578] e Rómu-

---

3573 Larencia] *cf. supra.*
3574 Romo] *cf. infra.*
3575 Romo] *cf. infra.*
3576 quí] chi *F:* que *P.*
3577 comandó] *F:* comado *P.*
3578 Romo] *PF:* Ῥῶμον *M.*

lo. E la nobleza de lur persona, ya sea que fuessen ninyos, parecía por lur esguart e por lur grandeza. E quando fueron mayores, eran muit malenconiosos e valientes. E en las adversidades manifiestas mostrávanse constantes e ardides sin miedo. E Rómulo parecía más cuerdo que Romo[3579] e más civil quando él se aplegava con los vezinos en parlamentes o en caças. E todos comprendían que su natura no era servil, antes senyoreable. E eran amados de lures pares e de más humiles que ellos. Mas enta algunos reales se mostravan superbos, ni curavan de lures menaças. E lur conversación era líbera, no pas que reputassen la suzia vida libertat, mas en exercicios e en caças e en perseguir a los ladrones e tomar a los homicidas e de ayudar a aquellos qui[3580] recebían tuerto. Por las quales cosas ellos eran famosos en todas partes.

Por la qual cosa, quando los pastores de Numitor huvieron contrast con los pastores de Amulio[3581] por las yervas, los jóvenes no pudieron sufrir más e los tajaron en pieças e tomaron una buena part del ganado. Numitor se ensanyó de esta cosa; mas los jóvenes no curavan e recebían a muchos pobres de todas partes en lur companyía. E muchos siervos fugitivos se ajustavan con ellos. E una vegada que Rómulo fue en un sacrificio, porque mucho se delectava de sacrificios e de adevinaciones, los pastores de Numitor encontraron por el camino a Romo[3582] con poca companyía e lo assallieron. E fueron feridos del una part e del [f. 102r / VII, 2] otra; mas los pastores de Numitor fueron más poderosos e tomaron a Romo[3583] bivo. E quando lo

---

3579   Romo] cf. supra.
3580   qui] F: a qui P (a en margen).
3581   Amulio] F: amulia P. Ἀμουλίου.
3582   Romo] cf. supra.
3583   Romo] cf. supra.

levaron devant de Numitor e lo acusavan, Numitor non lo
osó punir dubdándose de su ermano Amulio, porqu'él era
hombre duro, mas él se fue a su ermano demandándole
razón e querellándose diziendo: «Yo só injuriado de hombres siervos agora que tú, qui eres mi ermano, eres rei». E
los albinios todos havían desplazer veyendo que tal senyor
como Numitor, el qual era ermano del rei, era injuriado de
hombres de no res. Por la qual cosa, Amulio se movió e
dio a Romo³⁵⁸⁴ en poderío de Numitor, qu'él fiziés lo que
quisiés d'él. E Numitor tomó a Romo e fuésse a su casa. E
considerando la grandeza de su persona e su valentía, se
maravellava. Considerava aun veyéndolo en la cara su
ardideza. E aprés oyó contar sus fechos; e parecíale bien que
se acordavan con lo que vedía. Mas la mayor cosa era
que Dios era allí present ayudador de principios de grandes aferes. Por la qual cosa, Numitor le demandó quál era,
e favlole dolçament, e lo talayó con buen ojo dándole
firme esperança. E Romo³⁵⁸⁵ dixo segurament e con ardideza: «Yo no celaré ninguna cosa de lo que tú me deman-
darás, pues que semblas más real que Amulio, porque
antes oyes e examinas que punescas; mas él sin judicio
envía a los hombres a la pena: Al principio nós sabíamos
que éramos fillos de siervos³⁵⁸⁶ del rei, de Féstilo³⁵⁸⁷ e de
Larencia;³⁵⁸⁸ e somos de una ventrada. E depués que nós
somos venidos en estas querellas e en periglo de nuestra
vida, oímos por nós grandes cosas. E si ellas son de creyer, esti periglo lo jutgará agora. Nuestra semiença es muit
secreta cosa; la nuestra criança es fuera de la ordenación

3584   Romo] cf. supra.
3585   Romo] cf. supra.
3586   siervos] servi F: siervo P: οἰκετῶν.
3587   de Féstilo] festilo P: festulo F: Φαιστύλου.
3588   Larencia] laurencia P: laurenzia F: Λαρεντίας.

de los otros infantes: que, depués que nós fuemos echados a las bestias e a las aves, aquellas nos no- [f. 102v] drían, es a saber, la teta de la loba e la vianda de una ave, yaziendo nós en una cuenca en el río grant. E entro al día de oi, es salva la cuenca con cintas de arambre, en las quales son entretalladas algunas letras quasi escuras. E todas estas cosas no valrán res a nuestros progenitores depués que nós seremos perdidos». Numitor, segunt estas paravlas e segunt la presencia del joven, e considerando aun el tiempo, se afirmava sobre la esperança qui lo provocava, e buscava manera cómo pudiés favlar con su filla secretament por esta cosa. Porque aún ella era fuertment guardada en la cárcer.

Féstolo,[3589] quando oyó que Romo[3590] era preso, pregó a Rómulo que le ayudás quanto pudiés, e le dixo paladinament de quál semient eran nacidos e quál era la madre qui los parió. Porque antes, ya sea qu'él ge lo diziés, él lo dezía escurament, solament porque los jóvenes no creyessen que fuessen fillos de villanos. E él tomó la cuenca e la levó secretament a Numitor cubierta dius su ropa, dubdándose que los porteros e los guardianes del rei no la veyessen e quisiessen saber qué cosa era. E assín fue fecho qu'él fue tomado creyendo qu'él levás alguna cosa furtada. E quando la cuenca fue vista, era allí por ventura alguno de aquellos qui levaron los ninyos al río, e conoció la cuenca de continent por los cércoles e por las letras. E no fue negligent, mas de continent lo fizo a saber al rei, e levaron al hombre al judicio. Féstolo,[3591] seyendo en judicio, confessó que los infantes eran bivos, mas que ellos eran muit luent de Alba a pacer las bestias, e qu'él levava la

---

3589 Féstolo] *PF*: Φαίστυλος.
3590 Romo] *cf. supra.*
3591 Féstolo] *cf. supra.*

cuenca por mostrarla a lur madre, si él pudiés, por certifi-
carla de la vida de sus fillos. E de continent el rei envió a
Numitor por [f. 103r / VIII, 5] mensage un hombre bueno,
el qual era especial amigo de Numitor. E enviávale a
demandar si él sabié si aquellos infantes fuessen salvos.
Quando aquel hombre vino e vido que Numitor abraçava
e besava a Romo,[3592] fue más cierto de lo qu'él esperava, e
lo conortó e les conselló que no tardassen, mas al más
aína que pudiessen tomassen la senyoría. E él era con
ellos ensemble e les ayudava. E si aun quisiessen tardar, el
tiempo no los dexava; porque ya era cerca Rómulo, e
muchos ciudadanos, porque querían mal a Amulio, se partieron de la ciudat e fuéronse a Rómulo. E él havía congregado grant poderío. E eran partidos de C en C; e en
cada una de aquellas azes era un principal qui levava una
lança, e sobre la lança havié una mata de yerba a la qual
mata los latines claman *manípulo*, es a saber, 'manojo'. E
de la hora adelant clamavan a aquellos tales *manipularios*.[3593] E quando dentro de la ciudat fueron muchos de la
part de Rómulo, asallió la ciudat de la part de fuera. E el
tirano, no supiendo qué fazer, no se pudo consejar ni salvar, mas fue preso e muerto. Assín lo cuenta Fabio e Dio-
clí de Peparito, el qual parece que escriviés primerament
la edificación de Roma. E parece a algunos que sea
ficción; mas hombre no deve seyer incredible a los fechos
de la ventura, la qual ha tantos mudamientos. E aun deve
hombre pensar qu'el poderío de Roma nunqua serié crecido tanto sin principio divino.

Pues que Amulio fue muerto e las cosas fueron ordenadas, Rómulo e Romo[3594] no querían abitar en Alba si no

---

3592 Romo] *cf. supra.*
3593 *manipularios*] manipulanos *PF*: μανιπλαρίους.
3594 Romo] *cf. supra.*

teniessen la senyoría, ni les parecía justa cosa de tomar la
senyoría mientre qu'el padre de lur madre fues bivo. E
hondraron a lur ma- [f. 103v] dre como apartenecié. E por
ellos mismos les pareció mejor de edificar una ciudat a los
casales do fueron nudridos e de abitar allí separados. E la
ocasión era porque muchos fugitivos e siervos e otros eran
con ellos; e si aquellos se derramassen, ellos fincarían
impotentes e del todo destruidos. E si por ventura huviessen menester d'ellos en alguna necessidat, parecioles
bueno de abitar con ellos ensemble separados, porque e a
los albanos no parecía justo de recebir por ciudadanos en
su comunidat a hombres traidores e infieles, assí como
apareció por obra en lo que fizieron en las mujeres. La
qual cosa fizieron ellos no por injuria, mas por mengua de
mujeres. E ya sea que raparon, ellos las hondraron.
Depués d'esto, en el primer fundament de la ciudat edificaron un templo el qual clamaron el templo del dios *Assileo*,[3595] es a saber, 'que non se puede consumar'. E allí
recebían a todos, e multiplicó la ciudat mucho. E quanto
las primeras casas, no fueron sino mil, segunt que se dize.
Mas estas cosas fueron fechas depués. E quando los dos
ermanos començaron a fazer la abitación, de continent
huvieron contrast por el lugar. E Rómulo edificó a *Roma
quadrada*, e aquella quería fazer ciudat. Mas Romo muró
un casal fuert de Abentino,[3596] el qual por él se clamó[3597]
Romonio; mas agora[3598] se clama Rignario. E quando se
concordaron que las vistas[3599] fuessen jutges de lur contrast, la hora abitaron de part el uno del otro. E dizen que

3595   *Assileo*] assilo *PF*: Ἀσυλαίου.
3596   Abentino] abentio *P*: abenzio *F*: Ἀβεντίνου.
3597   se clamó] se clama *P*: di chiama *F*: ὀνομάσθη.
3598   agora] *om. PF*: νῦν.
3599   vistas] *P*: niste *F*: ὀρνισιν αἰσίοις.

a Romo aparecieron aparecieron buitres vi, e a Rómulo dos
tantos. E dizen algunos que por verdat Romo vido tantos,
mas Rómulo dixo mentira. Mas, quando Rómulo le fue de
cerca, la hora parecieron a Rómulo los xii. Mas [f. 104r / ix,
6] Iródoro[3600] escrive que Hércules reputava grant fecho e se
alegrava mucho, quando devía fazer alguna cosa, si vedía
algún buitre; porque entre las otras aves esta es la menos
nozible,[3601] e no es golosa en las cosas que los hombres
siembran o plantan pora lur comer. E lur nudrimiento es de
cuerpos muertos, e no nuezen a alguna cosa que haya alma.
E a las cosas que volan, quando son muertas, no las toman.
Mas las águilas e los açores, e aun las cucobayas,[3602] matan
las aves bivas. E las águilas e las otras aves siempre parecen
devant los ojos de los hombres; mas el buitre apenas parece algunas vegadas. E los pollos del buitre no se troban liugerament. Por que algunos imaginaron no devidament que
de estranyas tierras vienen entre nós, assí como los mánti-
cos dizen que es cosa rara aquella que no es natural ni por
sí misma, mas parece por divina permissión.[3603]

E quando Remo se reconoció del decebimiento, él se
ensanyó. E mientre que Rómulo fazía el fossado do
se devían edificar los muros de la ciudat, Romo se chufava d'él e algunas vegadas embargávalo. E finalment, saltó
e passó aquel fossado; e de continent murió allí. Algunos
dizen que Rómulo mismo lo ferió. Otros dizen que un su
amigo el qual havía nombre Céler lo mató. E en aquella
batalla fue muerto Féstilo[3604] e su ermano Plistino,[3605] los
quales nudrieron ensemble a estos jóvenes. Céler fuyó de

3600 Iródoro] itodoro *PF*: Ἡρόδωρος.
3601 menos nozible] mas nozible *P*: piu nocibile *F*: ἀβλαβέστατον.
3602 las cucobayas] los cucos *P*: li cucos *F*: γλαῦκες.
3603 permissión] promission *P*: promissione *F*: πομπῇ.
3604 Féstilo] festino *PF*: Φαιστύλου.
3605 Plistino] plistion *PF*: Πλειστῖνος.

continent a[3606] los tirrenos; e por él claman los romanos a los hombres priestos *céleres*. Por la qual cosa, a Quinto Metelo, el qual, quando su padre murió, aparejó dentro pocos días exercicio de plantos, pusieron nombre *Céler*. La hora Rómulo enterró a [f. 104v] Romo e a sus nodriços en Remonia.[3607] E él envió a los tirrenos por maestros, e, segunt que ellos divisavan, él edificó la ciudat. E fizieron antes los fossados en derredor del lugar que oi se clama Comicio, do metieron de principio las cosas que buenas les parecían segunt las leyes e que por natura eran necessarias. Las quales cosas mesclavan con una poca tierra que cada uno levava de su lugar. E claman a aquel lugar *mondon*.[3608] En el qual designaron en derredor el círculo del fundamiento de toda la ciudat. Depués, el mismo Rómulo puso en un juvo un buei e una vaca, e en el aradro puso una reja de arambre, e él mismo arando senyalava el lugar del fundamiento. Allí, pues, do devié seyer el muro, él fazié el sulco; e do querié fazer puertas, los qui lo seguían levantavan l'aradro e dexavan espacio en tal entención que ninguno no deviés passar el muro, porque era sagrado, mas solament por las puertas, las quales aun reputavan sagradas, porque non dexavan entrar ni exir por allí alguna cosa contaminada.

E fueron acabados los muros de la ciudat a XI kalendas de mayo, es a saber, a XXI de abril. En aquel día fazen fiesta los romanos, la qual claman *parimiento de lur patria*. E del principio, los romanos, segunt que se dize, no sacrificavan alguna cosa animada, queriendo que la fiesta de lur patria fuesse limpia de sangre, ya sea que, antes que la edificassen, fazién semblant fiesta e clamávanla

---

3606		a] *F*. et *P*. ἐις.
3607		Remonia] romania *PF*. Ῥεμωνία.
3608		*mondon*] monton *PF*. μοῦνδον.

Parilia. E quanto al present, las calendas de los romanos no se acuerdan con las kalendas de los griegos. Mas la hora en aquel día que Rómulo començó a edificar, e era en punto el trenteno día de la luna, quando ella se ajunta con el sol. E no solament era conjucción, mas aun eclipsis. Depués d'esto, en [f. 105r / xII, 3] el tiempo del filósofo Varro era un otro filósofo su amigo, que se clamava Tarucio, el qual era filósofo en otra filosofía e matemático e astrólogo. A esti demandó Varro qu'él reduziés la natividat de Rómulo al día e al hora qu'él nació, considerando los actos de Rómulo. Porque las postremerías de las operaciones reputan un mismo poderío del art por fallar el principio de la natividat del hombre e por antedezir su vida e aun trobar por el tiempo de su vida su principio. Aplegó todas cosas ensemble e dio sentencia firme segurament que la madre de Rómulo se emprenyó d'él en el primero anyo de la segunda olimpiada del mes que los egipcios claman *hiac*,[3609] es a saber, deciembre, a xxIII minudos de la tierça[3610] hora, quando el sol de todo era eclipsado; mas su manifiesta natividat fue del mes que se clama *thothes*,[3611] es a saber, setiembre, a xxI día, al levantar del sol; e edificó a Roma a los ix días de *farmuth*,[3612] es a saber, de abril. Esto fizieron considerando que, segunt que la ventura del hombre (la qual se conoce por la infiuencia de las estrellas segunt el lugar do ellas son e cómo se goviernan segunt la senyoría del tiempo de su primera existencia), assí fues de las ciudades. E estas cosas deve hombre más acceptar como cosas estranyas e amigables que menospreciarlas como fablas.

3609   *hiac*] haz *PF*: χοιὰκ.
3610   tierça] tierra *P*: terra *F*: τρίτης.
3611   *thothes*] *PF*: θωὺθ.
3612   *farmuth*] *PF*: φαρμουθὶ.

*Cómo Rómulo començó a edificar la ciudat e los estados
de aquella; e cómo por frau e sotileza de los romanos
se prisieron las fijas de los sabinos por casar con ellas*

Depués que la ciudat fue edificada, Rómulo com- [f. 105v] partió los de la multitut qui eran de edat en azes de batallas. E en cada una az eran hombres de piet III^m, e de cavallo III^c. E esta tal az clamó *legión*, porque todos eran combatedores esleídos. A los otros ordenó que serviessen en las necessidades de la universidat; e a esta multitut clamó *pueblo*. De los nobles él esleyó a los mejores e los fizo conselleros. E los clamó *patricios*, porque ellos eran padres de legítimos fillos e havían poderío de padres. E a los mayores clamavan *patrones*; e por esto los qui han cura de otros son clamados *patrones*. E hombre verá bien la intención de Rómulo si él considera bien esti nombre; porque conviene a aquellos qui son presidentes a la ciudat e a aquellos qui han cura de lures subjectos como padre de fillos. E aun la multitut no se deve agraviar de la hondra de los mejores d'ellos, pues que oyen e claman e los reputan como padres. E estas cosas cumplen.

En el quarto mes depués de la edificación de la ciudat, segunt que escrive Fabio, huvieron ardideza de fazer lo que fizieron de las mujeres. E dizen aun algunos que Rómulo, como hombre qui se delectava de guerras e qui havié algunas adevinaciones qui dezían que Roma con guerras devía bevir e crecer, fizo principio de fuerça a los sabinos, porqu'él no tomó sino XXX vírgines como aquel qui no curava de mujeres, mas solament de fazer guerra. Mas esta cosa no concorda. Mas, veyendo que grant multitut se aplegava en la tierra e pocos eran qui huviessen mujeres e aquellas no se denyavan[3613] de casarse con los

---

3613   denyavan] degnavano *F*: denyan *P*.

otros porque eran pobres e no conocidos, e por esto se
dubdó Rómulo que no fues seguro d'ellos. E aun la injusticia [f. 106r / xiv, 2] huvo otra esperança, porque, depués
que fuessen tomadas[3614] las mujeres, los poniessen en concordia e en parentado con los sabinos. E por esto se puso
a fazer aquella rapina con tal sotileza: Primerament, él fizo
ir una fama cómo él havía trobado dius tierra una estatua
de un dios el qual havía nombre Conso,[3615] por el consello. E por esto claman los cónsules *cónsules*, porque han a
consejar el bien de la tierra. E dixo que dius tierra la havía
fallado porqu'el consejo deve seyer secreto. E depués que
lo limpió e lo publicó, aparellose[3616] de fazer solepne
sacrificio e mercado famoso e exercicio maravelloso de
todas partes. Por la qual cosa, muchos se congregaron en
aquella fiesta. E él sedía en lugar alto con los nobles, vestido un manto. E dio por senyal a algunos qui eran de su
consejo que ellos començassen de fazer lo que les havié
comandado quando él se levantaría e espujaría su manto
e depués aún se lo vestería. E por esto todos eran aparellados con sus armas talayando a él. E quando él fizo senyal, todos sacaron sus espadas, e con cridos començaron
a rapar las fillas de los sabinos. Mas a los sabinos, qui
fuían, no nozían res, mas los dexavan foír. E raparon,
segunt que algunos dizen, solament xxx. E por esto ordenaron xxx casamientos. Mas Antio Valerio dize que raparon v^c xxvii; e Yoba[3617] dize vi^c lxxxiii vírgines e una casada, creyendo que fues virgen. E en esta cosa Rómulo havié
grant excusación, porqu'él no fizo esta cosa por injuria,
mas por necessidat, e se puso en coraçón de ajustar diver-

3614   tomadas] prese *F*: tomados *P*.
3615   Conso] consul *PF*: Κῶνσον.
3616   aparellose] aparellase *P*: apparecchiasi *F*.
3617   Yoba] yoha *PF*: Ἰόβας.

sas gentes por casamientos fechos por fuerça. A aquella casada tomó por muller, [f. 106v] segunt que algunos dizen, Hostilio, el qual era la hora uno de los más famosos de los romanos. Mas otros dizen más certanament que Rómulo la tomó. E ella havía nombre Ersilia. E fizo con ella primerament una filla, e le puso nombre Prima. E fizo un fiilo al qual clamó *Aoiio*, es a saber, 'congregación', por aquella congregación que fue fecha en aquella fiesta. Mas depués lo clamavan *Abilio*. Estas cosas escrive Zinódoto de Trizina, a las quales muchos le contradicen.[3618]

En aquel rapamiento de las vírgines conteció que algunos del pueblo raparon una muit fermosa moça e de grant persona. E algunos nobles la querían tomar por fuerça. E ellos cridavan: «¡A Talasio!». *A Talasio* quasi quería dezir 'A Talasio la aduzimos'. E era Talasio[3619] un joven cortés e apto e bien acostumbrado. Por la qual cosa, todos eran contentos que por su virtut él huviés la doncella. E aun algunos se aplegavan con aquellos qui la levavan e cridavan con ellos: «¡A Talasio, a Talasio!». Por la qual cosa, entro al día de oi, assín como los griegos cantan a Tálamo,[3620] assín cantan los romanos a Talasio; porque Talasio huvo grant prosperidat en las bodas de aquella mujer. Mas Sextio[3621] Sila de Carquidonia dize que Rómulo les dio esta voz por senyal de la hora de la rapinya que cridassen «¡A Talasio!», e de la hora lo tomaron por costumbre de dezirlo cridando a las bodas. Mas la mayor part, de los quales es Yoba, cuidan que esti nombre da[3622] ocasión de occiosidat a las mujeres e de pensar otra cosa más

---

3618   contradizen] contradicono *F*: contradizien *P*.
3619   Talasio] atalasio *PF*: Ταλασίῳ.
3620   a Tálamo] al atalanio *P*: al atalamo *F*: τὸν Ὑμεναῖον.
3621   Sextio] sexto *PF*: Σέξτιος.
3622   da] *F*: de *P*.

convenible. Porque, quando los sabinos combatieron con
los romanos e depués fizieron paz, fizieron pactos por las
mujeres: que [f. 107r / xv, 5] ellas no fuessen obligadas de
fazer otros servicios a sus maridos sino de filar. E depués
fincó por costumbre que siempre en las bodas claman «¡A
Talasio!» por senyal que la novia non se aplega en alguna
servitut sino a la *talasía*. E aun fincó por costumbre que la
novia no passe la puerta de la cambra por sí misma, mas
que su marido la lieva; e aquesto en memoria que ellas a
lur mal grado fueron tomadas. Encara dizen algunos qu'el
levar de la novia se devía fazer con fierro de lança por significación que por batalla fueron tomadas. De las quales
cosas havemos dicho en otra part. E esta rapina fue fecha
a XVIII días de sextilio, es a saber, de agosto, quando fazen
la fiesta de los Consalios.

Cómo Rómulo mató en batalla a Acro, rei de los
quininitos; e cómo los sabinos entraron Roma
e les fue rendido el Capitolio por Tarpea

Los sabinos eran muchos e batalleros, e abitavan en
casales sin muros mostrando lur loçanía, porque eran
devallados del linage de los lacedemonios e tanto se
confiavan de sí mismos que no curavan de encerrarse dentro de los muros. Mas, veyendo que muchos eran ligados
por tantos ostages que los romanos tenién[3623] d'ellos, e
dubdándose por lures fillas, enviaron embaxadores a
Rómulo pregándolo e demandándole que les rendiés sus
fillas e que cessás la fuerça e depués se casarían legítimament de lur grado. Rómulo no dava las infantas, mas los
pregava que ellos condecendiessen a lo que era fecho e

3623   tenién] tenevano *F*: tienen *P*.

firmassen de buen grado el parentado. Entre esti medio, los otros passavan el tiempo en diversos consejos. El rei de los queninitos, el qual havía nombre Acron, qui era hombre furioso e adoctrinado en fechos de guerra, havié suspición de la primera [f. 107v] ardideza de Rómulo. E reputando a muit terrible cosa lo que fue fecho en las mujeres e que fues digno de vengança, fue el primero qui començó la batalla. E fuésse con grant poderío contra Rómulo; e Rómulo contra Acro. E quando fueron en un lugar qu'el uno vido al otro, el uno remidió³⁶²⁴ al otro de batalla que se combatiessen los dos solos, e lures huestes cessasen. Rómulo prometió a Júpiter que, si él venciés a Acro, que todas sus armas le ofrecería. E quando fueron en la batalla, Rómulo venció a Acro e lo abatió a tierra muerto. E depués amas a dos las huestes se combatieron, e Rómulo puso en foída a los enemigos, en tanto que tomó lur ciudat. Mas no fizo mal a ninguno, mas solament les comandó que derrocassen lures casas e que lo siguiessen a Roma porqu'él los faría ciudadanos de Roma iguales de los otros. Rómulo regració mucho a Júpiter, tanto qu'él consoló a sus ciudadanos. Él vido en el lugar do era atendado un árbol grant, e lo tajó e lo ornó con las armas de Acro ordenadament en forma de trofeo. E depués se cinyó de sobre las ropas e puso en su cabeça corona de laurel.³⁶²⁵ E depués, levando el trofeo derecho un poco enclinado sobre la espala derecha de Rómulo, iva enta la ciudat. E toda la huest era armada. E él iva adelant levando la oblación del dios con cantos e con regraciamientos; e los ciudadanos qui eran dentro de la ciudat lo recibieron alegrament. E aquel triumfo fizo a todos voluntariosos por exercitar lures personas. E la oblación qu'él fizo la clamaron

---

3624   remidió] *PF*: προυκαλοῦντο.
3625   laurel] laurell *PF*.

ferida de Júpiter,[3626] segunt que Rómulo havía pregado de
ferir e de echar a su enemigo. E lo que robavan claman
opimia.[3627] Por la qual cosa, claman a las riquezas *opes*. E
por ventura la claman assín por la operación, porque a la
operación claman *opus*. E cada un capitán [f. 108r / xvi, 6]
de guerra qui mata a otro capitán ha auctoridat de dar las
opimias[3628] al dios. La qual cosa, de todos los príncipes
romanos, iii solament la fizieron: el primero fue Rómulo,
el qual mató a Acro, rei de los quininitos; el segundo fue
Cornilio Cosso,[3629] el qual mató a Lupnio[3630] tirreno; el tercero e el çaguero de todos fue Claudio Marcelo, el qual
venció a Britómarto, rei de los gálicos. Cosso[3631] e Marcelo entravan con carros de cavallo levando ellos mismos los
trofeos; mas que Rómulo entrás de cavallo, Dionisio[3632] no
dize derechament; porque algunos dizen que Tarquinio
fue el primero, e algunos dizen que Poplícola entró primerament en esta manera. Mas las estatuas de Rómulo cada
uno las puede veyer en Roma cómo lievan el trofeo, e
todas son a piet.

E pues que los queninitos se metieron en servitut, los
otros sabinos se aparellavan de fazer guerra. E todos aquellos qui abitavan en la Fidina e al Crustomerio e a la
Antemna[3633] fizieron una liga contra los romanos. E depués
que ellos fueron vencidos e dieron lur tierra e lures ciudades e aun a sí mismos a Rómulo que los fiziés abitar en

3626   *ferida de Júpiter*] *P*: ferita di Jupiter *F*: ἀνάθημα Φερετρίου Διὸς.
3627   *opimia*] opinia *P*: opima *F*: ὀπίμια.
3628   opimias] opimas *P*: opinias *F*.
3629   Cosso] coxo *PF*: Κόσσῳ.
3630   Lupnio] *P*: alupnio *F*: Τολούμνιον: *parece que la primera sílaba
ha sido interpretada como artículo.*
3631   Cosso] *cf. supra.*
3632   Dionisio] diocusio *PF*: Διονύσιος.
3633   Antemna] antenina *PF*: Ἀντέμναν.

Roma, Rómulo compartió toda la lur tierra entre los suyos ciudadanos sino solament las tierras que havién los padres de las vírgines que fueron rapadas, las quales dexó a ellos que las possediessen. D'esta cosa se ensanyaron los otros sabinos, e esleyeron un capitán el qual havía nombre Tacio, e se fueron a Roma. La ciudat havía fuert entrada por el Capitolio, el qual era escudo de la ciudat. E dentro havié buenas guardias, sobre las quales era senyor Tarpeo, no pas Tarpeya la virgen, como algunos dizen, queriendo mostrar que Rómulo fues necio. Mas [f. 108v] Tarpea era filla de Tarpeo, la qual quiso haver las sortillas e braçales de oro que los sabinos levavan en los braços siniestros, e las demandó por dono por darlas al Capitolio. Tácio[3634] ge las prometió, e Tarpea obrió de noche una puerta, e los fizo entrar. E parece que Antígono no fue solo qui dixo: «A todos aquellos qui fazen traición yo los amo; mas a aquellos qui las fizieron los quiero mal». Ni aun César fue solo qui dixo: «Yo amo la traición, mas quiero mal al traidor», mas esta passión es comuna a todos aquellos qui han menester de malos hombres, assí como algunos quieren haver el veneno por fazer lures aferes quando lo han menester, e por sí mismos no lo quieren. Assín fue de Tacio la hora enta Tarpea. E comandó a todos los sabinos que, segunt la lur promissión, ninguno no tuviés nada. E él fue el primero que de su braço tiró la sortilla y el[3635] braçal. E depués que todos fizieron assín, de la pesadura del oro de los braçales e de las cubiertas de los escudos que le echaron, ella fue allí afogada e murió. E su padre depués fue sospechoso de traición, segunt que Joba dize que Sulpicio Galba escrive. Algunos dizen que Tarpea era filla de Tacio, e que Rómulo la tenía a su mal grado como

---

3634   Tacio] tarçeo *P*: tarpeio *F*: Τατίου.
3635   e el] *om. PF*: καὶ τὸν.

a las otras vírgines de los sabinos, e por esto ella dio el Capitolio a su padre, e su padre por la traición la punió en esta manera. La qual cosa no es de creyer. No res menos, ellos enterraron a Tarpea en lugar alto, e por ella era clamado aquel lugar *Tarpeo* entro qu'el rei Tarquinio³⁶³⁶ tiró de allí las sus reliquias e edificó un templo de Júpiter. E assín amenguó del todo [f. 109r / XVIII, 1] el nombre de Tarpea. No res menos, aún es en el Capitolio una piedra de do lançan a los malfechores la qual claman *Tarpea*.

De las batallas que fueron entre los romanos e los sabinos dentro Roma; e cómo vinieron a concordia por la grant virtut de las fijas de los sabinos que eran en Roma

E quando los sabinos senyorearon el alcáçar, Rómulo por la grant ira qu'él havié los clamava a la batalla. E Tacio seguramant escuchava porqu'él vedía que, si los romanos pudiessen más, ellos se podían liugeramant salvar, e que el lugar que era en medio d'ellos era estrecho e los romanos no los podían liugeramant encalçar. Mas era malo pora combater por la una part e por la otra. E aun allá do era el campo el río era crecido, e se fizo mucho lodo enta el mercado. E quanto a la vista, no parecié que hombre se deviés guardar de ir allá; por que los sabinos sin malicia ninguna ivan enta allá. E allí les conteció una ventura; porque uno de sus cavalleres famoso iva devant de todos superbiosamant, e havía nombre Corcio. E quando su cavallo se fue afangado dentro en un fossado pleno de lodo, él con cridos e fuerça de espuelas se esforçava de sallir d'allí. E depués qu'él no pudo más, dexó el cavallo e salvó su persona. E entro al día de oi aquel foyo se

3636 Tarquinio] tarquio *P*: tarquino *F*: Ταρκυνίου.

clama *Curcio*. Por esta cosa se guardaron los sabinos e escaparon de aquel periglo e combatieron fuertment. E ya sea que muchos ne murieron, no se supo quí huviés l'avantage d'ellos. E entre los otros muertos fue Ostilio, marido de Ersilia e agüelo de Ostilio, el qual regnó aprés de Noma. E depués d'esto se fizieron aún [f. 109v] muchas batallas fuertes. E finalment, en una batalla fue dado a Rómulo sobre la cabeça un colpe de piedra, e por poco fincó que no cayó, porque él fue assín flaco que no se podié más defender. E los romanos se metieron en vencida e fuían enta el Palantio. Rómulo apenas respiró por el colpe, e iva contra los que fuían por fazerlos aturar con cridos e con pregarias. E porque ninguno no quería tornar, él levantó sus manos enta el cielo e pregó a Júpiter que fiziés aturar la huest e no menospreciás los fechos de los romanos en tanta miseria, mas que los adreçás. La hora muchos huvieron vergüença uyendo la oración del rei, e súbitament se conortaron. E primerament estuvieron allí do es el templo de Júpiter firmes; e, depués que se començaron a ayudar el uno al otro, encalçaron aún a los sabinos entro al templo de la dea Vesta.

E mientre que allí se aparellavan los sabinos de combater una otra vegada, una cosa estranya los embargó, es a saber, las fillas de los sabinos que fueron rapadas, las quales les aparecieron el una del una part e el otra de la otra e todas de todas partes con cridos e con ploros e corrían sin resguart entre las armas e los muertos, como si Dios las provocás a ir enta lures maridos e parientes. Algunas tiravan sus cabellos, las otras levavan sus fillos en braços e clamavan agora a los sabinos agora a los romanos, en tanto que entramas las partes se enfiaquecieron en tal manera que les dieron lugar de estar en medio de las dos azes. E todos se comovieron a ploros, e todos havían compassión e piedat de lur esguart e de lures paravlas e

de lures pregarias e de la lur justa demanda e de lur presencia, segunt qu'ellas [f. 110r / XIX, 4] dezían: «¡O senyores!,
¿qué mal vos havemos fecho nós ni qué amargor[3637] por que
nós havemos sufierto tanto de mal e agora sofrimos peyor?
Rapáronnos por fuerça e contra razón, e fuemos menospre-
ciadas tanto tiempo de padres e de ermanos que la longueza del tiempo nos ha costrenyido de amar lo que havíamos
en odio, en tanto que agora havemos miedo por aquellos
qui contra razón nos han rapadas, e ploramos por lur muert,
porque lur adversidat es nuestra mala ventura agora por el
ligamiento en que somos con ellos ligadas, ya sea que a mal
nuestro grado fues fecho. E vós non sodes venidos a vengar vírgines contra injustos rapadores, mas agora departides
mujeres de maridos e madres de fillos. E la ayuda que vós
nos dades en tal tiempo es más miserable que la negligencia e la dissimulación que havedes fecha a sacarnos del
principio. Es tal la amor que estos nos amavan, e la misericordia que vós mostrades enta nós. Si aun por otra ocasión huviéssedes guerra con ellos, convenible cosa sería
que vós cesássedes depués que vós sodes fechos suegros
e agüelos e parientes d'ellos. E si vós combatedes por nós,
tomatnos ensemble con vuestros[3637bis] yernos e vuestros
nietos, e datnos a nuestros padres e a nuestros parientes.
E si vós tomades nuestros fillos e nuestros maridos, vós
mismos nos captivades una otra vegada». Por tales e tantas
paravlas que dixo Ersilia con las otras ensemble, cessó la
batalla de las[3638] dos partes, e esperava el una part al otra.
E favlaron los senyores de amas partes ensemble. E entre
el parlament, las mujeres ivan enta lures parientes con
lures maridos e lures fillos, e les levavan de comer e de

3637   amargor] amarore F: amargar P: λυπηρὸν.
3637bis vuestros] vostri F: nuestros P.
3638   las] om. PF.

bever, e recebían [f. 110v] a los feridos en lures casas e los mejavan. Por estas cosas fueron fechos pactos que todas aquellas que querían seyer con lures maridos fincassen francas de toda servitut, eceptada la talasía, e que abitassen ensemble en la ciudat los romanos con los sabinos, e clamassen a la ciudat por Rómulo *Roma*, e a todos los romanos clamassen *quiritos* por la patria de Tacio, e regnassen amos a dos ensemble e amos a dos fuessen capitanes generales de guerra. E entro agora el lugar do se ajustaron ensemble se clama *Comicio*.

E pués que la ciudat fue crecida dos tanto que no era, fizieron otros c patricios de los sabinos, e las legiones fueron fechas de peones VI^m e cavalleros VI^c. E ordenaron III^s otros linages de gentiles hombres e los nombraron: de la part de Rómulo, *ramnisos*; de la part de Tacio, *tatiinios*; e los terceros, *locernisos*, por el pantán a do fuyeron muchos por franqueza. E que los parentados fuessen tantos parece, porque entro agora a los parentados claman *tribus*. E cada uno de aquellos parentados era partido en x partes segunt el nombre de aquellas mujeres. La qual cosa parece que sea mentira, porque muchos son nombrados de lures lugares. E muchas hondras ordenaron la hora por las mujeres, de las quales algunas son estas: Que, quando andan ellas por la carrera, los hombres se tiran de part entro que ellas se passen, e que ninguno no diga suzias paravlas devant las mujeres, e que ninguno no esté nudo davant de ellas, e que lures fillas[3639] lieven en su cuello ornament que ha nombre *bulla*. No res menos, los [f. 111r / xx, 5] reyes no se consejavan ensemble de principio, mas cada uno con los suyos, e depués todos ensemble e los reyes e los patricios. E Tacio abitava en aquel lugar do es agora el templo de la *Monita*. Mas Rómulo

3639 fillas] *P*: figluole *F*: παῖδας.

abitava allí do se dize los *Escalones de la buena acta,* los quales son al grant ipodromio enta la part yusana del Palacio, do se dize que nació el santo cornero, segunt que fabulosament se dize que Rómulo echó una lança de cornero e ninguno no la pudo rancar de allí, mas echó radizes e fizo fojas e creció e se fizo un árbol grant de cornero al qual fazían reverencia todos, e si alguno se acostava al árbol e le pareciés qu'él se secás, cridava a aquellos qui passavan, e aquellos, como si andassen a amortar un fuego, cridavan: «¡Agua, agua!», e todos corrían allí con agua. Mas en el tiempo de Gayo César, quando desfazían aquellos escalones por adobarlos mejor e los maestros cavavan el fundamiento en derredor, tocaron al árbol e non se guardaron de aquello. Tajaron las radizes, e secose l'árbol del todo.

Encara Rómulo fizo leyes por las mujeres: Que mujer nunqua desemparás a su marido, mas el marido pudiés dexar a la mujer por fechizos que ella fiziés o por adulterio. E si otrament la dexase, que la mujer huviés la meitat de todos sus bienes, e la otra meitat fues dada al templo de la dea Céreris.

De la muert de Tacio; e aprés, de las çagueras batallas que fizo Rómulo; e aprés, cómo priso en batalla al senyor de los viyos e destruyó todo lur poder; e, finalment, cómo se perdió Rómulo o despareció, que nunqua fue visto nin trobado, del perdimiento del qual son diversas opiniones

[f. 111v] En el anyo quinto del regno quando regnavan ensemble Tacio e Rómulo, algunos parientes de Tacio encontraron embaxadores qui venían de la ciudat de Laurento a Roma, e los forçavan por tirarles lur haver; e porque ellos se defendían, ellos los mataron. Rómulo, vidiendo tanta iniquidat, dezía que justa cosa era que los malfe-

chores fuessen punidos. Mas Tacio no'nde curava; e esta
cosa pareció que fues ocasión de contrast, que en todas
las otras cosas bien se concordavan. Los parientes de los
muertos demandavan vengança; mas Tacio la embargava.
Por la qual cosa, una vegada qu'él sacrificava en el Lavinio con Rómulo ensemble, ellos lo assallieron e lo mataron; mas a Rómulo como a hombre justo lo loaron e lo
enviaron con hondra e con laores. E Rómulo fizo enterrar
el cuerpo de Tacio; mas Rómulo dixo: «El un homicidio es
suelto por el otro»; e les perdonó. E por esto él dio suspición que le plaziés la muert de su companyón, por seyer
en su libertat. No res menos, ninguna novidat no fue
fecha, ni los sabinos se revelaron por esto; porque algunos amavan a Rómulo e los otros lo temían, e la gent de
fuera se maravellavan mucho d'él. E los primeros latines le
enviaron embaxadores e fizieron amigança e liga con
ellos. Cerca de Roma era una ciudat a la qual clamavan
Fidinas, a la qual Rómulo envió alguna gent de cavallo
porque tallassen las quiçaleras e lindales de las puertas; e
súbitament apareció Rómulo allí. Mas otros dizen que ellos
corrieron a Roma e robavan los casales, e Rómulo les echó
celadas e mató muchos d'ellos e tomó lur ciudat. No res
menos, no[3640] la gastó, mas envió II^m V^c romanos que abitassen allí.

De la hora adelant, vino a aquella ciudat [f. 112r /
XXIV, 1] enfermedat pestilencial e muertes subitáneas sin
pasión, e grant fambre. E los animales eran estériles. E
aun plovió en la ciudat sangre; en tanto que los hombres
andavan como locos por el miedo de los males que les
sobrevinieron. Semblantment conteció a los abitadores de
Laurento. Por la qual cosa, cada una de las ciudades dio

3640   no] non *F: om. P:* ού.

a los malfechores[3641] e[3642] jutgaron[3643] todos que por las iniquidades que fizieron amas a dos las ciudades les era contecido tanto mal. Por la qual cosa, cada una de las ciudades dio los malfechores e fueron punidos, e amenguó el mal. E Rómulo alimpió amas a dos las ciudades de aquel limpiamiento que entro agora se faze en la puerta Ferentina. Mas, antes que la pestilencia cessás de todo, los camerios[3644] asallieron a los romanos e corrieron lur tierra, cuidándose que no les pudiesen contrastar ni perseguir. Mas Rómulo de continent les fue en contra e venció la batalla e mató vi[m] d'ellos e tomó lur ciudat. E la meitat de aquellos qui fincaron allí los envió a abitar en Roma, e de Roma envió dos tantos por abitar con los otros qui fincaron allí. ¡Tanta multitut de ciudadanos havía Rómulo dentro xvi anyos aprés que abitó Roma!

Por la qual cosa, depués que los fechos de los romanos crecieron e se fortificaron, todos lures vezinos qui eran menos poderosos se ponían en lur servitut, pareciéndoles que les cumplía solament que no huviessen miedo d'ellos. Mas a los poderosos, por el miedo e por la invidia que ellos havían, no les pareció bueno de dissimular lur acrecimiento, mas de enfiaquecerlos quanto pudiessen. Por la qual cosa, de todos los tirrenos[3645] primerament los viyos, qui havían grant ciudat e mucha tierra, començaron la guerra [f. 112v] demandando las Fidinas como lur tierra. La qual cosa no solament era injusta, mas aun era escarnio, porque, quando eran en periglo, no les ayudaron, mas los

---

3641   dio a los malfechores] dio de los malfechores *P*: die deimafactori (?) *F*: ἐκδοθέντων [...] τῶν φονέων.
3642   e] et *F*: om. *P*.
3643   jutgaron] jutigaron *P*: judicaron *F*.
3644   camerios] çimerios *P*: cimerios *F*: Καμέριοι.
3645   de todos los tirrenos] todos los tirenos *P*: tutti li tireni *F*: Τυρρηνῶν.

dexaron consumar, e, depués que otros fueron senyores, demandavan tierra e casas como suyas. E quando Rómulo los injurió por lures demandas vanas, los viyos se partieron en dos partes e assitiaron la huest de las Fidinas e ivan contra Roma. E quanto a las Fidinas, los viyos vencieron a II^m romanos e los mataron; mas aquellos qui vinieron contra Rómulo fueron vencidos, e muriéronne más de VIII^m. E aún fue fecha otra batalla cerca de las Fidinas. E por cierto, lo que allí fue fecho fue obra de Rómulo, segunt que todos testimonian de la art e de la ardideza e de la fuerça e de la³⁶⁴⁶ liugería de sus piedes qu'él mostró allí ultra natura. E parece cosa incredible lo que algunos dizen: que de los XIIII^m enemigos que los assallieron él de su mano mató más de la meatat. E quando los qui fincaron fuían, Rómulo dissimulava e él mismo iva enta la ciudat. E ellos en tanta adversidat no pudieron más sofrir, mas lo pregavan de fazer treuga por C anyos. E dieron la séptima part de lures campos a los romanos; e dieron ostages cinquanta los más nobles. E Rómulo fizo el triumfo huviendo con él muchos otros captivos e el senyor de los viyos, el qual era hombre viejo, mas locament e desordenadament se metía a las armas, porque era muit viejo. E por esto los romanos entro agora por memoria d'él fazen fiesta e aduzen por medio de la plaça un hombre viejo vestido de púrpura con feviella de ninyo. E el cridador [f. 113r / xxv, 7] crida: «¡Los de Sardis se venden!». Porque los de Sardis habitaron primerament la tierra de los tirrenos, e los³⁶⁴⁷ viyos son de la ciudat de los tirrenos.

Esta es la çaguera batalla que Rómulo fizo. Depués d'esto, la passión que toca quasi a todos los hombres, e pocos ne escapan, tocó a él. Porqu'él, considerando tantas

---

3646   la] om. P. osc. F.
3647   los] li F. lo P.

estranyas prosperidades que le eran esdevenidas, él se
ensuperbió del todo e no curava de condecender en alguna cosa a la universidat, mas mudó maneras e tenié
monarchía e senyoría dura e grieu. E vestíase de púrpura,
e sediendo en cadiras favlava a manera tiránica. E en
derredor d'él estavan los maçeros e otros servientes, los
quales eran cenyidos de cuerdas por haverlas aparelladas
para ligar a los hombres quando él comandás.

E quando su agüelo Numitor[3648] murió en Alba e el
regno de Alba provenié a él, él ordenó que la ciudat se
rigiés por la comunidat, e cad'anyo les enviava rector. Esta
cosa comovió a los poderosos de Roma que buscassen de
bevir sin rei e que fuessen a lur voluntat, porqu'el orden
de los patricios no fincó sino solament[3649] el nombre. Ellos
se congregavan al consello segunt la costumbre e solament escuchavan callantiblement e sin contradicción lo
que Rómulo comandava. Un solo avantage havían de los
otros: que lo que se devié fazer lo sabían antes que
los otros. Mas, depués qu'él partió la tierra que ellos havían
ganado por batalla e la dio a la gent d'armas de su propria
actoridat, e aun rendió a los viyos lures ostages sin voluntat e consejo del Senado, de todo pareció que esta cosa
fues desondra del Senado. E por esta ocasión, quando él
[f. 113v] se perdió, el Senado cayó en suspición, e todos
dezían que los del Senado lo havían matado, porque en
aquellos días se perdió. E perdiose al séptimo día de julio;
mas en[3650] quál manera se perdió, no es cierto. E d'esta
cosa no se'n deve hombre mucho maravellar, porque
Cipión Africano morió en su casa depués qu'él cenó, mas
nunqua se supo cómo. Algunos dizen que por natura

3648   Numitor] numitore *F:* nunitor *P.* Νομήτορος.
3649   sino solament] senon solamente *F:* solament sino *P.*
3650   en] in *F:* si en (si *interlin.*) *P.*

enfermava continuadament, e por esto él murió súbitament. Otros dizen qu'él mismo se venenó. E otros dizen que sus enemigos vinieron de noche e lo afogaron. Especialment, porqu'él yazía como muerto e dava a entender a cada uno la su passión; mas de Rómulo, quando él se trasmudó súbitament, ninguna reliquia de su cuerpo nin de su ropa non se trobó. E por esto parecía a algunos que los del consejo lo huviessen muerto en el templo, e que cada uno levás en su seno una pieça de su ropa. E otros dizen qu'él fizo una congregación a la Fanga de la Cabra, e súbitament en el aire aparecieron estranyas passiones e mudamientos incredibles. Dizen qu'el sol falleció del todo e fue noche escura e revoluciones de vientos e truenos e relámpagos de todas partes. Por la qual cosa, la multitut se derramó, e los poderosos se ajustaron ensemble. E depués que la fortuna cessó e el sol resplandió, la multitut aún se congregó e buscavan al Rei porque lo amavan; mas los poderosos ni los dexavan buscar ni mucho preguntar, mas les comandavan que lo hondrassen e le fiziessen reverencia porque los dioses lo havían tirado a su companyía e de allí adelant él les sería buen dios. La mayor part credían estas paravlas e fazían reverencia e ívanse con esperança buena; mas [f. 114r / xxvii, 9] algunos qui havían desplazer dezían a los patricios que ellos havían muerto al Rei e depués decebían al pueblo con favlas. E dávanles grant baralla.

E se serían seguidas muchas turbaciones si non fues Julio Próculo de Alba, famoso de linage e hombre de buenas costumbres e amigo fiel de Rómulo, el qual vino manifiestament en presencia de la multitut e juró tocando las cosas más sagradas e dixo que, andando él en el campo, Rómulo le apareció, que le sallió al encuentro más fermoso e más grant que jamás fues, armado de armaduras solepnes. Por qu'él se espantó veyéndolo, e le preguntó:

«O Rei, ¿qué fue lo que te conteció?, e ¿qué fue tu intención por que has desemparado la ciudat, órfana en ploros
infinitos, e has puesto a nós en grandes suspiciones injustament?». E Rómulo le respondió: «O Próculo, tantos anyos
plugo a Dios de dexarnos conversar con los hombres e
que nós edificásemos ciudat en grant principado e en
grant gloria; e agora nos han tirado por abitar en el cielo.
Alégrate, pues, e di a los romanos que, si ellos serán solí-
citos de servar aquestas dos cosas, es a saber, honestat e
valentía, crecerán en grant poderío, e yó los amaré e les
faré bien como lur Quirino». Estas paravlas credieron los
romanos por la bondat de Próculo e por los grandes sagramentes que él fizo. E parece que en esta cosa la ventura
ayudás, porque Dios †uiuo†[3651] que todos se contentaron
en esto e ninguno no contradixo. E cessaron las calupnias
e lo oravan e lo pregavan como a dios Quirino. Mas estas
cosas semblan a las fablas que los griegos dizen por Aristeo Priconissio e por Cleomido Astipalioto. Dizen que
Aristeo morió dentro del lugar do se adoban [f. 114v] los cue-
ros, e sus amigos buscavan su cuerpo e no lo fallaron. E
Cleomido era fermoso e grant de persona; mas era fecho
como un demonio, porqu'él fazié muchas fuerças. E
depués, él se trobó dentro en una escuela la cubierta de la
qual se gira sobre una colona. E dizen que con su mano
crebó la colona e cayó el terrado e mató a todos los infantes, e por esto lo encalçavan. E él entrose dentro en una
caxa e tenía de dentro fuertment la cubierta, tanto que no
la podién abrir. E quando la quebraron, ni lo fallaron ni
muerto ni bivo. E quando enviaron a los Delfos por preguntar por él, porque se maravellavan muncho, dixo la
profetissa: «El çaguero senyor es Cleomido[3652] Astipaleo».

3651 †uiuo†] uiuo *P*. vino *F.*
3652 Cleomido] cleonido *PF*. Κλεομήδης.

Encara dizen que, quando levavan a[3653] Almina[3654] muerta por enterrarla, ella despareció e no fallaron en su lecho sino solament una piedra. E otras cosas muchas dizen que no acuerdan con la natura de los dioses e qui son fuera de la natura humana, porque ajustar la tierra con el cielo es locura de dezir. E por esto devemos menospreciar estas cosas e creyer sin dubdo lo que dize Píndalo:[3655] qu'el «cuerpo sigue la corrupción, e el espíritu finca como una reliquia fantástica de sieglo. E esta cosa es solament de los dioses». E de allí viene e allí torna, mas no con el cuerpo. Ni aun ella va a los dioses si antes no se purga bien del cuerpo e que de todo sea limpia de la carne, porqu'el alma noble salle del cuerpo como relámpago de las nuves, segunt que dize Iráclito. Mas aquella qui es ensuziada de delectaciones carnales salle como fumo escuro, e es dura cosa que pueda puyar en alto, pues no es convenible cosa que contra natura nós enviemos los cuerpos suso, mas que pensemos solament por las virtudes e por las almas segunt natura e [f. 115r / xxviii, 10] justicia divina, por que los hombres se fazen senyores, e de senyores ángeles, e de ángeles vienen a la deitat;[3656] mas como si ellos perfectament fuyen las passiones e se limpian en satisfacción, no segunt las leyes civiles, mas segunt la verdat. En esta manera las almas solas, assí como havemos dicho, toman finalment la perfección de la beatitut mayor.

Mas esti sobrenombre *Quirino* algunos dizen que significa 'combatedor'; e aun por sus ciudadanos, qui se claman *quirites*, o peró[3657] que los antigos claman a la lança

---

3653   a] *om. P.*
3654   Almina] alinina *PF:* Ἀλκμήνης.
3655   Píndalo] *PF:* Πίνδαρον.
3656   deitat] deleitat *PF:* θεοὺς.
3657   peró] po *PF.*

quirino; e por esto la estatua de la dea la qual estava sobre una lança era clamada *Quirítida*; e porque Rómulo era combatedor e lançava bien de una lança era clamado *Quirino*. E el día que fue traslatado lo claman *fuga del pueblo*. E bivió LIIII anyos, de los quales él regnó anyos XXXVIII entro qu'él despareció. E estas son todas la cosas fidedignas e dignas de memoria que nós havemos oído por Theseo e por Rómulo. E estas cumplan,[3658] porque los savios de poca cosa comprenden[3659] mucho.

3658   cumplan] bastino *F*: cumpl-n (*osc. la última vocal*) *P*.
3659   comprenden] comprendono *F*: comprende *P*.

MARCO CATO

{*PF*}

SÍGUESE EL LIBRO XXXV: De las gestas e memorables fechos de Marco Cato, qui primerament fue clamado Prisco, varón ilustre de Roma.

Marco Cato, segunt dizen, era del linage de los Túsculos. E ante que huviés començado de andar en fechos d'armas, conversava en los sus patrimoniales casales a Sabina. E ya sea que parece que los sus antecessores fuessen de poco estado, aquesti mismo Cato loava a Marco, su padre, diziendo que era hombre valient de armas. Encara dize por [f. 115v] Cato, su visagüelo, que por la su prodeza muchas vegadas huvo honor. El qual, haviendo perdido en las batallas cinco cavallos muit grandes e bellos, fuele pagado la valor de aquellos por la prodeza que havía fecho. E porque los romanos havién por costumbre de clamar ad aquellos que no eran de grant linage e por su virtut començavan a seyer conocidos «hombres de nueva nombrança», assí como era aquesti mismo Cato, él les contradezié respondiendo: «Yo só nuevo en quanto es de senyoría e de honor; mas, quanto es fecho de los mis antecessores, só muit antigo». Aquesti Marco, dicho Cato, en la primería se clamava Prisco; mas aprés fue clamado Cato, porque los romanos solién clamar aquesti nombre *Cato* a cada uno que fues prático e avisado. Aquesti Cato era de un esguart royo e terrible, segunt

que aparece por los viesos que escrivió un poeta su enemigo contenientes aquestas paravlas: «Fersefoni, es a
saber, la del infierno, ni aun muerto quiso recebir en el
infierno a Porquio, el royo, el mordedor e de los ojos blavos». Aquesti Cato era hombre de una vida muit temprada.
Por la temprança e por el uso de las armas e por el treballo havié la su persona sana, fuert e liugera a toda su
voluntat. E era muit fuert favlador, e volunter advocava por
cada uno que huviés menester de su adjutorio en los castiellos e en los casales d'entorno. Por la qual cosa, parecié
por esto ayudador e grant rectórico, tanto que aquellos a
qui ayudava e los otros que no havían menester de su aju-
torio lo jutgavan por sufficient no solament a tales castiellos e casales, mas a grandes fechos e a grant senyoría.
Empero, no advocava por haver salario ni por haver presentes de ninguno [f. 116r / I, 7] ni encara reputava honor
tales advocaciones. E siempre en la su joventut se deleitava[3660] de provarse más en fechos d'armas que en otra cosa,
e metié la su persona ardidament contra los enemigos. E
por esto su cuerpo era pleno de colpes e feridas. E, segunt
que dizen, aquesti mismo la primera vegada que fue en
batalla havié XVII anyos en aquel tiempo que Aníbal prosperava e cremava la Italia. Aquesti Cato era fuert en las
manos, e en los piedes inmoble, e en el esguart terrible, e
la su boz era fuert contra los enemigos e menazable, imaginando e adoctrinando a los otros, porque tales cosas
algunas vegadas espantan más a los enemigos que colpes
de cuchiello. E quando caminava a la huest, él mismo
levava sus armas. Solament un su servidor le seguía
qui levava su victualia, contra el qual dizen que no se
corruçó jamás ni lo repriso jamás de lo que levava devant
a comer, mas encara, quando no se combatié, él mismo le

3660   deleitava] delettava F: dedeltava F: βουλόμενος.

ayudava a aparellar. E quando era en la huest, bevié agua
si non fues por grant calor de set que metiés en el agua
un poco de vino agro, o, quando se sentiesse feble,
beviesse un poco de vino.

Cerca los casales de esti Cato era una possesión de
Manio[3661] Corio, el qual havié triumfado III vegadas. E
yendo Cato a menudo a sus casales, vidiendo la dicha
possesión de Manio,[3662] que era chica e pobre, él[3663] se
maravellava cómo tal hombre, el qual havié diusmeso la
más fiera gent e echado a Pirro de la Italia, se denyava
abitar en assí chica possesión aprés los dichos III triumfos,
lavrando él mismo sus campos. E una vegada, seyendo
trobado de los embaxadores de los sannitas assentado
cerca del fuego cozinando nabos, le davan grant quantidat de oro. [f. 116v] Mas él no quiso tomar res, diziendo:
«No ha menester de oro qui de tal vianda se contenta; ni
quiere haver oro, antes vencer a aquellos qui han el oro».
La qual cosa metiendo en su coraçón Cato, e recordándose de Manio[3664] quando retornava a los sus casales, fazié
semblant. E quando Fabio Máximo priso la ciudat de
Táranto, Cato lo seguié a la huest seyendo la hora muit
joven, por do se fizo grant amigo de Néarco pithagóri-
co[3665] e solicitava de empararse d'él. Al qual, segunt que
escrive Plato, haviendo oído una vegada predicar e entre
las otras cosas dezir qu'el delicio es muit grant gesta de
mal e principal tristicia de la ánima e del cuerpo, mas la
libertat e purgación del ánima sí son aquellos pensamientos los quales la fazen apartar del vicio corporal, mucho

3661 Manio] mario *PF*: Μανίου.
3662 Manio] cf. *supra*.
3663 él] et *P*: *om*. *F*.
3664 Manio] cf. *supra*.
3665 pithagórico] *F*: pichagorico *P*: Πυθαγορικῶν.

más se enclinó a[3666] l'amor de la pobredat e abstinencia. E dizen que grant tiempo aprés de la joventut, quasi quando era viello, priso la letra griega, do, estudiando en los libros de Tuquididi e mayorment en aquellos de Demóstenes, se fizo grant rectórico. E mucho adornó las sus escripturas con muchos ensenyamientos e istorias metiéndolas de sílaba a sílaba.[3667]

En aquel tiempo era uno, Flacco[3668] Valerio, el qual era de los mayores gentiles hombres de la ciudat de Roma e de los más poderosos, e hombre sufficient a conocer nacimiento de virtut, e sufficient de crecerla e levarla a honor. Aquesti Valerio havié los sus casales cerca los casales de Cato. E haviendo uido de sus servidores la su conversación e la manera de Cato —cómo él mismo se sirvié e cómo en la manyana iva a la cort por ayudar a aquellos qui havién menester d'él e cómo tornava de la cort a [f. 117r / III, 2] los sus casales, e,[3669] si era tiempo de ivierno, vistiésse qualque ropa, mas, si era de verano, se curava poco, e cómo lavrava sus campos, ensemble con sus siervos, con la persona propria, comiendo de un pan e beviendo de un vino en una tavla con ellos, e encara contándoles algunos de los sus proverbios—, comandó que fuese clamado a cenar con él. E haviendo visto e sentido la humildat de Cato, assí como una planta que ha menester de millor lugar, comandole que lo siguiesse a los fechos de Roma. Do seyendo ido, por la su humildat advocando por cada uno que havié menester d'él, en breu tiempo conquistó muchos amigos. E de otra part el dicho Valerio lo hondró mucho e lo agrandeció tanto que prime-

3666   a] F: om. P.
3667   de sílaba a sílaba] de sibilla a sibilla PF: κατὰ λέξιν.
3668   Flacco] fiacto PF: Φλάκκος.
3669   e] om PF.

rament fue fecho quilíarco e depués trasorero e de la hora
avant seyendo fecho grant e famoso, usando siempre
con Valerio en el officio de[3670] cónsul ensemble con el
dicho Valerio. Por do se fizo grant amigo e doméstico de
Favio Máximo, el qual era más viello, honrado e[3671] poderoso entre los romanos, la vida del qual e costumbres
siguió tanto que se fizo contrario de Esquipión, el qual era
la hora joven, porque le parecié contrario de Favio. E
seyendo enviado Cato trasorero a la guerra de Libia,
vidiendo que Esquipión espendié asaz, como era usado,
faziendo gracias a la gent d'armas largament, Cato sin
miedo le contrastava, no tanto por la grant despensa como
por la desordenada vida de la gent d'armas. Porque,
haviendo grandes donos, fazién grandes e largas despensas. Sobre aquesto Esquipión dixo a Cato: «No he menester [f. 117v] de escaso trasorero en tal tiempo de guerra,
porque non devo render conto a la ciudat de moneda, mas
de fechos». Por aquesto Cato se retornó de Cicilia a Roma,
do en la congregación cridava contra Esquipión diziendo
cómo él despendié malament la riqueza a los bigurdios e
a los gigagios, assí como si no fuesse capitán de guerra,
mas bigurdador. E tanto supo fer que los governadores
mandaron examinar el dicho Esquipión con mandamiento
que, si lo trobassen culpable, lo levassen a Roma. Mas, con
todo esto, Esquipión no fue empachado de su empresa,
antes passó e siguió la dicha guerra mostrando victoria con
su aparellamiento, peró que, quando no se combatié, era
companyón de todos; la qual companyía e espensas no lo
fazía más perezoso de fazer fechos.

Mas Cato por la su buena elocuencia siempre crecié
de poder, por la qual elocuencia la multitut de Roma lo

3670   de] om. PF.
3671   e] om. PF: καὶ.

clamavan *Dimostenes*. E la su conversación era asaz maravellosa e estranya, peró que los jóvenes de aquel tiempo
solicitavan mucho de estudiar, e pocos de aquellos usavan
la conversación de sus antecessores, esto es, de contentar-
se de comer vianda cruda e levar ropas pobres e abitar en
casa común. E se maravellavan[3672] más de no haver cosa
superflua que haverla. Mas la ocasión por que no usavan
como sus antecessores fue la magnificencia de la senyoría,
peró que, senyoreando mucha gent e usando con ellos,
tomavan lures costumbres. Por la qual cosa, razonablement se maravellavan de Cato vidiendo los otros que algunos se gastavan por treballo, algunos se enclinavan a los
de- [f. 118r / IV, 3] leites, mas aquesti Cato era fuera del
uno e de lo otro. No solament quando era joven, mas
encara a la su velleza, depués que fue fecho ípato e triumf-
fó como vencedor, durava siempre en la ordenación de la
su primera conversación fin a la muert. E dízese que jamás
no se vistió ropa que valiés más de C daremes. E bevié un
vino con la su familia, o fues capitán de guerra o cónsul.
E cada día comprava de la plaça su cena, e no costava más
de LX dineros. E aquesto fazié por haver su persona liugera e fuert al menester de la ciudat. Una vegada huvo una
ropa índica de grant valor, e luego la vendió. E alguna de
sus casas no era emblanquinada de calcina; ni jamás com-
pró esclavo por más de M^l e V^c daremes, peró que no cercava de comprar jóvenes ni bellos de belleza, mas de edat
cumplida, fuertes lavradores e guardadores de cavallos e
de bueyes, los quales, quando se fazién viejos, los vendié
por esto que no biviessen occiosos. E jamás no comprava
cosa que no huviesse menester por bien que la trobasse
de buen mercado, diziendo: «La cosa que hombre no ha
menester, si se vende por un dinero, no es buen mercado».

3672 maravellavan] maraviglavan *F*: gloriavan *P*: θαυμάζων.

La qual cosa algunos reputavan que lo fiziesse por escassedat, algunos reputavan que lo fiziesse por exemplo de otros. Empero, a dir qu'él usava de sus esclavos como de bestias, teniéndolos en su servicio mientre que eran jóvenes e venderlos quando eran viellos, yo a dureza de coraçón lo reputo de hombre que no reputa otra conversación de los hombres sino a su menester. Don se veye manifiestament que la benignidat posside más lugar que la justicia, peró que la [f. 118v] lei e la justicia son fechas por los hombres, mas las gracias e las cortesías se deven usar no solament a los hombres, mas encara a las bestias, porque la humildat nace como de una fontana. E pertenece a hombre benigno, e a cavallo treballant dar de comer e nudrir perriellos, e a los viejos no abandonarlos, segunt el exemplo qu'el común de Athenas fizo quando se edificava la ciudat: que, quantos mulos vidié fuert treballados de la obra, los dexaron líberos. Entre los quales una mula sin guida de alguno cada día venié voluntariament en el lugar do se edificava, e andando en torno de los carreteros, se metié davant guidando los otros mulos que tiravan los carros. Por la qual cosa, los de Athenas comandaron qu'el común deviés proveír la dicha mula. Encara, cerca la sepultura de Quimon se trobavan las sepulturas de algunos sus cavallos con los quales huvo victoria a la fiesta de los Olimpios III vegadas. E muchos otros nudrieron canes e tuviéronlos en su companyía. E Xántipo[3673] el antigo, quando los athenienos abandonaron la ciudat e fueron a Salamina, un su can se echó en la mar e nadando iva derrere la su galera, e antes que fues plegado se afogó. El qual Quimon lo fizo soterrar en una punta la qual entro al día de oi se clama *Squilutafos*,[3674] que quiere dezir 'sepultura

3673   Xántipo] xantinao *PF*: Ξάνθιππος.
3674   *Squilutafos*] *PF*: Κυνὸς σῆμα.

de can'. Peró que no es convenible cosa qu'el hombre
tenga a su uso las cosas animadas como las non animadas,
e,[3675] quando se gastan del treballo e non pueden más,
echarlas e abandonarlas. E quando no lo[3676] fiziessen por
otro, a lo menos por seyer misericordioso. Quanto yo, no
vendiría jamás buei de lavor [f. 119r / v, 6] por velleza;
tanto menos faría a hombre viello que me huviés servido
echarlo de tierra que huviés usado como la su tierra por
cobdicia de poca moneda, especialment a tiempo que no
valiesse ni pora aquellos que lo comprassen ni pora aquellos que lo vendiessen.[3677] Mas, quanto de semblantes
cosas, Cato se alabava, en tanto qu'el cavallo que havié en
la guerra quando era ípato, lo dexó en Iberia porque la
ciudat no pagasse nólit por él. La qual cosa se puede[3678]
jutgar, segunt el judicio de cada uno, o que procediese de
grandeza o de escaseza e abstinencia.

De otras virtudes mucho era maravelloso segunt que
parece que, quando era capitán de guerra, levava cada un
mes pora sí e a su familia III moyos de forment del moyo de
Ática, e tomava cada un día pora su bestia ordio menos[3679]
de un modio e medio. Una vegada, estando enviado governador a la isla de Cerdenya, en la qual havién por costumbre los governadores que fueron antes d'él haver del común
casas, lechos, ropas, hombres a servirlos, grant copia de
amigos, viandas en abundancia e grosas espensas, aquesti

3675   e] que *P*. che *F*.
3676   lo] *F*. om. *P*.
3677   pora aquellos que lo comprassen ni pora aquellos que lo ven-
diessen] por aquello que lo comprasse assi como por aquello que lo
vendiesse *P*. per quelli che lo comperasse cosi come per quelli che
lo vendesse *F*. (ἄχρηστον) γε τοῖς ὠνουμένοις ὥςπερ τοῖς πιπράσκουσι
(γενησόμενον).
3678   se puede] puede *P*. puote *F*. ἔξεστι.
3679   menos] no menos *P*. non meno *F*. *sin negación en griego*.

se mostró tanto humil qu'el hombre no lo³⁶⁸⁰ podrié creyer
peró que espensa ninguna no quiso haver. E andava de un
castiello a otro a piet con companyía de un solo sarjant, el
qual levava su ropa. Mas tanto quanto se mostrava en
aquesta cosa simple e sin malicia, tanto más era duro a la
justicia; por la qual la senyoría de los romanos no fue jamás
a ellos ni más temerosa ni más amable.

E el su favlar parece que fues dolç, gracioso, dies-
[f. 119v] tro, reprendible, furioso e proverbioso, assí como
escrive Plato por Sócrates que la su paravla era injuriosa e
reprendible de fuera, mas dentro era solícito, imaginativo
e pleno de fechos, porque las sus paravlas destruyén el
coraçón de los uyentes e movienlo a lágrimas. Por esto me
maravillo de algunos que dizen que la paravla de Cato
semellava a aquella de Lissía.³⁶⁸¹ Empero, aquesto dexo al
judicio de los rectóricos. Mas nós escrivamos algunos de
sus proverbios, los quales demostrarán la su manera más
qu'el su esguart.

Una vegada el pueblo de Roma se puso ante tiempo a
mesurar³⁶⁸² forment e compartirlo a la ciudat. E Cato los
empachava diziendo tales paravlas: «O ciudadanos, dura
cosa es que hombre favle a vientre, que no ha orellas».
Encara, otrament dezié reprendiendo la comunidat: «¡O,
cómo es dura cosa que se pueda salvar aquella ciudat en
la qual se vende más caro un pex que un buei!». Encara
dezié que los romanos son semblantes a los carneros, los
quales uno a uno no son obedientes, mas, quando son
todos ensemble, obedecen al pastor: «Tales son los romanos, los quales uno a uno³⁶⁸³ ninguno no los jutgarié dignos

---

3680   lo] *F*: le *P*.
3681   Lissía] sissia *PF*: Λυσίου.
3682   mesurar] misurare *F*: mesur *P*: σιτομετρίας.
3683   uno a uno] uno *PF*: κατ' ἰδίαν.

pora estar en consello, e, quando son ensemble congregados, escuchan e obedecen». Encara, vidiendo que los
romanos eran subjectos a las voluntades de sus mugeres,
dezié: «Todos los hombres por todo el mundo senyorean
sus mugeres, e vós, romanos, senyoreades todos los hombres, e a vosotros senyorean las mugeres». El qual proverbio sacó de los proverbios de Themístocles, al qual
demandando muchas cosas su [f. 120r / VIII, 5] fillo mediant
su madre,[3684] dixo: «O fembra, los athenienos senyorean los
otros élinos, e yo los athenienos, e tú a mí, e a tú el nuestro fillo». Retuvo, pues, o refrenó el su poder, por el qual,
seyendo un poco savio, pudo más que los otros élinos.
Encara Cato,[3685] consellando el pueblo de Roma, dizié que,
como los tintores tinyen el drapo vermello porque los
hombres se'nde delectan más, assí los jóvenes deven
emparar más aquellas cosas que son de loar, porque la
honor procede más aína de las buenas costumbres
que de la valerosa ropa. E les pregava que no se enclinassen de las virtudes a los vicios, mas de los vicios a las virtudes. Encara, reprendiendo a algunos qui se delectavan
de haver senyoría, dizié a ellos: «Assí vós cercades de
andar como aquellos qui lievan el bastón por guiar, por tal
que no yerren como si no supiessen la carrera». Encara, de
aquesta cosa reprendié los ciudadanos porque más pro-
movién a aquellos qui se usurpavan las honores, e dizie-
les: «O senyores, de dos cosas me parece que sea la una
en vós: o que vós no reputades a grant cosa que alguno
haya senyoría sobre vosotros, o que vosotros no preciades
mucho a aquellos que son dignos de haver senyoría».
Encara, por uno que vivié[3686] suziament e desonesta, dizié:

3684 madre] *PF*: μητρός.
3685 Cato] plato *PF*: Κάτων.
3686 vivié] vinie *P*: venia *F*: βιοῦν.

«La madre de aquesti por maledicción reputa e no por benedicción que aquesti sea sobre tierra». Un otro havié muchos buenos campos, mas eran cerca la marina; e eran de su patrimonio,[3687] e vendiolos. Por esto quasi Cato mostrava de loarlo, e trufávase d'él diziendo: «Aquesti más fuert parece que la mar, porque la mar a grant pena toca con sus ondas a los cabos, e aquesti liugerament los ha devorados».[3688] Una otra vegada vino el rei Eumenio a Roma, e fue recebido de los roma- [f. 120v] nos mui honorablement. E los principales de Roma cada uno se esforçava de fazer mayores honores; e Cato se dubdava d'él. E uno le dixo: «O Cato, ¿por qué te dubdas? Que Eumenio es buen hombre e quiere bien a los romanos». E Cato dixo: «Assí sea como tú dizes; mas aquesti animal que vosotros clamades rei carne humana come». Encara dizié: «Yo quiero antes fazer bien e en lugar de gualardón haver danyo que fer el mal e no seyer punido». Encara dizié: «Todo hombre qui falle es digna cosa que haya perdonança, sino yo».

Una vegada los romanos enviaron III embaxadores: el uno era gotoso, el otro havié gasta la cabeça por un colpe que havié recebido en batalla, el tercero parecié loco. Por aquesto, trufándose Cato dizié: «¡O, qué embaxadores han mandado los romanos! Tales que ni han piedes ni testa ni coraçón». Por los infantes, dizié que más le plazién aquellos que tornavan vermellos en la cara que aquellos que tornavan amariellos. Encara dizié que no havié menester de tal hombre de armas que, quando va, mueve sus manos, e quando combate muda sus piedes, e quando duerme ronca más fuert que no crida quando es en la batalla. Era un hombre maravellosament grosso, del qual

---

3687   patrimonio] matrimonio *P*: matrimonio *F* (*con* p *interlin. encima de la* m *inicial*): πατρώους.

3688   los ha devorados] las ha deuoradas *P*. (li cabos) glia divorati *F*.

corruçándose Cato dixo: «¿Dó podrá aquesti far provecho a su tierra, pues qu'el su vientre puya entro a[3689] medio de la su gola e devalla entro a medio de sus piernas?». Un hombre el qual se delitava[3690] de comer viandas delicadas quiso seyer en companyía de Cato. Mas Cato no quiso, diziendo: «Yo no puedo bevir con hombre que ha más conocimiento en la su boca que en el coraçón». Encara dizié que III vegadas se repintió en su tiempo: la una fue que, fiándose en su muger, le reveló algunos sus secretos; la segunda fue qu'él se puso a navigar allá do podié ir por tierra; la tercera fue que un día estuvo sin testament. Un viello en la su velleza mostrava malicia, e Cato le dixo: «O hombre, baste a la tu velleza que tú fazes muchas suzias cosas; pues no ayuntes encara otras malicias». Un official del pueblo fue acusado que havié enveninado[3691] a un otro. Depués, él como official de la tierra querié fer un estatuto el qual era malvado, e requirié la gent que lo deviessen confirmar. Por la qual cosa, Cato dixo: «O joven, yo non sé quál cosa es peyor, o el venino que tú diste a bever al otro, o que sea confirmado aquello que tú escrives». Un hombre de mala vida dezié paravlas injuriosas a Cato. Al qual dixo Cato: «No es egual la nuestra guerra, porque tú liugerament escuchas el mal e liugerament lo dizes; mas yo ni de escuchar mal só acostumbrado ni me parece bueno de dezir mal». Aquesta es la forma de los sus proverbios.

Aquesti Cato, quando fue fecho ípato ensemble con su amigo Valerio Flacco,[3692] le tocó la suert de ir capitán en

---

3689   entro a] in fino a *F*: dentro a *P*.
3690   delitava] dilettava *F*: delicava *P*: βουλόμενον.
3691   enveninado] enviado *P*: mandato *F* (*en el margen,* envelenato): φαρμακείας.
3692   Flacco] *F*: fiacto *P*: Φλάκκου.

Espanya. E quando fue allá plegado, algunos castiellos tomava por fuerça, algunos se rendién a él por su dolç e bel favlar. E en aquesti medio le sobrevinieron grant quantidat de huest barbárica, tanto que era a periglo de seyer forçado e de recebir desonor de'ellos. Por la qual cosa, quiso ayuda de los celtiberios los quales le eran más acerca. E demandando por [f. 121v] lur treballo talentes cc, todos los otros de la huest no consintién que los romanos prometiessen a los bárbaros moneda por socorro. Mas Cato dixo que no era mal fecho, porque, si venciessen, no pagarién ren de lo lur, mas de aquello de los enemigos; e si fuessen vencidos, ni serié quí demandasse[3693] ni a quí demandar.[3694] E venció la hora a los enemigos en batalla. E aprés de aquella vencida le vinién todas las otras cosas prósperament. E segunt que escrivió Polivio, por mandamiento de Cato fueron abatidas las murallas de los castiellos que eran dentro del Vetio por una jornada, los quales eran muchos e plenos de gent d'armas. Mas Cato mismo dezié que, quando era en Iberia, diusmiso más castiellos que no eran los días que ý estuvo. La qual cosa no dezía por alabarse, porque manifiesta cosa es que los castiellos que diusmetió fueron en número más de IIIIᶜ, de do la huest huvo grant provecho de aquella guerra. E ultra esto, Cato dio a cada uno de gracia una livra de argent, diziendo que mellor era a los romanos de tornar con poco de oro o de argent. E dizié: «Yo no reprendo ad aquellos qui plaze tal ganancia; mas pus[3695] me plaze que los romanos resemblen a los más virtuosos que a los más ricos e cobdiciosos de riquezas». E Cato no quiso tomar ren de las cosas ganadas sino aquello que havié comido e bevido. E

3693   demandasse] demadasse *P.*
3694   demandar] a demandar *P.* a domandare *F.*
3695   pus] porque *P.* perche *F.* μᾶλλον.

tanto guardava a sí mismo e adoctrinava la su familia de no enclinarse a la cobdicia. E havié con él en aquella huest v servidores, de los quales el uno havié nombre Paco, el qual compró de la presón III moçuelos. La qual cosa haviéndola sentido Cato, el dicho Paco,[3696] ante que viniesse devant d'él, por miedo se enforcó por la gola él mismo. [f. 122r / x, 6] E Cato fizo vender los dichos moçuelos e miso el precio de aquellos al común.

Estando encara el dicho Cato en Iberia, Esquipión el Grant, como su enemigo, queriendo empachar el su prosperamiento e diestrament tirar a sí la dicha capitanería, fizo tanto que fue ordenado capitán en lugar de Cato. E solicitó tanto que fizo cessar Cato de la capitanería. Mas Cato puso en su companyía v[m3697] hombres a piet e v[c] a cavallo, con los quales destruyó la gent que se clama laquetanos.[3698] Por la qual cosa se gravava Esquipión; e reprendiéndolo, Cato dezié: «Assí se fará Roma muit grant si los sus famosos e grandes no consienten el avantage a los menores d'ellos, e si los populares, assí como él, resemblan en la virtut a los gentiles hombres e hondrados». Mas por el dicho tracto de Esquipión seyendo confirmado por el consello que no se mudás ren de lo que Cato havié fecho, la dicha capitanería baxó la honor de Esquipión más[3699] que de Cato e passó assín sin obra famosa. Empero, Cato[3700] depués de su triumfo no dexó la virtut, como fazen muchos que, quando puyan en honor, se enclinan a los deleites del mundo, mas, assín como fazen aquellos qui de nuevo comiençan a los fechos, assí Cato havié apa-

---

3696 Paco] patho *PF*: Πάκκος.
3697 v[m]] vi[m] *PF*: σπείρας [...] πέντε.
3698 laquetanos] laquedanos *PF*: Λακετανῶν.
3699 más] *om. PF*: μᾶλλον.
3700 Cato] tanto *PF*: Κάτων.

rellada la su persona a todo el menester de sus amigos como antes.

Ni de advocar se desdenyó jamás, ni del treballo de las guerras se agravió jamás, segunt que parece que, quando Tiberio Sempronio fue fecho cónsul a las partes de Trachi e de Istro, seyendo Cato enviado embaxador con él, prosperavan por todo. Encara fue enviado chiliarco quando Manio Achilio fue sobre Antíoco el Grant, el qual [f. 122v] aprés de Aníbal fizo miedo a los romanos como algún[3701] otro peró qu'el dicho Antíoco, haviendo senyoreado toda la Asia quanta senyoreava Nicátore Seleuco[3702] e susmiso a sí mucha gent guerrera, levado en sobervia, mísose contra los romanos pensándose que no fues qui le contrastás más sino ellos. Por la qual cosa, quasi dius escusa de la franqueza o libertat de los élinos (de la qual no havían menester, pues que la hora nuevament eran escapados de Filipo e de los macedonios e fiziéronse francos e líberos por cortesía de los romanos), passó con grant poder; por do toda la Elada era movida e pendía dius la esperança imperial. Por la qual cosa, Manio enviava[3703] embaxadores a los castiellos, e empachó la mayor part de aquellos de la rebellación Tito Flaminio pacíficament, assí como es escripto en la su vida. Mas Cato priso por fuerça de batalla Corinto, Patras e el castiello de Egio, e estuvo muchos días en Athenas. E se troba aún su libro en lo qual es escripto lo qu'él favló al común de Athenas: cómo él se maravillava de la virtut de los athenienos antigos e cómo vido volunter la beldat e la grandeza de la ciudat, segunt que dizen, en lengua elínica; mas no es verdat, antes favló a los athenienos con turcimán. No porque no sabié la lengua elínica, mas

3701   algún] P: alcun F: οὐδένα.
3702   Seleuco] F: selencho P.
3703   enviava] mandava F: enviva P: ἔπεμπεν.

no querié mudar su lengua. Encara reprendié aquellos que
se maravillavan de la lengua elínica. Por do Postumio Alvi-
no,[3704] demandando perdonança porque havié escripto
una istoria en lengua elínica, fue represo de Cato di- [f.
123r / XII, 6] ziendo que devié seyer perdonado si por
determinación de los Amfectiones[3705] fue forçado a tal
obra. E dizen que los athenienos se maravellavan de la
breviedat de la elocuencia de Cato, peró que[3706] lo que
dizié[3707] él breument, el turcimán lo dizié[3708] luengament e
en muchas paravlas. E parece que las paravlas de los élinos prociden de la boca, e las de los romanos del coraçón.

El dicho Antíoco, haviendo cerrado el estrecho de Tre-
mopila con huest de piet, e sobre las naturales fortalezas
de los lugares encara él fizo fossados e muros, e se repo-
sava pensando seyer fuera de todo treballo de batalla. Los
romanos no osando ir sobre el dicho Antíoco de cara a
cara, Cato, pensando en su coraçón el circundamiento de
los persianos, se levantó una noche con una poca gent.
Do puyando lur guida, el qual era uno de los presoneros,
fallió el camino e, andando d'acá e d'allá como perdidos
en lugar de penyas, puso en grant miedo a Cato con la
dicha gent. Por la qual cosa, Cato, vidiendo el grant periglo, comandó a todos los otros que romaniessen allí e lo
esperassen, e priso en su companyía Leuquio Malio, hombre muit diestro caminador en semblantes lugares. E
andando siempre avant con grant treballo e enoyo, porque
era noche escura e sin luna e caminavan por mont salvage de penyas, e andaron tanto que entraron en una vía la

3704   Postumio Alvino] postunio salvinio *P.* postumio salvinio *F.* Πο-
στούμιον Ἀλβῖνον.
3705   Amfectiones] afectiones *F.* afecciones *P.* Ἀμφεκτυόνως.
3706   peró que] pero *PF.* γὰρ.
3707   dizié] dicea *F.* dize *P.* ἐξέφερε.
3708   dizié] dicea *F.* dize *P.*

qual pensavan que fues derecho al alojamiento de los enemigos; e por esto pusieron algunos signos sobre algunas
cimas por no errar. E aprés tornaron a çaga e prisieron lur
gent. E plegados cerca los signos sobredichos, començaron a caminar. E andando un poco [f. 123v] avant, les fallió
la dicha vía e trobaron un barranco fondo por do encara
fincaron temerosos e quasi desperados, no sabiendo que
eran cerca los enemigos. E en aquesti medio, el día
començava a esclarir por el mundo. E les pareció oír una
voz humana, e vidieron[3709] dius una penya un alogiamien-
to elínico e guaita. Por la qual cosa, Cato mandó súbitament a su gent que se assentassen. E fizo venir devant sí
solament los firmianos, los quales por lur lealtat e ardimiento los havié siempre a su menester. E seyendo venidos devant él, súbitament les dixo: «Yo he menester de un
hombre de nuestros enemigos por saber quáles son devant
e quántos son e qué ordenança han e con qué aparellamiento deven combater contra nós. E aquesta cosa se deve
fer súbitament, como fazen los leones qui van sin arnés
contra todo animal, medroso o fuert». E haviendo assí favlado,[3710] los firmianos lo más aína que pudieron começa-
ron a ir sobre los montes corriendo contra la primera guardia; la qual huvo miedo por el súbito e improviso asalto e
fuyeron. De los quales prisieron un hombre con todas sus
armas e leváronlo devant Cato, del qual supo Cato cómo
todo el otro poder era con el emperador al dicho estrecho
e cómo aquellos qui guardavan aquel passo eran vi[c] hombres todos electos. E Cato, menospreciando la su poqueza
e negligencia, primero de todos sacó su espada e con son
de nácares o tabales[3711] e de grandes cridos fue corriendo

3709   vidieron] vidiendo *P*. veggendo *F*: (τις ἔδοξεν) καθορᾶν.
3710   favlado] favellato *F*. favlando *P*.
3711   nácares o tabales] vacares o tableres *P*. vacaron o tables *F*.
σάλπιγξι.

sobre los enemigos. Los quales, vidiéndolos correr sobre las penyas e venir sobre ellos, fuyendo devés la grant huest la conturbaron [f. 124r / XIII, 7] toda.

E en aquesti medio, seyendo plegado Manio de la otra part súbitament con todo el otro poder, Antíoco recibió un colpe de piedra en la boca tal que le cayeron[3712] la mayor part de los dientes e, doliéndose fuert, bolvió el su cavallo, e ninguna de sus azes no huvo más ardimiento e poder de estar contra los enemigos. Mas, con todo esto qu'el lugar era malvado, estrecho e perigloso por las penyas e fossados, los romanos con grant coraçón empuxando el uno al otro por el ferir e colpear que devién fer con sus espadas, fuyendo los enemigos, cayén e espenyávanse. E assín se perdió la mayor part sin colpe de espada. E segunt parece, Cato havié esta manera que siempre se avançava e loava a sí mismo, mas que más se avançava de aquella prosperidat. E dize que aquellos qui lo vidieron la hora cómo encalçava e ferié en los enemigos, jutgaron que Cato no era tenido tanto al común de Roma como el común de Roma era tenido a él. E encara Manio ípato, enfiamado de la batalla por la dicha victoria, abraçó a Cato, el qual semblantment era enfiamado; e besándose por una grant hora, cridando por grant alegría e diziendo a Cato: «Ni yo ni toda la multitut de Roma te podriemos remunerar dignament de aquesta prosperidat la qual havemos hovida por tu fortaleza e ingenio». E de continent mandó un minsagero a Roma, el qual passó suptosament a Brándiz e de allí a Táranto en un día, e de Táranto por espacio de III[s] días plegó a Roma, [f. 124v] el qual primerament contó las nuevas de la victoria a los romanos. Por la qual la ciudat fue plena de alegría e de sacrificios, e el

---

3712   cayeron] caddero *F.* tayaron *P.* ἐκτιναχθέντων.

pueblo fue exalçado e levado en superbia, tanto que se creyén senyorear el mar e la tierra.

Quanto de las batallas de Cato, aquestas son las más maravellosas. Mas, al fecho del estado político, parece que no reputava chica cosa de reprender e acusar los malfechores. E por aquesto fueron acusados d'él muchos, e encara favoreava e ayudava a aquellos que acusavan los malfechores o otros, assí como fizo Esquipión al pueblo.³⁷¹³ No pudiendo nozer, porque era de grant e poderosa casa, fizo tanto que Leuquio, su ermano, fue condepnado a pagar a la comunidat una grant quantía de moneda. La qual quantidat no huviendo a pagar, fue condepnado a cárcer e a pena; e por pregarias de los governadores fue perdonado. E dizen que un joven depués la muert de su padre se vengó de un su enemigo; e, aprés que fizo la vengança, Cato lo encontró en la plaça e saludolo e díxole: «Tales sacrificios pertenecen a los parientes, e no corderos ni cabritos, mas plantos de lures enemigos». Ni encara aquesti Cato finió la su vida sin acusaciones; onde dava ocasión a sus enemigos de mover questión contra él. Por aquesto, algunas vegadas periglava, e, segunt que dizen, le fueron mesas a la su vida bien L questiones. E a la çaguería, quando havié LXXX e VIˢ anyos le fue posada una otra quando dixo aquesta paravla que se recuerda de algunos: que «grieve cosa es qu'el hombre sea nodrido entre unos hombres, e estar examinado de otros». E encara entro al dicho tiempo no cessó [f. 125r / xv, 5] de questioneyar, antes aprés IIII anyos movió questión a Servilio Galva, peró que entre las heredades havién algunas vegadas durar los fechos entro a la tercera generación, segunt que escrive Néstor. Peró que, haviendo fecho questión con

---

3713   pueblo] *P.* popolo *F.* Πετίλλιον.

Esquipión el Grant por los fechos políticos, duró el su odio
o ira entro al tiempo de Esquipión el qual era fillo adoptivo de Esquipión e fillo natural de Paulo, el qual venció en
batalla Persea, emperador de Macedonia.

Aquesti Cato x anyos aprés del su consulado huvo el
officio del estimador,[3714] el qual entre los otros officios de
Roma es cabeça, porque ha poder de examinar la vida e
conversación de los hombres segunt lur poder. Porque los
romanos comunament jutgavan que ninguno no pudiés
fazer segunt su voluntat ni en bodas ni en convit ni en otra
cosa que passase ultra la costumbre antiga. Por la qual
cosa, esleyén dos buenos hombres, uno de los patricios e
otro del pueblo, e los clamavan extimadores. Los quales
havían el poder[3715] de extimar e levar el cavallo a cada uno
que fues de vida desordenada. Aquestos encara compar-
tién los linatges, ordenando las honores e las dignidades
segunt los hombres; e, breument, todas cosas havién por
las manos. Por aquesto, quando esleyén Cato en aquesti
officio, los principales del consello se pusieron por empachar que non lo[3716] levassen: los gentiles hombres por
envidia, teniendo manifiesta desonor de la gentileza que
los hombres de baxa mano puyasen al mayor e más poderoso officio de la ciudat; e los hombres de mala vida,
conociendo la lur ordenación, e se dubdavan por la dureza de Cato. Por la qual cosa, ordenaron vii hombres contra Cato que consellassen al pueblo que la moltitut querié
bevir a su [f. 125v] guisa, cada uno segunt su poder. E
como Cato era hombre duro e no consentible, contrastando sus paravlas, cridava a la congregación diziendo que la

---

3714   estimador] estimatore *F*: estima *P*: τιμητίαν.
3715   havían el poder] aueano potenzia *F*: avian en poder *P*: ἐξουσίαν
ἔχοντας.
3716   lo] *om PF.*

ciudat havié menester de grant purgación, e pregava a los mellores que ellos no esleyessen mege que fues dolç, mas el más duro, «el qual —dizié— só yo, e de los patricios Valerio Flacco.[3717] Porque yo, con aquel solament, pienso tallar e cremar las malas costumbres como Hércules fizo con[3718] las serpientes del agua». Mas los romanos tanto eran de sano consello que non se dubdaron de la dureza de Cato, antes refusaron el consello de aquellos que consellavan de conversar a lur voluntat, e esleyeron el dicho Flacco[3719] con Cato por extimadores. E era obedecido de todos como si no fuesse electo de nuevo, mas fues estado de grant tiempo enantes e él huviés en su companyía Valerio Flacco.[3720]

E echó del consello muchos, e entre los otros Leuquio Cointio,[3721] el qual era seído cónsul vii anyos antes. Mas la ocasión fue tal: qu'el dicho Leuquio havié siempre en su companyía un moço muit bello el qual havié grant familiaridat ante d'él, más que todos los otros sus parientes e amigos. Ond una vegada, estando el dicho Leuquio en beverría, el dicho moço, lausenjándolo, dizié que lo amava mucho, tanto que en casa del dicho moço se desafiaron dos hombres de combatirse, e él dixo que por su amor no fincó de veyer la fin, más vino a él, especialment qu'él deseava de veyer hombre que fues muerto. Por la qual cosa, Leuquio, como aquel que era cargado de vino, dixo al moço: «Yo[3722] por aquesto no quiero que tú hayas malenconía». E súbitament comandó que fues levado

---

3717 Flacco] F: fiacto P: Φλάκκον.
3718 con] om. PF.
3719 Flacco] cf. supra.
3720 Flacco] cf. supra.
3721 Cointio] coinquio PF: Κοΐντιον.
3722 Yo] io F: ya P: μοὶ.

devant d'él ***.[3723] Encara al moço dixo si [f. 126r / XVII, 4]
querié veyer cómo serié muerto. E respondiendo que sí,
comandó que fues tallada la cabeça a aquel hombre. E assí
se leye por la mayor part de los istoriales. Mas Livio[3724]
dize que aquel hombre que fue muerto era de Galacia e
fue muerto no por las manos del sayón, mas por las manos
de Leuquio. E assí lo escrive encara Cato mismo diziendo.[3725] Seyendo echado Leuquio del consello, doliéndose[3726] d'él su ermano, recorrió al pueblo e demandó que
Cato dixiés la ocasión por que lo havía echado del consejo. E haviendo dicho e contado el fecho de la sobredicha
bevería, Leuquio negava que assí fuesse; e diziendo Cato
que por su sagrament firmasse su negativa, Leuquio se
retrayé. Por la qual cosa, fue jutgado digno de seyer casti-
gado. Aprés, seyendo fecha una fiesta o solepnidat, fue
allá el dicho Leuquio e se fue a posar aparte; en do el pueblo huvo compassión d'él e fue perdonado. Encara fue
echado del consello un otro clamado Manilio[3727] porque
besó de día a su muller en presencia de su filla. E dixo
Cato: «Yo no he jamás abraçado mi muller sino una vegada por ocasión de un trueno celestial». E dixo: «Bienaventurado só yo quando el dios Júpiter truena».

E algunos maravellándose le demandaron diziendo:
«¿Por qué muchos hombres de baxa mano han estatuas e
a lur semblança, e tú no?». Cato respondió que le plazié
más que demandassen por qué no havié estatua que si la
havié. Encara dizié[3728] qu'el buen ciudadano no devié

3723 ***] *lag. en PF:* ἕνα τῶν ἐπὶ θανάτῳ κατακρίτων [...] καὶ τὸν
ὑπηρέτην ἔχοντα πέλεκυν παράστέναι.
3724 Livio] *F:* luvio *P:* Λίβιος.
3725 diziendo] *P:* dicendo *F:* ἐν λόγῳ 'en su discurso'.
3726 doliéndose] dolendosi *F:* doliendo *P:* βαρέως φέρων.
3727 Manilio] navilio *PF:* Μανίλλιον.
3728 dizié] dize *P:* dice *F:* ἠξίου.

sofrir solament seyer loado si el loor no tornasse a común doctrina e provecho. E en aquesti medio laudando a sí mismo dizié: «Los otros se loan en la obra de ferreros e de pintores; mas la mía estatua está fincada en los coraçones de los míos ciudadanos». Encara, por algunos [f. 126v] que eran acusados dizié: «No son de reprender, que todos los hombres no son Cato». Encara, por algunos que se querían fer semblantes a él dizié: «Aquestos son Catos sinistros». E verament, en el tiempo perigloso e necessario todo el consello guardava a la paravla de Cato como los navigantes al naucher. Ont algunas vegadas, quando Cato era absent, si querién[3729] determinar alguna cosa necessaria, la dexavan estar entro a tanto qu'él viniesse, segunt testimonian otros por él. Assí que mucho fue onrado por la virtuosa vida que levava e por la ciencia que regnava en él e por la luenga vida.

E del principio entro a la su muert, siempre se mostró padre benívolo envés la ciudat, e buen marido devés la muller, e diestro congregador de moneda. E de aquellas cosas escrivieron[3730] aquellas que eran provechosas e necessarias. Cato priso muller más por honestat que por riqueza, reputando que las donas honestas no se enclinan a los vicios, mas son siempre obedientes a lures maridos. Encara, algunos que firién lures mulleres e fillos reprendié diziendo que ellos no fazién bien de tocar mal aquellas cosas que son de honrar. E reputava mayor loor seyer benigno marido que grant ciudadano, segunt que cuentan por Sócrates el antigo, el qual, haviendo dura muller e malvados fillos, passó su vida humilment. Aquesti Cato engendró un fillo masclo, por el qual no reputava otro

---

3729   querién] volean *F*: querie *P*.
3730   escrivieron] *P*: scrissero *F* (*en el margen,* scrivemmo vel scriviamo): οἶμαι δεῖν [...] διελθεῖν.

servicio más necessario (si no fues servicio que tocás al
bien común) que[3731] estar con la muller quando ella lavava e embolvié el dicho su fillo; porque la madre misma le
dava la leche. Encara algunas vegadas dava la leche a los
fillos de sus siervos, la qual cosa fazié porqu'el su fillo fues
más a- [f. 127r / xx, 5] mado d'ellos. E quando fue crecido, Cato mismo le ensenyava letras, no obstant qu'él havié
un esclavo, hombre letrado e cortés, el qual tenié escuela
e ensenyava a muchos moços, peró que non se denyava
que un su esclavo blasfemasse o tirasse de la orella a[3732] su
fillo si no supiesse la lición. Ni querié seyer tenido de atal
doctrina a un esclavo, mas él le ensenyó la gramática e
aprés las leyes. E lo adoctrinó no solament de manear una
lança e combater armado e cavalgar, mas encara a jugar un
juego clamado *ligoferi*,[3733] e de sofrir calor e frío e saber
nadar contra el corrient del río. Encara por ensenyamiento e utilidat de su fillo escrivió de letra grosa las istorias
ciudadanas.[3734] E tanto se envergonyava de dezir una suzia
o desonesta paravla devant de su fillo como si la diziés
devant de las sagradas vírgines. E jamás no entró en el
banyo ensemble con su fillo a lavarse; la qual cosa parece
que los romanos la havién por usança: que havién vergonya entrar ensemble esnudos al banyo, fuessen parientes o
no. Mas depués, participando con élinos, tomaron d'ellos
usança de entrar esnudos al baño e lavarse en companyía.
E por el contrario, los élinos tomaron usança de los romanos, esto es, de entrar esnudos al banyo ensemble con sus
mulleres e lavarse. E tanto quanto el su fillo era de sotil
entendimiento e de diestro ingenio, tanto era feble de persona e delicado. Por la qual cosa, Cato le consintié del

3731   que] et *PF*: (οὕτως ἀναγκαῖον) [...] ὡς (μὴ παρεῖναι).
3732   a] ad *F*: *om. P.*
3733   *ligoferi*] *PF*: τῇ χειρὶ πὺξ παίειν.
3734   ciudadanas] cittadine *F*: ciudadanos *P.*

grant tiempo que lo adoctrinava. El qual, con todo que era delicado de persona, en las guerras era animoso e valient combatedor, assí como combatió valientment a la guerra de Perseo, estando capitán de los romanos Paulo, e [f. 127v] por un colpe que recibió de los enemigos e por la sangre e el grant sudor, haviendo perdida la espada de la mano, súbitament todo doloroso se tornó ad algunos sus amigos, de los quales tomó en su companyía algunos, e súbitament tornó en el campo do eran los enemigos e con grant batalla e fuerça descubrió el lugar e trobola en medio de muchos cuerpos muertos e de otras cosas de amigos e de enemigos. Por la qual cosa, el dicho Paulo se maravilló fuert de la animosidat e ardimiento del joven. Encara sobre esto se troba una epístola la qual Cato escrivió e mandó al dicho su fillo loándolo por la solicitut e ardimiento que huvo de cobrar su espada. Aprés huvo muller la filla de Paulo,[3735] clamada Tercia, siroquia de Esquipión. Con tal casa[3736] se ajustó no tanto por su padre como por su virtut. E tal fin huvo la solicitut e la diligencia que Cato mostró de amostrar e adoctrinar a su fillo.

Cato nunqua jamás comprava esclavos que se vendiessen al encant, mas presioneros presos en guerra. E siempre se delectava haver muchos esclavos tales que fuessen aptos de recebir castigo. D'ellos alguno no entró jamás en casa de otro sino que Cato o su muller lo mandasse por algún servicio. E si alguno lo demandava qué fazié Cato, respondié que no sabié. E cada uno de sus esclavos, quando eran en casa, o fazién algún servicio o dormién. Le plazién más aquellos que durmién, reputándolos más velantes que los otros, porque los pudié más

3735   Paulo] catho *PF*: Παύλου.
3736   casa] cosa *PF*: γένος.

liugerament a su menester comandar. Encara, dubdándose que sus esclavos no furtassen de lo suyo, les comandó que no usassen con muller carnalment sino con las esclavas de su casa, dando tanto por vegada. E en la primería, encara quando era pobre, non se [f. 128r / xxi, 3] corruçó jamás con ninguno de sus esclavos por alguna vianda suya, reputando suzia cosa de contrastar con sus esclavos por su gola. Mas depués, quando fue rico e poderoso, convidando a sus amigos e concapitanes, como se levantava de cena, qualquiere que trobava en alguna falta luego lo batié con un nervio de buei. Por la qual cosa, dubdándose siempre d'ellos, se avisava por manera que ellos jamás no se plegavan ensemble. E si alguno de sus esclavos fazié alguna cosa por la qual fues digno de muert, lo fazié morir en presencia de todos los otros esclavos. E queriendo seyer más rico, no reputava ganancia de lavrar la³⁷³⁶ᵇⁱˢ tierra ni las possesiones; e por aquesto los tenié por un su plazer. E compró lagos e banyos de virtut, lugar convenible de adobar corambre, de tenyir trapos e otras cosas, e tierras grassas e abundables de pasturas, de las quales podiés haver tanta renda qu'el dios Júpiter no le pudiés nozer. Encara començó en mar a prestar a usura allí do sentié haver poco danyo e muncho provecho. E moviendo su fillo a semblant, dizié: «Fillo, no es obra de hombre venir a menos³⁷³⁷ de suyo, antes de fembra vidua». E entre las otras condiciones de Cato, aquesta parece más dura de osar dir: que aquel hombre es maravelloso e glorioso solament el qual aplega más a la doctrina³⁷³⁸ que non tira.

3736ᵇⁱˢ la] de la *P*.

3737   venir a menos] bevir a menos *P*. vivere vel venire a meno *F*. μειῶσαι.

3738   doctrina] *P*. dottrina *F*. λόγοις 'inventario'.

A la velleza de esti Cato fueron a Roma Carniadi acadimaicó[3739] e Diógenes estoico[3740] embaxadores, enviados por los athenienos por seguir la apelación[3741] contra la sentencia dada por los siquiones[3742] contra [f. 128v] los athenienos de v^c talentes en absencia d'ellos, a requesta de los otros. E en continent todos los jóvenes que se delectavan de ciencia ivan a menudo a visitar los dictos Carniadi[3743] e Diógenes. E estando con aquellos e uyendo lur ciencia, se maravellavan, e más del gracioso Carniadi que del otro por la grant dolçor de su favlar. Del qual se implió toda la ciudat tanto que la su fama era divulgada por todo cómo la ciencia e favlar de un griego fizo maravillar todos los jóvenes de Roma e aduxo tanto a su amor que dexaron todo el delecte e treballo e enclináronse al amor de la filosofía. La qual cosa plazié a todos, e solament Cato se ensanyava dubdándose de los jóvenes que no se enclinassen más a la ciencia que a los fechos de las armas. Por aquesto fizo saviament que su demanda fues oída, e les fue dada licencia de tornar a su tierra e ensenyar sus fillos de atal ciencia e dexar los fillos de los romanos estudiar en las leyes.

La qual cosa fizo no solament porque querié mal a Carniadi, mas aborreciendo e menospreciando toda ciencia elínica, assí como blasfemava a Sócrates clamándolo favlador e tirano, porque tirava los jóvenes del uso político al uso de la filosofía. Encara, reprendiendo a Sócrates,[3744] dizié: «Los diciplos de Sócrates usarán de su ciencia al infierno». Por do, encara empachando el su fillo de la ciencia

---

3739 Carniadi acadimaicó] carmadi acamaico *PF*: Καρνεάδην Ἀκαδημαϊκὸν.
3740 estoico] stodicho *PF*: Στωικὸν.
3741 apelación] appellazione *F*: aparellacion *P*: καταδίκην.
3742 siquiones] siquipiones *P* (*interlin.* pi): scipioni *P*: Σικυωνίων.
3743 Carniadi] carmadi *PF*.
3744 Sócrates] *P*: socrate *F*: *en gr. el ms.* S *presenta* Σωκράτους *frente al correcto* Ἰσοκράτους.

elínica, cridava más fuert que la natura no le dava, jutgando que, si los romanos aprendiessen la ciencia elínica, destruirién lures fechos. Al qual su malva- [f. 129r / xxIII, 3] do entendimiento el tiempo lo mostró vano e mentiroso, porque, depués qu'el pueblo romano usó la ciencia elínica, se agrandeció más. E no solament aborreció los filósofos, mas encara a los meges. Por la qual cosa, consellava a sus fillos que se guardassen d'ellos e siguiessen la ordenación que él escrivió *Sobre la humana enfermedat*. E si alguno havié malautía en su casa, jamás non lo dexava dayunar un día, mas le dava de comer vianda de yerbas e ánidre e colomís³⁷⁴⁵ salvages e liebres. Aquestas cosas dizié que eran liugeras a los malautos; e con aquesta ordenación se alabava que curava a sí mismo e a su familia.

Mas, finalment, se trobó enganyado, car perdió la muller e³⁷⁴⁶ el fillo, sino qu'él fincó solament sano e fuert, que, no obstant qu'él era viejo, usando mucho la carnal delectación quando era viello, tomó mujer muit joven e puncella. La qual cosa avino assí: que, muerta su muller, casó su fillo con la filla de Paulo e ermana de Esquipión. E él, levando la carga de la biduidat e no pudiendo sofrir la carnal delectación, havié secretament en su lecho una su esclava. La qual cosa seyendo sentida de su fillo, no dixo res a la esclava, solament la cara irada mostró. La qual cosa estando de Catón sentida, no repriso el su fillo, mas segunt su usança seyendo ido en la plaça con sus amigos, encontró uno qui solié seyer su escrivano clamado Salonio. El qual faziéndose avant por fazerle reverencia, Cato lo saludó con grant voz demandándole si él havié encara maridada su filla. E él respondió: «No», diziendo que no lo havrié jamás fecho sin su consello. E Cato dixo: «Yo te

---

3745 colomís] colonis *PF*: φάσσης.
3746 e] et *F*: el *P*: καὶ.

trobo bueno e plazible yerno, sino que es mucho viello».
Salonio respondió: «Ella es tu sierva, [f. 129v] e a tu comandamiento dala a qui te plaze». E en continent Cato manifestó su querer e dixo: «Yo la quiero pora mí». De la qual
cosa Salonio fincó mucho maravellado: lo uno por ocasión
que Cato era muit viello, e lo otro porque no era digno de
aplegar su filla con tal hombre, el qual era ípato e havié
triumfado muchas vegadas. Mas, vidiendo la grant voluntat de Cato, recibió volenter el parentesco e, venido en
plaça, fizieron los pactos. Por la qual cosa, su fillo con
algunos sus parientes se acostó a Cato, su padre, e díxole:
«O padre, ¿fuste tú alguna vegada agravado de mí por la
qual me aduxiesses madrasta?». Cato cridó fuertment e
dixo: «No, fillo mío, no; jamás no huvi graveza de ti, ante
plazeres; mas he grant deseo de dexar a la mi tierra
muchos fillos e buenos». Cato huvo de la segunda muller
un fillo masclo, al qual puso nombre Salonio. Mas el su
primogénito morió capitán de guerra, hombre honorable,
segunt que escrive su padre mismo, el qual magnánima-
ment sofrió el dolor de su muert, e no le empachó ren a
los fechos políticos.

E quando no tenié res de fer, escrivié istorias. E entre
las otras escrivió un libro de la *Geórgica*, queriendo parecer savio en toda cosa, segunt que era. Porque de muchas
cosas grandes que havié visto e oído se fizo muit prático
e avisado. Por la qual cosa, volunter lo acompanyavan no
solament los viejos, mas encara los jóvenes. Porque en la
su tavla no se ementava jamás reprensión o vicio alguno,
mas loor de los buenos e virtuosos.

Porque todas las cosas que Cato obró al orden político
son asaz; empero, la última, segunt que parece ad algunos,
[f. 130r / xxvi, 1] fue la destrucción de Calquidona; la qual
finió Esquipión el Joven, mas el primer consello e començamiento procedió de Catón por tal ocasión: Cato fue

enviado a los calquidonios e a Massanasi,[3747] senyor de
los númados, los quales havién guerra ensemble, por
enformarse de la ocasión de su contrast. Porqu'el dicho
Massanassi siempre fue amigo del común de Roma, mas
los calquidonios se fizieron amigos del dicho común,
aprés el vencimiento de Esquipión, como aquellos qui
havién perdida la senyoría e se agravavan de los tributos.
E Cato, trobando la hora la tierra no humiliada, como pensavan los romanos, mas plena de riquezas e de jóvenes
valientes e de muchas armas e de todo otro aparellamiento de guerra, imaginó que no era tiempo de pacificar a
Masanassi con los calquidonios, antes tomar l'avantage de
tal tierra que siempre jamás los querién mal e, assí súbitament crecida, serién encara a los semblantes periglos. Por
la qual cosa, se tornó a çaga lo más aína que pudo e dixo
su opinión a los conselleros: cómo la primera esconfidura
o vencimiento e desaventura de los calquidonios no los
fizo tanto impotentes como los fizo savios e avisados a las
guerras, e que la guerra que ellos havién començada contra los númados significava movimiento de guerra adveni-
dera contra los romanos, e la paz que fizieron con los
romanos era quasi una semblança, e el cessamiento de la
guerra no era otro sino que ellos esperavan tiempo e lugar
de prenderla.

Sobre aquestas paravlas dizen que Cato levó su manto,
dius el qual levava figas de Livia, e púsolas devant los conselleros, los quales se maravillaron [f. 130v] de lur grandeza e belleza. E dixo: «La tierra en que se fazen aquestas
figas no es luent de Roma sino III jornadas». Entre las otras
costumbres de Cato havié siempre aquesta usança de dir
en todo consello: «Paréceme que Calquidonia no es». Mas

3747   Massanasi] massamasi *P*: massinissa *F*: Μασσανάσσην.

Poplio³⁷⁴⁸ Esquipión dizié³⁷⁴⁹ todo el contrario: que Calquidonia es. La qual cosa dizié Poplio³⁷⁵⁰ vidiendo el pueblo
de Roma en superbia e desobedient a los conselleros por
las prosperidades. No qu'él extimás a los calquidonios más
poderosos que los romanos; mas, dubdándose de lur
negligencia e menosprecio, les metié en miedo con un
freno de lur superbia. Mas a Cato parecié mal que tal ciudat, siempre próspera³⁷⁵¹ e la hora humiliada³⁷⁵² de los enemigos, se rigiesse por consejo del pueblo falleciendo a
muchas cosas por la sobervia de la senyoría, e no destruir
antes los lures enemigos de entorno mientre que ellos
eran humiliados, mas por negligencia darles lugar de crecer. E por aquesta razón movió Cato la tercera e última
vegada guerra de los romanos contra los calquedonios. Al
començamiento de la qual guerra³⁷⁵³ murió Cato, el qual
antes de su muert havié adevinado quál hombre devié finir
la dicha guerra, el qual era joven la hora e chilíarco animoso e valient. La qual cosa diziéndose por la ciudat de
Roma, uyéndolo Cato dixo: «Uno sólo es savio, mas todos
los otros son movibles como la sombra». Las quales paravlas de Cato luego fueron de Esquipión confirmadas en el
coraçón e puestas en obra. Cato a la fin de su vida dexó
heredero su fillo que huvo con la muller segunda, el qual
se sobrenombrava Salonio, e un su nieto, fillo de su pri-
mógénito, que huvo [f. 131r / XXVII, 7] con la primera
muller. Aquesti Salonio fue enviado capitán de guerra e
murió. E Marco, su fillo, fue fecho ípato, el qual fue avuelo

---

3748 Poplio] polio *P*: polion *F*: Πόπλιος.
3749 dizié] dize *P*: dice *F*: διετέλει.
3750 Poplio] *cf. supra.*
3751 próspera] prospera *P* (*interlin.* va): prosperava *F*: μεγάλην.
3752 humiliada] era humiliada *PF* (era *interlin. en P*).
3753   de la qual guerra] della qual guerra *F*: de la guerra en la qual *P*
(*interlin.* guerra en la).

de Cato filósofo, el qual en su tiempo fue muit maravelloso de virtut e de poder.

[Comparación entre Marco Catón y Arístides]

E el uno e el otro, seyendo de poco estado, por lur virtut se agrandecieron de honor e de poder e se semellaron bien. Empero, parece que Aristidi fue muit famoso entre los athenienos quando encara la ciudat de Athenas no era assí grant e poderosa de senyoría quanto fue depués en su tiempo, mas los sus mayores principales eran senyores de v^c moyos de tierra, como he fecha mención, e los segundos eran senyores de iii^c, e los terceros de ii^c. Mas Cato, de un castel e de villana conversación, echó su persona como en un grant piélago, esto es, a la conversación e costumbres de la ciudat de Roma. No pont en el tiempo de la capitanería de los Curios e de los Ferreros e Carpenteros, ni a tiempo que havié conselleros e sobrestantes hombres lavradores de bueyes e de cabras, mas a tiempo que se governava por hombres savios e de grant linage e de riqueza. †la qual†^{3754} por su enxalçamiento pocos de aquellos esleyén a su regimiento e governación. Encara ni aquesta parece cosa semblant que Aristidi fuesse mal querido de Themístocles, el qual no era pont de assí grant linage ni de riqueza, peró que, segunt que dizen, quando se començó a empachar de los fechos de la ciudat, el su poderío no era más que cinco talentes. Mas Cato, por seyer avançado en los honores, siempre contrastava con los Esquipiones Africanos e con los Servilios Galvos e [f. 131v / xxviii, 4] con los Quintos Faminios.^{3755}

3754   †la qual†] la qual *P*: la quale *F*.
3755   Faminios] feminios *PF*: Φαμινίους (Y).

Ond el segundo honor que huvo fue fecho ípato, no obstant que muchos le contrastavan; e otro tanto, seyendo extimador con otros VII,[3756] pareció mellor e más famoso de aquellos. Encara, Aristidi, con todo que fues bueno e valient e sabio, jamás no huvo ventura a los avantages de honor, mas Milciado huvo l'avantage de honor a Maratona, e Themístocles de Salamina, e Pausania de Plátea, segunt que escrive Iródoto. Encara, por el segundo avantage de honor contrastavan con Aristidi Sofani e Aminía e Calímaco[3757] e Chinégiro,[3758] los quales fizieron maravillas de lures personas en aquella batalla. Mas Cato, no solament quando era ípato se mostró a la guerra de Iberia ardit e valient, mas encara a Tremópilas, seyendo un otro ípato, él huvo la honor de la victoria, porque abrió a los romanos la vía contra Antíoco, e allá do el emperador se guardava solament de part devant, Cato giró la batalla a las espaldas. La qual victoria, fecha manifiestament por consello e sotileza de Cato, sacó Asia de la Elada e indúxola a seyer supeditada de Esquipión. E el uno e el otro fueron en las batallas vencedores; mas en los fechos políticos Aristidi falleció e fue exiliado por movimiento e ocasión de Themístocles. Mas Cato siempre se guardó de no cayer en tal caso, especialment seyendo en odio de los mayores gentiles hombres e más poderosos, contrastando como cavallero entro a la fin de su vida. En su tiempo fue acusado de muchos; e de todos [f. 132r / XXIX, 4] lures acusamientos escapó. Mas quantos fueron acusados por él, pocos ne fueron escapados. No por caso de ventura, mas por[3759] la fuerça de su parlar, segunt que escrive Antípatro

3756   VII] III *P*: tre *F*: ἑπτά.
3757   Calímaco] calio vacho *PF*: Καλλίμαχοι.
3758   Chinégiro] chinogiro *PF*: Κυνέγειροι.
3759   por] *om. PF*.

por Aristótiles, que, entre las otras bondades que regnavan en él, regnava esta: que jamás no vinié a menos de su paravla.

Cierta cosa es que la virtut del hombre no se puede más conocer que en los fechos políticos, la figura de los quales sí es l'iconómica.[3760] Porque la ciudat sí es congregación de casas e cabeça sobre todas, e el común poder crece por el haver de cada uno. Por do Licurgo,[3761] echando fuera de Espartia todo el oro e el argent, fizo fer moneda de fierro. La qual cosa fizo no por amaestramiento de sus ciudadanos, que no usassen l'iconómica, esto es, que no se providiessen de lo que havién menester, mas por humiliar la superbia e abundancia de la riqueza, la qual usavan irrazonablement. Por la qual cosa, mudó aquella materia de la moneda usada a tal materia que todos la pudiessen usar abondadament[3762] a lures menesteres e necessidades. De la qual cosa se providió assí bien como ninguno otro ordenador de la lei, dubdándose más de los pobres que no havién casas ni possesiones que no de los ricos. E parece que Cato en su tiempo fues buen governador de su casa e de la ciudat, segunt parece que creció e multiplicó de riqueza e adoctrinó a muchos otros de seyer buenos governadores e savios. Mas Aristidi por grant pobreza algunas vegadas se alargava de la justicia como destruidor e pobrefactor, e benefactor e provechosa[3763] a los otros y no ad aquellos que la usan; do Isíodo poeta, favlando asaz sobr'el providimiento e la justicia, repriso la pereza como a ocasión [f. 132v] de la injusticia, segunt que

---

3760   l'iconómica] liconomicha *F*: liconomita *P*: τὴν οἰκονομικὴν.
3761   Licurgo] liturgo *P*: ligurgo *F*: Λυκοῦργος.
3762   abondadament] abandonadament *P*: abbandonatamente *F*: εὐπορήσωσι.
3763   provechosa] utile *F*: provechoso *P*: ὠφέλιμον (*referido en griego a* δικαιοσύνην).

escrive Omero poeta, fablando quasi de sí, cómo la su obra «no era crecimiento de casa ni proveimiento de muller que fiziés bellos fillos, mas siempre se delectava de galeras e de lanças bien aparelladas e de fiechas e de batalla», mostrando cómo aquellos que no se providen se delectan de bevir de rapina, peró que, como dizen los meges, qu'el olio ayuda a las partes de fuera e nueze a las partes de dentro. No va assí al hombre justo que, ayudando a otro, nueze a sí mismo e a los suyos. E segunt aquesta razón, parece que la política de Aristidi no fues perfecta, si es assín que no se providió, segunt que dizen muchos, ni dexar alguna cosa de que se maridassen sus fillas ni al menos pora soterrar su cuerpo. Mas Cato dexó a la ciudat de Roma capitanes e conselleros fin a la quarta generación. E los herederos de Aristidi, el qual era mucho honrado e famoso entre los élinos, por la grant pobredat fueron costrenyidos de haver lur vida del común a manera de mendicantes. E alguno de aquellos no pervino a la dignidat e virtut de Aristidi.

Mas aquesta cosa puede haver grant contrasto. Porque la pobredat no es suzia por sí misma; mas, do ella regna, es senyal de negligencia o de intemperancia e encara de poco saber. Mas a hombre honesto, diligent, justo e valient e manifiestament virtuoso es senyal de magnanimidat e de grant seso. Porque ninguno puede obrar grandes fechos pensando en los menores, ni puede ayudar a aquellos qui han menester d'él, seyendo él menesteroso. E non obra más en los fechos políticos la riqueza, mas la [f. 133r / xxxi, 2] abundancia,[3764] esto es, de no considerar alguna cosa superfiua, sino el su complimiento solo. Dios no ha menester de ninguna cosa; mas la humana virtut, en tanto quanto el menester se reculle poco a poco, tanto es más

---

3764   abundancia] *P*: abbundanzia *F*: αὐτάρκεια.

perfecta, peró que, assí como una persona tempradament
sana no ha menester roba ni vianda superfiua, assí una
casa,[3765] conversando honestament, se govierna tempradament e se proveye e se govierna segunt el uso de su
menester. Mas aquel qui reculle asaz e[3766] ende usa poco a
su menester, no es laudable, peró que qui se provide de
lo que no ha menester es hombre vano; e qui se delecta
de vana cosa, e por escasedat empacha su voluntat, es tristo. E volenter demandaría a Cato si la riqueza es necessaria. E si lo es, ¿por qué, pues, él se providié de haver asaz,
e abastarse de poco? E si serié gloriosa cosa de comer del
pan común e bever el vino que bevién sus esclavos e lavradores e no delectarse de ropa de escarlata ni de casa
encalcinada, ni Aristidi ni Epamenunda ni Manio[3767] Curio
ni Gayo Fabricio vinieron menos de aquestas condiciones,
los quales no solicitavan de haver más que no havién
menester. Peró que no era cosa necessaria a tal que fazía
vianda de nabos, e parecíale mucho buena e dolç, e cozi-
návala él mismo, e ayudava a su muller a amasar el pan,
e escrivié en qué manera se puede el hombre enrequecer.
La abastança es cosa laudable, porque lieva al hombre de la
cobdicia e de pensamiento de las cosas superfiuas, segunt
que dizen que, quando Calías se jutgava, Aristidi dixo:
«Tales hombres deven haver [f. 133v] vergüença de seyer
pobres los quales son pobres contra su voluntat; mas
aquellos qui son voluntariament pobres lo han por lur gloria». E es una materia que alguno no creye que Aristidi por
su negligencia fues pobre, el qual, sin fer alguna cosa que
no fuese a fer, le bastava un bárbaro o una tienda a ferse
rico. E quanto sobre esta razón, abasta lo que he dicho.

3765   casa] cosa *PF*: ὅικος.
3766   e] *om. PF.*
3767   Manio] mario *PF*: Μάνιος.

Mas, por los fechos e capitanerías del uno e del otro, las valentías de Cato e assí grandes cosas como fizo no han crecido tanto el estado de Roma; mas las valentías de Aristidi son las victorias famosas fechas a Marathona, a Salamina, a Plátea, las quales fueron las más famosas victorias de los élinos. Ni es razonable cosa que hombre faga comparación de Antíoco Moerses,[3768] ni es a fer comparación de los muros rotos de Iberia a tanta innumerable quantidat e millares de hombres caídos en batalla por mar e por tierra, a las quales batallas e fechos Aristidi no se mostró menor de los otros. Mas en los honores e triumfos se mostró consentible a aquellos qui se delectavan, assí como en la riqueza.[3769] E quanto yo, no reprendo Cato porque se gloriava e querié siempre seyer avançado más que los otros, especialment allá do él mismo dizié en algún su libro que cada uno que loa a sí mismo faze como aquel qu'él mismo se blasfema. No res menos, a mí parece más virtuoso aquel hombre que, seyendo loado de otri, no'nde ha cura que aquel qu'él mismo se loa. Peró qu'el hombre que no es vaniglorioso obra más a la buena conversación; e por el contrario, el judicio de la vanagloria engendra el odio, de la [f. 134r / XXXII, 4] qual en tanto quanto el uno era luent,[3770] tanto era el otro cerca. Aristidi, que era con todo mal querido de Themístocles, consejando e obrando siempre con él al menester común, endreçó e melloró mucho la ciudat de Athenas. Mas Cato, contrastando siempre con Esquipión, poco fallió que no empachó la victoria que havié hovido contra los calquidonios, con la qual humilió la superbia de Aníbal. E finalment, puso tanta suspición sobre él que lo fizo exiliar, e a su ermano fizo condepnar por ladrón.

3768 Moerses] PF: τῷ Ξέρξῃ 'con Jerjes'.
3769 en la riqueza] la riqueza P: la ricchezza F: πλούτου [...] (ὑφήκατο).
3770 era luent] era valient P: era valente F: ἀπήλλακτο.

E la honestat la qual Cato muchas vegadas loava, Aristidi la salvó verament; mas parece que Cato la haya malament salvada por las segundas bodas que fizo inconveni-
blement seyendo muit viello. Por las quales fue mucho
represo, porque no era honorable cosa, seyendo tan viello e haviendo fillo de edat e casado, de tomar muller
joven e virgen, filla de un su servidor. La qual cosa non sé
si la fizo o por su deleit o por sanya que havié hovido contra su fillo por la sobredicha su servicial que tenié escon-
didament en su lecho. Pur, suzia cosa era e inconvenible.
E la respuesta que fizo a su fillo, trufándose d'él, no[3771] era
verdadera, peró que, si él querié honorablement engen-
drar fillos aprés de la muert de la primera muller, devié
cercar e acompanyarse en lugar honesto, e no, mientre
que no era sentido, usar con su servicial carnalment, e
aprés que fue sentido, fazer suegro no honorable, mas atal
que liugerament le consintiesse.

DEMOSTENIN

{PF}

SÍGUESE EL XXXVI LIBRO: De las gestas e memorables fechos de Demostenin, varón ilustre de Grecia. [f. 134v] Sosie,[3772] aquel poeta que escrivió loando Alquiviado por la victoria que havié hovido a la fiesta de los Olimpios del palio, o que fues Euripido[3773] o otri, dize que la primera cosa que deve haver un hombre ***[3774] que sea de famosa ciudat. Mas a mí parece indiferent cosa qu'el hombre que puede prosperar e venir a la verdadera prosperidat, la qual se muestra por las buenas maneras e honesta vida, si él es nacido de chico castiello, de simple madre e de baxa mano. Peró que, quanto[3775] las otras artes las quales son ordenadas o a ganancia o a gloria, ciertament de los chicos castiellos han poco provecho; mas la virtut, como la buena e fuert planta, se radiga en todo lugar, solament si troba natura benigna e coraçón solícito. Peró, encara nós, si non seamos de grant seso e de famosa vida, aquesto no es ocasión de nuestra patria, mas nuestra.

Pero tal hombre entromeso a istorias no lieves e ciudadanas, mas la mayor partida de aquellas estranyas e de

---

3772 Sosie] P: sosio F: Σόσσιε.
3773 Euripido] euribiado PF: Εὐριπίδης.
3774 ***] lag. en PF: τῷ εὐδαίμονι.
3775 quanto] quando P: quan F (en margen, quanto).

diversos lugares, verdaderament deve seyer de famosa ciudat e plena de gent, en la qual haya muchos e diversos libros. E encara, si los sus rectóricos dexaron alguna cosa que los sus ciudadanos se recuerden; las quales cosas vidiendo el hombre e leyendo en los libros e encara demandando e uyendo de aquellos que saben, fenece su istoria o obra más complidament. Mas nosotros, que somos nacidos en chico castiello e nodridos en aquel a esto que no viniés a menos de su estado, e, quando nos conteció de ir a Roma o en Italia, no havíamos espacio de estudiar e aprender la lengua romana por los menesteres políti- [f. 135r / ii, 2] cos e por empachamiento de algunos que se acercavan a nosotros por la filosofía, a grant pena a nuestra velleza sosegamos a aprender la lengua latina. E avinié cosa maravellosa e verdadera, peró que no conociemos tanto las cosas de los nombres como conociemos los nombres de las cosas. Mas la presta e bella elocuencia de la lengua romana e los otros ornamentes de las paravlas lures nos parecién muit graciosas, las quales cosas se obran de aquellos qui han el espacio; mas a mí no era liugera cosa por los sobredichos empachamientos.

Por la qual cosa, escriviendo agora por Dimostenin e por Cícero (el qual es libro quinto de aquellos libros), compartiremos e examinaremos la manera de la virtut de lures fechos. Mas a examinar e deliberar e determinar quál de aquestos dos fue más fuert e dolç parlador, lo dexaremos, porque, como dize Yone,[3776] «los dalfines por fuerça fieren en tierra». La qual paravla el muit savio Quiquilio no sabiendo, se levantó en tanta superbia de fer comparación de Demostenin a Cícero. E por ventura, si cada uno supiesse conocer a sí mismo liugerament, no parecerié

3776　Yone] yove *PF*: Ἴων.

comandamiento divino. Porque parece que en el principio, formando el diablo Demostenin e Cícero semblantes, empuso a lures personas asaz semblanças, assí como a los fechos políticos liberalidat e delectación de honor. Mas en las batallas eran covardes e fiacos; e semblantment eran a la fortuna. Porque creo que no se trobarién dos otros rectóricos assí de poca e baxa condición devenir[3777] assí grandes e poderosos, e contrastar a poderosos tiranos e emperadores, e perder lures fillas,[3778] e seyer esterrados de lur tierra, e seyer [f. 135v] aprés tornados con honor, e encara foír e seyer presos de los enemigos, e morir de continent que lures ciudadanos perdieron la senyoría. Por que, si la natura e la fortuna contrastassen assí como contrastaron los artistas, no serié liugera cosa de jutgar quál de aquestos dos: o que la natura huviesse fecho aquestos hombres semblantes de costumbres, o que la fortuna los huviés fecho semblantes en los fechos. Empero, escrevimos del primero primerament.

De los fechos e de la vida de Demostenin

El padre de aquesti Demostenin fue Demóstenes, hombre benigno e bueno, segunt que escrive Theópombo. E se sobrenombrava *Cuchellero*, porque havié grant botica e muchos esclavos que labravan la dicha arte. E quando murió, se trobó que valié lo suyo talentes xv, los quales fueron consumados de sus executores testamentarios, peró que aquesti Demostenin fincó uérfano de vii anyos. Los quales executores se curavan poco de fer lur dever envés Demostenin, que al menos no contentavan su maestro de

---

3777 devenir] divenir *F*: de uenir *P*: γενομένους.
3778 fillas] fillos *P*: figluoli *F*: θυγατέρας.

su salario. Por la qual cosa, Demostenin no fue adoctrinado en el principio a las costumbres políticas segunt se pertenecié. E porque naturalment era feble e de poca condición, su madre no lo enviava a menudo a la escuela, ni sus
curadores lo forçavan. Encara le fue puesto nombre *Arga*,
porque la su paravla era amarga o irada e mordient, assí
como de la sierp que los poetas claman *arga*.

Mas, finalment, la ocasión que lo³⁷⁷⁹ movió a la doctrina fue aquesta: que Calístrato, el qual era fuert rectórico,
deviendo dar sentencia sobre la cuestión del castiello de
Oropó, todo hombre iva volenter por oír su sentencia [f.
136r / v, 1] e los argumentes que farié. Una de las ocasiones, porque la cuestión era grant e fuert; e la otra, por la
fama de la rectórica del dicho Calístrato. E entre los otros
que ide ivan sí eran aquellos maestros e nudridores o curadores de Dimostenin. La qual cosa sintiendo Demostenin,
pregó a uno de sus maestros que fiziés tanto qu'el día de
la sentencia fues él present con él. El qual maestro,
haviendo amistat con los ministros de la cort, fizo tanto
con ellos que dieron a Demostenin un buen lugar do
estando podié escuchar los argumentes de Calístrato³⁷⁸⁰
sobre la dicha sentencia fechos. E seyendo de todos loado
el dicho Calístrato,³⁷⁸¹ Demostenin se'nde maravelló fuertment de su ciencia cómo por su fuerça humilió toda cosa.
Por la qual cosa, d'allí avant dexó todo el otro treballo e
diose de todo en todo a la ciencia, haviendo por maestro
Isano,³⁷⁸² el qual era muit sotil e fuert parlador. Mas Érmipo dize que havié encara estudeado con Platón; e encara
uyó de la doctrina de Isócrates e de Alquidámanda.

3779   lo] *F*: los *P*: αὐτῷ.
3780   Calístrato] *cf. infra*.
3781   Calístrato] *F*: aristocrato *P*: Καλλιστράτου.
3782   Isano] *PF*: Ἰσαίῳ.

Demostenin, seyendo venido en edat perfecta e seyendo ya buen clérigo,[3783] como *** Tuquididi,[3784] movió cuestión a los dichos executores e venció la cuestión contra ellos; mas no pudo haver ren. Por la qual ocasión usando a la cort, se fizo muit diestro e sufficient de levar una questión. E assí como se dize por Laumedon de Orcomeno,[3785] el qual se sintié mal de la melsa, por lo[3785bis] qual los meges le ordenaron de correr e caminar a menudo (por que, segunt su ordenación usando de día en día,[3786] millorava tanto que a los campos vincié muchos buenos corredores), semblantment avino a Demostenin que, por ocasión de recobrar lo suyo, se entremetió encara de las comunes questiones e contrastes, e de poco en poco se aso- [f. 136v] tiló e se fizo más diestro que los otros, segunt atestimonia Poliecto Esfitio,[3787] el qual, seyendo demandado por los rectóricos de Athenas, dixo qu'el mayor rectórico era Demostenin, mas más fuert era Foquión, porque en breves paravlas recullié grant fruito, segunt que Demostenin mismo testimonia que, quando Foquión se levava por dezir su razón, Demostenin dizié a sus amigos: «El guchiello de mis paravlas es levado». La qual cosa non se sabe de cierto de Demostenin si dizié aquesto o por la fuerça de la eloquencia de Foquión o por la virtut que regnava en él, imaginando más[3788] entegro ensenyamiento de un bueno e savio hombre que luengas paravlas. Mas, con todo que Demostenin era

3783   clérigo] *P*: cligo *F*: ἐγγυμνασάμενος.
3784   como *** Tuquididi] como tuquididi *P*: come tuquididi *F*: κατὰ τὸν Θουκυδίδην.
3785   Orcomeno] ortomeno *P*: artomeno *F*: Ὀρχομένιον.
3785bis   lo] *F*: el *P*.
3786   en día] *tachado en P*: *om. F*.
3787   Esfitio] ficio *PF*: Σφήττιον.
3788   más] *om. PF*: κυριώτερον.

buen rectórico e buen parlador, regnavan en él algunos empachamientos: e corporal voz sotil e[3789] poco aliento e lengua turbada. Por la qual cosa, seyendo represo de muchos, fizo fer un estudio dius tierra el qual duró fin a mi tiempo. Entrava e estudiava e algunas vegadas se fazié rader partida de los cabellos; aquesto porque, si quisiesse ixir de fuera, no pudiesse, porque los élinos reputavan grant vergüença que algunos se tallasen sus cabellos. E assí, estando allá dentro, adoctrinava[3790] su lengua de favlar netament.

Encara havié un espello devant sí, el qual vidiendo, adoctrinava su lengua a favlar. Do dizen que, seyendo batido un hombre, fue a él e fizo su reclamo pregándolo que le deviés ayudar. Al qual respuso Demostenin que no dizié verdat. El hombre, uyendo aquesto, començó a cridar en alta voz: «¡Oimé! ¿A mí dizes tú que no he recebido injuria?». La hora Demostenin dixo jurando: «Agora uyo voz de hombre batido e injuriado». E assí imaginava Demostenin qu'el acto e la fuerça de la voz obra al favlar. Por que, seyendo demandado Ér- [f. 137r / xi, 4] mippo por los antigos rectóricos e por los presentes, respuso diziendo: «Quando se leyen lures auctoridades, parecen maravellosas; mas, quando se leyen aquellas de Demostenin, tanto son indubitativas que passan todas las otras». Una vegada contrastando Demostenin con Dimadi, Dimadi dixo: «¿A mí Demostenin?, ¿la troya a la dea Athena?». E Demostenin respuso: «O Dimadi, aquella Athena que tú dizes, empero, el otro día fue presa en adulterio». E un ladrón clamado Calcó,[3791] es a saber, 'de ramo', reprendiendo dixo a Demostenin: «Tú velas mucho de noche a estudiar e a escrevir». Al qual Demostenin dixo: «Yo sé bien que te

3789   e] om. PF.
3790   adoctrinava] adottrinava F: adoctrinauan P.
3791   Calco] tarco PF: Χαλκοῦς.

desplaze porque la lumbre no cessa en casa mía de noche. Mas, o vosotros, athenienos, no vos devedes maravillar porque se fazen furtos de noche en la ciudat, pues que havedes ladrones de ramo e muros de tierra». E de tales respuestas fagamos fin aquí, e veamos las sus maneras e costumbres por sus fechos e conversaciones.

Aquesti Demostenin començó de entremeterse en el fecho político en el tiempo de la guerra de Foquida. E manteniendo la razón de los élinos contra Filipo, puyó a tan grant honor que no solament era famoso entre los élinos, mas encara entro al Grant Emperador; tanto que sus contrarios e aquellos mismos que lo querién mal conocién que havién a contrastar con más fuert d'ellos, segunt que testimonian Esquini³⁷⁹² e Iperidi, los quales siempre eran sus contrarios.

Por la qual cosa, me maravello cómo Theópombo³⁷⁹³ dixo que Demostenin era inconstant tanto en las paravlas como en los fechos. Porque parece todo el contrario: que en aquel proprio ordenamiento de conversación que havié ordenada su persona en el començamiento, en aquel finió entro a la fin; tanto que por no mudarse de aquel [f. 137v] abandonó su vida. Porque Dimadi, escusándose por la mutación de la conversación, dizié: «Quando yo dix aquesta paravla, contra mí, mas contra la ciudat no». E Melánopo,³⁷⁹⁴ contrastando siempre con Calístrato, dizié al pueblo: «Esto es verdat, que Calístrato es mi contrario; empero, si su consello es provechoso a la ciudat, sea assí». Como Demostenin siempre era de una opinión e consello por la utilidat de la ciudat, e segunt el poder su ciencia e parlament, si encara huviés estado valient de su persona, no lo

---

3792   Esquini] squiui *PF*: Ἀισχίνης.
3793   Theópombo] *F*: thepombo *P*: Θεοπόμπῳ.
3794   Melánopo] menalipo *PF*: Μελάνωπος.

havriemos metido en el número de Miroclí, de Poliecto e de Iperidi, antes serié digno de seyer connumerado con Quimon e con Tuquididi e con Periclí.

Peró que Foquión, el qual era reputado amigo de los macedonios, por la su prodeza e justicia no pareció menor que Efialti³⁷⁹⁵ e Aristidi e Quimon. Mas Demostenin, porque no era valient en las armas, loava la prodeza de sus antecessores, mas no podié semellar a ellos. E verament pareció más complido que todos los otros rectóricos de su tiempo, excepto de Foquión. E parece que en los consellos dizié ardidament su opinión no consintiendo a las voluntades de algunos, antes reprendié sus fallimientos e malvados consellos, segunt que escrive Theópompo: que una vegada los athenienos moviendo Demostenin a acusamiento de algún hombre, él no queriendo consentir, los athenienos se turbaron; por la qual cosa, levantose de su lugar e dixo: «O athenienos, quanto por consellero vuestro, me havredes siempre, o querades o no; mas por acusar, no». E era muit firme e costant a las cosas políticas; tanto que Antifonte, al qual el [f. 138r / xiv, 5] consello havié perdonado, Demostenin no consintió, antes lo fizo levar al Ariópago,³⁷⁹⁶ que era lugar de la justicia, no curando ren del contrast del pueblo, solament por provar el su fallimiento cómo él havié prometido a Filipo de meter fuego al tercenal de los élinos. E fizo tanto qu'el consello revocó la primera sentencia e condapnolo a muert.

E, ante del tiempo de la guerra, cada uno que sintié amigo de los macedonios³⁷⁹⁷ le contrastava paladinament. Por que, loando algunos³⁷⁹⁸ el dicho Philipo cómo era bel

---

3795 Efialti] fialti *PF*: Ἐφιάλτου.
3796 al Ariópago] allo ariopago *F*: et lariopago *P*: ἐπὶ τὴν ἐξ Ἀρείου πάγου βουλήν.
3797 macedonios] lacedemonios *P*: lacedemonii *F*.
3798 algunos] alguno *P*: alcuno *F*.

favlador e fuert de persona e buen companyón en beverría, reprendiéndolos, Demostenin dizié qu'el primero era de[3799] hombre enganyador, el segundo de fembra, el tercero de esponga, e que alguno d'estos III no era convenible a emperador.

E seyendo Filipo corruçado, e furiosament se metió contra los athenienos, e semblantment los athenienos contra él por consello e movimiento de Demostenin. Primerament, passaron en Evia, la qual era diusmesa de los tiranos[3800] a Filipo, do, seyendo passados, echaron los lacedemonios de ella. Segundament, ayudaron a los bisantinos e pirintios, los quales eran constrenyidos de los macedonios, no obstant que los querién mal porque fallieron en su amistat. Mas, por consello e obra de Demostenin, los athenienos les[3801] enviaron ayuda con la qual se salvaron. Depués, andando Demostenin embaxador a todos los otros élinos, con sus paravlas e movimiento pocos fincaron en la amistat de Philipo, mas todos los comovió contra él. Por la qual cosa, fizieron congregación de xv[m] hombres d'armas de piet, e de II[m] de cavallo, sin los otros burgeses e artesanos; e cada uno que personalment no iva, segunt su poder dava [f. 138v] volenter al menester de la guerra. E pregando que ordenasen lo que cada uno devié dar, segunt que escrive Theofrasto, Crovilo,[3802] sobrestant del común, dixo: «La quantidat de la despensa de la guerra no es cierta». E seyendo congregados contra Filipo e unidos los evoyos,[3803] los acheos,[3804] los corinthios,

3799 de] om. PF: σοφιστοῦ.
3800 de los tiranos] a los tiranos P: alli tirani F: ὑπὸ τῶν τυράννων.
3801 les] loro F: le P: αὐτοῖς.
3802 Crovilo] corvilio P: cornilio F: Κρωβύλον
3803 evoyos] enoyos F: enoys P: Εὐβοέων.
3804 acheos] atheos PF: Ἀχαιῶν.

los megareros,[3805] los leucadios e los chirchereos,[3806] fincó el cargo del pensamiento sobre Demostenin cómo pudiés adur encara a la dicha liga los thebeos como hombres poderosos e vezinos e[3807] guerreros más que los otros élinos. La qual cosa no era liugera cosa de fazer peró que por ocasión de algunas questiones vezinas siempre havién contrasto entre ellos.

Mas, porque Filipo era levado en superbia por la prosperidat que huvo a l'Ánfisa, súbitament corrió la Elada e retuvo Foquida. Por la qual cosa, los athenienos se espantaron tanto que ninguno de los rectóricos osava consellar ni favlar. Solo Demóstenes se fizo en medio consejando que ayudassen a los thebeos, diziendo muchas cosas a confortación del pueblo. E fizo tanto que fue mandado embaxador a Estivas con algunos otros. E, sintiendo Filipo la dicha embaxada de los athenienos, envió encara los embaxadores contra lur embaxada. Ond de las paravlas de los embaxadores de entramas las partes los thebeos conocieron el su advenidero provecho, vidiendo cada uno quasi con los ojos los contrarios advenimientos de la guerra, recordándose del mal que havién passado a Foquida. Mas, segunt que dize Theópombo,[3808] la fuerça[3809] del favlar de Demostenin cubrió toda cosa e amansó lur furor e moviolos contra los macedonios. Tanto que Filipo envió cercar paz, e toda la Elada estava aparellada en resistencia de [f. 139r / XVIII, 3] Filipo.

E parece que en aquel tiempo la fortuna se bolviesse sobre los élinos segunt el adevinamiento[3810] de la dea Pi-

3805   megareros] F: megaroros P: Μεγαρέων.
3806   chirchereos] chichereos PF: Κερκυραίων.
3807   e] de PF: καὶ.
3808   Theópombo] F: thepombo P: Θεόπομπος.
3809   la fuerça] por la fuerça P: per la força F: ἡ δύναμις.
3810   adevinamiento] avenimento F (en margen, adevinamento): advenimiento P: μαντεύματα.

thia, malo por los élinos, e segunt el adevinamiento[3811] antigo de Sibila, la qual dizié: «¡Macari yo fues águila e bolasse en el aire en las nuves luent de la guerra e batalla de Termódonda! E planye el vencido, e qui venció se perdió». En la qual Termódonda dizen que va un río chico a Queronia, nuestra tierra, e corriendo redúzese en el río Quifisón.[3812] E quanto a present, no sabemos río alguno que se clame assí. E parece qu'el río que se clama agora Émona, do fueron la hora atendados los élinos, se clamava Thermódonda. Mas pensamos que aprés la batalla, por la efusión de la sangre de los muertos, fue clamado el dicho término *Émona*, esto es, 'río sangriento'.

Mas Demostenin, dius esperança de la fuerça de los élinos e de lur ardideza, no curava de los dichos adevinamientos.[3813] E quanto de obrar e consejar por la libertat de los élinos, era bueno su consello e provechoso. Mas en la batalla no fizo jamás ninguna prodeza, segunt que parece que en la dicha batalla echó las armas e fuyó, e no huvo vergonya al menos del títol escripto en su pavés de letras de oro que dizié: «Buena fortuna». Por la qual cosa, Filipo se levantó en superbia por la súbita victoria que huvo de los élinos. E movido de alegría, se metió en beverría e embriagose tanto que cantando dizié aquestas paravlas del[3814] començamiento del consello de Demostenin. E sobre aquestas paravlas, levantando su piet e faziendo una buelta, e lo tornava batiendo la tierra diziendo: «Demostenin de Demóstenes ha dado tal consello a los athenienos». Mas, quando le passó la fuerça del vino, [f. 139v] reduziendo al coraçón el periglo de aquella victoria, se maravellava

3811 adevinamiento] *cf. supra.*
3812 Quifisón] quisifon *PF*: Κηφισὸν.
3813 adevinamientos] advenimientos *P*: avenimenti *F*: μαντείας.
3814 del] el *P*: il *F*.

fuert de la destreza de Demostenin, por la qual en un
punto del día periglava él e encara su senyoría, segunt
passó la fama al emperador de los persianos. El qual envió
letras a sus barones mandándoles que tuviessen acerca
d'ellos a Demostenin[3815] más que a los otros élinos e le
diessen lo que havié menester pora mantener la guerra
contra Filipo, segunt que fueron trobadas aprés asaz epístolas de Demostenin e cartularios de los capitanes del
emperador, do era escripto el número de la moneda que
le havién dada.

E la hora, en aquella desaventura que avinié a los élinos, algunos de los rectóricos que querién mal Demostenin lo acusavan echando toda la culpa sobre él e diziendo
que devié seyer punido. Mas el pueblo no solament no lo
quiso punir, mas antes lo hondrava como[3816] antes. Los
athenienos fizieron adur de Queronia los uessos de los
muertos, e fiziéronlos soterrar, e pregaron a Demostenin
que fiziesse algún sermón por aquellos muertos. E fizo un
sermón no pont de paravlas dolorosas como hombre
repentido del consello que les havié dado, mas de paravlas animosas laudándolos por el grant esfuerço que mostraron contra los enemigos. E loava encara a sí mismo por
su tal consello. E Filipo aprés la batalla bivió poco tiempo,
e murió, segunt que significa la fin del adevinamiento[3817]
de Sibila diziendo assí: «Plange el vencido, e qui venció se
perdió», assí como de suso havemos dicho.

La qual muerte de Filipo sabida de Demostenin celadament, queriendo consolar los athenienos e confortarlos de
haver buena esperança en el tiempo advenidero, vino al
consejo todo alegre diziendo que havié sopniado cómo los

3815   Demostenin] themostenin *PF*: Δημοσθένει.
3816   como] come *F*: comlo *P*.
3817   adevinamiento] advenimiento *P*: avenimento *F*: χρησμὸς.

atheni- [f. 140r / xxii, 1] enos devién prosperar, segunt que en breu tiempo plegaron nuevas en Athenas que Filipo era muerto. Por que los athenienos de alegrança fizieron muchos sacrificios a los dioses e comandaron que Demostenin fues coronado. Ond Demostenin vino devant el pueblo mui bien vestido e con la garlanda en la cabeça, no obstant que su filla era muerta vii días enantes. Por la qual cosa, Esquini, el qual siempre era contrario de Demostenin, en lugar de blasmo e de reprensión dizié que querié mal a sus fillos. Antes se puede dezir el contrario: que Esquini en aquesti lugar se mostró benigno reputando seso de coraçón benívolo e doméstico los plantos e las ropas negras, e jutgando inconvenible cosa de sofrir el hombre tal passión con grant coraçón. E yo digo que, quanto por la alegría que los athenienos fizieron por la muert del emperador, era razonable; mas de fazer sacrificios a los dioses e de bailar, especialment a tanta prosperidat que havié hovido contra ellos, e depués la tan bienquerencia[3818] que mostró contra ellos que, seyendo bivo, los athenienos le davan honor e reverencia e encara lo escrivieron en su cartulario por su ciudadano, pues no era bien fecho que tal hombre el qual en su vida era honrado por ellos, alegrarse de la su muert desperadament, assí como si lo huviessen muerto e huviessen fecho la valentía. Mas que Demostenin dexase la carga de la desaventura e los plantos a las fembras, e que se mostrase alegre por el común provecho, yo lo loo e jutgo seyer[3819] de grandeza de ánimo. E si es convenible cosa a algún caído en desaventura de consolarlo con tales paravlas que alegran el coraçón (assí como aquellos qui han mal {f. 140v} en los

---

3818   tan bienquerencia] *P*: tanta benivolenza *F*: οὕτω [...] φιλανθρώπως.
3819   jutgo seyer] jutgose *P*: giudicossi *F*: τίθεμαι.

ojos les es vedado de veyer cosa luzient, mas cosa verde e escura), assí el hombre ha más consolación de la buelta próspera e bienaventurada de su tierra que de mal a mal. Aquesta sentencia havemos ordenada fuera del nuestro istorial propósito contra la reprendible escriptura de Esquini la qual escrivió contra Demostenin sobre aquesti fecho. Pués, tornemos a seguir el nuestro propósito. Encara los élinos, aprés el dicho movimiento, por consello de Demostenin se congregavan con grant coraçón, como antes, contra Alexandre, fillo de Filipo. Por la qual congregación los thebeos asallieron la guardia de los macedonios que tenién en lur colaz e muchos de aquellos ne mataron. E Demostenin escrivió letras en Asia moviendo encara de allá los capitanes del emperador contra Alexandre, clamando en las dichas sus letras el dicho Alexandre *infantiello* e *sirpient*. Demostenin[3820] seyendo ido entro a Biotía con la huest elínica, sabiendo el grant poder de Alexandre, se humilió la superbia de los athenienos, e Demostenin fincó todo esbaído. E fincando solos los thebeos a la resistencia de Alexandre, fueron así esconfidos que perdieron el campo de la batalla e encara su tierra. Por la qual cosa, los athenienos, esbaídos e circundados de miedo, enviaron embaxadores a Alexandre entre los quales el principal era Demostenin; el qual, dubdándose del furor de Alexandre, dexó la embaxada e tornó a çaga. E Alexandre mandó en Athenas demandando VIII de los sobrestantes del pueblo, los quales son aquestos: primerament, Demostenin, Poliecto, Efialti,[3821] Licurgo,[3822] Miroclea, Dímona, Calistenin e Carídimo. Sobre la qual demanda de [f. 141r / XXIII, 5]

3820 Demostenin] *P.* demostene *F. En griego, el sujeto de la acción es Alejandro.*

3821 Efialti] eperialti *PF.* Ἐφιάλτην.

3822 Licurgo] ligurgo *PF.* Λυκοῦργον.

Alexandre, Demostenin contó a los athenienos la favla
de las ovellas: cómo se acordaron con los lobos e dáron-
les los canes; e comparando a sí mismo e los otros deman-
dados de Alexandre a los canes como guardianes del pueblo, e a Alexandre clamava lobo. E pensando sobre esto
los athenienos, Dimadi demandoles v talentes, tomando la
carga sobre sí por amistat qu'él havié con Alexandre de fer
perdonar a los dichos viii sobrestantes, segunt que se fizo.

Pués, a la tornada de Alexandre, el Ai emperador se
movió de Esparti, por el qual movimiento encara Demostenin se confortó. Mas, vidiendo la covardía de los athenienos ***. E en aquesti medio murió el dicho Ai emperador. Por lo qual los lacedemonios³⁸²³ fueron humiliados, e
Demostenin se retrayó del su proponimiento.

En aquesti medio Árpalo fuyó de Asia con muit grant
quantidat de trasoro e vinose'nde en Athenas recomendán-
dose a sí mismo e el dicho trasoro en las manos e discreción de los athenienos. Por la qual quantidat de trasoro
abcegó el coraçón de los rectóricos, e consejavan al pueblo de recebir e salvar el dicho Árpalo. Mas Demostenin
consellava el contrario, diziendo que se guardassen de
meter la ciudat en guerra sin necessidat por ocasión injusta e no razonable. Mas, aprés algunos días, examinando la
dicha riqueza entre †los romanos†,³⁸²⁴ e entre las otras
cosas plazió a Demostenin un picher de oro. La qual cosa
sintiendo Árpalo, dixo a Demostenin: «Liévalo, e vei segunt
tu parecer qué puede valer». E haviéndolo levado Demostenin, se maravilló de su peso, e de cabo demandó quánto podié valer. E Árpalo ridiéndose dixo: «Demostenin,
aquesti picher [f. 141v] te valerá xx talentes». E fecha la
noche, en continent Árpalo envió el dicho picher a

3823   lacedemonios] maçedonios *P.* macedonii *F.* Λακεδαιμονίων.
3824   †los romanos†] los romanos *P.* li romani *F. Tal vez* las manos.

Demostenin e xx talentes. ¡Tanto era sotil Árpalo de conocer la manera de un hombre copdicioso! E aprés qu'el
dicho Demostenin huvo el dicho picher e los xx talentes,
mudó talant e no contrastó más en el consello, mas como
aquel que era sobornado ayudava al dicho Árpalo. En la
manyana, seyendo Demostenin venido en el consello con
el cuello[3825] envolupado de lana e de panyo, seyendo
requerido de dezir su opinión, fazié actos de mudo quasi
que no pudié favlar. Por que aquellos que sabién el fecho,
trufándose d'él, dizién: «Aquesta noche a Demostenin es
venida ronquedat, no pont de tos, mas de argent». Mas,
con todo aquesto, Árpalo fue echado de la ciudat. E dubdando los athenienos que Alexandre no demandasse la
riqueza compartida entre los rectóricos, fizieron grant examinación cercando las casas[3826] de cada uno d'ellos. Solament a la casa de Calicleo no cercaron por reverencia de
la esposa que havié traído la hora de nuevo.

Mas Demostenin demandó que la examinación se fiziés
a Ariópago, do, seyendo acusado por grant deudo, no
haviendo de qué fer satisfación, fue condepnado e puesto
en presión, ond por la vergonya, e encara porque no
podié sofrir el desaise[3827] como feble de la persona, algunos de los guardianos huvieron compasión d'él e diéronle
espacio de fuir. E fuyendo sintió algunos sus enemigos qui
lo siguién. E queriéndose esconder a ellos, aquellos lo clamaron por nombre, e, acostados a él, le querién dar de la
su moneda propria diziendo: «Sabi, Demostenin, que nós
te seguimos [f. 142r / xxvi, 3] por darte moneda que tú
puedas despender a las tus necessidades». E lo consolavan
e lo confortavan que siempre huviés esperança e no se

3825   cuello] guchiello *P*: coltello *F*: τραχήλου.
3826   casas] case *F*: cosas *P*: οἰκίας.
3827   desaise] disagio *F*: desayre *P*: ἀσθένειαν τοῦ σώματος.

diesse a desperación. Por la qual paravla Demostenin començó a plorar e dixo: «¿Cómo no me devo doler seyendo exiliado de la ciudat que haya tales enemigos quales no trobaría liugerament amigos en otra tierra?». E finió su exilio en Égena, reguardando siempre al Áctica e planyendo. E quando se partié de Athenas, se bolvió devers el templo de la dea Athena e, alçadas las manos devers el cielo, dixo: «O senyora, ¿cómo sufres tú estos tres malos animales: la cocuagia,[3828] el dragón e el su pueblo?». E a quantos jóvenes ivan a él por aprender ciencia d'él, los empachava de no entremeterse en los fechos comunes. E dizié[3829] que, si en el principio huviesse seído necessario que hombre siguiesse d'estas dos vías la una, o ser del consello o de la manifiesta destrucción, e supiesse los males de los fechos políticos —el miedo, la invidia, los acusamientos e las passiones—, por ventura prenderié antes aquella destrucción.

Mas en aquesti medio que Demostenin era en exilio murió Alexandre, e encara los élinos fizieron congregación de huest dius esperança de Leostenin, el qual havié cercado Antípatro a Lamía. La hora uno de los rectóricos clamado Pithea e un otro clamado Calimedo Cáravo, que eran fuidos de Athenas, fuyeron a Antípatro e andavan en torno de los castiellos de los élinos ensemble con algunos de Antípatro sembrando escándalo a las amistades de los athenienos, queriéndolos traer a la amistat de Antípatro. [f. 142v] Aquesto sabiendo Demostenin, se vino con los embaxadores de los athenienos e andava él encara visitando los castiellos de los élinos ensemble con los dichos embaxadores comoviéndolos contra los macedonios, que los echassen de la Elada. Ond, seyendo el dicho Pithea

---

3828   cocuagia] cotuagia *PF*: γλαυκὶ. *Tal vez haya que leer* cocuvagia (*gr. biz.* κουκουβάγια); *en Pericl. 173r se lee* cucobaya.
3829   diziél] dize *P*: dice *F*.

e³⁸³⁰ Demostenin encontrados en Arcadia, favlaron algunas paravlas desonestas entre ellos, el uno contrastando por los macedonios, e el otro por los élinos. E entre las otras paravlas dixo Pithea: «Assí como nós havemos por mal de levar en casa de alguno leche asinina, assín un castiello al qual van embaxadores de los athenienos necessaria cosa es que le venga mal». Sobre aquesta paravla Demostenin respuso que la leche asinina se lieva en las casas por sanidat de algunos malautos; «assín los athenienos, allá do ellos van, ayudan e escapan de periglo a aquellos que ý son». La qual cosa sabiendo el pueblo de Athenas, huvo tanto plazer que deliberaron que Demostenin tornasse en Athenas, e enviaron por él una galera en Éghena. E quando vino e puyava del Pireó a la ciudat, todo el pueblo le sallió al encuentro por acompanyarlo e todos los gentiles hombres, que no ý fincó ecclesiástico ni secular que no ý fuesse. La hora Demostenin alçó las manos envés el cielo e bendixo a los dioses cómo tornó a la ciudat más honorablement que Alquiviado;³⁸³¹ porque los sus ciudadanos lo recibieron no por fuerça, mas voluntariament.

Mas aprés la su tornada no huvo luenga alegrança, porque la fortuna se bolvió contra los élinos e fueron destruidos. Porque [f. 143r / xxviii, 1] en el mes de março se fizo la batalla a Cranas, e en el mes de abril recibieron guardia a Muniquía³⁸³² de los macedonios, e en el mes de mayo murió Demostenin en aquesta manera: haviendo prosperado Antípatro contra los athenienos, como he dicho. Por la qual prosperidat andando sobre Athenas, Demostenin e los sus companyeros fuyeron celadament de la ciudat, quí

3830 e] et *F: om. P:* καὶ.
3831 Alquiviado] alchibiado *F:* alquimado *P:* Ἀλκιβιάδου.
3832 Muniquía] minuquia *P:* munuquia *F:* Μουνυχίαν.

en una part, quí en otra. Antípatro[3833] envió uno de los suyos clamado Archea con poder que cercás e tomás Demostenin e los dichos sus companyeros en qualquiere lugar que los pudiés trobar. Ond depués el dicho Arquía fue clamado *Caçador de los fugitivos*. El qual, haviendo trobado en Égena Iperidi rectórico e Aristónico maratonio e Imereo,[3834] ermano de Dimitri[3835] Falireo (los quales eran fuidos en el templo de[3836] Eacó), los sacó fuera del dicho templo e enviolos a Cleonás, do se trobava Antípatro, do finieron mal lur vida. E encara dizen[3837] que fue tallada la lengua al dicho Iperidi.

E haviendo sabido novellas de Demostenin que se trobava en Calabria fuido en el templo de Possidone,[3838] passó entro allá con algunas galeras e, devallado en tierra con su gent, consejava a Demostenin que devallasse de allá e veniesse segurament a Antípatro, diziendo que d'ellos no recibrié ningún desplazer. E en la noche Demostenin ensonyó suenyo que non le plazié: quasi él contrastava con el dicho Arquía. Ond el dicho Archía queriendo enganyar a Demostenin con dolces paravlas, Demostenin alçó el ojo devers él e dixo: «O Arquía, nin antes me pudiste enganyar con la tu ipocrisía, ni agora me enganyarás con las tus promissiones». Sobre aquesto, menaçándolo el dicho Arquía, [f. 143v] Demostenin dixo: «Agora tú pareciés ipócrita; mas de agora avant tú has mostrado manifiestament la aspreza e crueldat macedónica; pues, espérame tanto que pueda escrevir a mi casa». E dichas estas paravlas, entró en el templo e priso una pluma e un poco de

3833 Antípatro] *F*: a antipatro *P*.
3834 Imereo] imero *PF*: Ἱμεραῖον.
3835 Dimitri] dimitu *PF*: Δημητρίου.
3836 de Eacó] et eaco *PF*: Αἰάκειον.
3837 dizen] dize *P*: dice *F*: λέγουσιν.
3838 Possidone] pissidone *PF*: Ποσειδῶνος.

paper quasi pora escrevir, e metiose la pluma en la boca
teniéndola con los dientes, segunt qu'él havié por usança
siempre quando querié ordenar alguna cosa de meterse la
pluma en la boca e tenerla con los dientes entro a que
havié pensado lo que querié escrevir. E breument, la tuvo
un espacio de ora. Aprés se cubrió con su ropa e enclinó
la cabeça en tierra. La qual cosa vidiendo los sarjantes que
guardavan la puerta del templo, se trufavan d'él como de
covart. E encara el dicho Archea se acostó a Demostenin
pregándolo que se levasse suso, prometiendo de pacificar-
lo con[3839] Antípatro. Mas Demostenin, sintiendo que el
venino ya escomençava a fazer su obra, se descubrió e
reguardando devers Archea dixo: «No se complirá el tu
enganyamiento, mas tú echarás mi cuerpo sin sepultura».
E al dios Posidone dixo: «Yo me lievo e parto bivo del tu
templo; mas, quanto[3840] de[3841]Antípatro e de los macedonios, es condepnado el tu templo». E dichas estas paravlas,
se levantó todo tembloso e dixo a los sarjantes que lo
tomassen. E assí toste como él puso el piet fuera del templo, cayó en tierra e sospirando finió su vida, de la qual
súbita muert de Demostenin maravillándose los sargentes
e contando el uno al otro cómo le havién visto desligar de
un panyo alguna cosa la qual se metió en la boca. E examinando sobre aquesto, su servicial díxoles que grant
tiempo havié que levava Demostenin aquel nudo que le
havién visto desligar [f. 144r / xxx, 2] assí como un breu.[3842]
E de tal muert murió Demostenin. Solament Dimocari
escrive que no murió de tósigo, mas los dioses havién
hovido compasión d'él e lo havién levado de la crueldat

3839   con] *F*: *om. P*.
3840   quanto] quanto *F*: de quanto *P*.
3841   de] da *F*: de *P* (*interlin. erróneamente entre* mas *y* quanto).
3842   breu] bren *P*: breno *F*: φυλακτήριον.

macedónica. Mas el pueblo de los athenienos aprés poco tiempo lo honraron e fizieron una estatua de arambre, en los piedes de la qual escrivieron un tal títol: «O Demostenin, si tú huviesses hovido la fuerça como la ciencia, no havrién los macedonios la senyoría de los[3843] athenienos o élinos».

Mas poco antes que nós fuéssemos en Athenas, esdevino una tal cosa en la estatua de Demostenin: Aquesta estatua havié plegadas las manos a manera de pregar[3844] a Dios; davant de la qual estatua havié un grant árbol clamado *plátano*. E un capitán de la gent d'armas fazié levar al judicio un hombre de su manera,[3845] el qual todo el oro que levava con sí puso en las manos de la dicha estatua de Demostenin, el qual, o por ventura que cayessen algunas follas del dicho árbol e lo cubriessen, o qu'él mismo lo huviés cubierto, fincó salvo entro a tanto que aquel que lo havié metido, aprés grant tiempo escapado del judicio e tornado, lo trobó assí como él lo havié metido. La qual cosa como se supo de los buenos hombres, fue reputada senyal de buena condición e conciencia de Demostenin. Mas Dimadi no se alegró, antes su pecado lo levó a Macedonia, do fue d'ellos justament[3845bis] destroído, a los quales él lausenjava suziament. Porque siempre parecié encargoso; mas la hora cayó en tal ocasión a la qual no pudié escapar. Porque se trobó qu'él havié enviado letras a Perdica contra los macedo- [f. 144v] nios quasi en ayuda de los élinos, diziendo que colgavan de un filo podrido, clamando el filo podrido al dicho Antípatro. La qual letra de Dimadi manifestó uno clamado Dínarco de Corintho. Por

3843   de los] a los *P*: alli *F*.
3844   pregar] pregare *F*: plegar *P*.
3845   de su manera] *P*: di sua maniera *F*.
3845bis justament] injustament *P*: ingiustamente *F*. δικαίως.

la qual cosa, Cassandro, movido a furor, fizo matar primerament el fillo de Dimadi devant sus ollos, e aprés a él por
común castigo: que los traidores, que venden ante a ellos
mismos que a los otros. E aquesta cosa —cómo Dimadi
devié finir mal su vida— muchas vegadas ge lo havié
dicho Demostenin; mas él non se curava ni lo creyé entro
a que le vino.

Tú, o Sosie,[3846] has toda la vida de Demostenin compli-
da, assí como havemos oído e leído.

3846   Sosie] sososie *PF*: Σόσσιε.

CÍCERO

{PF}

SÍGUESE EL XXXVII LIBRO: De las gestas e memorables fechos de Cícero, varón ilustre de Roma; e de su muert.

La madre de Cícero, segunt que dizen, fue de casa rica e levó su vida honorablement. E el padre, segunt dizen algunos, fue nacido e fue nodrido en el tintorio. Mas, segunt dizen otros,[3847] era del linage de Tilio Apio, el qual fue emperador de los voluscos. E parece qu'el primero que huvo nombrança de aquesti linage de Cícero fues hombre famoso; e por aquesta ocasión los çagueros succesores no refusaron aquesti nombre, antes lo han quesido e amado, no obstant que lo menospreciavan todos. Porqu'el cícero es una †laguna† de legumes.[3848] El primer hombre del qual fue derivado o se dixo aquesti nombre havié en la punta de la nariz un senyal que semblava un cícero o garbanço. Mas aquesti Cícero, de la [f. 145r / I, 5] vida del qual fazemos mención en el present libro, en el començamiento, quando[3849] se entremetió en el fecho político, algunos sus amigos le dizién que mudasse el su

---

3847   otros] *om. PF:* οἱ δ'.

3848   †laguna† de legumes] laguna de legumes *P*: laguna de legumes *F* (*en margen,* ligume dei ligumi vel e una specie di ligumi).

3849   quando] quan *F*: quanto *P*: ὅτε.

nombre. Sobre aquesto él se alabó diziendo qu'él se esforça-
rié a provar aquesti nombre *Cícero* seyer más honorable que
los nombres de Escauro[3850] e de Catlo. Pués, seyendo enviado aquesti Cícero trasorero en las partes de Sicilia, fizo a los
dioses una ofierta de argent en la qual escrivió aquestos dos
sus nombres: *Marco*[3851] e *Tilio*; e en el lugar del su tercero
nombre, es a saber, *Cícero*, comandó al argentero que le
entretallase una figura de un cícero o garbanço.

E segunt dizen, quando la madre de aquesti Cícero
vino en la hora de parirlo, pariolo sin sentir algún dolor en
el tercer día de las ochavas, quando los ciudadanos fazen
sacrificios e fazen pregarias a los dioses por lures capitanes. E encara la su nudriça[3852] vido por él una estranya
visión, por la qual dixo que la criatura que ella nudrié serié
grant utilidat e provecho de los romanos. La qual cosa con
todo que algunos lo reputavan por no ren, él se mostró
verdadero[3853] quando se fizo de edat e començó a estudiar;
porque esdevino tanto ingenioso e sotil en ciencia que la
su fama se divulgava por todos los otros estudiantes. Por
que los sus parientes, maravillándose, ívanlo a veyer
volenter, e muchos de aquellos, vidiendo lures fillos fer
honor al dicho Cícero e meterlo en medio d'ellos, se
corruçavan por invidia. Aquesti se delectava de saber de
toda natura de ciencias, assí como afirma Platón; mas
púsose más a la poética. E esdevino grant poeta entre los
otros romanos e famoso rectórico, segunt que corrió [f. 145v]
la su fama entro al día de oi.

3850   Escauro] scauro *F*: scauri *P*: Σκαύρων.
3851   Marco] *F*: marchio *P*: Μᾶρκον.
3852   nudriça] nudrastra (?) *P*: madre *F*: τίτθη; cf. *Alcib. 212r.*
3853   La qual cosa [...] se mostró verdadero] *P*: la qual cosa con tucto
questo che alcuni lo riputavano per non nulla elli si mostro veritiero *F*:
ταῦτα δ᾽ ἄλλως ὀνείρατα καὶ φλύαρον εἶναι δοκοῦντα ταχέως αὐτὸς
ἀπέδειξε μαντείαν ἀληθινὴν.

E finalment, usando con los principales del consello, vino a seyer grant legista. E fue con Sila en huest, el qual Sila era senyor de los romanos en el tiempo de la guerra mársica. E vidiendo el común ordenamiento de poco en poco por las muchas barallas e contrastes por acostarse a la monarchía, se metió a la vida escolástica e usava en companyía de algunos savios de los élinos, solicitando en el estudio entro a tanto qu'el dicho Sila fue fecho monarca. Por que, dubdándose de Sila por alguna ocasión, passó en la Elada quasi por medecinarse de alguna enfermedat corporal que havié, peró que siempre era feble e sintié mal de estómago; e por esto comié muit tarde e poco.

E seyendo ido en Athenas, apriso de Antíoco Ascalonita, do estando, supo qu'el dicho Sila era muerto. E sus amigos le enviaron letras que tornás a Roma; mas él, queriendo estudiar más en la art de la rectórica, encara de Athenas passó en Asia, e de Asia a Rodas, en do de los rectóricos de Asia apriso de Xenoclí[3854] de Atramiti e de Dionisio de Magnisía e de Ménipo de Caria. E a Rodas apriso de Apolonio rectórico e de Possidonio philósofo. E quando los otros vidieron la solicitut, se maravillavan e loávanlo; mas Apolonio, uyendo favlar al dicho Cícero, callava estando todo imaginativo. E quando Cícero huvo finido su sermón, dixo: «O Cícero, quanto a tí, yo te loo e maravíllome; mas duélome de la ventura de la Elada, que de las dos cosas que eran fincadas a nós, esto es, la ciencia e la [f. 146r / IV, 7] bella elocuencia, tú las levarás a los romanos».

Por que Cícero, sintiéndose loado, se puso con grant esperança al orden político. Mas aprés fue empachado el su movimiento por algún adevinamiento,[3855] peró que,

---

3854   Xenoclí] xenochi *PF*: Ξενοκλεῖ.
3855   adevinamiento] adevenimiento *P*: adivenimento *F* (*en el margen*, adivinamento): χρησμοῦ.

haviendo demandado a los dioses de Delfos cómo pudiés seyer grant e famoso, huvo respuesta de la dea Pithea qu'él no guardás la fama o loor de los hombres, mas a su natural discreción. Por la qual cosa, en el començamiento començava en Roma humilment e tarde, e mal volenter iva a los consellos. Por que encara uyé que los romanos se trufavan d'él clamándolo quí griego e quí estudiant. E por el movimiento del su padre e de sus amigos, se puso a la art de la advocación, e trobose más sotil e más famoso que los otros.

Aprés, seyendo fecho comprador del grano, pareció greve a los hombres de Cicilia,[3856] porque los forçava de enviar más grant quantidat de forment a Roma. Mas aprés, haviendo conocido la su humildat e justicia, lo hondraron más que a ninguno de los otros.

E de la hora avant, haviendo començado de entremeterse más en los fechos políticos, le pareció suzia cosa que los hombres menestrales, haviendo en su[3857] menester las cosas menesterosas, esto es a saber, el nombre de cada una e el su lugar e menester, e los hombres políticos o ciudadanos, los quales han a complir a los fechos comunes con obra de otros, por lur pereza e negligencia *** a no usar de saber los menesteres políticos. Por la qual cosa, esti Cícero no solament usava de saber los nombres de cada uno, mas encara los nombres de los lugares do abitava e quáles eran sus parientes e conocientes e dó havié él possesiones e quáles eran sus amigos e vezinos. E qualquiere que [f. 146v] andava por Italia en companyía de Cícero, liugera cosa era al dicho Cícero de mostrarle e dezir por nombre la casa e la encontrada e la possesión de cada uno. Aquesti Cícero no era mucho rico; mas havié

3856   Cicilia] sicilia *F*; cilicia *P*; Σικελίαν.
3857   su] si *PF*.

tanto que le bastava comunalment a sus menesteres. Por la qual cosa, se maravillavan d'él porque jamás no querié acceptar ren de salario que le tocava por la advocación. E más parecié maravelloso sobr'el fecho de la questión de Verri. El qual, seyendo fecho capitán en Cicilia, fue acusado de los cicilianos. Al qual ayudando los otros capitanes e queriendo jutgar de fecho e non de razón e a la fin queriendo fer la examinación a tal hora que no havién podido complir el fecho de día, Cícero se levantó e dixo: «No es tiempo agora de mucho favlar. Sean examinados e publicados³⁸⁵⁸ los testimonios, e aprés la publicación sea dada sentencia». Por la qual cosa, aprés algún tiempo seyendo fecho el dicho Cícero almotaçaf en Roma, algunos mercantes cicilianos levaron muchas cosas de la isla e de otras partes por venderlas a Roma e cosas³⁸⁵⁹ para presentarle. De las quales no quiso tomar ren, antes les demandó una gracia: que de las cosas traídas por ellos a vender fiziessen buen mercado a la ciudat. E entre las otras paravlas que fueron dichas por la sobredicha questión, son encara aquestas: Uno clamado Cecilio, el qual judaizava o semblava jodío, empachando los cicilianos de la cosa del sobredicho Verri, Cícero dixo: «¿Qué participación havía un jodío con los puercos?». E aquesto dixo por el dicho Verri; porque en lengua romana los puercos que han sus genitivos se [f. 147r / VII, 6) claman *verri*.

E con todo aquesto que Cícero no era rico, assí como de suso es fecha mención, empero con los amigos que havién ciencia, assí griegos como romanos, conversava muit francament. Aquesti Cícero dio su casa patrimonial a su ermano, e él abitava cerca del Palacio. Aquesto porque aquellos que lo acompanyavan por reverencia no huviessen

---

3858   publicados] publicati *F*: puplicados *P*.
3859   cosas] cose *F*: por cosas *P*.

treballo de ir mucho aluent, los quales por número eran
más que aquellos qui acompanyavan a Crasso e a Pompeo. Los quales Crasso e Pompeyo entre los romanos eran
grandes e de grant avantagia: el uno por la su grant riqueza, e el otro por el poder de la capitanería. E el dicho
Pompeyo honrava mucho a Cícero, porque mucho fue
ayudado e metido avant por el consello de Cícero.

Aprés todas estas cosas, los gentiles hombres e el pueblo esleyeron Cícero en ípato por tal ocassión, es a saber:
la tiranía de Sila. Quando se tornó en poco el estado político, encara algunos por lur plazer lo querién defender;
porque Pompeyo era absent de Roma en la guerra de
Ponto e de Armenia, por la absencia del qual la ciudat no
havía tanta fuerça de amansar e resistir a los que fazién
riotas. Los quales havían por lur principal uno mucho
malicioso e ardido clamado Leuquio Catelina, el qual entre
los otros males que fizo sí desponcelló[3860] una su filla e
mató un su ermano. Por el qual homicidio dubdándose
que por algún tiempo no fuesse acusado e punido de la
senyoría, fizo tanto con Sila que fue dada sentencia de
muert contra el dicho su ermano. El qual Catelina seyendo como un refugio de los mal- [f. 147v] vados, fizieron
sagrament ensemble. E en aquesti medio, por refirmar
entre ellos el dicho sagrament, mataron un hombre e
comieron de su carne. E en aquel tiempo toda la joventut
de Roma se enclinó a comeres e a beveres e a los delec-
tes carnales. Tanto que la riqueza tornó a hombres populares e de baxa mano, e los gentiles hombres por la desordenada despensa de cada día tornaron povres; tanto que
se rebelló toda la Tirrinía e la mayor part de Galacia dentro las Alpes.

3860   desponcelló] dispulcello *F*: desponcella *F*: συγγεγονέναι.

El dicho Catelina, assotilándose cada día de acabar su plazer, se procurava de fazerse ípato ensemble con Antonio Gayo; el qual Antonio naturalment ni parecía bueno ni malo, mas, segunt la companyía, mostrávase semblant a qualquiere d'ellos. La qual cosa seyendo sentida de la mayor part de los buenos hombres de la ciudat, movién el dicho Cícero a la ipatía. E aquesta cosa fue recebida del pueblo graciosament; por que Catelina no pudo acabar su intención. E fue fecho ípato Antonio Gayo ensemble con el dicho Cícero.

E depués que Cícero fue fecho ípato, trobó muchos contrastes e escándalos, peró que algunos sobreestantes del pueblo por amor de Catelina blasfemavan manifiestament la tiranía de Sila, mas celadament obravan cosas semblantes a la tiranía. Porque fizieron una lei de nuevo e ordenaron x hombres sobre toda Italia e la tierra de Suria e sobre todos los castiellos que Pompeyo conquirió a la senyoría de los romanos. E les dieron auctoridat de examinar, abitar e exiliar e desabitar, vender possesiones, to-[f. 148r / XII, 3] mar moneda del trasoro, mantener gent d'armas e[3861] esleír quantos ellos havían menester. La qual lei ordenada de nuevo plazió a muchos de los gentiles hombres,[3861bis] e más al sobredicho Antonio, companyón de Cícero, creyendo él seyer el uno de los dichos x. E parece que Antonio sintié la malautía de Catilina; mas callava porque le devié mucho. Por la qual cosa, los buenos hombres se dubdavan. Mas Cícero, queriendo medicinar la malautía del dicho Antonio, lo eslió capitán de Macedonia, por la qual gracia Antonio tornó[3862] buen consellador de su tierra. E queriendo dar a Cícero la capitanería de Galacia, no la

---

3861   e] *om. PF.* καὶ.
3861bis   gentiles hombres] gentiles *P*: ἐπιφανῶν.
3862   tornó] *F:* corno *P:* κατειργάσατο.

quiso recebir. Mas de la hora avant dius esperança de
Antonio contrastava a todos los peleadores, e contradiziendo a la dicha lei ordenada de nuevo, tanto favló bien
que la anulló, porque los ordenadores de aquella fincaron
esconfidos e non le pudieron contradezir.

Solo aquesti Cícero[3863] mostró a los romanos que no
solament es menester favlar la razón derechament, mas
encara es menester favlar con dolces paravlas. E cada uno
buen ciudadano deve en los fechos querer antes la verdat
e la razón que las lausengerías, e con dolces paravlas
medicinar el dolor de aquellos qui han menester, assí
como fizo aquesti en el lugar del bigurdo quando era
ípato, do por la antiga usança estavan los cavalleros mes-
clados con el pueblo, cada uno como podié. Mas depués,
seyendo fecho capitán Marco Octo, primerament él
faziendo honor a los cavalleros les fizo lugar apartado e
dioles lugar ordenado, el qual dura entro a el día de oi.
La qual cosa el pueblo reputó por su desonor. Por que,
seyendo venido el dicho Octo en el bigurdo, el pueblo
por su desonor e desprecio començó a favlar. Mas los
cavalleros, cridando alta voz, lo[3864] [f. 148v] recibieron
honorablement. E encara el pueblo mucho más favlava en
desonor e desprecio del dicho Octo. E por el contrario,
los cavalleros cridavan de otra part. Por la qual cosa,
movidos con sanya, dixiéronse villanas paravlas la una
part contra la otra entro a tanto qu'el fecho fue sabido de
Cícero. El qual vino súbitament e clamó apart el pueblo e
favloles tan dolzment que los fizo consentir e tornar en lur
plaça al[3865] bigurdo e fer honor al dicho Octo ensemble
con los cavalleros.

3863   Cícero] F: citero P: Κικέρων.
3864   lo] F: lo lo P.
3865   al] om. PF: εἰς τὸ.

E los conjurados de Catelina en el començamiento se espantaron; mas encara recobraron esperança e se replegavan ensemble, moviendo el dicho Catelina de meter su intención en obra antes que Pompeyo tornase;[3866] porque se dizié[3867] que devié tornar aína con todo el poder que havié. E sobre aquesti fecho se movié más Catelina dius esperança de la gent d'armas de Sila fuida de Italia e derramada en los castiellos de Tirrinía. A los quales parecía el día un anyo entro a que se levasse qualque rumor por que pudiessen robar alguna cosa,[3868] peró que aqueste Catilina en toda manera se querié fer ípato e havié en coraçón de matar Cícero en el consello sobr'el contrast, segunt que el diablo mostrava el advenidero movimiento con truenos, relámpagos e tempestades de aire. Aquesta malvada intención de Catelina era manifiesta a muchos; mas no a tantos que pudiessen argüir contra él públicament por la su gentileza e poder. Por la qual cosa, Cícero mudó la jornada ordenada que se devié mudar official e dar officio, e fizo citar al dicho Catilina a la cort por examinarlo sobre las cosas que se dizién contra él. Catelina, pensando que en el consello eran muchos qui havían la mutación comuna [f. 149r / xiv, 6] e esperando a los sus conjurados, dixo en esta manera: «¿Qué mal fago yo si son dos cuerpos, el uno feble e de poca complisión, empero ha cabeça; e el otro grant e poderoso, mas, no haviendo cabeça, yo le meto cabeça?». La qual respuesta enimática puso mayor miedo al dicho Cícero. Por la qual cosa, el día que se tenié el consello Cícero vino armado. E porque aquesto fues visto, fizo escoser su ropa un poco sobre la espalda, mostrando a los otros cómo él estava a periglo aquel día. Por que, seyendo

3866 tornase] tornasse *F*. tomase *P*. ἐπανελθεῖν.
3867 dizié] dicea *F*. dize *P*.
3868 cosa] *om. PF*.

visto de los otros del consello, acostáronse a él todos
corruçados. Finalment, echaron de la elección el dicho
Catilina e fueron esleídos en ípatos Silano e Morina.

E aprés pocos días, seyendo aplegados de Tirrinía los
amigos de Catelina, todos los de su sagrament, acercándo-
se la jornada de asallir Cícero e acabar lur intención, a la
media noche fueron a su casa los más principales e más
poderosos de los romanos. Aquestos fueron: Marco Crasso, Marco Marcelo e Esquipión Metelo. E tocaron a la
puerta de Cícero clamando su portero. El qual, como vino,
le comandaron que fues a espertar a Cícero aína e que le
dixiés cómo ellos eran venidos por favlar con él. E la occasión de lur venida fue aquesta: Como Crasso se levantó de
cenar, su portero le presentó algunas letras dadas a él
de un hombre no conocido; e havié diversas sobrescriptu-
ras. E entre las otras vinié una a él, la qual haviendo abierta e leída, trobó cómo se devié levar rumor e cómo se devié
fer grant matamiento por Catelina. E aquel que embiava la
dicha letra le consellava que se partiés de Roma por su salvamiento. Por la qual cosa, fincó todo esbaído e no quiso
abrir ninguna otra letra, [f. 149v] mas súbitament fue en
casa de Cícero, do, favlando con Cícero, entre las otras
paravlas que le dixo sí le dixo quál era la ocasión por que
se mostrava amigo de Catelina. Por que, haviéndose consellado ensemble aquella noche, en la manyana de continent fizieron plegar consello, en do Cícero presentó las
letras sobredichas a quí eran enviadas con comandamiento que las fiziessen leyer devant todo el consello. El tenor
de las quales era todo uno. En aquesti medio Cointo
Arrio,[3869] hombre muit sufficient e prático en fecho d'armas
e de guerra, dio a entender a los romanos cómo Malio,

3869　　Cointo Arrio] cohintario *PF*: Κόιντος Ἄρριος.

haviendo en las partes de Tirrinía grant poder e reteniendo los passos, esperava de día en día que algún movimiento de romor se levantás en Roma. La qual cosa haviéndola oído el consello, fue mandado a los ípatos que fiziessen e ordenassen toda cosa que a ellos pareciés que fues salvamiento de la ciudat. La qual cosa no havían por usança de fazer los romanos sino en tiempo de grant periglo.

La qual comissión haviendo recebido Cícero, cometió todos los fechos fuera de la ciudat a Cointo Metelo, e él fincó governador de la ciudat. E cada un día vinié en plaça acompanyado con mucha gent de armas. La qual cosa vidiendo Catelina, no le pareció bueno de esperar más, e deliberó de exir fuera e ir entro a Malio. E a uno clamado Marchio e a un otro clamado Quétigo comandó que en la manyana tomassen sus espadas e fuessen a casa de Cícero quasi por ferle reverencia e sobre aquesto lo matassen súbitament. La qual cosa una gentil dona clamada Fulvia fue de noche a [f. 150r / xvi, 2] casa de Cícero e manifestógelo diziendo que se guardás de Quétigo e de sus companyones. Los quales, segunt el comandamiento de Catelina, en la manyana de continent fueron a casa de Cícero, e, no seyéndoles abierta la puerta, se corruçaron e estavan devant la dicha puerta cridando, e por esto se descubrió más la lur malicia. Pués, exido Cícero de su casa, fizo congregación de consello al templo de Jove el qual claman los romanos *Estátore*, el qual templo es edificado en el començamiento de la Carrera Sagrada, puyando devés el Palacio, do entre los otros fue citado Catelina por seyer examinado. El qual respondiendo soberviosament, Cícero comandó que súbitament ixiés de la ciudat, diziendo que los muros de la ciudat devién seyer en medio d'ellos, pues qu'el uno usava de paravlas, e el otro de armas. Por lo qual, Catelina súbitament ixió de la ciudat acompanyado de ccc hombres de armas segunt la usança de los senyores. Ordenó en torno de sí vergueros e sirvientes de armas. E fecha alçar su senyera,[3870] andava en torno contra Malio. E en aquesti medio se plegaron en su companyía xx^m hombres, con los quales andava robando los castiellos de derredor. Tanto que, seyendo fecha la guerra manifiestament, fue enviado Antonio contra Catelina.

E quantos conjurados de Catelina fincaron en la ciudat reunió[3871] e confortava Cornelio Léntulo, sobrenombrado *Sura*, hombre de grant linage, mas desordenado. Por la qual desordenación fue echado del número de los conselleros. Mas el sobredicho nombre *Sura* le fue puesto por tal ocasión: [f. 150v] En el tiempo de Sila, seyendo trasorero, consumó[3872] assaz de los bienes comunes. Por la qual cosa, ensanyándose Sila e demandándole conto, Cornelio respondió que no havié de responder a ninguno. E mostrando su camba, fizo una buelta a manera de los garçones quando jugan la pelota, diziendo: «He aquí la mi camba». E por esto de aquí avant le fue puesto aquesti sobrenombre *Sura*; que los romanos solién clamar *sura* un lugar o una part de la camba. Aquesti Sura, seyendo naturalment malvado e movido de Catelina, e encara de algunos falsos adevinadores dius vana esperança (diziéndole algunos adevinamientos de Sibila,[3873] es a saber, que III del linage de los Cornelios devién senyorear en Roma, de los quales dos ya havién senyoreado: aquestos fueron Quina e Sila; e el otro, es a saber, el tercero que fincava de senyorear, era aquesti Cornelio, al[3874] qual la fortuna e el diablo le aduzién la senyoría a las manos, peró que la devié

3870   senyera] senyoria *P*: signoria *F*: σημαίας.
3871   reunió] retuuio *P*: ritenne *F*: συνῆγε.
3872   consumó] Cosurno *PF*: διέφθειρεν.
3873   de Sibila] silla *PF*: Σιβυλλείων.
3874   al] *F*: el *P*: *dat en griego*.

recebir sin fuelgo e sin treballo, e no estar assí perdiendo el tiempo como Catelina), por los quales adevinamientos tomó una loca imaginación de levantar rumor e matar todos los del consejo e quantos ciudadanos pudiesse e cremar la ciudat e no haver misericordia de ninguno sino de los fillos de Pompeyo, los quales querié tomar e meter en buena guardia dius esperança de pacificarse con Pompeo por amor de aquellos.

Porque eran ciertas nuevas que Pompeo se tornava en Roma con su huest. E fizo meter celadament armas e estopa e sulfre en casa de Quétigo. E ordenó c hombres de armas [f. 151r / xviii, 3) en c partes de la ciudat, e asignó a cada uno de aquestos c hombres que[3875] todos aquestos en la hora ordenada metiessen fuego e de toda part se cremasse la ciudat. E otros fueron ordenados a retener e defender todos los pozos e las fontanas de la ciudat; aquesto porque qualquiere que corriesse a tomar el agua pora matar el fuego fues muerto o empachado de aquellos que guardavan. En aquesti tiempo se trobavan en Roma dos embaxadores de los alovrios,[3876] la qual generación era[3877] mucho agravada de la senyoría romana. Por la qual cosa, pareció tiempo a Cornelio e a sus conjurados de fer amistat con los dichos embaxadores e farlos parcioneros de su consello dius esperança que ellos rebellassen Galacia contra los romanos. E fecha la amistat con los dichos embaxadores, diéronles letras que levassen a los gentiles hombres e conselleros de Galacia, e semblantment escrivieron a Catelina. E prometieron a los galatios libertat, e a Catelina mandavan diziendo qu'él deviés afranquir e livrar todos los esclavos e los siervos e más aína que pudiés

---

3875   que] che *F*: et que *P*.
3876   alovrios] elourios *PF*: Ἀλλοβρίγων.
3877   era] *om. PF*.

viniés a Roma. E enviaron ensemble con los dichos embaxadores un correu portador de las dichas letras clamado
Crotoniati.[3878] El qual tractamiento assí ordenado entre
ellos desordenadament en beverrías e en presencia de
fembras, Cícero como savio e diligent supo. E encara sus-
pechando siempre aquesti tractament, havié ordenados
muchos que tuviessen ojo a esti fecho, e favlava secretament con tales que se pudié bien fiar d'ellos. E breument,
supo la dicha liga de los dichos embaxadores, e fizo aguai-
tar tanto que fue preso el dicho Crotoniati[3879] con las
dichas [f. 151v] letras.

E en la manyana súbitament fizo congregar el consello
al templo de la dea Omonia, la qual se enterpreta en griego e en latín *concordia*, do fueron leídas las dichas letras.
Sobre aquesto, uno, Junio Silano, dixo cómo algunos
havién oído de Quétigo que III conselleros e IIII capitanes
devían recebir muert. E semblantment díxo'nde[3880] Piso
l'ípato. Por la qual cosa, fue enviado a la casa de Quétigo
un capitán clamado Gayo Sulpicio, el qual, plegado en la
dicha casa, trobó grant quantidat de armas, muchas lanças,
espadas e otros guchiellos bien esmolados e a punto.
Finalment, el consello prometió de perdonar al dicho Crotoniati[3881] si solament les dixiés la verdat del fecho. La
hora, seyendo trobado culpable, el dicho Cornelio se
espullió el senyal de la capitanería, es a saber, las robas de
escarlata, e se vistió de una ropa digna a la desaventura
que le fue sobrevenida. E fue dado en guardia él e todos
sus conjurados. E seyendo fecho tarde, todo el pueblo
esperava quándo ixirié Cícero. E él, exido, díxoles el

3878   Crotoniati] crotomati *PF*: Κροτωνιάτην.
3879   Crotoniati] *cf. supra.*
3880   díxo'nde] dixo de *P*: disse di *F*.
3881   Crotoniati] *cf. supra.*

fecho. E todos lo acompanyaron entro a casa de un su amigo; porque en su casa havié donas que fazién sacrificios a la dea que los romanos clamavan *Benigna*, e los griegos *Femenina*. El qual sacrificio o solepnidat se fazié una vegada al anyo en casa de qualquiere ípato o de su madre o de su muller, en la presencia de la virgen clamada Estía. Por que Cícero pensava cómo deviés punir los culpables de aquesti fecho; porque eran gentiles hombres e poderosos, e havién grant quantidat de amigos.

E dubdándose de correr periglo si ellos escapassen de la muert, que por el furor e rumor de aquesti [f. 152r / xix, 6] advenimiento se moverién a fazer todo mal, en aquesti instant que Cícero pensava se mostró un tal senyal en el sacrificio que fazían las fembras: Aprés qu'el fuego del sacrificio se mató, fízose de la ceniza una grant fiama de fuego, de la qual todas las donas que eran presentes se espantaron, salvo las vírgines de la dea, que dixieron a Terentía, muller de Cícero, que fues tost a su marido e le dixiés que deviés meter en obra lo más aína que pudiés lo que había pensado por el provecho de su tierra, porque la dea dava grant lumbre a su salvamiento e honor. Terentía, como fembra naturalment ardida e cobdiciosa de honor (segunt que Cícero mismo testimonia: que lo solicitava más ella en los fechos comunes qu'él a ella en fechos de casa), la qual paravla haviendo dicho la dicha Terentía a Cícero, su marido, le metió más la voluntat contra los culpables. E semblantment lo movié a aquesto Cointo, su ermano, e encara otro clamado Poplio Nigidio, el qual siempre havié a sus consellos secretos más que los otros filósofos sus amigos. El siguient día, seyendo fecha congregación de consello, se dizié[3882] que los dichos culpables

3882   dizié] dize *P*. dice *F*.

eran dignos de seyer punidos. E el primero que fue demandado sí fue Silano, el qual respuso que fuessen enviados en
prisión e fuessen punidos asprament. E semblantment respondieron todos los otros, sino Césaro[3883] Gayo, el qual era
joven assí de edat como de honor, e haviendo siempre
esperança de seyer monarca, segunt que depués fue fecho.
La qual cosa si de otri non se sabié, Cícero la sabié.

E seyendo a él venida la vez de dezir su opinión, se
levantó en piet e dixo que no devién morir, mas seyerles
tirados lures bienes e convertidos al uso común, e ellos
fuessen enviados fuera [f. 152v] de la ciudat a algunos castiellos o lugares do a Cícero pareciés mellor entro a tanto
que Catelina fues esconfido. Sobre aquesto Cícero se
levantó e acomendó la opinión de Silano e de Césaro a la
común sentencia de todo el[3884] consello. Por que los amigos de Cícero, pensando que la opinión de Césaro plaziés
más a Cícero (porque no pareciés qu'él fues ocasión de la
destrucción de los culpables e que quedás ende ocasionado), se enclinaron a la opinión de Césaro; tanto qu'el dicho
Silano se mudó de su opinión negando qu'él huviés
dicho que los culpables fuessen punidos mortalment,
diziendo que a romano que fues ípato abastava solament
estar en presón. Sobre aquesto Catlo e Cato contradixieron
mucho a la opinión de Césaro, tanto que movieron al consello a dar sentencia mortal contra los sobredichos malfechores. E assí fue fecho.

E fueron levados del Palacio entro a la presión, en do
fueron muertos: primerament Léntulo; e aprés, Quétigo e
muchos otros más. Aprés, vidiendo Cícero entre la multitut muchos de sus conjurados congregados ensemble no
conocidos de la muert de los conjurados, los quales

3883 Césaro] cesario *P.* cesare *F.* Καίσαρος.
3884 el] il *F. om. P.*

esperavan que se fiziés noche dius esperança de echarlos bivos fuera de la presón, cridó fuert devés ellos diziendo: «Bivos son». La qual paravla dixo segunt la costumbre de los romanos, qui usavan dezir assí. Aprés esto, seyendo fecha noche, Cícero fue acompanyado de todos los ciudadanos entro a su casa con muchas lumbres. E semblantment, las donas de sus terrados e finiestras sacavan muchas lumbres loando con alta voz a Cícero más que a los otros capitanes que con grant fatiga e treballo havién tornado a la obediencia de Roma muchas ciudades e castiellos por tierra e por mar [f. 153r / XXII, 6], comoquiere que no era tan fuert cosa de empachar el mal advenidero e punir los culpables quanto era de adobar en assí pequena[3885] vengança común destrucción, como se devié fer. Porque, assín como se supo de la muert de Léntulo e de Quétigo, la mayor part de la companyía de Catelina fuyeron, e aquellos que fincaron con él, seyendo afrontados en batalla con Antonio ípato, fueron destruidos e esconfidos.

Por la qual cosa, Césaro e Metelo e muchos otros querién mal a Cícero. E solament Cato, el qual la hora era sobrestant del pueblo, loava Cícero públicament e lo honrava clamándolo «salvador e creador de la tierra» e «padre de la ciudat».

Por lo qual, Cícero fue crecido en honor. Mas era malquerido porque se avantava[3886] en todo lugar que se trobava recordando el fecho de Léntulo e Quétigo. Empero, con todo que se avançava assí,[3887] no era invidioso de los buenos hombres passados ni de aquellos de su tiempo, antes

---

3885   pequena] *PF.*
3886   se avantava] *P:* si vantava *F:* μεγαλύνειν [...] ἑαυτὸν; *cf. infra* y *Peric. 174r.*
3887   se avançava assí] *P:* savanzava cosi *F:* οὕτως ἀκράτῳ φιλοτιμίᾳ συνὼν.

los loava, diziendo por Aristótiles que era río de oro; e por Platón dizié que favlava como el dios Jove; e por Theofrastro dizié que las auctoridades suyas eran su deleit. E seyendo demandado por los rectóricos quál era el mellor, dixo qu'el mellor e más fuert era Demostenin. E así amava e loava los buenos hombres e cientes, assí como, por el contrario, desloava e reprendía los malvados.

Mas, porque algunas vegadas havía por usança de escarnir e de favlar mucho, era mal querido. Por que una vegada, trufándose de Marco Aquinio, el qual havié dos fillos fugitivos, lo clamava Adrasto. E por Leuquio Cota extimador, el qual era grant bevedor...; e una vegada, haviendo set Cícero, demandó del agua e, circundado de sus amigos [f. 153v], dixo: «Parece bien que vós vos dubdássedes que Leuquio extimador no se corruçasse contra mí porque he bevido del agua». Una otra vegada encontró uno otro clamado Voconio[3888] con tres sus fillas dolentas[3889] e feas, al qual dixo Cícero: «O hombre, tú has engendrado aquestas tus fillas contra la voluntat del dios Fivo».

Por el qual escarnir suyo parecié grieu a los hombres. E entre los otros la companyía de Clodio se aplegó contra él por tal ocasión: El qual Clodio, seyendo la hora joven sobervioso e de grant linage, se enamoró de Pompeya, muller de Césaro. Por la qual cosa, en el templo, quando las fembras sacrificavan a la[3890] dea secretament do no pudié entrar ningún hombre, aquesti, como era joven sin barba, se vistió a manera de fembra e entró secretament allá do el sacrificio se fazié, esperando que porque no havié barba no serié conocido e podrié entrar ensemble con las otras donas entro allá do era la dicha Pompeya. E

3888 Voconio] votonio *PF*: Βωκωνίῳ.
3889 dolentas] volentas *PF*: ἀμορφοτάτας.
3890 a la] alla *F*: la *P*.

seyendo entrado, por la escuredat de la noche, como ignorant de la estancia andando d'acá e d'allá, fue sentido de
una donzella de Aurilla, madre de Césaro. E seyendo
de aquella demandado cómo havié nombre, él, queriendo
o no, dixo que cercava a una doncella de Pompeya clamada Avra. Por que la doncella, uyendo voz de hombre e no
de fembra, clamó las fembras, las quales súbitament fizieron cerrar las puertas e cercaron tanto que lo trobaron dentro en una cambra de una doncella. La qual cosa seyendo
por aquesta manera sabida, Césaro se partió de la companyía de Pompeya³⁸⁹¹ e reclamose de Clodio de la iniqui-
dat³⁸⁹² qu'él havié fecho. E Clodio respondié que no era
verdat, como sea que en aquel tiempo era fuera de la ciudat en sus [f. 154r / XXVIII, 4] casales.

Mas Cícero, con todo que era su amigo, porque obrava contra Catelina, dio testimonio que ciertament en aquel
tiempo era en la ciudat. El qual testimonio dio más por
complazer a Terentía, su muller, que por razón de la verdat. Porque Clodio era malquerido de Terentía por sospe-
cho de Clodia, su ermana, la qual querié tomar por marido Cícero. Por aquesta ocasión Cícero era movido de
Terentía, su muller, contra el dicho Clodio. E de muchos
buenos hombres fue culpado Clodio e menospreciado
como malvado barallador e deleitoso de envergonyar los
buenos hombres e las buenas donas; tanto que Léuculo,³⁸⁹³
marido de la ermana de Clodio, levó por testimonios algu-
nas³⁸⁹⁴ sus serviciales, queriendo provar cómo Clodio yazió
carnalment con la ermana suya e muller del dicho Léuculo. Encara se dize que yazié carnalment con dos otras sus

3891   Pompeya] pompeyo *P*: pompeo *F*: Πομπηίας.
3892   iniquidat] niquidat *PF*.
3893   Léuculo] lentulo *PF*: Λεύκουλλος.
3894   algunas] algunos *P*: alcuni *F*: (θεραπαινίδας).

ermanas, de las quales la una, que se clamava Terentía,
havía por muller Rex Marchio,[3895] e la otra, que se clamava Clodia, havié Metelo. La qual fue sobrenombrada
Cadrantía,[3896] porque un su amigo le envió una bolsa, e en
lugar de moneda de oro follas de ramo[3897] las[3898] quales se
claman *cadrante*.[3899] E con todo que fue difamado e incul-
pado de muchos, no fue peró condepnado. Por que una
vegada Clodio dixo a Cícero que los jutges no lo havién
creído de lo que lo havía acusado. E Cícero respondió: «Yo
fui creído bien de xxv jutges, car de tantos fuste condepnado; mas tú no fuste creído de los otros xxx, porque no
te absolvieron ante que huviessen recebida la sobornación». E finalment, seyendo clamado Césaro por[3900] testimonio, dixo qu'él no acusava su muller de adulterio. E
seyéndole demandado que [f. 154v] por qué ocasión havié
dexada su muller, dixo que su muller no querié seyer
nepta solament de mala fama, mas aun de sospecha.

E seyendo Clodio la hora escapado de periglo, aprés
algún tiempo fue fecho sobrestant del pueblo e rebolvié
las cosas contra Cícero moviendo toda la multitut contra
él. Porque ya havié levado todo el pueblo a su liga e amistat con lei benigna, e dio grant senyoría a los dos ípatos,
esto es: que a Pisone[3901] dio la senyoría de Macedonia, e a
Gavinio[3902] la senyoría de Suria. E muchos otros que eran
venidos menos de lo lur puso devant. E siempre havié a
derredor de sí muchos hombres armados a su sueldo. E de

3895 Rex Marchio] remarchio *PF*: Μάρκιος ὁ Ῥήξ.
3896 Cadrantía] *PF*: Κουαδραντίαν.
3897 follas de ramo] follas de ramos *P*: fogle di rami *F*: χαλκοῦς.
3898 las] los *P*: li *F*.
3899 *cadrante*] codrante *PF*: κουαδράντην.
3900 por] clamado por *P*: chiamato per *F*.
3901 Pisone] pisidone *PF*: Πείσωνι.
3902 Gavinio] esti vino *P*: questi venne *F*: Γαβινίῳ.

los III principales e mayores de Roma, Crasso era su manifiesto enemigo. Mas Pompeyo no se mostrava ni amigo ni enemigo ni del uno ni del otro. E dubdávase de Césaro por el sobredicho de Catelina. Peró, el dicho Césaro estando por ir en Galacia en la huest, Cícero se fizo su amigo e pregávalo de ir en su companyía. La qual su pregaria seyendo recebida de Césaro, Clodio, vidiendo que Cícero se escampava e se querié ir a andar fuera de la ciudat en el tiempo de su senyoría, se fingié de seyer su amigo e echava toda la culpa a Terentía. E tanto le supo favlar dolcement que lo sacó del miedo que le havié e fízole dexar la companyía de Césaro. Por la qual cosa, Césaro fue muit corruçado e movió Pompeo e Clodio contra Cícero. E Césaro mismo en presencia de todo el pueblo se reclamó de Cícero diziendo que contra razón fizo morir Léntulo e Quétigo. Sobre aquesto estando en judicio Cícero e vidiéndose en periglo, despullose su ropa e [f. 155r / xxx, 6] vistiose de una otra e andava en torno de todo el pueblo con la cabeça descubierta pregando a cada uno. E Clodio iva d'acá e d'allá encontrándolo por todas las carreras que él passava, e levava en su companyía hombres sin vergonya los quales trufávanse de Cícero por el mudamiento de la ropa. En qualquiere lugar que se parava por pregar, lo firién con piedras e con fanga.

Solament Cícero havié en su ayuda quales que xx^m. E, seyendo congregado el consello, fueron muchas paravlas dichas. Mas, no obstant aquesto, no trobava misericordia ninguna, antes le era necessario que fuyés o que combatiés con Clodio. Sobre aquesto pregó a Pompeyo que le deviesse ayudar. Por la qual cosa, Pompeyo fue a sus casales, e, seyendo encara ido Cícero enta allá, sintiendo Pompeo qu'él vinié, no quiso veyerlo de vergonya (porque le era mucho tenido que en su tiempo le havié mucho ayudado), mas a requesta e pregarias de Césaro, su suegro, quiso seyer traidor de la antiga amistat e ixiose por una otra puerta e esquivó el parlamiento e las pregarias de Cícero.[3903] Por la qual cosa, Cícero como desperado se corrió a los ípatos; de los quales Gavinio[3904] lo querié siempre mal, mas Pisone le favló domésticament e consellole de dar lugar a la malenconía de Clodio e sofrir el mudamiento del tiempo, e que assí farié mellor pora sí e pora su tierra, segunt que assí fue fecho. E partiose a media noche con companyía e guida de sus amigos, e fue por la carrera de Leucania haviendo en coraçón de passar en Cicilia.

Mas, como se supo que era fuido, súbitament Clodio escrivió un comandament que a v[c] millas a luent de Roma ninguna persona [f. 155v] de qualquiere condición fues no osase dar de comer ni de bever a Cícero. Del qual comandamiento los buenos hombres e amigos de Cícero curaron poco, e lo acompanyaron con toda cortesía que pudieron. Mas en un castiello de Leucania clamado Iponio (e oi se clama Bivona) un ciciliano el qual havié recebido grant honor e provecho de Cícero, por esconocencia no recibió a Cícero cortesament. Encara uno, Gayo Vergino, capitán de Cicilia, el qual se fazié grant amigo de Cícero, le comandó a dezir que no passás por Cicilia. Por que, doliéndose Cícero de tanta desconocencia, passó a Brándiz e de allí a Duraz. En decendiendo él, se fizo un terremoto assí grant que la mar passó ultra su término. Por la qual cosa, algunos adevinos conocieron que la foída no devié durar; porque aquella tal cosa era senyal de turnament.[3905] Muchos griegos e otros ivan a veyer a Cícero por consolarlo. Mas él como vencido de dolor no podié tomar

3903   Cícero] *F*: cesaro *P*.
3904   Gavinio] gaynio *PF*: Γαβίνιος.
3905   turnament] turment *P*: tormento *F*: μεταβολῆς.

alguna consolación, con todo que era savio e cient, tanto qu'él mismo jutgava seyer clamado de sus amigos philósofo e no rectórico. Porque Cícero havié la filosofía por una cosa especial; mas la rectórica usava en los regimientos del común. Mas la vanagloria ha tanto poder de echar la ciencia del coraçón por la usança política si aquel regidor no es avisado †de la prática e† no dexarse vencer de los contrarios advenimientos.

E seyendo fuido Cícero de Roma, como desuso es dicho, en continent Clodio fizo meter fuego a sus casales e aprés en su casa, a do fizo fer un templo al qual puso nombre *Franquisa*. E todo el otro su haver fizo meter en encant e faziélo cridar cada día. Mas no se trobava persona que quisiés comprar [f. 156r / xxxiii, 1] ren. E quanto Clodio, el pueblo menudo retornó bien a su amistat; mas los gentiles hombres lo querién mal. Tanto que por despecho querié anullar algunos ordenamientos de Pompeyo que havié ordenado en el tiempo de su capitanería. La qual cosa reputando Pompeyo su vergonya, se corruçava entre sí mismo e se arrepintié mucho porque no havié ayudado a Cícero a la su necessidat. E siempre procurava con sus amigos de fer tornar a Cícero. Mas, siempre Clodio empachando todo el consello, de un coraçón e voluntat todo el consello determinó por sentencia que Clodio no fiziesse ninguna nueva ordenación si primero no fues ordenado e comunament consentido; e sobr'el tractamiento de Cícero, que tornase a la ciudat. Fue levada rumor, e muchos de los sobrestantes fueron feridos e muertos. E entre los otros, Cointo, ermano de Cícero, fue ferido a muert, e jaziendo como muerto en medio de los otros muertos, escapó la hora del periglo de la muerte. Por que la mayor part del pueblo se arrepintió. E de los sobrestantes, e primerament entre todos no huvo ninguno ardideza de levar a Clodio a judicio sino Anyo Milo, que lo levó contra su voluntat. E por esto Pompeyo fue acompanyado de muchos ciudadanos e de muchos otros de los castiellos de aderredor. E dizién que jamás el pueblo de Roma no fue tanto[3906] arrepentido de cosa que huviés fecho como fue la hora de Cícero. E por esto, de consello común fue determinado que Cícero tornás a la ciudat. E fue escripto de part de todo el consello a todos aquellos de los castiellos de los quales Cícero fue estado graciosa- [f. 156v] ment recebido e féchale honor muchas gracias e mercedes. E fue comandado que sus casales e su casa, las quales Clodio fizo cremar e destruir, fuessen súbitament renovadas e fechas a la espensa común. Cícero tornó a Roma aprés XVI meses de su fuga, e fue recebido assí graciosament de los romanos que lo que dixo depués fue verdat, es a saber, que la Italia levándolo en las espaldas lo puso en Roma. E Crasso, el qual lo querié mal antes, la hora lo recibió e le favló volenter.

E aprés algunos días de su venida, Cícero guardó tiempo que Clodio no era en Roma, e en companyía de muchos puyó al Capitolio e priso todos los cartularios comunes de todos los exiliados e de las otras condepnaciones, e rompiolas e gastolas todas. Por la qual cosa, reclamándose Clodio al consello, Cícero respondió que Clodio fizo contra razón e contra su honor en decender del honor de los patriarcas al officio popular. Por aquesto dizié que todo aquello que fue ordenado en su tiempo no valié. Por la qual cosa, Cato[3907] se corruçó e contradíxoles, no porque los fechos de Clodio le pluguiessen, mas pareciele greu que tanto común ordenamiento fuessen anullados; entre los quales ordenamientos eran aquellos suyos que havía ordenado en Bisancio[3908] e por Cipri. Por que

---

3906 tanto] de tanto *P*: di tanto *F*.
3907 Cato] *F*: *om. P*: Κάτων.
3908 Bisancio] bisancia *P*: bisanzia *F*: Βυζάντιον.

por aquesta ocasión se querían mal, no manifiestament, mas pur no mostravan de haver aquella amistat que havién antes.

Aprés esto, Milo[3909] mató a Clodio; e seyendo clamado en judicio por homicida, tomó a Cícero por advocado. Sobre aquesto el consello, dubdándose que Milo[3910] como hombre poderoso e furioso no fiziesse algún maleficio por el qual se levantase en la ciudat rumor, cometieron la examinación a Pompeyo, el qual en continent ante [f. 157r / xxxv, 1] que se fiziesse día vino en plaça con mucha companyía de gent d'armas. Por la qual cosa, dubdándose Milo[3911] que Cícero por miedo de la gent de armas como hombre no usado e de poco coraçón no dixiés aptament su razón, lo ha fecho levar con una garbeta en plaça antes que los júdices[3912] fuessen congregados. E parece que Cícero era covart no solament en las armas, mas encara en las paravlas. Por lo qual, Cícero, vidiendo Pompeyo posado en alto e en torno de sí grant quantidat de gent d'armas luzientes ***[3913] e apenas començó a obrir la boca, tremblándole la persona e encara la voz, no obstant qu'el dicho Milo[3914] le estava de cerca rogándolo e diziéndole que al menos no havié quesido mudar ropa segunt la usança de los culpables. La qual cosa fue más su ocasión de seyer condepnado.

Aprés aquesto, Cícero se fizo preste de la orden que los romanos claman *áuguri* en lugar de Crasso el joven, el qual se mató en Armenia. E aprés por suert le tocó la capitanería de Quiliquía, do passó con XII^m peones e con II^m VI^c

3909   Milo] milio *PF*: Μίλων.
3910   Milo] *cf. supra.*
3911   Milo] *cf. supra.*
3912   júdices] giudici *F*: judicios *P*: κριταὶ.
3913   ***] *lag. en PF*: συνεχύθη.
3914   Milo] *cf. supra.*

cavalleros. E havié comandamiento de tornar, si pudiés, las
partes de Capadocia a la amistat del rei Ariovarzani. La
qual cosa fizo Cícero diestrament sin batalla. Encara,
vidiendo aquellos de Quiliquía mucho corruçados devés
los romanos por el fallimiento de Parthia,[3915] humilió lur
corroço con buenas e dolces paravlas. E jamás no recibió
res ni de emperador ni de ninguno otro; mas cada un día
fazía grandes e notables convides a los buenos hombres.
E jamás no tenié portero en su casa. E en la manyana
como se levava, o estando o andando o viniendo, saludava a todos los que le vinién devant. E dizen que [f. 157v]
jamás no fue batido ninguno d'él, qui fuesse servidor suyo
o no, ni jamás se movió a dezir villanía a ninguno por
movimiento de sanya o por danyo. En aquel tiempo uno
clamado Quiquelio escrivió a Cícero pregándolo que le
enviasse de[3916] Quiliquía a Roma algunos leopardos; e
Cícero, loándose de su obra, respondió al dicho Quiquelio escriviéndole que en Quiliquía[3917] no se trobavan leopardos, por lo qual, no sufriendo que todos los otros estuviessen en paz e ellos solos combatiessen, fuyeron a
Caria.[3918] E tornando Cícero de su †companyía†[3919] a Roma,
puso puerto a Rodas e aprés en Athenas, do, haviendo trobado sus antigos amigos e estudiantes, los vido volenter e
favló con ellos. E depués tornó a Roma en començamiento de aquella grant riota de Césaro e de Pompeo.

E queriéndole[3920] fer triumfo los romanos, dixo: «Yo
sufriría más aína el triumfo de Césaro si solament se fiziés

3915 Parthia] F: parchia P: Παρθικὸν.
3916 de] di F: do P.
3917 Quiliquía] F: aquiliquia P: Κιλικίᾳ.
3918 Caria] F: acaria P: Καρίαν.
3919 de su †companyía†] de su companya P: con sua compagnia F:
ἀπὸ τῆς ἐπαρχίας 'de la provincia'.
3920 queriéndole] volendoli F: queriendolo P.

paz». E en una part escrivié a Césaro, e de otra part escrivié pregando a Pompeo consolando a cada uno e humiliando la su sanya; mas, breument, no pudiendo meter remedio. Por que, venido Césaro a Roma, Pompeo sí fuyó con muchos buenos hombres de Roma. E la hora Cícero no quiso fuir ni seguir Pompeo; por que parecié que era parcial con Césaro. Mas aprés, haviendo escripto a Cícero un amigo de Césaro clamado Trivencio cómo a Césaro plazié la su amistat e companyía, confortándolo de haver buena esperança en él e, si por la velleza no querié, que se partiés de Roma e fues en la Elada e morando allá no se empachase ni con él ni con el otro, Cícero, maravillándose cómo Césaro no le havié escrevido ren, respuso a la dicha [f. 158r / xxxvii, 4] letra súbitament diziendo: «Yo faré todo aquello que me parecerá de fer»; segunt que assí lo fizo.

Car, partido Césaro de Roma por ir en Iberia, Cícero fue a Pompeyo, do fue graciosament recebido, salvo que de Cato fue represo particularment porque era venido a la part de Pompeyo, diziéndole que, pues que del començamiento era amigo de Pompeyo, no era razón de abandonarle, mas él,[3921] pues que se era tornado en su tierra, devié fincar e aprés fazer aquello que millor le pareciés por sí e por su tierra, e no así sin alguna razón fazerse enemigo de Césaro e meterse participant a tal periglo. Las quales paravlas reprendibles de Cato mudaron la opinión de Cícero, vidiendo encara que Pompeyo fazié poca mención d'él. E la ocasión fue suya; porque se trufava de las ordenaciones de Pompeo; e quando él iva a la huest con coraçón maligno e sin redir, dizié sus paravlas e dava ocasión a los otros de redir. Así como fazié Domecio, el qual

---

3921   no era razón de abandonarle, mas él] no era razon de abandonarse mas a el *P*: non era ragione dabandonarsi piu alluj *F* (*en margen,* non era ragione dabandonare piu luj).

havié en su bandera un hombre no usado en fecho d'armas, e siempre lo metié devant e, trufándose d'él, lo loava diziendo que era humil e honesto. Por el qual Cícero dixo: «¿Por qué, pues, no lo fazes governador de tus fillos?». E prosperando Césaro, Márico,[3922] venido de Italia, dixo que en Roma eran ciertas nuevas que Césaro havié vencido a Pompeo. Al qual Cícero respondió: «Pues ¿por qué veniste tú acá a veyerlo, vidiendo Pompeyo con los tus proprios ojos?». E aprés la esconfidura de Pompeo, haviendo dicho Nonio que encara devié haver esperança porque encara eran fincadas a Pompeyo VII águilas, dixo[3923] qu'el su consello era bueno si se deviessen combater contra [f. 158v] los grallos.[3924]

E fecha la batalla, Pompeyo fuyó, e Cato fincó a Duraz con estol por mar e huest por tierra. E pregava a Cícero que deviés recebir la capitanería. E Cícero, no queriendo acceptarla ni encara ir con ellos, falleció poco de seyer muerto de Pompeyo el joven e de sus amigos, cridando contra él e clamándolo traidor con la espada nuda en la mano. Solo Cato lo empachó; e escapó la hora Cícero de aquel periglo. E partido de allí, fue a Brándiz, do esperava Césaro. E haviendo sabido que Césaro era decendido a Táranto e vinié por tierra a Brándiz, le fue al encuentro esperando su bondat. Mas havié vergonya de venir a senyor su enemigo en presencia de tantos. E por aquesto reprimié su coraçón. Empero, no huvo menester de pregarlo, car, assí como Césaro lo vido, lo recibió graciosament e decendió de su cavallo e se saludaron ensemble e besaron e andaron favlando ensemble por espacio de grant hora.

3922 Márico] marco *PF*: Μαρίκου (Y).
3923 águilas, dixo] *entre* aguilas *y* dixo, *P presenta media línea en blanco.*
3924 grallos] gallos *P*: galli *F*: κολοιοῖς.

Pués, mudado el ordenamiento de Roma de dimocratía³⁹²⁵ a monarchía,³⁹²⁶ Cícero se alargó e dexó los fechos comunes e tomó escuela e ensenyava a todos los fillos de los gentiles hombres de Roma. Aquesti fue el primero que en aquel tiempo traslató en lengua romana los vocables de la dialética e de la física morando a Túsculo, en do eran sus possesiones. E pocas vegadas vinié a Roma por fer reverencia a Césaro, del qual era honrado e bien querido; porque siempre dizié algunos motes por Césaro. E quando fueron echadas las estatuas de Pompeyo e encara por comandamiento de Césaro remetidas, Cícero dixo que Césaro, faziendo remeter las estatuas de Pompeo, por su bondat havié confirmado las suyas.³⁹²⁷

Dizen³⁹²⁸ que a la su velleza [f. 159r / XLI, 2] dexó Terentía, su muller, porque siempre lo reprendía diziendo que era negligent en los fechos e covart en las batallas; e tomó por muller una doncella. E segunt que Terentía misma dize, no la tomó sino³⁹²⁹ porque era bella; mas, segunt que escrive Tiro, siervo de Cícero, porque era rica. Porque Cícero tenié recomendado todo lo de la joven en sus manos por comissión testamentaria. E porque era venido a grant deudo, fuele consellado de algunos sus amigos que no pudié fer mellor que tomar por muller la dicha doncella e pagar sus deudos. Pués, aprés algún tiempo murió la filla de Cícero sobr'el parto, la qual havié hovido por marido Pisone e la hora havié Léntulo. E venidos de toda part³⁹³⁰

3925   dimocratía] dimotracia *PF*: πολιτείας.
3926   monarchía] monarcha *PF*: μοναρχίαν.
3927   las suyas] la suya *P*: las suyas *F*: ἀνδριάντας.
3928   Dizen] dize *P*: dice *F*.
3929   no la tomó sino] que no la tomo a sino *P*: che non la tolse se non *F*.
3930   de toda part] de otra part *P*: da altra parte *F*: πανταχόθεν.

filósofos e otros cienciados por consolar Cícero, él se dexó
tanto vencer de la malenconía que no podié tomar consolación alguna. E porque parecié a él que su muller huvo
alegría de la muert de su filla, la echó de su casa.

Assí avino a Cícero en las cosas de su casa. Mas en el
tractado del tradimiento contra Césaro no fue participal,
no obstant que era grant amigo de Bruto. E parecié que
Cícero no fuesse clamado a aquel tractado porque era
covart, car en semblant caso los ardidos e de grant
coraçón han mucho afer de cobrar e retener esfuerço;
¡quánto más aquel qui naturalment es covart! E fecho el
tractamiento de Bruto e de Cassio, congregándose los amigos de Césaro e dubdándose que la ciudat no viniese en
rumor, Antonio, que era la hora ípato, fizo congregar todo
el consello e fizo su parlament alegando muchas razones
por pacificar la ciudat. E semblantment, [f. 159v] Cícero
dixo mucho concludiendo que fiziessen como los athenienos e perdonassen todo el fallimiento e esleyessen en
capitán el dicho Bruto e Cassio. Mas el pueblo, vidiendo
el cuerpo de Césaro quando lo levavan muerto por la
plaça, en do Antonio, levantando un poco la ropa de Césaro assín sangrienta e guchillada como era, la mostrava al
pueblo, e todos se implieron de furia e curaron poco del
parlament de Cícero e cridaron todos ensemble justicia de
los homicidas.[3931] E tomando fuego, corrién por cremar sus
casas. Mas, con todo aquesto, ellos escaparon de aquel
periglo. Empero, dubdándose del mal advenidero, fuéronse fuera de la ciudat.

Por la qual cosa, Antonio se levó en superbia, en[3932]
tanto que todos se dubdaron mucho d'él por sospecha que
havién qui fuesse monarca antes que otro ninguno. Mas

3931　homicidas] omicidiali *F*: homicidios *P*: ἀνδρῶν.
3932　en] et *PF*.

Cícero se temié más, porqu'él era malquerido d'él porque
era amigo de Bruto. Por la qual cosa, delivró de passar con
Dolobela embaxador a las partes de Suria. Mas Irtio e Pan-
sas,[3933] hombres buenos e amigos de Cícero, deviendo
seyer ípatos aprés el dicho Antonio, lo pregaron que
fincasse con ellos a destrucción de Antonio. Mas Cícero no
los creyé. No res menos, él fincó que no fue con Dolobela. E fue acordado con Irtio de passar en Athenas en el
tiempo de la missión, e aprés, quando ellos recibiessen la
senyoría, tornar a Roma. E assí passó en Athenas. Mas en
aquesti medio, sabiendo por la vía que Antonio era metido,[3934] que fazié toda cosa por complazer al pueblo e que
la ciudat, do la su presencia era necessaria, lo reprendié
de su covardeza, por la [f. 160r / xliii, 4] qual cosa súbitament tornó a Roma. E bien trobó aquello que buscava, que
tanta multitut lo ixió a recebir por acompanyarlo e saludarlo que entre tanto passó la mayor part del día. El segundo
día fue tenido consello e enviaron ante por Cícero; mas no
vino, escusándose que no se sintié bien por el treballo del
camino. Mas por lo qu'él no quiso ir, sí es porque se dubdava de alguna traición, segunt que era estado enformado
por el camino tornando a Roma. Por la qual cosa, Antonio,
indignado e corruçado, súbitament envió gentes d'armas
con mandamiento que lo aduxiessen en su presencia o
que le cremassen la casa. Mas, a pregarias de muchos, el
su corroz o sanya no huvo effecto. E assí fincó la cosa
entro a tanto que Césaro el joven tornó de Apolonia[3935] a
Roma e vino a grant contrasto e questión con Antonio por
una grant quantidat de moneda de Césaro que era fincada
en las manos de Antonio.

3933   Pansas] pausar *PF*. Πάνσας.
3934   metido] *P*. messo *F*.
3935   Apolonia] babilonia *PF*. Ἀπολλωνίας.

Por que Filipo, el qual havía por muller la madre de
Césaro el joven, e Marcelo,[3936] marido de su ermana, fueron a Cícero ensemble con el dicho Césaro. E concordá-
ronse que Cícero deviés favlar por Césaro e ponerlo
devant del consello e devant el pueblo, e[3937] que Césaro
deviés fornir a Cícero de moneda e de gent d'armas, porque muchos eran aún en su companyía de la gent del primero Césaro. E el dicho Cícero se enclinó liugerament a la
amistat de Césaro por tal ocasión: Biviendo encara Césaro
e Pompeyo, Cícero vido en suenyo como que clamava a
algunos gentiles hombres jóvenes al Capitolio por ocasión
qu'el dios Jove esleyesse uno de aquellos por senyor de
Roma. Los quales jóvenes le parecié [f. 160v] que se assentavan pacíficament vestidos de escarlata. E parecióle veyer
la multitut de Roma correr devés el templo del dios. E en
aquesti medio, seyendo abiertas las puertas del templo,
levándose cada uno de los dichos jóvenes de su lugar, ivan
devant del dios, e el dios, guardando bien a cada uno e
doliéndose, les dava conget. Finalment, seyendo él ido
devant, el dios levantó su mano derecha devés Césaro
mostrando e diziendo: «O romanos, quando seredes se-
nyoreados de aquesti Cesarano***.[3938] El qual suenyo ha
venido justo. Cícero por la manera desuso dicha, quanto
en la voluntat suya, ha tovido bien la especie e la manera
del joven, mas no lo conocié. Mas decendió en el campo
de Martis, do los jóvenes se provavan. En aquel lugar vido
e conoció Césaro tal qual lo havié visto en suenyos. E,
maravillándose del joven, demandó quí era e de quál linage. El linage de aquesti joven fue Octavio, hombre gentil,
mas no de los mayores; e su madre fue Atía, ermana de

3936   Marcelo] martello *PF*: Μάρκελλος.
3937   e] et *F*: *om. P*: δὲ.
3938   ***] *lag. en PF*: πέρας ὑμῖν ἐμφυλίων πολέμων.

Césaro. Por la qual cosa, Césaro no haviendo fillos, lo fizo heredero de sus bienes muebles e sedientes. E por aquesto occasión Cícero do quiere que encontrava el dicho joven lo saludava con cara alegre; e de otra part, Césaro le rendié la salutación graciosament, porque nació en el tiempo que Cícero era ípato.

E aquestas cosas pareción ocasión de su amistat; mas la verdat es esta: Cícero querié mal a Antonio, e como hombre vaniglorioso quiso la amistat de Césaro, pensando dius la fuerça de aquel seyer[3939] más hondrado e poderoso; porque tanto lo obedecié el dicho joven que lo clamava padre. Por la qual [f. 161r / XLV, 2] cosa, corruçándose Bruto, escrivio una letra a Atio tocando a Cícero como que por miedo de Antonio querié mal[3940] a Césaro; la qual cosa fazié no por el bien común, mas por su provecho. Empero, con todo aquesto, aquesti Bruto levó de la escuela el fillo de Cícero e fízolo cabo de huest, seyendo Cícero en Athenas. E por la manera que dicho havemos, Cícero devino grant e poderoso tanto que movió toda la ciudat contra Antonio, e enviaron los romanos contra él Irtio e Pansa. E fizo ordenar por el consello que Césaro huviesse en torno de sí sargentes d'armas e fues vestido a manera de capitán como ayudador de la ciudat. E seyendo esconfido Antonio de todo e muertos los dos ípatos en aquella guerra, todo el poder se congregó con Césaro. Por que todo el consello se dubdó de la joventut e prosperidat de Césaro, e se adestrava de apaciguar toda aquella huest con donación de moneda e de possesiones e de officios, dius escusa que no havién más menester huest, pues que Antonio era esconfido e fuido. Por la qual cosa, dubdándose Césaro, enviava secretament algunos a Cícero pregándolo

3939 seyer] om. PF.
3940 querié mal] P: voleva male F: θεραπεύοντος.

qu'él se assotilasse tanto que entre entramos fuessen ípatos, queriendo haver solament el nombre por su honor e que Cícero huviesse la senyoría. La qual companyía de Cícero querié Césaro, segunt qu'él mismo dizié, dubdándose de no seyer echado de todo officio.

E conociendo que Cícero era cobdicioso de senyorear, segunt qu'él mismo era levado en superbia, e enganyado el viello del joven, puso en obra la voluntat de Césaro a destrucción suya e subjección del pueblo romano. Por lo qual, Césaro haviendo recebido la senyoría e seyendo fecho ípato, fazié poca mención de Cícero e tenié en su companyía e consello Antonio e Lépido,[3941] con los quales tornó a sí todo el poder [f. 161v] romano e escrivió por nombre más de II^c hombres condepnándolos a muert; por la qual cosa huvieron contrast ensemble, no por otro sino por Cícero, diziendo Antonio qu'el primero que muriesse fues él sin misericordia ninguna. E semblantment, Lépido se acordava con Antonio; e solo Césaro contrastava con entramos. El qual consello e condepnación fueron fechos en Bononia dentro de III días apartados de la huest un poco en un río. E en los dos d'estos III días Césaro ha contrastado por Cícero tanto quanto ha podido; mas en el tercero, no pudiendo más, consintió con ellos. E assí fue vendido Cícero de Césaro; e de Lépido, Paulo su ermano; e de Antonio, Leuquio Césaro su tío. Los quales tanto se alexaron[3942] de la conciencia por su furor e cobdicia de la senyoría que mostraron que no havié más furioso animal qu'el hombre †segunt su deseo e conquista senyoría†.[3943]

3941 Lépido] *F*: lepida *P*: Λεπίδῳ.
3942 alexaron] alegraron *P*: allegrarono *F*: ἐξέπεσον.
3943 †segunt su deseo [...] senyoría†] segunt su deseo et conquista senyoria *P*: secondo il suo disio et conquista segnoria *F*: ἐξουσίαν πάθει προσλαβόντος.

E seyendo Cícero en sus casales con su ermano, sabiendo nuevas del dicho tractado fecho contra él, se partió de allí e ívase a un otro casal clamado Ástira, el qual era cerca la marina, entendiendo de passar a Macedonia, do era Bruto; porque havié nuevas que prosperava. E por la malenconía e desplazer que havié hovido del dicho tractado, se fazié levar en una carbeta, e semblantment su ermano. E yendo por el camino de lugar en lugar, se fazién devallar en tierra e besávanse ensemble. E entre los otros, Cointo havié mayor desplazer porque no havié podido tomar ninguna cosa de su casa pora despensa; e semblantment Cícero. E parecioles bueno que Cícero se'n-de fues e él tornás a tomar alguna cosa. E abraçaron[3944] e besáronse ensemble; e saludando el uno al otro, se partieron. E aprés pocos días, Cointo fue rendido[3945] de sus servidores a aquellos qui lo cercavan, e fue muerto él e su fillo. Mas Cícero plegó [f. 162r / XLVII, 4] entro a Ástira,[3946] en do, trobando un navilio aparellado súbitament, puyó suso e, haviendo buen viento, fueron entro a Quirquío, e de allí, queriendo los marineros passar avant, Cícero, o por miedo de la mar o haviendo esperança en Césaro, devalló en tierra. E de allí tornando a piet devés Roma, andó bien c estadios. Mas aprés, repentido e doliéndose, tornava encara devés Ástira[3947] faziendo la vía de la marina. E passó toda aquella noche con diversos, amargos e dolorosos pensamientos; tanto que pensó en sí de meterse a la ventura e ir celadament entro a casa de Césaro e matarse él mismo. Mas encara se retrayó de esta opinión dubdando que no fuesse preso e turmentado. Finalment, se deliberó

3944 abraçaron] P. abbracciaronsi F.
3945 rendido] vendido P. venduto F. προδοθείς.
3946 Ástira] austria PF. Ἄστυρα.
3947 Ástira] cf. supra.

de passar por mar entro a Capita, do havrié algún refugio e buena estancia pora el tiempo de verano. Mas aprés, como Cícero puyó en el navilio, súbitament apareció una quantidat de cuervos, e cridando vinieron entro allá do era el navilio e posávanse en las bandas del navilio. E los unos cridavan, e los otros se esforçavan con sus bocas tallar las cuerdas del navilio. La qual cosa parecié manifiestament mal senyal pora Cícero. E en aquesti medio el navilio plegó entro allá do Cícero querié ir. E plegado en su casa por reposarse, encara los dichos cuervos se reposaron sobr'el terrado de su casa e en las finiestras cridando. Uno de ellos tuvo tanto ardimiento que entró al lecho de Cícero en do yazié, e³⁹⁴⁸ con su pico tirole la ropa de suso e descubriole la cara. La qual cosa vidiendo sus servidores, maldizién sus personas diziendo: «¡O tristos! No esperaremos veyer con los nuestros ojos la muert [f. 162v] de nuestro maestre, pues que entro a los auseles se ide acuestan, sin meter ide algún remedio». E queriendo o no, lo levaron de allí. E levávanlo devés la marina.

E en aquesti medio plegaron Erenio centurión e Pilio³⁹⁴⁹ quilíarco, el qual Pilio,³⁹⁵⁰ acusado por patricida estando en judicio, fue ayudado de Cícero. E plegados en el casal do era Cícero, haviendo trobadas las puertas cerradas, las rompieron. E no trobando dentro Cícero, demandavan dó fuesse. E no queriendo dir ninguno dó fuesse, un jovenet, siervo del ermano de Cícero, el qual la hora era afranquido de Cícero e adoctrinado, dixo a Quilíarco cómo lo levavan devés la marina por la vía del bosc. Los quales de continent cavalgaron por la dicha vía. E sintiéndolos Cícero, comandó a sus servidores que lo metiessen deyuso o que se

---

3948 e] *om. PF.*
3949 Pilio] polio *PF:* Πίλιος.
3950 Pilio] *cf. supra.*

parassen devant. E aquesto fecho, priso su barba segunt su usança con la mano ezquierda e, bolvida la cara envés sus homicidas, los esperava. Los quales plegados, Herenio priso Cícero e tallole la[3951] cabeça sobre la cadira do él se assentava. Do la mayor part de aquellos qui eran presentes a su muert, non sufriendo veyer la muert de Cícero, cubrieron sus caras. Era la hora Cícero hombre de LXIIII anyos.

E aquel que le talló la cabeça le talló las manos e levolas a Roma, segunt el comandamiento a él fecho por Antonio. E fueron enforcados[3952] sobre los muros de la ciudat. Mas aprés, repentido el dicho Antonio e movido de piedat, fizo tomar el jovenet que havié descubierto a Cícero e metiolo en las manos de Pompeya, muller de Cointo, ermano de Cícero, que ella fiziés vindicta d'él a su guisa. La qual [f. 163r / XLIX, 3] fizo d'él una crudel vindicta: que ella le[3953] fazié tallar la carne e aprés la fazié cozer e aprés ge la fazié comer por fuerça. E Césaro, depués que huvo destruido Antonio, se mostró benigno e piadoso devés el linage de Cícero.

E assí finió Cícero su vida. Resta agora de fer comparación d'él a Demostenin.

Aquí faze comparación el actor entre Demostenin e Cícero

Demostenin, seyendo dado del todo a la rectórica, por la destreza de su natura e por el continuo estudio sobrepuyó todos los otros rectóricos. Semblantment, Cícero era

---

3951   la] il (capo) *F*: *om. P.*
3952   enforcados] *P*: impiccati *F*; *no concierta con* cabeça *y* manos, *sino con un suprimido* ἀκρωτηρίων 'extremidades', *neutro en griego, omitido en la traducción.*
3953   ella le] ella li *F*: la *P.*

hombre savio e muit letrado, como quiere que los[3954] libros
de Demostenin no son ornados de bellas paravlas e de trufas, mas los libros de Cícero son plenos de trufas e de
reprensiones. Cícero havié una cara alegre que siempre
pareció que ridiés; mas Demostenin pareció en la cara
duro e imaginativo. E por aquesto sus enemigos lo clamavan malicioso. Las escripturas de Demostenin parecién
dulces; e no se troba que jamás se loase sino a grant
menester. Mas Cícero por sus escripturas mismas pareció
de muchas paravlas e grant replicador de paravlas, loando
siempre a sí mismo no solament de fechos, mas encara de
paravlas. E verament, qualquiere que es reputado cient e
sabidor en los fechos políticos no se deve gloriar ni loarse, car, usando la ciencia en los fechos políticos e no cercando seyer loado d'ella, parece e se demuestra. E por
aquesto parece Demostenin seyer más digno que Cícero.

No res menos, el uno e el otro eran grandes en ciencia
e tanto fuertes favladores que eran mucho menester a los
capitanes, es a saber: Dimostenin a Diopidi, a Cari e a Leostenin, e Cícero a Pompeyo e a Césaro el joven, segunt qu'él
mismo testifica en aquello que escrive a Agripa. E assí
como es cosa [f. 163v] manifiesta que las maneras e condiciones de cada uno se conocen e descubren por senyoría,
Demostenin no huvo jamás assí grant poder de senyoría
como Cícero que fues descubierta e provada su manera.
Mas Cícero fue fecho trasorero en Sicilia e aprés fue enviado a Quiliquía e a Capadocia, e pareció despreciador de
toda riqueza. E semblantment, en Roma en el tiempo de la
su ipatía, haviendo la senyoría en las manos como monarca, provó la paravla de Platón verdadera cómo la hora esta-
sen bien los castiellos quando, por buena ventura, e cien-

3954   los] *om. PF.*

cia con justicia avinié a grant poder.[3955] Por la qual cosa, Cícero parecié más maravilloso que Demostenin.

Aquesti Demostenin fue acusado por sospecha de ladronicio; mas Cícero fue exiliado porque havié destroído los malvados de la tierra. Empero, Cícero passó el exilio quasi muerto, sin obra, no por otro sino por el dolor que havié; mas Demostenin, seyendo echado fuera de su tierra, ha ayudado más que Themistoclí e Alquiviado. E breument, la muert del uno e del otro fue bien dolorosa; mas la muert del uno es estada más dolorosa que del otro. Porqu'el uno en la su velleza, fuyendo a la muert d'acá e d'allá, fue muerto;[3956] mas Demostenin, fuido al templo del dios, se proveyó de veneno, con el qual murió valient, escapado de las manos de Antípatro.

3955   quando, por buena [...] a grant poder] P: quan per buona ventura et scienzia con giustitia avinie a gran potenza F: ὅταν εἰς ταὐτὸ δύναμις τε μεγάλη καὶ φρόνησις ἐκ τινος τύχης χρηστῆς ἀπαντήσῃ μετὰ δικαιοσύνης.

3956   muerto] morto F: muerte P.

PÉRICLES

{PF}

SÍGUESE EL XXXVIII LIBRO: De las gestas e memorables fechos de Péricles, varón ilustre de Grecia. Césaro, vidiendo en Roma algunos hombres estrangeros que levavan en sus braços e en sus espaldas perricos e gatos maimones[3957] mostrando devés ellos grant amor, demandoles si las mulleres les fazién fillos. La qual demanda parecié reprensión [f. 164r / I, 1] e maestramiento de senyor contra tales hombres qui se muestran e semellan en el amor natural a las bestias e no a hombres de semblant natura. E pues que de chines[3958] e de otras bestias toma el hombre plazer e maestramiento en sí, parece que la ánima naturalment ha en sí de reprender[3959] aquellos que usan su delecte a cosas de no res, e a las cosas que son buenas e provechosas son negligentes. Porque la vista del ojo, qual es la cosa, tal la veye solament; mas la ánima no veye la cosa simplement, mas encara cerca la su natural condición si es buena o mala; e deve seguir el bien por amor del qual *** algún provecho. E assí como al ojo es bueno aquel color el qual por su belleza le mantiene la

---

3957   gatos maimones] *P:* gatti mamoni *F:* πιθήκων.
3958   chines] *PF:* κυνῶν.
3959   ha en sí de reprender] ha en si de prender *P:* a in se di prender *F:* λόγον ἔχει ψέγειν.

vista, assí el coraçón del hombre deve usar de tal manera
que del mal lo tire a bien, que es las obras virtuosas, las
quales en las istorias a los hombres dan buen amor e
coraçón de semellar a los buenos e virtuosos. E quanto en
las otras obras, no se sigue de fer toda cosa de la qual el
hombre se maraville. De do viene[3960] el contrario: que, pla-
ziendo a nós la obra, no ha cura del maestro, assí como
encara nos plazen los colores, e los tintores non. E parece
que Antistenin dixiesse bien quando uyó dezir que
Isminía[3961] era buen tocador de fiauta, e dixo:[3962] «Mas
desordenado; porque no se sigue que un fiautero sea
encara buen hombre». Semblantment, Filipo en una bever-
rría, uyendo cantar su fillo muit bien una nota e[3963] dolcement, reprehendiéndolo dixo: «Non has vergonya de assí
cantar? Abasta al emperador si él quiere oír cantar a los
otros». E parece que el hombre que [f. 164v] se delecta en
cosas suzias e chicas, entendiendo en aquellas, se faze
negligent en las grandes e necessarias.

Car ningún[3964] joven savio, veyendo la ídola de Jove
que es en Pisa, huvo mayor voluntat de seyer Fidía, el
entallador de la dicha dea. Ni, viendo la ídola de la dea Ira
que es en Argos, se delectó de seyer Políclito. Ni encara es
necessario, si la obra es bella, seyer antes el maestro
digno, car algunas obras son bellas que no son provechosas, e por esto no han[3965] voluntat de seguir lur semblança.
Mas, en los fechos virtuosos, de aquello que alguno se
maravilla, se mete a fazerlo; porque la istoria de tal obra

3960   viene] F: venie P.
3961   Isminía] surra PF: Ἰσμηνίας.
3962   e dixo] om. PF: ἔφη.
3963   e] om PF: καί.
3964   ningún] tachado en P (en el margen, un): un F: οὐδεὶς.
3965   han voluntat] el sujeto es los espectadores (τοὺς θεωμένους).

da fortaleza al coraçón de semellar a aquello. Por³⁹⁶⁶ que yo só más solícito de durar fatiga, e comienço agora de escrevir la vida de Péricles e de Favio Máximo, el qual se ha combatido con Aníbal. Los quales son semblantes a todas las virtudes, e mayorment a la humildat e justicia. E si yo digo bien e jutgo derechament, vós³⁹⁶⁷ lo conoceredes por la present istoria.

Del linage de Péricles

Péricles fue de la más principal casa del linage de los Acamandidos,³⁹⁶⁸ e fue fillo de Xántipo e de Agariste,³⁹⁶⁹ su muller. E aquesti Xántipo es el que venció los capitanes del emperador a Micali. E la dicha Agaristi³⁹⁷⁰ fue nieta de Clisteno, el qual echó los Piyes³⁹⁷¹ e levó la ciudat a buena e común concordia. Aquesta Agaristi,³⁹⁷² antes que ella huvi- [f. 165r / III, 3] és parido el dicho Péricles, vido en suenyo que ella havía parido un león. E aprés algunos días, parió el dicho Péricles, el qual era bello de todos sus miembros sino que havié luenga la cabeça.

Aquesti Péricles aprendió de muchos maestros; mas a él le ayudó e le creció más el seso que a ellos, e esdevino sufficient de governar. ***³⁹⁷³ Anazagora Clazomeno,³⁹⁷⁴ el

3966 Por] et por *P.* et per *F.*
3967 vós] voi *F.* nos *P.*
3968 Acamandidos] acamadidos *PF.* Ἀκαμαντίδης.
3969 Agariste] agaiste *PF.* Ἀγαρίστην.
3970 Agaristi] agristi *PF.*
3971 Piyes] *PF.* Πεισιστρατίδας.
3972 Agaristi] agaisti *PF.*
3973 ***] *lag. en PF.* ὁ δὲ πλεῖστα Περικλεῖ συγγενόμενος καὶ μάλιστα περιθεὶς ὄγκον αὐτῷ καὶ φρόνημα δημαγωγίας ἐμβριθέστερον, ὅλως τε μετεωρίας καὶ συνεξάρας τὸ ἀξίωμα τοῦ ἤθους, [...] ἦν.
3974 Clazomeno] et lazomeno *PF.* Κλαζομένιος.

qual era de los hombres de su tiempo clamado *Senno*, o porque era muit sufficient en la art de la física, o porque primerament él ha determinado no seyer principio del mundo[3975] la fortuna e la necessidat, mas el seso nepto.

Aquesti Péricles, segunt la manera del dicho Anazagora, no solament parecié magnífico e las sus paravlas savias e de todo senyoreable e fuera de toda trufa (ninguno no lo vido jamás redir), mas encara su andar era mui ordenado, e las otras semblantes virtudes havía en sí. Porque una vegada, ordenando alguna cosa necessaria pora la ciudat, un hombre de pequena condición lo blasfemava todo; e quando plegó a su casa, que ya era noche, mandó a un su familiar que encendiés lumbre e que acompanyás a aquel qui lo blasfemava entro a su casa. Algunos dizién que Péricles era vaniglorioso, por invidia. La qual cosa uyendo Zino philósofo, dixo: «¡Ya fues yo de aquellos vanigloriosos!». Por lo qual, algunos, no seyendo buenos, pero por ipocrisía e usando de poco en poco, fueron buenos.

Dizen aún que un día truxieron a Péricles de su ganado una cabeça de moltón la qual havié un cuerno solament en medio de la fruent. La qual cosa vidiendo Lambo l'indovino, dixo que de los dos senyores de la ciudat [f. 165v] la senyoría havía de venir a uno d'ellos al qual se ha mostrado esti senyal. Mas Anazagora, queriendo mostrar aquesti senyal por razón e por qué'l dicho cuerno era assí nacido en medio de la fruent, fizo partir por medio aquella cabeça, do trobaron congregado todo el meollo en un lugar a manera de un uevo a la raíz del dicho cuerno. De la qual cosa mucho se maravillaron de Anazagora; e aprés poco tiempo se maravillaron de Lambo, quando Tuquididi fue echado de la ciudat de Athenas e fincó toda la senyoría en las manos de Péricles. Por lo qual, en el dito

---

3975   mundo] mondo *F*: mudo *P*: ὅλοις.

del uno e del otro no huvo ninguna contrariedat, diziendo el uno la ocasión, e el otro la fin de la ocasión. Porqu'el uno como filósofo dixo el cómo e el porqué, e el otro como adevino mostró la fin de la significación. Agora dexemos esto e tornemos a nuestra istoria.

De la manera en cómo començó Péricles a usar

Péricles, seyendo gentil hombre e joven e haviendo muchos amigos poderosos, dubdándose que por invidia no fues exiliado del pueblo, no se querié entremeter en los fechos políticos. Mas en las batallas era de grant coraçón e valient de persona. E en continent, como Aristidi murió e Themístocles fue vencido[3976] e Quimon el más del tiempo era en la huest, absent de la ciudat, Péricles començó de entremeterse en los fechos políticos queriendo antes la companyía de la comunidat que de los gentiles hombres. La qual cosa fazié contra su natura, [f. 166r / VII, 3] porque mucho era luent de las costumbres populares. Mas, dubdándose de no cayer en sospecha de tiranía e vidiendo aún que Quimon era gentil hombre e bien querido de los gentiles hombres, por seyer más seguro se enclinó en la comunidat e la multitut por haver fuerça contra Quimon quando fues menester. E por aquesta manera ordenó su vida por la manera siguient.

De la vida de Péricles e de sus fechos

Exido de su casa, siempre andava por una carrera: de plaça entro al consello. E en assí luengo tiempo como él senyoreó, se alargó de todo convit e companyía. E jamás

---

3976   vencido] vezino *P*. veçino *F*: ἐξεπεπτώκει.

no quiso ir a ningún convit ni fiesta, sino a bodas de Euriptólemo,[3977] su nepot. E encara no fincó allí, mas fue entro a la puerta, e aprés tornose en su casa; porque la espesa companyía abaxa las dignidades de los hombres. La qual cosa no aviene a la verdadera virtut, la qual, quanto más se veye, tanto[3978] parece millor, e lóase más la manera de los hombres qui son buenos, por aquesta ocasión que desuso havemos dicho. Péricles se acostava a la companyía del pueblo; mas no mucho a menudo, sino a las grandes necessidades. Mas las cosas de cada día[3979] las ordenava con los rectóricos e amigos suyos. De los quales era uno, Efialti, el qual destruyó la fuerça del consello de Ariópago, no por otra cosa sino por fazer consentir el pueblo a sus voluntades. Tanto qu'el pueblo «se movió de asallir Evia e las otras islas».[3980]

E no solament Péricles era de aquella manera, mas encara sus paravlas eran de acto senyoreable e sotil seso e de dolce favlar. E su lengua era [f. 166v] priesta de dar respuesta a cada uno. E el[3981] acatamiento suyo semblava Pisístrato tirano; tanto que los más antigos se maravillavan de la dicha semblança. E sobrepuyó en ciencia a Anazagora, su maestro, porque tempró la filosofía con la rectórica. E seyendo naturalment sotil e de diestra natura, se avançó a tomar el maestramiento. Por la qual cosa, venció a muchos; tanto que le fue sobrepuesto nombre *Olimpio*. E segunt que algunos dizen, no fue sino por la fuerça de la capitanería e el ordenamiento que fizo por toda la ciudat.

3977 Euriptólemo] eurip tholomeo *P.* eurip tholemeo *F.* Εὐρυπτολέμου.
3978 tanto] *F.* tano *P.*
3979 las cosas de cada día] las cosas cada dia *P.* le cose ciascun di *F.* τἆλλα.
3980 las otras islas] la otra isla *P.* laltra isola *F.* ταῖς νήσοις.
3981 el] al *PF.*

Mas, segunt que algunos invidiosos dizen en su reprensión, por su paravla; porque, quando favlava, parecié que tronava e relampagueava e que ixié[3982] de su boca un fuego, segunt que Tuquididi milisio,[3983] trufándose de la fuerça de favlar de Péricles, dixo una tal paravla. El qual Tuquididi era buen hombre, mas querié mal a Péricles. Aquesti Tuquididi, seyendo una vegada demandado de Arquídamo, emperador de la Lacedemonia,[3984] quál era más diestro en el abraçar o luchar, él o Péricles, dixo: «Quanto yo, abraçándolo echarlo he; mas él, contradiziendo que no es caído, vencerá e lo fará creyer así a aquellos que lo verán». Aquesti Péricles era tanto avisado en su favlar que, quando iva al consello, pregava a los dioses que no ixiés[3985] paravla inrazonable de su boca. Aquesti Péricles era muit honesto, segunt que parece que una vegada un su companyón capitán que havía nombre Sófocles, maravillándose de la belleza de un joven, Péricles le dixo: «O Sófocles, un capitán no deve haver solament las manos neptas, mas encara los ojos». Aquesti Péricles no escrivió muchas istorias ni libros; mas dixo asaz, segunt parece por el sermón por él ordenado sobre la sepul- [f. 167r / VIII, 9] tura de aquellos de Samo que fueron muertos en la batalla, los quales dixo que se fizieron inmortales como dioses, «los quales dioses son invisibles, mas por la reverencia fecha a ellos creyemos[3986] que eran inmortales». E así, semblantes son a aquellos los que mueren combatiendo por su tierra.

3982   ixié] vie *PF*.
3983   milisio] miliso *PF*: Μιλησίου.
3984   de la Lacedemonia] di lacedemonia *F*: la lacedemonia *P*: Λακεδαιμονίων.
3985   ixiés] vies *PF*: ἐκπεσεῖν.
3986   creyemos] creyen *P*: credono *F*: τεκμαιρόμεθα.

Encara se dize que luengo tiempo ante de la guerra de Pelopóniso dizié: «Yo veo la guerra venir de Pelopóniso». Por que dizié e consellava que Éguena[3987] fues levada davant de Pireá e que la batiesen a tierra. E la manera e las costumbres de Péricles eran gentiles; mas por el contrast de Quimon se inclinó mucho a la companyía del pueblo entro a tanto que fizo consentir el pueblo que Quimon fuese exiliado quasi como amigo de los lacedemonios, el qual era hombre gentil e muit rico. Del qual fueron muchas vegadas esconfidos los bárbaros en batalla, e la ciudat fue plena de despulla e de muchas buenas cosas e ricas, así como es escripto en el livro de su vida. ¡E tanto poder huvo Péricles devés el pueblo!

El término del exilio durava entro a x anyos; mas en aquesti medio venidos los lacedemonios a Tánagra con grant huest, movió los athenienos contra ellos, e el dicho Quimon así exiliado como era vino con todo su parentesco en ayuda de los athenienos contra los lacedemonios, queriendo anullar con obra la sospecha que los athenienos havién contra él. En la qual batalla Péricles fizo maravilla de su cuerpo combatiendo valientment contra los enemigos como león. E todos los amigos en companyía de Quimon, los quales inculpava Péricles como amigos de los lacedemonios, fueron muertos en aquella batalla combatiendo valientment; tanto que los athenienos fueron arrepentidos e se dolién mucho del exilio de Quimon vidiéndose esconfidos de los enemigos en medio de la Áctica,[3988] [f. 167v] esperando sobre ellos qu'el verano que vinié grant huest de enemigos. La qual cosa sintiendo Péricles, por complazer al pueblo e humiliar su furia dixo al consello que fue bueno e provechoso a la ciudat que fiziesen tornar

---

3987 Éguena] eguenana *PF*: Αἴγιναν.
3988 Áctica] *F*: actita *P*: Ἀττικῆς.

Quimon del exilio a la ciudat. El qual retornado, liugerament fizo la paz entre los lacedemonios e los athenienos, porque los lacedemonios, en tanto quanto querién mal a Péricles, tanto amavan a Quimon. Algunos dizen que la venida de Quimon fue obrada e procurada por Elpiniqui,[3989] su ermana, la qual se dize que fizo pactos secretos con Péricles que Quimon, su ermano, fues capitán de la fiota de la mar e que deviés passar en Asia con cc galeas contra el emperador, e que Péricles deviés haver toda la senyoría de la ciudat e el governamiento. Pués, aquesti Quimon, seyendo enviado capitán, murió en Chipre.

E los gentiles hombres, veyendo Péricles puyado a tanto honor e poder, más que los otros ciudadanos, queriendo empachar el acrecentamiento de su honor, se adestraron tanto que metieron avant uno clamado Tuquididi, del linage de Alopus, yerno de Quimon, hombre savio e avisado. El qual, vidiendo el pueblo conversar egualment con los gentiles hombres,[3990] no rendiéndoles el honor convenible, muit diestrament partió los gentiles hombres del pueblo e ha aplegado todo el poder en uno. E esforçandose por avançar el uno al otro en[3991] honor, quál tuviés millor estado e más honorable, se alargaron tanto de los populares que toda la ciudat se fizo dos partes, de las quales la una se clamava *pueblo*, e la otra *oligarquía*. La qual cosa vidiendo Péricles, sí avançó al pueblo faziendo plazer a cada uno e faziendo solepnidades e convides. E ordenó que cada un anyo ixiessen de la ciudat lx galeras armadas sin sueldo porque [f. 168r / xi, 4] los hombres, usando la art de la marinería, se adestrassen más. E envió

3989   Elpiniqui] elpini *PF*: Ἐλπινίκης.
3990   hombres] *om. PF*: ἄνδρας.
3991   en] in *F*: el *P*.

en abitación e retenimiento de Querróniso mil hombres, e
VI^c a la isla de Naxia,³⁹⁹² e II^c L en Andro, e mil a Trachi, por
abitar con bisaltos, e otros mandó en Italia por abitar Síva-
ri, la qual clamavan Turi.³⁹⁹³ E esto fazié por la ciudat de
la grant multitut que ý era, e por proveír a los pobres que
no podién avançar ren en la ciudat. E por esta manera
avançaron e esdevinieron ricos, e por la dicha abitación
metién miedo a las amistades vezinas.

Mas, entre las otras obras de Péricles, aquesta dio
mayor plazer a los athenienos, e a todos los otros parecié
maravillosa e de testimonio entro al día de oi a la fuerça e
a la riqueza antiga, segunt las ofertas que Péricles fizo.
Mas, con todo aquesto, sus enemigos por el odio que le
levavan cridavan a las congregaciones diziendo que la
ordenación de Péricles, es a saber, de mudar el trasoro de
Dilo en Athenas por miedo de los bárbaros, era desonor
de los athenienos. El qual trasoro dizién ellos que consu-
mavan malament en los templos e en las ídolas dorando³⁹⁹⁴
e ornando la ciudat como una fembra pública. A las quales paravlas Péricles respondiendo, dizié³⁹⁹⁵ que los athenienos no havién de render conto a sus amistades, pues
que ellos se combatién contra los bárbaros por su salvamiento, e pues la moneda no es aquellos que la dan, antes
es de aquellos qui la reciben en do ***³⁹⁹⁶ todo aquello por
que ellos la reciben. E haviendo la ciudat su abastamiento
a los menesteres necessarios, el avanço³⁹⁹⁷ [f. 168v] el hombre lo deve espender en cosas que sean su honor. La qual
cosa encara es provechosa a los pobres, porque toda art

3992   Naxia] nixia *PF*: Νάξον.
3993   Turi] turri *PF*: Θουρίους.
3994   dorando] adorando *PF*: καταχρυσοῦντας.
3995   dizié] dicea *F*: diziendo *P*.
3996   ***] *om. PF*: παρέχωσιν 'realizan'.
3997   avanço] 'resto'; ital.

se obra e todos los artesanos e manípolos biven de tal
sueldo, e de una manera se faze provecho a la ciudat e a
los pobres. Porque, pues,[3998] los jóvenes e los hombres
d'armas biven de las batallas e de su sueldo; e los otros
que no van a las armas, vidiéndolos pobres e queriéndolos ayudar, mas non de balde, los puso en obra dándoles
fatiga convenible, assí que pudiessen bevir de su fatiga
assí como la gent d'armas, es a saber, a marineros e a otros
artesanos.

Las quales cosas se fazién maravellosament de materia de
piedra de mármol e de rame e de uesso de elefant, de oro
e de argent. E ide havié de maestros entalladores e de argen-
teros e de pintores e de carpenteros. E entre los otros fueron Agátharco, pintor, e Zefsi,[3999] aquel maravilloso maestro,
e muchos otros maravillosos maestros de muchas artes. E
sobre todos era uno qui se clamava Fidía, por amor de Péricles. Las quales obras parece que fuessen en plazer de la dea
por una tal ocasión e senyal: El más diligent e más de grant
coraçón, lavrando[4000] en el templo, cayó e estava assí malament malauto de aquella caída que de todos los meges fue
desemparado. Del qual doliéndose Péricles, la dea le pareció en suenyos e le mostró una medecina o ungüent con el
qual liugerament fue garido el dicho maestro. Por la qual
cosa, Péricles fizo fer una estatua de oro a la dea Athe-
[f. 169r / xiii, 13] na por mano de Fidío maestro.

Mas aquellos de la part de Thuquididi cridando contra
Péricles dizién qu'él consumava el haver común malament.
Por la qual cosa, Péricles en una congregación del consello
demandó a la multitut diziendo si les parecié qu'él huviés
despendido asaz de lo del común. E respondiendo ellos: «Sí,

3998   porque, pues] *P.* perche adunque *F.*
3999   Zefsi] zetsi *P.* çetsi *F.* Ζεῦξιν.
4000   lavrando] lavorando *F.* laurano *P.*

assaz», la hora Péricles dixo: «Pues, sea mía la despensa, e faré
fer a todos las ofertas a mi título e a mi senyal». E uyendo esta
respuesta la multitut, e maravillándose de la grandeza de
Péricles, e queriendo que la fama de la obra fincasse sobre
ellos, cridaron diziendo: «Sea fecho lo que tú has fecho, e
espendido de la común riqueza francament a tu manera».
E breument, Tuquididi fue exiliado, e fincó toda la senyoría
en las manos de Péricles. E fincó solo senyor e governador
sobre todas las cosas, esto es: gentes d'armas, tributos, galeras, islas, amistades, élinos e bárbaros obedientes, guerra e
paz. Por que de allí avant no consintié liugerament a las
voluntades e plazeres del pueblo, mas, segunt el derecho
orden de la razón, algunas vegadas con buenas e dolces
paravlas e algunas vegadas con fuerça, los levava a su voluntat e obediencia por lur provecho, assín como fazen los
meges a las plagas periglosas, que alguna vegada meten
cosas aspras e duras e alguna vegada cosas blandas e dolces.
E assí él, vidiendo tanta multitut e diversas voluntades, especialment en tanta prosperidat como era la ciudat, algunas
vegadas con duras paravlas e menaças e algunas con paravlas dolces e de buena esperança, los governava e humiliava
lur superbia ***⁴⁰⁰¹ e consolándolos en los contra- [f. 169v] rios
advenimientos. E en esta manera mostró la fuerça de la su
rectórica, assí como dize Plato que a las maneras e passiones
de la ánima da⁴⁰⁰² consolaciones. Mas la ocasión sí es no porque solament era diestro favlador, mas por la fama de su
buena conversación e lealtat, segunt que testimónea Tuquididi. Porque todo el tiempo de su vida no fue jamás corrupto
de sobornación ni cobdicioso de riqueza.

Manifiesta cosa es que los istoriales no pueden liugerament trobar toda la verdat, porque la longueza del tiempo

---

4001   ***] *lag. en PF*: καὶ τὸ δύσθυμον ἀνιεὶς.
4002   da] dar *PF* (*interlin. en P*).

passado empacha a los çagueros hombres de saber plena-
ment los fechos antigos; mas los istoriales de aquel tiempo, los unos por invidia, los otros por lausenjería, non han
dispuesta ni declarada la derecha verdat. Por que algunos
hombres desordenados e acostumbrados de dezir mal e
blasmar los buenos e virtuosos hombres, mal blasmavan
antes e dezién mal de Péricles. A la qual cosa el hombre
no deve dar fe, reguardando a la lur malicia e desordenación, mas solament deve recebir e tenerse a la testimoniança de la part de los buenos, que Péricles fue muit
maravelloso hombre en ciencia e en honestat, e más en
razón e en justicia, car, haviéndole atorgado los athenienos
todo el poder de la ciudat e haviendo senyoreado con los
Efialtos e con los Tolmidos⁴⁰⁰³ e con los Tuquididos anyos
XL,⁴⁰⁰⁴ e aprés el exilio de Tuquididi XV anyos, e fecho más
poderoso que el Emperador e tiranos, no acrecentó en su
proprio haver una dragma;⁴⁰⁰⁵ mas por la su destreza e solicitut la ciudat fue crecida e mellorada de poder e de riqueza. E tanto estudiava de agrandecer la ciudat que no
[f. 170r / XVI, 8] se recordava pont de Anazagora, su maestro. Mas, seyéndole dicho que era malauto, lo fue a visitar
e doliésse fuert de su mal, no tanto d'él quanto de sí
mismo, porque perdié un tal maestro e consellador. Por
que Anazagora se descubrió e dixo: «O Péricles, qualquiere que ha menester de lumbre mete de olio a su gresuelo».

En aquesti tiempo, haviendo començado los lacedemonios de haver invidia del crecimiento de la senyoría de los
athenienos, Péricles, confortando la multitut de los athenienos, dio una sentencia en escripto: que todos los élinos
do quiere que se trobassen, habitantes o en las partes de

4003   Tolmidos] colmidos *PF*: Τολμίδαις.
4004   XL] LX *PF*: τεσσαράκοντα.
4005   dragma] dragina *PF*: δραχμῇ.

Europa o en las de Asia, que deviessen mover o notificar a todos los castiellos assí chicos como grandes de entremeter conselladores e procuradores en Athenas por los templos de los élinos que fueron cremados de los bárbaros e por los sacrificios que ellos havién promeso a los dioses quando havién començado la guerra contra los bárbaros e por poder navegar segurament sin miedo de alguna cosa. Por lo qual, fueron enviados xx hombres, cada uno de la edat de L anyos, mas de menos no, de los quales fueron enviados v en Yonio e en la isla vezina de Asia entro a Metelín e Rodas, e otros v ne fueron enviados en Elíspondo e a Traqui e en las partidas de Bisancio.⁴⁰⁰⁶ E v otros ne fueron enviados a Viotía, a Foquida e a Pelopóniso; e passaron por medio de Locrida⁴⁰⁰⁷ entro a Votrando, Acarnania e Ambraquía.⁴⁰⁰⁸ E los otros entro a los xx passaron por medio de Evia e fueron a los theos⁴⁰⁰⁹ e a los thesáleos, consellándoles e amonestándolos de seyer participables del común general consello que se devié celebrar por el bien común e crecimiento suyo. El qual consello fue empachado de los lacedemonios. [f. 170v] E no obstant que fues empachado d'ellos, empero se es mostrado el grant seso e proveimiento de Péricles. E no solament era diestro e savio consellador, mas encara en las batallas prosperador por su buen ordenamiento.

Porque jamás no se metié en batalla incierta e periglosa, ni siguié jamás capitán qui por irrazonable prosperidat prosperava e conquistava⁴⁰¹⁰ fama. Escapava⁴⁰¹¹ de periglo

---

4006 Bisancio] bisancia PF: Βυζαντίου.
4007 Locrida] lotrida PF: Λοκρῶν.
4008 Ambraquía] abraquia P: ambratia F: Ἀμβρακίας.
4009 theos] PF: Φθιώτας.
4010 conquistava] conquistata F (va superpuesto a ta): conquistada P.
4011 escapava] escapada P: scampata F.

diziendo siempre Péricles: «Yo me esforço con todo poder de salvar los athenienos inmortales». E vidiendo Péricles Tolmidi de Tolmeo[4012] levado en superbia por los honores que le fazién como bienaventurado en las batallas (tanto que se aparellava ante tiempo de entrar en Viotía[4013] e en aquesto fizo consentir a toda la fior de los jóvenes de los athenienos voluntariament entro a mil sin la otra fuerça), Péricles lo empachava diziendo públicament: «Yo me recuerdo entro al día de oi que, aunque Tolmidi no querié fer segunt mi consello, empero él será amaestrado[4014] en el tiempo». E quanto la hora, no fue fecha mención d'esta paravla; mas, aprés algunos días, seyendo portadas nuevas que Tolmidi era esconfido a Coronia e muerto en la batalla, en la qual encara fueron muertos muchos ciudadanos buenos de los athenienos, la hora fue reputado e tenido savio de los athenienos. E de la hora avant fue más amado como bueno e savio consellador.

E, entre las otras capitanerías suyas, fue más amado por la capitanería de Querróniso, la qual fue salvamiento de los élinos que abitavan en aquellas partes. Porque fue allá con mil athenienos e abitola en ayuda e confortación de aquellos castiellos. E fizo circundar la boca de Querróniso de muro e de torres de marina a marina, e empachó el curso de los [f. 171r / XIX, 1] tracos, qui corseavan e fazién espesas[4015] batallas e roberías que sostenié la tierra de los vezinos bárbaros. E se estendió más la fama suya quando se movió de la Mégara[4016] con c galeas, con las quales

---

4012   Tolmeo] tolundi *PF*: Τολμαίου.
4013   Viotía] viocia *P*: boetia *F*: Βοιωτίαν.
4014   será amaestrado] era amaestrado *P*: era amaestrato *F*: ἁμαρτήσεται.
4015   fazién espesas] fazién las espadas espesas *P*: facevano las espadas espesas *F*: *no hay base para* las espadas *en griego*.
4016   Mégara] megra *PF*: Μεγαρικῆς.

navegó en torno del Pelopóniso. Porque no solament conquistó castiellos e ciudades cerca la marina los quales antes havié conquistado Tolmidi, mas encara andó dentro tierra luent de la marina con la turma o companyía de aquella misma armada de su estol conquistando ciudades e castiellos, tanto que cada uno huvo miedo de su ida e no osavan ixir contra él. Mas a Nemea[4017] los siquiones exidos contra él fueron esconfidos malament; por que Péricles puso senyal de victoria. E, haviendo amistat en Acheas,[4018] furnió sus galeras de gent d'armas e passó con su estol a Utrento[4019] e puyó por el río Aquelone e corrió toda Acarnania e los Neados.[4020] E gastó sus panes, e tornó en Athenas con grant prosperidat e destrucción e danyo de lures enemigos, porque al dicho estol no avino alguna desaventura.

Aprés aquesto, entró en Elíspondo con grant e sufficient estol, e aduxo todo lo que havién menester a los castiellos elínicos, domésticament. Mas contra los vezinos bárbaros e los tiranos e sus senyores ha mostrado la fuerça e los grandes coraçones de los athenienos cómo ellos huviessen toda la marina en lures manos e senyoría. E navegavan sin miedo do ellos querién. E del dicho su estol ha dexado en ayuda de Sinopo XIII galeras, e capitán sobre aquellas uno clamado Lámaco. E encara lexó otra gent d'armas contra Timisíleo tirano. E seyendo esconfido e echado el[4021] dicho Timisíleo, los sinopeos sí deliberaron de fer venir VI[c] hombres de Athenas e co- [f. 171v] abitar

---

4017 Nemea] nemia *PF*: Νεμέᾳ.

4018 Acheas] athenas *P*: athena *F*: Ἀχαΐας.

4019 Utrento] utreuto *P*: autremo *F* (*en el margen*, antrento vel antenio): τὴν ἀντιπέρας ἤπειρον.

4020 Neados] *PF*: Οἰνεάδας.

4021 el] del *P*: dal *F*: (ἐκπεσόντος δὲ) τούτου.

en uno con ellos faziéndoles part del terreño, esto es, de
casas e de possesiones que tenié el dicho tirano. ¡Tales e
tantos fechos obrava Péricles que por su providencia
e seso todos los fechos vinién a él! Mas a las otras irrazon-
nables voluntades de los ciudadanos no consintié jamás
así como[4022] a hombres levantados en superbia, los quales
por la fuerça e la prosperidat pensavan remover el impe-
rio de Egipto; e mayorment la mala voluntat de Cecilia, en
la qual fueron metidos por consello de algunos rectóricos
amigos de Alquiviadi, e esperando encara de diusmeter
Tirrinía e Carquidonia por el crecimiento de su senyoría e
la prosperidat de las cosas.

Mas Péricles empachava la lur no razonable voluntat e
animosidat, e consellávales de no cercar más avant, mas
pensar de guardar bien aquello que ellos havién imagina-
do.[4023] Mas fuert cosa pur era de empachar los lacedemonios, peró que siempre eran[4023bis] lur contrario, segunt se
mostró en muchas cosas e mayorment en la batalla
santa;[4024] peró que, reteniendo los foquios el templo de
Delfus, los lacedemonios andaron con huest entro allá e
echaron los foquios e diéronlo a los delfos. Mas, assí tost
como se partieron los lacedemonios, Péricles fue al Delfus
e por fuerça echó a los delfos e retornó de cabo los foquios.

Por aquesto parece bien que Péricles, reteniendo dentro de la Elada la fuerça de los athenienos, fazié bien las
obras mismas; e assín lo testimónean, segunt que se escrive deyuso. Primerament, como los evoidos[4025] se rebellaron a los athenienos, Péricles fue sobre ellos. Mas, mientre que ellos ivan allá, los lacedemonios entraron en los

---

4022   como] come *F*: tomo *P*.
4023   imaginado] *P*: imaginato *F*: τῶν ὑπαρχόντων 'lo poseído'.
4023bis eran] *F*: era *P*.
4024   santa] fecha *P* (< fcā): fcā *F*: ἱερὸν.
4025   evoidos] enoidos *PF*: Εὐβοεῖς.

términos de Áctica con Plistónacto,[4026] lur [f. 172r / XXII, 1] emperador. La qual cosa sintiendo Péricles, se tornó de Evia a freta. E quanto de combatirse con los enemigos de cara a cara, no huvo ardiment, porque la huest d'ellos era de mayor quantidat que la suya; mas, vidiendo Péricles que Plistónacto,[4027] porque era mucho joven, tenié más que a los otros en su consello Cleandridi,[4028] fizo tanto que lo corrompió con sobornación. Por que Plistónacto[4029] por consello del dicho Cleandridi[4030] fizo levar la huest de allí. Por la qual cosa, levada la huest e derramada d'acá e d'allá, puso en furor e en ira los proveidores de los lacedemonios, e condepnaron Plistónacto,[4031] lur emperador, en tanta quantidat de moneda que, no haviendo de qué pagarla, se'n fuyó de Lacedemonia; e queriendo antes fuir el dicho Cleandridi, lo condapnaron a muert. Aquesti Cleandridi fue padre de Gílippo,[4032] el qual esconfió e destruyó los athenienos en Cicilia; al qual parece que la natura havía dado assí como vicio de parientes la avaricia. Por lo qual, trobado él en suzias obras, fue echado de Espartia desonestament, assí como fazemos mención en la vida de Lissandro.

Mas depués Péricles, rendiendo razón e conto a la espensa de la guerra, puso aquesto antes ensemble con la dicha espensa cómo él havié espendido a algún secreto necessario de la guerra x talentes. La qual cosa fue acceptada plaziblement del común e no examinaron en qué necessidat los huviés espendido. Así encara se dize de

4026 Plistónacto] el polistoanacto *P*: polistoanacto *F*: Πλειστώνακτος.
4027 Plistónacto] a polistoanacto *P*: polistoanacto *F*.
4028 Cleandridi] leandridi *PF*: Κλεανδρίδη.
4029 Plistónacto] polistoanacto *PF*.
4030 Cleandridi] *cf. supra*.
4031 Plistónacto] plistoanacto *PF*: τὸν βασιλέα.
4032 Gílippo] *F*: glilippo *P*: Γυλίππου.

muchos, e de Theofrasto filósofo, que Péricles enviava cada un anyo a Esparti x talentes, con los quales sobornando los gentiles hombres prolongava la guerra. E aquesto no fazié pont por recabdar la paz [f. 172v] con ellos, mas por fornirse millor a mantener la guerra contra los enemigos, segunt que la hora tornó prestament con los sobredichos rebelladores de Evia con L galeras e con v^{m4033} hombres d'armas, e diusmetió todos aquellos castiellos a la obediencia de los athenienos. E de Calquida fizo exiliar los ipovotos,^{4034} los quales eran los más ricos e honorables de Calquida. Mas de Estía fizo exiliar todos los estíos sin misericordia, porque, seyendo presa d'ellos una galera de los athenienos, fueron muertos d'ellos quantos eran desuso. E aprés fizo abitar la dicha Estía de hombres de Athenas.

E aprés, haviendo fecho pactos los lacedemonios e los athenienos por espacio de xxx anyos, Péricles conselló a los athenienos de passar a Samo, por lo qual, comandándoles fer paz con^{4035} los melisos, no querién. E, passado Péricles a Samo, anulló la oligarchía^{4036} e priso de los gentiles hombres L e mandolos a Limno.^{4037} E dízese que cada uno de aquellos L dava a Péricles un talent solament que lo quisiés dexar; e aquellos qui no^{4038} querién la dimocratía le davan muchas cosas. Mas no quiso ren tomar. Encara un perso^{4039} clamado Pisutno^{4040} por amor e en servicio de los samios envió a Péricles por present x^{m} de la moneda de oro de la de Persia porque dexás la ciudat en la

4033 v^{m}] v^{c} *PF*: πεντακισχιλίοις.
4034 ipovotos] iponotos *PF*: Ἱπποβότας.
4035 con] con *tachado en P*. om. *F*: πρὸς.
4036 oligarchía] obligarchia *PF*: ὀλιγαρχίαν.
4037 Limno] limino *PF*: Λῆμνον.
4038 no] om. *PF*: μὴ.
4039 perso] preso *F* (*en el margen*, perso): preso *F*: Πέρσης.
4040 Pisutno] pisitno *PF*: Πισσούθνης.

primera su libertat. Mas de todas aquestas cosas no ha
quesido recebir ren, mas ordenó la ciudat dius regimiento
de dimocratía.[4041] Aprés tornó en Athenas. Mas, con todo
esto, porqu'el dicho Pisutno[4042] de Persia se ha tanto adoctrinado que ha querido los dichos estádicos,[4043] encara los
samos se rebellaron a los athenienos e se aparellavan con
[f. 173r / xxv, 4] grant coraçón a la batalla. Por la qual cosa,
Péricles encara passó a Samo. E seyendo fecha la batalla a
la isla de Trayía,[4044] Péricles prosperava maravillosament,
porque con XLIIII galeras esconfió LXX.

E sobre aquella victoria encalçando los enemigos, retuvo el puerto e dava batalla al castiello de Samo. E con todo
aquesto, encara los samios[4045] eran en ardit d'exir[4046] de
fuera de los puertos en resistencia contra los athenienos.
Mas aprés, seyendo plegado otro estol de Athenas e seyendo de todo los samos desconfidos, con LX galeras se alargó
en el piélago. E la ocasión, segunt que algunos dizen, fue
porque se dizié que vinié en socorso de los samos cierto
estol de Finiqui, e lo querié encontrar en el piélago e combaterse con él. Mas, segunt que dize Estisímbroto,[4047] querié
passar en Chipre; la qual cosa no parece verdadera. Empero, qualquiere fuesse d'estas dos, parece que Péricles huviés
fallido en esto, porque, seyendo él alargado, como dicho es,
Mélisso filósofo, capitán la hora de Samo, despreciando el
estol de los athenienos que Péricles havía dexado, porque
era poco e los capitanes no práticos, fizo consentir a los
samos de escometer a los athenienos. E fecha entre ellos la

4041 dimocratía] *F*: dimocracia *P*: δημοκρατίαν.
4042 Pisutno] *cf. supra.*
4043 estádicos] *P*: stadichi *F*: ὁμήρους; *cf. infra sub* stadichi.
4044 Trayía] traya *PF*: Τραγίαν.
4045 samios] samii *F*: sunios *P*.
4046 d'exir] d'uscire *F*: en exir *P*.
4047 Estisímbroto] sçismroto *P*: scisniroto *F*: Στησίμβροτος.

batalla, los athenienos fueron esconfidos e fueron rotas muchas de las galeras de los enemigos e fueron presos muchos de lur gent, a los quales blasmando los samos, en lur desonor escrivieron en sus fruentes *cucovaya*.[4048] E de la hora, haviendo la marina a lur posta, furnién el castiello de toda cosa que havién menester[4049] pora la guerra.

El qual avenimiento uyendo Péricles, vinié a fretta en ayuda de los suyos. E exido el sobredicho [f. 173v] Mélisso contra Péricles, fue esconfido e la ciudat encara cercada[4049bis] de Péricles, queriendo[4050] antes tomarla por sitio que meter la gent en periglo. Mas, recreciendo a los athenienos d'estar occiosos, que no podié[4051] liugerament empacharlos, compartió toda la gent del estol en VIII partes. E con fabas blancas e negras echando suertes, a quantos tocavan las blancas davan licencia de comer e bever e estar en alegría todo aquel día; e a quantos tocavan las negras davan licencia de combater contra los enemigos. Por que por aquella ocasión entro al día de oi todos aquellos qui son bienaventurados dizen que pasan el blanco, por la dicha faba blanca.

Al fin, en espacio de nueve meses priso el castiello de Samo e fizo abatir la su muralla; e condapnó los samos en grant quantidat de moneda, de la qual pagaron la hora una part, e el romanient prometieron de pagar a cierto tiempo. Por la qual cosa, dieron *stadiqui* a Péricles. Uno de Samo que havié nombre Duri, estudiando la dicha presa, dolorosament reprende fuert a los athenienos de la crueldat que mostraron devés los samos. La qual cosa no

<hr />

4048   *cucovaya*] tucovaya *PF*: γλαῦκας.
4049   menester] mestier *F*: *om. P*: τῶν ἀναγκαίων.
3049bis   cercada] cerrada *P*: serrata *F*: περιετείχιζε.
4050   queriendo] et queriendo *P*: et volendo *F*.
4051   no podié] no podien *P*: non potien *F*: ἔργον ἦν.

dize algún istorial, ni Tuquididi ni Éforo ni Aristótil. Ni parece verdat do dize que los athenienos fizieron levar todos los patrones de los samos en la plaça de los melisos[4052] e que los fizieron ligar sobre tavlas e los fizieron estar allí entro a x días e aprés los condapnaron a muert. E ellos muertos, echaron sus cuerpos. E parece qu'el dicho Duri en las otras istorias que no lo tocavan se alargó mucho de la verdat; mayorment en esta, doliéndose por la desaventura advenida a la su patria, reprendiendo e blasmando a los athenienos. Mas Péricles, depués que huvo humiliado e diusmeso Samo, [f. 174r / xxviii, 1] tornó en Athenas e fizo soterrar honorablement los cuerpos de los muertos en aquella batalla, e sobre lures sepulturas fizo un maravilloso sermón. Por la dicha presa de Samo dize Yone que Péricles se avançava,[4053] diziendo que Agamenón en espacio de x anyos tomó la ciudat barbárica, e él en espacio de ix meses ha humiliado los más poderosos de Yonia. E aquesto no era irrazonable, car, segunt escrive Tuquididi, marró bien poco que la fuerça marina de los athenienos no fuesse la hora rota de los samos e la mar senyoreada de ellos.

Aprés esto, aparellándose los peloponisos contra los athenienos, e seyendo combatidos los cercireos[4054] de los corinthios, Péricles fizo consentir el pueblo que fuesse enviado acorrimiento a los quirquereos[4055] como hombres poderosos en mar, porque huviessen ocasión de ferse de la amistat de los athenienos. Por lo qual, enviaron x[4056] galeras en lur socorso, sobre las quales fue enviado capi-

---

4052 melisos] melifos *PF*: Μιλησίων.
4053 se avançava] *P*: s'avanzava *F*: μέγα φρονῆσαι: *tal vez* se avantava.
4054 cercireos] ciceros *PF*: Κερκυραίους.
4055 quirquereos] quiquereos *PF*: Κερκυραίους.
4056 x] v *PF*: δέκα.

tán el fillo de Químone de Lacedemonia.[4057] La qual cosa
ha fecho Péricles por blasmo e desonor de la casa de Químone, porque su casa era bien querida de los lacedemonios. E aquesto porque no[4058] prosperasse el fillo de Quimon; sobre pocas galeas lo envió contra su voluntat. E
sobre aquesto murmurando los athenienos, le envió encara más galeras. Por la qual cosa, los corinthios enviaron a
los lacedemonios reprendiendo a los athenienos; e semblantment los mégaros e los eginitos. E en aquesti medio
se rebelló a los athenienos la ciudat de Potídea,[4059] la qual
fue abitada de los corinthios, mas aprés se fizo de la obediencia de los athenienos voluntariament. La qual rebellación metió más la guerra [f. 174v] entre los peloponisos e
los atheneos. No res menos, los lacedemonios dexavan
todo lo otro, segunt parece que Arquídamo, lur emperador, mandó embaxadores en Athenas demandando solament si quisiessen consentir a la respuesta de los mégaros.
A la qual demanda contradixo mucho Péricles; tanto que
metió más el pueblo a la guerra.

Por lo qual, seyendo ciertos los lacedemonios que, si
por alguna ocasión liugerament pudiesen fer que la senyoría se levasse de las manos de Péricles, en todo lur
fecho trobarién los athenienos más perezosos e más negligentes en los lures fechos, e enviaron diziendo a los athenienos que no era lícito de tener entre ellos el condapnamiento, significando Péricles, al qual tocava el dicho
condapnamiento de part de su madre, segunt que escrive
Tuquididi. Mas aquesta lur entención les tornó a todo el
contrario: que, queriendo blasmar e meter en sospecha

4057   de Lacedemonia] *P.* de la cademonia *F.* Λακεδαιμόνιον (*nombre
propio*).

4058   no] *om. PF.*

4059   Potídea] pondea *P.* pordea *F.* Ποτίδαια.

Péricles, él de la ora avant fue más preciado e hondrado de los athenienos, vidiendo que los lures enemigos lo querién mal e se dubdavan d'él más que de los otros. Por aquesto, ante que Arquídamo entrasse a la Áctica con la huest de los lacedemonios, Péricles dixo a los athenienos que, si por ventura los enemigos no quisiessen fer danyo ni robar sus[4060] vinyas ni possesiones por meterlo en sospecha d'ellos, qu'él las dava al común. Mas Arquídamo, gastando[4061] la tierra de los athenienos, plegó entro a Acarnás e alogiosse allá pensando que los athenienos por lur superbia se moviessen a ira e furor, no suffriendo tanto, e ixiessen contra ellos, segunt que assí fue, que los athenienos, movidos de ira, ixieron contra ellos. Mas Péricles ja-[f. 175r / xxxiii, 5] más no les consselló que ixiessen contra los peloponisos e los viotios, los quales eran bien armados en conto de lx^m hombres. E quantos athenienos eran animosos de exir, Péricles los pacificava diziendo: «Si un árbol se talla, encara se puede renovar; mas, si un hombre muere, no se puede jamás levar». E assí como un naucher eguala la su *sárcina* o carga ordenadament e govierna artificiosament su fusta por escaparla del periglo, assí Péricles, quando era menester, no se curava del consello de sus amigos ni de los blasmos de lures enemigos, mas governava la ciudat segunt su consello. E fizo cerrar las puertas de la ciudat, e ordenó buenas gardas en torno a su salvamiento.

E enviando al Pelopóniso galeas, Péricles no fue pont sobre ellas, antes fincó en la ciudat por guarda e retenimiento entro a tanto que la huest de los peloponisos se levó de allí. E contentava la multitut con diversas gracias e donaciones de posesiones. El dicho estol de los athenie-

---

4060   sus] *om. PF*: ἐκείνου.
4061   gastando] guastando *F*: gustando *P*: δηοῦντες.

nos, navegando en torno al Pelopóniso, fizo grant danyo e priso por fuerça de batalla parechi castiellos.[4062] Aprés aquesto, Péricles fue sobre la tierra de los mégaros e destruyola.

E parece que aquesta guerra se havié cesado en breu tiempo por las pasiones de los treballos e destrucción de entramas las partes si algún diablo no huviés contrastado a los athenienos, así como parece clarament que en el començamiento de aquesta guerra sobrevino a los athenienos una grant mortaldat la qual levó toda la joventut, tanto qu'el romanient, doliéndose de aquella desaventura, se corruçava contra Péricles. E esto fazién ellos no tanto por sí mismos como por movimiento e amonestament de lures enemigos, féndoles creyer que la dicha mortaldat [f. 175v] no fue avenida sino por la grant multitut congregada dentro en la ciudat, mayorment en tiempo de verano habitando en casetas chicas e en cuevas estrechas e pudientes hombres usados de estar largament[4063] en bueno e nepto aire. E de aquesti mal dizién[4064] aquéllos que havié seído ocasión Péricles, el qual fizo congregar tanta multitut en la ciudat que pudién como animales.

Por el qual lur rencuramiento, Péricles, queriendo confortar los athenienos, que se rencuravan, e desplazer a los peloponisos, en continent fizo armar CL[4065] buenas galeas. E seyendo puyado Péricles desuso su galera por partirse, se fizo eclipsi del sol. Por el qual eclipsi todos los del estol se esbayeron. E veyendo Péricles el cómitre de[4066] su galea esmagado e esmortecido de miedo, priso la falda de su ropa e cubrió el ojo del dicho su cómitre. E cubierto el ojo,

4062   parechi castiellos] parecchi castella F: barechi castiello F: χώραν τε πολλὴν κώμας τε καὶ πόλεις μικράς.
4063   largament] largamente F: largamant P.
4064   dizién] diceano F: dizen P.
4065   CL] C PF: ἑκατὸν καὶ πεντέκοντα.
4066   de] de(lla) F: el de P.

le demandó si sentié alguna passión por aquel cubrimien-
to o si lo reputava por algún mal senyal. E respondiendo
el dicho cómitre que no, la hora Péricles le dixo la razón
por qu'el sol se escureció, diziendo que no devié reputar
por mal senyal la dicha escuredat, sino en tanto quanto era
mayor la escuridat de su ropa. Dexamos de present aquesta examinación a la escuela de los filósofos, e seguimos
nuestra istoria. Partido la hora Péricles de Athenas con el
dicho estol, no fizo alguna cosa de fama, porque la dicha
mortaldat, siguiéndolo, alcançó allá do ellos eran idos, por
manera que no solament murién los athenienos, mas
quantos se aplegavan a ellos, o por visitación o por algún
servicio. E non obstant que Péricles los consolava e confortava, pur ellos no cessavan ni se amansaron de su furia
entro a tanto [f. 176r / xxxv, 4] que Péricles fue deposado
de la capitanería e encara condapnado.

E la furia de los athenienos contra Péricles, venida a fin
de lur intención, súbitament cessó. Mas lo peor pora él fue
que su casa e encara todo su linage fue destroído por la
dicha mortaldat. No res menos, Péricles se ha mostrado
tanto grant e sufficient que por dolor que huviesse no se
planyó jamás ni fue a sepultura de ninguno entro a que
murió Páralo, el çaguero fijo suyo, por la muert del qual,
en quanto se querié mostrar grant e sufficient, no pudo,
mas, venido por meterle la corona en la cabeça segunt la
usança, vidiéndolo jazer muerto, con grant dolor fizo un
fuert planto con muchas lágrimas, cosa que jamás no havía
fecha en tiempo de su vida. Todo hombre ende huvo grant
maravella.

Los athenienos, preciando todos sus capitanes de aquella guerra e no pudiendo trobar alguno de aquellos de la
sufficiencia de Péricles, ni rectórico ni no rectórico, encara se tornaron a él de cabo que recibiesse la capitanería.
El qual, con todo el dolor que huvo de su casa e de los

suyos, a requesta e pregarias de Alquiviadi e de muchos otros, consintió[4067] de recebirla. E, venido a la congregación, toda la multitut confesó que havié fecho mal; e pregado encara comunament de todos, recibió de cabo la capitanería.

E parece que Péricles fuesse ***[4068] de la dicha enfermedat, porque[4069] de poco en poco se le consumava la persona e se amansava la su grandeza. De la qual cosa maravillándose Theofrasto si segunt la buelta de la fortuna rebolviessen las condiciones e maneras de los hombres, escrivió que, seyendo malauto Péricles e seyendo un su amigo a veyerlo, vido un breu[4070] [f. 176v] en su cuello plegado; la qual cosa le supo peyor que su enfermedat. Breument, estando Péricles en su acabamiento, todos los mellores de la ciudat e quantos de lures amigos fueron escapados de la mortaldat, estándole en torno, favlavan ensemble de la ciencia e de la virtut e poder del dicho Péricles. E razonavan de los lures fechos e victorias que havié hovido en su tiempo —porque nuef vegadas ixió capitán e tornó siempre famoso vencedor. Las quales cosas razonavan ellos entre sí crediendo que Péricles no'nde sintié ren, como hombre más muerto que bivo. Mas Péricles, entendiendo toda cosa, segunt su possibilidat dixo: «Yo me maravello cómo vosotros vos recordades de tales cosas por las quales vós me loades, las quales muchos capitanes por ventura han, mas lo más fuert no dixiestes: cómo ninguno de los athenienos no se ha vestido de negro por mí».

E verament Péricles fue hombre glorioso no solament por la humildat firme e mansedat que mostró a muchas

---

4067   consintió] consenti *F*: consintie *P*.
4068   ***] *lag. en PF*: λάβεσθαι 'ser alcanzado'.
4069   porque] et porque *P*: et perche *F*.
4070   breu] .b. *PF*: περίαπτον.

cosas e a grandes odios que lo encontraron, mas encara
por la grandeza ha puyado a tanto poder e honor. No
fue jamás invidioso ni jamás quiso mostrar la su furia de
faccia[4071] a los sus enemigos. E segunt me parece, el sobrenombre que le fue puesto segunt la humildat e la manse-
za que mostró e la piadat que ha servado[4072] en su vida, le
era devido seyer clamado *Olimpio*, assí como nombramos
los dioses, e no, como dizen los poetas, porque abitan en
lugar puro, fuera de tempesta e nuvlo, quasi que tal lugar
es digno e pertenece a los dioses. E docmatizaron[4073] por
aquellos que han riotas e ira [f. 177r / xxxix, 2] e odio entre
sí e muchos otros vicios los quales no convienen a hombres savios e virtuosos; mas la deidat es nombrada *olimpia* porque senyorea el universo mundo como causa de
todo bien e esquivadora de todo mal. Agora dexaremos
aquesta examinación e faremos fin de la present istoria.
Pèricles haviendo la hora acabado la fin de su vida, la
necessidat temporal fizo recordar a los athenienos de cercar aquel el qual, quando era bivo, les recreció. E provando rectóricos, ensemble conselleros e sobrestantes, cada
uno vidié que no podrién trobar un tal hombre como era
Pèricles, savio e de buenas costumbres e digno de senyoría. Aquestos que por invidia se recordavan de Pèricles
diziendo que senyoreava como monarca e tirano, la hora
confessaron qu'él era común salvamiento de la ciudat.

4071   de faccia] de fcã *PF*: τινι (τῶν ἐχθρῶν).
4072   servado] salvado *P*: salvato *F*.
4073   docmatizaron] docmatizoro *P*: docmatiçoro *F*: ἀποφαίνοντες.

FAVIO MÁXIMO

{PF}

SÍGUESE EL XXXIX LIBRO: De las gestas e memora-
bles fechos de Favio Máximo. Pués que contado havemos por orden la istoria de Péricles, començaremos a contar aquella de Favio Máximo, el qual algunos dizen que nació de una ninfa, esto es, de una dea del agua. Otros dizen que nació de una fembra la qual conoció Ércules carnalment en el Tíberi,[4074] del qual ixió el famoso linage de los Favios. Otros dizen que los primeros que caçavan[4075] con foyos[4076] se clamaron *Fodios*; e depués, mudada la letra *o* en *a* e *d* en *v*, fueron clamados *Favios*. De aquesti linage ixieron muchos valien- [f. 177v] tes hombres; e el mayor sí fue Rilao. Por que por aquesta[4077] razón los romanos le pusieron nombre *Máximo*. E del tiempo de aquesti Máximo aprés sí, es el quarto aquesti Favio del qual recuenta la present istoria. Al qual encara fueron puestos otros dos sobrenombres, esto es, *Verrucoso*[4078] e *Vítulo*. Aquesti nombre *Verrucoso*[4079] le fue puesto porque havié sobre el rostro un botón o verruga;

4074 Tíberi] çiberi *P*: tevero *F*: Θύβριν.
4075 caçavan] cauauan *P*: cauauano *F*: ἄγρᾳ.
4076 foyos] fozes *P*: foçes *F*: διορυγαὶ (Υ)/δι' ὀρυγμάτων.
4077 aquesta] aaquesta *P*.
4078 *Verrucoso*] verucuso *P*: verucoso *F*: Βερρούκωσος.
4079 *Verrucoso*] verucoso *P*: veruccoso *F*.

e aquesti otro *Vítulo* le fue puesto porque pareçié humil e
perezoso e de poco entendimiento. E apenas se pudié
comprender la su natural magnanimidat; mas de poco en
poco usando los fechos políticos, se provó el firme e estable seso suyo e la diligencia que havié en los fechos políticos. E siempre usava las armas e treballava fuert su persona e adoctrinava su lengua a favlar diestrament, peró
que la vida suya e el su favlar era honesto.

En su tiempo fue fecho ípato v vegadas. E la primera
vegada que huvo triumfo fue de la capitanería de
Livia;[4080] los quales livios fueron tanto esconfidos e por
fuerça suspensos a las montanyas de las Alpes que de la
hora cessaron de correr e robar la Italia. Mas depués,
como Aníbal entró en Italia e huvo victoria de la primera batalla fecha en el río de Trevia, passó por medio de
Tirrinía gastando e destruyendo la tierra. Por lo qual,
ellos huvieron grant miedo e pensamiento, mayorment
por los signos no usados que apareçién, esto es, de truenos e de relámpagos e de tempestat, e encara otros que
no fueron jamás vistos: Que una vegada trobaron todos
sus paveses banyados de sangre; e en Antio, [f. 178r / ii, 2],
segando los panes o blades, eran todos sangrientos; e del
aire cayén piedras ardientes de fuego; e sobre los falerios
pareció el cielo abierto e cayén cartas escriptas las quales dizién: «Martis mueve las[4081] lures armas». De los
quales signos terribles e maravellosos no fue empero
empachado Gayo Flaminio ípato, como hombre furioso e
amador de honor e ensuperbecido por las prosperidades
havidas antes; tanto que, empachándolo el consello e
encara su capitán, él por fuerça e contra lur voluntat ixió
en batalla contra los galatios e esconfiolos. Mas por el

4080 Livia] *ya en muchos códices griegos,* Λιβύων *por* Λιγύων 'ligures'.
4081 mueve las] *entre* mueve *y* las *hay un largo trazo sin escritura en P.*

dicho senyal Favio se dubdava de algunos, e de algunos
no curava. No res menos, sabiendo que los enemigos no
eran de grant quantidat e encara no havién grandes
riquezas, consellava a los romanos de sofrir e no sallir
en batalla con tales hombres usados en muchas e diversas batallas, mas solament haver cura de mantener la
lur⁴⁰⁸² amistat e enviarles⁴⁰⁸³ socorro por guardarles lures
castiellos e dexar humiliar la superbia de Aníbal como de
un fuego que de una pequenya centella faze una grant
fiama⁴⁰⁸⁴ e depués cessa.

Mas, con todo, no pudo fer consentir al dicho Flaminio
de no exir en batalla, diziendo que no sufrié dexar venir
los enemigos, como fizo el antigo Calímaco.⁴⁰⁸⁵ E haviendo dicho esto, comandó a los quilíarcos⁴⁰⁸⁶ que la huest
andase avant; pués, puyado él a cavallo, sin ninguna ocasión se espantó su cavallo e lo echó por tierra. Mas, con
todo aquesto, no se le mudó la primera opinión e furiosa
voluntat, antes segunt la su primera disposición ixió contra Aníbal en un lugar de Tirrinía clamado [f. 178v] Trasi-
nía, do, combatiendo asprament, sobre la batalla se fizo un
tal terremoto que muchos castiellos se derribaron e
muchos ríos passaron sus términos e muchos montes
e cabeços cayeron. El qual terremoto, tan grant como fue,
no fue sentido de ninguno de la huest. En la qual batalla
Flaminio, combatiendo fuertment, fue muerto, e semblantment fueron muertos los millores de su companyía. E el

---

4082   lur] *P.* loro *F. El referente, no explícito en la traducción, son* τοῖς
συμμάχοις *'los aliados'.*
4083   les] le *P.* li *F. Probablemente la* s *subsiguiente es la causa de la
omisión.*
4084   fiama] fiamma *F:* fama *P.* φλόγα.
4085   Calímaco] *PF:* Καλλίμαχος (*confusión en los códices griegos por*
Κάμιλλος).
4086   quilíarcos] caliarcos *PF:* χιλιάρχους.

avanço de la huest, bolviendo las espaldas a los enemigos, fuyendo, fueron muertos xv^m e presos bivos otros tantos. E Aníbal, queriendo fer soterrar el cuerpo de Flaminio honorablement, como se pertenecié, no pudo trobarlo ni saber dó fues portado. El qual vencimiento[4087] como se supo en Roma, Pompeyo capitán, haviendo fecho aplegament, favló en presencia de todos e dixo: «O romanos, en grant batalla se perdió la nuestra huest e el ípato Flaminio; pues, consellatvos por nuestro salvamiento». La qual paravla uyendo la multitut, fueron todos como es la mar de una tempestat, e se consellavan de dar la senyoría e el governamiento de las cosas a un hombre sufficient en tal tiempo de necessidat. E tal hombre jutgaron no seyer otro sino Favio Máximo, porque, segunt la grandeza de la senyoría e la dignidat, él havié seso e buena manera, e era a punto de tal edat que havié la fuerça corporal bastant segunt los consellos del coraçón, e la prodeza temprada segunt el entendimiento.

E fecho dictador de común consello, demandó gracia de poder cavalgar a la huest; la qual cosa era vedada por lei. E creyendo los romanos que la lur huest prosperava más a piet que a [f. 179r / IV, 2] cavallo e queriendo los romanos qu'el lur capitán andase a piet como los otros porque a tiempo de necessidat no se alargasse de la huest seyendo a cavallo, o reputando tal dignidat como tiranía, querién sobre aquesto seyer pregados. Favio, queriendo mostrar la grandeza de la senyoría e cómo havié los ciudadanos a su obediencia, fizo siempre ir devant sí xxiiii bastoneros. E viniéndolo a recebir el otro ípato con lures bastoneros devant, Favio le envió a dezir que le viniés al encuentro sin bastoneros. Aprés aquesto, ha començado buen començamiento de los dioses, amonestando el pue-

4087   vencimiento] vecimiento *P.*

blo e diziendo que la culpa no fue de aquellos de la huest, antes del capitán, porque ha despreciado a los dioses. E aquesto no dizié pont por meterles miedo de los dioses, segunt que fueron leídas la hora algunas profecías de Sibila significables verdaderament los dictos advenimientos. E Favio, estando en medio, prometió a los dioses toda la renda de Italia de aquel anyo a espender en sacrificios e en solepnes fiestas de la valor clamada *sisterti* III^c XXXIII ***[4088] e tercio, que son en suma daremes LXXX mil[4089] e III^m v^c LXXXIII. E la razón por que, no es liugera cosa de dezir sino que alguno quisiés dezir a honor del número III, el qual naturalment es perfecto e principal d'ellos e començamiento del multiplicar e ha en sí recullida la primera differencia del número.

Por aquesta manera Favio dio buena esperança a la multitut; e él, esperando qu'el dios les darié victoria, se metió contra Aníbal no con intención de combaterse con él cara a cara, mas empachándolo assí de poco a poco que viniés a menos de su fuerça, segunt parece que, entro a tanto que Aníbal no ixié [f. 179v] en batalla, Favio estava pacíficament, e quando él ixié, se movié como querié,[4090] que a esto se metié tan a luent que non fues forçado de los enemigos de combaterse contra su voluntat, mas solament dar a entender a los enemigos que querié combater. Por la qual cosa, los de la huest lo despreciavan e murmuravan contra él, e los enemigos assimismo lo reputavan hombre de poco coraçón, e dizién entre ellos que no se trobava otro hombre semblant de Aníbal. El qual Aníbal priso la intención de Favio, e peró siempre se esforçava de ferlo mover en batalla. E Favio siempre estava firme a la

---

4088   ***] *lag en PF*: καὶ δηναρίων τριακοσίων τριάκοντα τρίων.
4089   LXXX mil] VIIIc mil *PF*: ὀκτὼ μυριάδες.
4090   querié] volea *F*: quiere *P*.

su primera intención. Mas Minuchio, hombre sobervio e de grant coraçón, le dava brega somoviendo todos los de la huest a la batalla, los quales, reprendiendo e trufándose de Favio, lo clamavan a la batalla de Aníbal. E Minuchio era reputado d'ellos hombre maravilloso e digno de la senyoría de Roma; ond el dicho Minuchio, puesto e levado en superbia, más se trufava de los alogiamientos de Favio que fazié sobre montes e lugares altos, diziendo: «¡O, qué buen lugar ha ordenado nuestro capitán pora veyer d'él la destrucción de Italia!». Encara demandava a los amigos de Favio diziendo: «¡O senyores!, ¿quál de aquestas dos cosas ha pensado Favio en su coraçón? Como desperado de la tierra ha levado su huest al cielo, o por seyer cubierto de las nuves o escapar de los enemigos». La qual paravla haviéndola dicho a Favio sus amigos e consejándole de querer meter antes la su persona en periglo por escapar del murmuramiento de la gent, él respondió e dixo: «Antes agora me faré más covart que no só tenido, si por miedo del murmuramiento ixiés del mi primer consello e en-[f. 180r / v, 7] tención. No que sea suzia cosa de dubdarme por la mi tierra; mas que alguno se espante e dubde o por loor o por desprecio, no es digno de tal senyoría».

Depués esdevino a Aníbal un tal fallimiento: Queriendo fer mover Favio de las montanyas do era alojado e venir al campo, mandó a los guardadores de la huest e a los guidadores que aprés de cena de continent guidassen la huest devés un lugar clamado Casinato. Los quales guidadores, no haviendo bien entendido el su comandamiento como bárbaro, guidaron la huest a las confinias de Campania, a un castiello clamado Casilino, el qual castiello parte por medio el río clamado Lotrono,[4091] e de los roma-

---

4091   Lotrono] litrono *PF*: Λοθρόνος.

nos clamado Batorano.[4092] E es circundado el dicho castiello de montanyas, e hai solament un campo estrecho devés
la marina, do se reculle e faze foz el dicho río e hai grant
abundacia de sablón.[4093] E fine el dicho campo a una montanya do, decendiendo el dicho Aníbal, Favio como cient
e usado del dicho lugar e de las vías, fizo la buelta e andó
de una part e cerró el passo a los enemigos con IIII[m] hombres de armas, e con el avanço de su huest retuvo las otras
extremidades, e con lo más liugero de la su huest firió a
la derrera de los enemigos. E tanto los conturbó que mató
de aquellos hombres VIII[c]. E como Aníbal supo que sus
guiadores havién fallido, en continent los fizo enforcar por
la gola. E no pudiendo forçar los enemigos, queriendo tornar de una otra part, pensó en su coraçón de enganyarlos
por tal manera: Comandó súbitament que tomassen II[m]
bueyes, e en los cuernos de cada uno de los dichos bueyes ligassen fax. Aprés, de noche, quando fue mostrado
lur senyal, metiessen fuego [f. 180v] a las dichas faxes e
endreçassen los dichos bueyes enta el estrecho do eran los
enemigos. E pora meter a fin las dichas cosas, dexó ciertos hombres, e él con su huest andava de una otra part.
Los bueyes, mientre que el fuego no los tocava, no sintiendo algún escalfamiento, andavan do quiere que los
endreçavan. Mas, aprés qu'el fuego los escomençó a tocar
en la carne, no pudiendo sofrir la pena del fuego, sagu-
dién lures cabeças echando el fuego d'acá e d'allá, assí
que las[4094] cabeças e encara las codas fueron cremadas del
fuego. E por dolor derramados d'acá e d'allá, metieron grant
miedo a los romanos pensando que fues huest de enemigos que vinié sobre ellos con lumbres por la escuredat de

4092   Batorano] bacorano *PF*: Οὐατουράνον.
4093   sablón] siblon *PF*: ἄμμου.
4094   las] i (capi) *F*: *om. P*.

la noche. Por la qual cosa, començaron fuir devés la montanya mayor, ond era la huest de Aníbal;[4095] esto es, aquellos qui eran liugerament armados retuvieron el passo que retenién los romanos. E por aquesta manera passó Aníbal con toda la huest e encara con toda la despulla que havién.

Favio, sintiendo la malicia por algunos de los dichos bueyes que plegaron allí do era él personalment, dubdándose de no venir a las manos de los guardianes de los enemigos, costrinyó e recullió el su poder allá do él era alogiado. E passada la noche, e el día començando espandir su claredat en el mundo, Favio firió en la çaguera companyía de los enemigos, ond fue fecha una grant resistencia de la una part e de la otra, entro a tanto que una companyía de los de Aníbal, esto es, todos los quales son liugeros de cambas e usados siempre en las armas, sobresallieron los romanos, tanto [f. 181r / VII, 2] que por fuerça los tornaron a çaga. De la qual cosa los romanos blasmavan mucho a Favio diziendo que, no queriendo combater palesament o pública contra Aníbal, mas queriéndolo vencer con enganyo ***.[4096] Encara Aníbal, queriendo acrecentar la furia de los romanos contra Favio, como aplegó, gastava todas las possesiones, e a las de Favio no tocava res. E aun comandó que ninguno non le tocasse en res ni fues ardido de farle algún danyo. La qual cosa uyendo los sobrestantes de Roma, enculpavan Favio. E más que los otros lo enculpava Metelio, amigo de Menuquio, pensando qu'el

----

4095 la montanya mayor, ond era la huest de Aníbal] la montagna maggiore dove era l'oste d'anibale *F: en P* la montagna *está añadido posteriormente con letra más pequeña; ante* mayor *aparece tachado el* la *originario;* era *está interlineado; después de* huest *aparece tachado* de los enemigos; de *ante* anibal *está interlineado.*

4096 ***] *lag. en PF:* αὐτὸς ἡττημένος τούτοις καὶ κατεστρατηγημένος ἐφαίνετο.

blasmo de Favio fues gloria de Minuquio. E todo el consello se movió contra Favio por los pactos que fizo con Aníbal, los quales fueron aquestos: que prisón con prisón se
pudiés rescatar, o por cambio; e si la una part huviés más
prisoneros que la otra, que deviés dar por cada uno daremes II^c L ultra aquellos qui se rescataron^4097 por cambio.
Ond el consello no quiso consentir de enviar lur rescat,
antes todos reprendieron Favio diziendo que no fazié bien
de querer rescatar hombres que son prisoneros por lur
covardía. La qual cosa uyendo Favio, quanto de la furia de
lures ciudadanos, no se curó ren, mas, no haviendo tanta
moneda de rescatar los dichos presoneros, no queriendo
enganyar el dicho Aníbal ni venir a menos de su paravla,
ni encara no sufriendo abandonar los lures ciudadanos,
envió su fillo a Roma con comandamiento e comissión de
vender todas lures possesiones e traerle toda la moneda a
la huest do era. El qual su fillo, ido a Roma, fizo segunt el
comandamiento e comissión de su padre. E tornando a la
huest lo [f. 181v] más aína que pudo, Favio envió a Aníbal
el rescat de los sobredichos II^c L presoneros e la libertat de
la prisión.^4098 E recobrados segunt los pactos fechos entre
ellos, muchos de los presoneros queriendo dar a Favio su
rescat, él no quiso tomar ren, antes les dexó toda cosa de
gracia.

Aprés aquesto,^4099 todos los sacerdotes de Roma envia-
ron por Favio que viniés a Roma por algunos sacrificios.
Por la qual cosa, comandó la capitanería en las manos de
Minuquio con comandament de no exir en batalla contra

4097   se rescataron] si riscattaron *F:* rescararon *P* (se *tachado ante* rescararon).

4098   la libertat de la prisión] *P:* la liberta della pregione *F:* τοὺς
αἰχμαλώτους ἀπέλαβε.

4099   aquesto] questo *F:* aquestos *P:* (μετὰ δὲ) ταῦτα.

los enemigos si necessidat no lo costrinniés. E de aquesto
lo pregó mucho e gelo conselló. Mas él, curando poco del
dicho comandamiento, en continent como Favio se partió
por ir a Roma, ixió en batalla contra los enemigos. Ond,
una vegada, sabiendo que Aníbal havié enviada la mayor
part de la huest por comprar viandas, Minuqio assallió al
romanient de la huest de Aníbal en el lugar do eran alo-
giados e mató muchos de aquellos e metió grant miedo al
romanient de la huest de los enemigos. Mas aprés, sintiendo qu'el romanient de la huest tornava e se congregava, el
avanço tornó a lur alogiament, levado en grant sobervia
él e los de su huest. La qual cosa uyendo los romanos, se
levaron en grant sobervia; mas Favio dixo: «Yo me dubdo
más agora que jamás de Minuquio por aquesta prosperidat». E levantado Metelio en medio de la congregación,
loava mucho el dicho Minuquio e enculpava a Favio.
Encara reprendié e enculpava mucho a aquellos qui havían dado la senyoría de la capitanería a tal hombre qui
por la su covardeza e negligencia Aníbal se firmó en Ita-
[f. 182r / VIII, 4] lia, por manera que podrié encara por su
ocasión passar tanta huest de Livia que podría⁴¹⁰⁰ conquistar e retener Italia.⁴¹⁰¹

Mas Favio de tal reprensión se curava poco; e demandó que los sacrificios por los quales fue demandado se
fiziessen aína porque pudiés tornar aína a la huest e punir
el dicho Minuquio como traspassador del dicho su comandamiento. Ond, el pueblo, vidiendo Favio movido de ira,
se dubdó que no fiziés desplazer a Minuquio; porqu'el
capitán general havié potestat de encarcerar e condepnar
a muert a qualquiere que quisiés sin común consello. E

4100   podría] potrebbe *F*: podra *P*.
4101   retener Italia] retener en italia *P*: ritenere in ytalia *F*: κρατοῦντι
τῆς Ἰταλίας.

vidiendo todos los otros cómo Favio, qui era de grant
humildat e mansedat, se movié a tanta ira e furor (la qual
cosa no regnava jamás en él), e cada uno fincó manso.
Solo Metilio[4102] como sobrestant del pueblo les consellava
que metiessen remedio que Minuquio no fues punido, assí
como fizo Malio Torquato[4103] a un su fillo, que primerament lo coronó con sus manos por la victoria havida sobre
los enemigos, e após le fizo tallar la cabeça porque fizo
contra su comandamiento. Ond, por aquesto les dizié que
levassen la senyoría de las manos de Favio e la dassen a
hombre que pudiés levar las cosas a buen fin e salvamiento. Las quales paravlas conturbaron al pueblo e moviéron-
lo contra Favio. No res menos, no huvieron ardimiento de
forçar a Favio que dexás la capitanería, mas determinaron
que Minuquio fues companyón e capitán con Favio e
huviés egual poder a la governación de la guerra. La qual
cosa no fue fecha jamás a ningún capitán de Roma sino
una otra vegada após la aventura esdevenida a Cana;[4104]
peró que la hora era dictador de la huest Marco Giugno,[4105]
e el [f. 182v] consello, queriendo complir el número de los
gentiles hombres que fueron muertos en aquella batalla,
ordenaron un otro dictador: Favio Voleone. Empero, el
dicho Favio, depués que huvo complido el número del
consello, aquel día mismo refusó la senyoría e dio comiat
a sus bastoneros e conversava como de antes.

La hora, seyendo Minuquio ordenado companyón e
capitán ensemble con Favio, como desuso havemos
dicho, los más creyén que Favio se humiliarié e Minuquio
serié senyor de toda la huest. La qual cosa pensavan no

4102   Metilio] metello *PF*: Μετίλιος.
4103   Torquato] torquato *F*: corquato *P*: Τορκουᾶτος.
4104   Cana] *P* (*interlin. sobre* Cana *se lee* locus en): *om. F*: Κάνναις.
4105   Giugno] giugeno *PF*: Ἰούνιος.

derechament, peró que Favio no reputava la su desaventura el dicho menosprecio, antes lur follía, assí como Diógenes filósofo, al qual, haviendo dicho uno que se trufavan d'él, respondió: «Yo no só trufado, antes aquellos qui,
no guardando a sí mismos, se trufan de otri». Por semblant
manera Favio sufrió con grant coraçón el dicho menosprecio recordándose de la sentencia de los filósofos que dize
que ningún bueno no se puede blasmar. Mas de una cosa
sola se dolié Favio, esto es, qu'el pueblo por malvado consello dio potestat a hombre no deliberado e de coraçón
ultra mesura. Pues, dubdándose que Minuquio no se ensu-
perbeciés más por la dignidat a él otorgada e por la su
grandeza no corriés periglo, se partió de Roma celadament
sin que alguno lo supiés, e plegado a la huest, veyendo
Minuquio levado en superbia tanto que querié senyorear
a días,[4106] Favio no ý consintió, mas fizo partir la huest a
IIII partes o companyías. E tocó por suert a él la primera e
la quarta, e la tercera e la segunda[4107] vino a Minuquio. E
semblantment fizo a las amistades. Por la qual cosa,
avançándose Minuquio [f. 183r / IX, 7] que por su ocasión
era humiliada la dignidat de Favio, Favio le respondió: «El
contrasto no es con Favio, antes, si tú piensas bien, es con
Aníbal; mas, si tú quieres contrastar con tu capitán, piensa
tú que eres honrado de far por tu saber e valentía alguna
utilidat e provecho a la nuestra tierra más que yo, qui só
desonrado».

De las quales paravlas Minuquio se curó poco. E haviendo tomado sus companyías, como dicho havemos
desuso, se alogió luent de Favio. E todos los contrastes e
fechos que eran entre Favio e Minuquio, todos eran sabi-
dos de Aníbal. E en medio de los romanos e de Aníbal era

4106   a días] a dios *PF*: κατὰ μέρος. *En 185r se lee* a jornadas.
4107   e la segunda] et la segunda et la segunda *P*.

un lugar alto proprio pora alogiarse huest desuso, e alo-
giada, de mantenerse fuert contra los enemigos. E el camino de entorno del dicho cabeço era neto de árbores, salvo
de algunos fossados. El qual collado Aníbal pudiéndolo
tomar celadament, no quiso, mas, vidiendo Minuquio
departido de Favio, súbitament de noche fizo meter aguai-
tas en los dichos fossados, e en la manyana envió palesament una part de su huest por retener el dicho collado por
somover a Minuquio de exir en batalla, segunt que assí fue
fecho, peró que Minuquio ya havié enviado su gent de
piet contra Aníbal, e aprés su cavallería. E finalment,
vidiendo que Aníbal enviava socorro al dicho cabeço,
Minuquio en persona se movió con toda su huest e vino
al dicho cabeço sobre los enemigos e dioles fuert batalla.
La hora Aníbal, vidiendo Minuquio enganyado, súbitament
fizo levantar sus senyeras, e de continent toda su huest,
[f. 183v] movida de todas partes, corrién con cridos contra
los enemigos firiendo e matando a qualquiere que pudién
alcançar⁴¹⁰⁸ o encontrar. Ond los romanos fueron mucho
conturbados e medrosos, e la sobervia e el grant coraçón
de Minuquio fue rompido. E vidiendo los sobrestantes e
los mayores que fuyén, les comandava que se tuviessen
firmes en la batalla. Mas, non obstant el dicho su comandamiento, cada uno se esforçava de fuir e escapar de los
enemigos lo millor que pudié. Mas mal pudién escapar,
porque eran circundados de los enemigos e, encontrándo-
los derramados d'acá e d'allá, los matavan.

La qual cosa sintiendo Favio, por dolor echó un fuert
sospiro e cridó alta voz: «¡O Hércules, Minuquio es perdido más aína que yo me pensava, mas plus tarde qu'él se
metía a periglo!». E súbitament comandó e fizo levar sus
senyeras e cridó a toda su huest diziendo: «¡O senyores!,

4108   alcançar] giugnere *F*: alcacar *P*.

qualquiere que quiere bien a Minuquio corra, porque es hombre valient e maravillosament de grant coraçón e de grant ardimiento e quiere bien a su tierra; e si por la su grant quexa e animosidat, queriendo diusmeter los enemigos, ha fallecido, otra vegada será represo». E el primero qui corrió en ayuda de Minuquio contra los enemigos fue Favio. E como plegó, los conturbó e los departió, e qualquiere que le vinié al encuentro lo matava o firié mortalment. E los otros sí fuyén assí como fazién antes los de Minuquio. El qual grant coraçón de Favio vidiendo Aníbal, mayorment tal hombre de tiempo,[4109] co- [f. 184r / XII, 5] mandó que la batalla cessás, e tornó a su alogiament. E de la otra part, los romanos tornaron volunter a lo lur. E se dize que, tornando Aníbal a su alogiament, dixo a sus amigos quasi por una trufa: «¿Non vos lo dizié yo muchas vegadas qu'el nuvlo que se assentava sobre aquella montanya ploverié con tempesta?».

Pués, aprés la dicha batalla Favio fizo espullar todos los bárbaros muertos en aquella batalla. No res menos, no dixo ninguna cosa desplazible contra Minuquio. Mas Minuquio, aplegada toda su huest, dixo: «O senyores, dezir qu'el hombre no fallece jamás, esto no serié humano o verdaderament de humana natura; mas fallir e emendar, eso sí es de hombre savio. E quanto yo, me confiesso de aquesto que, reprendiendo en alguna part la fortuna, la loo mucho, porque en poca de hora ha emparado aquel qui no supo ni conoció jamás, car conosco a mí mesmo que no só sufficient de senyorear a otri, antes he menester seyer senyoreado e governado de otro; peró tenet todos por senyor al dictador. E de la gracia qu'él me fizo, yo primerament seré obedient a todo su comandamiento». E dichas aquestas paravlas, comandó que fuessen endreça-

---

4109   tal hombre de tiempo] *P*: tale huomo di tempo *F*: παρ' ἡλικίαν.

das sus senyeras e cada uno lo siguiesse. E fecho aquesto, fue derechament a la cambra de Favio. E exido Favio de su cambra, las dichas senyeras de Minuquio le fueron puestas devant, e primero de todos Minuquio cridó con alta voz clamando a Favio: «¡Padre, padre!». E semblant-ment sus gentes se abraçavan con las de Favio clamándo-los *padres*, la qual cosa [f. 184v] usando en aquel tiempo qu'el deliberado clamava *padre* al deliberador. E fecho silencio, Minuquio dixo a Favio «O dictador, vós huviestes el día de oi dos victorias: la una, que venciestes a Aníbal valientment; e la otra, que por buen consello e grandeza livrastes el vuestro capitán. De las quales dos victorias la una sí fue nuestro salvamiento, e la otra nuestro castiga-miento como vencidos de Aníbal desonestament, e de vós liberados valientment. Ond, no pudiendo clamarvos por otro nombre más honorable, vos clamo *padre mío*. Por-que la gracia que tú me has fecha el día de oi, la reputo mayor que de aquel que me ha engendrado. Porque de mi padre sólo só engendrado, e de vós oi só salvado con toda mi huest». E dichas aquestas paravlas, encara abraçó a Favio e lo besó; e semblantment toda su huest huvo grant alegría.

E de la ora avant, Favio renunció la dictadoría e entra-mos fueron ípatos. E quanto la ordenación fecha por Favio de no exir en batalla contra Aníbal, fue salvamiento de los siguientes capitanes. Mas depués, Terencio Barro seyendo electo ípato (el qual era hombre de baxa mano), era cosa maravillosa de meter las cosas en periglo por la su sober-via e poco saber, peró que cridava al apleamiento dizien-do que la guerra durarié siempre entro que la ciudat huviés capitán del linage de los Favios. Mas él dizié que en un día començarié la guerra e en aquel día mismo ha-vrié victoria de los enemigos. E diziendo assí de una part, de otra aplegava tanta huest quanta los romanos [f. 185v] no han jamás aplegado contra algún lur enemigo; porque fizo aplegamiento de LXXX^m hombres d'armas. El qual aplegamiento puso en grant miedo e pensamiento los romanos, porque, perdiéndose el dicho poder, fincarién desemparados de todo. E por aquesto Favio pregava Paulo Emilio concapitán de Terencio, hombre valient e mucho usado en fecho de guerra, que siempre refrenasse él quanto pudiés la furia del su concapitán. Por que dizié él: «Tú havrás más treballo de Terentio que de Aníbal; e tú deves más creyer lo que yo te digo por Aníbal que a Terentio, peró que, si Aníbal no fuere combatido de alguno e demora todo aquesti anyo, será destroído. E queriendo o no, se'nde partirá; pues que entro agora, pareciendo vencedor, ninguno no andó con él, tanto peyor d'aquí avant andarán contra él que le fincó el tercio de su gent». Sobre esto Paulo respondiendo dixo: «O Favio, vidiendo cómo va el mi fecho, quiero antes seyer muerto de las manos de los enemigos que no venir en ira e desgracia de los nuestros conciudadanos; mas, si es, como tú dizes, que perigla el común provecho, yo me esforçaré a mi poder de far el vuestro consello más que segunt el consello de los otros». Dius aquesti consello ixió Paulo a la batalla.

Mas Terentio ordenó a jornadas la capitanería, e alogiose cerca de Aníbal en el río de Aufidio,[4110] en el lugar clamado Canas. E en continent la manyana siguient mostró a los enemigos senyal de batalla. El qual senyal era una ropa vermella estendida sobre su tienda. La qual cosa veyendo los enemigos, de primero se dubdaron fuert de tan grant [f. 185v] ardimiento de capitán e de tanta multitut de enemigos contra la qual ellos no eran la meitat. De otra part, Aníbal comandó a todos los de su huest que se armassen, e él con poca cavallería subió sobre un collado por veyer

---

4110   Aufidio] amfivio *PF*: Αὐφίδιον.

los enemigos cómo se aparellavan en batalla, do uno de los mayores de los suyos clamado Guisco dixo: «O, cómo me maravillo de tanta quantidat de enemigos!». Sobre aquesto Aníbal, bolviendo a él su cara, dixo: «O Guisco, tú falleciste a dezir una otra cosa que es mayor». E él demandó quál. E Aníbal dixo: «Como tú veyes, allí no es ninguno que haya nombre Guisco». Por la qual trufa se començaron todos a redir; e decendiendo del dicho collado, a qualquiere que encontravan le contavan aquella trufa, por la qual todos començaron a redir fuertment. La qual cosa vidiendo los carquidonios, tomaron ardiment contra los enemigos, pensando que despreciando los romanos se ridién así.

E sobre el començamiento de la batalla, ordenó diestrament su huest, que, cerrada que la huvo, la ordenó por manera que havién el viento en las espaldas. E en aquel día era un viento fuert e calient, e levava grant polvo de la tierra e de campos do havié seblón,[4111] e echávalo enta la cara de los romanos, tanto que no pudiendo veyer bolvién a çaga lures caras. E encara fizo una otra destreza en la orden de sus companyías: que de los más suficientes e valientes de su huest fizo dos partes, las quales metió a la part diestra e a la part siniestra. E él con la otra huest se metió en el medio un poco davant las dichas companyías, dius tal comandamiento: que, quando los romanos firiessen, que ellos voluntariament, quasi forçados de ellos, se tirassen a çaga, e la hora las dichas dos com- [f. 186r / XVI, 2] panyías de la una part e de la otra corriessen. Aquesto, porque los romanos fincassen cerrados de todo. El qual ordenamiento así fecho fizo grant homicidio en los romanos, porque, como aquellos de medio se tiravan a

---

4111   seblón] seblo *PF*: πεδίων ὑφάμμων.

çaga e⁴¹¹² los romanos los encalçavan, las dichas dos companyías de Aníbal los cerraron de entramas las partes, e todos los romanos quantos fueron encerrados fueron muertos. E dizen que a la cavallería de los romanos avino un tal esdevenimiento: Parece que, seyendo ferido el cavallo de Paulo de los enemigos, echó su cavallero. La qual cosa vidiendo algunos cavalleros romanos, devallaron de lures cavallos por ayudar a lur capitán. Ond, la otra cavallería, creyendo que por comandament havían devallado, cada uno devallava de su cavallo e⁴¹¹³ combatién a piet contra los enemigos. La qual cosa vidiendo Aníbal, dixo: «Aquesta cosa me plaze más que si yo los huviés presos ligados». E de los ípatos, Barro se fuyó a cavallo e fuésse'nde a Venecia;⁴¹¹⁴ mas Paulo, sobre la fortuna de aquella foída haviendo pleno su cuerpo de colpes e⁴¹¹⁵ recreciéndole⁴¹¹⁶ la ánima, por el grant dolor se posó sobre una piedra esperando alguno de los enemigos que lo matás. E por la grant efusión de sangre que le era derramada por la cara e por toda la persona, no se podié conocer de los suyos mismos; tanto que sus servidores e amigos, no conociéndolo, se passavan avant, sino uno clamado Cornelio Lentlo, joven gentil, haviéndolo conocido, súbitament devalló de su cavallo pregándolo mucho affectuosament que ý puyasse por salvar a sí mismo a provecho de sus conciudadanos. Porque, [f. 186v] segunt el tiempo que les es venido, ellos han menester de assí buen capitán como vós». Mas Paulo, no queriendo exaudir su pregaria, lo pregava que puyasse en su cavallo e

4112   e] om. PF: καὶ.
4113   e] et F: om. P.
4114   Venecia] P: vinegia F: Οὐενουσίαν 'Venosa'.
4115   e] om. PF: καὶ.
4116   recreciéndole] PF: (τὴν ψυχὴν) βαρυνόμενος.

se'nde fuesse. E levantado un poco en piet, abraçó el dicho joven e dixo: «O Lentlo, yo te priego que devas dezir de mi parte a Favio Máximo —e serás encara testimonio de las mis paravlas— cómo yo de lo que le prometí he guardado entro a la fin. Mas primerament só estado vencido de Barro, e aprés, de Aníbal». E complidas aquestas paravlas, abraçó a Lentlo e saludolo e díxole que se'n fues. E él se echó en medio de los cuerpos muertos, e murió. E dizen que en aquella batalla fueron muertos L^m romanos, e presos IIII^m. E aprés de la batalla fueron presos de la una part e de la otra X^m.

E dizen que sobre aquella prosperidat los amigos de Aníbal lo movién de seguir la fortuna e, encalçando los romanos sobre lur foída, entrar a la ciudat, porque aprés la dicha victoria V días dizién que aplegaría a Campidolio,[4117] si quisiés. Mas por quál ocasión Aníbal no quiso fer segunt el consello de los suyos, no es liugera cosa de dezir. Solament por algún empachamiento divino no huvo coraçón la hora de encalçar los romanos. Por la qual cosa, un calquidonio clamado Barca le dixo con sanya: «Tú sabes vencer, mas finir la victoria no». Allá do la victoria le ha tanto ayudado que en el principio no podié haver en su amistat un castiello ni plaça ni puerto en Italia, mas todos los de su huest andavan robando por bevir, como ladrones; e a la hora quasi toda Italia havié dius sí, porque los mayores [f. 187r / XVII, 4] gentiles hombres e senyores vinieron voluntariament a su amistat, e ha retenido la ciudat de Capua, que es la mayor ciudat de Italia, sacada Roma. Ond, segunt que dize Euripidi, no es solament grant mal a querer provar los amigos, mas encara en querer provar un savio capitán. Porque la covardeza que Favio

---

4117   Campidolio] campidoglo *F*: capidolio *P*: Καπιτωλίῳ.

mostrava antes en aquella guerra, aprés la dicha esconfitura no parecié seso humano, antes divino, providiendo al futuro advenimiento; peró que a grant pena la hora los romanos con toda la passión que les esdevino se enclinaron a consentimiento. Ond, toda la ciudat tornó al seso e consello de Favio, el qual, andando toda la ciudat, saludava chicos e grandes consolando e confortándolos, e encara consellándoles que cessasen los plantos e se plegassen a común consello por veyer lo que se devié fer.

E ordenó porteros en las puertas de la ciudat por no dexar exir aquellos que querién fuir de Roma. E ordenó que cada uno deviés aplanar los foyos en su casa⁴¹¹⁸ entro a xxx días, e aprés, que cessasen los plantos por toda la ciudat. E en esti medio venido el día de la fiesta de la dea Dimitro, Favio ordenó que la dexassen antes que no ferla como se⁴¹¹⁹ devié, por el dolor que havié hovido la ciudat; porque a los hombres plazen las solepnidades quando son alegres. Mas las otras cosas quando⁴¹²⁰ se pertenecién fer a los dioses, como oraciones e otras cosas semblantes, e lo que les ordenavan e comandavan los adevinos e los ídolos lo fazién. E fue enviado entro al Delfus Pittore, parient de Favio, a demandar el dios. E haviendo trobado en Roma dos vírgines sagradas corruptas, la una fizieron soterrar biva, e la otra se mató ella [f. 187v] misma. E es de maravillar de la humildat de la ciudat, que, tornado Barro de la esconfida todo humiliado, toda la multitut de Roma e encara los del consello le ixieron al encuentro entro a las puertas de la ciudat e⁴¹²¹ lo recibieron con salut. E todos los gentiles hombres, viellos e jóvenes, e

---

4118   aplanar los foyos] *PF*: ἀποθρηνεῖν 'hacer manifestaciones de duelo'.
4119   se] si *F*: *om. P.*
4120   quando] quan *F*: quande *P.*
4121   ciudat e] citta et *F*: ciudat que tornado baro de la esconfida todo humiliado toda la multitut de roma et *P* (*tachado* que torna *y* tut de roma, *y fianqueado por* va *y* cat *el texto intermedio*).

Favio con ellos, lo loaron porque sobre tal desaventura no havié abandonado la ciudat, mas encara era tornado a su governamiento.

Pués, sabiendo los romanos que aprés la dicha batalla se derramó Aníbal con su huest por toda Italia, los romanos tomaron una recreación e ardimiento. E encara fazién aplegamiento de huest e ordenaron capitanes, de los quales los más famosos fueron Favio Máximo e Claudio Marcelo, entramos maravellosos, mas de contraria manera. Porque Claudio Marcelo, segunt que escrevimos en su istoria, era hombre de grant solicitut, sobervio e fuert en los braços e valient combatedor, segunt que escrive Omero por aquellos maravellosos antigos hombres. E súbitament ordenava los sus fechos con grant coraçón, segunt como era el enemigo contra qui havié a fer. Mas Favio Máximo, segunt su primer consejo, por semblant manera esperava con aquesto desfazer Aníbal.[4122] E por aquesto Possidonio istórico dize que los romanos clamavan Favio *pavés*, e Marcelo clamavan *cuchiello*, las quales cosas assí tempradas, esto es, la firmeza e seguridat de Favio e la[4123] valentía e grant coraçón de Marcelo sí fizieron salvamiento de la ciudat. E Aníbal de día en día peyorava del uno e del otro; del uno como de un río corrient fuert, e del otro como de un río plano e manso, mas fondo; tanto qu'el [f. 188r / xix, 5] uno e el otro lo nocién:[4124] el uno combatiéndolo cada día, e el otro aguaitándolo. Peró qu'el más tiempo era combatido o en la lur ipatía[4125] o en la lur capitanería, porque cada uno de aquestos fue fecho ípato v vegadas. Mas Marcelo en la vª

4122 Aníbal] *om. PF.*
4123 la] *F: om. P.*
4124 nocién] crescien *PF.*
4125 ipatía] patria *P*: patria *F* (ipatia *en el margen*).

vegada[4126] de la su ipatía fue muerto de los enemigos por aguait. Semblantment, muchas vegadas provava Aníbal de enganyar a Favio; pero jamás non le vino bien sino una vegada que fallió poco de seyer destruido Favio de Aníbal dius tal enganyo: Aníbal fizo escrevir letras quasi de part de los gentiles hombres de Metapondio contenientes cómo aquellos de Metapondio esperavan a Favio en cierto lugar cerca en el dicho castiello pora[4127] dárgelo. Por las quales letras fue movido tanto Favio que de noche se querié partir por ir al dicho castiello con una part de su huest. Mas en aquesti tiempo, haviendo visto mal senyal, fincó, e en pocos días supo cómo las dichas letras eran falsas, fechas por Aníbal, e qu'él era en celada cerca el dicho castiello esperando la venida de Favio. La qual cosa es de jutgar que fues amor divino devés Favio por la su virtut.

Porque jamás no inculpava ninguno, ni castiello ni ciudat, si se rebellavan, mas, si havié sospecha de alguno, siempre tomava l'avantage e con dulces paravlas lo pacificava e tirava de la su mala imaginación. E dizen que uno de su huest, del linage de los marsios, joven gentil e valient, sintiendo Favio qu'él parlava con algunos de la huest por tractar alguna traición, Favio no lo ha manifiestament represo ni fue corruçado contra él, antes dixo: «Agora deven seyer represos los capitanes que dan las honores [f. 188v] no segunt la virtut de los hombres, mas segunt lur plazer». Depués dixo al joven: «Yo te reprendo porque tú no me has parlado si te fazié menester alguna cosa». E dichas aquestas paravlas, le dio un cavallo de armas e muchos otros donos e lo honró como valient, tanto que de la hora avant fue leal e de grant coraçón con-

---

4126   la vª vegada] vª vegadas *P* (*con* s *interlin.*): la vª volta *F*. (ὑπατεύοντα) τὸ πέμπτον.
4127   pora] per *F*. de *P*.

tra los enemigos. Porque Favio greu cosa jutgava que los caçadores huviessen lures canes bien fartos e bien governados, e un capitán senyor sobre hombres no derrocar e convertir lures vicios a las virtudes con gracias e dulces paravlas, mas forçarlos ***[4128] que los lavradores, los quales con otros ramos domésticos sí domestican las figueras salvages e los perales e las oliveras. Encara, un otro joven seyendo acusado devant de Favio cómo él dexava la huest e se'nde iva a do le plazié, e Favio demandó los dichos acusadores diziendo: «e otrament, ¿de qué condición es el joven?». E testimoniando todos que era valient como un otro que fues en aquella huest, e encara contando algunas valentías suyas, Favio demandó la ocasión por que se partié de la huest. E haviendo sabido que era preso del amor de una joveneta por la qual se metié en periglo cada una noche de ir de la huest enta lei[4129] e tornar la manyana a la huest, Favio envió secretament e fizo venir la dicha joveneta a su tienda, e aprés envió por el joven que era estado acusado, que viniés solo devant él. E seyendo venido, Favio le dixo: «Yo he sabido cómo tú contra la orden de los romanos algunas noches dexas la huest e vas do te quieres; e de otra part, las tus virtudes no son celadas a mí. Pues, lo que tú has fallido en- [f. 189r / xx, 8] tro agora ***[4130] por las prodezas e valentías que tú has fechas en las batallas. D'aquí avant, yo te daré persona qui te guardará». E pensando el joven en las paravlas de Favio, fizo venir devant la dicha joveneta e diógela diziendo: «Aquesta te es por seguridat que non te deves partir más de la huest por ninguna malicia sino por amor de aquesta»; segunt que cuentan los más.

4128   ***] *lag. en PF*: βιαιότερον.
4129   enta lei] allei *F*: en aley *P*: πρὸς ἐκείνην.
4130   ***] *lag. en PF*: σοὶ λελύσθω 'se te perdona'.

Aprés fue preso el castiello de Táranto a traición por esta manera: Un joven del dicho castiello era a la huest con Favio, el qual joven havía a Táranto una ermana la qual havié grant amor e puro al dicho su ermano. E uno de los sobrestantes ordenados por Aníbal en guarda del dicho castiello, clamado Bretio, fue preso del amor de la dicha jóvena. La qual cosa sintiéndola el dicho joven tarantino, priso ardimiento dius esperança de la ermana de fer grant obra. Ond, con licencia de Favio partido de la huest, andó a Táranto quasi fuido por amor de la ermana. E plegado que fue en casa de la ermana, el sobredicho Bretio se alunyó de allí. Aquesto, porque su ermana no'nde sintiesse ninguna cosa. Mas el joven començó a demandar e examinar la dicha ermana de él a ella diziendo: «En la huest nuestra se dize que tú te acompanyaste con un grant hombre de los sobrestantes del castiello clamado Brecio. ¿Podría yo saber quál es aquesti? E si él es tal como se dize, no devemos reputar aquesta cosa por nuestra vergonya, que en el tiempo de las guerras no se cerca linage ni no es blasmo lo que se faze por fuerça, antes en el tiempo que la razón no puede se reputa por buena ventura quando hombre troba el forçador cortés e manso envés él». La jóvena, uyendo las paravlas de su ermano, súbitament envió por Brecio e diolo a conocen- [f. 189v] cia con su ermano, el qual de la ora avant con diestras paravlas aplegó más el amor entre ellos amonestando su ermana que fues obedient a Brecio. Por la dicha ocasión de la ermana era liugera cosa de convertir el coraçón de un soldado[4131] dius esperança de grandes donos que le prometién por Favio.

4131   un soldado] uno solo dado *F*: uno solo dato *P*: ἀνθρώπου μισθοφόρου.

En aquesti medio, Favio, avisándose de dar algún pensamiento a Aníbal, comandó a la huest que era a Rezo que corriesse Bretía.[4132] La qual cosa sentiendo Aníbal, corrió en socorro de Bretía.[4133] Sobre aquesto, Favio se metió en torno de Táranto. De noche exido del castiello el dicho tarantino, fue a él sabiendo el lugar onde Brecio tenié la guardia do era ordenado de ferse la traición. Por aquesto Favio ordenó su tienda de cerca del dicho lugar e reposávase. E el avanço de su huest començaron de dar batalla al dicho castiello por mar e por tierra con cridos e sones de tabales e de otros esturmentes. Por la qual cosa, movidos todos los tarantinos sobre lur resistencia, Brecio mostró senyal a Favio e súbitament fizo escalar el dicho lugar. E puyaron suso e tomaron el castiello. En la qual presa Favio no se mostró cortés, porque los primeros que fizo morir sí fueron los brecios. Aquesto, porque no se supiés que por traición havié preso el dicho castiello. Mas en aquesto Favio falló, e fincole la desleal crueldat que mostró contra ellos. E muchos tarentinos fueron muertos la hora; e fueron vendidos por esclavos xxx^m. E el castiello fue robado de los romanos, e enviaron al común iii^m talentes.

E dizen que Aníbal, haviendo sabido cómo Favio con su huest havié cercado e combatido Táranto, vino con su huest a su socorro; mas, quando fue cerca el castiello, él era luent. [f. 190r / xxiii, 1] Ond Aníbal, no pudiendo más aína socorrerlo, dixo palesament a todos: «A la huest de los romanos hay un otro Aníbal; porque nós havemos perdido el castiello de Táranto por la manera que lo haviemos preso». E particulament dixo a sus amigos: «De primero me parecié cosa periglosa de poder senyorear Italia; mas

---

4132   Bretía] brecia *PF*: Βρεττίαν.
4133   Bretía] brecia *PF*.

agora me parece impossible». Por la qual presa de Táranto los romanos fizieron triumfo a Favio más honorable que el primero. Era guarda del castiello de Táranto, quando fue preso de Aníbal por rebellación, Marco Leuquio. Mas, con todo que Aníbal havié preso Táranto, no pudo echar, peró del dicho collado Leuquio, antes por fuerça lo retuvo e mantuvo entro a tanto que los romanos recobraron Táranto. Por la qual cosa, Marco Leuquio, vidiendo Favio recebido honorablement de los romanos, se dolié tanto que, movido de ira, dixo en presencia del consejo: «O⁴¹³⁴ senyores, la ocasión por que vós havedes recobrado el castiello de Táranto no fue Favio, mas yo». A las quales paravlas, ridiéndose Favio, respondió: «Tú dizes verdat; mas, si tú no lo huviesses perdido, yo no lo havría recobrado».

Empero, los romanos querién⁴¹³⁵ tanto bien a Favio que, queriéndolo complazer, esleyeron a su fijo en ípato. El qual haviendo la senyoría de la ipatía, ordenando alguna cosa por el fecho de la guerra, su padre, o como viello o como enfermo o fues queriendo provar su fillo, vinié enta él a cavallo por medio de la companyía. El qual fillo, como lo vido venir a cavallo, no lo sufrió, antes súbitament le envió un sarjant comandándole que devallase del cavallo e viniés a piet si havié menester alguna cosa de la senyoría. Del qual comandamiento de fillo⁴¹³⁶ [f. 190v] a padre todos los que estavan cerca huvieron desplazer e vergonya, e abaxando lures ojos, guardavan Favio. Mas el buen viello, súbitament como le plegó el comandamiento, saltó del cavallo a tierra e corriendo fue devant su fijo e abraçolo e besolo e le dixo: «O fillo, tu sei savio e fez⁴¹³⁷

4134   consejo: «O] consiglo o *F*: consejo dixo o *P*.
4135   querién] queriendo *P*: volendo *F*: προσεφέροντο.
4136   de fillo] de su fillo *P*: del figluolo *F* (*en el margen* di).
4137   fez] *P*: fai *F*: πράττεις.

bien conociendo a aquellos que tú senyoreas e la dignidat e la senyoría que tú has recebida. Assí havemos encara nós e los nuestros padres agrandecida la ciudat metiendo devant siempre el provecho e el acrecimiento de la nuestra tierra más que de nuestros padres e fillos». E dízese verament qu'el visagüelo de Favio, hombre muit honrado e poderoso entre los otros romanos, fue fecho ípato v vegadas e triumfó a una grant batalla en que huvo victoria contra los enemigos. E após, seyendo fecho ípato su fillo, el padre fue con él embaxador, e en el triumfo de aquella guerra el dicho su fillo entró en Roma sobre carro de IIII cavallos, e el padre lo siguié con todos los otros todo alegre alegrándose e en como, seyendo senyor de su fillo e tenido por más honrado entre los otros ciudadanos, él de su propria voluntat ordenó su persona segunda após su fillo por reverencia de la senyoría. E quanto el dicho visagüelo de Favio, no fue maravilloso de tales cosas solament, mas encara de muchas otras. Dexemos agora aquesto e tornemos a seguir nuestra istoria. El dicho fillo de Favio venido a concludir el çaguero día de su vida, su padre como hombre savio sufrió grandament el dolor de la muert de su fillo, e el sermón el qual segunt costumbre fazién sobre la sepultura de los senyores [f. 191r / XXIV, 6] e de los gentiles hombres, Favio mismo lo sermonó en plaça por su fillo.

Após, Esquipión Cornelio, seyendo enviado capitán en Iberia, venció en batalla los calquidonios e echolos de fuera e truxo a la obediencia de los romanos grandes castiellos e mucha gent. E após, tornado a Roma, fue graciosament recebido con grant honor. E após, seyendo fecho ípato, sintiendo qu'el pueblo havié grant esperança en él de veyer grant obra por él, él no reputava grant fecho de combatirse contra Aníbal en Italia, como havién fecho los otros capitanes, mas pensó de ir con grant huest sobre

Calquidonia e Livia, en do, corriendo e gastando las dichas tierras, levantase la huest de los enemigos de Italia a Calquidonia. E sobre esto movié el pueblo con grant coraçón. Por la qual cosa, Favio, queriendo empachar la empresa de Esquipión, de paravlas e de fecho metié la ciudat en miedo diziendo que, siguiendo ***. El consello se enclinava a las paravlas de Favio; mas el pueblo imaginava que Favio por invidia de Esquipión empachava la dicha su empresa vidiéndolo prosperar e[4138] dubdando que no acabasse grant obra, o cessando la guerra de todo, o echando Aníbal de Italia. E parece que Favio contrastase en la primería providiendo e dubdándose del periglo advenidero, e aprés por invidia empachás el crecimiento de Esquipión. E consellava a Crasso, concapitán de Esquipión, que no le consintiés toda su voluntat, mas, si él quisiés passar a Livia e a Calquidonia sobre los calquidonios e los livios, que passás. Ni encara dexava Favio que fuesse dada moneda a las necessidades pora la despensa de la guerra en las [f. 191v] manos de Esquipión. Ond Esquipión, haviendo menester moneda, plegó[4139] de los castiellos de Tirrinía, porque ellos havién grant confiança en él. Mas Crasso, como hombre fuera de todo contrasto e por reverencia de la orden sacerdotal, fincó de aquella huest.

Encara Favio, contrastando Esquipión, empachava los jóvenes de no seguir Esquipión a la huest, e cridava a los consellos cómo Esquipión no solament fuyé de Aníbal, mas encara levava el romanient del poder de Italia, enganyando[4140] los jóvenes dius esperança, consellándolos de dexar lures padres e mulleres e parientes e la ciudat, mayorment que en su tierra se alogia su enemigo con fuert

---

4138   e] *om. PF.* καί.
4139   plegó] *PF.* ἤγειρε.
4140   enganyando] engayando *P.*

e poderoso braço. Las quales paravlas de Favio metiendo los romanos en miedo, determinaron que Esquipión huviés a su comandamiento la huest de Cicilia solament. E havié encara en su companyía III[c] hombres fieles amigos suyos los quales lo havién acompanyado en Iberia. Assí ordenava Favio los fechos políticos segunt su natura. Mas, como Esquipión passó a Livia, en continent fue sabido por nuevas cómo Esquipión fazié obras[4141] maravillosas e fechos grandes e en breu tiempo havié cremado dos[4142] alogiamientos de enemigos, do se fizo grant destrucción de hombres e fueron cremados muchos cavallos e armas. E las nuevas e la fama que levavan a Roma se vidién de fecho, porque cascún día levavan a Roma muchas e grandes cosas de la despulla de los enemigos. E encara el emperador de los númados fue levado por presonero a Roma, e los calquidonios enviaron embaxadores a Aníbal pregándolo de dexar la vana esperança e [f. 192r / XXVI, 3] tornar en socorro de su tierra. Por que, andando la fama de Esquipión por toda Roma por las prosperidades e victorias que cascún día havié sobre los enemigos, consellava que enviassen un otro por su companyón e concapitán, diziendo que no era bien fecho qu'el hombre fiasse mucho en la prosperidat de un solo hombre assí grandes fechos, porque es impossible qu'el hombre sea siempre bienaventurado. Por las quales paravlas fue manifiestamente descubierta la su invidia. E con todo que Aníbal se levó e partió de Italia, Favio no cesó de meter en miedo los romanos con sus paravlas, diziendo que Esquipión serié costrenyido de grant e fuert batalla como estrangero e no

---

4141   fazie obras] fazie fie obras *P* (fie *parece ser terminación errónea del verbo anterior, ya que* zie *está añadido en el margen*): faceva fie opere *F*.
4142   dos] los *P*: li *F*: δύο.

conocido[4143] de la tierra, porque Aníbal encara se escalda de la sangre de los capitanes, de los dictadores e de los ípatos de Roma. E tanto se conturbavan los romanos por las paravlas de Favio que, seyendo Aníbal partido de Italia, encara parecié a ellos que les fuesse más cerca que antes. Mas Esquipión en breu tiempo huvo victoria contra Aníbal e humilió la su superbia e susmiso Calquidonia. E dio grant alegría e plazer a sus conciudadanos. E levantó e dreçó la senyoría de Roma de tantos adevenimientos[4144] e desaventuras verdaderament inclinada. Mas Favio Máximo no duró pont entro a la fin de aquella guerra, ni supo cómo Aníbal fue vencido ni esconfido; ni vido la grant prosperidat de la su tierra, mas en el tiempo mismo que Aníbal se partió de Italia fue preso de una enfermedat de la qual murió. E dízese que, quando Epamenunda murió, fue soterrado de los thebeos a espensas del común, [f. 193r / xxvii, 3] porque era tan pobre que, quando murió, no le fue trobado otra cosa sino un espede de fierro. Mas Favio fue soterrado por los romanos no pas a despensas del común, mas cada uno dio alguna cosa, no porque fuesse pobre, mas honrándolo los romanos como a lur padre. E assí como era amado e honrado en su vida, assí fue encara en su muert.

[*Comparación entre Pericles y F. Máximo*][4145]

Assí se istórea lur vida. Mas, aprés la muert de entramos, el uno e el otro dexaron muit buenos e virtuosos

---

4143   conocido] 'conocedor'.

4144   adevenimientos] *P*: advenimenti *F*; *cf. infra*.

4145   *En el margen derecho de P, códice, como se ha indicado, procedente de Nápoles, se lee en italiano*: Comparatione di Pericles e Fabius. *En F, el epígrafe es* Comparatione, *aunque colocado fuera de lugar, ya que las primeras líneas de la auténtica* Σύγκρισις *aparecen formando parte del final de la* Vida *de Fabio Máximo*.

exemplos sobre los fechos políticos. E queremos primerament examinar el orden que ellos han tenido en las batallas: Péricles, haviendo senyoreado los athenienos en el
tiempo que prosperavan, los salvó seguros; mas Favio
recibió la senyoría de Roma en el más[4146] perigloso e desa-
venturoso tiempo que fuesse jamás; e, con todo, la ha livrado de todo periglo. E en el tiempo que Péricles senyoreava los athenienos, las prosperidades de Quimon, de
Mironidi e de Leocrato, e las valentías de Tolmidi,[4147] dieron ocasión a él de darse buen tiempo e fer a menudo
solepnidades por alegría común; e no salvó pont la ciudat
por batallas. Mas Favio, seyendo trobado en muchas batallas esconfidas e matamiento de capitanes e de dictadores
e a muertes de grandes hombres e a las aguas e campos e
boscages plenos de hombres muertos de batalla e ríos
corrientes entro a la marina sangrientos, e, quanto por su
poder, siempre esforçó e ayudó a la ciudat, e de tantos
espesos adevenimientos no la abandonó jamás a destruir.
E parece más liugera cosa de senyorear una ciudat en
tiempo malaventurado que en tiempo bienaventurado.
Porque, assí como abaxada por desaventura sigue el consejo de cada un [f. 193v] bueno e savio consellero, mas
humiliar e refrenar una ciudat ensuperbida por bienaventurança es cosa dura. E parece que Péricles senyoreó e
governó la ciudat de Athenas por aquesta manera. E de
otra part, la tanta desaventura sobrevenida a los romanos
mostró famoso e firme de opinión a él, el qual no se
movió más de la primera opinión.

E la presa del Samo havemos a fer semblant a la presa
de Táranto. E la presa de Evia, con los castiellos de Campania. Empero, Favio no huvo jamás victoria de campo de

4146   el más] mes mas *P* (mas *está interlin.*): mese piu *F.*
4147   Tolmidi] colmidi *PF*: Τολμίδης.

batalla sino una vegada por la qual huvo el primer triumfo. Mas Péricles en el su tiempo fizo meter IX senyeras de victoria por mar e por tierra. No res menos, con todo aquesto, no parecen[4148] assí famosos los fechos ni las obras de Péricles como aquellas que fizo Favio quando tiró Minuquio de las manos de Aníbal e escapó la huest de los romanos de aquel periglo. La qual cosa es[4149] temprada de seso e de valentía e de bondat e de digna fama. E assí en otra manera no se reputa semblant fallimiento de Péricles como aquel de Favio enganyado de Aníbal con los bueyes, el qual, dubdando de seyer preso improvisament en aquel estrecho, escapó diestrament de las manos de Favio con toda su huest. E es cosa convenible e necessaria a un capitán de ordenar e proveyer no solament a las cosas presentes, mas encara a las advenideras. La guerra de los athenienos cessó assí como por sotil proveimiento Péricles lo dixo antes: porque, queriéndolo todo, perdieron lo que havién. Mas los romanos, contra la voluntat de Favio, enviaron Esquipión contra los calquidonios, e huvo victoria sobre ellos, no pont por ventura, mas por su buen seso e valentía. Pues, parece qu'el fallimiento de los athenienos testimónea cómo Péricles pro-[f. 194r / XXIX, 4] vidió[4150] bien de las cosas por venir. Mas la prosperidat de Esquipión reprovó a Favio que no provedía bien en semblant fallimiento. E alguna vez le acaeció mal no proveídament e perder tiempo de ventura por su pusilanimidat. E aquesto que havemos dicho, por los fechos de la guerra, basta.

4148   parecen] paiono *F*: parescien *P*: λέγεται.

4149   es] *om. PF*: *contexto gr.*: καλὸν γὰρ τὸ ἔργον καὶ κοινὸν ἀνδρείας ὅμου καὶ φρονήσεως.

4150   providió] providiendo *P*: provedendo *F*: ἔγνω.

Mas, por los fechos políticos, grant culpa huvo Péricles quanto por la guerra, peró que parece que por el contrasto qu'él huvo siempre con los lacedemonios viniesse a los athenienos la dicha guerra. E semblantment, parece que Favio Máximo no havié hovido[4151] jamás ren de los calquidonios, mas havíe suffierto[4152] antes grant passión e treballo por el acrecimiento de su tierra. E la cortesía que Favio mostró devés Minuquio reprueva el contrast de Péricles que siempre mostrava contra Quimon e Tuquididi, los quales entramos fueron hombres maravillosos e por ocasión de Péricles fueron exiliados o esterrados. Mas la fuerça de Péricles fue más grant que aquella de Favio, porque en su tiempo por buen proveimiento no dexó jamás ningún capitán cayer en destrucción, sino solo Tolmidi, no queriendo seguir el su consejo, fue muerto de los viotios. Mas Favio, quanto la su persona, salvó segura entro a la fin; mas no pudo empachar los otros, ni los romanos no havrien sufierto tantas passiones e advenimientos si Favio hoviés hovido tanto poder sobre los romanos quanto havié Pericles sobre los athenienos. En el despreciamiento de las riquezas, mandava Péricles; mas no quiso tomar res de aquellos qui le querién dar. Mas Favio dio assaz de lo suyo proprio por livrar sus conciudadanos. Empero, aquesto que dio por lur libertat no fue ultra la suma de vi[4153] talentes. Mas de Péricles no puede dezir alguno liugerament quánto pudié guanyar de los emperadores e de los amigos; e él salvó su honor [f. 194v] todo puro e fuera de toda sobornación. E encara las obras con las quales Péricles ornó la ciudat de Athenas, es a saber, de templos e de otros edificios, no es

---

4151   havié hovido] *P*: avería avuto *F*.
4152   havié suffierto] *P*: aveva sofferto *F*.
4153   vi] vi^c *PF*: ֶֶ.

de fazer comparación metiendo encara todos los ornamentes de Roma fechos en aquel tiempo[4154] más encara aquellos
que fueron fechos enantes del tiempo[4155] de los Césaros.
¡Tanto son incomparables los ornamentes fechos de Péricles en Athenas contra todos los ornamentes de Roma!

4154   tiempo] tempo *F*: templo *P*.
4155   tiempo] tempo *F*: templo *P*: πρὸ (τῶν Καισάρων).

APÉNDICE: CÉSAR[4156]

D E LA BATALLA FECHA entre César e Pompeo segunt lo cuenta Plutarco; e de la victoria de César.

{C_2C_3F} [f. 107b / XLIV, 1] Quando aquesto vido Julio César, él se alegró mucho e regració a los dioses e ordenó su hueste en tres partes. E en la batalla de medio puso capitán a Calvinio Domicio, e en la siniestra a Antonio; mas en la derecha se puso él mismo con la dezena fiota. E quando él se avisó que la gente de cavallo de Pompeo quería venir contra él, hovo miedo, porque ellos eran muchos e bien armados. E comandó que de la otra vatalla diestramente veniesen cerca d'él ombres seis mill. E ordenó que ellos estoviesen de çaga de la batalla de la vandera derecha. E mostroles lo que devían fazer quando la gente de cavallo viniesen sobre él. E aun Pompeo partió su hueste en tres partes. A la parte derecha se puso él, e a la siniestra parte se puso Domicio, e en aquella de medio se puso Cipión, su suegro. La gente de cavallo eran en la parte siniestra muchos e espesos, e circundaron la diestra batalla de César queriendo fazer la victoria allá do era la cabeça, que, según que a ellos parecía, César non podría sofrir tanta multitud de cavallería. E cuidávanse calcigarlos

4156 Fragmentos extraídos de la primera parte de la *Grant crónica de los conquiridores*, mss. 10190 y 12367 de la Biblioteca Nacional de España.

con los pies de sus cavallos. E quando vino la ora que devían sonar las trompetas, Pompeo comandó a su hueste que non se moviesen entro a que la[4157] hueste de César le viniese de suso. E en esto juzgó César que Pompeo falleciese, por esto que más ardiente se faze el hombre combatiente quando él se avança e previene a su enemigo. E por esto fazía menester que César se moviese primero. E preguntó la ora a un su capitán ardido en batalla e leal el qual clamava por su nombre a todos aquellos de su compañía e conortávalos e aquexávalos de combatir. E alegrándose César d'esto, dixo: «Gayo Crasinio, ¿havemos nós alguna buena esperança?». E Crasinio estendió la mano derecha e dixo a César: «Nós venceremos, e oi me loarás o muerto o bivo». E como dixo estas palabras, este firió primeramente entre los enemigos e clamava sus compañones, que eran cxx hombres de cavallo, que lo deviesen ayudar. E rompió la batalla de los enemigos, e entró por fuerça en medio d'ellos e mató muchos. Mas después le fue dado un colpe a la boca que le pasava de çaga al pescueço, e cayó.

E después se mesclaron los de pie, e la gente[4158] de cavallo de Pompeo corrió sobre la batalla de la parte derecha, do era César, mui ásperamente. E adelante que se mesclasen, corrieron los seis mill ombres de César no echando las lanças, así como es costumbre. Ni ferían en las piernas ni en las camas, mas los ferían en las caras, así como César les havía amonestado; porque César pensó en su coraçón que las gentes de cavallo de Pompeo eran jóvenes e se gloriavan de sus personas e de su fermosura, e temían más ser feridos en las caras que en otra partida del cuerpo por non ser deturpados en las caras. E por esto

---

4157   entro a que la] fasta que la C_3: in fino che l' F: entro aquella C_2.
4158   la gente] C_3F: los C_2.

non sufrían de ver el fierro delante sus ojos. Por la qual cosa, ellos fueron vencidos vituperosamente e metieron[4159] en fuida la otra hueste; en tanto que aquellos que[4160] vencieron [f. 107c / XLV, 6] a estos jóvenes firieron e pasaron fasta los de pie, e ellos se metieron en foída, e estos los alcançavan matando e maltractándolos. E quando Pompeo vido de la otra parte que su gente de cavallo era así destruida, fuyó públicamente a sus tiendas, así como si Dios le fuese contrario, sin fablar. E asentose e pensava de la fin, en tanto que sus enemigos vinieron fasta las puertas de su tienda. E Pompeo despojó sus armas e echolas e fuyó en hábito de pobre. E cómo le vinieron los desastres a Pompeo e cómo se rendió a los egipcios e cómo fue muerto nós lo escrivimos desuso en su estoria.

César hovo gran desplazer veyendo tantos muertos; e sospirando dixo: «Este mal ellos lo han aconsejado». E la mayor parte de aquellos que fueron muertos eran siervos. Mas de la gente de armas non fueron muertos sinon seis mill. E aquellos que fueron aprisionados los puso ensemble con su gente, e a muchos gentiles ombres recibió graciosamente e dioles libertad, entre los quales era Bruto, el qual le mató después; e antes que César lo vidiese, havía desplazer; mas, después que lo vido sano, él se alegró.

En aquesta victoria aparecieron muchos señales. Conteció en el lugar que ha nombre Tralas cosa estraña: que[4161] en el templo de la victoria estava la estatua de César. E en el lugar do ella estava era pedregoso e duro; e allí nació en los piedes de la estatua una planta de dátiles. E aun un ombre que havía nombre Gayo Cornelio, adevino maravilloso, sedía cerca un río e dixo a aquellos

---

4159   metieron] *C₃*: misero *F*: metieronse *C₂*.
4160   aquellos que] quelli che *F*: aquellos *C₂*; *ilegible C₃*.
4161   que] che *F*: *ilegible C₃*.

que eran con él: «Oi se faze el consejo de la batalla». E después súbitamente saltó con alegría e gridó: «¡O César, tú eres vencedor!». E maravilláronse los hombres. E pués se levó la corona de su cabeça e juró de non ponerla más en su cabeça fasta que esta prophecía se cumpliese.

E César por la alegría de la victoria se fizo magnánimo, e afranquió⁴¹⁶² los thétalos, e púsose a alcançar a Pompeo. E puyó suso a la Asia e afranquió los quinidios⁴¹⁶³ por el amor de Theópombo,⁴¹⁶⁴ el qual escrivía proverbios enxemplares. E a todos los de levante dexó la tercera parte del treudo.

{C₂C₃F} [f. 114c / LX, 1] El aborrecimiento por que César era mal querido fasta su muerte non era otro sinon por la voluntad que él havía de regnar. E todos aquellos que querían que César regnase sembraron palabras en la multitud del pueblo diziendo que Sibila havía escripto que los romanos devían conquistar los parthos⁴¹⁶⁵ con rei, e non otramente. E quando César vinía de los Alpes,⁴¹⁶⁶ algunos le levaron la honor como a rei. E d'esto el pueblo se turbó; e por esta turbación dixo César: «Yo soi clamado César e non rei». E asín callaron todos, e César pasó adelante descolorido e irado. E quando se aplegó el consejo, acordaron de fazerle grande honra. E vinían los cónsules e los capitanes e todo el consejo fazia él. E él non se levava por dar honra a ninguno, mas asín les favlava como a ombres idiotas. E aun dixo: «Conviene que vuestras honras se amengüen e no crescan». E d'esto se contristó el consejo.

4162   afranquió] C₂; affrancó F: franco C₃; cf. infra.
4163   quinidios] C₂; qnidios F: judios C₃: Κνιδιους.
4164   Theópombo] C₂ F: t ... bo C₃ (letras erosionadas): Θεοπόμπῳ.
4165   parthos] parthi F: om. C₂C₃: Πάρθων.
4166   Alpes] C₂C₃F: Ἄλβης.

E la desonra de los consegeros fue reputada del pueblo todo e de toda la comunidad. E partiéronse todos con mal coraçón, en tanto que César lo sintió e fuése a su posada diziendo a sus amigos: «Quien[4167] me quiere matar, sí me mate». E después, sí trobava[4168] ocasión por la enfermedad que él havía de la epilencia, diziendo que él non podía estar a dar audiencia a la gente. E algunos de sus amigos, los falagadores especialmente, non lo dexavan levar por fazer honor al consejo, diziendo: «¿Non te miembra que tú eres César e que tú te deves ser honrado como dios?».

E entre estas cosas fue fecha por los capitanes del pueblo una desonra a César,[4169] es a saber, que los romanos fazían una fiesta que era clamada *Lupercalia*, la qual fiesta parece que del principio fuese fiesta de pastores. E muchos fillos de gentiles hombres, según la costumbre, ivan de acá e de allá desaguisados con pieles rudas.[4170] E cada uno que ellos encontravan dávanle en los pies por solaz.[4171] E muchas dueñas ivan de grado delante d'ellos por tal que las firiesen, porque este tal ferir era bueno a fazerlas parir ligeramente e por tal que ellas se empreñasen si non havían fijos. E César se posava sobre una cáthedra de oro mirando el juego. E entre los que corrían el uno era Antonio, que en aquel tiempo era cónsul. E quando vino en la plaça do se asentava César, la multitud le fizo lugar. E él trayó una guirlanda de laurel, e diola a César, e gridaron algunos pocos. Mas, quando él rendió la guirlanda a Antonio, gridaron todos. Aún Antonio la dio a César,

---

4167   Quien] C_3; chi *F*: que C_2.
4168   trobava] trovava *F*: trobara C_2; fallara C_3.
4169   a César] a cesare *F*: *ilegibles* C_2C_3.
4170   rudas] rude *F*: ..das C_2 (*las dos primeras letras ilegibles*): crudas C_3: λασίοις.
4171   solaz] C_3: sollazzo *F*: sosolas C_2; παιδιᾷ καὶ γέλωτι.

e aún gridaron [f. 114d] pocos. César la rendió a Antonio, e gridaron todos.[4172] E esto fue fecho por provar. E en esto se levantó César e comandó que la guirlanda fuese puesta en el Capitolio. E dos de los capitanes del pueblo, Flavio e Márilo,[4173] vidieron estatuas de César con ornamientos[4174] reales, e echáronlas. E aquellos que levaron la loor a César como a rei los metieron en la cárcel. E plugo al pueblo lo que fizieron estos capitanes; e los siguían alegremente, tanto que ellos los clamavan *Brutos*, porque este Bruto desfizo la succesión hereditaria de los reyes, e en lugar de señoría él ordenó la comunidad por governar al pueblo, e el buen estamiento de aquel. César se ensañó e reprehendía a los capitanes e injuriava al pueblo, en tanto que reptando los clamava *Brutos*.

E la ora él fue a Bruto, el qual era cosino de Marco[4175] Bruto de la parte del padre, e de la madre de casa de Serovili,[4176] que era noble casa. E era yerno e nieto de Catón. E este Bruto por las gracias e honras que havía recebido de César no osava públicamente embargar la señoría que César havía, porque non solamente en la batalla que fue fecha en el Fársalo César salvó a Bruto, mas aun por su amor a todos aquellos que él quiso. E aun, porque él havía gran fiança e gran esperança en él, fízolo capitán de muchas gentes de armas. E aun en el quarto año venidero devía ser cónsul. E aun por esto que César fizo más

---

4172   Aún Antonio [...] gridaron todos] *C₃*: *om.* *C₂*: et ancora antonio la diede a cesare et ancora gridarono pochi et cesar la rende ad antonio et gridarono tutti *F*: Αὖθις δὲ προσφέροντος, ὀλίγοι, καὶ μὴ δεξαμένου, πάλιν ἅπαντες.

4173   Márilo] amarillo *C₂C₃F*: Μάρυλλος.

4174   ornamientos] ornamentos *C₃*: hornamenti *F*: otruamientos *C₂*: διαδήμασιν.

4175   cosino de Marco] *C₃*: de marco *C₂*: marco *F*: γένος [...] ἐκεῖθεν.

4176   Serovili] *C₂F*: serouile *C₃*: Σερουιλίων.

honra a Bruto que a Casio, Casio[4177] contrastava a César, en tanto que César por su contraste dixo que más justamente fablava Casio, mas en su voluntad non desamava a Bruto. César non los quería escuchar, confiando que por las gracias que él havía fecho a Bruto le deviese ser verdadero amigo. E tocava su carne con el dedo e dezía: «Este cuerpo esperará Bruto».[4178] Por la qual cosa él mostrava que Bruto era digno de haver señoría, mas que non sería desconociente fazia César. Mas todos aquellos que participavan a la traición, públicamente non dezían cosa, mas de noche posavan las cédulas en la cadira do se asentava Bruto, en las quales cédulas era escripto: «O Bruto, tú duermes, e por cierto no eres Bruto». E sintiendo Casio que Bruto consintía a la muerte de César, infestávalo públicamente; porque él quería mal a César, e César havía siempre suspición d'él. E algunos infestavan a Antonio e Dolobela, estando delante César. César dixo: «Yo non he miedo de los gordos e muelles, mas yo he miedo de los amarillos e sotiles». E esto dizía por Casio e Bruto, porque ellos eran tales.

Mas parece que lo que deve contecer non sea cosa tanto desperada quanto es incuitable[4179] e que ninguno non se puede guardar d'ella.

[f. cxvvb / LXIX, 1] César murió después de Pompeo quatro años; mas toda la vida de César fue años LVI. E de tantos peligros como él sostuvo entre la gente salvaje, non ganó de toda su senyoría, de la qual[4180] él se delectava, sinon solament la fama que ovo de sus cibdadanos, que havían embidia d'él. E toda la ventura buena que havía

---

4177   Casio] *F: om. C₂C₃.*
4178   Bruto] *C₂C₃F:* Βροῦτος (nom.).
4179   inevitable] incuitable *C₂C₃:* inouitable *F:* ἀφύλακτον.
4180   de la qual

havido en su vida, e[4181] en su muerte fincó en la vengança de aquellos que lo havían muerto. E aun en tierra nin en mar non fincó ninguno d'ellos. E non solamente de aquellos que metieron mano a matarlo, mas aun de aquellos que dieron consejo para fazerlo matar, non fue que non sufriese su pena.

De las señales que aparecieron aprés la muerte de César, e[4182] de la desperada[4183] muerte que Bruto fizo[4184]

Mas, entre las otras cosas, estas fueron más maravillosas en las cosas divinas: Quando César fue muerto, apareció una cometa maravillosa VII días, e depués perdiose. Aún otra señal: Que todo aquel año el sol parecía amarillo, e levantávase sin rayos, e su calor[4185] era feble, en tanto que el aire era[4186] escuro e grieu por esto que el poderío de la calor e del sol non era suficiente a sotilear el aire. E por esta razón el fructo de la tierra non vino a perfección, por la malicia del aire. E aun parecieron señales en los hombres. Casio combatía en las encontradas de Philipis, e quando él fue vencido, él se mató él[4187] mismo con aquel cuchillo con que havía ferido a César. Mas el mayor señal que pareció que los dioses fuesen corruçados de la muerte de César, fue la fantasma que vido Bruto: Que, quando él devía pasar del Ávido en otra tierra firme, él se folgava, segunt su costumbre, la noche en su tienda; no

---

4181 el] C₂F: καὶ 'también'.
4182 el] C₃ F: om. C₂.
4183 desperada] C₂: desmamparada C₃: disperata F.
4184 Bruto fizo] bruto fece F: casio e bruto fizieron segun lo posa plutarco C₂: casio e bruto fizieron C₃.
4185 calor] caldo F: C₂C₃: τὸ θερμόν.
4186 era] F: om. C₂: *ilegible* C₃.
4187 él] C₃: elli F: om. C₂.

pas que él durmiese, mas él estava en pensamientos de lo que havía a fazer. E dízese que, entre los otros capitanes de las gentes de armas, este era que menos durmía e havía natural poder de velar. E la ora oyó un colpe a la puerta. E él miró fazia la lumbre e vido una cosa terrible: pareciole que él vidiese un ombre de otra nación e de terrible forma. E en el començamiento hovo miedo; mas, veyendo que él non dezía nin fazía nada, ante callava estando cerca su lecho, él le preguntó: «¿Quién eres tú?». E él respondió: «O Bruto, yo só el tu malo demonio, e tú me verás en el lugar de Philipis». E Bruto le respondió ardidament: «¡Yo te vea!». E el demonio se partió.[4188] En el año viniente Bruto combatiose con Antonio e con César el joven; e venció Bruto la primera batalla e asitió a la hueste de César. E quando Bruto devía fazer la segunda batalla, la noche delante le pareció aquel {C₃FDom} [f. 216d / LXIX, 4] demonio sin boz e sin otro clamor.[4189] Bruto conoció lo que devié contecer, e contra su voluntad se puso en el peligro de la batalla. Non rex menos, él non cayó en la mescla de la batalla, mas, quando su[4190] hueste fue vencida, él fuyó en un [f. 217a / LXIX, 5] lugar apartado e feriose de un estoque en los pechos. E segunt que se dize, un su amigo le ayudó a fazer entrar el estoque más fuertemente. E así se murió.

4188   se partió] C₂: se perdio C₃: si perde F: ἀπῄει.
4189   otro clamor] altro clamore F: otr......or C₃ (ms. deteriorado).
4190   quando su] Dom: quan la sua F: ilegible C₃.

NOTAS LÉXICAS

En este capítulo se incluyen, por derecho propio, aquellas palabras que pueden ofrecer alguna dificultad al lector especialista en estos temas. Podría aumentarse su número, pero, dada la índole del destinatario, estimo que es suficiente. No obstante, en caso de duda, he preferido ser generoso. Ello explica la presencia de términos como *aprivadava, desponcellar, ensemble, forment, goyasse* y otros, que resultarán familiares a más de un lector.

Pero se incluyen también, aunque con menos derecho, aquellas palabras exóticas cuyo significado viene dado en el texto a modo de glosa —por ejemplo, «pictara o jarra» (Sila 172v), «anoca, id est, 'tartuga'» (Flamin. 46v)—, por el interés que tienen para la elaboración de repertorios léxicos, medievales o generales.

Se incluyen, asimismo, aquellas otras de significado no conocido o dudoso, y no localizadas en los repertorios léxicos al uso, con la esperanza de que por alguna parte se haga luz. Algunas tal vez padezcan deformaciones gráficas que haría falta subsanar. También estas son interesantes para la confección de repertorios léxicos. No se incluyen las palabras griegas o latinas autóctonas en su contenido y expresión, tales como *pendacosiomedinos, ipadas, thitas* (Sol. 68r), que el traductor románico se limitó prácticamente a transcribir. Muchas de las palabras contenidas en estas notas no fueron comprendidas ya por el traductor del aragonés al italiano, que se limitó a transcribirlas materialmente del texto aragonés.

Los puntos suspensivos que a veces siguen al paréntesis inicial de localización indican que el lema aparece en otros pasajes de la edición. Dentro del paréntesis, se indica el contexto del lema cuando pueden producirse confusiones con otras palabras homógrafas en el folio a que se envía.

açó (Demet. 102r) 'esto' (*quel* [Demet. 34rb] *F*). Del lat. pop. ECCE-HOC; concorde con el cat. *aço*. Cf. Alcover *et alii* (1930-1962, s. v. *aço*).

acuestan (Cic. 162v...) 'acercan'. Del lat. pop. ACCOSTARE; análogo al cat. *acostar*. Cf. Alcover *et alii* (1930-1962, s. v. *acostar*).

adjutorio (Cat. 115v) 'ayuda'. Del lat. ADJUTORIUM; análogo al cat. *adjutori*. Cf. Alcover *et alii* (1930-1962, s. v. *adjutori*).

adur (Temíst. 31v) 'traer'. Del lat. ADDUCERE; concorde con el cat. *adur*. Cf. Alcover *et alii* (1930-1962, s. v. *adur*).

aduría (Cam. 39r). Cf. *adur*.

agua ros (Ant. 155r) 'agua de rosas'. Del lat. AQUAM ROSAE; análogo al cat. *aigua-ros*. Cf. Alcover *et alii* (1930-1962, s. v. *aigua ros*).

aguait (F. Máx. 188r) 'acecho'. Del germ. *wahten*; concorde con el cat. *aguait*. Cf. Alcover *et alii* (1930-1962, s. v. *aguait*).

aise (Nic. 116v: «no havían lur *aise*») 'comodidad' (*agi* [Nic. 45c] *F*: ὑπερπονούντων [Nic. XXI, 5]). Del lat. ADJACENS; concorde con el fr. *aise*. Cf. Bloch y Wartburg (1975, s. v. *aisance/aise*).

ajustar (*saepe*) 'juntar'. Del lat. AD + *JUXTARE; concorde con el cat. *ajustar*. Cf. Alcover *et alii* (1930-1962, s. v. *ajustar*).

alçado (Mario 208r) 'bolsa, depósito'. Derivado de *alzar*. Cf. Cejador (1929, s. v. *alzado*) y Lanchetas (1900, s. v. *alzado*).

aleujament (Pirro 166r) 'alojamiento'. Concorde con el cat. *al(l)eujament*, que procede de *al(l)otjar*, con contaminación de *al(l)eujar* (< *alleviare*) 'aligerar'. Cf. Alcover *et alii* (1930-1962, s. v. *allotjament* y 2. *alleujar*).

alimara (Camilo 54r) 'señal que se hace con fuego desde una atalaya'. Del ár. *'al-'imāra*. Cf. Corominas y Pascual (1980-1991, s. v. *alimara*).

amiyea (Sol. 68v) 'asamblea' (?). Término no documentado y sin paralelo visible en el texto griego: συστησάμενος δὲ τὴν ἐν Ἀρείῳ πάγῳ βουλὴν ἐκ τῶν κατ' ἐνιαυτὸν ἀρχόντων, ἧς διὰ τὸ ἄρξαι καὶ αὐτὸς μετεῖχεν (Sol. XIX, 1).[4191]

4191 «Estableció el consejo del Areópago de los que habían sido arcontes cada año, en el que, por haberlo sido, también tuvo asiento» (trad. de Ranz Romanillos, Plutarco, 1968, vol. I, pp. 139-140).

andador (Dimitr. 112v) 'paseo' (Sol. περίπατοι [Sol. ʟ, 8]).

ánidre (Cat. 129r) 'ánade' (νήσσης 'ánade' [Cat. xxɪɪɪ, 5]: *anidre* [Cat. 56] *F*). Del lat. pop. *ᴀɴɪᴛʀᴀ; análogo al it. *anitra* y *anedra*. Cf. Meyer-Lübke (1935, s. v. *anas*).

anoca (Flamin. 46v) 'tortuga' (*tesstugine* [Flamin.10b] *F*: χελῶναι [Flamin. xvɪɪ, 4]). No documentado, y de etimología desconocida.

apremiados (Pomp. 20v) 'recompensados' (μὴ τυχόντες ἡλίκων προσεδόκησαν [Pomp. xɪv, 7]).

aprivadava (Sila 165v) 'trataba familiarmente'. Derivado de *privado*; concorde con el cat. *aprivadar*. Cf. Alcover *et alii* (1930-1962, s. v. *aprivadar*).

aprivadolo (Sert. 1v) 'lo domesticó'. Cf. *aprivadava*.

arpada (Nic, 121v) 'puñado'. De *harpare 'coger fuertemente' (< germ. *harpan*). Cf. Alcover *et alii* (1930-1962, s. v. *arpat*) y Meyer-Lübke (1935, s. v. *harpan*).

arreu (Flamin. 41r) 'sucesivamente y sin interrupción'. Del germ. *reds*; concorde con el cat. *arreu*. Cf. Alcover *et alii* (1930-1962, s. v. *arreu*).

atupno (Alcib. 212r) 'otoño'. Del lat. ᴀᴜᴛᴜᴍɴᴜᴍ. Cf. Corominas y Pascual (1980-1991, s. v. *otoño*).

aturar (Craso 140r) 'detener'. Del lat. pop. *ᴀᴛᴛᴜʀᴀʀᴇ (var. de ᴏʙᴛᴜʀᴀʀᴇ); concorde con el cat. *aturar*. Cf. Alcover *et alii* (1930-1962, s. v. *aturar*) y Coromines (1983-1995, s. v. *aturar*).

auguri (Cic. 157r) 'augures'. Italianismo morfológico. Del lat. ᴀᴜɢᴜʀᴇꜱ.

auseles (Cic. 162v) 'pájaros'. Del lat. pop. ᴀᴜᴄᴇʟʟᴜᴍ (var. sincop. de ᴀᴠɪᴄᴇʟʟᴜᴍ); análogo al cat. *aucell*/*ocell* y al occ. *auzel*. Cf. Raynouard (1836-1845, s. v. *auzel*) y Alcover *et alii* (1930-1962, s. v. *aucell*/*ocell*).

avanço (Peric. 166v...) 'resto'. Italianismo. Cf. Zingarelli (2004, s. v. *2. avanzo*).

se avantavan (Agesil. 3r) 'se enorgullecían' (*si vantavano* [Agesil. 89b] *F*: εἶναί τινας καὶ μέγα φρονοῦντας [Agesil. xx, 1]). Del lat. *ᴠᴀɴɪᴛᴀʀɪ, frecuentativo de ᴠᴀɴᴀʀɪ; análogo al cat. *avantarse*. Cf. Alcover *et alii* (1930-1962, s. v. *2. avantar*).

avolotó (Alcib. 3v) 'alborotó'. Probablemente del lat. ᴠᴏʟᴜᴛᴀʀᴇ 'dar vueltas'. Cf. Alcover *et alii* (1930-1962, s. v. *avolotar*) y Corominas y Pascual (1980-1991, s. v. *alborotar*).

azina (Demet. 90r) 'ocasión'. Análogo al occ. *aizina* < fr. *aise* <
lat. ADJACENS; comp. también con cat. *aina*. Cf. Alcover *et alii*
(1930-1962, s. v. *aina*), Colón (1976, p. 88), Wartburg (1928-
1970, s. v. *adjacens*) y Corominas y Pascual (1980-1991, s. v.
aina, n. 2).

bailetes (Eumen. 12r) 'pajes'. Diminut. de *baile* (< lat. BAJULUS). Cf.
Alcover *et alii* (1930-1962, s. v. *vailet*).

barear (Pirro 161v) 'depredar' (*asserragliare* [Pirro 63b] *F*:
ἐπιδρομὴν καὶ λεηλασίαν ποιησόμενος [Pirro x, 2]). Probablemente se trata de un derivado de *baria* 'traición, robo' (<
bator < *bausator < *bausan; cf. occ. *bauzar* 'obrar fraudu-
lentamente, robar'). Cf. Alcover *et alii* (1930-1962, s. v. *bare*).

benastrugo (Pirro 165r) 'afortunado'. Análogo al cat. *benastruc*,
que deriva del lat. BONUM ASTRUM, con ulterior contaminación
de *be(n)*. Cf. Alcover *et alii* (1930-1962, s. v. *benas-
truc/bonastruc*).

bigurdador (Cat. 117v) 'justador'. Formado sobre el it. *bigordare*;
comp. con el occ. ant. *beordar*, fr. ant. *behorder*, cast. ant.
bafordar. (Todos del fráncico *bihurdan.) Cf. Battisti y Alessio
(1966-1968, s. *bigordare/bagordare*); cf. también Du Cange
(1954, s. v. *bohordicum*) y Meyer-Lübke (1935, s. v. *bihurdan).

bigurdios (Cat. 117v) 'justas, juegos'. Cf. lo dicho sobre *bigurdador* y especialmente *bufurdium* en Du Cange (1954, s. v.
bohordicum).

bigurdo (Cic. 148r). Cf. *bigurdios*.

blades (F. Máx. 178r) 'mieses'. Del gálico *blatum*; comp. con fr.
blé y cat. *blat*. Cf. Alcover *et alii* (1930-1962, s. v. *blat*).

blanquet (Alcib. 18v) 'blanquete'. Del germ. *blank*. Cf. Alcover *et
alii* (1930-1962, s. v. *blanquet*).

blavos (Cat. 115v) 'azules' (*blavos* —en el margen, *bianchi*—
[Cat. 46b] *F*: γλαυκόμματον [Cat. i, 4]). Del fráncico *blao*;
comp. con el fr. *bleu*, ingl. *blue*, cat. y alem. *blau*. Cf. Alcover *et alii* (1930-1962, s. v. *blau*).[4192]

4192   Corominas y Pascual (1980-1991, s. v. *blavo*) definen *blavo* como
'pardo tirando a bermejo', y lo consideran un préstamo del fr. ant. *blave*,
de origen tal vez céltico. Esta definición ha pasado al *DRAE* (22.ª ed.).
Nuestro *blavo* es distinto, y está claramente emparentado con el fr. *bleu*.

bort (Agesil. 209r) 'bastardo'. Del lat. BURDUM. Cf. Alcover *et alii* (1930-1962, s. v. *2. bort*).

botarra (Ant. 126r) 'pescado salado' (*botarra* [Ant. 126a] *P: botarra* [Ant. 13a] *K: bottaraga* [Ant. 47d] *F:* τάριχος [Ant. XXIX, 6]). Según Rohlfs (1932, s. v. *ovataricu*), es un híbrido del lat. OVA + el gr. τάριχος; según Kahane (1970-1976, t. IV, p. 113, s. v. ἀβοτάριχον), procede de βο(υ)τάραχο, variante popular del biz. ᾠοτάριχον 'huevo (de pez) ahumado'; cf. también Corominas y Pascual (1980-1991, s. v. *botarga*).

boxón (Demet. 112r) 'matorral'. Del germ. *bosk-* + suf.; análogo al occ. y fr. ant. *boisson* > fr. mod. *buisson*; comp. con alem. *Busch*, esp. *bosque*, fr. *bois*, ingl. *bush*, it. *bosco*, occ. *bosc*... Cf. Bloch y Wartburg (1968, s. v. *bois*); cf. también Meyer-Lübke (1935, s. v. *busk*).

boxones (Sila 179r) 'matorrales'. Cf. *boxón*.

breu (Demóst. 144r...) 'amuleto'. Del lat. BREVEM. Cf. Alcover *et alii* (1930-1962, s. v. *breu*).

brocavan (Ant. 131v) 'espoleaban'. Derivado de *broca* (del lat. BROCCAM, feminización de BROCCUM). Cf. Alcover *et alii* (1930-1962, s. v. *brocar*) y Cejador (1929, s. v. *brocar*).

bruno (Sila 187v) 'moreno'. Del germ. **brun*; análogo al cat. *bru*; comp. con alem. *braun*, fr. *brun*, ingl. *brown*... Cf. Alcover *et alii* (1930-1962, s. v. *bru*).

bueita (Sert. 9r) 'vacía'. Del lat. VOCITA. Cf. Alcover *et alii* (1930-1962, s. v. *buit*).

bueito (Flamin. 43r) 'vacío'. Cf. *bueita*.

bufet (Alcib. 215r) 'bofetada'. De origen onomatopéyico, según Corominas y Pascual (1980-1991); concuerda con el cat. *bufet*; comp. con el cast. ant. y port. *bofete*. Cf. Corominas y Pascual (1980-1991, s. v. *bofetada*) y Alcover *et alii* (1930-1962, s. v. *bufet*).

buidás (Pomp. 30v) 'vaciase'. Derivado de *buido* (cat. *buit*). Cf. Alcover *et alii* (1930-1962, s. v. *buidar*).

buidó (Lisan. 149r) 'vació'. Cf. *buidás*.

buitos (Luc. 76r) 'vacíos'. Variante de *bueitos*, con reducción del triptongo. Cf. Alcover *et alii* (1930-1962, s. v. *buit*).

buxón (Mario 202v) 'matorral'. Cf. *boxón*.

de cabo (Pericl. 171v) 'de nuevo'. Del lat. CAPUT; análogo al it. *da capo*. Cf. Corominas y Pascual (1980-1991, s. v. *cabo*).

cadiellos (Pelóp. 58v) 'cachorros'. Del lat. CATELLUM; análogo al cat. *cadell*. Cf. Alcover *et alii* (1930-1962, s. v. *cadell*).

cal (Alcib. 212r) 'es necesario'. Del lat. CALERE; concuerda con el cat. *cal* (< *caldre*/*calre*). Cf. Alcover *et alii* (1930-1962, s. v. *caldre*).

camas (Filop. 28r) 'piernas'. Del lat. CAMBAM (< κάμπη). Cf. Meyer-Lübke (1935, s. v. *camba*) y Alcover *et alii* (1930-1962, s. v. *cama*).

cambas (F. Máx. 180v) 'piernas'. Cf. *camas*.

cambra (Alcib. 9r) 'habitación'. Del lat. CAMERAM. Cf. Meyer-Lübke (1935, s. v. *cameram*).

camello (Alcib. 8v) 'camaleón' (χαμαλέοντος [Alcib. XXIII, 4]). Parece ser transcripción aproximada del gr. χαμαιλέων.

camino (Publíc. 80r) 'horno'. Del lat. CAMINUM (< gr. κάμινος). Cf. Battisti y Alessio (1966-1968, s. v. *camino*).

capanya (Ant. 147r) 'cabaña'. Del lat. CAPANNAM. Cf. Corominas y Pascual (1980-1991, s. v. *cabaña*).

car (Sert. 2r...) 'porque'. Del lat. QUA RE. Cf. Corominas y Pascual (1980-1991, s. v. *car* II).

carabaçada (Tes. 89v) 'testarazo'. Probablemente derivado del lat. *CALAPPACEAM (< CALAPPACUM 'tortuga'). Cf. Alcover *et alii* (1930-1962, s. v. *carabassada*).

carbeta (Cic. 161v) 'litera' (?) (*carbeta* [Cic. 82a] F: φορείῳ [Cic. XLVII, 10]). No documentado, pero sin duda relacionado con el gr. κράβαττον y el lat. GRABATTUM 'lecho, yacija'; comp. también con el gr. mod. κρεβάτι 'cama'. En Cic. 157r aparece la variante *garbeta*.

cascuna (Filop. 28r) 'cada una'. Resulta probablemente del cruce de *cata* (gr. κατά) con *quisque* + *unum*; concorde con el cat. *cascuna*, y análogo al fr. *chacune* e it. *ciascuna*. Cf. Alcover *et alii* (1930-1962, s. v. *cascú*).

casó (Luc. 84v) 'rompió'. Del lat. QUASSARE. Cf. Alcover *et alii* (1930-1962, s. v. *cassar*).

cerboses (Flamin. 45r) 'gorros (de forma triangular)' (*cboses* [Flamin. 9c] F: πιλία [Flamin. XIII, 9]). Del ár. *šarbūš* (relacionado con el gr. κυρβασία 'gorro persa'). Cf. Alcover *et alii* (1930-1962, s. v. *serboix*) y Liddell y Scott (1968, s. v. κυρβασία).

cércoles (Cam. 59r...) 'círculos'. Del lat. CIRCULUM; análogo al cat. *cèrcol*. Cf. Alcover *et alii* (1930-1962, s. v. *cèrcol*).

chines (Peric. 164r) 'perros' (*chines* [Peric. 84a] *F*: κυνῶν [Peric. I, 2]). Aparece también en el *Orosio* (29r). El étimo es desconocido.

churma (Luc. 76r) 'conjunto de galeotes'. Del lat. pop. *CLUSMA (< gr. κέλευσμα); análogo al cat. *xurma* e it. *ciurma* (var. de *ciusma*). Cf. Corominas y Pascual (1980-1991, s. v. *chusma*).

cigala (Sila 169r) 'cigarra'. Del lat. pop. CICALA, variante de CICADA; concuerda con el cat. *cigala*. Cf. Alcover *et alii* (1930-1962, s. v. *cigala*).

cimo (Demet. 108v) 'cima' (*cinto* [Demet. 108v] *P*: *cinto* [Demet. 38d] *F*: ἀκροστολίου[Demet. XLIII, 5]). Masculinización de *cima*; análogo al cat. *cim* 'cima'. Si se acepta como préstamo del catalán, existe el problema de que, según Alcover *et alii* (1930-1962, s. v. *cim*), el fenómeno de la masculinización es «probablemente» bastante tardío. Si la reconstrucción es correcta, sería menos *probable* la tesis de Alcover *et alii*. En port., *cimo* se documenta, por lo menos, desde mediado el siglo XVI. Cf. Alcover *et alii* (1930-1962, s. v. *cim*) y Machado (1967, s. v. *cimo*).

clusa (Luc. 80v) 'paso estrecho'. Del lat. CLUSAM; concuerda con el cat. *clusa*. Cf. Alcover *et alii* (1930-1962, s. v. *clusa*).

cocuagia (Demóst. 142r) 'lechuza' (*cotuagia* (Demóst. 142r) *P*: *cotuagia* (Demóst. 67a) *F*: γλαυκὶ (Demóst. XXVI, 6). Es forma sincopada de *cucobaya*; cf. *cucobaya*.

colaz (Sol. 73r) 'ciudadela'. Según Raimundo de Agiles, citado por Du Cange (1954, s. v. *colax*), «castellum [...] graeca lingua, non attica et antiqua sed barbara, *collax* vocatur».

colomís (Cat. 129r) 'palomas' (*colonis* [Cat. 129r] *P*: *colonis* [Cat. 56d] *F*: φάσσης [Cat. XXIII, 5]). Del lat. COLUMBUM; concuerda con el cat. *colom*. Cf. Alcover *et alii* (1930-1962, s. v. *colom*).

coloz (Luc. 97r) 'coloso'. Del lat. COLOSSUM (< κολοσσὸς); concuerda con el cat. *colós*; cf. Alcover *et alii* (1930-1962, s. v. *colós*).

colras (Ant. 134v) 'bilis'. Del lat. CHOLERA (< gr. χολέρα); concuerda con el cat. *colra*. Cf. Alcover *et alii* (1930-1962, s. v. *colra*).

comerços (Publíc. 79v) 'impuestos' (?) (*comerquos* [Publíc. 79v] *F*: *comerquos* [Publíc. 16b] *F*: τέλη [Publíc. XI, 3]). Del lat. COMMERCIUM. Aunque la forma *comerços* no está documentada, hay que suponerla. El proceso de desviación gráfica sería *comerços* > *comercos* (deja de entenderse) > *comerquos*.

comiat (F. Máx. 182v) 'licencia para irse'. Del lat. COMMEATUM; concuerda con el cat. *comiat*. Cf. Alcover *et alii* (1930-1962, s. v. *comiat*).

condedor (Sol. 67v) 'fundador'. Del lat. CONDITOREM.

conget (Eum. 13v...) 'licencia para irse'. Del lat. COMMEATUM; análogo al fr. *congé*.

no conocido (F. Máx. 192r) 'no conocedor' (*non conosciuto* [F. Máx. 104d] *F*: ἀνοήτου [F. Máx. XXV, 2]). Significado activo, exigido por el contexto y corroborado por el correlato griego. Tiene el mismo valor *no conocidos* en Cic. 152v, cuyo correlato griego es ἀγνοοῦντας (Cic. XXII, 4).

de continent (Eum. 3r...) 'en seguida'. Del lat. CONTINENTE; concuerda con el cat. *de continent*. Cf. Alcover *et alii* (1930-1962, s. v. *continent*).

en continent (Flamin. 41r...) 'en seguida'. Cf. *de continent*.

conversación (Nic. 122r) 'trato, conducta'. Del lat. CONVERSATIONEM; análogo al cat. *conversació*. Cf. Alcover *et alii* (1930-1962, s. v. *conversació*) y *DA* (1726-1739, s. v. *conversación*).

corruçado (Cam. 42v...) 'enfadado'. De *corroçar/corruçar* (< lat. pop. CORRUPTIARE). Cf. Meyer-Lübke (1935, s. v. *corruptiare*) y Corominas y Pascual (1980-1991, s. v. *escorrozo*).

cosser (Alcib. 2r) 'corcel'. Del lat. CURSARIUM; concuerda con el cat. *cosser*. Cf. Alcover *et alii* (1930-1962, s. v. *cosser*).

crabios (Pomp. 32r) '?' (σταυροῖς [Pomp. XXXV, 1]). Tal vez la *c* sea corrupción de *t* y el vocablo esté emparentado con lat. TRABS 'madero'.

cras (Pomp. 49v) 'mañana'. Del lat. CRAS.

se crebó (Cam. 38r) 'se rompió' (*se trobo* [Cam. 38r] *P*: *se trobo* [Cam. 158a] *F*: ὑπερκραγέντος [Cam. III, 4]).

crotas (Ant. 148v) 'grutas' (*tombe* [Ant. 57d] *F*: θήκας [Ant. LXXIV, 2]). Del lat. CRUPTAM (var. de *cryptam*), y este del gr. κρύπτη; análogo al it. *grotta*. Cf. Meyer-Lübke (1935, s. v. *crypta*) y Corominas y Pascual (1980-1991, s. v. *gruta*).

cucovaya (Peric. 173r...) 'lechuza' (tucovaya [Peric. 91a] *F*: γλαῦκας [Peric. XXVI, 4]). Del bizant. κουκουβάγια; análogo al it. *kukkuvaya/kukkuvayya*. Cf. Kahane (1976, s. v. κουκουβάγια IV 104); cf. también Rohlfs (1932, s. v. *cuccugnau*), Alvar y Rohlfs (1979, lám. 34) y Meyer-Lübke (1935, s. v. *ciccabe*).

cuexa (Cim. 68v) 'coja'. Del lat. pop. COXUM.[4193]

cutava (Tes. 89v) 'golpeaba' (?) (παίων [Tes. XI, 3]). Parece proceder del lat. QUATERE (PER/CON)CUTERE. El cast. ant. conoce el verbo *cutir* 'herir, chocar'; pero no se documenta la forma en *-ar*. Cf. Corominas y Pascual (1980-1991, s. v. *cundir*).

cuxotes (Filop. 29r) 'quijotes'. Análogo al cat. *cuixot*, que deriva de *cuixa* 'muslo' (< lat. COXAM). Cf. Corominas y Pascual (1980-1991, s. v. *quijote*).

daram (Lis. 148v…) 'cierta moneda'. Del ár. and. *darham* (ár. cl. *dirham* < gr. δραχμή). Cf. Alcover *et alii* (1930-1962, s. v. *daram*), Corominas y Pascual (1980-1991, s. v. *adarme*) y Corriente (1999, s. v. [*a*]*daram*).

dareme (Luc. 92r) 'cierta moneda' (δραχμὴν [Luc. XXIX, 10]). Variante, no documentada, del anterior.

deitat (Róm. 115r) 'deidad' (θεοὺς [Róm. XXVIII, 10]). Del lat. DEITATEM; concuerda con el cat. *deitat*. Cf. Alcover *et alii* (1930-1962, s. v. *deitat*).

derrera (F. Máx. 180r) 'trasera'. Del lat. DE RETRO; concuerda con el cat. *derrera*. Cf. Alcover *et alii* (1930-1962, s. v. *derrer*).

derrere (Cat. 118v) 'detrás'. Del lat. DE RETRO. Cf. *derrera.*

desaise (Eum. 17v…) 'incomodidad'. Galicismo. Procede de *des* + *aise*. Cf. *aise.*

desarramados (Craso 139r) 'desparramados' (para el texto gr. cf. Craso XXV, 5-9). No documentado; pero parece un caso de prefijación superflua como ocurre en *desnudo* (< lat. NUDUM); *arramar* es en el iberorromance noroccid. 'derramar'.

desastruga (Pomp. 34r) 'desgraciada'. Derivado de *desastre*, análogo al cat. *desastruc, -uga.* Cf. Alcover *et alii* (1930-1962, s. v. *desastruc*).

designavan (Alcib. 5v) 'diseñaban'. Del lat. DESIGNARE; análogo al fr. *dessiner.*

se desmembró (Alcib. 216r) 'se olvidó'. Del lat. MEMORARE + prefijo; concuerda con el cat. *desmembrar.* Cf. Alcover *et alii* (1930-1962, s. v. *desmembrar*) y Corominas y Pascual (1980-1991, s. v. *membrar*).

4193 Corominas y Pascual (1980-1991, s. v. *cojo*) señalan la falta de diptongación de la *o* en todo el iberorromance. Aquí tenemos el, al parecer, primero y, por ahora, único ejemplo de diptongación.

a despensas de (F. Máx. 193r) 'costeándolo'. Locución culta formada con el participio de *dispendere*. Cf. Corominas y Pascual (1980-1991, s. v. *dispendio*).

desponcellar (Luc. 94v) 'desflorar'. Derivado de *poncella* (< lat. *PULLICELLAM); concuerda con el cat. *desponcellar*. Cf. Alcover *et alii* (1930-1962, s. v. *desponcellar*).

despulla (Peric. 167r) 'despojos'. Plural del lat. SPOLIUM (con prefijación pleonástica); también podría ser deverbal de *despullar* (< lat. DESPOLIARE); concuerda con el cat. *despulla*. Cf. Alcover *et alii* (1930-1962, s. v. *despulla*), Meyer-Lübke (1935, s. v. *spolium*) y Ernout y Meillet (1959, s. v. *spolium*).

devallar (Eum. 16r...) 'bajó'. Procede de *de* + *avallar*, y este, a su vez, del lat. AD VALLEM 'hacia abajo'; concuerda con el cat. *devallar*. Cf. Alcover *et alii* (1930-1962, s. v. *devallar*).

devers (Agesil. 213r) 'hacia'. Del lat. DE VERSUS; concuerda con el cat. *devers*; cf. Alcover *et alii* (1930-1962, s. v. *devers*).

dir (Temíst. 34v...) 'decir'. Del lat. DICERE; concuerda con el cat. *dir*. Cf. Alcover *et alii* (1930-1962, s. v. *dir*).

dius (Cat. 123v...) 'bajo' (prep.). del lat. DEORSUM; análogo al castellano *yuso*. Cf. Corominas y Pascual (1980-1991, s. v. *yuso*).

dolentas (Cic. 153v) 'feas' (?) (*volentas* [Cic. 153v] *P. volentas* [Cic. 75d] *F.* ἀμορφοτάτας [Cic. XXVII, 4]). El gr. ἀμορφοτάτας es reproducido en *P* y *F* por «feas et volentas». Del lat. DOLENTEM; análogo al cat. *dolent* 'enfermo, malo'. Cf. Alcover *et alii* (1930-1962, s. v. *dolent*).

durar (Peric. 164v) 'soportar'. Del lat. DURARE; concuerda con el cat. *durar*. Cf. Alcover *et alii* (1930-1962, s. v. *durar*) y Corominas y Pascual (1980-1991, s. v. *durar*).

egnigo (Luc. 100r) '?' (*egnigo* [Luc. 100r] *P. egnigo* [Luc. 33a] *F.* καταλήψεως [Luc. XLII, 4]). Tanto *P* como *F* presentan claramente *egnigo* como correspondiente al tecnicismo griego καταλήψεως 'aprehensión (de la verdad)'; pero la palabra resulta misteriosa y parece estar corrupta: «ἐν ᾧ τὸν ὑπὲρ τῆς καταλήψεως λόγον Λευκόλλῳ περιτέθεικεν, αὐτῷ δὲ τὸν ἐναντίον» (Luc. XLII, 4).[4194]

4194   «y en él otorgó a Luculo el papel de defensor de la posibilidad de aprehender la verdad, y a sí mismo el contrario».

emparado (F. Máx. 184r...) 'aprendido'. Del lat. *IMPARARE; análogo al it. *imparato*. Cf. Battisti y Alessio (1966-1968, s. v. *imparare*) y Meyer-Lübke (1935, s. v. **imparare*).

encant (Sila 189v...) 'subasta'. Del fr. ant. *en quant* (*de prix*) (<
lat. IN QUANTUM); concuerda con el cat. *encant*. Cf. Alcover *et
alii* (1930-1962, s. v. *2. encant*).

encanto (Alcib. 214r) 'subasta'. Cf. *encant*.

encara (Sert. 2v...) 'todavía'. Del lat. HINC HĀ HORĀ, HINC AD HORAM
O AD HANC HORAM; comp. con el fr. *encore* y el it. *ancora*. Cf.
Alcover *et alii* (1930-1962, s. v. *encara*) y Bloch y Wartburg
(1975, s. v. *encore*).

encara que (Filop. 28v) 'aunque'. Concuerda con el cat. *encara
que*. Cf. Alcover *et alii* (1930-1962, s. v. *encara*).

encontrada (Coriol. 206v...) 'contornos, comarca'. Del lat. *INCON-
TRATAM; análogo al fr. *contrée* y concorde con el cat. *encontrada*. Cf. Meyer-Lübke (1935, s. v. **contrata*) y Alcover *et alii*
(1930-1962, s. v. *encontrada*).

enmalautió (Pomp. 42v) 'enfermó'. Derivado del lat. MALE HABITUS;
análogo al cat. *emmalautir*. Cf. Alcover *et alii* (1930-1962, s.
v. *emmalautir*).

ensemble (Sert. 1r...) 'juntamente'. Del lat. INSIMUL; concuerda
con el fr. y cat. *ensemble*. Cf. Alcover *et alii* (1930-1962, s. v.
ensemble).

enta (Sert. 1v...) 'hacia'. Del lat. INDE AD O, tal vez, INTUS AD. Cf.
Umphrey (1911, p. 42) y Corominas y Pascual (1980-1991, s.
v. *ende*).

entoxegar (Pirro 170r) 'envenenar'. Del lat. TOXICUM; análogo al cat.
entuixegar. Cf. Alcover *et alii* (1930-1962, s. v. *entuixegar*).

entregos (Lis. 156v) 'íntegros'. Metátesis de *entegros*; del lat. INTE-
GRUM; análogo al cat. *entegre*. Cf. Alcover *et alii* (1930-1962,
s. v. *íntegre*) y Corominas y Pascual (1980-1991, s. v. *entero*).

entro (a) (Sert. 3r...) 'hasta'. Del lat. INTRO. Cf. Alcover *et alii*
(1930-1962, s. v. *entro*) y Corominas y Pascual (1980-1991, s.
v. *entre*).

entro que (Sert. 7v...) 'hasta que'. Cf. *entro*.

envopulado (Demóst. 141v) 'envuelto'. Del lat. pop. *INVOLUPARE
(var. de *INVOLUTARE, formado sobre *volvere* > *volutum*); concuerda con el cat. *envolupar*, y es análogo al fr. *enveloper*. Cf.
Alcover *et alii* (1930-1962, s. v. *envolupar*).

enzina (Pomp. 23r) 'modo' (?) (*manera* [f. LXIIC de la 2.ª parte] C_2; *modo* [Pomp. 99a] *F*: ἔσπευσεν [Pomp. XX, 2]). No documentado.

epilencia (Cés. CXIVC) C_2 'epilepsia'. Del lat. EPILEPSIA. Cf. Corominas y Pascual (1980-1991, s. v. *epilepsia*).

se escampava (Cic. 154v) 'se marchaba' (*si scampava* [Cic. 76d] *F*). Derivado de *campo*; análogo al cat. *escampar(se)* y al it. *scampar(si)*. Cf. Alcover *et alii* (1930-1962, s. v. *1. escampar*) y Zingarelli (2004, s. v. *scampare*).

espede (F. Máx. 193r) 'asador'. Del gót. **spitus*; análogo al cast. e*s*peto y al arag. *espedo*. Cf. Corominas y Pascual (1980-1991, s. v. *espeto*).

esplenéticos (Pirro 157v) 'enfermos del bazo' (*splenticos* [Pirro 157v] *P*: *stancati* [Pirro 61c] *F*: σπληνιῶσιν [Pirro III, 7]). Cf. Alcover *et alii* (1930-1962, s. v. *esplenètic*) y Corominas y Pascual (1980-1991, s. v. *esplénico*).

estádicos (Peric. 172v) 'rehenes' (*stadichi* [Peric. 91b] *F*: ὁμήρους [Peric. XXV, 2]). Del it. *statico* 'rehén', probable confluencia de *obsidaticum* (< *obsidem* 'rehén'), *hospitaticum* (< *hospitem* 'huésped') e incluso *hostaticum* (< *hostem* 'enemigo'). Cf. Du Cange (1954, s. v. *obstaticus, ostaticus* y *hostaticus*), Alcover *et alii* (1930-1962, s. v. *ostatge* y *hostatge*) y Bloch y Wartburg (1975, s. v. *ôtage*).

estilo (Sol. 61r) 'escrito, fórmula' (?). Tal vez proceda del lat. medieval STILLUS: «*Stylus*, formula, methodus conficiendi acta». Cf. Du Cange (1954, s. v. *stillus*) y Corominas y Pascual (1980-1991, s. v. *estilo*).

estiraçado (Sert. CCXCC) *M* 'arrastrado' (*strascinato* 'arrastrado' [Sert. 164d] *F*: διεσπάσθη 'fue despedazado' [Sert. I, 4]). Derivado de *tirar*; análogo al cat. *estirassar*. Cf. Alcover *et alii* (1930-1962, s. v. *estirassar*).

estivo (Cam. 42v…) 'estuvo' (*stette* [Cam. 162a] *F*: ἐπέστη [Cam. XII, 4]). Parece tratarse de un cruce de *estido* con *estovo*.

estol (Pirro 165r…) 'fiota'. Del gr. στόλος; concuerta con el cat. *estol*, y análogo al it. *stuolo*. Cf. Alcover *et alii* (1930-1962, s. v. *estol*), Battisti y Alessio (1966-1968, s. v. *stuolo*) y Kahane (1970-1976, t. III, b4, s. v. στόλος).

estordió (Pomp. 26v…) 'aturdió'. Del lat. TURDUM; análogo al cat. *estordir*, fr. *étourdir*, it. *stordire*. Cf. Meyer-Lübke (1935, s. v.

turdus), Alcover *et alii* (1930-1962, s. v. *estordir*) y Corominas y Pascual (1980-1991, s. v. *aturdir*).

estriços (Sert. 4v) 'añicos' (*estriços* [Sert. 171b] *F*). Derivado verbal de *estriçar*, procedente, a su vez, de *triçar* 'hacer trizas' (< lat. TRITIARE < TRITUM, partic. de *terere*), con prefijación superflua. Cf. Corominas y Pascual (1980-1991, s. v. *trizar*). No tiene equivalente claro en el texto griego: ἀλλὰ λόφος ἐστιν εὐμεγέθης καὶ ὑψελός, ἄντρα καὶ κοιλώματα πετρῶν βλέποντα πρὸς βορέαν περιέχων (Sert. XVII, 2).

estropes (Temíst. 22r) 'estrobos'. Del lat. STROPPUM (< gr. στρόφος 'cuerda'); análogo al cat. *estrop*. Cf. Alcover *et alii* (1930-1962, s. v. *estrop*) y Corominas y Pascual (1980-1991, s. v. *estrobo*).

et (Luc. 95v...) 'también'. Acepción de *et* concorde con la latina.

et... et... (Ant. 141v) 'tanto... como...'. Uso enfático de *et* concorde con el latino.

de faccia a (Peric. 176v) 'de cara a' (*de fca* [Peric. 93c] *F*: τινι [Peric. XXXIX, 1]). Del it. *di faccia a* (< lat. tardío *FACIAM por FACIEM). Cf. Battisti y Alessio (1966-1968, s. v. *faccia*) y Meyer-Lübke (1935, s. v. *facies*).

se fasmó (Mario 195r) 'exclamó' (?) (μέγα φθεγξάμενον εἰπεῖν [Mario XXVI, 4]). No documentado y de étimo desconocido.

fax (F. Máx. 180r) 'leña menuda' (*fax* [F. Máx. 96b] *F*: λύγων ἢ φρυγάνων αὔων φάκελον[F. Máx. VI, 7]). Del lat. FASCEM 'haz'.

feble (Demóst. 141v...) 'débil'. Del lat. FLEBILEM; concuerda con el cat y occ. *feble* (comp. con el fr. mod. *faible*). Cf. Alcover *et alii* (1930-1962, s. v. *feble*) y Corominas y Pascual (1980-1991, s. v. *feble*).

fin (Cat. 118r) 'hasta'. Del lat. FINEM; análogo al it. *fino* y al cat. *fins*. Cf. Alcover *et alii* (1930-1962, s. v. *fins*) y Battisti y Alessio (1966-1968, s. v. *fino*).

fiobones (Craso 134v) 'nubes' (?) (*nuvoli* [Craso 59b] *F*: νέφει [Craso XIX, 4]). No documentado; pero el griego y el italiano coinciden en el significado de 'nubes'.

forment (Cat. 119r) 'trigo'. Del lat. FRUMENTUM; concuerda con el cat. *forment*. Cf. Alcover *et alii* (1930-1962, s. v. *forment*).

1. fortuna (Pirro 165v...) 'tempestad'. Del lat. FORTUNAM; acepción común al cat. e it. *fortuna*, y al bizant. φουρτούνα. Cf. Alcover *et alii* (1930-1962, s. v. *fortuna*), Browning (1969, p. 23) y Kahane (1970-1976, t. III, b3α) y Kahane y Tietze (1958, p. 147).

2. fortuna (Peric. 165r...) 'azar'.

fortunal (Peric. 165r) 'tempestuoso'. Derivado de *1. fortuna*.

frenal (Ant. 143r) '?' (*frenale* [Ant. 55c] *F*). Sin equivalente claro en el texto griego: «τοὺς δὲ ταρσοὺς τῶν νεῶν ἐγείρας καὶ πτερώσας ἑκατέρωθεν ἐν τῷ στόματι περὶ τὸ Ἄκτιον ἀντιπρώρους συνεῖχεν, ὡς ἐνήρεις καὶ παρεσκευασμένας ἀμύνεσθαι» (Ant. LXIII, 1).

a freta (Peric. 172v...) 'de prisa' (*a freta* [Peric. 89d] *F*). Del lat. pop. *FRICTARE (< FRICARE); concuerda con el it. *fretta*. Cf. Meyer-Lübke (1935, s. v. *fricare*) y Battisti y Alessio (1966-1968, s. v. *fretta*).

fuet (Sila 183v) 'azote'. Del fr. *fouet* (< lat. FAGUM + suf.); concuerda con el cat. *fuet*. Cf. Alcover *et alii* (1930-1962, s. v. *fuet*).

fússina (Tes. 87v) 'tridente' (τρίαιναν [Tes. VI, 1]). Del lat. FUSCINA.

1. fusta (Tes. 91v...) 'embarcación'. Del lat. FUSTEM; forma y acepción comunes al cat y al it. (comp. con el bizant. φούστα). Cf. Alcover *et alii* (1930-1962, s. v. *fusta*), Kahane (1970-1976, t. III, b3α) y Corominas y Pascual (1980-1991, s. v. *fuste*).

2. fusta (Cam. 54v...) 'madera'. Del lat. FUSTEM; concuerda con el cat. *fusta*. Cf. Alcover *et alii* (1930-1962, s. v. *fusta*) y Corominas y Pascual (1980-1991, s. v. *fuste*).

gabia (Sila 168v) 'jaula'. Del lat. CAVEAM; concuerda con el cat. *gabia*. Cf. Alcover *et alii* (1930-1962, s. v. *gabia*) y Corominas y Pascual (1980-1991, s. v. *jaula*).

1. gamellos (Luc. 95r) 'camellos' (καμήλους [Luc. XXXIV, 4]). Del lat. CAMELLUM (var. de CAMELUM).

2. gamellos (Pomp. 30v) 'joyas' (κειμηλίων [Pomp. XXXII, 15]). En Coriol. 206r leemos *gamellos sagrados* traduciendo el gr. ἱερὰ (Coriol. XXIX, 2). También se documenta en el *Viaje de Juan de Mandevilla* (1995, f. 72r), compuesto hacia 1400.[4195] Su étimo me es desconocido.

4195 «ell ha mas de .lx. M *gamellos* sin las joyas de nobles hombres doro & de piedras preciosas qui son sin extimacion» (< *CORDE*, 08.07.06).

garbeta (Cic. 157r). cf. *carbeta.*

gasta (Cat. 120v) 'gastada, estropeada'. Del lat. VASTARE infiuido por el germ. *wostan/wostian.* Parece forma directamente relacionada con el it. *guasto, -a* 'deteriorado'. Cf. Battisti y Alessio (1966-1968, s. v. *guasto)* y Corominas y Pascual (1980-1991, s. v. *gastar).*

gavenetos (Nic. 121v) 'escudillas' (κοτύλας [Nic. XXIX, 1]. Está relacionado con el gr. γάβενον 'barreño'. Cf. Rohlfs (1932, s. v. *gavina).* Existe la var. *gavinetos* (Nic. 121v).

gelosía (Alcib. 4v) 'envidia'. Del occ. *gelós* (< lat. ZELOSUM); concuerda con el cat. *gelosía.* Cf. Alcover *et alii* (1930-1962, s. v. *gelosia).*

gigaios (Cat. 117v) 'diversiones (amenizadas con la giga)' (παλαίστραις καὶ θεάτροις [Cat. III, 6]). Forma no documentada, pero relacionada con el fr. *gigue* (< germ. **giga).* Cf. Battisti y Alessio (1966-1968, s. v. *giga)* y Corominas y Pascual (1980-1991, s. v. *giga).*

Giugno (F. Máx. 182r) 'Junio' (Ἰούνιος [F. Máx. IX, 4]). Italianismo incluso gráfico.

gobel (Sol. 61v) 'vaso'. Del lat. CUPPAM + -ELLUM; análogo al cat. *gobell.* Cf. Alcover *et alii* (1930-1962, s. v. *gobell).*

got (Luc. 83r...) 'vaso'. Del lat. GUTTUM; concuerda con el cat. y occ. *got.* Cf. Alcover *et alii* (1930-1962, s. v. *got)* y Meyer-Lübke (1935, s. v. *guttus).*

goyasse (Sila 171r) 'gozase'. Derivado de *goyo* (< *gaudium).* Cf. Umphrey (1911, s. v. 21) y Corominas y Pascual (1980-1991, s. v. *gozo).*

grata (Pomp. 39r) 'rasca'. Del germ. *kratten* (comp. con el alem. mod. *kratzen);* concuerda con el cat. *gratar.* Cf. Alcover *et alii* (1930-1962, s. v. *gratar).*

havle (Pomp. 14r) 'mala' (*cattiva* [Pomp. 94d] *F:* ἑταιρικῶς'. Pomp. II, 7]). Del lat. HABILEM; análogo al esp. ant. *ávol.* Cf. Alonso (1986, s. v. *avol).*

hoc (Sol. 66v...) 'sí'. Del lat. HOC; concuerda con el cat. y occ. *hoc/oc.* Cf. Alcover *et alii* (1930-1962, s. v. *hoc).*

la hora (Sert. 4v...) 'entonces'. Del lat. ILLĀ HORĀ; análogo al cat. *llavors,* fr. *lors/alors,* it. *allora,* occ. *loras.* Cf. Corominas y Pascual (1980-1991, s. v. *hora).*

id'ha (Flamin. 38v) 'hay'. De *ide* + *ha* (< lat. HABET). Cf. *ide.*

ide (Marc. 78v...) 'allí'. Del lat. IBI, con probable influjo analógi-
co de *ende*: *en/ende* :: *i/ide*; según Badía Margarit, procede-
ría de *ibidem*. Cf. Badía Margarit (1944, p. 188) y Corominas
y Pascual (1980-1991, s. v. *ende*).

ídolas (Coriol. 210v...) 'ídolos'. Del pl. lat. de IDOLUM (< gr.
εἴδωλα); concuerda con el cat. *ídola*. Cf. Alcover *et alii* (1930-
1962, s. v. *ídola*).

imos (Alcib. 6v) 'vamos'. Del lat. IMUS (1.ª pl. de *eo*).

indovino (Peric. 165r) 'adivino'. Italianismo. Cf. Battisti y Alessio
(1966-1968, s. v. *indovinare* e *indovino*).

inevitable (CXIVd) C_2 (*incuytable* [114d] C_2: *incuytable* [212b] C_3:
inouitable [Cés. 89a] *F*: Cés. LXXIII, 1). Es una ampliación con
respecto al original, por lo que carecemos de un apoyo
semántico preciso; pero el contexto general y la forma de *F*
aconsejan la restitución. La *o* del manuscrito italiano y la *c*
de C_2 y C_3 parecen remitir a una forma del subarquetipo
α(cf. 3.2.3.) donde la *e* de *inevitable* era lo suficientemente
oscura como para que un copista la leyera como *c* y otro
como *o*. (Conviene señalar que *inevitable* era entonces un
neologismo y, por lo tanto, extraño para el lector.) Sin
embargo, la forma *incuitable* aparece no solo en el f. 114d
de C_2 y en el 212b de C_3, sino también en un impreso del
primer cuarto del siglo XVII que contiene la poesía de Luis
Martín de la Plaza (1995, p. 213), y siempre con el sentido
de 'inevitable'. ¿Es una herencia del pasado, o se trata de la
repetición de la confusión de *e* y *c*? No es fácil dirimir la
cuestión; pero la confusión es tan fácil que, cuando M. Alonso (1986, s. v. *cuitar*) cita un paisaje del *Vocabulario eclesiástico* de Fernández de Santaella (1499, s. v. *inhibeo*) rela-
tivo a nuestro tema, lee *cuitar* (la letra es gótica) donde el
lexicógrafo sevillano escribió *euitar*.[4196] Vemos, pues, que

---

4196   No es esa la única alteración de M. Alonso: El texto de Fernández de Santaella es: «Por inhibir o vedar o deffender o euitar o quitar o
apartar», y el de M. Alonso: «Por inhibir o vedar o deffender o *cuitar*
o apartar». La consulta in situ del ejemplar Inc./1408 de la Biblioteca
Nacional de España me ha permitido ver la limpia huella del fino trazo
interior de la *e*, ya sin tinta.

incuitable ha disfrutado de alguna fortuna literaria, pero sin trascender a la lengua viva.[4197] La primera documentación de *inevitable* es, según el *CORDE* (13.11.06), de 1412, y figura en González Ollé (1970, p. 163).[4198]

ipatía (Cic. 151v…) 'consulado'. Helenismo (ὑπατία).

ípato (Cic. 151v…) 'cónsul'. Helenismo (ὕπατος).

iso (Flamin. 47v) 'eso' (?) (*Iso* [Flamin. 10c] *F*: τοῦτο [Flamin. xviii, 10]). Parece ser la traducción del gr. τοῦτο; pero la forma no se documenta en otros textos. Además, falta en la traducción aragonesa la franja correspondiente al cast. *ese*. Para el arag. *ixe*, cf. Corominas y Pascual (1980-1991, s. v. *ese*).

karactas (Mario 205v) 'marcas'. Del lat. CHARACTER (< χαρακτήρ). Cf. Corominas y Pascual (1980-1991, s. v. *carácter*).

lá (Pomp. 47r) 'allí'. Del lat. ILLAC; coincide con el cat. y fr. *lá/la*. Cf. Alcover *et alii* (1930-1962, s. v. *la/lla*).

lagoteros (Ant. 138v) 'aduladores'. De origen oscuro; tal vez del gót. *laigon*; análogo al cat. *llagot* y al occ. *lagot*. Cf. Corominas y Pascual (1980-1991, s. v. *lagotero*) y Alcover *et alii* (1930-1962, s. v. *llagot*).

lausenjando (Cat. 125v) 'lisonjeando'. Del occ. *lauzenjar*, derivado de *lauzenja*. Cf. *lausenjas*.

lausenjas (Luc. 75r) 'lisonjas'. Del occ. *lauzenja* (probablemente del lat. tardío LAUDEMIAM). Cf. Corominas y Pascual (1980-1991, s. v. *lisonja*).

lei (F. Máx. 188v) 'ella' (*lei* [F. Máx. 102b] *F*: ἐκείνην [F. Máx. xx, 6]). Italianismo. Cf. Meyer-Lübke (1890-902: II, 91).

lentillas (Craso 134v) 'lentejas'. Del lat. LENTICULAM; concuerda con el cat. *lentilla/llentilla*.

let (Pelóp. 66v) 'leche' (*jet* [Pelóp. 66v] *P*: ῖne [Pelóp. 19c] *F*: γάλακτος [Pelóp. xxx, 10]). Parece tratarse de un catalanismo. Cf. Alcover *et alii* (1930-1962, s. v. *let*).

4197   Más fortuna ha tenido el culto *cenit*, que procede de una mala lectura de *cemt* (<ár. *semt*), según Corominas y Pascual (1980-1991, s. v. *cenit*).

4198   Comentando la edición de la *Poesía* de Luis Martín de la Plaza realizada por J. M. Morata Pérez, Carreira (1997) sostiene también que *incuitable* es errata por *inevitable*; pero no hace ninguna referencia al pasado.

leve (Tes. 93v) '?' (*leve* [Tes. 28a] *F*: [Tes. xxii, 4]). El término
aparece repetido en el contexto «oimé, oimé, leve, leve»,
que corresponde al gr. ἐλελεῦ, ἰού, ἰού ¡ea, ay, ay!', donde
a un grito de animación le siguen dos de dolor. En la traducción parece que está invertido el orden de las interjec-
ciones. *Leve* parece ser el subjuntivo del it. *levare* 'alzar'. Cf.
Zingarelli (2004, s. v. *levare*).

ligoferi (Cat. 127r). Término biz. que traduce el gr. cl. τῇ χειρὶ
πὺξ παίειν (Cat. xx, 6) 'herir con el puño'.

logava (Craso 123r) 'alquilaba'. Del lat. LOCARE; concuerda con el
cat. *logar*. Cf. Alcover *et alii* (1930-1962, s. v. *logar/llogar*).

loguero (Sila 165r) 'alquiler'. Del lat. LOCARIUM; análogo al cat.
loguer. Cf. Alcover *et alii* (1930-1962, s. v. *loguer/lloguer*).

luent (Cat. 134r...) 'lejos'. Del lat. LONGE; la -*t* se debe probablemente a contaminación de *sovén/sovent* (< lat. *subinde*) u
otros adverbios (comp. con el cat. dialectal *llunt*). Cf. Corominas y Pascual (1980-1991, s. v. *luengo*).

macari (Demóst. 139r) 'ojalá'. Concuerda con el it. meridional *macari* (< gr. tard. μακάρι < gr. cl. μακάριε); comp. con el it. *magari* y el esp. ant. *maguer*. Cf. Corominas y Pascual (1980-1991, s.
v. *maguer*) y Battisti y Alessio (1966-1968, s. v. *magari*).

Maçucato (Tes. 88v) 'provisto de maza' (*macucato* [Tes. 88v] *P*:
matucato [Tes. 24a] *F*: Κορυνήτην [Tes. viii, 1]). Derivado
de *maçuca*, con sufijación italiana (comp. con el fr. ant.
massue/maçue, rum. *maciucă* y gr. mod. ματσούκα). Del
lat. *MATTEUCA. Cf. Battisti y Alessio (1966-1968, s. v.
mazzòca).

malaise (Ant. 146r) 'incomodidad'. Galicismo (*mal* + *aise*). *Aise*
procede del lat. ADJACENS. Cf. Bloch y Wartburg (1975, s. v.
aise).

malanado (Craso 136v) 'desgraciado'. Del lat. MALE más el participio de *anar* (< tal vez del lat. AMBITARE); análogo al cat. *malanat*. Cf. Alcover *et alii* (1930-1962, s. v. *malanat*).

malastruga (Coriol. 210r) 'desgraciada'. Concuerda con el cat.
malastruc, -uga (< lat. MALUM ASTRUM + sufijo). Cf. Alcover *et
alii* (1930-1962, s. v. *malastruc*).

manaira (Cam. 50r) 'hacha de mano'. Del lat. tardío MANARIAM
< *manuariam*; análogo al cat. *manaire* e it. *mannaia*. Cf. Du
Cange (1954, s. v. *manuaria*), Mistral (1879-1886, s. v.

manairo), Meyer-Lübke: 1935, s. v. *man*[*u*]*arius*) y Alcover *et alii* (1930-1962, s. v. *manaire*).

manea (Temíst. 23v). Cf. *manear*.

manear (Ant. 125r) 'manosear'. Derivado de *mano*. Cf. Corominas y Pascual (1980-1991, s. v. *mano*).

manípolos (Peric. 168v) 'grupos de soldados romanos'. Del lat. MANIPULUM. Cf. Alcover *et alii* (1930-1962, s. v. *manípol*).

manobra (Nic. 115r) 'material de construcción'. Compuesto de *mano* y *obra*. Cf. Alcover *et alii* (1930-1962, s. v. *manobra*).

mansedat (Publíc. 84r...) 'mansedumbre' (*manvestat* [Publíc. 84r] *P*. *manvestat* [Publíc. 20a] *F*: ἡδίονα [Publíc. XXI, 3]).

matex (Pirro 163r) 'mismo'. Del lat. METIPSE O *METTIPSE; análogo al cat. *mateix*. Cf. Alcover *et alii* (1930-1962, s. v. *mateix/meteix*).

mejar (Alcib. 10v...) 'medicar'. Del lat. MEDICARE; análogo al cat. *metjar*. Cf. Alcover *et alii* (1930-1962, s. v. *metjar*).

melsa (Demóst. 136r) 'bazo'. Del gót. *miltja*; concuerda con el cat. *melsa*. Cf. Alcover *et alii* (1930-1962, s. v. *melsa*) y Corominas y Pascual (1980-1991, s. v. *esmalte*).

mensage (Sert. 2r...) 'mensajero'. Del lat. pop. MISSATICUM; análogo al cat. *missatge* y occ. *messatge*. Cf. Alcover *et alii* (1930-1962, s. v. *missatge*) y Corominas y Pascual (1980-1991, s. v. *meter*).

mento (Pirro 180v...) 'mentón' (*mencion* [Pirro 180v] *P*. *mento* [Pirro 42b] *F*: πώγων [Ant. IV, 1]). Del lat. MENTUM. Probable italianismo. Cf. Zingarelli (2004, s. v. *mento*).

miallas (Alcib. 17r) 'meajas'. Del lat. pop. *MEDIALIA. Cf. Corominas y Pascual (1980-1991, s. v. *meaja)*.

molosa (Ant. 152r) 'algo temblorosa' (?) (*fioca* 'débil' [Ant. 59a] *F*: ὑπότρομος 'algo temblorosa' [LXXXIII, 1]). O, tal vez, 'muy lenta', haciendo referencia al pie *moloso* latino. No se documenta.

moltón (Peric. 165r) 'carnero'. Del lat. *MUTILONEM O *MULTONEM; análogo al cat. *moltó*. Cf. Meyer-Lübke (1935, s. v. *multo*) y Alcover *et alii* (1930-1962, s. v. *moltó*).

monomacos (Craso 126v...) 'gladiadores' (μονομάχων [Craso VIII, 1]) . Helenismo.

morbilos (Nic. 106r) 'sarampión, rubéola'. Del lat. mediev. MORBILLOS (pl.), diminutivo de *morbus* (comp. con fr. ant. *morbilles* e it. *morbillo*). Cf. Du Cange (1954, s. v. *morbillus*) y Battisti y Alessio (1966-1968, s. v. *morbillo*).

nácares o tabales (Cat. 123v) 'nácares o atabales' (*vacares o tableres* [Cat. 123v] *P: vacaron o tables* [Cat. 52d] *F:* σάλπιγξι [Cat. xiii, 7]). El correspondiente término gr. σάλπιγξι apoya la interpretación de *nácares* como instrumentos de viento, por más que *nácar* puede ser 'cuerno de caza' (< ár. *náqûr*) o 'tambor' (ár. pop. *náq[a]r*). El problema reside en que, en la acepción común, *tabal*, su explicativo, es instrumento de percusión y no de viento. Por suerte, el traductor deshace el enigma en un pasaje amplificado de la *Vida* de Craso (Craso 137v): «los partos no se mueven a combater a son de cuernos ni de trompetas, mas tienen grandes vasos de arambre redondos e tovos fechos a manera de atabales. (E los turcos usan de aquellos e dízenles *nácares*; otros les dizen *tímpanes*. Mas no son tan grandes como aquí dize que eran aquellos de los partos). E de suso estienden una piel de buei. E quando las fieren, resonan». Parece, pues, claro que los «nácares o tabales», a pesar de que el término griego sugiera otra cosa, son instrumentos de percusión. Cf. Corominas y Pascual (1980-1991, s. v. *nácar*) y Alcover *et alii* (1930-1962, s. v. *nacra*).

negar (Nic. 115v) 'hundir (en el agua)' (*annegar* [Nic. 44d] *F:* κατέδυσε [Nic. xx, 3]). Del lat. *necare* 'matar'/'matar sumergiendo en el agua'; concuerda con el cat. y occ. *negar*. Cf. Alcover *et alii* (1930-1962, s. v. *negar*) y Corominas y Pascual (1980-1991, s. v. *anegar*).

1. se negó (Luc. 83r) 'se ahorcó' / 'se mató' (*se nego* [Luc. 19d] *F:* ἀπεπνίγη [Luc. xviii, 7]).[4199] Cf. *negar*.

2. se negó (Tes. 92v) 'se ahorcó' / 'se mató' (*s'anego* [Tes. 27c] *F:* ἀπάγξασθαι [Tes. xx, 1]). Cf. *1. se negó*.

4199   Suele afirmarse (cf. Corominas y Pascual 1980-1991, s. v. *anegar*) que los románicos *negar* (< lat. NECARE) y *anegar* (< lat. ENECARE), frente a sus antecesores clásicos *necare* y *enecare* —cuyo significado es 'matar (especialmente por estrangulación o asfixia)'—, han pasado a significar por doquier, a excepción del rumano, 'matar sumergiendo en el agua'. Pues bien, este pasaje, con seguridad, y, probablemente, el de *2. se negó*, contradicen tal aserto. Como el clásico *necare*, el *negar* de nuestro texto significa o bien 'matar' en general, o bien, y más probablemente, 'ahorcar' o 'estrangular'.

negún (Filop. 29r...) 'ningún'. Del lat. NEC UNUM; análogo al cat. *negú*. Cf. Meyer-Lübke (1935, s. v. *nec unus*) y Alcover *et alii* (1930-1962, s. v. *negú*).

no res menos (Sert. 2r...) 'sin embargo'. Análogo al cat. *no res menys*. Cf. Alcover *et alii* (1930-1962, s. v. *no-res-menys*).

nólit (Cat. 119r) 'fiete'. Del gr. ναῦλον, tal vez latinizado en *NAU-LIUM (la -*t* parece ser analógica). Cf. Alcover *et alii* (1930-1962, s. v. *noli/nolit*) y Corominas y Pascual (1980-1991, s. v. *fiete*).

nozién (F. Máx. 188r) 'perjudicaban' (*crescien* [F. Máx. 188r] *P.* F. Máx. XIX, 5].

numos (Sila 165r) 'monedas'. Del lat. NUMMUM. Cf. Battisti y Alessio (1966-1968, s. v. *nummo*) y Corominas y Pascual (1980-1991, s. v. *nómada*).

oblidás (Temíst. 31v) 'olvidase'. Del lat. pop. OBLITARE (< OBLITUS, participio de *obliviscor*); concuerda con el cat. *oblidar.* Cf. Alcover *et alii* (1930-1962, s. v. *oblidar*) y Corominas y Pascual (1980-1991, s. v. *olvidar*).

obrían (Coriol. 216r...) 'abrían'. Del lat. pop. *OPERIRE (por analogía con COOPERIRE 'cubrir'); concuerda con el cat. *obrir* (comp. con el fr. *ouvrir*). Cf. Alcover *et alii* (1930-1962, s. v. *obrir*).

obrieron (Coriol. 210r...) 'abrieron'. Cf. *obrían.*

oimé (Demet. 94v...) '¡ay de mí!'. Concuerda con el it. *oimè*, y es análogo al gr. cl. οἴμοι y al mod. οἴμέ. Cf. Bailly (1980, s. v. οἴμοι) y Battisti y Alessio (1966-1968, s. v. *oimè*).

oronetas (Ant. 142r) 'golondrinas'. Del lat. pop. *HIRUNDITTAM, diminutivo de *hirundo*; concuerda con el cat. *oroneta.* Cf. Alcover *et alii* (1930-1962, s. v. *oroneta*).

ostages (Sert. 3v...) 'rehenes'. De *OBSITATICUM < OBSIDATICUM (con ensordecimiento de la *d* por infiujo de HOSPITEM), o de *HO-STATICUM (< HOSTEM), o, finalmente, de *HOSPITATICUM (< HOSPI-TEM). Cf. Alcover *et alii* (1930-1962, s. v. *ostatge*) y Bloch y Wartburg (1975, s. v. *ôtage*).

ostillas (Nic. 105r) 'utensilios'. Derivado del lat. UTILIA (pl. de UTILE), o bien del lat. *USETILIA (metátesis de UTE[N]SILIA); concuerda con el cat. *ostilla* (comp. con el fr. *ostil*). Cf. Alcover *et alii* (1930-1962, s. v. *ostilla*), Colón (1976, p. 89) y Corominas y Pascual (1980-1991, s. v. *uso*).

ostria (Luc. 77v) 'viento del sur' (*ostria* [Luc. 15c] *F.* νότος [Luc. X, 3]). Del lat. *austrum*. Parece infiuido por *boria* 'bóreas, viento del norte'.

ostriales (Luc. 102r) 'australes' (πρὸς νότον [Luc. XLVI, 1]). Derivado de *ostria*. Cf. *ostria*.

padula (Cam. 54r) 'laguna'. Del lat. pop. PADULEM (metátesis de
PALUDEM). Cf. Corominas y Pascual (1980-1991, s. v. *paúl*).

palesament (F. Máx. 181r) 'abiertamente'. Derivado del lat. PALAM;
concuerda con el cat. *palesament*. Cf. Alcover *et alii* (1930-
1962, s. v. *palesament*) y Corominas y Pascual (1980-1991, s.
v. *paladino*).

palio (Demóst. 134v) 'carrera (para ganar un premio)'
(ἱπποδρομίας [Demóst. I, 1]). Del lat. *pallium*; análogo al cat.
pali e it. *pallio*. Cf. Alcover *et alii* (1930-1962, s. v. *pali*) y Battisti y Alessio (1966-1968, s. v. *pallio*).

parage (Publíc. 77r) 'abolengo' (φρατρίας [Publíc. VII, 7]). Del
lat. PAREM; análogo al cat. *paratge*. Cf. Du Cange (1954,
s. v. *paragium/paraticum*) y Alcover *et alii* (1930-1962, s. v.
paratge).

parechi castiellos (Peric. 175r) 'varios pueblos' (*barechi castiello* [Peric. 175r] *P*: *parecchi castella* (Peric. 92b) *F*: πολλὴν
[...] πόλεις [Peric. XXXIV, 3]). En el sintagma *barechi castiello*, presentado por *P*, apreciamos dos importantes irregulari-
dades: 1) sonorización de la *p* inicial, y 2) ausencia de *s*
final en *castiellos*. Sin embargo, no parece difícil la explica-
ción. El fenómeno de la sonorización puede explicarse suficientemente por asimilación progresiva en el decurso («priso
por fuerça de *b*atalla *b*arechi castiello»). La susencia de *-s* en
castiello se explica también satisfactoriamente en conexión
con el fenómeno de la asimilación antes tratado: *parechi
castiellos* > *barechi castiellos* > *Barechi castiello*. El último
paso del proceso lo constituiría la interpretación de *barechi*
como nombre propio y de *castiello(s)* como aposición, en
singular, al primero. Por otra parte, la forma reconstruida se
ve confirmada plenamente por la de la traducción italiana
(*parechi castella*). La falta de equivalente exacto en el texto
griego apenas constituye dificultad, ya que en ningún
momento, y menos en las últimas *Vidas*, la traducción aragonesa se ciñe rigurosamente al original. En este caso, *parechi castiellos* resume el pasaje griego: χώραν τε πολλὴν
κώμας τε καὶ πόλεις μικρὰς '*gran parte* de la región, las
aldeas y las ciudades pequeñas'. Probablemente haya que

buscar en πολλὴν el correlato griego de *parechi*. Cf., para el tema de los italianismos, 1.5.5.

parescalam (Tes. 93v) 'barca'. Variantes de *parescalam* son *parescalm* y *parescalmo*; cf. *infra*. El término está relacionado con el cat. *panescalm/penescalm* y con el it. *palischermo/pariscalmo/paliscarmo/paliscelmo*, etcétera. Se han dado varias etimologías: 1) del gr. πολύσκαλμος, 2) del bizant. παράσκαρμος (λέμβος), 3) de παρὰ + lat. SCALMUM. Cf. Kahane y Tietze (1958, s. v. *parescalmo*) y Battisti y Alessio (1966-1968, s. v. *palischermo*).

parescalm (Tes. 93v). Cf. *parescalam*.

parescalmos (Luc. 72r). Cf. *parescalam*.

parentado (Alcib. 7v) 'parentesco'. Del lat. PARENTATUM; análogo al cat. *parentat* e it. *parentado*. Cf. Alcover *et alii* (1930-1962, s. v. *parentat*) y Corominas y Pascual (1980-1991, s. v. *parir*).

penedidos (Alcib. 2v) 'arrepentidos'. Del lat. POENITERE; análogo al cat. *penedit*. Cf. Alcover *et alii* (1930-1962, s. v. *penedit*).

1. peró (F. Máx. 179v: «*peró* siempre se esforçáva») 'por eso'. Italianismo. Del lat. PER HOC; concuerda con el it. ant. *però*. Cf. Battisti y Alessio (1966-1968, s. v. *però*).

2. peró (F. Máx. 190r: «no pudo echar, *peró*») 'sin embargo'. Del lat. PER HOC. Cf. Battisti y Alessio (1966-1968, s. v. *però*).

peró que (Cat. 117v...) 'porque'. Italianismo. Concuerda con el it. *però che* o *perocche*. Cf. Battisti y Alessio (1966-1968, s. v. *perocchè / però che*.

perpendió (Pomp. 54v) 'entendió perfectamente'. Es probablemente un cruce del lat. PERPENDĔRE 'pensar' y COMPREHENDĔRE 'compender'; concuerda con el cat. *perpendre/perprendre*. Cf. Alcover *et alii* (1930-1962, s. v. *perprendre*).

persona (Demet. 97v...) 'cuerpo'. Del lat. PERSONAM; concuerda con el cat. *persona*. Cf. Alcover *et alii* (1930-1962, s. v. *persona*).

pervino (Cat. 132v) 'llegó'. Del lat. PERVENIRE; concuerda con el cat. *pervenir* (comp. con el fr. *parvenir*). Cf. Alcover *et alii* (1930-1962, s. v. *pervenir*).

picher (Demóst. 141r) 'jarro'. Concuerda con el cat. *pitxer* (< fr. *pichier*, relacionado probablemente con el alem. *Becher* y el it. *bicchiere*). Cf. Alcover *et alii* (1930-1962, s. v. *pitxer*) y Corominas y Pascual (1980-1991, s. v. *pichel*).

picheres (Alcib. 214r) 'jarros'. Cf. *picher.*

picoços (Flamin. 38v) 'picos (de montaña)' (*picozo* [Flamin. 6d] *F*: κρημνώδη [Flamin. III, 6]). De la misma raíz que *picar, pico* (*de montaña*), *picota.* Cf. *Los fueros de Sepúlveda* (1953, p. 773, s. v. *Picoço del Assomant*).

pictara (Sila 172v) 'jarra' (*pictara* [Sila 91b] *F*: πίθον [Sila XII, 9]). Del gr. πιθάριον>pl. πιθάρια, diminutivo de πίθος, infiuido en la terminación, según Battisti y Alessio, por *giarra* 'jarra'; análogo al sicil. *pitara* y al calab. *pitarra.* Cf. Battisti y Alessio (1966-1968, s. v. *pitaro*) y Kahane (1970-1976: IV, 87, s. v. πιθάριον).

pilotes (Tes. 92v) 'guías' (*piloti* [Tes. 27b] *F*: καθηγεμόνας [Tes. XIX, 10]). Del gr. bizant. *πηδώτης 'timonel' (< πήδον 'timón'), o bien del it. *piede.* Cf. Prati (1969, s. v. *pilota*) y Corominas y Pascual (1980-1991, s. v. *piloto*).

planec (Mario 191v) 'empalizada' (?) (*planech* [Mario 76c] *F*: ἀχαράκωτον [Mario XX, 2]). No documentado.

plivía (Agesil. 209r) 'se aprovechaba'. Probablemente del germ. *plegjan*; concuerda con el cat. *plavir/plevir.* Cf. Meyer-Lübke (1935, s. v. *plegjan*) y Alcover *et alii* (1930-1962, s. v. *plevir*).

por aquesto que (Pelóp. 65v...) 'porque'.

por bien que (Cat. 118r) 'aunque'. Análogo al cat. *per be que.* Cf. Alcover *et alii* (1930-1962, s. v. *be*).

1. por esto que (Sert. 3r: «*por esto que*, segunt que dize Theofrasto»...) 'porque'.

2. por esto que (Cat. 118r: «*por esto que* no biviessen»...) 'para que'.

por lo qual (Peric. 172v: «*por lo qual*, comandándoles fazer paz con los melisos, no querién»...) 'porque'. El valor causal es exigido por el contexto y aconsejado por la partícula griega ὅτι: «ὅτι τὸν πρὸς Μιλησίους κελευόμενοι διαλύσασθαι πόλεμον οὐχ ὑπήκουον» (Pericl. XXIV, 1). El mismo valor tiene en Cic. 157v: «*por lo qual*, no sufriendo que todos los otros estuviessen en paz e ellos solos combatiessen, fueron a Caria», donde nuestro nexo está representado en griego por γὰρ: «πεφευγέναι γὰρ ἐις Καρίαν ἀγανακτούσας ὅτι μόναι πολεμοῦνται, πάντων εἰρήνην ἐχόντων» (Cic. XXXVI, 6).

1. por que (Demet. 105r: «*por que* de continent»...) 'por lo cual'. Análogo al cat. *perquè* y al it. *perchè.* Cf. Alcover *et alii*

(1930-1962, s. v. *perquĕ*) y Battisti y Alessio (1966-1968, s. v. *perchĕ*).

2. por que (Sert. 8v): «cosas *por que* él deseava»…) 'por las que'.

1. por tal que (Flamin. 38r: «*por tal que* conteció»…) 'porque'.

2. por tal que (Pelóp. 54v: «*por tal que* aquellos que»…) 'para que'.

poría (Pomp. 47v…) 'podría'. Del lat. POTERE; concuerda con el cat. e it. ants. *poria*. Cf. Alcover *et alii* (1930-1962, s. v. *poder*).[4200]

presa (Alcib. 5r) 'toma' (*priessa* [Alcib. 5r] *P*: *calca* [Alcib. 130d] *F*: Alcib. XVII, 2). Del lat. PRENSA (part. de *prehendo*/*prendo*); análogo al cat. *presa*. Cf. Alcover *et alii* (1930-1962, s. v. *presa*). En *P* hay error de *priessa* (< lat. *pressam* < *premere*) por *presa*, error que ya figuraba en el antígrafo, como refleja el it. *calca*.

primo (Sert. 5r…) 'delgado, fino'. Del lat. PRIMUM; análogo al cat. *prim*. Cf. Alcover *et alii* (1930-1962, s. v. *prim*).

prodomías (Sert. CCXCId) *M* 'cosas propias de prohombres'. Del lat. PRODE y HOMINEM. Concuerda con el cat y occ. *prodomia*, y es análogo al fr. ant. *prodomie*. Cf. Raynouard (1836-1845, s. v. *hom*), Alcover *et alii* (1930-1962, s. v. *prodomia*) y Bloch y Wartburg (1975, s. v. *preux*).

proximoda (Pirro 169v…) 'trompa' (ø [Pirro 66c] *F*: προνομαίαν [Pirro XX, 4]). No documentado, y de étimo desconocido. El significado está asegurado por el correspondiente término griego y por el explicativo romance *rostro*, que le sigue.

pudién (Peric. 175v) 'olían mal'. Del lat. PUTERE; concuerda con el cat. *pudir*. Cf. Alcover *et alii* (1930-1962, s. v. *pudir*).

pudientes (Peric. 175v) 'malolientes'. Del lat. PUTENTEM; análogo al cat. *pudent*. Cf. Alcover *et alii* (1930-1962, s. v. *pudent*) y Corominas y Pascual (1980-1991, s. v. *heder*).

4200   *Poría* y sus congéneres *porié*, *porién* y *porían* no son formas de condicional del verbo *poer*, al estilo del port. antiguo, como afirma Pério (1978, vol. I, p. 144). Son formas de condicional del verbo *poder*/*potere*, y aparecen con cierta frecuencia en textos aragoneses, catalanes e italianos de la época (cf. Moreno y Peira, 1979, pp. 198, 458…). El error remonta por lo menos a Alvar (1960, p. 85), donde interpreta *porían* como 'pondrían'. Él mismo rectificó su posición (1973-1978, vol. II, p. 212).

pués (Ant. 126r: «e *pués* pregó»...) 'después'. Del lat. POST. Cf. Corominas y Pascual (1980-1991, s. v. *pues*).

pués que (Luc. 75r: «*pués que* ella diusmetió»...) 'después que». Análogo al cat. *puis que*. Cf. Alcover *et alii* (1930-1962, s. v. *puis*).

pues que (Marc. 75v: «*pues que* no podían»...) 'ya que'. Análogo al cat. *puis que*. Cf. Alcover *et alii* (1930-1962, s. v. *puis*).

pur (Cat. 134r...) 'sin embargo'. Del lat. PURE, concuerda con el cat. *pur* e it. *pur(e)*. Alcover *et alii* (1930-1962, s. v. *pur*) y Battisti y Alessio (1966-1968, s. v. *pure*).

purna (Flamin. 49r) 'brasa'. Del lat. PURNAM; concuerda con el cat. *purna*. Cf. Alcover *et alii* (1930-1962, s. v. *purna*).

pús (Agesil. 2r...) 'más'. Del lat. PLUS; concuerda con el cat. *pus*. Cf. Alcover *et alii* (1930-1962, s. v. *pus*).

pus (Publíc. 78v) 'pues'. Del lat. POST. Cf. Alcover *et alii* (1930-1962, s. v. *3. pus*) y Corominas y Pascual (1980-1991, s. v. *pues*).

pus que (Tes. 86v) 'después que'. Del lat. POST...; concuerda con el cat. *pus que*. Cf. Alcover *et alii* (1930-1962, s. v. *3. pus*).

en quanto (Peric. 176r) 'aunque' (*in quanto* [Peric. 93a] *F*). El valor concesivo de este nexo es exigido por el contexto y, reductivamente, por el texto griego: «Ἐπειρᾶτο μὲν ἐγκαρτερεῖν τῷ ἤθει καὶ διαφυλάττειν τὸ μεγαλόψυχον, ἐπιφέρων δὲ τῷ νεκρῷ στέφανον ἡττήθη τοῦ πάθους» (Peric. XXXVI, 9).[4201]

quexa (F. Máx. 183v) 'prisa'. Derivado de *quexar*, y este del lat. QUASSIARE. Cf. Corominas y Pascual (1980-1991, s. v. *quexar*).

quiçaleras (Róm. 111v) 'quicios'. De la raíz de *quicio*; probablemente de *desquiciar* < lat. *EXCREPITIARE. Cf. *quizalera* en Corominas y Pascual (1908-1991, s. v. *quicio*).

quiénta (Demet. 88v...) 'de qué clase' (fem.). De origen discutido; se ha pensado en un cruce de QUI y QUANTUS, de QUINAM y QUANTUS, y de QUID y GENITUS. Cf. Geijerstam (1964, pp. 114-115).

[4201] «procuró, sin embargo, sufrirlo, como de costumbre, y conservar su grandeza de ánimo; pero, al poner al muerto una corona, se dejó vencer del dolor» (trad. de Ranz Romanillos, Plutarco, 1968, vol. I, pp. 269-270).

quilíarco (Cat. 117r) 'capitán de mil hombres'. Helenismo directo (< χιλίαρχος).

rajola (Públic. 80r) 'ladrillo'. Del ár. *lagora*; concuerda con el cat. *rajola*. Cf. Alcover *et alii* (1930-1962, s. v. *1. rajola*).

rame (Peric. 168v) 'cobre/bronce' (χαλκός [Peric. XII, 6]). Del lat. *ARAMEN (< AERAMEN). Cf. Battisti y Alessio (1966-1968, s. v. *rame*).

ramo (Demóst. 137r...) 'cobre/bronce' (χαλκοῦς [Demóst. XI, 6]). Variante de *rame*. Cf. Battaglia (1961-2002, s. v. *ramo*).

rampegoles (Ant. 145r) '(cierto tipo de) ganchos'. De la raíz *ramp-* (probablemente de origen germánico), que expresa la idea de 'gancho, prendedor'; análogo al cat. *rampogoll/rampagoll/rompogoll*. Cf. Alcover *et alii* (1930-1962, s. v. *rampogoll*).

ranco (Pirro 157v) 'bazo' (?) (ø [Pirro 61c] *F*: σπληνιῶσιν [Pirro III, 7]). No documentado y de origen desconocido. Cf. *espenéticos*.

reblía (Mario 188r) 'llenaba'. Del lat. REPLERE; concuerda con el cat. *reblir*. Cf. Alcover *et alii* (1930-1962, s. v. *reblir*).

rebost (Luc. 99v) 'despensa'. Del lat. REPOSTUM (< REPOSITUM); concuerda con el cat. *rebost*. Cf. Alcover *et alii* (1930-1962, s. v. *rebost*).

redrada part (Demet. 99r) 'parte de atrás' (ὀπισθόδομον [Demet. XXIII, 5]). Cf. *redrava*.

redrava (Coriol. 191v) 'apartaba'. Derivado del lat. RETRO. Cf. Corominas (1980-1991, s. v. *arredro*).

regalar (Sert. 5r) 'derretir'. Posiblemente del lat. *RECALARE; concuerda con el cast. ant. y cat. *regalar*. Cf. Alcover *et alii* (1930-1962, s. v. *2. regalar*) y Corominas y Pascual (1980-1991, s. v. *regalar* II).

regantes (Pomp. 41r) 'vomites'. Concuerda con el cat. *regantar*. Cf. Alcover *et alii* (1930-1962, s. v. *regantar*).

remidió (Róm. 107v) 'desafió' (?) (*remidio* [Róm. 39c] *F*: προυκαλοῦντο 'se desafiaron' [Róm. XVI, 3]). No documentado.

rencuramiento (Peric. 175v) 'indignación'. Cf. *se rencuravan*.

se rencuravan (Peric. 175v) 'se indignaban' (*si rencuravano* [Peric. 92c]: ἠγριώθησαν [Peric. XXXIV, 5]). Emparentado con *rencor* y el lat. RANCIDUS 'rancio'. Cf. Corominas y Pascual (1980-1991, s. v. *rancio*).

resemblar (Alcib. 8v...) 'parecerse a'. Del lat. SIMILARE + prefijo; concorde con el cat. *ressemblar*. Cf. Alcover *et alii* (1930-1962, s. v. *ressemblar*).

rimostati (Coriol. 204r) 'lanza (del carro)' (ρυμὸν [Corio. XXIV, 9]). No documentado. Supone un bizant. ῥυμοστάτης.

riota (Cic. 157v) 'contienda'. Probablemente del lat. RIDERE a través del fr. *riotte*; concuerda con el occ. *riota*, y es análogo al it. *riotta*. Cf. Meyer-Lübke (1935, s. v. *ridere*) y Battisti y Alessio (1966-1968, s. v. *riotta*).

ros (Ant. 155r). cf. *agua ros.*

rosada (Sert. CCXCIIIc) *M* 'rocío'. Derivado del cat. y lat. ROS 'rocío'; concuerda con el cat. *rosada*. Cf. Alcover *et alii* (1930-1962, s. v. *rosada*).

en rosto (Ant. 125v) 'asado'. Del germ. *hraustian*; análogo al cat. y occ. *rost*. Cf. Mistral (1879-1886, s. v. *rost*) y Alcover *et alii* (1930-1962, s. v. *rost*).

rostro (Pirro 169v) 'trompa'. Del lat. ROSTRUM; concuerda con el cat. y cast. ant. *rostro*. Cf. Alcover *et alii* (1930-1962, s. v. *rostro*) y Corominas y Pascual (1980-1991, s. v. *rostro*).

rota (Demet. 96r...) 'derrota'. Del lat. RUPTAM; concuerda con el cat. y occ. *rota* y el it. *rotta*. Cf. Rainouard (1836-1845, s. v. *rota*), Alcover *et alii* (1930-1962, s. v. *2. rota*), Battisti y Alessio (1966-1968, s. v. *rotta*) y Corominas y Pascual (1980-1991, s. v. *romper*).

rovellados (Sila 178v) 'oxidados'. Formado sobre el lat. pop. *RUBICULUM (var. de *robiginem*). Cf. Alcover *et alii* (1930-1962, s. v. *rovellat*).

rucó (Tes. 89v) '?' (*ruco* [Tes. 25a] *F*: κατεπάλαισε 'venció' [Tes. XI, 2]). No documentado.

sablón (F. Máx. 180r) 'arena' (*siblon* [F. Máx. 180r] *P*: *siblon* [F. Máx. 96a] *F*: ἄμμου [F. Máx. VI, 3]). Del lat. SABULONEM. Concuerda con el fr. y occ. *sablon*, y es análogo al cat. *sauló*. Cf. Meyer-Lübke (1935, s. v. *sabulo*). En F. Máx. (185v) *P* y F. Máx. (100a) *F* leemos *seblo*, correspondiente al gr. πεδίων ὑφάμμων. Se podría pensar en un derivado del lat. SABULUM (comp. con el cast. ant. y el fr. *sable*), y en ese caso no habría que restituir la *n* final; pero la analogía con *sablón* (F. Máx. 180r), así como la dificultad de explicar el paso de *á* a *é* en posición tónica, aconseja elegir la forma *seblón*.

seblón (F. Máx. 185v). Cf. *sablón.*

sage (Craso 132r) 'sayón'. Del lat. mediev. SAGIUM, y este del gót. *sagjis*; análogo al cat. *saig.* Cf. Alcover *et alii* (1930-1962, s. v. *saig*) y Corominas y Pascual (1980-1991, s. v. *sayón*).

saín (Agesil. 10v) 'grasa' (λίπα [Agesil. XXXIV, 9]). Del lat. pop. *SAGINUM (clás. SAGINAM); concuerda con el fr. ant. *sain,* y análogo al cat. *sagí,* occ. *sagi/sagin* e it. *saggino.* Cf. Corominas y Pascual (1980-1991, s. v. *saín*).

saíno (Nic. 103r). Cf. *saín.*

sei (F. Máx. 190v) 'eres'. Italianismo.

semblant (Coriol. 210v) 'parecido'. De *semblar* (< lat. SIMILARE); concuerda con el cat. *semblant.* Cf. Alcover *et alii* (1930-1962, s. v. *semblar*) y Corominas y Pascual (1980-1991, s. v. *semejar*).

sembrosa (Mario 185v) 'sombría' (σύσκιον [Mario XI, 9]). Derivado de *sombrosa,* y este de *sombra,* con disimilación de la primera *o* (comp. con *fermoso, redondo, reloj...*). Cf. Menéndez Pidal (1941, § 20, 4).

Senno (Peric. 165r) 'sentido, inteligencia' (*senno* [Peric. 84d] F: Νοῦν [Peric. IV, 6]). Del germ. *sinn*; concuerda con el it. *senno,* y es análogo al cat. *seny* y al alem. *Sinn.* Cf. Meyer-Lübke (1935, s. v. *sinn*).

sentimiento (Demet. 88v) 'sentido' (αἴσθησις [Demet. I, 2]). Derivado de *sentire*; concuerda, semánticamente, con el cat. ant. *sentiment.* Cf. Alcover *et alii* (1930-1962, s. v. *sentiment*).

sí (Flamin. 43r: «E la occasión *sí* fue el departimiento del aire»...) Del lat. SIC. Es un *sí* de refuerzo muy corriente en la Romania medieval, sobre todo en las zonas centrales. Para ejemplos, cf. Moreno y Peira (1979, pp. 118, 147, 162, 163, 171, 172, 173, 314, 465, 466, 479, 480...).

sifones (Luc. 79r) 'trombas de agua y viento' (*sofones* [Luc. 79r] P: *sofones* [Luc. 16d] F: χειμὼν πολύς [Luc. XIII, 2]). Del lat. tardío *SIPHONEM (< gr. σίφων). Cf. Rohlfs (1932, s. v. *zífune*) y, sobre todo, Kahane (1970-1976, t. IV, . 147, s. v. σίφων).

siroquia (Cat. 127v) 'hermana'. Del lat. SORORCULAM; italianismo. Cf. Meter-Lübke (1935, s. v. *sororcula*) y Migliorini (1969, vol. I, pp. 46 y 324).

de sobinas (Ant. 124v) '(tendida) de espaldas'. Del lat. SUPINUM; análogo al cat. *de sobines* cf. Alcover *et alii* (1935, s. v. *sobines*).

de sobra (Eum. 14v) 'encima' (*a dosso* [Eum. 179d] *F:* ἐπιπεσεῖσθαι [Eum. vi, 4]). Del lat. pop. DE SUPRA.

soldadaron (Marc. 70v) 'pagaron la soldada'. Formado sobre *soldada* (< lat. SOLIDARE). Cf. *asoldar* en Corominas y Pascual (1980-1991, s. v. *sueldo*).

sovén (Luc. 99v...) 'a menudo'. Del lat. SUBINDE; concuerda con el cat. *sovén*. Cf. Alcover *et alii* (1930-1962, s. v. *sovén/sovint*).

stadiqui (Peric. 173v) 'rehenes' (*stadichi* [Peric. 91b]). Italianismo léxico y morfológico. Cf. *estádicos*.

subtosament (Agesil. 210v...) 'súbitamente'. Cf. *suptosa*.

sufrando (Pelóp. 59v) 'bromeando' (?) (*suffrando* [Pelóp. 16c] *F:* μετὰ παιδιᾶς [Pelóp. xviii, 2]). No documentado, y sin pistas etimológicas.

suptosa (Agesil. 7v...) 'súbita'. Del lat. SUBITUM + sufijo.

surgieron (Coriol. 207r...) 'anclaron'. Del lat. SURGERE. Para la acepción 'anclar' del lat. SURGERE y de sus continuadores románicos, cf., sobre todo, Kahane (1950-1951); cf. también Alcover *et alii* (1930-1962, s. v. *2. sorgir*) y Battisti y Alessio (1966-1968, s. v. *sorgere²*).

tabales (Craso 137v...) Cf. *nácares o tabales*.

tallola (Sila 171r) 'garrucha'(*tallola* [Sila 90b] *F:* τινων ὀργάνων [Sila xi, 1]). Alcover *et alii* se inclina a considerarlo feminización de *tellol* (< lat. *TELEOLUM, diminut. de TELUM 'dardo'); concuerda con el cat. *tallola*. Cf. Alcover *et alii* (1930-1962, s. v. *tallola* y *tellola*).

tantost (Filop. 36r) 'pronto'. De *tan* y *tost*. Cf. Alcover *et alii* (1930-1962, s. v. *tantost* y *tost*).

tapines (Pomp. 26r) 'chapines' (καλκίοις [xxiv, 12]). Posible origen onomatopéyico; análogo al cat. *tapí*. Cf. Alcover *et alii* (1930-1962, s. v. *tapí*) y Corominas y Pascual (1980-1991, s. v. *chapín*).

tercenal (Demóst. 138r) 'arsenal' (*tercenal* [Demóst. 64a] *F:* νεώρια [Demóst. xiv, 5]). Variante no documentada, pero procedente del neoár. *dār assināʕah*; cognado de *atarazana, tarazana* y *tercena*. Cf. Corominas y Pascual (1980-1991, s. v. *atarazana*) y Corriente (1999, s. v. *arsenal*).

terminaciones (Demet. 94r) 'determinaciones'. Cf. *terminó*.

terminó (Demet. 94v) 'determinó' (*termino* [Demet. 31d] *F*: προσ-αγγείλας [Demet. xi, 4]). Del lat. TERMINARE; concuerda con el it. ant. *terminare*. Cf. Zingarelli (2004, s. v. *terminare*).

tierra (Filop. 32v…) 'ciudad' (πόλιν [Filop. xiv, 10]). Del lat. TERRAM; este significado corresponde también al cat. *terra*. Cf. Alcover *et alii* (1930-1962, s. v. *terra 4. b*).

tiraçavan (Mario 196r) 'arrastraban'. Se han señalado como étimos posibles: el lat. pop. *TIRACEM o TIRACEUM y el germ. *teran*; análogo al cat. *tirassar*. Cf. Alcover *et alii* (1930-1962, s. v. *tirassar*) y Corominas y Pascual (1980-1991, s. v. *tirar*).

tornament (Cic. 155v) 'cambio' (*turment* [Cic. 155v] *P*: *tormento* [Cic. 77c] *F*: μεταβολῆς [Cic. xxxii, 4]). Del lat. TORNUM; concuerda con el cat. *tornament*, y es análogo al cast. *tornamiento*. Cf. Alcover *et alii* (1930-1962, s. v. *tornament*), Gilkison (1984, s. v. *torneamiento*) y Corominas y Pascual (1980-1991, s. v. *torno*).

tost (Sert. 6v…) 'pronto'. Del lat. TOSTUM; concuerda con el cat. *tost*, y es análogo al fr. *tôt* e it. *tosto*. Cf. Meyer-Lübke (1935, s. v. *tostus*) y Alcover *et alii* (1930-1962, s. v. *1. tost*).

toste (Demóst. 143v…) 'pronto'. Cf. *tost*; cf. también *armatoste* en Corominas y Pascual (1980-1991, s. v. *arma*).

tovos (Craso 137v) 'tubos' (*tovos* [Craso 61d] *F*: ῥόπτρα […] κοῖλα(?) [Craso xxiii, 9]). Del lat. TUBUM; variante no documentada.

trastollerse (Eum. 19r) 'moverse, ejercitarse' (*trastollerse* [Eum. 182d] *F*: Eum. xi, 4-5). Del lat. *trans* + *tollere*. No documentado.

trene (Alcib. 213v) '?' (*trene* [Alcib. 25b] *F*). El vocablo está dentro de una *amplificatio* de los traductores, por lo que carece de equivalente en el texto clásico de Plutarco.[4202]

tríspel (Sol. 61v) 'trípode'. Cf. *tríspol*.

tríspol (Sol. 61v) 'trípode' (τρίποδος [Sol. iv, 1]). Análogo al it. *tréspolo* (< lat. tardío TRESPEDEM por TRIPEDEM). Cf. Meyer-Lübke (1935, s. v. *tripes*) y Battisti y Alessio (1966-1968, s. v. *tréspolo*).

4202 Alvar (1973-1978, vol. ii, p. 129) glosa la expresión *al trene* como 'próximo', pero no indica el étimo. Además, hay discrepancia en el género.

tristado (Mario 204r) 'triste' (*contristato* [Mario 82b] *F*: Mario XL, 9). Del lat. *tristari*.

tro que (Ant. 126r) 'hasta que'. Aféresis de *entro que*; concuerda con el cat. y occ. *tro que*. Cf. Alcover *et alii* (1930-1962, s. v. *2. tro*) y Raynouard (1836-1845, s. v. *tro*).

troseles (Ant. 136r) 'líos, fardos'. Probablemente del lat. pop. *TORSELLUM*, diminut. De *torsum* (< *torqueo*); análogo al cat. *trossell*. Cf. Alcover *et alii* (1930-1962, s. v. *trossell*).

troya (Demóst. 133r) 'puerca'. Del lat. TROJAM; concuerda con el it. y occ. *troia*, y es análogo al cat. *truja*. Cf. Alcover *et alii* (1930-1962, s. v. *truja*), Battisti y Alessio (1966-1968, s. v. *troia*) y Corominas y Pascual (1980-1991, s. v. *tuerca*).

trufava (Cat. 120r...) 'burlaba'. Según Corominas y Pascual (1980-1991, s. v. *trufa*), procede directamente del occ. *trufa*, y este del lat. TUFERAM. Extraña la falta de lenición de *-f-*.

turchimán (Ant. 125v) 'intérprete'. Según Corriente, procede del ár. and. *turjumán*. Cf. Alcover *et alii* (1930-1962, s. v. *tursimany*) y Corriente (1999, s. v. *torc/simany*).

turcimán (Cat. 123r) 'intérprete'. Cf. *turchimán*.

turma (Peric. 171r) 'multitud'. Del lat. TURMAM; concuerda con el cat. e it. *turma*. Cf. Alcover *et alii* (1930-1962, s. v. *turma*) y Battisti y Alessio (1966-1968, s. v. *turma*).

turzemán (Temíst. 22v...) 'intérprete'. Cf. *turchimán*.

unglas (Tes. 98v) 'uñas'. Del lat. UNGULAM; concuerda con el cat. *unglas*. Cf. Alcover *et alii* (1930-1962, s. v. *ungla*).

universidat (Coriol. 202r...) 'comunidad'. Del lat. mediev. UNIVERSITAS; concuerda con el cat. *universidat*. Cf. Du Cange (1954, s. v. *universitas*), Alcover *et alii* (1930-1962, s. v. *universidat*) y Corominas y Pascual (1980-1991, s. v. *verter*).

useres (Ant. 129r) 'naves de carga' (μυοπάρωνας [Ant. XXXV, 7]). Del fr. mediev. *huissier* (< *huis* < lat. tardío USTIUM < lat. cl. OSTIUM); análogo al cat. *uixer*, it. *usciere*, lat. mediev. USSERIA (NAVIS). Cf. Alcover *et alii* (1930-1962, s. v. *uixer*) y Battisti y Alessio (1966-1968, s. v. *uscière²*).

varangos (Ant. 139v) 'guardia de corps bizantina' (*varangos* [DXVb] *M*: *varagos* [Ant. 139v] *P*: *varagos* [Ant. 53d] *F*: φυλακὴ [Ant. LIV, 9]). Procede del bizant. βάραγγοι. Cf. Du Cange (1688, s. v. βάραγγος) y Dendias (1925).

vate'n (Cam. 43r) 'vete'. Procede de *va-te-en* (< *vade-te-inde*).

vavaile (Luc. 90v) '¡oh!' (indicando horror) (ἀλαλάξαντες [Luc. xxviii, 5]). No documentado en su forma completa; probablemente es bizantinismo. *Vavai-* parece representar el clás. βαβαί, de significado análogo a *vavaile*.

velleza (Cat. 128r) 'vejez'. Del lat. pop. veclum (< vetlum < vetulum) + sufijo; análogo al cat. *vellesa*. Cf. Alcover *et alii* (1930-1962, s. v. *vellesa*).

venda (Coriol. 197v) 'venta'. Del lat. venditam; concuerda con el cat. *venda*. Cf. Alcover *et alii* (1930-1962, s. v. *venda*) y Corominas y Pascual (1980-1991, s. v. *vender*).

viratón (Demet. 98v) 'viratón' (saeta rotativa). Probablemente del fr. *vire*, y este del lat. pop. *veriam; análogo al cat. *virató* y al fr. *vireton*. Cf. Alcover *et alii* (1930-1962, s. v. *virató*) y Corominas y Pascual (1980-1991, s. v. *vira*).

visco (Coriol. 192v) 'liga, muérdago'. Del lat. viscum. Cf. Battisti y Alessio (1966-1968, s. v. *visco*) y Corominas y Pascual (1980-1991, s. v. *visco*).

vítulo (F. Máx. 177v) 'ternero'. Del lat. vitulum; concuerda con el it. (docto) *vítulo*; cf. Battisti y Alessio (1966-1968, s. v. *vítulo*).

voltas (Pelóp. 57r) 'pórticos' (στοῶν [Pelóp. xii, 1]). Del lat. pop. volvitam (partic. de volvere); concuerda con el cat. *volta*. Cf. Alcover *et alii* (1930-1962, s. v. *volta*).

vomían (Ant. 134v) 'vomitaban'. Del lat. vomere. Concuerda con el it. ant. *vomire*. Cf. Zingarelli (2004, s. v. *vomire*).

vori (Cam. 47r...) 'marfil'. Del lat. eboreum; concuerda con el cat. *vori*. Cf. Ernout y Meillet (1959, s. v. *ebur*) y Alcover *et alii* (1930-1962, s. v. *vori*).

ya sea que (Sert. 1v...) 'aunque'. Análogo al cat. *jassia que*. Cf. Alcover *et alii* (1930-1962, s. v. *jassia que*).

yuvo (Sol. 71r) 'yugo'. Del lat. jugum; var., también castellana, de *yugo*. Cf. Corominas y Pascual (1980-1991, s. v. *yugo*).

zelosía (Temíst. 22r) 'envidia'. Cf. *gelosía*.

BIBLIOGRAFÍA

ALCOVER, A. M.ª, F. de B. MOLL y M. SANCHÍS GUARNER (1930-1962), *Diccionari català-valencià-balear*, Palma de Mallorca, Moll.

ALONSO, M. (1986), *Diccionario medieval español*, Salamanca, Universidad Pontificia.

ALTANER, B. (1934), «Die Kenntnis des Griechischen in den Missionsorden während des 13. und 14. Jahrhunderts», *Zeitschrift für Kirchengeschichte*, LIII, pp. 436-493.

ALVAR, M. (1960), *Documentos de Jaca (1365-502)*, Zaragoza, IFC.

— (1973-1978), *Estudios sobre el dialecto aragonés*, Zaragoza, IFC.

ALVAR, C., y J. M. LUCÍA MEGÍAS (coords.) (2002), *Diccionario filológico de literatura medieval española. Textos y transmisión*, Madrid, Castalia.

ÁLVAREZ RODRÍGUEZ, A. (ed.) (1983), *Las «Vidas de hombres ilustres» (nos 70-72 [del fondo de mss. españoles y portugueses] de la Bibliothèque Nationale de París). Edición y estudio*, 2 vols., Madrid, UCM (col. «Tesis doctorales», 107/83).

— (1986), «Los helenismos en las traducciones aragonesas de Juan Fernández de Heredia», *Erytheia*, 7 (1), pp. 113-131.

— (1989), «Los italianismos en las traducciones medievales —del griego al aragonés— de Juan Fernández de Heredia», en *Actes du XVIII Congrès International de Linguistique et Philologie Romanes*, vol. IV, Tubinga, Max Niemeyer, pp. 371-378.

— (1996), «Los extranjerismos en las traducciones heredianas del griego al aragonés», en EGIDO y ENGUITA (1996), pp. 199-214.

— (2002), «¿Es el ms. 10 190 de la Biblioteca Nacional un *codex descriptus*?», en C. SARALEGUI PLATERO y M. CASADO VELARDE (eds.), *Pulchre, bene, recte. Estudios en homenaje al Prof. Fernando González Ollé*, Pamplona, Universidad de Navarra, pp. 89-99.

ANDRÉS, J. (1786), *Cartas familiares del abate don Juan Andrés a su hermano don Carlos Andrés*, Madrid, A. de Sancha.

ADELINO ÁLVAREZ RODRÍGUEZ

ANTONIO, N. (1788), *Bibliotheca hispana vetus*, Madrid, Joaquín
Ibarra.

BADÍA, L. (1988), «Sobre l'Edat Mitjana, el Renaixement, l'Humanisme i la fascinació ideològica de les etiquetes historiogràfi-
ques», en *De Bernat Metge a Joan Roís de Corella. Estudis
sobre la cultura literària de la tardor medieval catalana*, Barcelona, Quaderns Crema, pp. 39-49.

BADÍA MARGARIT, A. (1944), «Algunas notas sobre la lengua de Juan
Fernández de Heredia», *RFE*, XXVIII, pp. 177-89.

BANDINI, A. M. (1764-1770), *Catalogus codicum graecorum
Bibliothecae Laurentianae*, Florencia, Typis Regiis.

— (1778), *Catalogus codicum italicorum Bibliothecae Laurentianae, Gaddianae et Sanctae Crucis*, vol. V, Florencia.

BATLLORI, M. (1987), *Humanismo y Renacimiento. Estudios hispa-
no-europeos*, Barcelona, Ariel.

BATTAGLIA, S. (1961-2002), *Grande dizionario della lingua italiana*, Turín, Unione Tipografico-Editrice Torinese.

BATTISTI, C., y G. ALESSIO (1966-1968), *Dizionario etimologico italiano*, Florencia, G. Barbera.

BECK, H.-G. (1971), *Geschichte der byzantinischen Volksliteratur*,
Múnich, C. H. Becksche.

BLOCH, O., y W. VON WARTBURG (1975), *Dictionnaire étymologique
de la langue française*, París, PUF.

BROWNING, R. (1969), *Medieval and modern Greek*, Londres,
Hutchinson University Library.

CACHO BLECUA, J. M. (1997), *El Gran Maestre Juan Fernández de
Heredia*, Zaragoza, CAI.

CACHO BLECUA, J. M. (2002), «Juan Fernández de Heredia», en
ALVAR y LUCÍA MEGÍAS (2002), pp. 696-717.

CARREIRA, A. (1997), «Luis Martín de la Plaza o el manierismo en
Antequera», *Analecta Malacitana*, XX (1), pp. 291-306.

CEJADOR Y FRAUCA, J. (1929), *Vocabulario medieval castellano*,
Madrid, Viuda e Hijos de J. Ratés.

CLARE, L. (1968), «La première traduction en Occident des *Vies
parallèles* de Plutarque», *Bulletin de l'Association de Guillau-
me Budé*, pp. 405-426.

CLARE, L., y F. JOUAN (1969), «La plus ancienne traduction occiden-
tale des *Vies* de Plutarque», en *Actes du VIIIe Congrès de l'Association G. Budé*, París, pp. 567-569.

COLÓN, G. (1976), *El léxico catalán en la Romania*, Madrid, Gredos.

CORDE = REAL ACADEMIA ESPAÑOLA, *Corpus diacrónico del español*, banco de datos en línea, http://corpus.rae.es/cordenet.html.

COROMINAS, J. (1983-1995), *Diccionari etimològic i complementari de la llengua catalana*, Barcelona, Curial / La Caixa.

— (1989-1997), *Onomasticon Cataloniae*, Barcelona, Curial / La Caixa.

—, y J. A. PASCUAL (1980-1991), *Diccionario crítico etimológico castellano e hispánico*, Madrid, Gredos.

CORRIENTE, F. (1999), *Diccionario de arabismos y voces afines en iberorromance*, Madrid, Gredos.

DA (1726-1739) = REAL ACADEMIA ESPAÑOLA, *Diccionario de Autoridades* (ed. facs., Madrid, Gredos, 1976).

DANTE ALIGHIERI (1965), *De vulgari eloquentia*, en *Tutte le Opere*, ed. de Luigi Blasucci, Florencia, Sansoni.

DELAVILLE LE ROULX, J. (1974), *Les hospitaliers à Rhodes (1310-1421)*, Londres, Variorum Reprints (reimpr. de la ed. de 1913).

DENDIAS, M. A. (1925), *Οἱ βάραγγοι καὶ τὸ Βυζάντιον*, Atenas.

Dictionnaire d'histoire et de géographie ecclésiastique, t. XV, París, Letouzey et Ané, 1963.

DIMARAS, C. Th. (1965), *Histoire de la littérature néohellénique des origines à nos jours*, Atenas, Institut Français.

DOMÍNGUEZ BORDONA, J. (1923), «La primera parte de la *Crónica de los conquiridores*, de Fernández de Heredia», *RFE*, X, pp. 380-388.

DU CANGE, Charles Dufresne, Sieur (1688), *Glossarium ad scriptores mediae et infimae graecitatis*, Lyon, Anisson.

— (1954), *Glossarium mediae et infimae latinitatis*, Graz, Akademische Druck – U. Verlagsanstalt (reimpr. de la ed. de 1883-1887).

EGEA, J. M. (1996), *La crónica de Morea*, Madrid, CSIC.

EGIDO, A., y J. M.ª ENGUITA (eds.) (1996), *Juan Fernández de Heredia y su época. IV Curso sobre Lengua y Literatura en Aragón*, Zaragoza, IFC.

ERNOUT, A., y A. MEILLET (1959), *Dictionnaire étymologique de la langue latine. Histoire des mots*, París, Klincksieck.

EUBEL, K. (1910-1914), *Hierarchia catholica Medii Aevi sive Summorum Pontificum, S. R. E. Cardinalium, Ecclesiarum Antistitum series*, 3 vols., Münster, Libraria Regensbergiana.

1482 ADELINO ÁLVAREZ RODRÍGUEZ

FERNÁNDEZ DE HEREDIA, J. (C₁): *Grant crónica de conquiridores* (primera partida), ms. 2211 de la BN, Madrid.
— (M), *Grant crónica de Espanya* (primera partida), ms. 10133 de la BN, Madrid.

FERNÁNDEZ DE HEREDIA, J. (1885), *Libro de los fechos et conquistas del principado de la Morea, compilado por comandamiento de don Fray Johan Ferrández de Heredia*, publicado y traducido al francés por A. Morel-Fatio, Ginebra, Société de l'Orient Latin.

FERNÁNDEZ DE SANTAELLA, R. (1499), *Vocabulario eclesiástico*, Sevilla, Johannes Pegnitzer.

Los fueros de Sepúlveda, ed. y estudio de E. Sáez, M. Alvar *et alii*, Segovia, Gómez, 1953.

GEIJERSTAM, R. af (1964), *Juan Fernández de Heredia: la Grant crónica de Espanya. Libros I-II. Edición crítica según el ms. 10133 de la Biblioteca Nacional de Madrid, con introducción crítica, estudio lingüístico y glosario*, Uppsala, Almqvist & Wiksells.

— (1980), «Sobre Heredia i el bilingüisme medieval aragonès-català», en J. BRUGUERA y J. MASSOT I MUNTANER (eds.), *Actes del Cinqué Col·loqui Internacional de Llengua i Literatura Catalanes*, Publicacions de l'Abadia de Montserrat, pp. 495-510.

GIACHETTI, A. F. (1910), «Contributo alla storia del volgarizzamento del secolo XIV delle *Vite parallele* di Plutarco», *Rivista delle Biblioteche e degli Archivi*, 20, pp. 1-18.

GILKISON MACKENZIE, J. (1984), *A Lexicon of the 14ᵗʰ-Century Aragonese Manuscripts of Juan Fernández de Heredia*, Madison, HSMS.

GOLUBOVICH, G. (1906-1927), *Biblioteca bio-bibliografica della Terra Santa e dell'Ordine francescano*, 5 vols., Quaracchi, Collegio di S. Bonaventura.

GÓMEZ MORENO, A. (1996): «Juan Fernández de Heredia, ¿humanista?», en EGIDO y ENGUITA (1996), pp. 57-68.

GONZÁLEZ OLLÉ, F., ed. (1970), *Documentos lingüísticos navarros*, Pamplona, Diputación Foral de Navarra.

Gran enciclopedia aragonesa, Zaragoza, Unali, 1980-1982.

HAMMOND, N. G. L. (1967), *Epirus. The geography, the ancient remains, the history and the topography of Epirus and adjacent areas*, Oxford, The Clarendon Press.

HASKINGS, C. H. (1924), *Studies in the history of medieval science*, Cambridge, Harvard UP.

HERQUET (1878), *Juan Fernández de Heredia, Grossmeister des Johanniter Ordens (1337-1396)*, Mühlhausen, A. Forster.

HOFFMANN, S. F. W. (1961), *Bibliographisches Lexicon der gesammten Literatur der Griechen...*, Ámsterdam, Hakkert (reprograf. de la ed. de 1838-1845).

HOPF, Ch. (1873), «Versione italiana inedita», en *Chroniques gréco-romanes inédites ou peu connues*, Berlín, Librairie de Weidmann, pp. 414-468.

HUIZINGA, J. (1978), *El otoño de la Edad Media*, Madrid, Alianza Universidad.

HUNGER, H., *et al.* (1961-1964), *Geschichte der Textüberlieferung der antiken und mittelalterlichen Literatur*, Zúrich, Atlantis.

Inventario general de manuscritos de la Biblioteca Nacional de España, t. VI (1962), t. XIV (2000), t. XVII (s. f.), Madrid: Dirección General de Archivos y Bibliotecas.

IRVINE, Edward W. (1982), *Las «Vidas de hombres ilustres». Aragonese translation of the lives of Plutarch: A partial edition*, tesis doctoral inédita, Universidad de Toronto.

KAHANE, H. y R. (1950-1951), «The Mediterranean term *surgere* 'to anchor'», *Romance Philology*, IV, pp. 195-215.

— y R. (1966), «Les éléments byzantins dans les langues romanes», *Cahiers Ferdinand de Saussure*, 23, pp. 67-73.

— y R. (1970-1976), *Abendland und Byzanz: Sprache. Reallexicon der Byzantinistik*, Ámsterdam, Adolf M. Hakkert.

— y R., y A. TIETZE (1958), *The* lingua franca *in the Levant Turkish nautical terms of Italian and Greek origin*, Urbana, University of Illinois Press.

KRUMBACHER, K. (1897), *Geschichte der byzantinischen Literatur von Justinian bis zum Ende des oströmischen Reiches (527-1453)*, Múnich, Nördlingen C. H. Beck'sche.

LAGÜENS GRACIA, V. (1996): «Caracterización lingüística de la prosa herediana (a través de la bibliografía)», en Egido y Enguita (1996), pp. 285-355.

LANCHETAS, R. (1900), *Gramática y vocabulario de la obra de Gonzalo de Berceo*, Madrid, Sucesores de Rivadeneyra.

LAPESA, R. (1981), *Historia de la lengua española*, Madrid, Gredos.

1484   ADELINO ÁLVAREZ RODRÍGUEZ

LATASSA Y ORTÍN, F. de (1796), *Biblioteca antigua de los escritores aragoneses que florecieron desde la venida de Christo hasta el año 1500*, Zaragoza, Medardo Heras.

LESKY, A. (1976), *Historia de la literatura griega*, Madrid, Gredos.

LIDDELL, H., y R. SCOTT (1968), *A Greek-English Lexicon*, Oxford, Clarendon Press.

LUTTRELL, A. (1960), «Greek histories translated and compiled for Juan Fernández de Heredia, Master of Rhodes», *Speculum*, XXXV, pp. 401-407.

MACHADO, J. P. (1967), *Dicionario etimológico da lingua portuguesa; com a mais antiga documentação escrita e conhecida de muitos dos vocabulos estudados*, Lisboa, Confluencia.

MARTÍN DE LA PLAZA, Luis (1995), *Poesías*, ed. de Jesús M. Morata Pérez, Málaga, Diputación Provincial.

MASSÓ TORRENTS, J. (1905), «Inventari dels bens mobles del rei Martí», *Revue Hispanique*, XII, pp. 413-590.

MAZZATINTI, G. (1897), *La biblioteca dei re d'Aragona in Napoli*, Rocca San Casciano, Licinio Cappelli.

MENÉNDEZ PELAYO, M. (1952-3): *Biblioteca de traductores españoles*, Madrid: CSIC.

MENÉNDEZ PIDAL, R. (1941), *Manual de gramática histórica española*, Madrid, Espasa-Calpe.

— (1951), *Los españoles en la historia y en la literatura*, Buenos Aires, Espasa-Calpe Argentina.

MERCATI, G. (1930), «Giovanni Ciparissiota alla corte di Gregorio IX; novembre 1376 – dicembre 1377», *Byzantinische Zeitschrift*, XXX, pp. 496-501.

MERCATI, G. (1931), *Notizie di Procoro e Demetrio Cidone, Manuele Caleca e Teodoro Meliteniota, ed altri appunti per la storia della teologia e della letteratura bizantina del secolo XIV*, Città del Vaticano, Biblioteca Apostolica Vaticana.

MEYER-LÜBKE, W. (1890-1902), *Grammatik der romanischen Sprachen*, Leipzig, Fues.

— (1935), *Romanisches Etymologisches Wörterbuch*, Heidelberg, Carl Winter.

MIGLIORINI, B. (1969), *Historia de la lengua italiana*, Madrid, Gredos.

MIGNE, J.-P. (1857-1866), *Patrologiae cursus completus omnium SS. Patrum, doctorum scriptorumque ecclesiasticorum*, Turnhout, Brepols.

MISTRAL, F. (1879-1886), *Lou trésor dou Felibrige* ou *Dictionnaire provençal-français*, Osnabrück, Biblio-Verlag.

MONTANER FRUTOS, A. (1997), «La *Grant corónica de los conquiridores* de Juan Fernández de Heredia: problemas codicológicos y ecdóticos», en I. MACPHERSON y R. PENNY (eds.), *The Medieval Mind: Hispanic Studies in Honour of Alan Deyermond*, Londres, Támesis, pp. 289-316.

MORAVCSIK, G. (1958), *Byzantinoturcica*, Berlín, Akademie-Verlag.

MOREL-FATIO, A. (1892), *Catalogue des manuscrits espagnols et des manuscrits portugais*, París, Bibliothèque Nationale (Département des Manuscrits).

MORENO, J., y P. Peira (1979), *Crestomatía románica medieval*, Madrid, Cátedra.

NITTI, J. J., y Ll. A. KASTEN (1997), *The electronic texts and concordances of medieval Navarro-Aragonese manuscripts*, Madison, HSMS.

OCHOA, E. de (1844), *Catálogo razonado de los manuscritos españoles existentes en la Biblioteca Real de París, seguido de un suplemento que contiene los de las otras bibliotecas públicas*, París, Imprenta Real.

OLIVAR, M. (1936), «Notes entorn la influència de l'*ars dictandi* sobre la prosa catalana de cancilleria de finals del segle XIV», en *Homenatge a A. Rubió i Lluch*, vol. III, Barcelona, Atenes A. G., pp. 1-23.

OROSIO, P. (*O*), *Historias contra los paganos*, ms. V-27 de la Biblioteca del Colegio del Corpus Christi, Valencia.

PELLICER, J. A. (1778), *Ensayo de una biblioteca de traductores españoles*, Madrid, Antonio de Sancha.

PÉREZ JIMÉNEZ, A. (1990), «Plutarco y el humanismo español del Renacimiento», en A. PÉREZ JIMÉNEZ y G. DEL CERRO CALDERÓN (eds.), *Estudios sobre Plutarco: obra y traducción. Actas del I Simposio Español sobre Plutarco. Fuengirola, 1988*, Málaga, Universidad / Delegación Provincial de Cultura, pp. 229-247.

PÉRIO, C. (1978), *Étude linguistique des «Vidas de los hombres ilustres» de Plutarque, selon les manuscrits de Fray Joan Ferrández de Heredia*, tesis doctoral inédita, París, La Sorbona.

PLUTARCO, *Vidas de hombres ilustres*, mss. 70-72 del fondo de manuscritos españoles y portugueses de la Biblioteca Nacional de París.

PLUTARCO, (1491), *Vidas*, trad. de Alfonso de Palencia, Sevilla, Pablo de Colonia.

— (1559), *Les vies des hommes illustres grecs et romains, comparées l'une avec l'autre par Plutarque*, trad. de J. Amyot, París, Imprimerie de Michel Vascosan.

— (1914-1939), *Vitae parallelae*, ed. de C. L. Lindskog y K. Ziegler, Leipzig, Teubner.

— (1926-1946), *Vides paral·leles*, texto griego y trad. al catalán por C. Riba, Barcelona, Fundació Bernat Metge.

— (1957), *Vies parallèles*, t. 1: *Thésée-Romule, Lycurgue-Numa*, ed. y trad. de R. Flacelière, E. Chambry y M. Juneaux, París, Les Belles Lettres.

— (1961), *Vies parallèles*, t. 2: *Solon-Publicola, Thémistocle-Camile*, ed. y trad. de R. Flacelière, E. Chambry y M. Juneaux, París, Les Belles Lettres.

— (1964-1973), *Vitae parallelae*, ed. de K. Ziegler, Leipzig, Teubner.

— (1968), *Vidas paralelas*, trad. de A. Ranz Romanillos (1821-1830) y rev. de E. M. Aguilera (1968), 4 vols., Barcelona, Iberia.

POTTIER, B. (1950), «Un manuscrito aragonés: las *Vidas de hombres ilustres* de Plutarco», *AFA*, III, pp. 243-250.

— (1952), «L'évolution de la langue aragonaise à la fin du Moyen Âge», *Bulletin Hispanique*, LIV, pp. 184-199.

PRATI, A. (1969), *Vocabolario etimologico italiano*, Roma, Multigrafica.

QUÉTIF, J., y J. ECHARD (1719-1721), *Scriptores ordinis Praedicatorum recensiti notisque historicis et criticis illustrati*, 2 vols., París, J. B. C. Ballard et Simart.

RAYNOUARD, M. (1844), *Lexique roman ou Dictionnaire de la langue des troubadours, comparée avec les autres langues de l'Europe latine*, París, Silvestre.

Repertorium fontium historiae Medii Aevi, IV, Roma, Istituto Storico Italiano per il Medio Evo, 1990.

RIQUER, M. de (1969), «Medievalismo y humanismo en la Corona de Aragón a fines del siglo XIV», en *VIII Congreso de la Corona de Aragón*, t. II, vol. I, Valencia, Sucesor de Vives Mora, pp. 221-35.

ROHLFS, G. (1932), *Dizionario dialettale delle tre Calabrie; con note etimologiche e un' introduzione sulla storia dei dialetti calabresi*, Halle / Milán, Max Niemeyer / Ulrico Hoepli.

Rohlfs, G. (1979), *Estudios sobre el léxico románico*, reelaboración y notas de M. Alvar, Madrid, Gredos.

Rubió i Lluch, A. (1908-1921), *Documents per l'historia de la cultura catalana mig-eval*, 2 vols., Barcelona, IEC.

— (1917-1918), «Joan I humanista: el primer periode de l'Humanisme català», *Estudis Universitaris Catalans*, x, pp. 1-117.

— (1947), *Diplomatari de l'Orient català (1301-1409)*. Col·lecció de documents per a la historia de l'expedició catalana a Orient i dels ducats d'Atenes i Neopatria, Barcelona, IEC.

Salutati, C. (1968-1969), *Epistolario di Coluccio Salutati*, Turín, Bottega d'Erasmo.

Salvini, A. M. (ed.) (1726), *Fiera, commedia di Michelagnolo Buonarroti il Giovane, e la Tancia, commedia rusticale del medesimo*, Florencia.

Sánchez Lasso de la Vega, J. (1962), «Traducciones españolas de las *Vidas* de Plutarco», *Estudios Clásicos*, 6, pp. 451-514.

Schiff, M. (1905), *La bibliothèque du Marquis de Santillana*, París, Librairie E. Bouillon («Bibliothèque de l'École des Hautes Études», 153).

Serrano y Sanz, M. (1915-1922), «Inventarios aragoneses de los siglos xiv y xv», *BRAE*, ii-iv, vi y ix.

Tucídides (1990), *Historia de la guerra del Peloponeso*, introd. de Julio Calonge Ruiz, trad. de Juan José Torres Esbarranch, Madrid, Gredos.

— (2007), *Discursos de la guerra del Peloponeso: versión aragonesa de la Historia de la guerra del Peloponeso, patrocinada por Juan Fernández de Heredia*, ed. de Adelino Álvarez Rodríguez, Zaragoza / Huesca / Teruel, PUZ / IEA / IET / Gobierno de Aragón («Larumbe», 48).

Ullman, B. L. (1941), «Some Aspects of Italian Humanism», *Philological Quaterly*, xx, pp. 212-223.

Umphrey, G. W. (1911), «The Aragonese Dialect», *Revue Hispanique*, 65, pp. 5-45.

Viaje de Juan de Mandevilla (1995), ed. de J. L. Rodríguez Bravo y María del Mar Martínez Rodríguez, Madison, HSMS.

Vives, J. (1927), *Juan Fernández de Heredia, Gran Maestre de Rodas. Vida, obra y formas dialectales*, Barcelona, Balmes.

Wartburg, W. von (1928-1970), *Französisches Etymologisches Wörterbuch*, Basilea.

WEBER, W. (1973), *Untersuchungen zur Geschichte des Kaisers Hadrianus*, Hildesheim / Nueva York, Georg Olms.

WEISS, R. (1953), «Lo studio di Plutarco nel Trecento», *Parola del Passato*, VIII, pp. 321-342.

ZIEGLER, K. (1951), «Plutarchos von Chaironeia», en *Paulys Real-Encyclopädie der classischen Altertumswissenschaft*, t. XXI, Stuttgart / Waldsee, A. Druckermüller, cols. 636-962.

— (1908), *Die Ueberlieferungsgeschichte der vergleichenden Liebensbeschreibungen Plutarchs*, Leipzig, Teubner.

ZINGARELLI, N. (2004), *Vocabolario della lingua italiana*, Bolonia, Zanichelli.

ZONARAS, J. (2006), *Libro de los emperadores*, ed. y estudio de Adelino Álvarez Rodríguez, invest. de fuentes bizant. de Francisco Martín García, Zaragoza / Huesca / Teruel, PUZ / IEA / IET / Gobierno de Aragón («Larumbe», 41).

ÍNDICE

Con la publicación de *Vidas semblantes*, la obra cumbre de la gran producción herediana, acrecienta su ya rico caudal literario Larumbe, colección cuyas características ideó Fermín Gil Encabo y que en esta nueva etapa codirige junto a Antonio Pérez Lasheras y Ángel San Vicente Pino. El libro, inspirado en la sección áurea, se atuvo al diseño de José Luis Jiménez Cerezo. Para el logotipo de la colección se recurrió a la parmesana letra Bodoni como tributo de admiración a José Nicolás de Azara. La L capitular procede de las *Constituciones synodales* del obispo Padilla impresas por José Lorenzo de Larumbe en 1716. La viñeta que se exhibe varias veces aparece solitaria en la portada de la *Palestra numerosa austriaca* que convocó Luis Abarca de Bolea, editó José Amada e imprimió Juan Francisco de Larumbe en 1650 según se aprecia en el ejemplar que fue de Valentín Carderera y Solano y, antes, de Tomás Fermín de Lezaún y Tornos. Al servicio de los lectores de esta biblioteca de Textos Aragoneses, se buscó hermanar provecho y disfrute; para obsequio de los amantes del libro, quedaron conjugados cánones clásicos y procedimientos hodiernos y, en pro de la cultura, se ahormaron rasgos locales con pautas universales. *Dezir qu'el hombre no fallece jamás, esto no serié humano; mas fallir e emendar, eso sí es de hombre savio.*

Otros **Larumbe**

1 Fernando Basurto, *Diálogo del cazador y del pescador*, edición de Alberto del Río Nogueras (1990).
2 Ramón Gil Novales, *Trilogía aragonesa (La conjura. La noche del veneno. La urna de cristal)*, edición de Jesús Rubio Jiménez (1990).
3 José M.ª Llanas Aguilaniedo, *Alma contemporánea. Estudio de Estética*, edición de Justo Broto Salanova (1991).
4 Ramón J. Sender, *Imán*, edición de Francisco Carrasquer Launed (1992).
5 Ramón J. Sender, *Primeros escritos (1916-1924)*, edición de Jesús Vived Mairal (1993).
6 Ana Francisca Abarca de Bolea, *Vigilia y octavario de San Juan Baptista*, edición de M.ª Ángeles Campo Guiral (1994).
7 Pascual Queral y Formigales, *La ley del embudo*, edición de Juan Carlos Ara Torralba (1994).
8 Carlos Saura, *¡Esa luz! (guión cinematográfico)*, edición de Agustín Sánchez Vidal (1995).
9 Pedro Alfonso de Huesca, *Diálogo contra los judíos*, introducción de John Tolan, texto latino de Klaus-Peter Mieth, traducción de Esperanza Ducay, coordinación de M.ª Jesús Lacarra (1996).
10 Constancio Bernaldo de Quirós y José M.ª Llanas Aguilaniedo, *La mala vida en Madrid. Estudio psicosociológico con dibujos y fotografías del natural*, edición y notas de Justo Broto Salanova, introducción de Luis Maristany del Rayo, prólogo de José Manuel Reverte Coma (1998).
11 Ramón J. Sender, *El lugar de un hombre*, edición de Donatella Pini (1998).
12 Francisco Carrasquer Launed, *Palabra bajo protesta (antología poética)*, pórtico de Pere Gimferrer (1999).
13 Joaquín Maurín, *May. Rapsodia infantil* y *¡Miau! Historia del gatito Misceláneo*, prefacio de Mario Maurín (1999).
14 *Fragmentos de la modernidad (antología de la poesía nueva en Aragón, 1931-1945)*, edición de Enrique Serrano Asenjo (2000).
15 Ambrosio Bondía, *Cítara de Apolo y Parnaso en Aragón*, edición de José Enrique Laplana Gil (2000).
16 Ildefonso-Manuel Gil, *La moneda en el suelo*, edición de Manuel Hernández Martínez (2001).
17 José M.ª Llanas Aguilaniedo, *Del jardín del amor*, edición de José Luis Calvo Carilla (2002).
18 Jaime de Huete, *Tesorina. Vidriana*, edición de Ángeles Errazu (2002).
19 Benito Morer de Torla, *Crónica*, edición de Juan Fernández Valverde y Juan Antonio Estévez Sola (2002).

20 Benjamín Jarnés, *Salón de Estío y otras narraciones*, edición de Juan Herrero Senés y Domingo Ródenas de Moya (2002).

21 Joaquín Maurín, *Algol*, edición de Anabel Bonsón Aventín (2003).

22 Eduardo Valdivia, *¡Arre, Moisés!*, edición de Jesús Rubio Jiménez (2003).

23 Vicente Sánchez, *Lira poética*, edición de Jesús Duce García (2003).

24 Miguel Servet, *Obras completas*. Vol. I: *Vida, muerte y obra. La lucha por la libertad de conciencia. Documentos*, edición de Ángel Alcalá (2003).

25 Manuel Sánchez Sarto, *Escritos económicos (México, 1939-1969)*, edición de Eloy Fernández Clemente (2003).

26 Baltasar Gracián, *El comulgatorio*, edición de Luis Sánchez Laílla (2003).

27 *La rebelión de las palabras. Sátiras y oposición política en Aragón (1590-1626)*, edición de Jesús Gascón Pérez (2003).

28 José Vicente Torrente, *El país de García*, edición de Javier Barreiro (2004).

29 *Hermandat et Confrayria in honore de Sancte Marie de Transfixio. Estatutos de la Cofradía de la Transfixión de Zaragoza (1311-1508)*, edición de Antonio Cortijo Ocaña (2004).

30 Miguel Servet, *Obras completas*. Vol. II: *Primeros escritos teológicos*, edición de Ángel Alcalá (2004).

31 Baltasar Gracián, *Agudeza y arte de ingenio*, edición de Ceferino Peralta, Jorge M. Ayala y José M.ª Andreu (2004).

32 Ramón J. Sender, *Casas Viejas*, estudio preliminar de Ignacio Martínez de Pisón, edición de José Domingo Dueñas Lorente y Antonio Pérez Lasheras, notas de Julita Cifuentes (2004).

33 Abû Bakr al-Gazzâr, el poeta de la Aljafería, *Dîwân*, edición bilingüe de Salvador Barberá Fraguas (2005).

34 Ramón J. Sender, *Siete domingos rojos (novela)*, edición de José Miguel Oltra Tomás, Francis Lough y José Domingo Dueñas Lorente (2004).

35 Ramón J. Sender, *Los cinco libros de Ariadna*, edición de Patricia McDermott (2004).

36 Miguel Servet, *Obras completas*. Vol. III: *Escritos científicos*, edición de Ángel Alcalá (2005).

38 Jerónimo de Cáncer y Velasco, *Obras varias*, edición de Rus Solera López (2005).

39 Juan Polo y Catalina, *Informe sobre las fábricas e industria de España (1804) y otros escritos económicos*, edición de Alfonso Sánchez Hormigo (2005).

40 Miguel Servet, *Obras completas*. Vol. IV: *Servet frente a Calvino, a Roma y al luteranismo*, edición de Ángel Alcalá (2005).

41 Juan Zonaras, *Libro de los emperadores: versión aragonesa del Compendio de historia universal, patrocinada por Juan Fernández de Heredia*, edición de Adelino Álvarez Rodríguez; investigación de fuentes bizantinas de Francisco Martín García (2006).

42 Joaquín Ascaso, *Memorias (1936-1938). Hacia un nuevo Aragón*, edición de Alejandro R. Díez Torre (2006).

43 Luciano de Samosata, *Diálogo de los letrados vendibles y Tratado de que no se ha de dar crédito con facilidad a los émulos y calumniadores*, edición de J. Ignacio Díez Fernández (2006).

44 Manuel de Salinas, *Obra poética*, edición de Pablo Cuevas Subías (2006).

45 Miguel Servet, *Obras completas*. Vols. V y VI: *Restitución del cristianismo*, edición de Ángel Alcalá (2006).

46 Juan Sala Bonañ, *Relaciones del orden económico y su ciencia con los de la moralidad y del derecho y otros escritos krausistas*, edición de José Luis Malo Guillén y Luis Blanco Domingo (2006).

47 Ignacio de Luzán, *Obras raras y desconocidas. III. Luzán y las academias. Obra historiográfica, lingüística y varia*, coordinación de Guillermo Carnero (2007).

48 Tucídides, *Dircursos de la guerra del Peloponeso: versión aragonesa de la Historia de la guerra del Peloponeso, patrocinada por Juan Fernández de Heredia*, edición de Adelino Álvarez Rodríguez (2007).

49 *Arbitrios sobre la economía aragonesa del siglo XVII*, edición de Luis Perdices de Blas y José María Sánchez Molledo (2007).

50 Paulo Orosio, *Historias contra los paganos: versión aragonesa patrocinada por Juan Fernández de Heredia*, edición de Ángeles Romero Cambrón (2008).

51 Vicente Requeno y Vives, *Escritos filosóficos*, edición de Antonio Astorgano Abajo (2008).

52 Ramón J. Sender, *La esfera*, edición de Francis Lough (en preparación).

53 Ramón J. Sender, *Proclamación de la sonrisa: ensayos*, edición de José Domingo Dueñas Lorente (2008).

54 Gabriel Bermúdez Castillo, *Mano de Galaxia*, edición de Luis Ballabriga Pina (2008).

55 Jusepe Martínez, *Discursos practicables del nobilísimo arte de la pintura*, edición de María Elena Manrique Ara (2008).

56 Manuel Derqui, *Todos los cuentos*, edición de Isabel Carabantes de las Heras (2008).

57 Manuel Pinillos, *Poesía completa (1948-1982)*, edición de María Pilar Martínez Barca (2008).

58 Antonio Pérez, *Aforismos de las cartas y relaciones*, edición de Andrea Herrán Santiago y Modesto Santos López (2009).